基于大数据的中国人口流动研究
分省报告（上）

周晓津　等著

中国财经出版传媒集团
中国财政经济出版社

图书在版编目（CIP）数据

基于大数据的中国人口流动研究：全二册／周晓津等著．－－北京：中国财政经济出版社，2020.3

ISBN 978－7－5095－9580－0

Ⅰ．①基⋯ Ⅱ．①周⋯ Ⅲ．①人口流动－研究－中国 Ⅳ．①C924.24

中国版本图书馆 CIP 数据核字（2020）第 023084 号

责任编辑：彭　波　　　　　责任印制：党　辉
封面设计：卜建辰　　　　　责任校对：张　凡

中国财政经济出版社 出版

URL：http://www.cfeph.cn
E-mail：cfeph@cfemg.cn

（版权所有　翻印必究）

社址：北京市海淀区阜成路甲 28 号　邮政编码：100142
营销中心电话：010－88191537
北京财经印刷厂印装　各地新华书店经销
710×1000 毫米　16 开　43.75 印张　719 000 字
2020 年 3 月第 1 版　2020 年 3 月北京第 1 次印刷
定价：128.00 元（上、下册）
ISBN 978－7－5095－9580－0
（图书出现印装问题，本社负责调换）
本社质量投诉电话：010－88190744
打击盗版举报热线：010－88191661　　QQ：2242791300

本书来源于：

国家社科基金一般项目"基于大数据的人口流动流量、流向新变化研究"（立项编号：15BRK037；结项证书：20192372，结项等级：良好）

课题组成员

课题负责人

周晓津　广州市社会科学院经济研究所　研究员、博士后

课题参与人

巫细波　广州市社会科学院区域经济研究所　副研究员
阮晓波　广州市社会科学院经济研究所　研究员
周仁满　湖南省隆回县职业中等专业学校　高级讲师
姚　阳　广州市社会科学院　副研究员
陈翠兰　广州市社会科学院　助理研究员
张　强　广州市社会科学院　副研究员
佟宇竞　广州商学院　讲师
阮艺华　深圳职业技术学院　研究员
张灵辉　海南大学　讲师
范拓源　中国财政科学研究院　博士后

本书（上、下册）获得：

广州国家中心城市研究基地

<u>出版资助</u>

前 言
PREFACE

作为课题研究的最终送审成果之一,分省研究报告分为上、下两篇。本书是国家社科基金项目《基于大数据的人口流动流量、流向及其新变化研究》(立项编号:15BRK037,结项证书编号:20192372)的研究报告成果,分为上、下两篇独立成书出版。上篇内容包括:华北地区京津冀晋蒙五省(区、市)、东北地区辽黑三省、华东地区沪苏浙皖闽赣鲁七省,广州流动人口大数据研究则以附录的形式列在最后。下篇内容包括:华中地区豫鄂湘三省、华南地区的粤桂琼三省区、西南地区的川渝贵滇藏五省区市、西北地区的陕甘青宁新五省区。初期各省级行政区域的人口流动报告是以论文形式结集,在结题阶段改为著作的章节形式,并结合编辑期间的有关人口流动大数据报告作出一些改动。分省研究报告工作的开展早于专著,既是专著的补充和延伸,也是人口流动研究的细化,专著中无法展开的细节在研究报告中得到充实和扩展。

各省人口流动研究报告的内容通常包括:首先是对各省有关人口流动文献进行分述。其次是对该省流动人口规模进行推算。推算过程中的各种流动人口口径难以保持一致,有些省是以农村外出劳动力数量为主,有些则是指非本地户籍人口的数量。推算的方法通常有三种:一是采用李勋来、李国平(2005)提出的方法,即劳动力流动等于城镇从业人员减去城镇职工人数加上农村从业人员减去第一产业从业人员(农业从业人员),劳动力流动率则等于劳动力流动数除以劳动力资源总数;二是利用各省移动用户的数量,并结合本地户籍和外来户籍的年龄状况得到人均拥有率,以此来推算本地及外来的人口;三是基于产业和从业人员占比来推算人口的流动。显然,第一种方法得到的是劳动力流动,而第二和第三种方法则是总流动人口,后两种方法通常会多于第一种方法。由于非劳动力人口的流动较少，而劳动力人口的流动占比极高，因此两者相差不会太大，且也很难细化。各省研究报告的第三部分和第四部分则以大数据来推算其流入或流出，并与2010年全国第六次人口普查（以下简称"六普"）的结果进行比较。由于"六普"数据的缺陷较大，两者可比性也值得考量，然而数据缺陷也非社科基金课题所能解决的。有些省份有最新年份的大数据可以比较。分省报告的结尾提出相应的政策建议。

基于大数据采样时点和我国春节人口流动的特殊性，在推算各省级区域人口流动各个方向的流量百分比时，基本上可以直接得到结果，而确定流量时则需要在各种判断的基础上进行估计。推算背后隐含的条件是流动人口春节回家的比率是一致的，这种假设针对较大区域和较大规模的人口流动是完全成立的。而相对于较小区域和较小规模的人口流动则容易出现偏差。例如，测定海南人口流出时则可能受春节来海南旅游人口的影响。又如，受本地人口规模较小的影响，在测定西藏、青海、宁夏的人口流出时也可能存在较大的误差。而测定其他省级行政区域时，在大数定律的作用下，集中采集春节前10天的人口流量则足以弥补这些缺陷。

在测定北京、上海、天津、重庆等直辖市的人口流量和流向时，我们发现节前的流入量也比较大。例如，北京与河北、天津之间，上海与江苏、浙江之间，天津与北京、河北之间，重庆与四川之间流量较大。而这种流量即使在非假日的工作日期间也较大，这种日常性流量在我们用于推算的数据集中很难消除。例如，2014年北京常年性跨市流出人口规模为30万左右，但同口径推算值为426.87万人，实际值只有推算值的7%；同期上海常年性跨市流出人口规模估计值在30万～40万，但同口径推算值为433.60万人，实际值占推算值的比重与北京大致相同。从数据来看，两者似乎有较大的偏差，但从事实来看，推算值实质对应的是京沪两地常住性外来人口及其家属的节前流动，在某种程度上可以视为京沪的流出人口。不可否认，这种测量"偏差"在现有技术条件下完全可以消除，前提是大数据采样包含"个人信息"，而本书所用的数据集则仅是一种"规模信息"，并依赖大数据定律进行推算。

在与本书同时出版的课题负责人专著中，《基于大数据的人口流动流量、流向新变化研究》一书已经入选中国社会科学博士后文库（第八批）。该专著的研究结果显示，无论是东部沿海地区还是中西部地区，中国农村地区的人口流出率并没有太大的差别。所不同的是，东部沿海地区、城市周边地区或中西部经济相对发达的平原地区的农村人口主要在本地流动和转移，而落后地区的人口则主要在非户籍地流动。各省外出人口在春节时的返乡率并没有太大的差别。例如，相对湖南而言，湖北离其人口流动目的地较远，但春节前外出人口返乡率与湖南大致差不多。专著还特意针对四川的外出人口测定的异常进行了修正，这种修正并不影响省级区域人口流动的流向百分比构成。与专著主要关注理论和隐含条件判断的不同，本书以研究报告为源，重点关注各省级层面的人口流动和流向，规模估计在一定程度上依靠负责人 10 多年来对流动人口研究的分析判断和直觉，因此偏差甚至错漏在所难免。尽管如此，本书的出版对研究各省级单位的人口流动无疑有较大的开创性和借鉴之处。

周晓津
2019 年 12 月

目 录
CONTENTS

分省报告（上）

第一章　北京市人口流动流量、流向及其变化研究 …… 1
- 第一节　北京市外流入人口规模 …… 1
- 第二节　北京跨市流入人口大数据推断 …… 9
- 第三节　北京跨市流出人口流动流量、流向测度 …… 17

第二章　天津市人口流动流量、流向及其变化研究 …… 28
- 第一节　天津流动人口规模概述与市外流入人口 …… 28
- 第二节　天津跨市流入人口大数据推断 …… 34
- 第三节　天津跨市流出人口流动流量、流向测度 …… 41

第三章　河北省人口流动流量、流向及其变化研究 …… 47
- 第一节　河北流动人口规模及农村外出人口 …… 47
- 第二节　河北跨省流入人口大数据推断 …… 52
- 第三节　河北跨省流出人口流动流量、流向测度 …… 58
- 第四节　河北流动人口的未来趋势及对策建议 …… 62

第四章　山西省人口流动流量、流向及其变化研究 …… 67

第一节　山西流动人口规模与农村劳动力外出 …… 67
第二节　山西跨省流入人口大数据推断 …… 71
第三节　山西跨省流出人口流动流量、流向测度 …… 78

第五章　内蒙古人口流动流量、流向及其变化研究 …… 85

第一节　内蒙古农村劳动力转移与外出人口增长 …… 85
第二节　内蒙古跨区流入人口大数据推断 …… 89
第三节　内蒙古跨区流出人口流动流量、流向测度 …… 94
第四节　内蒙古流动人口的未来趋势及对策建议 …… 98

第六章　辽宁省人口流动流量、流向及其变化研究 …… 101

第一节　辽宁省农村劳动力转移与外出人口增长 …… 101
第二节　辽宁跨省流入人口大数据推断 …… 108
第三节　辽宁跨省流出人口大数据推断 …… 117

第七章　吉林省人口流动流量、流向及其变化研究 …… 125

第一节　吉林省农村劳动力转移与外出人口增长 …… 125
第二节　吉林跨省流入人口大数据推断 …… 129
第三节　吉林跨省流出人口大数据推断 …… 135

第八章　黑龙江人口流动流量、流向及其变化研究 …… 144

第一节　黑龙江省农村劳动力转移与外出人口增长 …… 144
第二节　黑龙江跨省流入人口大数据推断 …… 147
第三节　黑龙江跨省流出人口大数据推断 …… 153

第九章　上海市人口流动流量、流向及其变化研究 …… 162

第一节　上海市外流入人口规模估计 …… 162

第二节　上海市跨市流入人口大数据推断 …… 166

第三节　上海市跨市流出人口大数据推断 …… 173

第十章　江苏省人口流动流量、流向及其变化研究 …… 180

第一节　江苏农村劳动力转移与外出人口增长 …… 180

第二节　江苏跨省流入人口大数据推断 …… 185

第三节　江苏跨省流出人口大数据推断 …… 191

第十一章　浙江省人口流动流量、流向及其变化研究 …… 200

第一节　浙江农村劳动力转移与外出人口增长 …… 200

第二节　浙江跨省流入人口大数据推断 …… 206

第三节　浙江跨省流出人口大数据推断 …… 213

第十二章　安徽省人口流动流量、流向及其变化研究 …… 222

第一节　安徽农村劳动力转移与外出人口增长 …… 222

第二节　安徽跨省流出人口大数据推断 …… 230

第三节　安徽跨省流入人口大数据推断 …… 236

第十三章　福建省人口流动流量、流向及其变化研究 …… 242

第一节　福建农村劳动力转移与外出人口增长 …… 242

第二节　福建跨省流入人口大数据推断 …… 247

第三节　福建跨省流出人口大数据推断 …… 254

第十四章　江西省人口流动流量、流向及其变化研究 …… 260

第一节　江西农村劳动力转移与外出人口增长 …… 260

第二节　江西跨省流出人口大数据推断 …………………………… 269

　　第三节　江西外省流入人口推断 …………………………………… 277

第十五章　山东省人口流动流量、流向及其变化研究 …………… 283

　　第一节　山东农村劳动力转移与外出人口增长 …………………… 283

　　第二节　山东跨省流入人口大数据推断 …………………………… 290

　　第三节　山东跨省流出人口大数据推断 …………………………… 296

第一章
北京市人口流动流量、流向及其变化研究

摘　要：北京与上海、广州和深圳一样，是一个拥有千万级外来流入人口的超级城市。2008年奥运会之后北京曾出现一个快速恢复性的人口增长时期，但2014年以来各种证据表明北京外来流动人口出现了长期性的下降趋势。大数据推断结果表明，2010年北京实际净流入人口为922.40万人，此后至2014年流向北京的人口增加了271.90万人，年均增加67.98万人。北京外来人口主要来自河北、河南、山东、山西和安徽，五省占北京外来人口的60.26%左右，2014年实际外来人口不少于1194.30万人，其中常住性外来人口426.87万人。总体上来看，安徽、四川、重庆、甘肃等劳动力输出大省流入北京的人口减少，而河北、天津、山东、山西等相邻省份的流入人口增加，区域一体化因素对人口流动及增量的变化影响明显。

关键词：北京流动人口；人口大数据；人口流向变化

第一节　北京市外流入人口规模

北京人口数量一直以来受到国内外广泛关注和研究。但北京究竟有多少市外流入人口一直以来也没有权威的定论，官方统计数据与学者的研究结果一直以来也存在较大的差距。例如，公安部的数据显示，1996年北京有330万的流动人口（《时代潮》，1997），而官方公布的外来常住人口只有181.7万人。周晓津（2014）根据北京年人均粮食消费量推算，2005年北京总人口1740万人，实有外来人口559.3万人。为迎接2008年北京奥运会召开，北京对全市人口进行全方位控制，周晓津、张强（2015）估计整个奥运会期间由于遣返、控制等政府强力措施实施导致奥运会之后北京外来人口的实际增量减少了320万人。

一、基于移动用户数量的人口流动量测度

手机作为重要的通信工具，2000年以前仅为高收入人群或较高社会地位的人所拥有。2000年以后手机快速向普通人员普及，到2007年全国15—64岁大城市的劳动力人口或外出劳动力人口基本上达到人手一机的程度。2000年北京拥有347.2万部手机用户，到2007年年末北京移动用户总数达到1598.3万台（见图1-1），以此可以推算同期北京15—64岁人口约1600万人。由于同期0—14岁及65岁以上人口多为北京本地户籍人口，而同年龄段的外来人口除学前儿童留在北京的可能性比较大之外，其余一般留在原户籍所在地。因此1600万劳动力年龄人口加上2007年北京户籍人口中0—14岁及65岁以上人口就可以推算出北京实有总人口。2010年北京第六次全国人口普查数据显示，全市常住人口中，0—14岁人口为168.7万人，占8.6%；15—64岁人口为1621.6万人，占82.7%；65岁及以上人口为170.9万人，占8.7%。显然，2007年，0—14岁户籍人口会比2010年多，但65岁以上人口会比2010年少。由此可推算2007年北京实有人口应在1900万人左右。

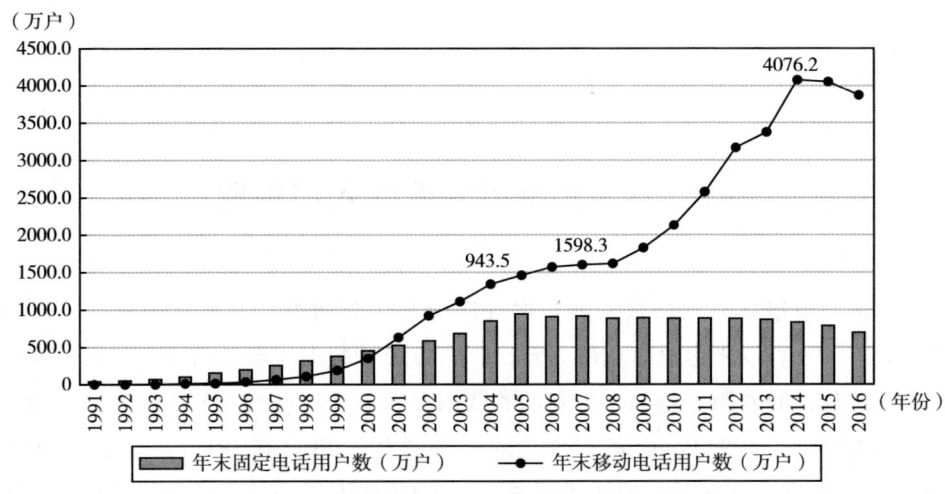

图1-1 北京年末固定电话用户数与移动电话用户数（1978—2016年）

由于2008年召开奥运会，政府严查外来人口，大量外来人口短暂离京，表现在年末移动电话用户数量上2006—2008年几乎是零增长（见图1-1）。

2008年之后大量人口进京,移动用户总数也高速增长。由于很多人开始拥有多部手机,因此不能将移动用户总数等同于人口,而应除以实际的人均手机拥有量。从图1-1中还可以得知,2001年移动用户数量首次多于固定电话用户数量,而固定电话用户数量在2005年达到顶峰之后逐年减少,当时大约每2人拥有一部固定电话,可推算2007年全市实有人口为1887万人。由于北京和上海的情况十分类似,因此可以利用上海的常住人口及移动用户数量等比例地推算出2008—2013年的北京同期的较为可信的常住人口(见表1-1)。2014年之后北京的移动用户总数异常,课题组采用移动电话通话量进行调整与修正,考虑到2014年之后人均手机拥有率基本保持不变,因此忽略了人均手机拥有量的变动。

表1-1 以上海为参照的基于移动用户数量的北京实有人口估计(2007—2016年)

年份	官方常住人口(万人)		年末移动用户数量(万户)		北京人口(万人)	
	上海	北京	上海	北京	估计数	与官方差额
2007	2063.6	1676.0	1776.5	1598.3	1856.6	180.6
2008	2140.7	1771.0	1880.9	1616.2	1839.4	68.4
2009	2210.3	1860.0	2106.3	1825.4	1915.5	55.5
2010	2302.7	1961.9	2361.6	2117.7	2064.9	103.0
2011	2347.5	2018.6	2620.6	2575.9	2307.4	288.8
2012	2380.4	2069.3	3008.3	3168.0	2506.8	437.5
2013	2415.2	2114.8	3200.7	3373.8	2545.8	431.0
2014	2425.7	2151.6	3292.7	4076.2	2631.2	479.6
2015	2415.3	2170.5	3259.93	4051.6	2583.4	412.9
2016	2419.7	2172.9	3156.1	3868.7	2534.7	361.8

数据来源:京沪两地通信管理局和年度城市统计公报或统计年鉴。

从表1-1中可以看出,官方的常住人口数据通常是习惯上的增加,很难反映真实的人口变动,但这种增加也是可以接受的,因为反映了外来人口在流入所在地普遍存在的常住化沉淀现象。2016年北京移动用户比前一年减少了约200万户,反映在估计人口数上则减少了近50万人,由于人口估计是一种平均数,而移动用户则是一种年末数,因此有一定的滞后效应,因此在2017年还会减少80万人左右。同理,2016年上海移动用户比上一年减少100余万户，官方常住人口反而增加了，但实际上应是同期上海减少了60万人甚至更多。当然，外来人口常住化沉淀加速也可能抵消这种移动用户减少效应，只不过这样一来，游离于统计之外的流动性强的人口大量减少了。

表1-1实际上给出了官方常住人口可调整上限（见表1-1，列7）。例如，2009年北京官方常住人口与课题组估计人口仅相差55.5万人，2010年增加了103万人，但自此之后一度增加到479.6万人的顶峰。由于人口普查之后通常会对以前年度的人口作出适当的调整，但无法对后面年度的人口作出相同的处理，这表明自2010年以后官方公报或统计年鉴上的常住人口数据与人们实际所感觉到的人口变动有很大的差别，但这并不表明政府没能掌握真实的人口情况，因为地方公安部门通常有较真实的数据，而最终统计数据的公布通常受多种因素制约，如在人均指标方面各地方政绩数据好坏往往会对人口数据有较大的影响。

二、基于用水量的流入人口规模推算

相对于其他弹性较大的生活必需品而言，日人均生活用水量刚性较大，利用每年的城市生活用水量大致可以估计城市人口的数量。从图1-2可以看出，1978—1992年，北京城市生活用水量稳步增加，其中1982年和1989年增量受外部影响明显减小。1997年达到阶段性的顶点之后则持续性下降，直到2001年中国加入世贸组织（WTO），再到2004年的阶段性高峰。奥运

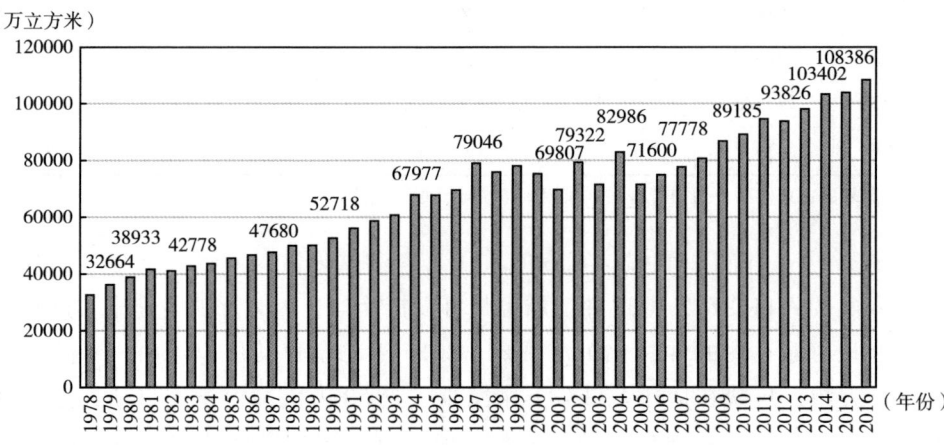

图1-2 北京城市生活用水量（1978—2016年）

会对城市生活用水影响明显，政府在 2005 年开始强力清查人口，大量外来人口离京。从城市生活用水量来推断，直到 2008 年年底北京的外来人口都还没有达到 2004 年的规模。奥运会结束之后北京的外来人口快速增加，直到 2014 年形成新的高峰。值得注意的是，虽然 2015 年以来北京的城市生活用水量依旧增加，但很多迹象表明此后北京的外来人口流入并没有出现明显的变动，因此课题组认为此后的增加与南水北调中线一期工程的完工供水有很大的关系。自 2014 年年底调水进京一年多来，"南水"入京水量已近 16 亿立方米。从城市供水量推算，1997—2007 年，北京市人口总规模基本上处于大致相同的数量并反复变动，而 2008 年奥运会之后则保持持续增长的态势，而 2012 年则一度反转，2014 年达到顶峰，2015 年维持和 2014 年相同的水平，而 2016 年的增长则是因为"南水北调"而增加，从移动用户总数来推算则是总人口减少。

由于北京无论在户籍人口规模还是人口结构都与上海大致相等，但南北人均用水量差异很大，因此，不能直接利用生活用水总量来推算总人口。但在手机使用方面，同为超级城市的北京和上海具有较强的可比性。例如，2011 年北京年末移动用户总数还略少于上海，而 2012 年就超出上海，2013 年依旧超出，但两市相差不大（见图 1-3），可选择 2012 年和 2013 年两市年末移动用户总数作为总人口推算的基本参照。课题组认为，2010 年以后上海在统计与推算人口总量方面做了很多细致的工作，特别是动用政府力量对全上海范围内的建筑物进行清洗式人口普查方面成效显著，而北京是国家首都，对中央机关

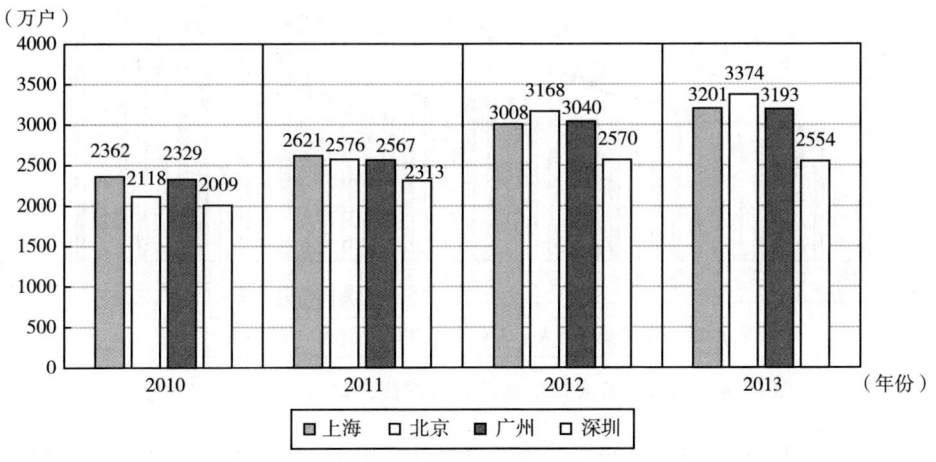

图 1-3　北上广深年末移动用户数量比较（2010—2013 年）

及国有企事业单位的人口统计不可能像上海那样彻底，基本上以各单位上报数据为准，也没有进行洗楼式人口摸查。

以2013年上海常住人口为参照，课题组利用城市生活用水量估计了北京1978年以来的实有人口（见图1-4）。从图中可以看出，1978年和1979年估计的实有人口甚至少于《北京统计年鉴（2016）》中的常住人口，其中主要原因是当时涌入城市的外来人口还少于当时没有使用上自来水的农村人口，课题组估计1978年北京没有使用或没有纳入城市统一供水的农村人口为94.8万人。1980年以后，流入北京的外来人口日渐增多，课题组基于城市生活用水估计的北京年平均总人口与统计年鉴显示的常住人口有明显的差额，1997年两者差额高达692.3万人，但2005—2010年两者差额缩小到年平均225.9万人。剔除2002年和2004年的反复异常，自2000年北京全国第五次人口普查以来，估计的年均人口与官方常住人口每年的均值差额只有248.9万人（2001—2012年），应该说历次人口普查对真实人口掌握的作用还是相当明显的。结合其他数据综合判断，课题组认为北京实有人口在2014年前后达到最高峰，自此以后实有人口处于下降阶段，因为无论是年末手机用户总数还是市内公共交通客运量都下降了。

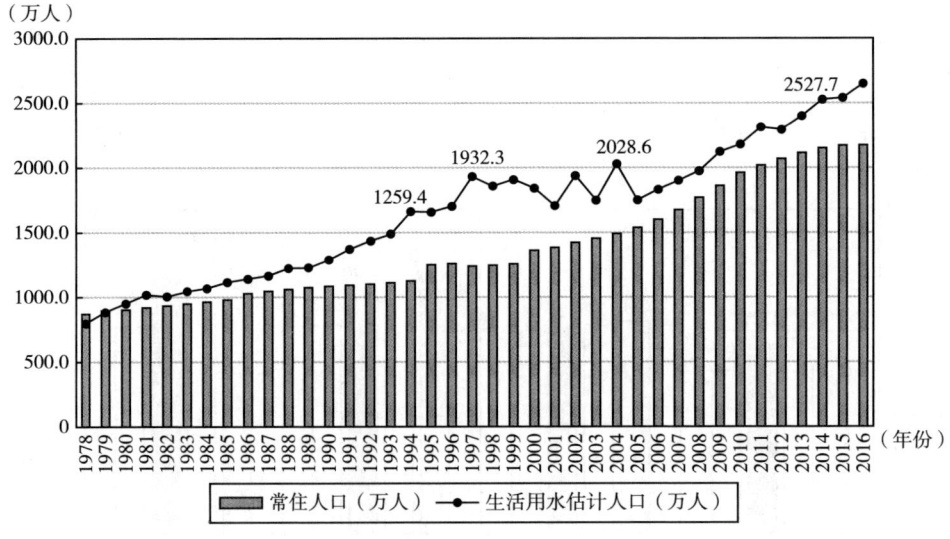

图1-4 北京实有人口估计与官方常住人口（1978—2016年）

从用水总量来推算，1997—2008年，北京常住人口实际数保持在2000万左右的规模，其中2004年突破2000万达到2028.6万人。2005年以来持续增长，到2011年达到2313.1万人，2012年则下降到2293.6万人，同比减少19.5万人。2016年的北京外来人口的变动则需要结合移动用户总数来重新推算。

三、北京奥运会期间人口规模调控

北京奥运会期间的城市人口规模调控最早可以追溯到2006年年初，最有效的手段是劝返农民工，年后限制农民工返流。2006年9月14日，北京市2008年环境指挥部召开奥运立法工作动员部署大会，针对奥运期间放假、机动车限行、艾滋病病毒携带者入境等首批65个奥运立法需求项目，标志着奥运立法工作进入实质性工作阶段。人口调控手段包括：（1）放假：对于部分非连续生产企业采取综合计算工时制，调整工作时间，奥运会期间集中放假，以奥运会之前或者之后的工作时间折抵集中休息时间。（2）劝返：奥运期间北京市将立法根据不同情况对流动人口采取限制。从事城市基础建设项目施工的农民工，在奥运会期间预计有100万人（仅计算建筑业），对这部分人由建委协调施工企业整建制劝返回乡。加强对流浪乞讨人员的救助，对未成年人实施强制救助。加强对流动人口出现问题较为严重的低端行业的管理和规范，如美容美发等一部分流动人口将被挤出北京。（3）限进：经请示国务院同意，限制进京人员数量，如进京人员需要出具县级以上证明等，从根本上控制流动人口。（4）交通管制：实行机动车单双号出行，限制外地车辆进京；开设机场专用通道，由华北地区管理局奥运工作实施领导小组研究解决。（5）禁烟：尽可能扩大禁烟场所的范围。（6）加大城管执法：加大对游行示威、欺行霸市、强买强卖、沿街兜售和哄抬物价等行为的城管执法打击力度，对奥运期间可能出现的问题及时捕捉，并且在处理时讲究可操作性，如处理裸体游行在适用现行法律法规的同时，要求执法人员随身携带床单等遮挡物，予以适当处理。（7）加强入境检疫：针对疾病入境检疫，其中传染病染病人员，特别是艾滋病病毒携带者入境问题，北京市报请中央，由国务院有关部门制定规则或者作出解释。

北京奥运期间的人口规模调控可以通过对北京移动通信管理局公布的北京市移动用户月度数据的变化来看清楚。从图1-5可以看出，2006年的人口规模调控效果显现，外部人口流入骤减，部分已流入的人口开始返回原住地，估计人口规模减少50万人；2007年至2008年年末，北京的移动用户几乎是零增长，意味着大量外来人口返回其原籍所在地。扣除北京人口每年50万—60万人的净增长，我们发现：北京移动用户比不施加调控相比最多减少了500万人，扣除流入应增长的180万（2002—2005年北京每年的净增长量为50万—60万人），我们估计北京奥运期间外来人口减少了320万人左右，意味2007年年初是北京人口流入限制最为严格的时期。

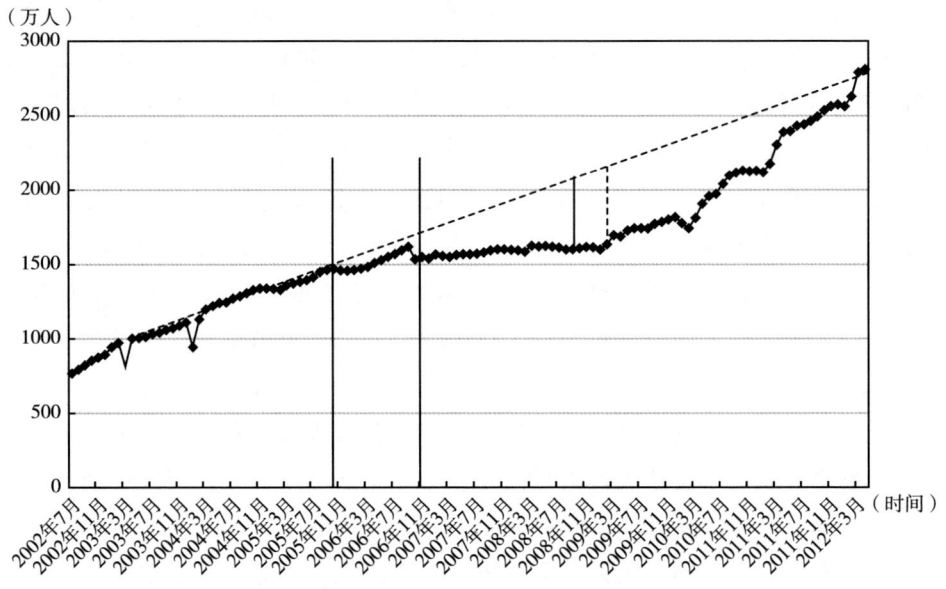

图1-5 北京移动用户月度数据（2002年7月至2012年4月）

2008年奥运会结束，北京奥运期间的人口控制开始放松，然而2008年的国际金融危机影响在2009年开始显现，从图1-1可以看出，北京移动用户数量开始恢复增长，但增长速度远比2010年和2011年要慢。奥运会结束后，北京人口控制逐步回复到市场调节状态，城市人口迅速恢复其原有的状态。由于北京外来人口的结构和数量大致与上海相当，因此我们估计北京受2008年全球金融危机的影响而减少的工作机会也与上海相当，即100万人，这就意味着北京奥运会期间的人口控制结果是：北京减少了220万—250万人。因此，北京以行政手段为主的人口调控并未能动及人口增长的根本，一旦放松调控，人口增长的内在动力将会在短期内使城市人口规模恢复到其应有的状态。

第二节 北京跨市流入人口大数据推断

一、流入人口大数据初始表征流量

要计算北京跨市流入人口数量，只需要得到节前由北京流向全国各地的人口数量即可。但节前北京流出市外人口也包含一部分本省人口短期外出，因此必须尽可能地减少采样范围以将这一因素排除。课题组所归集的大数据采样表 PtopLineOut 中已经包含这些信息，对 PtopLineOut 数据表进行下述 SQL 查询操作后得到结果如图 1-6 所示。

```
1  SELECT province, name,to_char(sum(num),'99,999,999') as num0,sum("singleNum")
   as sNum0,to_char(sum(per)/2.4,'99.999%')  As per0
2  FROM public."PTopLineOut"
3  where province='北京'
4  group by province, name
5  order by num0  desc
```

province	name	num0	snum0	per0
北京	河北	9,320,069	984435	33.587%
北京	河南	3,030,805	305333	10.424%
北京	山东	2,400,662	255437	7.918%
北京	山西	1,377,339	142953	4.976%
北京	安徽	1,076,754	109251	3.726%
北京	湖北	1,065,850	102943	3.871%
北京	黑龙江	899,456	88209	2.644%
北京	天津	858,943	84378	3.095%
北京	辽宁	853,578	88928	2.895%
北京	江苏	637,547	63986	2.237%
北京	内蒙古	283,729	25982	.574%
北京	四川	116,353	13852	.754%
北京	陕西	107,067	13638	.661%
北京	广东	1,823	495	.042%

图 1-6 北京外来人口来源百分比构成（2015 年春节节前数据）

从图 1-6 中可以得到节前北京人口流出目的地涵括全国 14 个省级单位。该查询可得到节前由北京流向全国各地排名前十的省份。通常情况下，排名前十的流量比较稳定，而排名第十之后的省份流量则交替出现。从大数据归集的可表征人口流动流量的大小来看，节前北京人口流向最多的省份是河北省，大数据人口表征流量为 9320069，占节前北京流出总量的 33.59%。这说明河北是北京市外流动人口的主要来源地。流向其余各省流出量大小排名位次为河南、山西、山东、安徽、湖北、黑龙江、天津、辽宁,表明北京市外流入人口主要来源于这些省份。10省占流出总量的75.37%,推算采样期间北京流出总量为28552669(同期上海的流量为25675268,可推测北京的外来人口略多于上海)。

由于上述查询只能得到流出省份中流量为TOP10的省份,且该流量并不直接代表人口流量,而是系统所记录的可代表人口流量的无量纲数据。若北京节前流入该省人口占北京总流出人口比重较低,则不能被系统记录,但该省流入人口流量却在某时段内进入其流入排名前十,从而会发生数据的漏计,因此还必须对数据表PtopLineIn进行下述SQL查询操作后得到结果如图1-7所示。

```sql
SELECT province, name,to_char(sum(num),'99,999,999') as num0,sum("singleNum") as sNum0,to_char(sum(per)/2.4,'99.999%') As per0
FROM public."PTopLineIn"
where name='北京'
group by province, name
order by num0 desc
```

province	name	num0	snum0	per0	province	name	num0	snum0	per0
河北	北京	9,320,069	984435	49.606%	浙江	北京	407,771	39467	4.258%
河南	北京	3,030,805	305333	10.194%	广东	北京	337,275	31868	3.314%
山东	北京	2,400,662	255437	16.908%	福建	北京	333,046	33582	3.999%
山西	北京	1,377,339	142953	22.933%	甘肃	北京	324,870	34260	7.150%
安徽	北京	1,076,911	109408	3.590%	上海	北京	223,296	22951	3.306%
湖北	北京	1,065,850	102943	4.605%	海南	北京	219,197	22133	8.894%
天津	北京	1,026,340	106133	26.350%	重庆	北京	162,956	15473	1.477%
辽宁	北京	951,128	96476	19.692%	云南	北京	150,430	14845	2.840%
黑龙江	北京	923,358	93579	17.591%	广西	北京	117,712	11567	.456%
江苏	北京	790,242	78682	4.256%	新疆	北京	75,130	7418	12.524%
内蒙古	北京	702,304	70900	17.911%	宁夏	北京	68,271	6653	5.759%
四川	北京	671,904	66990	3.533%	香港	北京	26,202	2516	6.154%
陕西	北京	652,016	61451	7.784%	青海	北京	21,778	2419	3.954%
吉林	北京	601,895	58112	15.266%	台湾	北京	19,669	1908	10.648%
湖南	北京	524,553	51615	1.571%	澳门	北京	3,646	348	1.827%
江西	北京	458,446	47293	1.567%	西藏	北京	2,514	255	3.096%

图1-7 北京外来人口占流出地比重(2015年春节节前数据)

第二次查询得到的省级单位扩展到32个,其中排名前6位的省份名次和流量与第一次查询完全相同。第二次查询涉及全国所有省级区域,表明北京有来自全国各地的人口流入。第二次查询最后一列得到北京作为人口流入地时外来人口占流出地外出人口比重。例如,河北有49.606%的外出人口流向北京,天津有26.350%的外出人口流向北京,10.194%的河南外出人口流向北京,10.648%的台湾人流向北京,表明北京是这些地方人口的主要流向目的地。而湖南、江西流向北京的外出人口只占两地外出人口总量的1.571%和1.567%。

比较两次查询结果发现,节前排前六位的省级行政区域的流出量相同且序号不变,表明北京的外来人口主要来自河北、河南、山东、山西、安徽和湖北。以TOP6流量测算北京总流出量为28323483,比以TOP10流量为基准测算的总流量少229186，因此以 TOP10 测算的总流量误差大致为 0.81%。后续以 TOP10 为基准测算的总流量对人口流动量测算所带来的误差在可接受范围之内。两次查询所用的数据表不一样，第一次查询用的是人口流出表，第二次查询用的是人口流入表，两者相当于人口矩阵表的对应行、列。

二、由大数据表征流量到人口流入量及流向测度

在前面的分析中，以户籍人口为参照，取不同方法推算结果的均值，课题组得到 2014 年北京市净流入人口的可信值为 [1194.30 万，1246.03 万]。在大数据采样中，若能得到采样期内流入总量和流出总量，则根据人口净流入量就可以推算流出人口和流入人口。特别需要注意的是，大数据采样期内流入总量对应的是北京常住人口跨市流出，而流出总量则对应北京市外流入人口。周晓津、姚阳（2016）为避免日常性商旅人口流动的影响，以净流出量来推算北京外来流动人口。由于本章数据采样期中既包括北京外来人口离京，也包括北京户籍人口离京，还包括商旅人口进京及京籍人口返京。但采样日期选择尽量筛选出课题组想要的数据，即出京流中外来人口占绝大多数，而进京流中则对应常住外来人口。

查询汇总结果表明，大数据采样期内流入总量为 10205265，流出总量为 28552669，净流出量为 18347403（同期上海为 18275927）。由于净流出量对应在 [1194.30 万，1246.03 万] 区间内的净流入人口，推算 2015 年春节北京市流出人口总量为 [1621.17 万，1691.38 万]（同期上海流出人口推算值为 1504.6 万），推算流入人口总量为 [426.87 万，445.35 万]（同期上海流入人口为 433.60 万）。由北京市外来人口的性质来判断，以推算的下限值来看，节前出京人口 1621.17 万，相当于整个北京 15—64 岁的劳动力人口全部离开北京，而进京人口为 426.87 万，相当于留守北京的劳动力人口数量，即经济活动人口数量。由于北京户籍人口基本上不会离京，因此 1194.30 万节前净流出人口即北京外来人口的数量，而 426.87 万进京人口即真正的外来常住人口，其余 767.43 万外来人口属于外来流动人口（同期上海 637.4 万），该部分外来人口农民工居多，他们迟早会返回户籍所在地。节前流入人口是一种"反向春运"，其中主要是北京外来人口的亲属和旅游人口。课题组在分析广东的反向流动时发现，9000 万户籍人口对应 145 万跨省流出人口，而北京 1400 万户

籍人口对应 22.56 万跨市流出人口，其余 400 万对应为反向春运人口。

由推算结果可知，以春节大年初一零时为例，留守北京的可进行经济流动的人口占经济活动总人口的比重只有 26.33%，这部分人口与大年初一至初三的北京地铁客流量完全成正比例关系。因此，同样可以利用大年初一至初三的地铁日平均客流量与非节假日地铁日均客流量之比来推算劳动力年龄人口离京比重，从而推算出北京总的经济活动人口。该方法也适用上海、广州、深圳等地铁成网且外来人口较多的特大城市人口。以 1194.30 万外来人口为基数，将北京节前流向京外各省级单位的大数据采样流量除以总流出量，可以得到北京各方向外来流入人口数量（见表 1-2，列 6）。课题组推算 2014 年流入北京的外来人口中，河北居第 1 位，流入北京的人口不少于 389.84 万人（列 6），占北京外来人口 32.64%（表 1-2，列 5），占河北跨省流出人口 49.61%（列 3），即河北流出人口中，2 人当中有 1 人流向北京。此外，还可反推河北跨省流出人口总量 785.87 万人以上，推算全国跨省流出人口 1.4 亿以上。由于北京、上海和广东的外来人口全国性特征明显，因此利用北上广可较为准确地推算全国各省级单位的跨省流出人口规模（取三地推算均值以减小误差）。

表 1-2　　　　2014 年北京跨市人口流入来源地及数量

来源地	人口大数据采样流量	占来源地比重	占北京流入比重*	占北京流入比重**	流入人口（万人）	来源地流出人口（万人）
河北	9320069	49.61%	33.59%	32.64%	389.84	785.87
河南	3030805	10.19%	10.42%	10.61%	126.77	1243.60
山东	2400662	16.91%	7.92%	8.41%	100.41	593.89
山西	1377339	22.93%	4.98%	4.82%	57.61	251.22
安徽	1076911	3.59%	3.73%	3.77%	45.04	1254.74
TOP5	17205786	103.23%	60.63%	60.26%	719.68	4129.31
湖北	1065850	4.61%	3.87%	3.73%	44.58	968.13
天津	1026340	26.35%	2.64%	3.59%	42.93	162.92
辽宁	951128	19.69%	3.10%	3.33%	39.78	202.03
黑龙江	923358	17.59%	2.90%	3.23%	38.62	219.56
江苏	790242	4.26%	2.24%	2.77%	33.05	776.65
TOP6—10	4756918	72.49%	14.74%	16.66%	198.97	2329.29
内蒙古	702304	17.91%	0.57%	2.46%	29.38	164.01
四川	671904	3.53%	0.75%	2.35%	28.10	795.48

续表

来源地	人口大数据采样流量	占来源地比重	占北京流入比重*	占北京流入比重**	流入人口（万人）	来源地流出人口（万人）
陕西	652016	7.78%	0.66%	2.28%	27.27	350.37
吉林	601895	15.27%	0.04%	2.11%	25.18	164.92
湖南	524553	1.57%	—	1.84%	21.94	1396.63
江西	458446	1.57%	—	1.61%	19.18	1223.73
浙江	407771	4.26%	—	1.43%	17.06	400.57
广东	337275	3.31%	—	1.18%	14.11	425.69
福建	333046	4.00%	—	1.17%	13.93	348.35
甘肃	324870	7.15%	—	1.14%	13.59	190.05
上海	223296	3.31%	—	0.78%	9.34	282.52
海南	219197	8.89%	—	0.77%	9.17	103.09
重庆	162956	1.48%	—	0.57%	6.82	461.48
云南	150430	2.84%	—	0.53%	6.29	221.56
广西	117712	0.46%	—	0.41%	4.92	1079.75
新疆	75130	12.52%	—	0.26%	3.14	25.09
宁夏	68271	5.76%	—	0.24%	2.86	49.59
香港	26202	6.15%	—	0.09%	1.10	17.81
青海	21778	3.95%	—	0.08%	0.91	23.04
台湾	19669	10.65%	—	0.07%	0.82	7.73
澳门	3646	1.83%	—	0.01%	0.15	8.35
西藏	2514	3.10%	—	0.01%	0.11	3.40
残值	485084	—	—	1.70%	20.29	—
全国	28552669	—	—	100.00%	1194.30	14201.78

注：占北京流入人口比重*为第一次查询直接得到，而占北京流入人口比重**则为推算得到的结果。

三、2010年以来北京市外人口流入变化

2010年全国第六次人口普查数据显示，北京外来人口704.5万人，其中河北占22.11%，其次是河南、山东、安徽等劳动力流出大省，除内蒙古及东三省外，南方劳动力流出大省也占有一定比例（见图1-8）。研究发现，人口

普查数据各省流出人口占北京外来人口比重因就业行业不同而有很大的差别。例如，流向北京的河北人除流向制造业就业外，还大量流向城市小微服务业或自雇就业，因此表现在人口普查数据中，河北人占北京全市外来人口的比重往往会高估，而安徽、河南、四川等劳动力流出大省的在京人口通常因离家较远会选择制造行业或流动性较弱的行业就业，因此这些省份流向北京的人口占北京全市外来人口的比重通常会被高估。

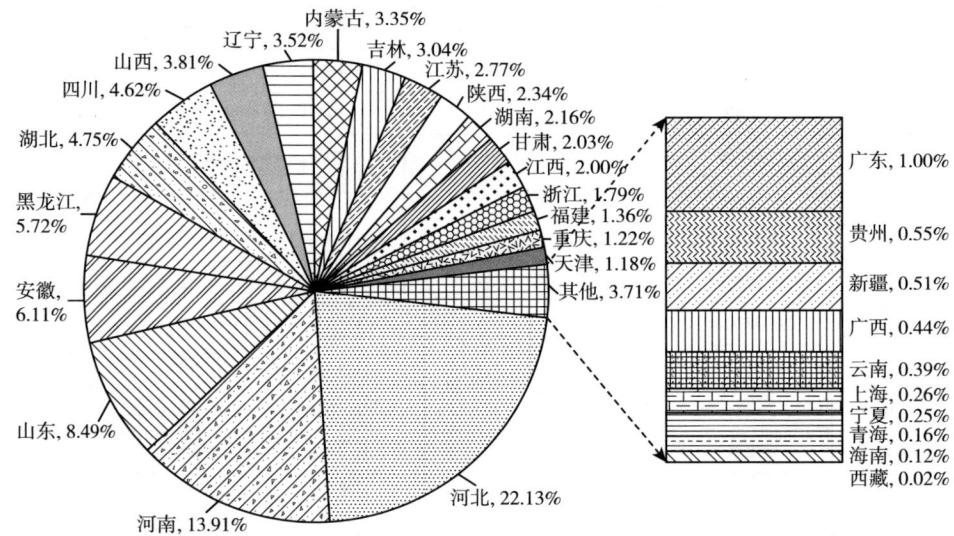

图 1-8 北京外来人口省份来源构成（2010 年"六普"长表数据）

在前面的分析中，课题组得出 2010 年北京实际净流入人口为 922.40 万人，此后至 2014 年流向北京的人口增加了 271.90 万人，年均增加 67.98 万人。课题组将"六普"各省占北京流入人口比重固定，测算得到的 2010 年以来人口流量的变化（见表 1-3）。以河北为例，2010 年河北占北京市外流入人口 22.13%（表 1-3，列 5），到 2014 年上升到 32.64%（表 1-3，列 3）；2010 年北京市外实际流入人口 922.40 万人，河北流向北京的人口 2014 年比 2010 年比重增加了 10.51 个百分点（表 1-3，列 8），流出人口规模增加了 185.70 万人。由于两地距离极近，虽然在 2010 年"六普"期间可能有一部分河北人返回流出所在地从而导致占比较低，但两者不可能相差太大；另外，2010 年以来两地一体化程度加深，表现在流动人口占比上河北应该有所上升，课题组估计自 2010 年以来新增流向北京的 217.90 万外来人口中，河北占 100 万人左右，占比上升 1—2 个百分点。

表 1-3　　　　北京市外人口流入流量、流向变化　　　　　单位：万人

来源地	2014 年			2010 年			新变化	
	流量当量	占总流量比重	人口估计	"六普"比重	"六普"数据	"六普"调整	占比变动	人口流量
河北	9320069	32.64%	389.84	22.13%	155.90	204.14	10.51%	185.70
河南	3030805	10.61%	126.77	13.91%	97.97	128.29	-3.29%	(1.51)
山东	2400662	8.41%	100.41	8.49%	59.77	78.27	-0.08%	22.15
山西	1377339	4.82%	57.61	3.81%	26.85	35.16	1.01%	22.45
安徽	1076911	3.77%	45.04	6.11%	43.01	56.32	-2.33%	(11.27)
TOP5	17205786	60.26%	719.68	56.35%	396.99	519.81	3.91%	199.87
湖北	1065850	3.73%	44.58	4.75%	33.45	43.80	-1.02%	0.78
天津	1026340	3.59%	42.93	1.18%	8.31	10.87	2.42%	32.06
辽宁	951128	3.33%	39.78	3.52%	24.78	32.45	-0.19%	7.33
黑龙江	923358	3.23%	38.62	5.72%	40.33	52.81	-2.49%	(14.18)
江苏	790242	2.77%	33.05	2.77%	19.50	25.53	0.00%	7.52
TOP6—10	4756918	16.66%	198.97	20.05%	141.23	184.92	-3.39%	14.05
内蒙古	702304	2.46%	29.38	3.35%	23.61	30.91	-0.89%	(1.54)
四川	671904	2.35%	28.10	4.62%	32.53	42.60	-2.26%	(14.49)
陕西	652016	2.28%	27.27	2.34%	16.46	21.55	-0.05%	5.73
吉林	601895	2.11%	25.18	3.04%	21.40	28.02	-0.93%	(2.84)
湖南	524553	1.84%	21.94	2.16%	15.22	19.92	-0.32%	2.02
江西	458446	1.61%	19.18	2.00%	14.12	18.49	-0.40%	0.69
浙江	407771	1.43%	17.06	1.79%	12.61	16.51	-0.36%	0.55
广东	337275	1.18%	14.11	1.00%	7.08	9.27	0.18%	4.84
福建	333046	1.17%	13.93	1.36%	9.59	12.56	-0.19%	1.37
甘肃	324870	1.14%	13.59	2.03%	14.33	18.76	-0.90%	(5.17)
上海	223296	0.78%	9.34	0.26%	1.82	2.39	0.52%	6.95
海南	219197	0.77%	9.17	0.12%	0.83	1.09	0.65%	8.08
重庆	162956	0.57%	6.82	1.22%	8.57	11.22	-0.65%	(4.40)
云南	150430	0.53%	6.29	0.39%	2.76	3.61	0.14%	2.68
广西	117712	0.41%	4.92	0.44%	3.12	4.08	-0.03%	0.84
新疆	75130	0.26%	3.14	0.51%	3.59	4.69	-0.25%	(1.55)
宁夏	68271	0.24%	2.86	0.25%	1.78	2.34	-0.01%	0.52

续表

来源地	2014年			2010年			新变化	
	流量当量	占总流量比重	人口估计	"六普"比重	"六普"数据	"六普"调整	占比变动	人口流量
香港	26202	0.09%	1.10	—	—	—		
青海	21778	0.08%	0.91	0.16%	1.14	1.49	-0.09%	(0.58)
台湾	19669	0.07%	0.82	—	—	—		
澳门	3646	0.01%	0.15	—	—	—		
西藏	2514	0.01%	0.11	0.02%	0.15	0.20	-0.01%	(0.09)
残值	485084	1.70%	20.29	—	—	—		
全国	28552669	100.00%	1194.30	100.00%	704.45	922.40	0.00%	271.90

说明：2010年市外流入排名前五（TOP5）是河北、河南、山东、安徽、黑龙江五省，而TOP10是指TOP5加湖北、四川、山西、辽宁、内蒙古五省区。2014年市外流入前五和前十已经发生了很大的变化。

虽然大数据推断与2010年"六普"统计口径、统计范围和统计方法有很大的不同，但将两者比较后还是能发现2010年以来北京市外流入人口的变化。2010年以来北京市外流入人口的总体变化是安徽、四川、重庆、甘肃等劳动力输出大省流入北京的人口减少，而河北、天津、山东、山西等相邻省份的流入人口增加。天津的情况与河北类似，实际流出人口增量应该不及测算结果的一半。东北的人口流动则表现为两极分化，测算黑龙江和吉林两省流向北京人口减少，而辽宁则增加7.33万人，课题组认为这与东三省在不同行业就业很有关系，黑吉两省多在流动性较弱的行业就业，而辽宁一方面在商业等城市服务业就业人口较多，另一方面距离较近也使其更容易流入。当然，更大的差距是：一个是大数据推算结果，另一个是以农民工为主的人口普查，若同为大数据标准则更为准确。

四、人口流入测算简便化

在后续的分析中，课题组以编程的形式直接得到北京人口来源地构成（见图1-9）。结果显示，在北京外来人口中，河北占33.2%，河南占10.8%，山东占8.6%，山西占4.9%。除贵州外，大数据测算到北京与全国32个省级行政区域有流量发生。由于初始数据未能很好地过滤掉数据采样期间的往返性流动,故与北京有较多商旅性人口流动的省份在京人口会大于实际在京人口。以 1200 万外来人口和 28323483 的总流量来推算,河北、河南、山东、山西、安徽、湖北分别有 394.87 万人、128.41 万人、101.71 万人、58.35 万人、45.63 万人和 45.16 万人在北京。六省级区域合计占流动到北京的常住性外来人口的 64.51%,达到 774.13 万人。此外,课题组还推算 2014 年北京流动性频繁的短期性人口和日均过路人口达到 700 万人左右,即北京日均瞬时人口 3300 万人左右。与 2014 年相比,2017 年北京总人口减少了 100 万人以上。

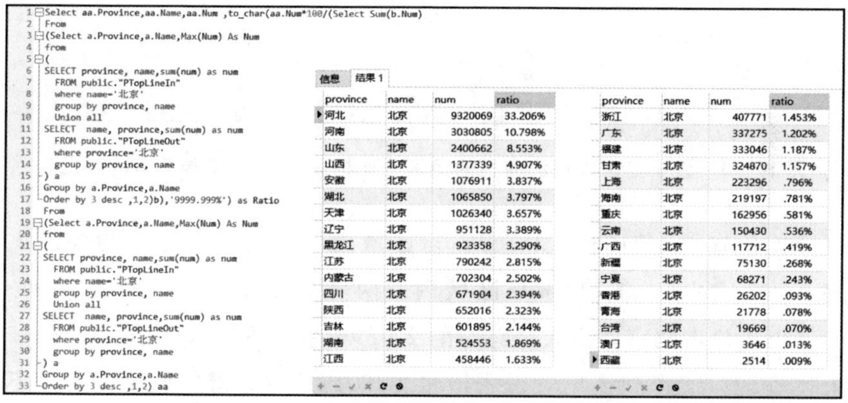

图 1-9 北京外来人口省份来源百分比构成(2014 年人口流动大数据)

第三节 北京跨市流出人口流动流量、流向测度

一、流动人口大数据初始表征流量

对数据表 PtopLineIn 进行下述 SQL 查询操作可以得到北京外出人口的主要流向目的地。

图 1-10 可以得到节前北京人口流入来源地涵括全国 11 个省级单位。可以看出,在北京的外出人口中,41.374% 流向河北,8.381% 流向天津,其余流向目的地分别是邻近的山东、河南、内蒙古、山西等地;其余则是沿海发达省份。最后一列浙江只有 0.047%,主要原因是数据采集时只设定取排名前 10 的省份。浙江流量及占比极低,可以推定排名表上有时流向浙江的多于流向上海的,但大部分时间段由上海占据第 10 的位置。可以推定上海占北京外出人

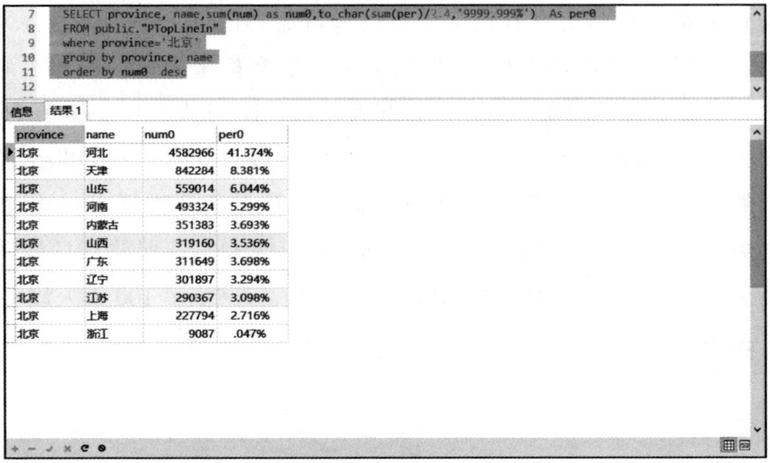

```
 7  SELECT province, name,sum(num) as num0,to_char(sum(per)/2.4,'9999.999%')  As per0
 8  FROM public."PTopLineIn"
 9  where province='北京'
10  group by province, name
11  order by num0  desc
12
```

province	name	num0	per0
北京	河北	4582966	41.374%
北京	天津	842284	8.381%
北京	山东	559014	6.044%
北京	河南	493324	5.299%
北京	内蒙古	351383	3.693%
北京	山西	319160	3.536%
北京	广东	311649	3.698%
北京	辽宁	301897	3.294%
北京	江苏	290367	3.098%
北京	上海	227794	2.716%
北京	浙江	9087	.047%

图 1-10　北京外出人口流向目的地百分比构成（2015 年春节节前数据）

口的百分比值在 [2.716%，2.763%) 区域内，而浙江占北京的外出人口的比重则在 (2.669%，2.716%) 区域内。两者取中值，即北京流动到上海、浙江的外出人口占北京外出人口总量的 2.739% 和 2.693%。

　　上述查询只能得到流出省份中流量为 TOP10 的省份，但不同时段不同省份进入 TOP10，因此最终输出结果有 11 个省级单位，说明北京节前人口流入来源地比较集中。若北京流入该省人口占该省总流入人口比重较低，则有可能发生数据的漏计，因此还必须对数据表 PtopLineOut 进行下述 SQL 查询操作：

　　SELECT province，name，sum（num）as num0，to_char（sum（per)/2.4，'9999.999%'）As per0

　　FROM public."PTopLineOut"

　　where name = '北京'

　　group by province，name

　　order by num0　desc

　　第一次查询除了防止大数据表征的人口流量被漏计外，另一个重要的功能是计算出大数据表征人口的总流量。在原始数据中，为简化计算，系统只记录不同时段流入或流入排名前十的省级区域，因此需要计算总流量。第一次查询中共记录了 11 个省级区域流向北京的流入量，TOP10 流量合计占全市流入总量的 81.13%，推算出全市总流入量为 10205265；第二次查询共记录了 23 个省级区域的流入量，最大限度地解决了数据漏计的问题。第二次查询输出结果如图 1-11 所示。

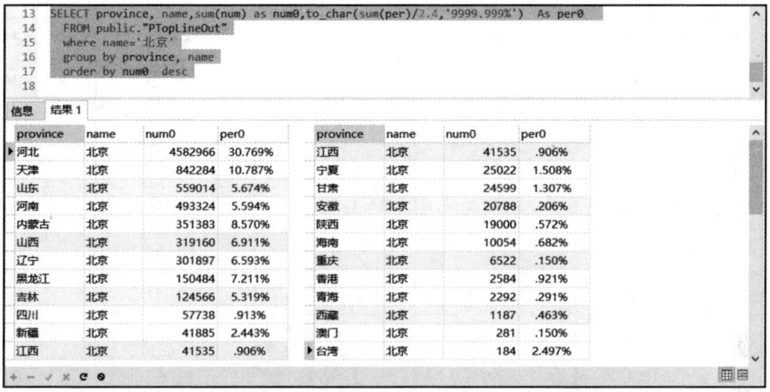

```
13  SELECT province, name,sum(num) as num0,to_char(sum(per)/2.4,'9999.999%') As per0
14  FROM public."PTopLineOut"
15  where name='北京'
16  group by province, name
17  order by num0  desc
18
```

province	name	num0	per0	province	name	num0	per0
河北	北京	4582966	30.769%	江西	北京	41535	.906%
天津	北京	842284	10.787%	宁夏	北京	25022	1.508%
山东	北京	559014	5.674%	甘肃	北京	24599	1.307%
河南	北京	493324	5.594%	安徽	北京	20788	.206%
内蒙古	北京	351383	8.570%	陕西	北京	19000	.572%
山西	北京	319160	6.911%	海南	北京	10054	.682%
辽宁	北京	301897	6.593%	重庆	北京	6522	.150%
黑龙江	北京	150484	7.211%	香港	北京	2584	.921%
吉林	北京	124566	5.319%	青海	北京	2292	.291%
四川	北京	57738	.913%	西藏	北京	1187	.463%
新疆	北京	41885	2.443%	澳门	北京	281	.150%
江西	北京	41535	.906%	台湾	北京	184	2.497%

图 1-11 北京外出人口流向目的地百分比构成（2015 年春节节前数据）

第二次查询结果表明，北京外出人口占河北外来人口总量的 30.769%，占天津外来人口总量的 10.787%，占内蒙古外来人口总量的 8.570%。以北京 30 万人常年性外出人口计算，有 9 万余人流动到河北，3 万余人流动到天津。

二、由大数据表征流量到人口流量、流向测度

需要特别注意的是，节前由市外流向北京的流量对应于北京流出人口流量而不是相反。将两次查询结果合并，取大值新值之后，最后形成表 1-4。将各省节前回流量除以总流量，再乘以跨市总流出人口，就可以得到 2014 年北京人口跨市流出各个流向的实际人口流量。在前面的推算中，2014 年北京流出人口 426.87 万人。从大数据推断的结果来看，2014 年北京流向河北 191.70 万人（表 1-4，列 5），占跨市外出总量的 44.91%（表 1-4，列 4），居第 1 位，反向推算河北流出人口 623.02 万人（表 1-4，列 6）。最后一列（列 6）根据流入北京的流量反推北京跨市流出目的地省份的跨省流入外来人口估计，其结果与我国跨市外出人口的数量基本一致。由于北京地处东北、华北交通要道，且北京市完全包裹在河北省内，因此北京与河北即使在春节节日期间，每天也有大量两地往返性人口。如燕郊作为北京的睡城，每天都有大量非河北的外来人口往返两地，而在数据采集时由于没有标识来区分这种往返性人口，从而导致北京外出人口的高估。

表 1-4　　2014 年北京跨市人口流动流量、流向的大数据推断

流向	大数据表征流量	占流出地流出量比重	占北京流入量比重	北京流出人口（万人）	流量流出地外来人口（万人）
河北	4582966	30.77%	44.91%	191.70	623.02
天津	842284	10.79%	8.25%	35.23	326.61
山东	559014	5.67%	5.48%	23.38	412.10
河南	493324	5.59%	4.83%	20.63	368.88
内蒙古	351383	8.57%	3.44%	14.70	171.50
TOP5	6828971	—	66.92%	285.64	1902.11
山西	319160	6.91%	3.13%	13.35	193.17
广东	311649	—	3.05%	13.04	—
辽宁	301897	6.59%	2.96%	12.63	191.53
江苏	290367	—	2.85%	12.15	—
上海	227794	—	2.23%	9.53	—
TOP10	1450867	—	14.22%	60.69	384.70
浙江	227000	—	2.22%	9.50	—
黑龙江	150484	7.21%	1.47%	6.29	87.29
吉林	124566	5.32%	1.22%	5.21	97.96
四川	57738	0.91%	0.57%	2.42	264.52
新疆	41885	2.44%	0.41%	1.75	71.71
江西	41535	0.91%	0.41%	1.74	191.76
宁夏	25022	1.51%	0.25%	1.05	69.41
甘肃	24599	1.31%	0.24%	1.03	78.73
安徽	20788	0.21%	0.20%	0.87	422.10
陕西	19000	0.57%	0.19%	0.79	138.94
海南	10054	0.68%	0.10%	0.42	61.66
重庆	6522	0.15%	0.06%	0.27	181.87
香港	2584	0.92%	0.03%	0.11	11.74
青海	2292	0.29%	0.02%	0.10	32.95
西藏	1187	0.46%	0.01%	0.05	10.72
澳门	281	0.15%	0	0.01	7.84
台湾	184	2.50%	0	0.01	0.31
其他	1169706	—	11.46%	48.93	—
全国	10205265	100.00%	100.00%	426.87	—

前面课题组已经指出,节前流向北京的人口并非如劳动力输出大省一样的本省户籍人口外出返乡过年,而是可以用来表示北京外来人口中的常住人口。例如,表1-3中课题组推算北京外来人口中有389.84万河北人,而表1-4的推算结果则表明北京市外流入人口中的常住人口有191.70万河北人,即在北京的河北人中只有49.17%的为真正意义上的北京常住人口。表1-4中的其他项则是推算结果的差值,主要是TOP10之外省份的误差,这种误差的产生并非大数据人口估计的缺陷,而是数据采集时的一种忽略,若对整个数据的存储形式加以改进,完全可以避免这种误差。这其实也给课题组提供了一种推算外来人口中可计入常住口径的一种方法和途经。表1-4中最后一列的推算,广东、上海、江苏、浙江等因流出量占四地流出量比重太小而无法计算。

三、人口流出流量、流向变化测度和比较分析

利用前面的研究结果,课题组推算出2014年年末北京跨市流出人口规模为426.87万人,并反推2010年北京流出市外人口329.69万人(见表1-5)。与其他劳动力流出大省的人口流动情况不同的是,北京流出市外人口实际上是北京外来人口中的常住人口数量,即2014年北京外来常住人口比2010年增加了97.18万人,占同期北京271.90万新增流入人口的35.74%。首先,来自河北的外来常住人口增加119.91万人(表1-5,列6),占比增加23.13个百分点(表1-5,列7);其次,是来自天津的外来常住人口,2014年常住总量为35.2万人(表1-5,列3),新增6.66万人,但占比减少0.41个百分点(表1-5,列7)。

表1-5　　　　　北京跨市人口流出流量、流向变化　　　　　单位:万人

流向	2014年大数据推断		2010年		流量变化	
	大数据占比	人口流出	"六普"占比	"六普"流出	人口变化	占比变化
河北	44.91%	191.70	21.78%	71.79	119.91	23.13%
天津	8.25%	35.23	8.67%	28.57	6.66	-0.41%
山东	5.48%	23.38	4.33%	14.28	9.10	1.15%
河南	4.83%	20.63	3.15%	10.40	10.24	1.68%
内蒙古	3.44%	14.70	3.48%	11.47	3.23	-0.03%

续表

流向	2014年大数据推断		2010年		流量变化	
	大数据占比	人口流出	"六普"占比	"六普"流出	人口变化	占比变化
TOP5	66.92%	285.64	48.35%	159.40	126.24	18.57%
山西	3.13%	13.35	3.58%	11.82	1.53	-0.46%
广东	3.05%	13.04	6.15%	20.28	(7.24)	-3.10%
辽宁	2.96%	12.63	3.44%	11.34	1.29	-0.48%
江苏	2.85%	12.15	4.73%	15.60	(3.45)	-1.89%
上海	2.23%	9.53	7.03%	23.16	(13.63)	-4.79%
TOP6—10	14.22%	60.69	19.83%	65.36	(4.68)	-5.61%
浙江	2.22%	9.50	2.82%	9.31	0.19	-0.60%
黑龙江	1.47%	6.29	1.99%	6.57	(0.27)	-0.52%
吉林	1.22%	5.21	1.16%	3.83	1.38	0.06%
四川	0.57%	2.42	4.04%	13.31	(10.89)	-3.47%
新疆	0.41%	1.75	1.63%	5.38	(3.63)	-1.22%
江西	0.41%	1.74	1.01%	3.32	(1.58)	-0.60%
宁夏	0.25%	1.05	0.76%	2.52	(1.47)	-0.52%
甘肃	0.24%	1.03	1.85%	6.09	(5.06)	-1.61%
安徽	0.20%	0.87	2.67%	8.80	(7.93)	-2.47%
陕西	0.19%	0.79	4.40%	14.49	(13.70)	-4.21%
海南	0.10%	0.42	0.56%	1.86	(1.44)	-0.47%
重庆	0.06%	0.27	1.10%	3.61	(3.34)	-1.03%
香港	0.03%	0.11	—	—	—	—
青海	0.02%	0.10	0.56%	1.84	(1.75)	-0.54%
西藏	0.01%	0.05	0.04%	0.14	(0.09)	-0.03%
澳门	0	0.01	—	—	—	—
台湾	0	0.01	—	—	—	—
其他	11.46%	48.93	—	—	—	—
全国	100.00%	426.87	100.00%	329.69	97.18	0

说明：2010年流出市外目的地排名前五（TOP5）是河北、天津、上海、广东、江苏五省市，而TOP10是指TOP5加陕西、山东、四川、山西、内蒙古五省区。

从表1-5中的推算结果可以看出，外来常住人口增加的省级单位，皆是北京周边地区，即华北和东北，增量为负的黑龙江也基本保持平衡。劳动力输出大省如四川、安徽等地的增量为负，广东、江苏、上海的增量也为负。但如果考虑到表1-5中倒数第二行，则知增量为负的省级单位尚有40多万人并没有分配，此即意味着，总体而言，北京外来流入人口中，自2010年以来由华北、东北两大区域流入的外来常住人口增加了，而来自全国其他区域的外来常住人口则基本保持不变，这也符合课题组对外来常住人口的定义，即能长期在流入地定居的外来人口，而非官方统计所讲的在流入地居住三个月以上的外来人口，这种长期定居性需要稳定的经济支撑。需要指出的是，表1-4中的"六普"占比数据是采用北京市2010年人口普查资料中现住地为全国各地而出生地为北京的人口之比。

四、过滤反向春运之后的北京流出人口及其变动

2010年北京"六普"数据显示（见图1-12），全市流出市外人口为274365人。其中，流向河北74697万人，占总流出27.23%，居第一位；流向上海、天津、广东、江苏、山东、辽宁等六个沿海发达地区分别占总流出的8.33%、8.28%、6.90%、5.15%、4.78%和3.25%；流向四川、浙江和黑龙江也占有一定的比重。河北、上海、天津、广东、江苏五大流向目的地占55.88%，前十大流动目的地占72.98%。总体来看，北京外出人口主要流向

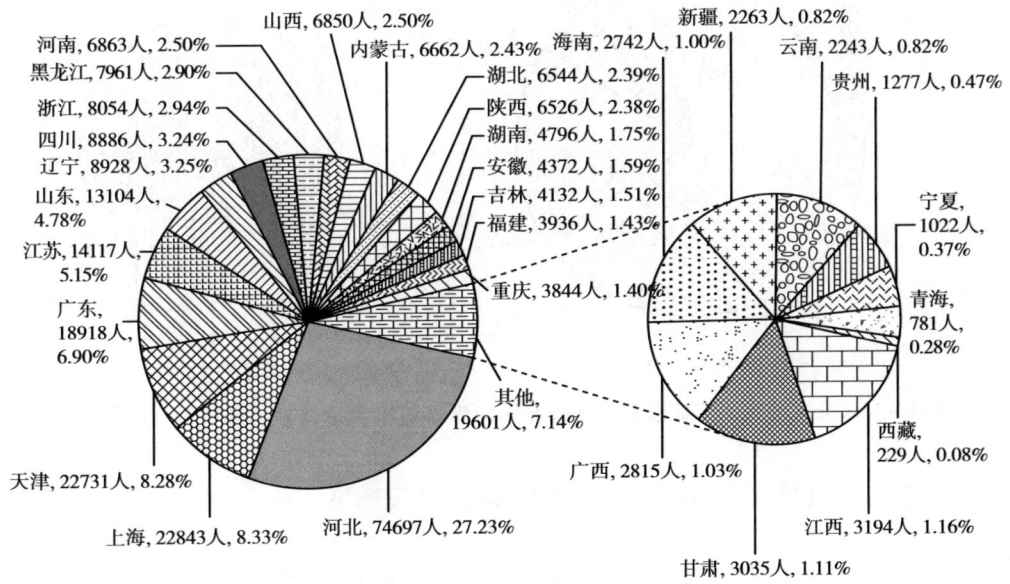

图1-12　北京外出人口流量及流向百分比构成（2010年"六普"数据）

与其相邻的河北与天津（占35.51%）；其次流向沿海经济发达地区，上海、天津、广东、江苏、山东、辽宁、浙江合计占31.33%；第三是流向四川、河南等人口与经济大省。而很少流向经济弱省和人口小省，如流向江西仅有3194人，占北京外出人口比重的1.16%，流向甘肃、广西、云南、贵州等中等人口省份也极少。

课题组过滤掉旅游及反向春运之后得到2014年北京流出人口为22.56万人（见图1-13）。其中，河北占44.91%，计10.13万人，比2010年的7.47万人增加2.66万人；流向天津占8.25%，计1.86万人，比2010年的2.27万人减少0.41万人；流向山东占5.48%，计1.24万人，比2010年的1.31万人减少0.07万人。如果以30.68万流出上限人口计算，2014年北京流出人口比2010年有所增加，其中流向天津、山东、河南、内蒙古和山西分别增加0.26万人、0.37万人、0.80万人、0.39万人和0.27万人。从反向春运的实际情况来看，越是相邻地区的反向春运比重越高，因此可能低估了较远地区的人口流量和流向。实名制大数据可以解决这一问题。

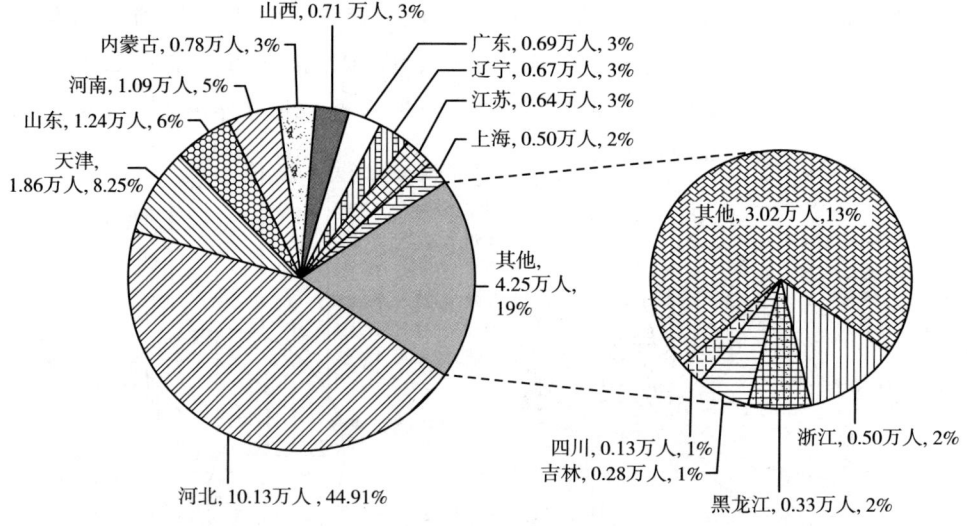

图1-13　北京外出人口流量及流向百分比构成（2014年大数据，基数22.56万人）

五、北京外来流入人口未来趋势及对策建议

从2015年9月北京拥有4194.4万移动用户的顶峰至2017年10月，北京移动用户总数下降到3642.8万户，累计减少551.6万户。自2014年3月以

来，北京的移动用户总数令人费解，令人难以较为准确地依此推断北京的实有人口，而北京以往一般的移动用户数量增减的变动与人口流动形成了极强的完全正相关关系，即每年冬天来临人口开始离京，移动用户总数也逐月减少，到农历年末达到最低，次年3月恢复到上一年度开始离京时的数量，然后逐步增长到10月。而2014年则自8月之后依然强劲增长。每年春节前后的人口大出大进，若有每日在京活动用户数量的时序数据，根据其历史变动亦可较为准确地推算占人口绝大多数的北京经济活动人口，再加上调查的人均手机拥有率就可较准确地推算人口流动流量。从图1-14北京月末移动用户数量可以看出，自2015年9月以来北京人口持续性减少，以人均2部手机推算，自此以来北京人口累计减少275.8万人。

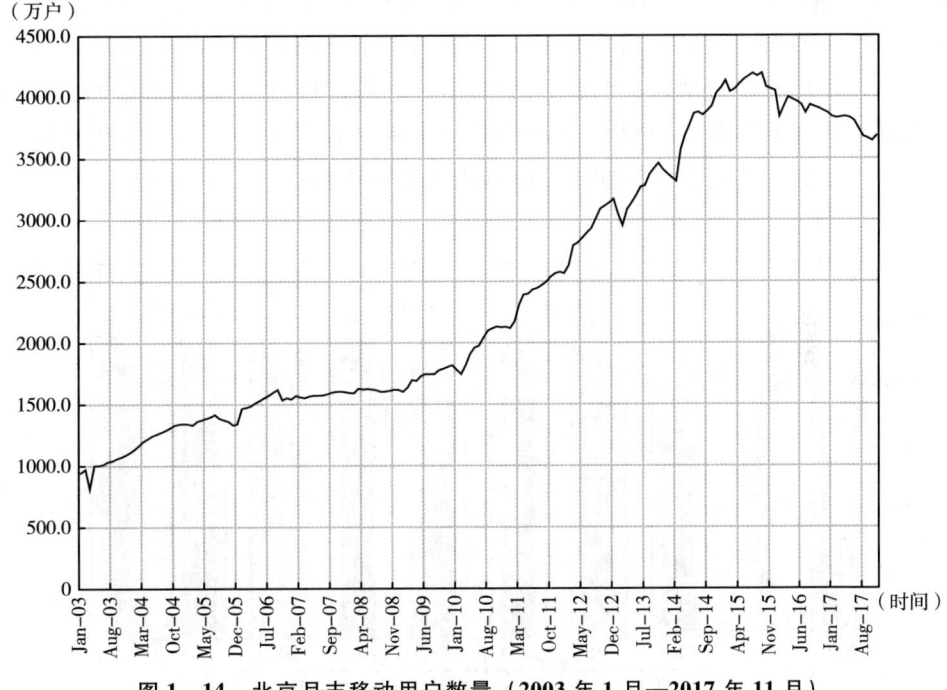

图1-14 北京月末移动用户数量（2003年1月—2017年11月）

春节前后月均移动用户数量的变动，反映了充值卡用户的变动，而充值卡用户多为流动性较强的农民工。例如，2013年10月北京移动用户数量为3460.7万户，到2014年2月下降到3313.6万户，累计减少147.1万户，考虑部分返乡过年的农民工并不会注销用户，因此就大致可以推算出此期间流动性较强的农民工减少了150万人左右。又如2003年3月移动用户数量比2月减少了159.9万户,由于2003年的人均手机拥有率(估计为50%)肯定远低于2013年(估计为100%),因此,2003年北京流动性较强的农民工数量比2013年多150万人。遗憾的是没有保存日均在京移动用户数量的系列数据,这需要建立一整套系统性的统计指标体系,以用于跨区域人口流动流量、流向及其变化的测度。

2014年以来,北京、上海和深圳三个人口超级城市都出现了不同程度的人口减少,而同为人口超级城市的广州则在2012年就开始出现人口减少(见图1-15)。2007—2016年,北上广深国内四大超级城市的平均人口规模分别为2312万人、2279万人、2048万人和2048万人,由于北上广深的户籍人口规模较大,因此四大城市的劳动力规模基本相等。国内四大超级城市中,广州和深圳属于一种相对自发的人口调控,即主要由城市经济发展与产业承载变化而发生相应的人口变动,而北京和上海则属于一种政府相对主动型的人口调控。无论是京沪政府型人口调控还是广深市场型人口调控,四大城市的人口规模变动趋势与全国劳动力总量变动趋势是基本一致。随着全国劳动力供应下降,可以预见未来北上广深四大超级城市人口规模将长期趋于减少。

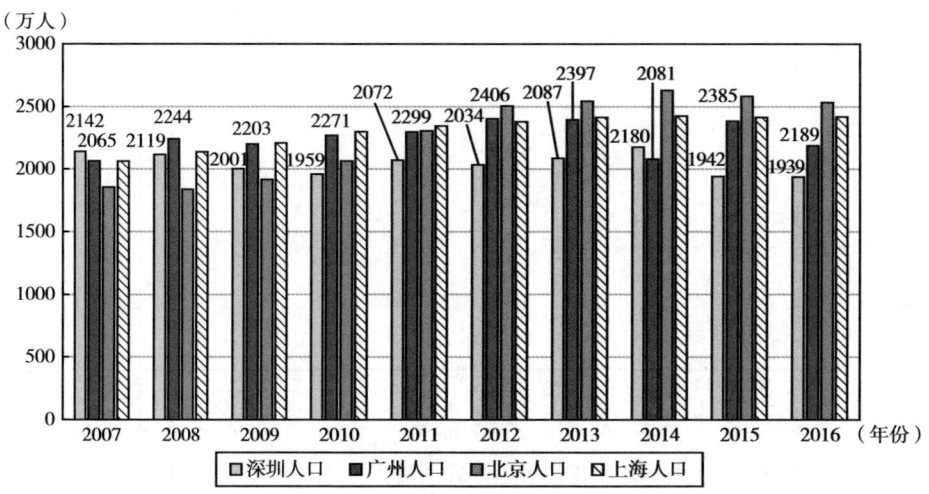

图1-15 基于年末移动用户数量的北上广深人口估计(2007—2016年)

《北京城市总体规划(2016—2030年)》(草案)提出,2020年以后,北京常住人口将长期控制在2300万人左右。课题组认为,无论人口控制与否,2030年北京常住人口规模基本上也将保持在2300万人以内,但市外流入人口的结构将发生较大的变化,以农民工为主的制造业劳动力流入将转变为以高校毕业生为主的服务业就业人口的流入。由于北京不像深圳、广州一样存在大量的城中村建筑，在高房价时代，北京私营企业的就业人口吸引力将远不及广州、深圳等珠三角城市，但公立企事业单位依旧有较强的人口吸引力。从新生儿出生数量来看，剔除政策性人口短期增量因素，北上广深四个超级城市年均新生儿规模也只有 20 万人左右，以人均寿命 80 岁计算，未来四大城市的人口规模只有 1600 万人。因此，超级城市的人口控制其实是没有必要的。

本章参考文献

[1] 国家统计局北京调查总队. 北京市第六次全国人口普查资料汇编（2013 – 01 – 14）[OL]. http：//www.bjstats.gov.cn/tjnj/rkpc – 2010/indexch.htm.

[2] 周晓津. 特大城市人口规模调控对策 [J]. 开放导报, 2016 (1): 7 – 11.

[3] 周晓津, 张强. 特大城市人口规模调控与比较研究 [M]. 北京: 经济科学出版社, 2016.

[4] 李晓壮. 北京流动人口结构性特征及对策研究 [J]. 北京社会科学, 2017 (11): 4 – 16.

[5] 北京市通信管理局. 行业统计——北京电信业月报（2003.01—2017.17）[OL]. http：//www.bca.gov.cn/default/list.jsp?key = hytj.

[6] 张强, 周晓津. 我国大城市人口规模估算与调控路径选择 [J]. 西部论坛, 2014 (2): 1 – 16. 封面论文. 国家期刊库（NSSD）.

[7] 李晓壮. 北京流动人口的结构性特征: 5 年回顾与展望 [J]. 西北人口, 2018, 39 (2): 32 – 40.

[8] 孟凡萍. 北京市人口规模的合理调控研究 [D]. 首都经济贸易大学, 2018.

[9] 周晓津, 姚阳. 基于大数据的京沪人口流动流量、流向新变化 [J]. 大数据, 2016, 2 (3): 49 – 59.

第二章
天津市人口流动流量、流向及其变化研究

摘　要： 天津与北京、上海虽同为国内四大直辖市之列，但其外来人口的规模远少于京沪。大数据推断结果表明，2010年天津实际流入人口为416.49万人，此后至2014年流向天津的人口下降到347.69万人，累计减少68.80万人。天津外来人口主要来自河北、山东、北京、河南、山西等北方邻近省级区域，南方地区的人口流入较少。受北京强劲的人口吸引力影响及河北邻近地理位置影响，天津人口流出规模也较大，2014年天津实际流出人口为163.89万人，与2010年的144.65万流出人口相比增加了19.24万人。此外，天津外来流动人口规模也存在一定的高估。

关键词： 天津流动人口；人口大数据；人口流向变化

第一节　天津流动人口规模概述与市外流入人口

一、天津流动人口规模概述

天津作为中国四大直辖市之一，是环渤海地区经济中心和首批沿海开放城市，也是国家中心城市和人口超千万的超级城市之一。作为北方最大的工业城市，改革开放初期天津的外来人口规模与北京大致相当，1987年（大城市流动人口问题与对策讨论会）天津的外来流动人口达到86万人，也仅比北京少20万人。1988年天津外来流动人口上升到110万人（张坚，1991）。但有研究指出，1994年天津流动人口超过100万人（王莉，1996）。周晓津（2011）在其博士论文里估计了天津1988—2007年30年来的外来流动人口规模（见图2-1）。估计结果显示，1989年、1997年和2000年是天津外来人口流入数量的三个阶

段性的低点,以就业为目的或居住时间较长的常年性外来人口自 2000 年以来持续增长。天津市 2010 年第六次全国人口普查(2010 年 11 月 1 日零时)主要数据显示,全市常住人口为 12938224 人,同第五次全国人口普查(2000 年 11 月 1 日零时)的 10009068 人相比,10 年共增加 2929156 人,增长 29.27%,年平均增长率为 2.60%。"五普"与"四普"相比,10 年零 4 个月增加 122.34 万人,增长 13.93%;2000 年天津有 912 万户籍人口,加入图 2-1 中常住性的 181 万流入人口,2000 年天津实有常住人口达到 1093 万人。由于"五普"和"六普"有关外来常住人口的口径不同,因此 2000 年以来天津的人口总量增量并非普查结果显示得那么大,"六普"比"五普"实际常住人口仅增加 214 万人,除去户籍人口的增长,天津同期外来人口仅增加 140 余万人。

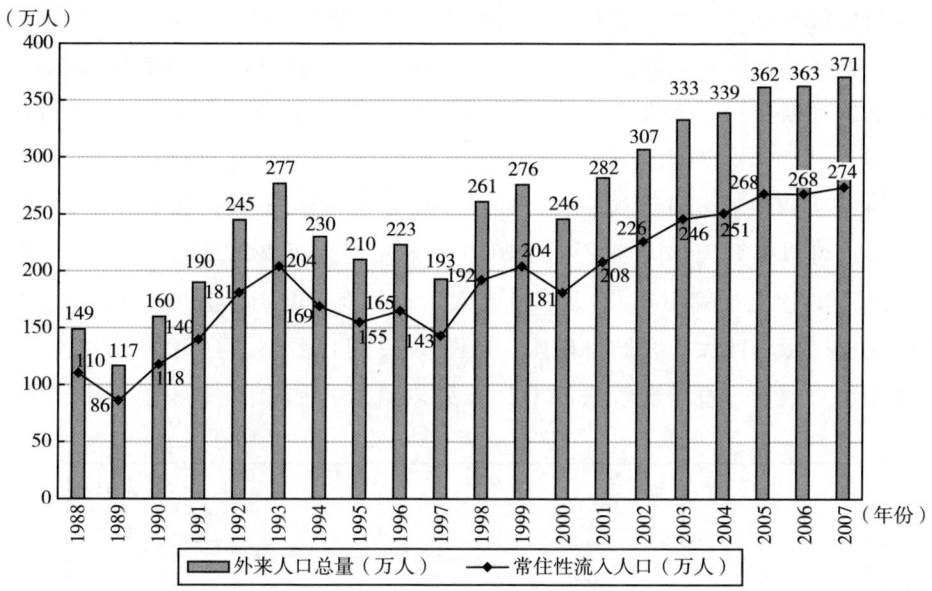

图 2-1　天津常年性流动人口和外来人口总量估计(1988—2007 年)

2010 年"六普"时,天津登记的流动人口是 290 万,但据天津市流动人口管理办公室估计,天津市的流动人口实际数量应该有 380 余万①。周晓津(2015)发现,按同一口径进行估计,与北上广深等巨量人口流入的特大城市相反,天津实有人口却少于官方数据,因此推断天津官方很可能高估了外来人

---

① 来源:中国网滨海高新,天津市 380 万流动人口年内将领"居住证"(2011-04-22),http://news.cntv.cn/20110422/112455.shtml。

口数量,他认为天津对外来人口的吸纳能力排在国内特大城市较为靠后的位置。特别地,本章的流动人口与外来人口并没有严格的区分,当加上一个地域时,同指来自该区域以外流动到本区域的人口;其次,本章的常住人口是指外来人口中除去日常性流动人口之外的人口,并不特别限定居住 3 个月以上。

二、天津移动用户数量增长与的人口流入规模

2007 年年底,外来人口仅次于深圳的东莞市移动电话用户达到 1408.23 万户,其中充值卡用户为 1299.59 万户。东莞是一个外来农村劳动力仍为集中的城市,充值卡用户几乎是为外来人口量身定制的手机卡,其外来农民工人口的人均手机拥有率具有一定的全国代表性,其他城市虽然非劳动力外来人口占比较高,但总体外来人口的人均手机拥有率与东莞大致相等。课题组在东莞实地调研的数据显示,东莞外来劳动力人口的人均手机拥有率就已经达到 0.9 部。2007 年年末,天津移动用户总数仅为 738 万户,以此可以推算同期天津 15—64 岁人口只有 820 万人左右,加上 140 万 65 岁以上人口和 130 万 14 岁以下人口,可以推算天津同期总人口 1090 万人左右。而 2007 年天津户籍人口为 959.10 万,因此推算 2007 年天津净流入人口只有 130 万人左右,远不能与同期的北上广深等四大一线城市相比。从图 2 - 2 可以看出,自 2007 年以来天津的移动用户数量一直呈现较快的增长态势,到 2013 年则徘徊不前。由于人均

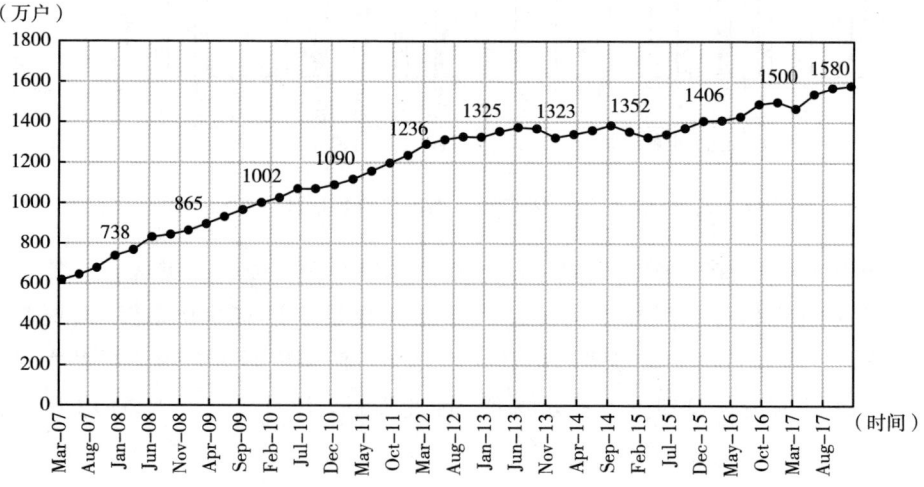

图 2 - 2　天津年末移动电话用户数(1978—2017 年)

手机拥有率的提高，2007—2012 年的天津总人口增长斜率显示会比移动用户增长平缓，而 2013 年和 2014 年移动用户数量的停滞则意味着同期总人口数量的停滞或负增长（人口流出）。

从全国的情况来看，2010 年之后，无论是 15 岁以上人口还是 15—64 岁劳动年龄人口的人均手机拥有率都呈现相对平稳状态，意味着手机使用基本上已经达到饱和状态。但问题是 2013 年以来，天津劳动年龄人均手机拥有率不但低于全国劳动年龄人口平均手机拥有率，也低于全国 15 岁以上人口的平均手机拥有率（见图 2-3），这使课题组相信，天津的人口数据有问题。因为天津作为国内过去曾经排名先前的特大城市，虽然有人口流出，但其规模较小，总体上仍旧是人口净流入甚至是纯流入城市。以户籍人口为参照系，2011 年的天津净流入人口为 231.56 万人，但 2012 年增加到 305.80 万人，外来人口净增量达到 74.24 万人；2016 年比 2011 年净流入人口累计增加 241.04 万人。正是这种极不正常的外来人口增加，导致了天津人均手机拥有率远低于国内其他人口净流入城市。

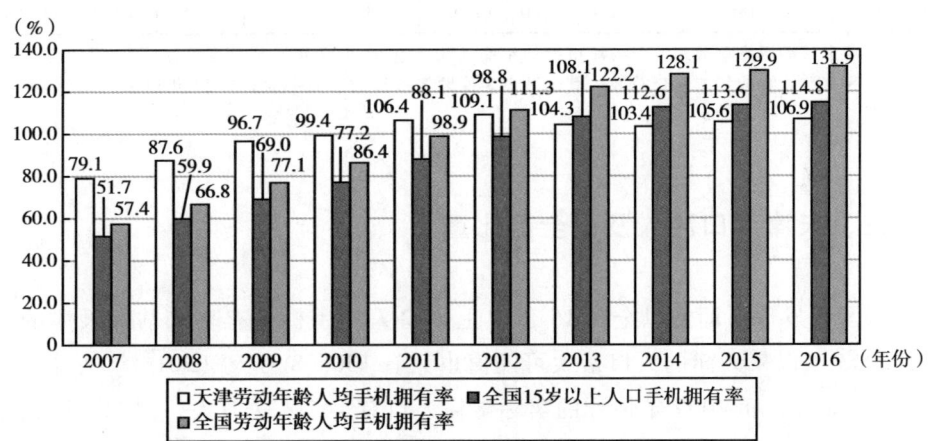

图 2-3　天津与全国的人均手机拥有率比较（2007—2016 年）

以上海年末常住人口为参照系，课题组估计了 2007—2016 年北上广深津的人口（见表 2-1）。估计结果显示，北京、广州和深圳的估计人口数都高于官方公布的年末常住人口，唯天津的估计结果 2007 年、2013 年和 2014 年不但低于官方公布的常住人口，也低于天津的户籍人口。造成这种现象的主要原因有两个：一是北上广深的人口估计可能被低估；二是制造业占比较高的天津比北上广深拥有更低的人均手机拥有率。表 2-1 估计的意义在于使人们很清晰地测度到2007年以来天津的人口总量变动情况，即2007—2011年，天津总人口持续增加，随后持续3年减少，2016年又有较大幅度的增加。

表2-1 以上海为参照的基于移动用户数量的天津实有人口估计（2007—2016年）

年份	年末移动用户总数（万户）					估计人口（万人）				
	上海	北京	广州	深圳	天津	深圳	广州	北京	上海	天津
2007年	1776.5	1598.3	1778.0	1844.0	738.3	2142	2065	1857	2064	857.6
2008年	1880.9	1616.2	1971.3	1862.0	865.0	2119	2244	1839	2141	984.5
2009年	2106.3	1825.4	2099.4	1907.3	1002.0	2001	2203	1915	2210	1051.5
2010年	2361.6	2117.7	2328.8	2008.6	1089.8	1959	2271	2065	2303	1062.6
2011年	2620.6	2575.9	2566.9	2313.2	1235.6	2072	2299	2307	2347	1106.8
2012年	3008.3	3168.0	3040.2	2571.0	1325.2	2034	2406	2507	2380	1048.6
2013年	3200.7	3373.8	3176.1	2766.0	1323.2	2087	2397	2546	2415	998.5
2014年	3292.7	4076.2	3223.9	3377.0	1351.8	2180	2081	2631	2426	995.8
2015年	3259.9	4051.6	3218.6	2621.0	1405.8	1942	2385	2583	2415	1041.6
2016年	3126.2	3868.7	2828.1	2505.0	1499.8	1939	2189	2535	2420	1160.8

注：年末移动用户总数来源于各城市统计年鉴（2016年或2017年）或年度统计公报。估计人口中上海一列为上海官方的年末人口总数，其余城市为课题组推算数，其中北京2014年以来利用移动业务量进行调整。

三、天津人口流入及占全国比重

课题组发现，即使以全国15岁以上人口人均手机拥有率来估计天津的人口，2013年以来天津的人口最大可能值也只有1306.8万人（2016年估计的实际常住人口），而2009年估计的实际常住人口有1451.27万人。因此，课题组取2007—2012年表2-1中的估计值与以全国15岁以上人口的人均手机拥有率估计值的平均值，而2013年之后单独采用全国15岁以上人口的人均手机拥有率形成表2-2中最后一列的天津实际常住人口估计值（见表2-2）。由于大城市中手机向15岁以下人口渗透日益普遍，因此相对于实际情况，课题组几乎给出了天津实有人口的上限。2012年之后天津官方人口的反常现象，很可能源于人们过去对于人口高速增长的一种惯性思维，并严重依赖过去的数据而没有对实际情况进行深入调查。以天津滨海新区为例，1994年3月滨海新区建成，2005年滨海新区纳入国家发展战略并成为国家重点支持开发开放的国家级新区。滨海新区统计公报显示，2015年全区移动用户数量为213.4万，但常住人口却有297.01万人。从全市范围内看，虽然存在手机登记地与使用地分离的现象，但从滨海新区建立的历史及手机更新频率来看，这两个数据是极为不正常的。从移动用户数量来看，滨海新区最多支持同等数量的人口，即实际的常住人口的缩减区间为［28.15%，37.39%］，缩减均值应为32.77%。国家统计局将2016年GDP从万亿元调整为6654亿元，缩水约33.47%。

表2-2　　天津人口总量及净流入人口情况（2007—2016年）

年份	净流入人口（万人）			人口总量（万人）		
	估计数	官方数	净流入差额	官方常住	户籍人口	实际常住
2007	184.2	83.9	100.3	1043.0	959.1	1143.3
2008	245.2	106.1	139.1	1075.0	968.9	1214.1
2009	271.5	135.2	136.4	1115.0	979.8	1251.4
2010	252.6	191.2	61.4	1176.0	984.9	1237.5
2011	258.3	231.6	26.8	1228.0	996.4	1254.8
2012	201.7	305.8	(104.1)	1299.0	993.2	1194.9
2013	220.6	351.0	(130.4)	1355.0	1004.0	1224.6
2014	183.8	396.3	(212.6)	1413.0	1016.7	1200.4
2015	211.1	445.1	(234.0)	1472.0	1026.9	1238.0
2016	262.4	472.6	(210.2)	1517.0	1044.4	1306.8

注：官方数据和户籍人口来源于《天津统计年鉴（2017）》，其余为本书估计数。

从官方的数据来看，天津本市流动人口规模占全国的比重逐年升高，2000年天津市流动人口数量不到全国总量的1%，到了2015年占全国的比重达到2.03%，似乎表明天津人口表现出明显的集聚态势。但课题组的估计结果显示，2010年以来天津市流动人口（以户籍人口为参照系的净流入人口）占全国流动人口的比重与2000年并没有太大的变化，年均占比为0.95%；2010年天津市外流入人口占全国1.14%，然后持续下降至2014年的0.73%，2016年又恢复到1.07%。从估计结果来看（见表2-3），2005年天津市外流入人口竟然占到全国的1.82%，2000年也占到1.50%，其主要原因是2000年全国第五次人口普查时，流动人口的统计口径是在流入地居住六个月以上的外地人口；其次，当时人口的流动性较"六普"之后更大，有很多漏计人口。课题组估计2000年和2005年天津市外流入人口占全国的比重为1.2%左右。有人根据天津有 520 万外来人口数据，建议天津市控制外来人口流入，天津市相关职能部门也表示要适度从严控制人口增长。但课题组的研究结果表明，天津市外流入人口并不存在长期增长趋势；相反，在某段时间内呈现持续减少的趋势，且市外流入人口占全国的比重实际上也没有太大的变化，因此严控人口增长完全没有必要。

表 2-3　　　　　　全国流动人口与天津市外流入人口对比

年份	全国（亿人）		天津（百万）	
	人户分离人口	流动人口	跨市外来人口	外来人口占全国%
2000	1.44	1.21	1.81	1.50
2005	1.75	1.47	2.68	1.82
2010	2.61	2.21	2.53	1.14
2011	2.71	2.30	2.58	1.12
2012	2.79	2.36	2.02	0.85
2013	2.89	2.45	2.21	0.90
2014	2.98	2.53	1.84	0.73
2015	2.94	2.47	2.11	0.85
2016	2.92	2.45	2.62	1.07

注：2000 年、2010 年分别为当年国家人口普查时点数据，其余年份数据根据年度人口抽样调查推算。天津市方面的数据是课题组估计的数据。

1988 年，天津流动人口已达 131 万人（含市内流动），2006 年天津公安机关登记的流动人口数量仅为 109.9 万人，至 2010 年 11 月底天津登记的流动人口数量上升到 290.9 万人，到 2015 年年底流动人口登记数虽然达到 520 万人，更多的可能是外来人口登记率的上升，而实际流入量甚至可能会少于 2005 年。

第二节　天津跨市流入人口大数据推断

要计算天津跨市流入人口数量，只需要得到春节节前较短一段时间内由天津流向全国各地的人口数量即可。但节前天津流出市外人口也包含一部分本省人口短期外出，因此必须尽可能地减少采样范围以将这一因素排除。课题组所归集的大数据采样表 PtopLineOut 中已经包含这些信息。

一、流入人口大数据初始表征流量

对 PtopLineOut 数据表进行下述 SQL 查询操作：

SELECT province, name, to_char（sum（num），'99,999,999'）as num0, sum（"singleNum"）as sNum0, to_char（sum（per）/2.4, '99.999%'）As per0

  FROM public."PTopLineOut"

  where province = '天津'

  group by province, name

  order by num0 desc

可以得到节前天津人口流出目的地涵括全国 14 个省级单位。该查询可得到节前由天津流向全国各地排名前 10 位的省份。通常情况下，排名前 10 位的流量比较稳定，而排名第 10 位之后的省份流量则交替出现。从大数据归集的可表征人口流动流量的大小来看，节前天津人口流向最多的省份是河北（与北京一样），大数据人口表征流量为 2867467（北京为 9320069，是天津的 3.25 倍，大致可以推断北京吸纳的河北人是天津的 3.25 倍），占节前天津流出总量的 34.54%（北京为 33.59%，京津同为大城市，且同被河北环抱，河北人在两地所占的比重应基本相等）。这说明河北是天津市外流动人口的主要来源地。流向其余各省流出量大小排名位次为山东、北京、河南、山西、安徽、黑龙江、辽宁和吉林，表明天津市外流入人口主要来源于这些省份。前 10 个省级单位全市占流出总量的 81.88%，推算采样期间天津流出总量为 8279250（同期北京的流量为 28552669，是天津的 3.45 倍，意味着北京外来人口规模远大于天津）。

由于上述查询只能得到流出省份中流量为 TOP10 的省份，且该流量并不直接代表人口流量，而是系统所记录的可代表人口流量的无量纲数据。若天津节前流入该省人口占天津总流出人口比重较低，则不能被系统记录，但该省流入人口流量却在某时段内进入其流入排名前 10 位，从而会发生数据的漏计，因此还必须对数据表 PtopLineIn 进行下述 SQL 查询操作：

SELECT province, name, sum（num）as num0, to_char（sum（per）/2.4, '9999.999%'）As per0

  FROM public."PtopLineIn"

```
where name = '天津'
group by province, name
order by num0  desc
```

第二次查询得到的省级单位扩展到 15 个,其中排名前 6 位的省份名次和流量与第一次查询完全相同。第二次查询吉林和内蒙古都多于第一次查询,表明两省流入量虽然占天津的比重不大,但两地流向天津的人口占两地流出比重比较高;而安徽则比第一次查询少,表明安徽流动到天津的人口数量占安徽全省流出人口比重非常低;台港澳、西藏和青海也有较少的流量(见表 2-4)。

表 2-4　　　　2014 年天津跨市人口流入流量大数据采样

第一次查询				第二次查询			
流出地	流向地	大数据采样流量	占流出地比重	流入地	流出地	大数据采样流量	占流入地比重
天津	河北	2867467	34.54%	河北	天津	2867467	14.35%
天津	山东	1105680	12.81%	山东	天津	1105680	7.58%
天津	北京	842284	10.79%	北京	天津	842284	8.38%
天津	河南	670836	8.11%	山西	天津	299358	4.64%
天津	山西	299358	3.61%	黑龙江	天津	263426	5.09%
天津	安徽	275205	3.34%	辽宁	天津	252053	5.38%
天津	黑龙江	263426	3.13%	吉林	天津	173028	4.22%
天津	辽宁	252053	3.14%	内蒙古	天津	167862	4.26%
天津	吉林	107174	0.80%	宁夏	天津	4792	0.49%
天津	江苏	95484	1.61%	台湾	天津	4231	2.53%
天津	湖北	93265	1.36%	香港	天津	2978	0.69%
天津	内蒙古	77268	0.71%	安徽	天津	2332	0.00%
天津	陕西	1577	0.10%	澳门	天津	63	0.06%
天津	广东	93	0.02%	西藏	天津	37	0.13%
天津	TOP10	6778967	81.88%	青海	天津	11	0.02%
天津	全国	8279250	100.00%	TOP10	天津	3115692	—
				全国	天津	8279250	—

二、由大数据表征流量到人口流入量及流向测度

在前面的分析中,以户籍人口为参照,取不同方法推算结果的均值,课题组得到 2014 年天津由市外净流入人口的可信值为 183.8 万。采样期间天津流出总量为 8279250,而同期北京的流量为 28552669,是天津的 3.45 倍,意味着北京外来人口规模远大于天津。查询汇总结果表明,大数据采样期内流入总量为 10205265,流出总量为 8279250,净流出量为 4376707,流入总量为 3902542。由此推算 2014 年天津流入总人口为 347.69 万,本地流出 163.89 万,净流出人口 183.80 万。若以北京 1194.30 万外来人口为参照系,则推算天津流入人口为 346.30 万,两种方法的推算结果非常一致。

将天津节前流向京外各省级单位的大数据采样流量除以总流出量,可以得到天津各方向外来流入人口数量(见表 2-5)。课题组推算 2014 年流入天津的外来人口中,河北居第 1 位,流入天津的人口 120.42 万人①(表 2-5,列 6),占天津外来人口 34.63%(表 2-5,列 5),占河北跨省流出人口 14.35%(表 2-5,列 3)。此外,还可反推河北跨省流出人口总量为 838.99 万人。山东居天津外来人口第 2 位,有 46.43 万人流动到天津,占天津外来人口 13.35%,反推山东跨省流出人口总量为 612.58 万人。

表 2-5　　　　2014 年天津跨市人口流入来源地及数量

来源地	人口大数据采样流量	占来源地比重	占天津流入比重*	占天津流入比重**	流入人口(万人)	来源地流出人口(万人)
河北	2867467	14.35%	34.54%	34.63%	120.42	838.99
山东	1105680	7.58%	12.81%	13.35%	46.43	612.58
北京	842284	8.38%	10.79%	10.17%	35.37	422.05
河南	670836	—	8.11%	8.10%	28.17	—
山西	299358	4.64%	3.61%	3.62%	12.57	270.71
TOP5	5785625	—	69.86%	69.88%	242.97	2144.33
安徽	275205	—	3.34%	3.32%	11.56	—
黑龙江	263426	5.09%	3.13%	3.18%	11.06	217.38

① 同期河北流入北京的人口不少于 389.84 万人,是流入天津的 3.24 倍。

续表

来源地	人口大数据采样流量	占来源地比重	占天津流入比重*	占天津流入比重**	流入人口（万人）	来源地流出人口（万人）
辽宁	252053	5.38%	3.14%	3.04%	10.59	196.78
吉林	173028	4.22%	0.80%	2.09%	7.27	172.03
内蒙古	167862	4.26%	1.61%	2.03%	7.05	165.48
TOP6—10	1131574	—	12.02%	13.67%	47.52	751.67
江苏	95484	—	0.71%	1.15%	4.01	—
湖北	93265	—	0.10%	1.13%	3.92	—
其他	1173302	—	—	14.17%	49.27	—
全国	8279250	—	—	100.00%	347.69	—

注：占天津流入人口比重 * 为第一次查询直接得到，而占天津流入人口比重 ** 则为推算得到的结果。

北京的情况比较特殊，节前由天津流向北京的人口流量映射出在北京常住的天津外出人口数量，即北京的外来常住人口中，来自天津的有35.37万人（表2-5，列6），这些人在北京常住之后，已经被视为北京的常住人口，课题组以天津节前流向北京的流量占北京流入量的比重推算北京外来常住人口有422.05万人。河南居天津外来人口第4位，推算2014年有28.17万人流动到天津，占天津外来人口8.10%。山西居天津外来人口第5位，推算2014年有12.57万人流动到天津，占天津外来人口3.62%，反推山西跨省流出人口总量为270.71万人。以户籍人口为参照系，天津外来人口排前五位的是河北、山东、河南、山西、安徽；以常住人口为参照系，天津外来人口排前五位的是河北、山东、北京、河南、山西，流入来源地TOP5占天津外来人口总量的69.88%。

三、2010年以来天津市外人口流入变化

2010年全国第六次人口普查数据显示，天津外来人口为299.15万人，其中河北占25.22%，其次是山东、河南、黑龙江、安徽、四川、湖北、吉林、山西、内蒙古等省区。而在前面的分析中，课题组推算2010年天津市外流入人口有416.49万人。因此，在比较2010年和2014年天津市外流入人口流量

及流向变化时，课题组采用推算数据而非官方的"六普"数据。另外，"六普"是以户籍人口为比较基点，而本章大数据采集汇总则包含外来常住人口的反向流动，因此北京、河北两地的占比会相对偏高。再次，在"六普"数据中，四川、湖北等劳动力输出大省在天津外来人口中占比明显，但在两省的人口流量中占比非常低，因而不能显示出来。2010年人口普查时，四川有108996人流动到天津，湖北也有108382人，但大数据推算的结果显示，2014年湖北只有不到4万人流动到天津，四川则从未在人口流动前10排行榜出现过。甚至离天津较近的山东、河南都出现流动到天津人口减少的现象（见表2-6）。

表2-6　　　　　　天津市外人口流入流量、流向变化

来源地	2014年			2010年			新变化	
	流量当量	占总流量比重	人口估计	"六普"比重	"六普"数据	"六普"调整	占比变动	人口流量
河北	2867467	34.63%	120.42	25.22%	75.45	105.04	9.41%	15.38
山东	1105680	13.35%	46.43	16.89%	50.51	70.33	-3.53%	(23.89)
北京	842284	10.17%	35.37	0.76%	2.27	3.16	9.41%	32.21
河南	670836	8.10%	28.17	11.07%	33.13	46.13	-2.97%	(17.95)
山西	299358	3.62%	12.57	3.39%	10.15	14.13	0.22%	(1.56)
TOP5	5785625	69.88%	242.97	64.32%	192.40	267.87	5.57%	(24.90)
安徽	275205	3.32%	11.56	4.65%	13.90	19.35	-1.32%	(7.79)
黑龙江	263426	3.18%	11.06	6.49%	19.41	27.03	-3.31%	(15.96)
辽宁	252053	3.04%	10.59	2.74%	8.19	11.41	0.31%	(0.82)
吉林	173028	2.09%	7.27	3.39%	10.15	14.14	-1.30%	(6.87)
内蒙古	167862	2.03%	7.05	2.85%	8.52	11.86	-0.82%	(4.81)
TOP6—10	1131574	13.67%	47.52	16.90%	50.56	70.39	-3.23%	(22.87)
江苏	95484	1.15%	4.01	2.42%	7.23	10.07	-1.26%	(6.06)
湖北	93265	1.13%	3.92	3.62%	10.84	15.09	-2.50%	(11.17)
其他	1173302	14.17%	49.27	16.51%	49.39	68.77	-2.34%	(19.49)
全国	8279250	100.00%	347.69	100.00%	299.15	416.49	0.00%	(68.80)

注：2010年市外流入排名前五（TOP5）是河北、山东、河南、黑龙江、安徽五省，而TOP10是指TOP5加四川、湖北、吉林、山西、内蒙古五省区。2014年市外流入前五和前十已经发生了很大的变化。

为了使2014年的大数据推算和2010年以人口普查占比的两个时段的数据具有可比性，必须将天津流向河北、天津流向北京的人口流量剥离出来，从而调减天津流向河北、天津流向北京的流量。2010年北京流入天津的人口为22731人，占天津外来人口流量的0.76%，利用比例类推法计算大数据流量当量为62910人，调减流量为779374；河北流量的调整则以山东为参照，调减流量为1216012，调整后的流量为1651455。将天津流向全国的流量8279250减去两次调减量，得到天津流向全国的调整后流量为6600328。调整后的计算结果表明（见图2-4），2010年以来，河北、山东、河南、湖北等省流向天津的人口都减少了，来自黑龙江的人口流入也减少了13万余人。东北的人口流动则表现两极分化，测算黑龙江和吉林两省流向北京人口减少，而辽宁则增加1.50万人，课题组认为与东三省在不同行业就业很有关系，黑吉两省多在流动性较弱的行业就业，而辽宁一方面在商业等城市服务业就业人口较多，另一方面距离较近也使其更容易流入。当然，更大的差距是：一个是大数据推算结果，另一个是以农民工为主的人口普查，若同为大数据标准则更为准确。

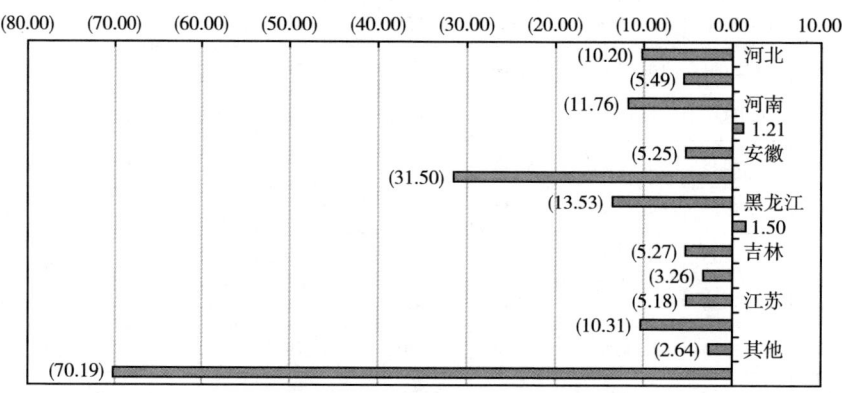

图2-4 天津人口流动流量、流向变化（2010年 vs. 2014年）

天津市城市规划设计研究院的研究报告显示[①]，2018年春节期间天津人口五大流出目的地为河北、山东、北京、河南、山西，各省排序与2014年保持一致，但2018年TOP5流出目的地占总流出比重上升了75%，比2014年提高5个百分点，其中流向河北的人口多达百万。人口流出区域主要来自滨海新

---

① 天津市城市规划设计研究院. 天津春节人口流动大数据：天津人最喜欢去哪？[OL]. 看准网 (2018-04-26). https://www.kanzhun.com/news/200853.html.

区、西青区、武清区、东丽区、北辰区五区,约占全市总流出的60%。从2017年年末1580.1万的移动用户数量来看,比2014年的1352万增加了228万,因此天津外来人口在2017年比2014年相比其增量应在150万人以上。但应将天津与北京之间的流量过滤掉。

第三节　天津跨市流出人口流动流量、流向测度

一、流动人口大数据初始表征流量

对数据表PtopLineIn进行下述SQL查询操作:

SELECT province, name, sum(num) as num0, to_char(sum(per)/2.4, '9999.999%') As per0

　　FROM public."PTopLineIn"

　　where province = '天津'

　　group by province, name

　　order by num0　desc

可以得到节前天津人口流入来源地涵括全国13个省级单位。上述查询只能得到流出省份中流量为TOP10的省份,但不同时段不同省份进入TOP10,因此最终输出结果有11个省级单位,说明天津节前人口流入来源地比较集中。若天津流入该省人口占该省总流入人口比重较低,则有可能发生数据的漏计,因此还必须对数据表PtopLineOut进行下述SQL查询操作:

SELECT province, name, sum(num) as num0, to_char(sum(per)/2.4, '9999.999%') As per0

　　FROM public."PTopLineOut"

　　where name = '天津'

　　group by province, name

　　order by num0　desc

第一次查询除了防止大数据表征的人口流量被漏计外,另一个重要的功能是计算出大数据表征人口的总流量。在原始数据中,为简化计算,系统只记录不同时段流入或流入排名前10的省级区域,因此需要计算总流量。第一次查

询中共记录了 13 个省级区域流向天津的流入量，TOP10 流量合计占全市流入总量的 91.45%，推算出全市总流入量为 3823194；第二次查询共记录了 11 个省级区域的流入量，最大限度地解决了数据漏计的问题。两次查询输出结果如表 2-7 所示。

表 2-7　　　　　　　　天津人口流出的初始表征量

第一次查询				第二次查询				
流入地	流出地	大数据采样流量	占天津流入量比重	序号	流出地	流入地	大数据采样流量	占来源地流入量比重
天津	河北	1725314	44.21%	1	河北	天津	1725314	12.70%
天津	北京	1026340	26.35%	2	北京	天津	858943	3.10%
天津	山东	239535	6.63%	3	辽宁	天津	66430	1.21%
天津	辽宁	97132	2.80%	4	山东	天津	56469	0.52%
天津	河南	93684	2.56%	5	山西	天津	15912	0.27%
天津	山西	83390	2.16%	6	黑龙江	天津	3877	0.32%
天津	江苏	81854	2.37%	7	吉林	天津	482	0.06%
天津	上海	51788	1.54%	8	内蒙古	天津	59	0.01%
天津	广东	50295	1.57%	9	香港	天津	37	0.04%
天津	内蒙古	46979	1.26%	10	澳门	天津	9	0.01%
天津	黑龙江	4381	0.15%	11	台湾	天津	3	0.06%
天津	浙江	2655	0.23%	12				
天津	安徽	187	0.00%	13				
天津	TOP10	3496311	91.45%	14	TOP10	天津	2727532	—
天津	全国	3823194	100.00%	15	全国	天津	3823194	—

二、由大数据表征流量到人口流量、流向测度

需要特别注意的是，节前由市外流向天津的流量对应于天津流出人口流量而不是相反。将两次查询结果合并，取大值新值之后，最后形成表 2-8。结果发现，第二次查询并没有给课题组带来弥补初始系统缺陷的机会，因此取第一次查询结果进行下一步推算。将各省节前回流量除以总流量，再乘以跨市总流出人口，就可以得到 2014 年天津人口跨市流出各个流向的实际人口流量。在前面的推算中，2014 年天津流出人口 163.89 万人。从大数据推断的结果来

看，2014 年天津流向河北为 73.96 万人（表 2-8，列 5），占跨市外出总量的 45.13%（表 2-8，列 4），居第 1 位，反向推算河北流出人口为 582.18 万人（表 2-8，列 6）。最后一列（列 6）根据流入天津的流量反推天津跨市流出目的地省份的跨省流入外来人口估计，其结果只具有一定的参考意义，主要原因是数据不全。

表 2-8　　2014 年天津跨市人口流动流量、流向的大数据推断

流向	大数据表征流量	占流出地流出量比重	占天津流入量比重	天津流出人口（万人）	流量流出地外来人口（万人）
河北	1725314	12.70%	45.13%	73.96	582.18
北京	1026340	3.10%	26.85%	44.00	1421.53
山东	239535	1.21%	6.27%	10.27	850.02
辽宁	97132	0.52%	2.54%	4.16	794.62
河南	93684	0.27%	2.45%	4.02	1476.46
TOP5	3182005	—	83.23%	136.40	5124.80
山西	83390	—	2.18%	3.57	—
江苏	81854	—	2.14%	3.51	—
上海	51788	—	1.35%	2.22	—
广东	50295	—	1.32%	2.16	—
内蒙古	46979	—	1.23%	2.01	—
TOP10	3496311	—	91.45%	149.88	—
其他	326883	—	8.55%	14.01	—
全国	3823194	—	100.00%	163.89	—

前面课题组已经指出，节前流向天津的人口并非如劳动力输出大省一样的本省户籍人口外出返乡过年，而是可以用来表示天津外来人口中的常住人口。例如，前面表 2-6 中课题组推算天津外来人口中有 120.42 万河北人，而表 2-8 的推算结果则表明天津市外流入人口中的常住人口有 73.96 万河北人，即在天津的河北人当中只有 61.42% 的为真正意义上的天津常住人口。表 2-8 中的其他项则是推算结果的差值，主要是 TOP10 之外省份的误差，这种误差的产生并非大数据人口估计的缺陷，而是数据采集时的一种忽略，若对整个数据的存储形式加以改进，完全可以避免这种误差。这其实也给课题组提供了一种推算外来人口中可计入常住口径的一种方法和途经。

三、人口流出流量、流向变化测度和比较分析

利用前面的研究结果,2010年天津流出市外人口144.65万人(见表2-9),而2010年天津全国第六次人口普查数据仅为27.31万人。与其他劳动力流出大省的人口流动情况不同的是,天津流出市外人口实际上是天津外来人口中的常住人口数量,即2014年天津外来常住人口比2010年增加了19.24万人。其中,来自河北的外来常住人口增加39.53万人(表2-9,列6),占比增加21.32个百分点(表2-9,列7);其次,流向北京的天津人与2010年相比实际上没有什么变化;流向山东、河南和山西等华北区域的天津人有所增加。流向上海、广东、江苏等距离较远的人口有所减少;流向内蒙古的天津人也减少了1.59万人。流量及流向变化表明天津与周边区域的人口流动较为紧密,流向减少的地区主要是沿海发达地区、东北及内蒙古。

表2-9　　　　天津跨市人口流出流量、流向变化

流向	2014年大数据推断		2010年		流量变化	
	大数据占比	人口流出	"六普"占比	"六普"流出	人口变化	占比变化
河北	45.13%	73.96	23.80%	34.43	39.53	21.32%
北京	26.85%	44.00	30.41%	43.98	0.01	-3.56%
山东	6.27%	10.27	4.67%	6.76	3.51	1.59%
辽宁	2.54%	4.16	3.07%	4.44	(0.28)	-0.53%
河南	2.45%	4.02	1.71%	2.48	1.54	0.74%
TOP5	83.23%	136.40	67.81%	98.08	38.32	15.42%
山西	2.18%	3.57	2.08%	3.00	0.57	0.10%
江苏	2.14%	3.51	3.22%	4.65	(1.14)	-1.08%
上海	1.35%	2.22	4.67%	6.76	(4.54)	-3.32%
广东	1.32%	2.16	4.25%	6.15	(3.99)	-2.93%
内蒙古	1.23%	2.01	2.49%	3.60	(1.59)	-1.26%
TOP10	91.45%	149.88	80.71%	116.75	33.13	10.74%
其他	8.55%	14.01	19.29%	27.90	(13.89)	-10.74%
全国	100.00%	163.89	100.00%	144.65	19.24	0

注:2010年流出市外目的地排名前五(TOP5)是北京、河北、上海、山东、广东五省市,而TOP10是指TOP5加江苏、辽宁、内蒙古、山西、浙江五省区。

与北京相类似，数据采集时并未能将反向春运因素排除，从而导致天津的流出人口过大，实际流出规模约为上述推算值的20%，即32.8万人，但推算得到的流向百分比构成完全可以接受。天津的人口流动界于北上广深和重庆之间，一方面天津吸引了数百万的市外人口流动；另一方面，天津农村地区仍然有相当数量的人口流出。但天津既不像北上广深那样以人口流入为主，也不像重庆那样以人口流出为主。从课题组分析的结果看，一方面，天津官方近年来很可能虚计了外来人口流入，不能反映外来人口数量的波动情况；另一方面，官方数据少计或漏计了本地户籍的人口流出，从而导致了总人口的高估。课题组推算的结果显示，2013—2015年天津的总人口几乎处于停滞状态，而官方数据却显示持续的增长；2007—2012年是天津人口的持续增加时期。在手机实名制时代，利用手机用户数量的波动很容易测定一个地区的人口总量，天津完全有条件比较准确地掌握人口总量。其次，天津可以像上海一样对全市所有的建筑物进行清洗式的人口摸查。

从国内外超级城市的发展经验表明，GDP总量与劳动力数量呈完全的正比例关系，即一国之内的超级城市劳动力规模越大，其城市GDP也会越大。以上海为例，2017年全市GDP为30133亿元，就业劳动力人口1364.5万人，同期课题组推算天津总人口为1367.6万人，实际就业人口为772.68万人，估计GDP为17063.87亿元，与苏州差不多。在国家对天津GDP进行大幅度调整之后，仍然还有1500亿元左右的调整空间。因此天津GDP的重新核算仍是一项艰巨的任务。

天津市城市规划设计研究院的研究报告显示①，2018年春节期间天津人口流入来源地中，河北、北京和山东居前三位，TOP3占总流入量的七成，其中来自河北省的人口流入量高达90万人；来自辽宁、河南、山西、内蒙古四地流入人口均超过5万人；流入人口中18—44岁区占比超八成，其中25—34岁区间人数最多；高中及以下过半数，本科及以上人群占近1/5；来津人口活跃区域主要分布在滨海新区、西青区、南开区、河东区。由于这些数据并没有区分节前与节后的流入，因此很难判断天津人口流出流向及流量。从天津与河北的人口流量来看，虽然流出达100万人，而流入只有90万人，依此也不能判断流入减少，因为通常人口节前返乡流动集中程度大于节后流动。

---

① 天津市城市规划设计研究院. 天津春节人口流动大数据：天津人最喜欢去哪？［OL］. 看准网（2018-04-26）. https：//www.kanzhun.com/news/200853.html.

本章参考文献

[1] 天津市通信管理局. 行业统计——天津电信业季度发展情况（2007年第1季度至2017年第4季度）[OL]. http://www.tjca.gov.cn/a/zw/hytj2/.

[2] 第一财经日报（2016-05-22）. 天津外来人口达520万人超过广州[OL]. http://www.tianjinwe.com/jhpd/sylm/dc/201605/t20160522_1001925.html.

[3] 天津市城市规划设计研究院. 天津春节人口流动大数据：天津人最喜欢去哪？[OL]. 看准网（2018-04-26）. https://www.kanzhun.com/news/200853.html.

[4] 李鸥. 天津市人口迁移情况的研究与思考[J]. 天津行政学院学报, 2003, 5(3): 77-80.

[5] 樊丽文, 张妍. 天津市人口发展状况30年实证分析[J]. 经济研究导刊, 2013(29): 65-67.

[6] 张坚. 关于八大城市流动人口问题的综合报告[J]. 社会学研究, 1991(3): 20-24.

[7] 彭启彪, 左晗. 人口流动对我国社会的影响[J]. 社会科学家, 1990(2): 49-52.

[8] 王志强, 王岩. 犯罪与"城市梦"：农民工犯罪问题实证研究[J]. 法学杂志, 2011(s1): 266-272.

第三章
河北省人口流动流量、流向及其变化研究

摘 要： 大数据推断结果表明，2014年河北跨省流入人口规模596.40万人，跨省流出人口规模812.43万人，跨省流出人口较2010年增加139.86万人，其中回流至北京的人口增加101.52万人。2014年，北京、天津、山东、山西、河南等5省市是河北人口的主要外出地，变动最大的是内蒙古，其排名由2010年的第三大流向目的地下降到第6位。流向天津、广东两地的人口减少显著。

关键词： 河北流动人口；人口大数据；人口流向变化

第一节 河北流动人口规模及农村外出人口

河北的地理位置极为特殊（见图3-1），一是将京津两个直辖市囊括在全省腹身，由廊坊市代管的大厂、三河、香河三个县级行政区甚至组成了国内最大的一块飞地，因此河北成为京津千万外来人口的主要流出目的地[①]，以京津为参照的大数据反向推算结果显示河北跨省流出人口平均值为812.43万人；二是南接拥有过亿人口且劳动力极为丰富的河南省（河南省1%人口抽样调查显示，2015年年末全省户籍人口为10722万人，净流出1242万人），从而成为河南外出人口的重要流入地；三是东南与同样人口近亿且较为发达的山东接

[①] 大数据推算结果显示，2014年流入北京的外来人口中，河北居第1位，流入北京的人口不少于389.84万人，占北京外来人口的32.64%，占河北跨省流出人口的49.61%，即河北流出人口中，2人当中有1人流向北京。此外，课题组推算河北跨省流出人口总量高达785.87万人以上。同期大数据推算2014年流入天津的外来人口中，河北居第1位，流入天津的人口120.42万人，占天津外来人口的34.63%，占河北跨省流出人口的14.35%。此外，以天津为参照推算河北跨省流出人口总量为838.99万人。

壤（2015 年山东全省常住人口为 9847 万人），两省历来人口交往频繁；三是北部和西部与内蒙古和山西两个能源大省相邻①，是河北底层劳动力重要的流出目的地；四是东北与辽宁相连，也是东北人出关南下的关口。由于这种特殊的地理位置，导致河北人口的流动极为频繁，且极易受首都北京人口调控的影响，因此河北的总人口在不同年份的波动远比其他省份要大，特别是短期性流动方向变动极大。值得注意的是，由于初始数据采集限制，京津流出人口中有相当一部分日常性频繁流动人口并没有被过滤掉。例如，前面章节中推算北京191.7 万流动到河北的人口中有 180 余万高流动性人口，而天津亦有 60 余万人，因此河北常年性流出人口应在 600 万人左右。

一、河北外出人口规模估计

一直以来，鲜见有关河北较为可信的跨省流动人口数量公之于世。2010年全国第六次人口普查时，官方公布数据显示，流出到省外的人口为 3498253人，省外流入人口为 1404673 人，净流出人口 2093580 人。"六普"人口普查的流动人口数据主要是那些流动性较弱且工作相对稳定的农村劳动力人口，即通常所说的农民工人口，那些流动性较强、自雇或城市中小服务业从业人口并没有包括在内，因此存在严重的低估。2008 年受全球金融危机冲击，中国出现大规模农民工返乡潮，《财经》记者的农民工失业潮专题报道显示②，河北省共有 700 万—1000 万农村富余劳动力（数据来源：河北省就业服务局），全省在外务工人员总计 626 万人，其中在省外务工人数达到 326 万人，主要集中在北京（114 万人）、天津（20 万人）等地，从事建筑、餐饮服务等行业。比较这两组数据，可以发现，2010 年"六普"数据仅仅是指务工人员（农民工）；另外，为举办奥运会，北京在 2005 年年底开始严格控制外来人口流入，部分河北人因北京人口控制在 2008 年奥运会之后才再次回到北京，因此 2010年的流出人口较 2008 年年末的增量可视之为奥运会之后的恢复性增加，由此可以看出，河北流出人口在 2008 年之后实际上并没有什么增长，因为中国农

---

① 2014 年全国原煤生产量排名前五的分别是内蒙古（9.94 亿吨，占全国 25.7%）、山西（9.76亿吨，占 25.2%）、陕西（5.15 亿吨，占 13.3%）、贵州（1.85 亿吨，占 4.8%）、山东（1.48 亿吨，占 3.8%）。

② 张艳玲（《财经》实习记者），农民工失业潮专题报道——河北省 60 万农民工已返乡（2009 - 01 - 06），http://www.caijing.com.cn/2009 - 01 - 06/110045214.html。

村所谓的富余劳动力仅仅是统计数据而已,实际上这些富余劳动力都已经流出。

来自河北省总工会的数据显示,2015年全省现有工会会员1430余万人,其中农民工会员近700万人①。《河北经济年鉴(2017)》数据显示,2015年全省城镇非私营单位职工人数为643.65万人。非私营单位职工通常会整体性地加入工会,意味着工会会员中,非农民工且非职工会员不到100万人。按第三产业占GDP比重推算,至少还有40%的农民工(466.67万人)并没有加入工会,这些农民工大多属于自雇佣或从业非农中小服务业。从全国人口大省的经验来看,流动人口占总人口的比重通常可达20%以上,而河北省的实有人口在7000万人左右,全省流动人口1400万人左右。

二、基于移动用户数量的人口流动量测度

2007年全国外出农民工人均手机拥有率就已经达到90%,意味着手机已经在劳动力人口当中普及。由于对外出人口数量的低估,往往会导致人口流出地区人均手机拥有量远远低于人口流入地区。从河北在全国的经济地位来看,全省人均手机拥有量大致可以达到全国平均水平,因此以全国人均手机拥有率为参照可以大致推算出河北历年年末平均人口的数量。从官方公布的户籍人口数量来看,每次人口普查之后户籍人口往往会比前一年超常规增加,因此课题组采用线性插值的方式对户籍人口数据进行调整。以全国人均手机拥有率为参照,推算河北实有人口如表3-1所示。以调整后的户籍人口与估计的实有人口相比较,发现2005年河北跨省净流出人口高达1033.47万人,受北京举办奥运会人口控制影响,到2007年跨省净流出下降到278.15万人;2008年跨省流出人口均值达到467.09万人,2009年受全球金融危机影响净流出减少了近50万人;2010年以户籍人口为参照系,河北跨省净流出人口为429.55万人,与官方"六普"净流出人口209.36万人相比,两者相差220.19万人。实际上,估计值比官方统计值更为真实可信,主要原因是官方以户籍为参照,造成大量人在京津而户籍保留在河北的情况出现。2011年之后净流出持续增加,到2016年大幅度下降,这与京津冀协同发展的国家战略高度相关。表3-1最

---

① 佚名. 河北省总工会创新推进农民工入会[J]. 工会博览,2016(10):20-20.

后一列净流入估计值显示,河北实际流出人口规模可能更大。2014年之后河北人均手机拥有率应该基本饱和,但年末移动用户数量与户籍人口数量仍然有较大差值,2016年河北人口净流出比2015年大幅度减少,表明流动性极强的人口回流异常迅速。2015年河北人口流出达到最大值,其最有可能的原因有两个:一是流动到河北的外省人口大量返回其来源地;二是河北流动到京津两地的人口大量增加。2016年河北净流出达到最低值,可能与中央在河北大手笔布局有较大的关系,大量人口流入京津周边。

表3-1　　河北省实有人口及人口净流出(净流入)估计(2005—2016年)

年份	全国	河北省		户籍人口(万人)		人口流动(万人)	
	人均手机拥有率(%)	年末移动用户数(万户)	人口估计(万人)	官方数据	线性调整后	净流出	净流入
2005	30.26%	1785.5	5900.53	6851	6934	1033.47	-1186.49
2006	35.30%	2251	6376.78	6898	6986	609.22	-750.78
2007	41.64%	2814.8	6759.85	6943	7038	278.15	-408.48
2008	48.53%	3214.1	6622.91	6989	7090	467.09	-569.19
2009	56.27%	3783.2	6723.3	7034	7142	418.7	-489.99
2010	64.36%	4353.6	6764.45	7194	7194	429.55	-474.65
2011	73.55%	5094.5	6926.58	7241	7241	314.42	-369.83
2012	82.50%	5513.1	6682.54	7288	7288	605.46	-685.65
2013	90.33%	6006.2	6649.18	7333	7333	683.82	-781.35
2014	94.03%	6229.1	6624.59	7384	7384	759.41	-900.74
2015	94.82%	6139.9	6475.66	7424.92	7424.92	949.26	-1121.94
2016	95.60%	7121	7448.74	7470.05	7470.05	21.31	-269.6

注:年末移动用户数(列3)和户籍人口(列5)来源于《河北统计年鉴(2017)》。列2=全国移动用户年末总数/全国总人口;列4=列3/列2;列6利用线性插值法对户籍人口数量进行调整;列7=列6-列4;列8以全国15—64岁人口的年末手机拥有率先推算河北省同期15—64岁人口,再利用此年龄段人口占河北全省75%左右推算出河北的实有人口,然后以官方户籍人口为参照系计算出人口的净流入。

三、基于产出和从业人员占比的流出人口规模推算

2008年之后官方统计公布的第一产业从业人员数量(官方数)乘以第一产业占GDP的比重才是真实的第一从业人员数量(估计数),而官方数与估计

数之间的差额实际上是农村流出劳动力,却依旧被记录为本地常住人口数量(见表3-2)。以2015年为例,全省总从业人员为4212.50万人,但第一产业占全省GDP比重仅为11.46%,因此第一产业从业人员实际也只占全部从业人员的11.46%左右,即482.55万人,农村流出的劳动力为905.28万人。计算的结果显示,2008年以来,河北省农村流出劳动力人数逐年减少,这也与20世纪80年代以来出生人口数量有明显的关系,因为外出人口主要是青壮年劳动力。与2008年相比,2015年河北农村流出劳动力人数减少了100万人左右。其中,2012年人口流出减少明显,这与课题组推算的北京人口在2012年出现减少互相呼应。因为在北京的外来人口中,河北占了1/3左右。值得注意的是,农村劳动力流出减少并不完全对应于北京的外来人口减少。其原因是:一部分人口减少对应于高校招生数量的增加,而高校毕业生则多数又只能流向服务业较为发达的大城市。因此,作为河北人口流出目的地的北京,其外来人口的减少趋势在一定程度上出现了人口学历结构的变化,即以前农村占外来人口比重较大,而2010年之后高校毕业生占比增加了。

表3-2　　占比产出法——农村流出劳动力数(2005—2016年)　　单位:万人

年份	全社会年末从业人员数	第一产业占GDP比重	第一产业实际从业劳动力	第一产业官方从业人员数	第一产业流出劳动力数
2005	3568.97	13.93%	497.31	1564.72	1067.41
2006	3609.99	12.70%	458.34	1524.89	1066.55
2007	3664.97	13.21%	484.12	1481.52	997.40
2008	3725.66	12.65%	471.41	1481.37	1009.96
2009	3792.49	12.74%	483.35	1479.22	995.87
2010	3865.14	12.51%	483.34	1464.21	980.87
2011	3962.42	11.79%	467.14	1439.63	972.49
2012	4085.74	11.92%	487.01	1426.27	939.26
2013	4183.93	11.81%	494.28	1404.49	910.21
2014	4202.66	11.64%	489.08	1398.88	909.80
2015	4212.50	11.46%	482.55	1387.83	905.28
2016	4223.95	10.89%	460.03	1380.33	920.30

注:列2、列3数据来源于《河北统计年鉴(2017)》。

表 3-2 中推算的第一产业流出的劳动力数与人们通常所认为的农村富余劳动力数量基本相等。从农村的实际情况来看，除春节前后有大量劳动力外，其余时间基本上很难找到符合国际通行标准的劳动力，农村相当一部分产出依靠 60 岁以上的非劳动力人口来生产。以 2010 年为例，农村流出劳动力为 980.87 万人，他们一半以上流向省外，其余则在省内流动。以 2009 年年初河北省就业服务局的比重推算，2010 年河北农村 980.87 万外出务工人员中，实际流向省外的务工人口有 510.81 万人，换算成全口径流出人口为 638.51 万人（以务工人员占流动人口 80% 计算），而表 3-1 中跨省净流出人口为 429.55 万人，因此可推算省外流入人口为 208.96 万人，与"六普"数据相比多出 68.49 万人。

第二节 河北跨省流入人口大数据推断

一、流入人口大数据初始表征流量

同理，要计算河北跨省流入人口数量，只需要得到节前由河北流向全国各地的人口数量即可。但节前河北流出省外人口也包含一部分本省人口短期外出，因此必须尽可能地减少采样范围以将这一因素排除。课题组所归集的大数据采样表 PtopLineOut 中已经包含这些信息，对 PtopLineOut 数据表进行下述 SQL 查询操作：

SELECT province, name, to_char（sum（num），'99,999,999'）as num0, sum（"singleNum"）as sNum0, to_char（sum（per）/2.4，'99.999%'）As per0
  FROM public."PTopLineOut"
  where province = '河北'
  group by province, name
  order by num0 desc

可以得到节前河北人口流出目的地涵括全国 13 个省级单位。由于系统只记录流出 TOP10 省份，河北外省流入人口排前 7 名的省级区域节前返乡过年的流量非常稳定，表明河北省外流入人口非常集中于这些省份。从大数据归集的可表征人口流动流量的大小来看，节前河北人口流向最多的省份是北京,大数据人口表征流量为4582966,占节前河北流出总量的30.77%。值得注意的是,这种节前人口流动反映的是河北籍人口流动到北京后成为北京的外来常住人口,他们的常住性居住使节前其留守在家的人口在年末流动到北京过年而形成的流量,而真正的北京户籍人口流动到河北的规模是非常小的。天津的情况与北京差不多,也是河北籍人口流动到天津后变成常住人口所形成的反向流动。流向其余各省流出量大小排名位次为山东、河南、山西、辽宁、内蒙古等省区,这些流量才是真正流动到河北的人口节前返乡流量。TOP10最大流入省份占流出总量的82.40%,推算采样期间河北流出总量为13852513。

由于上述查询只能得到流出省份中流量为TOP10的省份,且该流量并不直接代表人口流量,而是系统所记录的可代表人口流量的无量纲数据。若河北节前流入该省人口占河北总流出人口比重较低,则不能被系统记录,但该省流入人口流量却在某时段内进入其流入排名前10位,从而会发生数据的漏计,因此还必须对数据表PtopLineIn进行下述SQL查询操作:

SELECT province, name, sum(num) as num0, to_char(sum(per)/2.4, '9999.999%') As per0

  FROM public. "PtopLineIn"

  where name = '河北'

  group by province, name

  order by num0 desc

第二次查询得到的省级单位扩展到20个,其中排名前7位的省份名次和流量与第一次查询完全相同(见表3-3)。由于第二次查询是以流入地为基准的,那些虽然在河北流入人口占比不大但流出地占比则进入其流出排名前10位的则被录入系统。例如,第二次查询时发现,由河北流向黑龙江的流量大于江苏。造成这种情况的主要原因是:黑龙江流向河北的人口占黑龙江流出人口的比重很高,但这种流量占河北省的流出量却排在第10名左右,由于黑龙江离河北较远,人口流出集中在白天,从而导致夜晚时间采集流量时进不了前10位而被忽略。安徽的情况则相反,即安徽人口在河北外来人口中基本上可占据前10位的位置,但其流量在安徽节前流入量比重却比较低,数据采集时夜间基本上不被采集到。在第二次查询中,大数据采样得到的流入京津的河北人占两地流入总量的14.37%和44.21%。

表3-3　　2014年河北跨省人口流入流量大数据采样

第一次查询				第二次查询			
流出地	流向地	大数据采样流量	占流出地比重	流入地	流出地	大数据采样流量	占流入地比重
河北	北京	4582966	30.77%	北京	河北	4582966	41.37%
河北	天津	1725314	12.70%	天津	河北	1725314	44.21%
河北	山东	1442263	10.95%	山东	河北	1442263	11.11%
河北	河南	1295012	10.20%	河南	河北	1295012	4.66%
河北	山西	678713	5.52%	山西	河北	678713	12.02%
河北	辽宁	481912	3.75%	辽宁	河北	481912	10.50%
河北	内蒙古	396971	3.03%	内蒙古	河北	396971	10.76%
河北	江苏	287110	2.14%	黑龙江	河北	319237	6.25%
河北	安徽	264048	1.75%	江苏	河北	299796	1.65%
河北	黑龙江	259885	1.59%	吉林	河北	185160	4.81%
河北	陕西	79947	0.98%	安徽	河北	97183	0.34%
河北	湖北	51155	0.94%	海南	河北	60076	2.48%
河北	四川	366	0.03%	陕西	河北	45117	0.79%
河北	TOP10	11414194	82.40%	宁夏	河北	10825	0.82%
河北	全国	13852513	100.00%	新疆	河北	1849	0.35%
				西藏	河北	812	1.06%
				澳门	河北	754	0.48%
				青海	河北	229	0.16%
				香港	河北	170	0.11%
				台湾	河北	110	0.09%
				TOP10	河北	11407344	—
				全国	河北	13852513	—

二、由大数据表征流量到人口流入量及流向测度

由于河北与京津两地人口流动频繁，课题组以北京为参照推算河北跨省流出人口总量高达785.87万人以上，以天津为参照推算河北跨省流出人口总量为838.99万人，取均值812.43万人为进一步推算数据。在大数据采样中，若能得到采样期内流入总量和流出总量，则根据人口净流入量就可以推算流出人

口和流入人口。特别需要注意的是，大数据采样期内流入总量对应的是河北本省人口跨省流出，而流出总量则对应河北外省流入人口。通过查询计算，大数据采样期内流入总量为13852513，流出总量为18870350，净流出量为5017837。由于流入量对应于812.43万流出人口，推算2014年河北外省流入人口总量为596.40万，同期河北跨省净流出人口为216.03万人。因此，只要计算出节前流出量占流出量的比重，再乘以河北省外流入人口总量，就可以得到各省2014年流入河北的人口数量。

大数据人口推算结果显示，河北省外流入人口主要来自山东、河南、山西、辽宁、内蒙古等相邻省区，黑龙江、江苏、安徽都记录到较大流量。来自京津两地的流量并不表示两地有大量人口流动到河北，而是以常住人口为参照系的河北跨省流出人口在其流入地本地常住之后的反向流动，即北京的常住外来人口中，来自河北的有197.31万人，在天津的常住外来人口中，来自河北的有74.28万人。来自山东的外来人口为62.09万人（表3-4，列6），占山东省外流动人口的11.11%（表3-4，列3），占河北省外流入人口比重为10.95%（表3-4，列5）。课题组还可以依此推算出安徽跨省流出人口数量有1195.69万人（表3-4，列7）。来自其他省级单位的人口流入如表3-4所示。

表3-4　　2014年河北跨省人口流入来源地及数量

来源地	人口大数据采样流量	占来源地比重	占河北流入比重*	占河北流入比重**	流入人口（万人）	来源地流出人口（万人）
北京	4582966	41.37%	30.77%	33.08%	197.31	476.9
天津	1725314	44.21%	12.70%	12.45%	74.28	168.02
山东	1442263	11.11%	10.95%	10.41%	62.09	559.16
河南	1295012	4.66%	10.20%	9.35%	55.75	1195.69
山西	678713	12.02%	5.52%	4.90%	29.22	243.04
辽宁	481912	10.50%	3.75%	3.48%	20.75	197.54
内蒙古	396971	10.76%	3.03%	2.87%	17.09	158.9
黑龙江	319237	6.25%	—	2.30%	13.74	220.01
江苏	299796	1.65%	—	2.16%	12.91	781.31
吉林	185160	4.81%	—	1.34%	7.97	165.8
安徽	264048	—	—	1.91%	11.37	—

续表

来源地	人口大数据采样流量	占来源地比重	占河北流入比重*	占河北流入比重**	流入人口（万人）	来源地流出人口（万人）
海南	60076	2.48%	—	0.43%	2.59	104.13
陕西	79947	—	—	0.58%	3.44	—
宁夏	10825	0.82%	—	0.08%	0.47	56.63
新疆	1849	0.35%	—	0.01%	0.08	22.74
西藏	812	1.06%	—	0.01%	0.03	3.29
澳门	754	0.48%	—	0.01%	0.03	6.82
青海	229	0.16%	—	0	0.01	6.01
香港	170	0.11%	—	0	0.01	6.84
台湾	110	0.09%	—	0	0	5.15
湖北	51155	0.11%	—	0.37%	2.2	—
四川	366	0.09%	—	0	0.02	—
TOP10	11407344	—	—	82.35%	491.13	
全国	13852513	—	—	100.00%	596.4	

注：占河北流入人口比重*为第一次查询直接得到，而占河北流入人口比重**则为推算得到的结果。

若将京津这种反向流动剔除，则人口流动流量及规模都不变，但所占比重会发生较大的改变（见图3-1）。例如，山东所占比重在没有剔除京津时只有10.41%，而将京津排除后在河北外省流入人口中所占比重上升到19.12%，但流入人口数量依旧保持为62.09万人。在以往的人口抽样调查中，通常是河

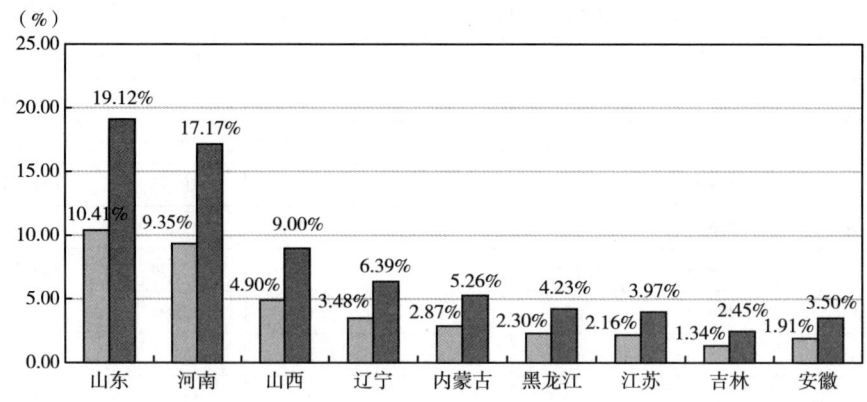

图3-1 河北省外来人口主要来源地及所占比重

南人占据河北外来人口的第 1 位,但大数据推算结果显示是山东人居第 1 位。主要原因是以往的人口抽样调查往往以流动性较弱的制造业外来人口为主要对象,对流动性强的服务业外来人口缺乏有效的应对手段,而河南的外出人口大多从事制造业,山东的外出人口则在服务业领域就业比较多。

三、2010 年以来河北外省人口流入变化

课题组推算 2010 年河北省流出省外的人口为 672.57 万人,2014 年河北跨省流出人口 812.43 万人,即 2010 年以后河北本省跨省流出人口增加 139.86 万人,即北京奥运会结束后大量河北人再次流向北京。课题组推算 2010 年河北跨省流入人口为 243.02 万人,并以此推算 2010 年以来河北跨省流入人口流量的变化(见表 3-5)。由于统计口径不同,表 3-5 中北京、天津的数据差异极大,主要原因是大数据推断"新北京人(来自河北)"和"新天津人(来自河北)"的数量较大,而这部分人口在"六普"时并没有将其纳入统计口径中,意味着若开放户籍,则这部分人将流向他们已经在京津常住的亲属那儿。表 3-5 中 2010 年的数据以制造业劳动力流动为主要调查对象,而 2014 年则以常住人口为统计对象。那些在河北以外地区常住的河北人,其家属还流动在河北且拥有河北户籍。2010 年全国第六次人口普查时,黑龙江居河北流入人口第 1 位,其次才是河南、内蒙古、山东等三个相邻省区,人口流出大省四川也占据第 5 位;居第 5 至第 10 位的分别是辽宁、北京、天津、安徽和河北等五省市。遗憾的是,课题组手中只有 2014 年年末的人口流动大数据,无法与相邻或较早年份的大数据进行对比,若以同口径的大数据进行比较,可能有更为准确的人口流量和流向数据。

表 3-5　　　　河北省外人口流入流量、流向变化

来源地	2014 年			2010 年			新变化	
	流量当量	占总流量比重	人口估计	"六普"比重	"六普"数据	"六普"调整	占比变动	人口流量
北京	4582966	33.08%	197.31	5.32%	7.47	12.92	27.77%	184.39
天津	1725314	12.45%	74.28	4.63%	6.5	11.25	7.83%	63.03
山东	1442263	10.41%	62.09	6.36%	8.93	15.45	4.05%	46.64
河南	1295012	9.35%	55.75	12.90%	18.11	31.34	-3.55%	24.41

续表

来源地	2014年			2010年			新变化	
	流量当量	占总流量比重	人口估计	"六普"比重	"六普"数据	"六普"调整	占比变动	人口流量
山西	678713	4.90%	29.22	4.13%	5.8	10.03	0.77%	19.19
TOP5	9724268	70.20%	418.66	46.46%	65.26	112.91	23.74%	305.75
辽宁	481912	3.48%	20.75	5.34%	7.5	12.98	-1.86%	7.77
内蒙古	396971	2.87%	17.09	7.30%	10.26	17.75	-4.44%	-0.66
黑龙江	319237	2.30%	13.74	13.98%	19.64	33.98	-11.68%	-20.24
江苏	299796	2.16%	12.91	2.63%	3.69	6.39	-0.47%	6.52
安徽	264048	1.91%	11.37	4.47%	6.27	10.85	-2.56%	0.51
TOP6—10	1761964	12.72%	75.86	24.19%	33.98	58.78	-11.47%	17.08
其他	2366281	17.08%	101.88	32.95%	46.28	80.07	-15.87%	21.8
全国	13852513	100.00%	596.4	100.00%	140.47	243.02	0	353.38

注：2010年省外流入排名前五（TOP5）是黑龙江、河南、内蒙古、山东、四川五省区，而TOP10是指TOP5加辽宁、北京、天津、安徽、湖北五省市。2014年省外流入前五和前十已经发生了很大的变化。

第三节 河北跨省流出人口流动流量、流向测度

一、流动人口大数据初始表征流量

对数据表 PtopLineIn 进行下述 SQL 查询操作：

SELECT province, name, sum（num）as num0, to_char（sum（per）/2.4,'9999.999%'）As per0
　　FROM public."PTopLineIn"
　　where province = '河北'
　　group by province, name
　　order by num0 desc

可以得到节前河北人口流入来源地涵括全国12个省级单位，表明河北人口流出流向相对集中。由查询结果可知，河北跨省流出人口主要流向北京、天津、江苏、广东等经济发达省市，其次主要流向山东、山西、河南、内蒙古、

辽宁等五个相邻省区，陕西、上海和浙江也吸引了一定数量的河北人流入。查询得到流出省份中流量为 TOP10 的省份所归集的大数据人口流量当量为 17039926，占河北流出人口总量的 90.30%。为避免数据漏计，因此还必须对数据表 PtopLineOut 进行下述 SQL 查询操作：

SELECT province，name，sum（num）as num0，to_char（sum（per）/2.4，'9999.999%'） As per0

   FROM public."PTopLineOut"

   where name ＝'河北'

   group by province，name

   order by num0 desc

第二次查询共记录了 19 个省级区域的流入量。第二次查询在一定程度上解决了数据漏计或数据不一致的问题。比较两次查询的结果发现，陕西、上海和浙江都有漏计；两次查询输出结果如表 3－6 所示。

表 3－6　　　　　　　　河北人口流出的初始表征量

第一次查询				第二次查询				
流入地	流出地	大数据采样流量	占河北流入量比重	序号	流出地	流入地	大数据采样流量	占流出地流量比重
河北	北京	9320069	49.61%	1	北京	河北	9320069	33.59%
河北	天津	2867467	14.35%	2	天津	河北	2867467	34.54%
河北	山东	1435851	7.78%	3	山东	河北	1435851	13.94%
河北	山西	825509	4.59%	4	山西	河北	825509	17.27%
河北	河南	774315	4.29%	5	河南	河北	774315	8.74%
河北	内蒙古	448020	2.36%	6	内蒙古	河北	448020	10.62%
河北	辽宁	447497	2.39%	7	辽宁	河北	447497	8.98%
河北	江苏	434324	2.17%	8	陕西	河北	279103	3.90%
河北	广东	284540	1.55%	9	黑龙江	河北	107885	5.19%
河北	陕西	202334	1.20%	10	吉林	河北	97912	4.29%
河北	上海	68225	0.22%	11	安徽	河北	62642	0.61%
河北	浙江	10919	0.05%	12	新疆	河北	54164	2.24%
河北	TOP10	17039926	90.30%	13	宁夏	河北	52326	3.17%
河北	全国	18870350	0.00%	14	甘肃	河北	51979	2.06%
				15	青海	河北	25176	2.02%

续表

| 第一次查询 |||| | 第二次查询 ||||
流入地	流出地	大数据采样流量	占河北流入量比重	序号	流出地	流入地	大数据采样流量	占流出地流量比重
				16	西藏	河北	673	0.29%
				17	澳门	河北	144	0.07%
				18	香港	河北	39	0.02%
				19	台湾	河北	35	0.59%
				20	TOP10	河北	16603628	—
				21	全国	河北	18870350	—

二、由大数据表征流量到人口流量、流向测度

需要特别注意的是，节前由外省流向河北的流量对应于河北流出人口流量而不是相反。将两次查询结果合并，取大值新值之后，最后形成表3-7。将各省节前回流量除以总流量，再乘以跨省总流出人口，就可以得到2014年河北人口跨省流出各个流向的实际人口流量。在前面的推算中，2014年河北流出人口为812.43万人。从大数据推断的结果来看（见表3-7），2014年河北流向北京的人口有401.26万人（列5），占跨省流出总量的49.39%（列4），居第1位；流向天津为123.45万人，占跨省外出总量的15.20%，居第2位；流向山东为61.82万人，占跨省外出总量的7.61%，居第3位。流向五大目的地TOP5合计655.41万人，占跨省外出总量的80.67%。最后一列（列6）根据流入河北的流量反推河北跨省流出目的地省份的跨省外来人口估计。例如，课题组推算同期北京市外流入人口为1194.69万人，天津市外流入人口为357.38万人。

表3-7　2014年河北跨省人口流动流量、流向的大数据推断

流向	大数据表征流量	占流出地比重	占河北流出人口比重	人口流出量（万人）	河北流出目的地外来人口（万人）
北京	9320069	33.59%	49.39%	401.26	1194.69
天津	2867467	34.54%	15.20%	123.45	357.38
山东	1435851	13.94%	7.61%	61.82	443.43

续表

流向	大数据表征流量	占流出地比重	占河北流出人口比重	人口流出量（万人）	河北流出目的地外来人口（万人）
山西	825509	17.27%	4.37%	35.54	205.76
河南	774315	8.74%	4.10%	33.34	381.52
TOP5	15223211	—	80.67%	655.41	2582.77
内蒙古	448020	10.62%	2.37%	19.29	181.56
辽宁	447497	8.98%	2.37%	19.27	214.45
江苏	434324	—	2.30%	18.7	—
广东	284540	—	1.51%	12.25	—
陕西	279103	3.90%	1.48%	12.02	308.27
TOP6—10	1893484	—	10.03%	76.06	1448.28
其他	1753655	—	9.29%	75.5	—
全国	18870350	—	100.00%	812.43	—

三、人口流出流量、流向变化测度和比较分析

前面课题组推算出 2010 年河北流出省外人口为 672.57 万人，2014 年末跨省流出人口总量为 812.43 万人，比 2010 年增加 139.86 万人。2014 年河北跨省流出人口中，流向排名前五位的分别是北京、天津、山东、山西、河南，而 2010 年排名前五位的是北京、天津、内蒙古、山东、山西，变动最大的是内蒙古。大数据分析的结果显示（见表 3-8），2014 年河北跨省流出的人口中，有 49.39% 流向北京，而 2010 年"六普"时流向北京的人口也占河北流出人口的 44.57%。与 2010 年相比，有 101.52 万河北人相当于再次流向北京，其中大部分是伴随着奥运会结束后重返北京的外出人口，这部分人口主要从事城市中小型服务业，流动性强，很难被统计到。2010 年以来，离开天津的河北人有 21.60 万人，离开内蒙古、广东的河北人分别达到 16.07 万人和 4.25 万人。流向山东、河南、山西和辽宁的河北人有所增加，但实际上只增加了一部分，还有一部分则是"六普"时本已流出，但并未体现在统计数据上。虽然课题组对 2010 年的数据做出了一定的调整，但实际上还是未能如意，主要原因是统计口径的差异所造成。

表 3-8　河北跨省人口流出流量、流向变化

城市名称	电信业务收入	移动电话用户（万户）	互联网宽带用户（万户）	常住人口（万人）	实有人口（万人）	户籍人口（万人）	净流入人口（万人）
城市合计	487.9	7121.0	1162.8	7470.1	7456.2	7618.0	(161.8)
石家庄市	86.7	1170.5	287.2	1078.5	1216.2	1038.0	178.2
承德市	22.5	328.7	57.4	353.2	345.6	383.3	(37.7)
张家口市	35.7	454.8	77.4	442.5	475.4	469.6	5.8
秦皇岛市	24.5	356.3	90.4	309.5	369.4	297.5	71.9
唐山市	54.7	955.3	168.3	784.4	988.7	759.6	229.1
廊坊市	61.1	547.6	108.8	461.5	568.3	469.6	98.7
保定市	62.5	1033.5	225.2	1163.5	1083.1	1128.0	(44.9)
沧州市	—	522.8	—	750.6	556.9	774.4	(217.5)
衡水市	—	310.2	—	445.3	330.2	454.9	(124.7)
邢台市	94.8	636.5	—	732.0	671.2	788.4	(117.2)
邯郸市	45.5	804.9	148.2	949.3	851.3	1054.7	(203.4)

注：2010 年流出省外排名前五（TOP5）是北京、天津、内蒙古、山东、山西五个省级单位，而 TOP10 是指 TOP5 加广东、江苏、辽宁、上海、浙江五省市。

第四节　河北流动人口的未来趋势及对策建议

河北究竟有多少流动人口，一直以来没有较为可信的数据，即使是河北省卫计委 2015 年首次发布的流动人口监测报告，也因其样本量太小而缺乏可信度。整体而言，河北是全国沿海省级行政单位中除广西之外的第二个人口净流出地，除非将京津两大直辖市纳入河北省计算，人口流入或流出才和山东一样达到基本平衡并略有净流入。在前面的大数据分析中，课题组以常住人口为参照系，推算 2014 年由京津流动到河北的人口分别为 197.31 万人和 74.28 万人，推算由河北流动到京津两大直辖市的人口分别为 401.26 万人和 123.45 万人。由于京津流入实际上是河北流出人口的反向流动，因此当以户籍人口为参照系时，将后者减去前者就得到河北户籍流动到京津两地的农民工人口分别为 203.95 万人和 49.17 万人。北京市社会科学院发布的《北京社会治理发展报告（2015—2016）》显示，截至 2014 年年初，河北籍在京流动人口数为

181.97万人，占北京市流动人口总数的22.69%。两种来源的数据表明，仍然有大量流动性较强的外来人口并没有被纳入流动人口统计中，以制造业为主的外来人口统计对象依旧没有改变，相应的流动人口数据仍旧有可能导致决策失误，因此推动人口大数据系统建立及其应用工作极为紧迫。

从官方的数据看，2016年河北全省仅石家庄、唐山和秦皇岛是人口净流入地；但以年末移动电话数量来判断，唐山、石家庄和秦皇岛同样为人口的净流入地，而廊坊市的情况比较特别，主要是其所管辖的飞地有近百万的"京津工作、飞地居住"人口，而张家口的实有人口、常住人口和户籍人口基本相等（平衡）。因此，未来河北各地级市人口数据将依照表3-9估计的净流入人口而进行持续调整；由于雄安新区的设立，唐山净流入人口可能会快速调整到位。雄安新区的设立和北京严厉的人口控制政策有可能使河北的跨省流出人口大幅度减少，但从人口净流出地看，加快东南部沧州、邯郸、衡水和邢台四地的发展可在更大程度上减少全省人口的净流出（见表3-9）。

表3-9　河北省各地级市人口总量及净流入人口估计（2016年）

城市名称	电信业务收入	移动电话用户（万户）	互联网宽带用户（万户）	常住人口（万人）	实有人口（万人）	户籍人口（万人）	净流入人口（万人）
城市合计	487.9	7121.0	1162.8	7470.1	7456.2	7618.0	(161.8)
石家庄市	86.7	1170.5	287.2	1078.5	1216.2	1038.0	178.2
承德市	22.5	328.7	57.4	353.2	345.6	383.3	(37.7)
张家口市	35.7	454.8	77.4	442.5	475.4	469.6	5.8
秦皇岛市	24.5	356.3	90.4	309.5	369.4	297.5	71.9
唐山市	54.7	955.3	168.3	784.4	988.7	759.6	229.1
廊坊市	61.1	547.6	108.8	461.5	568.3	469.6	98.7
保定市	62.5	1033.5	225.2	1163.5	1083.1	1128.0	(44.9)
沧州市	—	522.8	—	750.6	556.9	774.4	(217.5)
衡水市	—	310.2	—	445.3	330.2	454.9	(124.7)
邢台市	94.8	636.5	—	732.0	671.2	788.4	(117.2)
邯郸市	45.5	804.9	148.2	949.3	851.8	1054.8	(203.4)

注：移动电话用户数量为年末数，数据来源于2016年全省及各地级市统计公报，而沧州和衡水两市的公报中没有该项数据，课题组将全省总数减去其他城市再依据两地户籍人口进行线性分配。

从中国移动河北公司发布的《2017年春节大数据分析报告》来推算①，2016年河北籍流动人口高达2292万人，占全省户籍人口的30.68%。其中，跨省流出人口为916.8万人，占河北籍流动人口的40%；省内跨市流动人口为1100.16万人，占河北籍流动人口的48%；市内跨县流动人口为252.12万人，占河北籍流动人口的11%；境外流动为22.92万人，占河北籍流动人口的1%（见图3-2）。

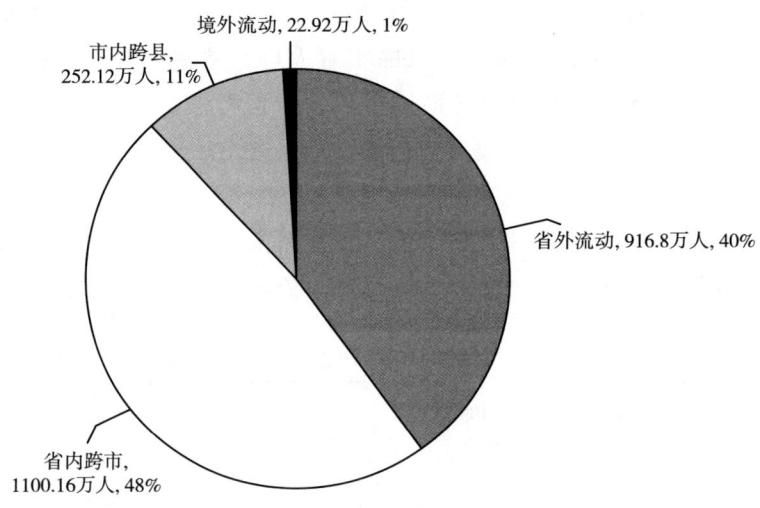

图3-2　河北省流出人口流量和流向构成（2016年）

从返乡来源地来推算（图3-3），河北流出人口主要流向京津地区、环河北周边地区和长三角、珠三角等经济发达地区。其中，京津两地占河北跨省流出人口的62.39%，河北周边地区占跨省流出人口的23.67%，长三角、珠三角等经济发达地区占跨省流出人口的6.98%，其他地区占6.98%。与2014年大数据推算结果相比，流向山西的河北籍人口超过河南，流向内蒙古的河北籍人口超过辽宁，流向黑龙江的河北籍人口则退出前10。需要注意的是，我们的推算是以916.8万跨省流出人口为基数进行推算，而占比数据则是以中移动河北公司的996万外省来访中各省级区域的用户数量为基准，因此占比会有变动。与2014年相比，河北流向天津的人口略有减少，而流向北京的人口则相应增加。

---

① 来源：凤凰网河北频道（2017-02-14）. 2017河北春节大数据：上网拜年成流行 九成访客为返乡过年［OL］. http://hebei.ifeng.com/a/20170214/5385982_0.shtml.

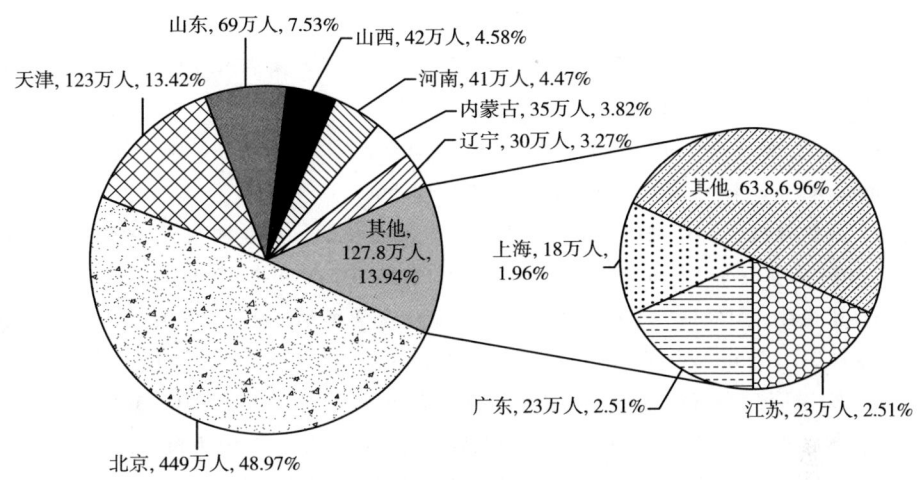

图 3-3　河北跨省流出人口流量和流向构成（2016 年）

从春节期间出省用户数量来看，北京、天津、山东、河南、山西 TOP5 占河北 871.85 万出省人次的 63%。出省用户实际反映的是河北外来人口，但流向京津两地的则是反向春运以及旅游人口。从出省人次来推算，河北外来流动人口为 400 万人左右，因此 2016 年河北净流出人口依然为 600 万人左右。

未来河北面临总人口长期下降问题。虽然 2016 年河北拥有 7618 万人口，但以人均寿命 80 岁计算，未来年平均死亡人口可达 95.225 万人。来自河北省卫计委的数据显示，2016 年全省新生人口为 92.50 万人，其中"二孩"占比超过 53%。从全国的情况来看，抢生"二孩"的比重估计高达 60% 以上。意味着未来如不全面放开计划生育，即使普遍生"二孩"，河北每年新生儿的数量只有 63.085 万人，两者的差值 32.14 万人就是未来每年人口净减少的数量。也就是说到 2035 年，即使流出的人口全部回归河北，全省的人口将减少到 7000 万人以下。由于历年出生人口的较大波动，20 世纪 90 年代以来人口出生数量大幅度降低，因此，到 2060 年全省人口将减少到 6000 万人左右。伴随着城市化而来的少子化将造成严重的经济和社会问题，人口的萎缩将导致大量城市基础设施闲置，资产价格和总产出双下降，在业人员养老负担沉重，因此全面放开并鼓励生育应迟早成为全国共识。

本章参考文献

[1] 王春蕊. 京津冀协同发展战略下人口流动的影响及对策研究 [J]. 经济研究参

考，2016（64）：46-49.

［2］童玉芬，刘爱华. 首都圈流动人口空间分布特征及政策启示［J］. 北京行政学院学报，2017（06）：103-110.

［3］北京晚报（2016-06-02）. 研究报告：在京流动人口 河北籍超两成［OL］. http：//www.xinhuanet.com/local/2016-06/02/c_129036362.htm.

［4］燕赵晚报（2015-06-16）. 河北首次发布流动人口监测报告 多数来自河南［OL］. http：//he.people.com.cn/n/2015/0616/c192635-25254647-2.html.

［5］张艳玲（财经网，2009-01-06）. 农民工失业潮专题报道——河北省60万农民工已返乡［OL］. http：//www.caijing.com.cn/2009-01-06/110045214.html.

［6］佚名. 河北省总工会创新推进农民工入会［J］. 工会博览，2016（10）：20-20.

［7］燕赵都市报（2012-01-13）. 河北廊坊居住证全省首发 50万流动人口享受同城待遇［OL］. http：//bd.leju.com/news/2012-01-13/081216100.shtml.

［8］凤凰网河北频道（2017-02-14）. 2017河北春节大数据：上网拜年成流行 九成访客为返乡过年［OL］. http：//hebei.ifeng.com/a/20170214/5385982_0.shtml.

第四章
山西省人口流动流量、流向及其变化研究

摘　要：2010年以来，山西流动人口长期保持在600万人以上的规模，其中外地流入人口占70%左右。大数据推断结果表明，2014年山西跨省流入人口规模147.16万人，跨省流出人口规模251.22万人，跨省流出人口较2010年减少25.26万人，省外流入人口减少12.78万人。2014年，北京、陕西、河北、河南、内蒙古等5省区市是山西人口的主要流出目的地，河南、河北、陕西、山东、内蒙古则是山西省外人口流入的主要目的地，人口流量、流向的变化明显。

关键词：山西流动人口；人口大数据；人口流向变化

第一节　山西流动人口规模与农村劳动力外出

一、山西流动人口规模估计

一直以来，鲜见有关山西较为可信的流动人口数量公之于世。2010年全国第六次人口普查时，官方公布数据显示，流出到省外的人口为1083291人，与山西相邻的北京、内蒙古、天津、陕西、河北是山西外出人口的主要流向目的地，其次流向广东、山东、江苏、上海等经济发达地区，邻近的河南则排在山西人口外出流向的第10位；外省流入山西的人口为931653人，邻近的河南、河北分居山西省外流入人口前两名，人口流出大省四川省居山西省外人口流入第3位，邻近的内蒙古和陕西分别居于第4位和第5位；净流出人口151638人，表明山西跨省人口流动数量基本处于相对均衡的状态。与其他省市一样，山西"六普"人口普查的流动人口数据主要是那些流动性较弱且工作相对稳定的农村劳动力人口，即通常所说的农民工人口，那些流动性较强、

自雇或城市中小服务业从业人口并没有包括在内,因此存在严重的低估。

据山西日报报道(2010-6-11),来自山西省流动人口计划生育工作会议的数据显示,1984年山西省的流动人口只有64万人,到1990年达到了100多万人,2010年4月的数据为290多万人。很显然,计生数据是以生育年龄期人口为主要对象,与全省真实的流动人口相比会有较大的差距。与2010年的"六普"数据相比,说明这种口径的数据中省外流入人口几乎占了1/3。据黄河新闻网(2012-05-29)报道,山西省流动人口服务管理工作报告显示,山西省流动人口约有600万人,其中流入人口为420万人。两个数据来源虽然不同,但日期较近,考虑到2010年的全国人口普查工作,该数据的真实产生日期应为2010年。因此,按计生数据中省外流入人口比重推算,2010年山西省外流入人口为190.44万人,流出省外人口为221.44万人。

据太原晚报(2014-07-16)报道,全省约600万的流动人口中,太原有108万流动人口,多数流动人口从事低端劳动,其中省外流入约占四成,省内流入约占六成,大学以上学历不到一成。虽然时间到了2014年,但是600万的流动人口表明,数据依旧来源于2010年。若按太原的比重推算,2010年山西省外流入人口约为240万人。尽管如此,有证据表明该数据仍然可能不是山西流动人口数量的最大值。据太原晚报(2015-4-17)报道,截至2015年3月底,太原警方新录入城中村流动人口为36970人,新制证为26493个,新登记租赁房屋为10662户。与全国各城市外来人口聚集城市中村的普遍现象一样,山西城市的"城中村"中依然存在较大数量的外来人口没有被纳入统计数据当中,因此每一次外来人口登记或加强管理活动之后都会出现外来人口的增加现象,而事实上这些外来人口可能早就存在了。

二、基于移动用户数量的人口流动量测度

从山西在全国的经济地位来看,虽然山西的人均GDP与全国平均水平的差距较大,但在2010年前后手机基本上成了山西的大众消费品,因此以全国人均手机拥有率为参照可以大致推算出山西2010年以来年末平均人口的数量。从官方公布的户籍人口数量来看,每次人口普查之后户籍人口往往会比前一年超常规增加,因此课题组采用线性插值的方式对户籍人口数据进行调整。以全国人均手机拥有率为参照,推算山西实有人口如表4-1所示。以调整后的户籍人口与估

计的实有人口相比较，发现2005年和2006年山西跨省净流出人口特别大，主要原因是手机普及率并不高，特别是乡镇和农村人口很多人没有手机；2007年估计值与常住人口差值趋于正常，主要是手机普及率大为提高；2008年跨省流出人口减少也在情理之中，与2008年全球金融危机影响相对应；2010年以常住人口为参照系，山西跨省净流出人口为116.84万人，与官方"六普"净流出人口15.16万人相比，两者相差101.68万人。实际上，估计值比官方统计值更为真实可信，主要原因是官方以户籍为参照，造成大量人在外省而户籍保留在山西的情况出现。表4-1最后两列净流入估计值显示，山西实际流出人口规模可能更大。从估计的结果来看，山西是一个人口净流出的省份，2016年净流出规模相当于户籍人口的5%；2005年和2006年的估计结果偏大，原因可能是山西农村手机普及率低于全国平均水平，但2008年两次测算结果相差不大。从后述年份的变动情况来看，山西净流出人口规模在100万人左右。山西作为能源大省，外省农民工流入数量应在300万人左右，因此山西跨省流出人口应超过户籍人口数量的10%。由于山西流出人口中季节性比重较大，实际测算时比较难以把握准确。

表4-1　山西省实有人口及人口净流出（净流入）估计（2005—2016年）

年份	全国 人均手机拥有率	山西省		常住人口（万人）		人口流动（万人）	
		年末移动用户数（万户）	人口估计（万人）	官方数据	线性调整后	净流入	净流入
2005	30.26%	906.2	2994.71	3355.21	3484.02	-489.3	-530.33
2006	35.30%	989.6	2803.4	3374.55	3503.36	-699.96	-726.84
2007	41.64%	1420.4	3411.14	3392.58	3521.39	-110.24	-133.61
2008	48.53%	1698.5	3499.1	3410.64	3539.45	-39.55	-53.93
2009	56.27%	1957.8	3479.3	3427.36	3556.17	-76.87	-76.87
2010	64.36%	2225.1	3457.27	3574.11	3574.11	-116.84	-45.8
2011	73.55%	2446.9	3326.85	3593.28	3593.28	-266.43	-202.62
2012	82.50%	2764.6	3351.03	3610.83	3610.83	-259.8	-209.3
2013	90.33%	3105.5	3437.95	3629.8	3629.8	-191.85	-149.46
2014	94.03%	3332.3	3543.9	3647.96	3647.96	-104.06	-84.64
2015	94.82%	3337.3	3519.62	3664.12	3664.12	-144.5	-144.32
2016	95.60%	3365.7	3520.61	3681.64	3681.64	-161.03	-185.15

注：年末移动用户数（列3）和户籍人口（列5）来源于山西省各年度的统计公报。列2＝全国移动用户年末总数/全国总人口；列4＝列3/列2；列6利用线性插值法对户籍人口数量进行调整；列7＝列6-列4；列8以全国15—64岁人口的年末手机拥有率先推算山西省同期15—64岁人口，再利用此年龄段人口占山西全省73%左右（比全国低1.5%—2%）推算出山西的实有人口，然后以官方户籍人口为参照系计算出人口的净流入。

三、山西各地级市人口规模推算及增减变动

2010年全国人均移动用户拥有率达到64.36%，相当于全国劳动力年龄人口人手一机，因此可以利用移动用户数量和人均移动用户率来推算较大区域内的人口数量。课题组利用山西省通信行业发展报告中的数据推算了2013—2016年山西各地级市年末实有人口数量及其增减变动情况（见表4-2）。结果发现，2014年山西实有人口比2013年净增加105.95万人，其中太原以149.37万人的增量居全省增量之首，运城和吕梁亦为人口净增加，临汾则微有增加；大同则以20.44万的人口流失量居全省流失首位，其次是晋城、长治、晋中、忻州和阳泉也出现人口净流失。2015年全省实有人口较上一年净减少24.34万人，加上16.16万人的户籍人口净增量，当年全省净流出人口为40.50万人；2016年全省实有人口较上一年净增加1.08万人，加上17.52万人的户籍人口净增量，当年全省净流出人口为16.44万人。2015年和2016年

表4-2　山西省各地级市年末实有人口估计及变动（2013—2016年）

城市	年末移动电话用户数量（万户）				年末实有人口数量（万人）				年末人口同比增减变动（万人）		
	2013	2014	2015	2016	2013	2014	2015	2016	2014	2015	2016
全省	3105.5	3332.3	3337.3	3365.7	3438	3543.9	3519.6	3520.6	105.95	-24.34	1.08
太原	499.2	660.1	652.9	652	552.7	702	688.5	682	149.37	-13.48	-6.54
大同	311	304.5	296.3	299.9	344.3	323.9	312.5	313.7	-20.44	-11.38	1.19
阳泉	134.2	137.6	141.1	140.5	148.5	146.3	148.8	147	-2.22	2.46	-1.81
长治	288.6	293.5	289.4	296.2	319.5	312.2	305.2	309.8	-7.33	-6.97	4.64
晋城	223	218	219	227.3	246.9	231.8	231	237.7	-15.12	-0.81	6.72
朔州	151.9	154.2	147.3	148.2	168.2	164	155.4	155.1	-4.17	-8.65	-0.3
晋中	284.4	289.5	294	296.5	314.9	307.9	310.1	310	-6.94	2.17	-0.09
运城	361.6	386.1	401.8	410.9	400.4	410.6	423.8	429.8	10.26	13.14	6.09
忻州	239.1	245.4	247.4	246.1	264.7	261	260.9	257.5	-3.67	-0.1	-3.46
临汾	339	353.6	360.1	362.1	375.3	376	379.8	378.8	0.76	3.77	-1.01
吕梁	273.4	289.7	287.9	286.1	302.6	308.1	303.6	299.3	5.46	-4.5	-4.36

注：年末移动用户数量来源于山西省通信管理局通信行业发展报告（2014年、2015年、2016年），2013年数据利用2014年的新增数推算（http://www.sxca.gov.cn/sxdxy6l9/index.jhtml）。年末实有人口估计方法以全国人均手机拥有量推算。

太原人口连续累计减少20余万人,在人口持续向省会城市迁移的大背景下,这种减少应该源于省外流入人口的减少所导致。值得注意的是,地处晋南无煤少煤的运城市,由于本地人口众多,本是人口流出大市,但2014年以来连续保持人口的快速回流,而朔州和忻州则连续三年的人口净减少。

2014—2016年,山西全省人口增加82.70万人,包含自然增长、外来流入和流出返乡。其中,省会太原增加129.36万人,地处晋南的运城和临汾分别增加29.49万人和3.52万人,而大同、朔州则分别减少30.63万人和13.12万人,其余地级市亦全部表现为人口净减少。山西人口向省会集中的趋势明显,而晋南G5沿线也有一定的增量,尤其是运城人口增加明显。其他拥有丰富资源城市的人口则难以令人乐观。

第二节　山西跨省流入人口大数据推断

一、流入人口大数据初始表征流量

要计算山西跨省流入人口数量,只需要得到节前由山西流向全国各地的人口数量即可。但节前山西流出省外人口也包含一部分本省人口短期外出,因此必须尽可能地减少采样范围以将这一因素排除。课题组所归集的大数据采样表PtopLineOut中已经包含这些信息,对 PtopLineOut 数据表进行下述 SQL 查询操作:

SELECT province, name, to_char(sum(num),'99,999,999') as num0, sum("singleNum") as sNum0, to_char(sum(per)/2.4,'99.999%') As per0
　　FROM public."PTopLineOut"
　　where province = '山西'
　　group by province, name
　　order by num0　desc

可以得到节前山西人口流出目的地涵括全国15个省级单位。由于系统只记录流出TOP10省份,表明山西省外流入人口相对分散。从大数据归集的可表征人口流动流量的大小来看,节前山西人口流向最多的省份是河南,大数据人口表征流量为945234,占节前山西流出总量的19.66%。值得注意的是,节前由山西流向北京的流量为319160，但这种节前人口流动反映的是山西籍人口流动到北京后成为北京的外来常住人口，他们的常住性居住使节前其留守在家的人口在年末流动到北京过年而形成的流量，而真正的北京户籍人口流动到山西的规模是非常小的。节前流出量排在第7位至第10位的是江苏、四川、湖北、安徽，由于距离都比较远，这些人口流出大省的前10位排名时常被天津、福建、广东甚至海南、江西等省市替代。苏川鄂皖被替代流量合计为19407（无量纲），约占苏川鄂皖流量的3.158%，这也是苏川鄂皖四省的误差量。TOP10最大流入省份占流出总量的81.698%，推算采样期间山西流出总量为4794207。

由于上述查询只能得到流出省份中流量为TOP10的省份，且该流量并不直接代表人口流量，而是系统所记录的可代表人口流量的无量纲数据。若山西节前流入该省人口占山西总流出人口比重较低，则不能被系统记录，但该省流入人口流量却在某时段内进入其流入排名前10位，从而会发生数据的漏计，因此还必须对数据表 PtopLineIn 进行下述 SQL 查询操作：

SELECT province，name，sum（num）as num0，to_char（sum（per）/2.4，'9999.999%'）As per0

　　FROM public."PtopLineIn"

　　where name = '山西'

　　group by province，name

　　order by num0 desc

第二次查询得到的省级单位只有12个，由于自山西的流出量占河南省流入量在测度期间内从未进入前10位，因此第二次查询时居山西人口流入第1位的河南却因其流量占河南流入量比重极低而未能记录。两次查询的结果如表4-3所示。

表4-3　　　　2014年山西跨省人口流入流量大数据采样

第一次查询				第二次查询			
流出地	流向地	大数据采样流量	占流出地比重	流入地	流出地	大数据采样流量	占流入地比重
山西	河南	945234	19.66%	河北	山西	825509	4.59%
山西	河北	825509	17.27%	陕西	山西	725321	9.06%
山西	陕西	725321	15.66%	河南	山西	346799	1.40%

续表

第一次查询				第二次查询			
流出地	流向地	大数据采样流量	占流出地比重	流入地	流出地	大数据采样流量	占流入地比重
山西	北京	319160	6.91%	北京	山西	319160	3.54%
山西	山东	249533	4.98%	内蒙古	山西	237544	6.51%
山西	内蒙古	237544	4.79%	天津	山西	83390	2.16%
山西	江苏	197484	3.98%	宁夏	山西	5225	0.54%
山西	四川	163667	3.43%	海南	山西	1665	0.19%
山西	湖北	143376	3.03%	澳门	山西	903	0.48%
山西	安徽	109943	1.98%	台湾	山西	623	0.44%
山西	天津	15912	0.27%	香港	山西	129	0.05%
山西	福建	2422	0.24%	西藏	山西	96	0.27%
山西	广东	1004	0.08%				
山西	海南	36	0.01%				
山西	江西	33	0.01%				
山西	TOP10	3916771	81.70%	TOP10	山西	2546139	—
山西	全国	4794207	100.00%	全国	山西	4794207	—

二、由大数据表征流量到人口流入量及流向测度

在北京的人口大数据流动研究中,课题组推算山西跨省流出人口总量为251.22万人。在大数据采样中,若能得到采样期内流入总量和流出总量,则根据人口净流入量就可以推算流出人口和流入人口。特别需要注意的是,大数据采样期内流入总量对应的是山西本省人口跨省流出,而流出总量则对应山西外省流入人口。通过查询计算,大数据采样期内流入总量为5945310,流出总量为4794207,净流出量为1151103。由于流入量对应于251.22万流出人口,推算2014年山西外省流入人口总量为202.58万,同期山西跨省净流出人口为48.64万。在前面的推算中,2014年山西跨省净流出人口为104.06万人,与课题组根据流量大小推算的结果相差55.42万人,这种相差并非推算错误或推算误差,而是根据流量推算的将类似于北京的这种外来常住人口的反向流动包括在内,当将这种反向流动因素剔除之后,两种推算方法可以得到相同或非常

相近的结果。课题组实际上由此得到山西省外流入人口的最低值为 147.16 万人，而 202.58 万人则可视为山西省外流入人口的最大值。

在计算出节前流出量占流出量的比重后，再乘以山西省外流入人口总量，就可以得到各省 2014 年流入山西的人口数量（见表 4-4）。大数据人口推算结果显示，山西省外流入人口主要来自河南、河北和陕西三个等相邻省份，三省合计占省外流入的 52.06%。来自北京的流量并不表示其有大量人口流动到山西，而是以常住人口为参照系的山西跨省流出人口在其流入地本地常住之后的反向流动，即北京的常住外来人口中，粗略估计来自山西的有 13 万余人。来自河南的省外流入人口为 39.94 万人（列 7），占山西省外流入人口的 19.72%（列 5）。来自河北的流入人口有 34.88 万人（列 7），占山西全省流入人口的 17.22%（列 3），占河北省流出人口比重为 17.27%（列 3）；课题组还可以依此推算出河北跨省流出人口数量有 759.46 万人（列 8），略少于以北京为参照系的河北跨省流出人口（785.87 万人），主要原因是河北的人口主要流向北京且流量非常大。与山西处于同一北方区域的北京、山东、内蒙古都有超过 10 万的人口流动到山西。来自其他省级单位的人口流入如表 4-4 所示。

表 4-4　　　　　　　　2014 年山西跨省人口流入来源地及数量

来源地	人口大数据采样流量	占来源地比重	占山西流入比重*	占山西流入比重**	流入人口*（万人）	流入人口**（万人）	来源地流出人口（万人）
河南	945234	—	19.66%	19.72%	29.01	39.94	—
河北	825509	4.59%	17.27%	17.22%	25.34	34.88	759.46
陕西	725321	9.06%	15.66%	15.13%	22.26	30.65	338.17
北京	319160	3.54%	6.91%	6.66%	9.8	13.49	381.4
山东	249533	—	4.98%	5.20%	7.66	10.54	—
内蒙古	237544	6.51%	4.79%	4.95%	7.29	10.04	154.3
江苏	197484	—	3.98%	4.12%	6.06	8.34	—
四川	163667	—	3.43%	3.41%	5.02	6.92	—
湖北	143376	—	3.03%	2.99%	4.4	6.06	—
安徽	109943	—	1.98%	2.29%	3.37	4.65	—
天津	83390	2.16%	—	1.74%	—	3.52	163.51
TOP10	3916771	—	—	81.70%	120.23	165.5	—
全国	4794207	—	100.00%	—	147.16	202.58	—

注：占山西流入人口比重*为第一次查询直接得到，而占山西流入人口比重**则为推算得到的结果。

若将北京这种反向流动因素剔除,则人口流动流量及规模都不变,但所占比重会发生较大的改变(见表4-5)。例如,河南所占比重在没有剔除反向流动时有19.72%,而将反向流动人口流量排除后在山西外省流入人口中所占比重上升到21.71%,但流入人口数量合计依旧保持为39.94万人,其中真正由外省流入的人口为31.95万人,潜在流量人口为7.99万人①。北京的情况与河南则恰恰相反,据测算,真正由北京流动到山西的人口为2.53万人,占剔除反向流动因素后的省外总流入人口的1.72%,排在山西人口十大流入地之末位。

表4-5　2014年山西跨省人口流入主要来源地及反向流动人口数量

人口流入来源地	剔除反向流动后流量占比	大数据口径流量占比	人口流入量(万人)	反向流动人口流量(万人)
河南	21.71%	19.72%	31.95	7.99
河北	18.96%	17.22%	27.91	6.98
陕西	16.66%	15.13%	24.52	6.13
北京	1.72%	6.66%	2.53	10.96
山东	5.73%	5.20%	8.44	2.11
内蒙古	5.46%	4.95%	8.03	2.01
江苏	4.54%	4.12%	6.68	1.67
四川	3.76%	3.41%	5.53	1.38
湖北	3.29%	2.99%	4.85	1.21
安徽	2.53%	2.29%	3.72	0.93

三、2010年以来山西外省人口流入变化

2010年"六普"时,河南、河北居流入来源地前两名,第三名则是四川,陕西排第五名。至2014年年底,剔除反向流量之后河南依旧排第一名,且占山西外来人口比重大致保持与2010年"六普"时同一水平;河北也保持在第二名的位置,其占比较2010年有所提高。由于河北人口流出以京津为主要目的地,山西则排在山东之后是河北外出人口的第四个目的地,而河南因外出人

---

① 即如果允许人口自由流动,则31.95万流动到山西的河南人亲属还有7.99万人将流动到山西。

口基数大,因此占据山西外来人口第一位的位置。四川人在山西外来人口中的位置迅速下降,其主要原因:一是山西煤产量增速下降,且产煤机械化程度大为提高导致劳动力需求下降;二是2008年以来四川自身发展迅速,外出人口回流较多所致。陕西的位置上升则主要源于相邻因素,内蒙古地位下降原因可能是其自身能源产量大幅上升导致劳动力需求增加。湖北、安徽地位下降也是源于其自身发展对劳动力需求增加所致。北京在山西外来人口中的地位上升主要源于数据的缺陷,即大数据初始采集时无法区分节前流动中的人口户籍来源地,需要结合移动实名制才能消除这种高估。课题组只能依据经验判断来推算流动到山西的北京人口数量。2010年"六普"数据表明,北京流动到山西的人口仅为6850人,实际流动人口估计为2万人,且相当一部分是能源国企工作地点的变动(见图4-1)。

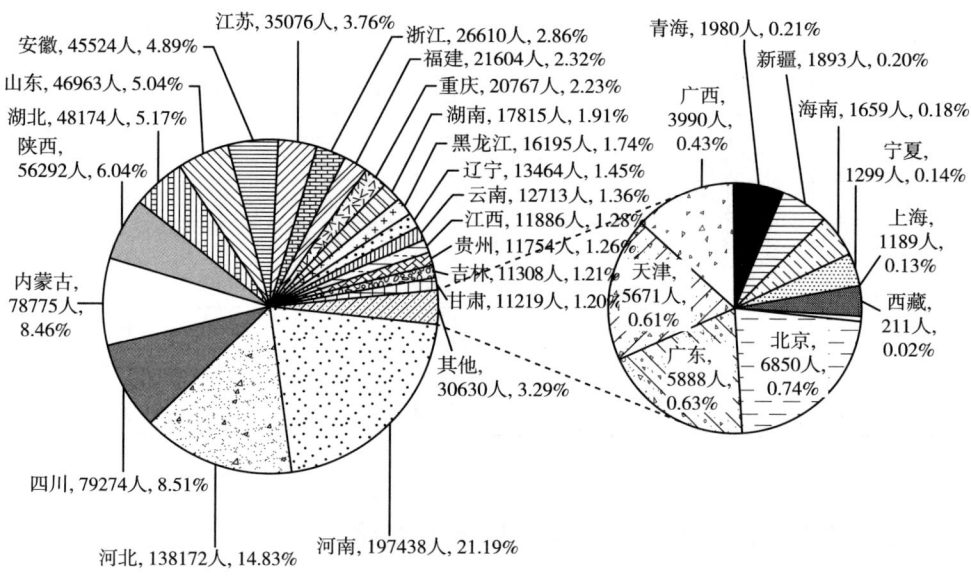

图 4-1　山西外来人口来源地构成(2010 年"六普")

以2014年为参照,考虑到本省人口的自然增长和实有人口的数量,课题组推算2010年山西跨省流入人口为159.94万人①,同期跨省流出人口为276.78万人,净流出人口为116.84万人。并以此推算2010年以来山西跨省流

---

① 在山西600万流动人口中,有420万流入人口。太原是山西外省流入人口的主要目的地,其省外流入人口占四成,以此推算山西跨省流入人口为168万。因此,课题组推算的159.94万流入人口数据是比较准确的。

入人口流量的变化(见表4-6)。由于统计口径不同,表中北京、天津的数据差异极大,主要原因是大数据推断"新北京人"(来自山西)和"新天津人"(来自山西)的数量较大,而这部分人口在"六普"时并没有将其纳入统计口径中,意味着若开放户籍,则这部分人将流向他们已经在京津常住的亲属那儿。

表4-6　　　　　山西省外人口流入流量、流向变化

来源地	2014年			2010年			新变化	
	流量当量	占总流量比重	人口估计	"六普"比重	"六普"数据	"六普"调整	占比变动	人口流量
河南	945234	19.72%	29.01	21.19%	19.74	33.89	-1.48%	-4.88
河北	825509	17.22%	25.34	14.83%	13.82	23.72	2.39%	1.62
陕西	725321	15.13%	22.26	6.04%	5.63	9.66	9.09%	12.6
北京	319160	6.66%	9.8	0.74%	0.69	1.18	5.92%	8.62
山东	249533	5.20%	7.66	5.04%	4.7	8.06	0.16%	-0.4
TOP5	3064757	63.93%	94.07	59.03%	55	94.41	4.90%	-0.34
内蒙古	237544	4.95%	7.29	8.46%	7.88	13.52	-3.50%	-6.23
江苏	197484	4.12%	6.06	3.76%	3.51	6.02	0.35%	0.04
四川	163667	3.41%	5.02	8.51%	7.93	13.61	-5.10%	-8.59
湖北	143376	2.99%	4.4	5.17%	4.82	8.27	-2.18%	-3.87
安徽	109943	2.29%	3.37	4.89%	4.55	7.82	-2.59%	-4.44
TOP6—10	852014	17.77%	26.15	21.72%	20.23	34.74	-3.95%	-8.58
天津	83390	1.74%	2.56	0.61%	0.57	0.97	1.13%	1.59
其他	794046	16.56%	24.37	18.64%	17.37	29.82	-2.08%	-5.44
全国	4794207	100.00%	147.16	100.00%	93.17	159.94	0.00%	-12.78

注:2010年省外流入排名前五(TOP5)是河南、河北、四川、内蒙古、陕西五省区,而TOP10是指TOP5加湖北、山东、安徽、江苏、浙江五省。

表4-6中2014年的人口估计既是流出人口的下限值,也是剔除了反向流动人口之后的数值,与2010年的口径非常相近,从而具备了一定的可比性。研究发现,2010年的数据以制造业劳动力流动为主要调查对象,而2014年则以常住人口为统计对象。那些在山西以外地区常住的山西人,其家属还流动在山西且拥有山西户籍。在剔除反向流量后(见表4-7),2014年河南依然居流入人口第1位,但与2010年相比减少了1.94万人;北京则跌出前5名,约排

在安徽之后居河北流入人口第10位；邻近的陕西人口流入增加最多，达14.86万人，其次是邻近的河北人口流入增加了4.19万人；江苏、山东人口流入规模基本保持不变；在人口流出大省中，四川、湖北和安徽与河南一样，流动人口数量减少，与这些人口流出大省近年来快速发展有关。由于没有对天津进行反向流量调整，因此其人口流量增量比北京大，实际情况比北京略少一些。

表4-7 剔除反向流量后的山西跨省人口流入流量、流向变化

来源地	2014年			2010年			新变化	
	流量当量	占总流量比重	人口估计	"六普"比重	"六普"数据	"六普"调整	占比变动	人口流量
河南	756187	21.71%	31.95	21.19%	19.74	33.89	0.52%	-1.94
河北	660407	18.96%	27.91	14.83%	13.82	23.72	4.13%	4.19
陕西	580257	16.66%	24.52	6.04%	5.63	9.66	10.62%	14.86
山东	199626	5.73%	8.44	5.04%	4.7	8.06	0.69%	0.38
内蒙古	190035	4.95%	8.03	8.46%	7.88	13.52	-3.51%	-5.49
TOP5	2386513	68.01%	100.85	59.03%	55	94.41	8.98%	6.44
江苏	157987	4.12%	6.68	3.76%	3.51	6.02	0.36%	0.66
四川	130934	3.41%	5.53	8.51%	7.93	13.61	-5.10%	-8.08
湖北	114701	2.99%	4.85	5.17%	4.82	8.27	-2.18%	-3.42
安徽	87954	2.29%	3.72	4.89%	4.55	7.82	-2.60%	-4.1
北京	74887	1.72%	2.53	0.74%	0.69	1.18	0.98%	1.35
TOP6—10	566463	17.77%	129.66	21.72%	21.49	34.74	-3.95%	94.92
天津	51845	1.19%	2.56	0.61%	0.57	0.97	0.58%	1.59
其他	721121	16.56%	24.37	18.64%	17.37	29.82	-2.08%	-5.44
全国	3725942	100.00%	147.16	100.00%	93.17	159.94	0.00%	-12.78

注：2010年省外流入排名前五（TOP5）是河南、河北、四川、内蒙古、陕西五省区，而TOP10是指TOP5加湖北、山东、安徽、江苏、浙江五省。

第三节 山西跨省流出人口流动流量、流向测度

一、流动人口大数据初始表征流量

对数据表PtopLineIn进行下述SQL查询操作：

第四章　山西省人口流动流量、流向及其变化研究

SELECT province, name, sum (num) as num0, to_char (sum (per)/2.4,
'9999.999%') As per0

　　FROM public. "PTopLineIn"

　　where province = '山西'

　　group by province, name

　　order by num0　desc

可以得到节前山西人口流入来源地涵括全国12个省级单位，表明山西人口流出流向相对集中。由查询结果可知，山西跨省流出人口主要流向北京、陕西、河北、河南和内蒙古等5个相邻省级行政区域，其次主要流向江苏、山东、天津、广东、上海等5个经济发达省市，浙江和安徽也吸引了一定数量的山西人流入。查询得到流出省份中流量为TOP10的省份所归集的大数据人口流量当量为5039661，占山西流出人口总量的84.77%。为避免数据漏计，因此还必须对数据表PtopLineOut进行下述SQL查询操作：

SELECT province, name, sum (num) as num0, to_char (sum (per)/2.4,
'9999.999%') As per0

　　FROM public. "PTopLineOut"

　　where name = '山西'

　　group by province, name

　　order by num0　desc

第二次查询共记录了195个省级区域的流入量。第二次查询在一定程度上解决了数据漏计或数据不一致的问题。两次查询输出结果如表4-8所示。

表4-8　　　　　　　山西人口流出的初始表征量

第一次查询				序号	第二次查询			
流入地	流出地	大数据采样流量	占山西流入量比重		流出地	流入地	大数据采样流量	占流出地流量比重
山西	北京	1377339	22.93%	1	北京	山西	1377339	4.98%
山西	陕西	762791	13.50%	2	陕西	山西	762791	11.66%
山西	河北	678713	12.02%	3	河北	山西	678713	5.52%
山西	河南	615245	10.71%	4	河南	山西	615245	7.02%
山西	内蒙古	390041	6.38%	5	内蒙古	山西	390041	9.33%
山西	江苏	350485	5.54%	6	天津	山西	299358	3.61%

续表

第一次查询				第二次查询				
流入地	流出地	大数据采样流量	占山西流入量比重	序号	流出地	流入地	大数据采样流量	占流出地流量比重
山西	山东	313050	5.17%	7	山东	山西	274784	2.52%
山西	天津	299358	4.64%	8	宁夏	山西	31985	2.27%
山西	广东	168733	2.87%	9	辽宁	山西	8959	0.07%
山西	上海	83906	1.01%	10	青海	山西	2632	0.19%
山西	浙江	78026	1.57%	11	澳门	山西	213	0.11%
山西	安徽	105	0.02%	12	西藏	山西	69	0.07%
山西	TOP10	5039661	84.77%	13	甘肃	山西	34	0.01%
山西	全国	5945310	100.00%	14	香港	山西	6	0.01%
				15	台湾	山西	2	0.02%
				16	TOP10	山西	4441847	74.71%
				17	全国	山西	5945310	100.00%

二、由大数据表征流量到人口流量、流向测度

需要特别注意的是，节前由外省流向山西的流量对应于山西流出人口流量而不是相反。将两次查询结果合并，取大值新值之后，最后形成表4-9。将各省节前回流量除以总流量，再乘以跨省总流出人口，就可以得到2014年山西人口跨省流出各个流向的实际人口流量。在前面的推算中，2014年山西流出人口为251.22万人。从大数据推断的结果来看，2014年山西流向北京的人口有58.20万人（列5），占山西跨省流出总量的23.17%（列4），居第1位；流向陕西为32.23万人，占山西跨省外出总量的12.83%，居第2位；流向河北为28.68万人，占跨省外出总量的10.35%，居第3位。流向五大目的地TOP5合计161.59万人，占跨省外出总量的64.32%。最后一列（列6）根据流入山西的流量反推山西跨省流出目的地省份的跨省外来人口估计。例如，课题组推算同期北京市外流入人口为1169.61万人（同期利用河北的数据推算结果为1194.69万人，两者非常接近）；推算河南省跨省流入人口为370.38万人。

表 4-9   2014 年山西跨省人口流动流量、流向的大数据推断

流向	大数据表征流量	占流出地比重	占山西流出人口比重	人口流出量（万人）	山西流出目的地外来人口（万人）
北京	1377339	4.98%	23.17%	58.2	1169.61
陕西	762791	11.66%	12.83%	32.23	276.48
河北	678713	5.52%	11.42%	28.68	519.55
河南	615245	7.02%	10.35%	26	370.38
内蒙古	390041	9.33%	6.56%	16.48	176.69
TOP5	3824129	—	64.32%	161.59	2512.71
江苏	350485		5.90%	14.81	—
山东	313050		5.27%	13.23	—
天津	299358		5.04%	12.65	—
广东	168733		2.84%	7.13	—
上海	162037		2.73%	6.85	—
TOP6—10	1293663	—	21.76%	54.66	—
其他	827518		13.92%	34.97	—
全国	5945310	—	100.00%	251.22	—

三、人口流出流量、流向变化测度和比较分析

前面课题组推算出 2010 年山西流出省外人口为 276.78 万人，2014 年年末跨省流出人口总量为 251.22 万人，比 2010 年减少 25.56 万人。在 2014 年山西跨省流出人口中，流向排名前五位的分别是北京、陕西、河北、河南、内蒙古，而 2010 年排名前五位的是北京、内蒙古、天津、陕西、河北，变动最大的是天津。大数据分析的结果显示（见表 4-10），在 2014 年山西跨省流出的人口中，有 23.17% 流向北京，而 2010 年"六普"时流向北京的人口也占山西流出人口的 24.79%。2010 年以来，离开内蒙古的山西人有 23.57 万人，离开天津、北京、广东和上海的山西人分别达到 13.28 万人、10.40 万人、6.85 万人和 4.66 万人。流向河南、陕西和河北三个相邻省份的山西人分别增加了 16.74 万人、15.10 万人和 13.87 万人，但实际上只增加了一部分，还有一部分则是"六普"时本已流出，但并未体现在统计数据上。虽然课题组对 2010 年的数据做出了一定的调整，但实际上还是未能如意，主要原因是统计口径的差异所造成。

表4-10　　　　山西跨省人口流出流量、流向变化

流向	2014年大数据推断		2010年			流量变化	
	大数据占比	人口流出	"六普"占比	"六普"流出	调整流出	人口变化	占比变化
北京	23.17%	58.2	24.79%	26.85	68.6	-10.4	-1.62%
陕西	12.83%	32.23	6.19%	6.71	17.13	15.1	6.64%
河北	11.42%	28.68	5.35%	5.8	14.81	13.87	6.07%
河南	10.35%	26	3.35%	3.63	9.26	16.74	7.00%
内蒙古	6.56%	16.48	14.47%	15.67	40.05	-23.57	-7.91%
TOP5	64.32%	161.59	60.17%	65.18	166.52	-4.94	4.16%
江苏	5.90%	14.81	4.70%	5.1	13.02	1.79	1.19%
山东	5.27%	13.23	4.99%	5.4	13.8	-0.57	0.28%
天津	5.04%	12.65	9.37%	10.15	25.93	-13.28	-4.33%
广东	2.84%	7.13	5.05%	5.47	13.98	-6.85	-2.21%
上海	2.73%	6.85	4.16%	4.5	11.51	-4.66	-1.43%
TOP6—10	21.76%	54.66	22.24%	24.1	61.57	-6.91	-0.49%
其他	13.92%	34.97	17.59%	19.05	48.68	-13.72	-3.67%
全国	100.00%	251.22	100.00%	108.33	276.78	-25.56	0

注：2010年流出省外排名前五（TOP5）是北京、内蒙古、天津、陕西、河北五个省级单位，而TOP10是指TOP5加广东、山东、江苏、上海、河南五省市。

四、山西流动人口的未来趋势及对策建议

2010—2015年，山西官方的常住人口数量占全国总人口的比重基本上维持在2.665%—2.668%，仅在2016年下降到2.663%。以这种比重推算，2010年山西全省流动人口为589万人，2014年则达到675万人的高峰，2016年下降到652万人（见图4-2），课题组的估计结果与太原日报报道的结果非常接近。课题组研究发现，中国的流动人口规模在2012年前后达到高峰，而2010年则因为人口普查而处于低位，但2009年的流动人口规模甚至大于2010年。尽管如此，在总流动人口规模上，课题组的估计结果与国家统计局公布的结果差值都处于可接受范围内。在全国流动人口中，课题组估计只有1亿人左右的属于省内流动，其余的则是跨省流动。作为能源大省，山西2010年以前

存在大量的私营中小型煤矿，全省"小煤窑"数量长期保持在 5000~6000 座以上，实际情况可能会更多，从而吸引周边省份大量农民工流入煤炭产业链，其省外流入人口应该远比统计数据要大。在煤炭生产重组和资源枯竭之后，省外流入人口相对减少，而省内人口也由于同样的原因流向省外的动力增加，但由于劳动力人口红利下降，未来山西跨省人口流动及其变动相对其他省级行政区域而言更加复杂。但在移动设备极为普及的条件下，利用大数据可以比较准确地计算全省人口本省分布及跨省流动及其变化情况。

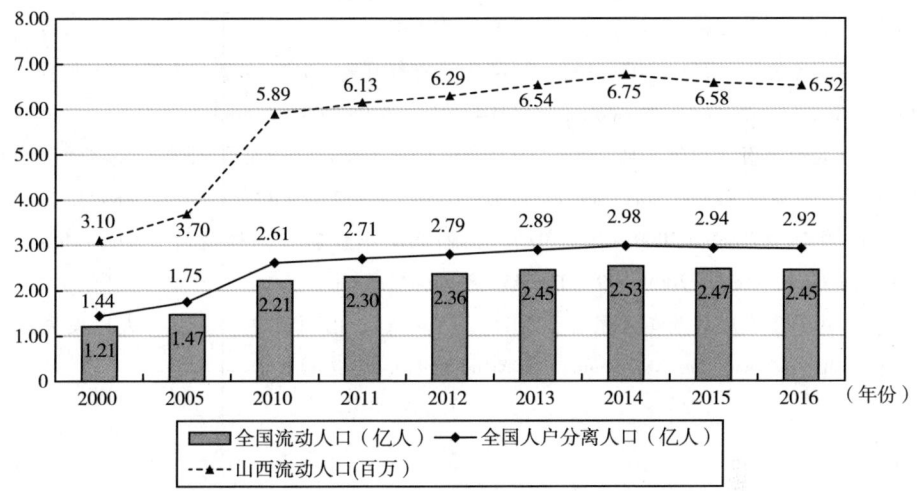

图 4-2　基于全国平均水平的山西流动人口规模估计

未来山西面临总人口长期下降问题。虽然 2016 年山西拥有 3682 万人口，但以人均寿命 80 岁计算，未来年平均死亡人口可达 46.02 万人。1990 年山西出生人口高达 64.82 万人，但 2010 年以来山西年均出生人口只有 38.25 万人。也就是说到 2035 年，即使流出的人口全部回归山西，全省的人口将减少到 3500 万以上。由于历年出生人口的较大波动，20 世纪 90 年代以来人口出生数量大幅度降低，因此到 2060 年全省人口将减少到 3000 万左右。山西省"十三五"人口发展规划预计，"十三五"期间全省新出生人口为 50 万人，但"二孩"政策第一年（2016 年）全省出生人口为 37.79 万人，仅比 2015 年增加 1.3 万人，与预计数量相差巨大。伴随着城市化而来的少子化将造成严重的经济和社会问题，人口的萎缩将导致大量城市基础设施闲置，资产价格和总产出双下降，在业人员养老负担沉重，因此全面放开并鼓励生育应迟早成为全国共识。

本章参考文献

[1] 王春蕊. 京津冀协同发展战略下人口流动的影响及对策研究 [J]. 经济研究参考, 2016 (64): 46-49.

[2] 童玉芬, 刘爱华. 首都圈流动人口空间分布特征及政策启示 [J]. 北京行政学院学报, 2017 (6): 103-110.

[3] 山西日报 (2010-06-11). 2010我省290万流动人口 七成为"70后""80后" [OL]. http://www.sxrb.com/sxxww/xwpd/sx/1528584.shtml.

[4] 太原晚报 (2014-07-16). 2014太原有百万流动人口 多数从事低端劳动 [OL]. http://shanxi.sina.com.cn/news/report/2014-07-16/082963308.html.

[5] 太原晚报 (2015-04-17). 太原城中村有3.6万流动人口 公安机关将实名制登记 [OL]. http://shanxi.sina.com.cn/news/2015-04-17/detail-iccmzvun9648973.shtml.

[6] 中国青年报 (2009-09-07). 山西终结小煤窑三问题待解 [OL]. http://news.sina.com.cn/c/sd/2009-09-07/045318594041.shtml.

[7] 山西省发展和改革委员会 (2016-11-15). 山西省"十三五"人口发展规划 [OL]. http://www.sxejgfyxgs.com:80/ArticleDetail.aspx?id=58254.

第五章
内蒙古人口流动流量、流向及其变化研究

摘　要：大数据推断结果表明，2014年内蒙古跨区流入人口为180.24万人，较2010年减少195.43万人；2014年跨区流出人口为142.58万人，较2010年增加19.31万人。2010年区外流入排名前五（TOP5）是河北、山西、黑龙江、陕西、甘肃五省，占总流入量的53.15%，而2014年区外流入排名前五（TOP5）是陕西、辽宁、河北、黑龙江、山西，占总流入量的53.54%，河南、四川等传统劳动力流出大省都已退出流入排名前10位。北京、辽宁和河北依旧是内蒙古人口排名前三的流出目的地，流出天津和山西的内蒙古人减少，陕西和黑龙江则取而代之。

关键词：内蒙古流动人口；人口大数据；人口流向变化

第一节　内蒙古农村劳动力转移与外出人口增长

2010年全国第六次人口普查时，内蒙古人户分离人口717.09万人（流动人口612.87万人），占全区常住人口的29.02%（流动人口占常住人口比重为24.79%），比全国平均水平高出9.56个百分点，表明内蒙古的人口流动强度高于全国平均水平，属于人口净流入省级行政区域；自治区内跨盟市流动人口为158.98万人，占2470.63万常住人口的6.34%。内蒙古以占全国1.84%的常住人口，贡献了全国2.77%的流动人口，全区流动人口总量在西部省级行政区域排名中仅次于四川，居第二位，研究内蒙古自治区人口的跨区流动具有重要意义。

一、基于移动用户数量的人口流动量测度

有调查显示，2007年全国外出农民工人均手机拥有率就已经达到90%，

意味着手机已经在流动劳动力人口当中普及。由于对外出人口数量的低估，往往会导致人口流出地区人均手机拥有量远远低于人口流入地区。以劳动力年龄人口为基数计算，2007年全国劳动力人均手机拥有率也达到60%左右。从内蒙古在全国的经济地位来看，2010年以后人均手机拥有量甚至高于全国平均水平，因此以全国人均手机拥有率为参照可以大致推算出内蒙古历年年末平均人口的数量，但需要进行适当调整。以全国人均手机拥有率为参照，推算内蒙古实有人口，如表5-1所示。

表5-1 内蒙古自治区实有人口及人口净流出（净流入）估计（2005—2016年）

年份	全国	内蒙古自治区		常住人口（万人）		人口流动（万人）	
	人均手机拥有率	年末移动用户数（万户）	人口估计（万人）	官方数据	人口再估计及调整	净流入1	净流入2
2005	30.26%	712.3	2353.93	2403.1	2388.22	-49.17	-14.88
2006	35.30%	874.13	2476.29	2415.1	2436.7	61.19	21.6
2007	41.64%	1046.93	2514.24	2428.8	2464.38	85.44	35.58
2008	48.53%	1344.4	2770.25	2444.3	2602.48	325.95	158.18
2009	56.27%	1616	2871.87	2458.2	2690.97	413.67	232.77
2010	64.36%	2034	3160.35	2472.2	2915.09	688.15	442.89
2011	73.55%	2316.16	3149.1	2481.7	2972.57	667.4	490.87
2012	82.50%	2550.13	3091.07	2489.9	2985.86	601.17	495.96
2013	90.33%	2690.62	2978.65	2497.6	2932.13	481.05	434.53
2014	94.03%	2634.61	2801.88	2504.8	2784.14	297.08	279.34
2015	94.82%	2425.34	2557.84	2511	2555.41	46.84	44.41
2016	95.60%	2470.78	2584.5	2520.1	2581.66	64.4	61.56

注：年末移动用户数（列3）和户籍人口（列5）来源于《内蒙古统计年鉴（2017）》。列2＝全国移动用户年末总数/全国总人口；列4＝列3/列2；列6＝列3－列5×列2＋列5并有粗略调整；列7＝列6－列4；列8以全国15—64岁人口的年末手机拥有率先推算内蒙古自治区同期15—64岁人口，再利用此年龄段人口占内蒙古全区75%左右推算出内蒙古的实有人口，然后以官方户籍人口为参照系计算出人口的净流入。

表5-1中的人口估计在2008年之后因外来人口的手机拥有率高于社会平均人口可能会导致人口高估；表中设定外来人口人手一机，基本上反映了内蒙古外来人口增长及波动的事实。估计数据显示，2012年内蒙古实有人口总量和外来人口的总量分别达到2985.86万人和495.96万人的高峰，与同期内蒙古煤产量达到顶峰完全一致。自2008年以来，作为煤炭大省山西

的第一能源输出大省的位置逐渐被内蒙古替代，内蒙古煤炭产量逐年大增，自 2010 年以来连续 5 年位居全国产煤第一（见图 5-1）。由于煤产量猛增，相关产业链人口涌进内蒙古，导致内蒙古区外人口流入大增。第一财经日报（2010-08-23）报道，途经呼和浩特、包头、银川等重要资源城市的京藏高速公路拥堵由来已久，2009 年下半年以来，内蒙古境内运煤车流量迅猛增长，最高单日交通流量已超过 8 万辆次，与京藏高速平行的 110 国道，每天大货车的通车量是 1.2 万左右。与产煤量波动相适应，同期内蒙古的移动用户数量也出现几乎同步调波动。与内蒙古不同，山西的产煤量自 2011 年以来波动不大，但由于小型煤矿关闭而大型煤矿的劳均生产率高，以煤炭为产业生存链的劳动力需求则会减少。内蒙古自 2012 年以来煤炭产量逐年下降，除 2015 年被山西暂时超越以外，其余年份煤产量依旧高于山西。在煤炭产能过剩的情况下，山西作为老基地以及离用煤市场较近，其产量压缩的可能性比内蒙古更低。

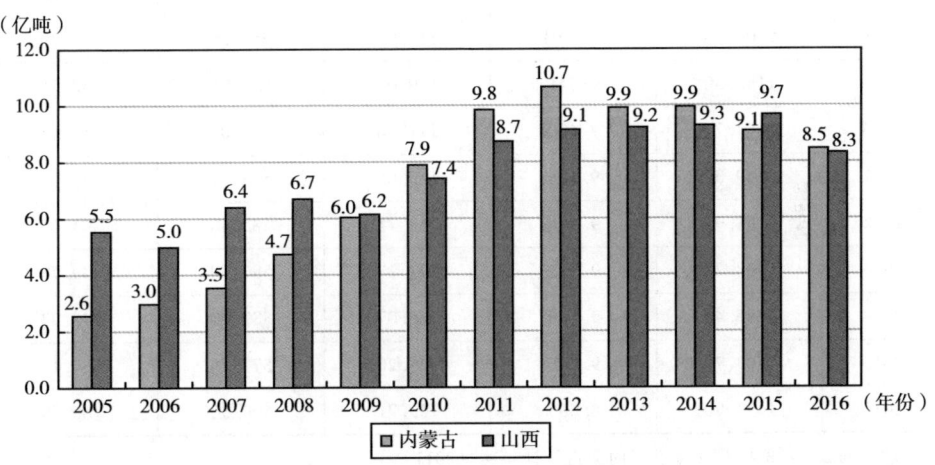

图 5-1　内蒙古与山西煤炭产量（2005—2016 年）

二、基于产出和从业人员占比的流出人口规模推算

研究发现，2008 年之后官方统计公布的第一产业从业人员数量（官方数）乘以第一产业占 GDP 的比重才是真实的第一从业人员数量（估计数），而官方数与估计数之间的差额实际上是农村流出劳动力，却依旧被记录为本地常住人口数量（见表 5-2）。估计的结果表明，全区被记录为第一产业的

从业人员中，年均实际只有126.78万就业劳动力，其余年均445.12万为流动劳动力，约70%在区内流动，30%流动到全国各地。从表5-2中还可以看出，官方统计的全社会年末从业人员数自2007年以来增速加快，到2014年达到1485.40万人的高峰。课题组认为，内蒙古全社会从业人员数应该在2012年达到顶峰，相应的统计有所滞后，即2012年内蒙古全社会实际从业人员在1500万人左右，来自本自治区的就业人员1000万人左右，其余500万人则是区外流入人口。

表 5-2　占比产出法——应计未计农村流出劳动力数（2005—2016年）　　单位：万人

年份	全社会年末从业人员数	第一产业占GDP比重	第一产业实际从业劳动力	第一产业官方从业人员数	第一产业流出劳动力数
2005	1041.13	15.10%	157.18	560.46	403.28
2006	1051.20	12.84%	134.99	565.29	430.30
2007	1081.53	11.86%	128.32	569.30	440.98
2008	1103.28	10.69%	117.90	556.69	438.79
2009	1142.50	9.54%	109.04	557.95	448.91
2010	1184.70	9.40%	111.36	571.00	459.64
2011	1249.30	9.10%	113.65	573.00	459.35
2012	1304.90	9.10%	118.75	583.40	464.65
2013	1408.20	9.31%	131.17	580.90	449.73
2014	1485.40	9.16%	136.07	582.00	445.93
2015	1463.70	9.10%	133.20	572.30	439.10
2016	1473.96	8.80%	129.71	590.50	460.79

注：列2、列3数据来源于《内蒙古统计年鉴（2017）》。

表5-2中推算的第一产业流出的劳动力数与人们通常所认为的农村富余劳动力数量基本相等。从农村的实际情况来看，除春节前后有大量劳动力外，其余时间基本上很难找到符合国际通行标准的劳动力，农村相当一部分产出依靠60岁以上的非劳动力人口来生产。以2010年为例，农村流出劳动力有980.87万人，他们一半以上流向区外，其余则在省内流动。以2009年年初内蒙古自治区就业服务局的比重推算，在2010年内蒙古农村980.87万外出务工人员中，实际流向区外的务工人口有510.81万人，换算成全口径流出人口为

638.51万人（以务工人员占流动人口80%计算），而表5-1中跨区净流出人口为429.55万人，因此可推算区外流入人口为208.96万人，与"六普"数据相比多出68.49万人。

自2005年以来，内蒙古农村流出人口总量长期保持在400万人以上的水平，2006—2012年，农村劳动力流出总量增幅平缓，2008年小幅回落。2012年之后则持续下降，但2016年又有较大幅度的上升，但绝对增量并不大（见图5-2）。与全国相比，内蒙古农村劳动力流出趋势和高峰与其他人口流出大省基本一致，即2006年以后农村能流出的基本上已经流出，农村并不存在大量剩余劳动力的情况。

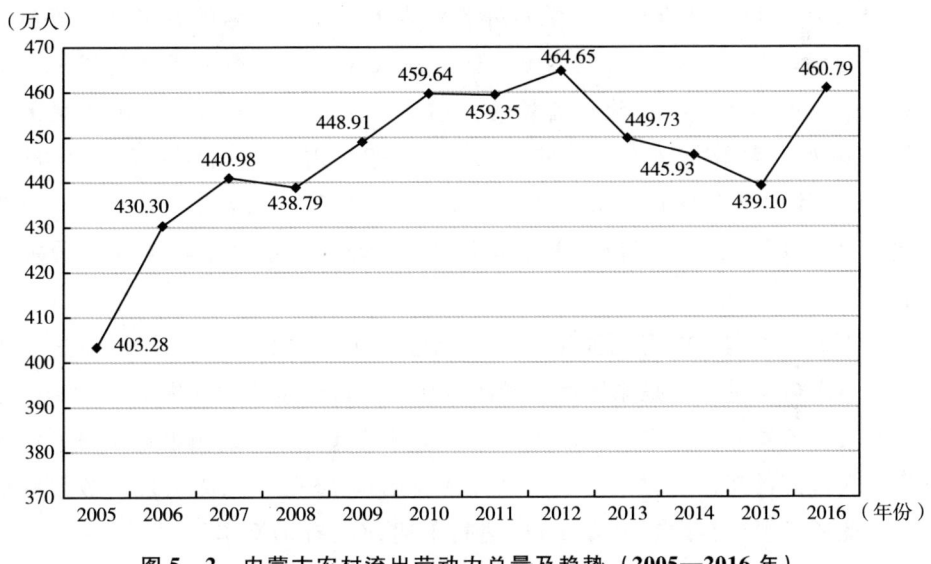

图5-2　内蒙古农村流出劳动力总量及趋势（2005—2016年）

第二节　内蒙古跨区流入人口大数据推断

一、流入人口大数据初始表征流量

同理，要计算内蒙古跨区流入人口数量，只需要得到节前由内蒙古流向全国各地的人口数量即可。但节前内蒙古流出区外人口也包含一部分本省人口短期外出，因此必须尽可能地减少采样范围以将这一因素排除。课题组所归集的大数据采样表 PtopLineOut 中已经包含这些信息，对 PtopLineOut 数据表进行下述 SQL 查询操作：

SELECT province, name, to_char（sum（num），'99,999,999'）as num0, sum（"singleNum"）as sNum0, to_char（sum（per）/2.4，'99.999%'） As per0

  FROM public."PTopLineOut"

  where province = '内蒙古'

  group by province, name

  order by num0　desc

可以得到节前内蒙古人口流出目的地涵括全国 12 个省级单位。由于系统只记录流出 TOP10 省份，内蒙古外省流入人口排前 8 名的省级区域节前返乡过年的流量非常稳定，表明内蒙古区外流入人口非常集中于这些省份。从大数据归集的可表征人口流动流量的大小来看，节前内蒙古人口流向最多的省份是陕西，大数据人口表征流量为 531597，占节前内蒙古流出总量的 13.30%。流向其余各省流出量大小排名位次为辽宁、河北、黑龙江、山西等地。TOP10 最大流入省份占流出总量的 82.95%，推算采样期间内蒙古流出总量为 4209794。

由于上述查询只能得到流出省份中流量为 TOP10 的省份，且该流量并不直接代表人口流量，而是系统所记录的可代表人口流量的无量纲数据。若内蒙古节前流入该省人口占内蒙古总流出人口比重较低，则不能被系统记录，但该省流入人口流量却在某时段内进入其流入排名前 10 位，从而会发生数据的漏计，因此还必须对数据表 PtopLineIn 进行下述 SQL 查询操作：

SELECT province, name, sum（num）as num0, to_char（sum（per）/2.4, '9999.999%'） As per0

  FROM public."PtopLineIn"

  wherename = '内蒙古'

  group by province, name

  order by num0　desc

第二次查询得到的省级单位扩展到 13 个，其中排名前 9 位的省份名次与第一次查询完全相同（见表 5-3）。由于第二次查询是以流入地为基准的，那些虽然在内蒙古流入人口占比不大但流出地占比则进入其流出排名前 10 位的则被录入系统。

表 5-3　　　　　2014 年内蒙古跨区人口流入流量大数据采样

	第一次查询			第二次查询			
流出地	流向地	大数据采样流量	占流出地比重	流入地	流出地	大数据采样流量	占流入地比重
内蒙古	陕西	531597	13.30%	陕西	内蒙古	531597	6.46%
内蒙古	辽宁	470477	10.95%	辽宁	内蒙古	470477	10.20%
内蒙古	河北	448020	10.62%	河北	内蒙古	448020	2.36%
内蒙古	黑龙江	413603	9.46%	黑龙江	内蒙古	413603	8.34%
内蒙古	山西	390041	9.33%	山西	内蒙古	390041	6.38%
内蒙古	北京	351383	8.57%	北京	内蒙古	351383	3.69%
内蒙古	宁夏	286375	7.08%	宁夏	内蒙古	286375	25.80%
内蒙古	吉林	279034	6.45%	吉林	内蒙古	279034	7.63%
内蒙古	甘肃	165538	4.01%	甘肃	内蒙古	176178	4.20%
内蒙古	山东	155788	3.16%	天津	内蒙古	46979	1.26%
内蒙古	河南	20994	1.00%	台湾	内蒙古	111	0.25%
内蒙古	天津	59	0.01%	澳门	内蒙古	8	0.02%
内蒙古	TOP10	3491856	82.95%	西藏	内蒙古	2	0.02%
内蒙古	全国	4209794	100.00%	TOP10	内蒙古	3393687	—

二、由大数据表征流量到人口流入量及流向测度

在大数据采样中，若能得到采样期内流入总量和流出总量，则根据人口净流入量就可以推算流出人口和流入人口。特别需要注意的是，大数据采样期内流入总量对应的是内蒙古本区人口跨区流出，而流出总量则对应内蒙古外省流入人口。通过查询计算，推算 2014 年内蒙古外省流入人口总量为 180.24 万人，同期内蒙古跨区流出人口为 161.89 万人，净流入人口为 18.35 万人。特别需要注意的是，课题组此处的估计似乎与表 5-1 中的估计有极大的差距，原因是：此处的估计是一种全国平衡的结果，而表 5-1 中则是年末结果。课题组注意到，表 5-1 的估计中显示，2014 年内蒙古人口比上一年减少 155.19 万人，而 2015 年比 2014 年又将减少 234.93 万人。由此可知，2014 年那些在内蒙古计算移动用户数的人口中，有 234.93 万人即将或已经离开，加上 180.24 万人，则表明 2014 年 6 月前后的内蒙古跨区流入人口约有 415.17 万人，减去

161.89 万流出人口，得到 253.28 万的净流出人口，与表 5-1 中 279.34 万人差距已经非常小了，与估计值 2784.10 万人的估计值误差仅 0.94%。

大数据人口推算结果显示（见表 5-4），内蒙古区外流入人口主要来自陕西、辽宁、河北、黑龙江、山西、宁夏、吉林、甘肃等相邻省区，同一大区域的北京和山东也记录到较大流量。由于内蒙古冬季气候寒冷，因此与北京之间的流量并不像北京与河北两地之间存在较大规模的反向流量。来自陕西的外来人口为 22.76 万人（列 6），占内蒙古自治区外来流动人口的 12.63%（列 5），占陕西流向省外人口比重为 6.46%（列 3），依此推算出陕西跨省流出人口数量为 352.21 万人（列 7）。来自其他省级单位的人口流入如表 5-4 所示。

表 5-4　　　　2014 年内蒙古跨区人口流入来源地及数量

来源地	人口大数据采样流量	占来源地比重	占内蒙古流入比重*	占内蒙古流入比重**	流入人口（万人）	来源地流出人口（万人）
陕西	531597	6.46%	13.30%	12.63%	22.76	352.21
辽宁	470477	10.20%	10.95%	11.18%	20.14	197.54
河北	448020	2.36%	10.62%	10.64%	19.18	812.43
黑龙江	413603	8.34%	9.46%	9.82%	17.71	212.45
山西	390041	6.38%	9.33%	9.27%	16.7	261.87
北京	351383	3.69%	8.57%	8.35%	15.04	407.37
宁夏	286375	25.80%	7.08%	6.80%	12.26	47.52
吉林	279034	7.63%	6.45%	6.63%	11.95	156.57
甘肃	176178	4.20%	4.01%	4.18%	7.54	179.63
山东	166301	1.26%	—	3.95%	7.12	564.74
TOP10	3512909	—	—	83.45%	150.4	—
全国	4209794	—	—	100.00%	180.24	—

注：占内蒙古流入人口比重*为第一次查询直接得到，而占内蒙古流入人口比重**则为推算得到的结果。

三、2010 年以来内蒙古外省人口流入变化

2010 年"六普"时，冀晋黑陕甘五个相邻省份的流入占前五名，合计占全部流量的 53.15%；河南、四川两个人口流出大省分居第 6、第 7 位，辽宁居第 8 位（见图 5-3）。

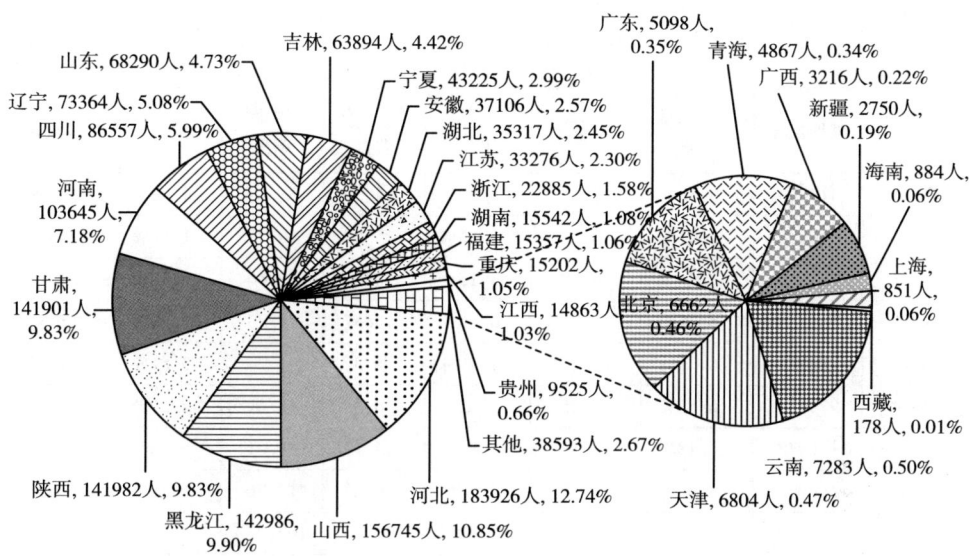

图 5-3　内蒙古外来人口来源地构成（2010 年"六普"数据）

课题组推算 2010 年内蒙古区外来人口为 375.67 万人，2014 年内蒙古跨区流出人口 180.24 万人，即 2010 年以后内蒙古跨区流入人口减少 195.43 万人，并以此推算 2010 年以来内蒙古跨区流入人口流量的变化（见表 5-5）。由于统计口径不同，表 5-5 中北京的数据差异极大，主要原因是大数据推断"新北京人"（来自内蒙古）的数量较大，而这部分人口在"六普"时并没有将其纳入统计口径中，意味着若开放户籍，则这部分人将流向他们已经在京常住的亲属那儿。那些在内蒙古以外地区常住的内蒙古人，其家属还流动在内蒙古且拥有内蒙古户籍。2010 年全国第六次人口普查时，河北、山西、黑龙江、陕西、甘肃居内蒙古跨区流入人口前五名，河南、四川等人口流出大省也分别第 6 和第 7 位。

表 5-5　内蒙古区外人口流入流量、流向变化

来源地	2014 年			2010 年			新变化	
	流量当量	占总流量比重	人口估计	"六普"比重	"六普"数据	"六普"调整	占比变动	人口流量
陕西	531597	12.63%	22.76	9.83%	14.2	36.93	2.80%	-14.17
辽宁	470477	11.18%	20.14	5.08%	7.34	19.08	6.10%	1.06
河北	448020	10.64%	19.18	12.74%	18.39	47.84	-2.09%	-28.66

续表

来源地	2014 年			2010 年			新变化	
	流量当量	占总流量比重	人口估计	"六普"比重	"六普"数据	"六普"调整	占比变动	人口流量
黑龙江	413603	9.82%	17.71	9.90%	14.3	37.19	-0.08%	-19.49
山西	390041	9.27%	16.7	10.85%	15.67	40.77	-1.59%	-24.07
TOP5	2253738	53.54%	96.49	53.15%	76.75	199.66	0.39%	-103.17
北京	351383	8.35%	15.04	0.46%	0.67	1.73	7.89%	13.31
宁夏	286375	6.80%	12.26	2.99%	4.32	11.24	3.81%	1.02
吉林	279034	6.63%	11.95	4.42%	6.39	16.62	2.20%	-4.67
甘肃	176178	4.18%	7.54	9.83%	14.19	36.91	-5.64%	-29.37
山东	166201	3.95%	7.12	4.73%	6.83	17.76	-0.78%	-10.65
TOP10	3512909	29.91%	53.91	27.40%	39.58	102.95	2.51%	-49.03
全国	4209794	100.00%	180.24	100.00%	144.42	375.67	0.00%	-195.43

注：2010 年区外流入排名前五（TOP5）是河北、山西、黑龙江、陕西、甘肃五省，而 TOP10 是指 TOP5 加河南、四川、辽宁、山东、吉林五省。2014 年区外流入前五和前十已经发生了很大的变化。

在表 5-5 中，以户籍人口为参照系的来自北京的流入人口约为 3 万人，应排在人口流出大省河南、四川之后，但与 2010 年相比仍应增加 1.3 万人左右，其次才是辽宁和宁夏各有 1 万人的流入增量。而流入减少最多的是甘肃，其次是河北和山西，黑龙江、陕西和山东也有较多的减少。流入排名前 10 位的省级行政区域共减少流入 131.09 万人。

第三节　内蒙古跨区流出人口流动流量、流向测度

一、流动人口大数据初始表征流量

对数据表 PtopLineIn 进行下述 SQL 查询操作：

SELECT province，name，sum（num）as num0，to_char（sum（per）/2.4，'9999.999%'）As per0
　　FROM public."PTopLineIn"
　　where province = '内蒙古'

group by province, name

order by num0　desc

可以得到节前内蒙古人口流入来源地涵括全国 11 个省级单位，表明内蒙古人口流出流向相对集中。由查询结果可知，内蒙古跨区流出人口主要流向辽宁、河北、陕西、黑龙江、吉林、山西、宁夏等相邻省区，其次流向大区域内的北京、天津和山东。为避免数据漏计，因此还必须对数据表 PtopLineOut 进行下述 SQL 查询操作：

SELECT province, name, sum（num）as num0, to_char（sum（per）/2.4，'9999.999%'）As per0

FROM public."PTopLineOut"

where name = '内蒙古'

group by province, name

order by num0　desc

第二次查询共记录了 13 个省级区域的流入量。两次查询输出结果如表 5 – 6 所示。从第一次查询来看，节前内蒙古人口流入主要来自北京、辽宁、河北、陕西、黑龙江、吉林、山西、宁夏、天津和山东等相邻或距离较近的省级行政区域，表明内蒙古外出人口主要流向相邻省级区域，排名前 10 位的流量占总流量的 88.01%。由查询计算的来自河北的流量虽然大于来自陕西的流量，但加权计算的占全区流入量比重则是陕西大于河北，此并非计算出错，而是人口回流时段不均衡所导致。

表 5 – 6　　　　　　　　内蒙古人口流出的初始表征量

第一次查询				第二次查询				
流入地	流出地	大数据采样流量	占内蒙古流入量比重	序号	流出地	流入地	大数据采样流量	占流出地流量比重
内蒙古	北京	702304	17.91%	1	辽宁	内蒙古	543246	9.94%
内蒙古	辽宁	543246	13.50%	2	河北	内蒙古	396971	3.03%
内蒙古	河北	396971	10.76%	3	陕西	内蒙古	390027	5.80%
内蒙古	陕西	390027	11.13%	4	黑龙江	内蒙古	326523	15.23%
内蒙古	黑龙江	326523	8.70%	5	北京	内蒙古	283729	0.57%
内蒙古	吉林	246873	6.66%	6	吉林	内蒙古	246873	10.45%
内蒙古	山西	237544	6.51%	7	山西	内蒙古	237544	4.79%

续表

第一次查询				第二次查询				
流入地	流出地	大数据采样流量	占内蒙古流入量比重	序号	流出地	流入地	大数据采样流量	占流出地流量比重
内蒙古	宁夏	183475	5.17%	8	宁夏	内蒙古	183475	12.23%
内蒙古	天津	167862	4.26%	9	天津	内蒙古	77268	0.71%
内蒙古	山东	132904	3.42%	10	甘肃	内蒙古	17396	1.25%
内蒙古	甘肃	525	0.08%	11	澳门	内蒙古	17	0.01%
内蒙古	TOP10	3327729	88.01%	12	台湾	内蒙古	4	0.04%
内蒙古	全国	3781209	0	13	香港	内蒙古	1	0
				14	TOP10	内蒙古	2703052	—

二、由大数据表征流量到人口流量、流向测度

需要特别注意的是,节前由外省流向内蒙古的流量对应于内蒙古流出人口流量而不是相反。将两次查询结果合并,取大值新值之后,最后形成表5-7。将各省节前回流量除以总流量,再乘以跨区总流出人口,就可以得到2014年内蒙古人口跨区流出各个流向的实际人口流量。课题组取2010年"六普"时官方流动差额,计算2014年内蒙古流出人口为161.89万人,2010年内蒙古流出人口为142.58万人。从大数据推断的结果来看(见表5-7),2014年内蒙古流向北京的人口有30.07万人(列5),占跨区流出总量的18.57%(列4),居第1位;流向辽宁23.26万人,占跨区外出总量的14.37%,居第2位。流向五大目的地TOP5合计101.00万人,占跨区外出总量的62.39%。最后一列(列6)根据流入内蒙古的流量反推内蒙古跨区流出目的地省份的跨区外来人口估计。例如,课题组推算同期河北省流入人口为560.19万人。

表5-7 2014年内蒙古跨区人口流动流量、流向的大数据推断

流向	大数据表征流量	占流出地比重	占内蒙古流出人口比重	人口流出量(万人)	内蒙古流出目的地外来人口(万人)
北京	702304	1.42%	18.57%	30.07	2116.32
辽宁	543246	9.94%	14.37%	23.26	234.04
河北	396971	3.03%	10.50%	17	560.19

续表

流向	大数据表征流量	占流出地比重	占内蒙古流出人口比重	人口流出量（万人）	内蒙古流出目的地外来人口（万人）
陕西	390027	5.80%	10.31%	16.7	288.16
黑龙江	326523	15.23%	8.64%	13.98	91.77
TOP5	2359071	—	62.39%	101	3290.47
吉林	246873	10.45%	6.53%	10.57	101.12
山西	237544	4.79%	6.28%	10.17	212.32
宁夏	183475	12.23%	4.85%	7.86	64.25
天津	167862	0.71%	4.44%	7.19	1013.67
山东	133429	—	3.53%	5.71	—
TOP6—10	969183	—	25.63%	41.49	—
甘肃	74888	1.25%	1.98%	3.21	255.89
其他	378067	—	10.00%	16.19	—
全国	3781209	—	100.00%	161.89	—

表5-7中课题组还以取值的方式，推算流动到甘肃的内蒙古人有3.21万人。在反向推算流出目的地的外来人口时，北京和天津都出现了极大的异常，该数据只具备参考价值，主要是系统当初设计并没有考虑到这种反差的异常及相应处理策略。

三、人口流出流量、流向变化测度和比较分析

前面课题组推算出2010年内蒙古流出区外人口为142.58万人，比2010年增加19.31万人。2010年排名前5位的是北京、辽宁、河北、天津、山西，变动最大的是天津。大数据分析的结果显示（见表5-8），2014年内蒙古跨区流出的人口中，有18.57%流向北京，而2010年"六普"时流向北京的人口也占内蒙古流出人口的22.11%。2010年以来，离开北京的内蒙古人有1.46万人，离开天津、山东的内蒙古人分别达到4.19万人和4.79万人。流向陕西、黑龙江、宁夏、吉林、河北和甘肃的内蒙古人有所增加，但实际上只增加了一部分，还有一部分则是"六普"时本已流出，但并未体现在统计数据上。主要原因是"六普"时对相邻省区交界区域内的人口流动权重较低，未能体现出其流量。

表 5-8　　　　　内蒙古跨区人口流出流量、流向变化　　　　　单位：万人

流向	2014 年大数据推断		2010 年			流量变化	
	大数据占比	人口流出	"六普"占比	"六普"流出	调整流出	人口变化	占比变化
北京	18.57%	30.07	22.11%	23.61	31.53	-1.46	-3.54%
辽宁	14.37%	23.26	16.86%	18	24.04	-0.78	-2.49%
河北	10.50%	17	9.61%	10.26	13.7	3.29	0.89%
陕西	10.31%	16.7	3.34%	3.57	4.76	11.93	6.97%
黑龙江	8.64%	13.98	4.92%	5.25	7.02	6.96	3.71%
TOP5	62.39%	101	63.94%	68.26	91.17	9.83	-1.55%
吉林	6.53%	10.57	3.25%	3.47	4.64	5.93	3.27%
山西	6.28%	10.17	7.38%	7.88	10.52	-0.35	-1.10%
宁夏	4.85%	7.86	1.36%	1.45	1.94	5.91	3.49%
天津	4.44%	7.19	7.98%	8.52	11.38	-4.19	-3.54%
山东	3.53%	5.71	7.37%	7.87	10.51	-4.79	-3.84%
TOP6—10	25.63%	41.49	21.25%	22.68	30.3	11.2	4.38%
甘肃	1.98%	3.21	0.54%	0.57	0.76	2.44	1.44%
其他	10.00%	16.19	15.81%	16.88	22.54	-6.35	-5.81%
全国	100.00%	161.89	100.00%	106.76	142.58	19.31	0.00%

注：2010 年流出区外排名前五（TOP5）是北京、辽宁、河北、天津、山西五个省级单位，而 TOP10 是指 TOP5 加山东、黑龙江、陕西、吉林、广东五省。

第四节　内蒙古流动人口的未来趋势及对策建议

随着煤产量下降，内蒙古实有人口在 2012 年达到几乎接近 3000 万的高峰。2009—2014 年，官方常住人口与估计人口存在较大的差距，应计未计人口数量还比较多，到 2015 年两者逐步接近。从城市生活用水和城市生活垃圾清运量的城市人口估计来看（见图 5-4），2015 年内蒙古城市人口实际规模在 1572 万—1720 万人，以 2550 万常住人口规模推算，内蒙古人口城市化率已经达到 64.5%，若将中小城镇的人口计算在内，全区城市化率实际上已经超过 70%。据联合国统计与预测，2050 年全球人口城市化率将达到 67.2%。若将流动人口计算在内，中国人口城市化率实际上已经达到中上水平。两种估计方

法得到的结果对大部分城市而言较为相近,而旅游城市由于人均垃圾较多而会出现高估现象,如牙克石、二连浩特等,可以通过取两次估计的均值来确定城市人口。

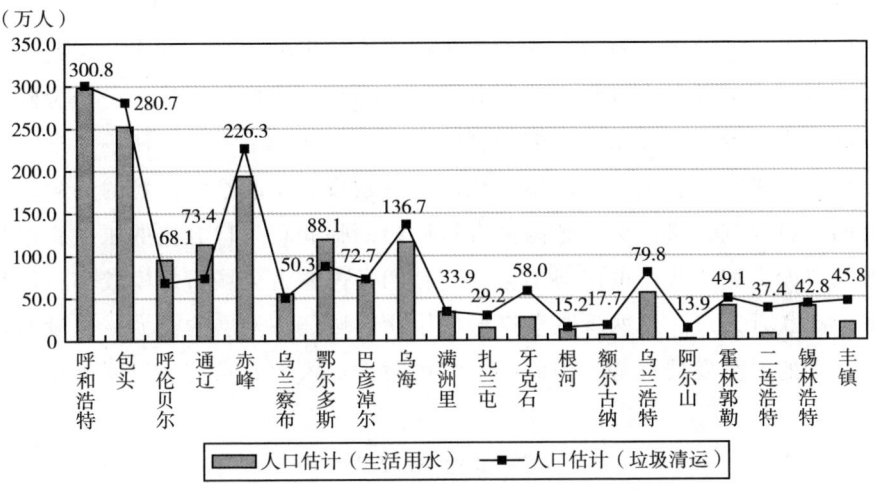

图5-4 基于人均生活用水与垃圾清运的内蒙古城市人口估计

在2011年12月至2018年1月连续83个月中,内蒙古月末移动电话用户总数平均值为2478.3万人。由于2010年以来手机的大众普及化,因此移动用户数量的变动基本上可以反映出人口的变动。从图5-5可以推断,2012年内蒙古外来人口比上一年末增加了350万人左右;至2014年9月比2012年8月

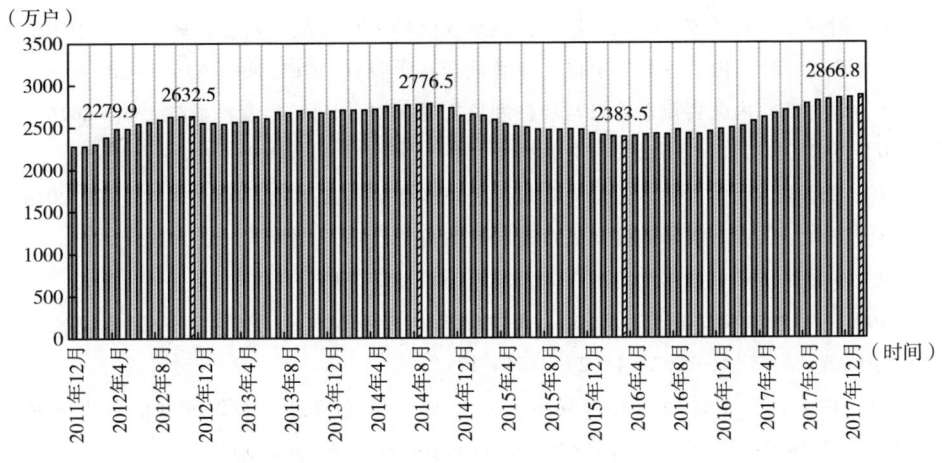

图5-5 内蒙古自治区月末移动用户数量(2011年12月至2018年1月)

又增加了140余万人；至2015年年底，内蒙古外来人口相比2014年的高峰期约减少了400万；但到2018年1月，内蒙古外来人口相比2015年末又回升了480万人，全区总人口上升到2900万人左右，几乎回复到2012年的人口高位。

从内蒙古外来人口流动情况看，2008年以来人口波动幅度是相当大的，表明外来人口的稳定性较差，受能源矿产需求的影响较大。其次，课题组注意到，随着矿产能源的合并重组，从业人员的稳定性增加或固化，一是会降低经济发展活力，导致高质量发展的转型困难；二是从长远看，即使不考虑生育率的下降，未来社会养老支出沉重，从而使内蒙古步东北经济困境的后尘；三是北京的人口控制，必然会导致内蒙古短期内面临北京人口分流的压力，但长期来看人口向大城市集中的趋势不会改变；四是内蒙古大城市规模较小，虽然呼包有近600万人口，但两者既没有形成拉动区域经济发展的合力，也没有形成较为强大的自身发展优势，因此必须将内蒙古纳入大北京统一发展范畴。

本章参考文献

［1］百度文库（2015 - 06 - 17）．内蒙古盟市间流动人口特征分析［OL］．https：//wenku. baidu. com/view/e1a36f8876c66137ee0619d2. html.

［2］第一财经日报（2010 - 08 - 23）．运煤车数量增长致京藏高速车流超设计标准［OL］．http：//www. chinahighway. com/news/2010/431749. php.

［3］王文斌，杜凤莲．内蒙古流动人口的特征：基于2010年人口普查数据［J］．广播电视大学学报（哲学社会科学版），2013（03）：3 - 9，43.

［4］段成荣，冯乐安，秦敏．典型民族地区流动人口状况及特征比较——基于内蒙古自治区的研究［J］．内蒙古大学学报（哲学社会科学版），2017，49（6）：5 - 10.

［5］闫佳琦．内蒙古流动人口与经济发展问题研究［D］．内蒙古师范大学，2016.

［6］刘英．内蒙古自治区人口分布研究［D］．内蒙古师范大学，2014.

［7］边鸿宾．内蒙古省际流动人口流入流出的影响因素研究［D］．吉林大学，2014.

［8］张哲．内蒙古市际间流动人口流动方向分析［D］．吉林大学，2014.

［9］李显龙．基于数据挖掘的内蒙古流出人口特征分析［D］．吉林大学，2013.

［10］王智勇，Geir Inge Orderud. 人口流动与区域经济划分研究——以内蒙古为例［J］．中国劳动经济学，2007，4（2）：101 - 121.

［11］内蒙古自治区通信管理局 - 行业发展 - 统计信息．内蒙古电信业发展情况（2008. 10 - 2018. 01）［OL］．http：//www. nmca. gov. cn/hangye/tongji/.

第六章
辽宁省人口流动流量、流向及其变化研究

摘　要：大数据推断结果表明，2014年辽宁跨省流入人口为379.6万人，同期省际流出人口为334.9万人，实际净流入人口仅为44.7万人。与2010年"六普"相比，辽宁省外流入人口累计减少了94.1万人，跨省流出人口累计减少10.3万人。吉林、黑龙江、内蒙古、河北和山东是辽宁人口流入的主要来源地，流入规模为237.73万人，五地（TOP5）共占全省流入总量的62.63%。2014年辽宁流出人口主要流向北京、吉林、河北、内蒙古、山东等省市，五地（TOP5）共吸引了62.46%的人口流入。辽宁并不存在人口大量流失的问题，但年出生人口持续走低将对辽宁经济社会产生重大不利影响。全面放开并鼓励生育；全面压缩行政财政性支出，尽最大努力地平衡养老支出；压缩除沈阳、大连以外高风险地区投资；设立大连直辖市等是辽宁应对重大人口与社会经济问题的关键对策。

关键词：辽宁流动人口；人口大数据；人口流向变化

第一节　辽宁省农村劳动力转移与外出人口增长

一、辽宁流动人口规模及其人口自然增长率

辽宁省2015年全国1%人口抽样调查推算数据显示，2015年年底，全省常住人口为4382.4万人。《辽宁统计年鉴（2016）》中来自公安户籍统计的数据显示，2015年辽宁省年末总人口为4229.7万人，两者差值表示辽宁有外省流入人口152.7万人。由于户籍统计中不少农村跨省流出人口依旧被统计为本省人口，加上跨省流入的人口也有不少并没有纳入常住人口口径，因此辽宁外省流入人口应远大于此数。粗略估计，辽宁跨省流入人口应该在200万人以

上。辽宁省第五次人口普查（2000年11月1日0时）快速汇总数据显示，全省的总人口为4238万人，与第四次全国人口普查（1990年7月1日0时）相比，10年共增加了292万人，年均增加28万人，年均增长率为0.69%。而辽宁省2010年第六次全国人口普查数据显示，全省总人口为4374.63万人，同第五次全国人口普查相比，10年共增加136.19人，年均增加13.6万人，年均增长率下降了一半，仅为0.32%。

比较全国和辽宁的人口自然增长率发现（见图6-1），两者的趋势大致相同，而辽宁大致比全国低5‰。在2009年全国人口自然增长率首次突破5‰的低位之后，2010年辽宁的人口自然增长率则首次转变为-2.15‰。但课题组发现，从常住人口的角度来看，辽宁人口总量自2000年以来以3.95‰左右的增速增长，仅比全国低1‰左右。辽宁作为东北的经济大省，拥有沈阳和大连两个特大城市，对本省及东北的流动人口具有相当的吸引力。以2000年为基点，以3.95‰的常住人口增长率为参照系，与2000年相比，2015年辽宁至少有157.5万户籍人口流出辽宁，同期至少有相同数量的跨省流入人口填补了户籍人口流出。从不同年度的人口数据来看，辽宁官方所公布的外省流入人口应仅包括那些已经领了暂住证的外来人口。

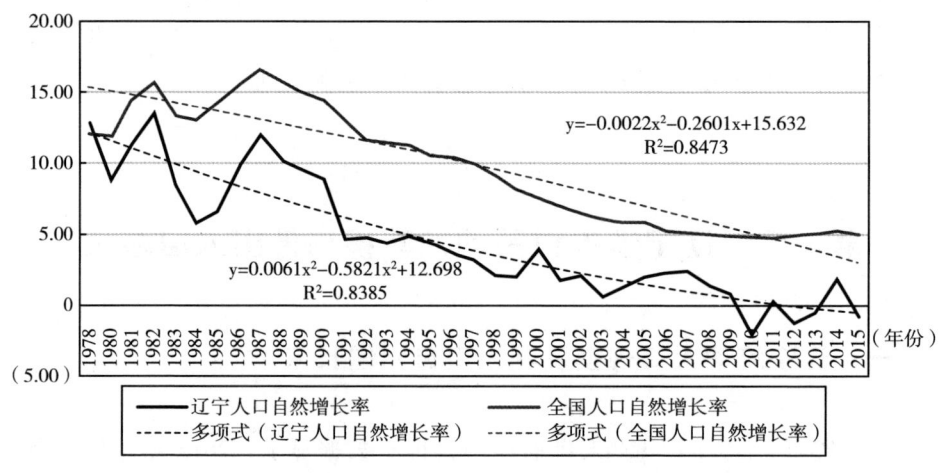

图6-1　辽宁与全国人口自然增长率比较（1978—2015年）

二、基于移动用户数量的人口流动量测度

根据《辽宁统计年鉴（2016）》，利用各地级市移动用户数量和每百户居

民手机拥有量,课题组推算出辽宁各地级市实际人口及实际的人均手机拥有量(见表6-1)。推算的数据显示,2015年辽宁实有人口只有4279万人,比辽宁省2015年全国1%人口抽样调查推算数据少103万人,主要原因是辽宁户籍人口中实际上因气候原因移居海南等地,而辽宁真正可以称为常住的人口估计只有4000万人左右,波动区间[3851万人,4068万人]。由表6-1可知,辽宁人口最高峰是2012年,实有人口达4533万人,自此以来跨省流入人口减少及户籍人口迁出等原因导致辽宁实有总人口累计减少253.6万人。

表6-1 辽宁省实有人口及人口流出变动(2009—2015年) 单位:万人

年份	户籍人口	移动用户	15—64岁人口	实有人口	人均手机	人口流出变动
2009	4256	2882.1	3545.02	4396.22	0.656	—
2010	4251.7	3341.8	3626.48	4476.82	0.746	84.9
2011	4255	3844.45	3676.79	4527.79	0.849	47.67
2012	4244.8	4291.29	3683.99	4532.95	0.947	15.36
2013	4238	4583.61	3663.81	4511.41	1.016	-14.74
2014	4244.2	4535.55	3533.87	4382.71	1.035	-134.9
2015	4229.7	4429.6	3433.4	4279.34	1.035	-88.87

注:户籍人口和移动用户数据来源于《辽宁统计年鉴(2016)》。列4至列7为推算数。

基于移动电话用户估计的结果表明(见表6-2),与公安局公布的户籍人口相比,2014年辽宁各地级市区域内实有人口除沈阳、大连和盘锦为人口净流入外,其余各市均为人口净流出。从净流入人口来看,沈阳吸引了240.97万来自省内外的人口净流入,其次是大连吸引了225.56万省内外的人口净流入,盘锦也有20余万的人口净流入。从人口净流出数量来看,朝阳净流出近百万人口,其次是铁岭,葫芦岛净流出近50万人。总体来看,辽西是人口主要净流出地,以沈阳为中心的辽中南城市群整体人口吸纳能力不强,大连除吸纳本身人口外,还吸纳东北及至河北、山东等人口流入。

表6-2 辽宁各地级市实有人口及人口净流入情况(2014年) 单位:万人

城市	总人口	移动电话用户	实有人口	净流入人口	城市人口
合计	4244.2	4535.55	4382.17	137.97	2872.82
沈阳	730.8	1005.78	971.77	240.97	1006
大连	594.3	848.56	819.86	225.56	514.82

续表

城市	总人口	移动电话用户	实有人口	净流入人口	城市人口
鞍山	348.2	354.31	342.33	-5.87	279.35
抚顺	217.4	203.85	196.96	-20.44	115.58
本溪	152	150.03	144.96	-7.04	114.57
丹东	239.5	223.89	216.32	-23.18	85.24
锦州	305.3	273.47	264.22	-41.08	132.31
营口	233.3	236.79	228.79	-4.51	97.92
阜新	191	174.41	168.51	-22.49	115.41
辽阳	179.9	180.18	174.08	-5.82	143.33
盘锦	129.2	156.15	150.87	21.67	88.23
铁岭	302	230.55	222.76	-79.24	64.5
朝阳	340.6	255.06	246.44	-94.16	52.6
葫芦岛	280.7	242.51	234.31	-46.39	62.97

从地理区位来看，朝阳地处辽宁内陆，北接内蒙古，西南可达京津，因此朝阳人口可就近流向内蒙古及京津冀地区，反而距离省会沈阳及较为发达的大连距离较远。铁岭作为老工业区，除了青壮年人口流出外，退休职工亦方便流向邻近的省会沈阳。葫芦岛和锦州虽然临海，但无法发挥近海及港口优势。除沈阳、大连、盘锦人口为净流入外，其他地级市亦有规模不大的人口净流出。全省净流入人口规模并不大，仅占全省户籍人口的3.3%。

三、基于用水量的流入人口规模推算

由于流动人口主要集中在城市，而人均生活用水相当于一种刚性数据，即生活用水总量主要与人口数量相关，其数量的变动与人口变动完全正相关。从图6-2中可以发现，2000年辽宁的城市实有人口总量甚至多于2010年。意味着2000年以前，辽宁作为东北流动人口"蓄水池"，其吸纳外来流动人口的能力是相当强的。2001年中国加入世贸组织（WTO）之后，广东珠三角和沪苏浙长三角地区吸引外来流动人口的能力大为增强，从而导致一部分人口离开辽宁。2005年辽宁城市生活用水一度反弹，既可能是本省农村人口流入城镇数量增加，也有可能是外省流入人口的反弹，但在2007年之后又下降到较低位置，而2010年则是实有人口最少的年份。

第六章 辽宁省人口流动流量、流向及其变化研究

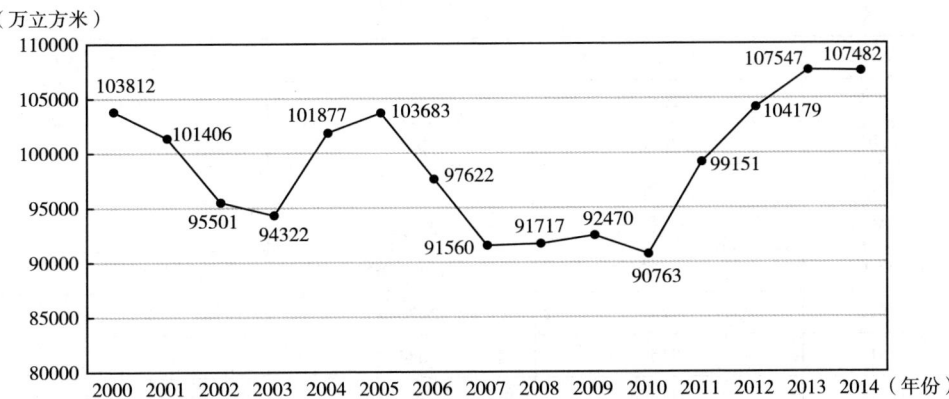

图 6-2 辽宁省各地区城市生活用水量（2000—2014 年）

资料来源：《辽宁统计年鉴（2016）》。2006 年数据为 73794 立方米，为重大异常数据，本章将其调整为邻近年份的均值。

将日人均生活用水保持刚性的情况下，以 2014 年为参照点，课题组推算 2000 年将外来流动人口计算在内的辽宁城镇人口已经达到 2768.50 万人，但随后的三年累计减少了 253.08 万人，而 2004—2005 年两年内又累计流入了 249.64 万人（见表 6-3）。2000—2005 年变动一部分是本省城乡之间的变动，但大部分是跨省流动人口的变动。课题组认为 2004 年和 2005 年的城市人口增加的主要动力是 2004 年中央启动的振兴东北战略所致，但效果并不具备持久性。2006—2007 年外来人口又大幅减少 323.3 万人。2008 年和 2009 年的人口变动基本与城市人口自然增长量相等，因为从官方数据看，2008 年辽宁省人口自然增长率为 1.4‰，而辽宁本省基于用水的城市人口为 2500 万人左右。2010 年以后的辽宁城市人口变动比较难以判断，原因是此段时间的城市人口增长并非大部分是由于省外人口流动变化的结果，其中有相当一部分是本省乡镇流入或并入城市供水的结果。

表 6-3 基于生活用水量的辽宁城市实有人口估计（2000—2014 年）

年份	生活用水（万立方米）	城市人口（万人）	人口变动（万人）
2000	103812	2768.5	
2001	101406	2704.33	-64.16
2002	95501	2546.86	-157.48
2003	94322	2515.41	-31.44
2004	101877	2716.89	201.48

续表

年份	生活用水（万立方米）	城市人口（万人）	人口变动（万人）
2005	103683	2765.06	48.16
2006	97622	2603.41	-161.65
2007	91560	2441.76	-161.65
2008	91717	2445.94	4.19
2009	92470	2466.02	20.08
2010	90763	2420.5	-45.52
2011	99151	2644.21	223.71
2012	104179	2778.28	134.08
2013	107547	2868.1	89.81
2014	107482	2866.38	-1.72

结合表6-1的情况来看，2010年以后辽宁省城市人口的增长主要是省内城市以外区域的人口流入，而省外流入所导致的增长量比较小。课题组依据城市生活用水估计了各城市实际用水人口（见表6-4）。以营口日人均生活用水量为参照，课题组估计沈阳市用水人口为1003.7万人，而依据年末移动用户总数估计的沈阳人口为971.8万人，原因是沈阳日人均用水量略微高出全省平均水平，但两者已经非常接近，可取平均值来推断沈阳的实有人口数量。从估计的用水人口与官方用水人口的差值来看，抚顺和朝阳估计的用水人口少于官方公布的用水人口，课题组认为最可能的原因是两市有不少户口记在供水所在地，但实际的人已经流出到省内或流出省外，这种情况在全国都普遍不存在，不同的是其他城市外来流入人口掩盖了这种现象。值得注意的是，此处估计的用水人口仅是纳入政府统一供水的人口，在县城、镇、乡村很多其实已经用上了自来水，但并没有纳入公共供水公司统一统计而已。

表6-4　　辽宁各地级市实有人口及与官方比较（2014年）　　单位：万人

年份	全社会年末从业人员数	第一产业占GDP比重	第一产业实际从业劳动力	第一产业官方从业人员数	第一产业流出劳动力数
2005	2120.3	11.00%	233.2	722.1	488.9
2006	2128.1	10.10%	214.9	716.2	501.3
2007	2180.7	10.20%	222.4	705.7	483.3
2008	2198.2	9.50%	208.8	700.7	491.9

续表

年份	全社会年末从业人员数	第一产业占GDP比重	第一产业实际从业劳动力	第一产业官方从业人员数	第一产业流出劳动力数
2009	2277.1	9.30%	211.8	697.5	485.7
2010	2317.5	8.80%	203.9	703.6	499.7
2011	2364.9	8.62%	203.8	699.9	496.1
2012	2423.8	8.70%	210.9	694.7	483.8
2013	2518.9	8.10%	204	683.8	479.8
2014	2562.2	8.00%	205	687.9	482.9
2015	2409.9	8.30%	200	689.4	489.4

注：列 4 = 列 5×列 3/87.7；列 7 = 列 4 + 列 6×0.8；列 9 = 列 7 - 列 8。其余各列数据来源于辽宁统计年鉴（2015）。

四、基于三次产业产出及劳动力占比的农村流出劳动力推算

当经济达到一定规模之后，总产出与实际劳动力总数存在完全的正相关关系。早在2008年，辽宁第一产业占全省GDP比重已经下降到10%以下，但官方统计的第一产业劳动力仍然高达31.88%，这一现象全国都普遍存在，但实际上真正可以称作农业劳动力占实有劳动力总数的比重甚至要低于第一产业占全省GDP比重，原因是我国各地相当一部分第一产业的产出实际上是由高龄人口提供了，这部分人口年龄早已超过人们通常所定义的劳动力人口范畴。研究发现，2008年之后官方统计公布的第一产业从业人员数量（官方数）乘以第一产业占GDP的比重才是真实的第一从业人员数量（估计数），而官方数与估计数之间的差额实际上是农村流出劳动力却依旧被记录为本地常住人口数量（见表6-5）。以2008年为例，全省总从业人员为2198.2万人，但第一产业占省GDP比重仅为9.5%，因此农村从业人员实际也只占全部从业人员的9.5%左右，即208.8万人，农村流出的劳动力为491.9万人。估计结果表明，辽宁实际从事第一产业的人口远低于官方统计数，除偏远农村依旧有一定数量的第一产业从业人口外，城镇地区第一产业从业人口则"非老即外"，即老龄人口与外来人口从事城镇地区的第一产业活动，而本地处于劳动年龄的人口通常从事非农产业的经济活动。应计未计农村流出劳动力数量的减少的主要原因并非农村剩余劳动力的枯竭，而是更多地源于官方统计质量的提升。

表 6-5　占比产出法—应计未计农村流出劳动力数（2005—2015 年）　　单位：万人

年份	全社会年末从业人员数	第一产业占GDP比重	第一产业实际从业劳动力	第一产业官方从业人员数	第一产业流出劳动力数
2005	2120.3	11.00%	233.2	722.1	488.9
2006	2128.1	10.10%	214.9	716.2	501.3
2007	2180.7	10.20%	222.4	705.7	483.3
2008	2198.2	9.50%	208.8	700.7	491.9
2009	2277.1	9.30%	211.8	697.5	485.7
2010	2317.5	8.80%	203.9	703.6	499.7
2011	2364.9	8.62%	203.8	699.9	496.1
2012	2423.8	8.70%	210.9	694.7	483.8
2013	2518.9	8.10%	204.0	683.8	479.8
2014	2562.2	8.00%	205.0	687.9	482.9
2015	2409.9	8.30%	200.0	689.4	489.4

注：列 2、列 3 数据来源于辽宁省统计年鉴（2016）。

在前面的研究中，课题组发现，除沈阳、大连和盘锦为人口净流入外，辽宁其他地区人口净流出为 350.23 万人，而在表 6-5 中，课题组估计自 2005 年以来辽宁农村年均流出劳动力为 489.3 万人，且波动相当少。从辽宁第一产业流出劳动力数量来看，辽宁农村剩余劳动力在 2006 年左右已经接近为零，即农村并不存在人们通常所谈论的大量剩余劳动力，这种所谓的农村剩余劳动力仅是统计数字而已。事实上，从全国的情况来看，早在 2007 年前后，中国农村可供流出的剩余劳动力基本上已经枯竭了，留在农村中劳动力大多是受各种因素的制约而不再流出了。课题组还推算出，除沈阳、大连和盘锦外的其他地区，其外来人口流入规模在 140 万人左右，而流出规模在 490 万人左右。

第二节　辽宁跨省流入人口大数据推断

一、流入人口大数据初始表征流量

同理，要计算辽宁跨省流入人口数量，只需要得到节前由辽宁流向全国各地的人口数量即可。但节前辽宁流出省外人口也包含一部分本省人口短期外出,因此必须尽可能地减少采样范围以将这一因素排除。课题组所归集的大数据采样表 PtopLineOut 中已经包含这些信息,对 PtopLineOut 数据表进行下述 SQL 查询操作:

SELECT province, name, to_char (sum (num), '99,999,999') as num0, sum ("singleNum") as sNum0, to_char (sum (per)/2.4, '99.999%') As per0
  FROM public. "PTopLineOut"
  where province = '辽宁'
  group by province, name
  order by num0 desc

  可以得到节前辽宁人口流出目的地涵括全国 17 个省级单位。从大数据归集的可表征人口流动流量的大小来看(见表 6-6),节前辽宁人口流向最多的省份是吉林,大数据人口表征流量为 986013,占节前辽宁流出总量的 18.34%,表明吉林是辽宁外省流动人口的主要来源地;其次是黑龙江,占节前辽宁流出总量的 17.43%。流向其余各省流出量大小排名位次为内蒙古、河北、山东等省区。10 个最大人口流入来源地省份(TOP10)占流出总量的 79.47%,推算采样期间辽宁流出总量为 5288284。

  由于上述查询只能得到流出省份中流量为 TOP10 的省份,且该流量并不直接代表人口流量,而是系统所记录的可代表人口流量的无量纲数据。若辽宁节前流入该省人口占辽宁总流出人口比重较低,则不能被系统记录,但该省流入人口流量却在某时段内进入其流入排名前 10 位,从而会发生数据的漏计,因此还必须对数据表 PtopLineIn 进行下述 SQL 查询操作:

SELECT province, name, sum (num) as num0, to_char (sum (per)/2.4, '9999.999%') As per0
  FROM public. "PtopLineIn"
  wherename = '辽宁'
  group by province, name
  order by num0 desc

  第二次查询得到排名前 6 位的省份名次和流量与第一次查询完全相同。第二次查询涉及中国所有省级区域,这与辽宁全国最多人口流入省份地位相匹配(见表 6-6)。由于第二次查询是以流入地为基准的,那些虽然在辽宁流入人口占比不大但流出地占比则进入其流出排名前 10 位的则被录入系统。

表 6-6　　　　2014年辽宁跨省人口流入流量大数据采样

第一次查询				第二次查询			
流出地	流向地	大数据采样流量	占流出地比重	流入地	流出地	大数据采样流量	占流入地比重
辽宁	吉林	986013	18.34%	吉林	辽宁	986013	25.32%
辽宁	黑龙江	951629	17.43%	黑龙江	辽宁	951629	18.06%
辽宁	内蒙古	543246	9.94%	内蒙古	辽宁	543246	13.50%
辽宁	河北	447497	8.98%	河北	辽宁	447497	2.39%
辽宁	山东	383471	7.17%	山东	辽宁	383471	2.72%
辽宁	北京	301897	6.59%	北京	辽宁	301897	3.29%
辽宁	河南	235951	4.63%	天津	辽宁	97132	2.80%
辽宁	江苏	154704	3.10%	上海	辽宁	4854	0.31%
辽宁	安徽	131814	2.08%	台湾	辽宁	3378	2.06%
辽宁	天津	66430	1.21%	香港	辽宁	939	0.24%
辽宁	广东	12026	0.65%	澳门	辽宁	575	0.30%
辽宁	浙江	9268	0.35%	TOP10	辽宁	3720056	—
辽宁	山西	8959	0.07%	全国	辽宁	5288284	—
辽宁	湖北	6247	0.20%	0	辽宁		
辽宁	上海	3460	0.38%	0	辽宁		
辽宁	福建	119	0.02%	0	辽宁		
辽宁	四川	33	0.01%	0	辽宁		
辽宁	TOP10	4202652	79.47%	0	辽宁		
辽宁	全国	5288284	100.00%	0	辽宁		

需要注意的是，第一次查询中节前辽宁流向北京、天津、江苏、广东、浙江等发达省市的人口流量也比较大，是否意味着这些省级单位有较多的人口流向辽宁呢？其实这部分人口流动可分为两大部分来考察：一是辽宁与这些省市的日常性人口流动被纳入了此次大数据采样；二是可将其视为拥有辽宁户籍的人口流动到这些省市之后，成为这些省市的外来常住人口，这些外来常住人口的家属在节前流动到发达省市。

二、由大数据表征流量到人口流入量及流向测度

在前面的分析中，2014年辽宁省净流入人口为137.97万人，但辽宁与黑龙江、吉林一样，存在大量虽然已经流出省外，但户籍关系依旧保留在本省的情况。在大数据采样中，若能得到采样期内流入总量和流出总量，则根据人口净流入量就可以推算流出人口和流入人口。特别需要注意的是，大数据采样期内流入总量对应的是辽宁本省人口跨省流出，而流出总量则对应辽宁外省流入人口。通过查询计算，大数据采样期内流入总量为4665522，流出总量为5288284，净流出量为622762。课题组推算2014年辽宁外省流入人口总量为379.6万人，同期辽宁省际流出人口为334.9万人，实际净流入人口仅为44.7万人。因此，课题组计算出节前流出量占流出量的比重，再乘以辽宁省外流入人口总量，就可以得到各省2014年流入辽宁的人口数量。

大数据人口推算结果显示（见表6-7），辽宁省外流入人口主要来自吉林、黑龙江、内蒙古、河北、山东、河南等省区。来自吉林的外来流动人口为70.78万人（列6），占吉林跨省流出人口的25.32%（列3），占辽宁省外流入人口比重的18.34%（列5），每四个流出省外的吉林人中，就有一个流动到邻近的辽宁省。将流入人口（列6）除以占来源地比重（列3），可以反推出流入人口来源地跨省流出人口数量（列7）。例如，课题组推算吉林跨省流出人口数量为279.59万人，河北有1342.89万流向省外的人口，山东有1012.73万流向省外的人口。北京的情况比较特别，表6-7列7推算的657.88万人口是以辽宁为参照，可以视为北京市外流入人口中，有657.88万可视为常住性外来人口，正是这种常住性的外来人口，导致节前市外人口流入，其中辽宁有21.67万人。据北京市统计局数据显示，2014年年末北京市常住人口有2151.6万人。其中，常住外来人口有818.7万人，比课题组估计的外来常住人口多160.8万人。2014年年末北京市户籍人口有1333.4万人，加上真正可以承担北京生活的常住外来人口657.88万人，课题组认为理论上北京人口即使经最强调控也有1991.28万人，这是北京人口控制的理论极限。

大数据人口推算结果与官方公布的结果差距很大。例如，官方数据显示，辽宁省外流入人口中来自黑龙江的最多，占辽宁全省流入比重的三分之一以上，其次才是吉林，但吉林占全省流入比重差不多只有黑龙江的一半。而大数

表 6-7　　2014 年辽宁跨省人口流入来源地及数量

来源地	人口大数据采样流量	占来源地比重	占辽宁流入比重*	占辽宁流入比重**	流入人口（万人）	来源地流出人口（万人）
吉林	986013	25.32%	18.34%	18.65%	70.78	279.59
黑龙江	951629	18.06%	17.43%	18.00%	68.31	378.34
内蒙古	543246	13.50%	9.94%	10.27%	38.99	288.85
河北	447497	2.39%	8.98%	8.46%	32.12	1342.89
山东	383471	2.72%	7.17%	7.25%	27.53	1012.73
北京	301897	3.29%	6.59%	5.71%	21.67	657.88
河南	235951	—	4.63%	4.46%	16.94	—
江苏	154704	—	3.10%	2.93%	11.1	—
安徽	131814	—	2.08%	2.49%	9.46	—
天津	97132	2.80%	1.21%	1.84%	6.97	249.19
广东	12026	—	0.65%	0.23%	0.86	—
浙江	9268	—	0.35%	0.18%	0.67	—
山西	8959	—	0.07%	0.17%	0.64	—
湖北	6247	—	0.20%	0.12%	0.45	—
上海	4854	0.31%	0.38%	0.09%	0.35	111.68
台湾	3378	2.06%	—	0.06%	0.24	11.79
香港	939	0.24%	—	0.02%	0.07	27.62
澳门	575	0.30%	—	0.01%	0.04	13.99
福建	119	—	0.02%	0	0.01	—
四川	33	—	0.01%	0	0	—
TOP10	4202652	—	79.47%	79.47%	301.67	—
其他	1085632	—	20.53%	20.53%	77.93	—
全国	5288284	—	100.00%	100.00%	379.6	—

　　注：占辽宁流入人口比重*为第一次查询直接得到，而占辽宁流入人口比重**则为推算得到的结果。

　　据推算的结果显示，在辽宁省外流入人口中，吉林占第一位，其次才是黑龙江，且两省占辽宁流入比重非常接近。课题组认为，造成这种极大差异的原因主要来自两个方面：一是官方数据主要是指农民工，而吉林与辽宁相邻，经商性人口流动占有较大比例；二是官方数据调查主要集中于沈阳和大连等大城市，而吉林人口流动中有相当一部分在两省边界区域。还有一个问题需要注意，官方人口抽样调查数据显示 2014 年辽宁省外净流入人口为 81 万人，但大数据推算的结果仅为 45 万人，相差 36 万人，其主要原因是辽宁流出人口中，有相当一部分人口的户籍关系依旧被统计在本地常住人口一栏中。因此，更为精确的分析结果需要长期连续的人口大数据定位，即需要更为精准和持续的人口大数据分析系统。

三、2010 年以来辽宁外省人口流入变化

在前面的分析中，课题组发现，如果依据生活用水量来判断，2010 年辽宁城市人口处于一种最低点，而依据年末移动用户数量来判断，则 2010 年的总人口仅比 2014 年多 94.11 万人。辽宁省卫计委根据对 2010—2016 年统计，辽宁省年均出生人数为 29.9 万人，而同期死亡人口大致相同，即每年出生死亡各为 30 万左右。从出生人口来推算，若人均寿命 80 岁，未来辽宁人口将下降到 2400 万！而辽宁省 1989 年出生人口为 62.5 万人，死亡人口为 20.9 万人，每年新增人口为 40 万人以上，下降到今天的零增长甚至是负增长。辽宁若要保持 4000 万的人口规模，每年出生人口不应少于 50 万人，但实际不到 30 万人的年均出生量。

基于生活用水量与手机用户推算的人口巨大差异，最主要的原因是本省城乡人口流动所导致，其次才是省外流动造成。依据各方情形综合判断，课题组推算出 2010 年辽宁省际流出为 345.2 万人，从而得出同期省际流入为 473.7 万人，跨省净流入 128.5 万人。与 2010 年"六普"相比，辽宁省外流入人口累计减少了 94.1 万人，跨省流出人口累计减少 10.3 万人。2010 年辽宁省第六次全国人口普查数据显示，省外流入人口为 178.65 万人，流出省外人口为 101.40 万人，跨省净流入人口为 77.25 万人。造成较大差异的原因主要是：一是常住人口的定义不同，课题组以全省流动为范畴，而官方将普查地是否居住六个月以上为依据；二是普查时多以第二产业和大中型企业的农民工流动为对象，课题组则涵盖全产业领域，由于辽宁第二产业占全省产出五成左右，因此至少有一半的外来人口并没有纳入统计中；三是省域边界地区的流动很少纳入统计。

2010 年"六普"数据显示（见图 6-3），黑龙江、吉林和内蒙古占辽宁外来流动人口的 58.75%，虽然吉林距离更近，但其流动到辽宁的人口比更远的黑

龙江几乎少一半。其次是河南、山东、安徽、河北、四川、江苏和湖北等人口大省。前10大人口来源地占外来人口总数的88.63%。外来人口主要来源于人口大省及人口净流出地区，而来自人口小省和经济发达地区的流入则比较少。

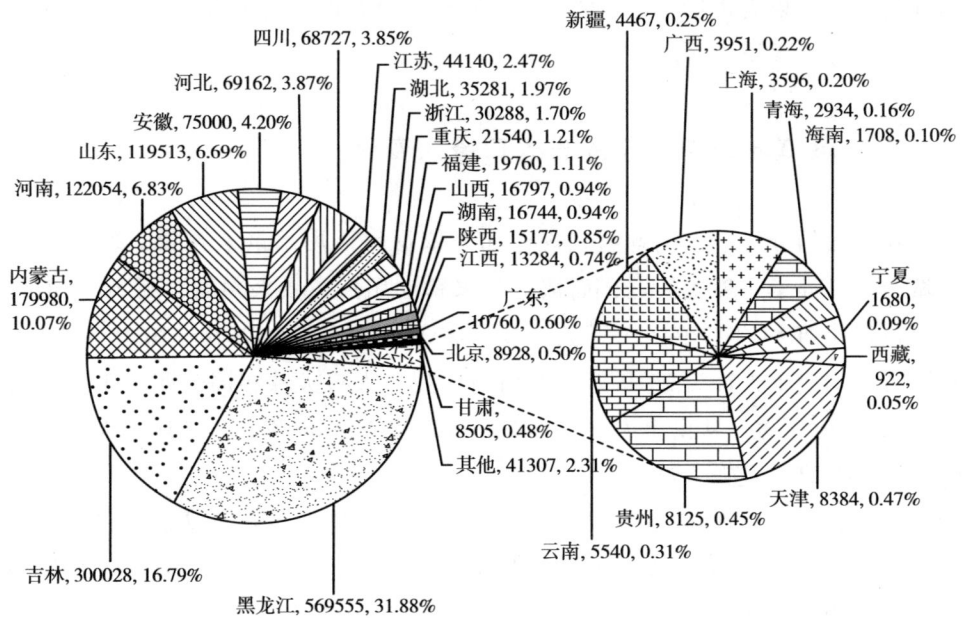

图6-3　辽宁省外来流动人口（2010年"六普"数据）

与2010年相比，大数据推算的结果显示（见图6-4），在辽宁的外来人口中，吉林占18.38%，居第1位，其次是黑龙江占17.74%，而内蒙古占10.13%，居第3位。位次的变化最可能的原因可能并非黑龙江、吉林流动人口变化巨大，而是2010年"六普"数据中服务业外来人口漏计数量较多，另一个原因可能是大数据采集时并没有过滤日常性频繁流动人口。而内蒙古的数据则没有异常，原因是内蒙古籍流动人口到辽宁的人口主要流入地距离较远。北京也占较大比重，原因是短期性流动和长期性流动在数据采集初期并没有将其分割。自广东以后的省级区域则因为数据存储关系所导致变化较大，天津的情况则与北京相似。

课题组将"六普"各省占辽宁流入人口比重固定，测算得到的2010年以来人口流量的变化（见表6-8）。单从数据来看，自黑龙江流入的人口减少最多，其次是河南和安徽，这与官方统计以农民工为主的普查设计有很大关系。真实情况则是黑龙江在2010年占全省流入比重应该是严重地高估了；河南和

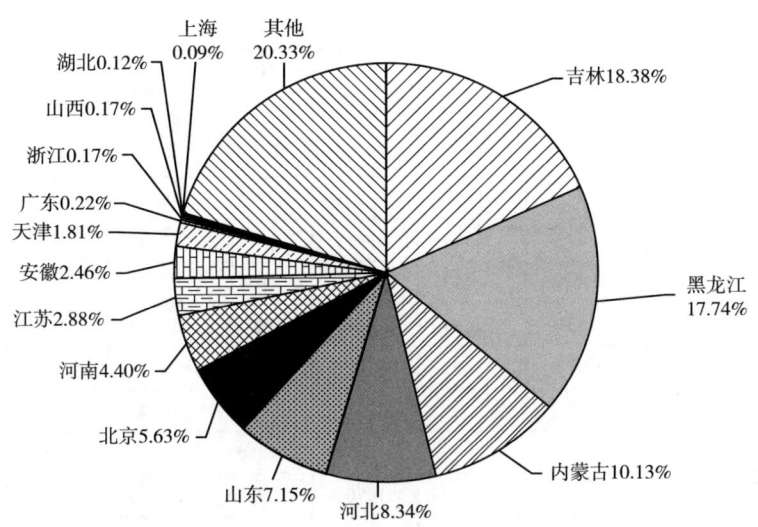

图 6-4 辽宁省外来流动人口（2014 年大数据推算）

安徽的减少更多地源于两省 2010 年以后的发展，从而吸引了大量流出劳动力回流本省。北京、河北和天津的流入增加，更多的是辽宁路省外出人口在华北的常住性定居所导致，但 2010 年的比重低估会造成常住性人口快速增加的假象，课题组估计实际的增量基本上没有太大的变化。

表 6-8　　　　　辽宁省外人口流入流量、流向变化　　　　　单位：万人

来源地	2014 年			2010 年			新变化	
	流量当量	占总流量比重	人口估计	"六普"比重	"六普"数据	"六普"调整	占比变动	人口流量
吉林	986013	18.65%	70.78	16.79%	30	79.55	1.85%	-8.78
黑龙江	951629	18.00%	68.31	31.88%	56.96	151.02	-13.89%	-82.71
内蒙古	543246	10.27%	38.99	10.07%	18	47.72	0.20%	-8.73
河北	447497	8.46%	32.12	3.87%	6.92	18.34	4.59%	13.78
山东	383471	7.25%	27.53	6.69%	11.95	31.69	0.56%	-4.16
TOP5	3311856	62.63%	237.73	72.27%	129.11	342.34	-9.64%	-104.61
北京	301897	5.71%	21.67	0.50%	0.89	2.37	5.21%	19.3
河南	235951	4.46%	16.94	6.83%	12.21	32.36	-2.37%	-15.43
江苏	154704	2.93%	11.1	2.47%	4.41	11.7	0.45%	-0.6

续表

来源地	2014年			2010年			新变化	
	流量当量	占总流量比重	人口估计	"六普"比重	"六普"数据	"六普"调整	占比变动	人口流量
安徽	131814	2.49%	9.46	4.20%	7.5	19.89	-1.71%	-10.42
天津	97132	1.84%	6.97	0.47%	0.84	2.22	1.37%	4.75
TOP6—10	921498	17.43%	66.15	16.36%	29.23	77.51	1.06%	-11.36
其他	1085632	20.53%	77.93	11.37%	20.31	53.85	9.16%	24.08
全国	5288284	100.00%	379.6	100.00%	178.65	473.7	0	-94.1
四川				3.85%	6.87	18.22		
湖北				1.97%	3.53	9.35		
浙江				1.70%	3.03	8.03		
重庆				1.21%	2.15	5.71		
福建				1.11%	1.98	5.24		
山西				0.94%	1.68	4.45		
湖南				0.94%	1.67	4.44		
陕西				0.85%	1.52	4.02		
江西				0.74%	1.33	3.52		
广东				0.60%	1.08	2.85		

注：2010年省外流入排名前五（TOP5）是黑龙江、吉林、内蒙古、河南、山东五省区，而TOP10是指TOP5加安徽、河北、四川、江苏、湖北五省。2014年省外流入前五和前十已经发生了很大的变化。

表6-8的意义在于，2010年以后辽宁路省流入的减少，很大情况上源于劳动力流出大省的人口返乡，特别是排名前10位省份农民工返乡明显，导致辽宁省外流入人口总体上减少了20%左右，河南、安徽减少1/3以上，河北实际上也是减少。因此，所谓辽宁的人口加速流失，实际上是本省人口外流显性化和外省流入劳动力大量返乡所致，全省总人口的减少在更大程度上源于人口自然增长率的作用，即从20世纪90年代的年均40万人的净增加下降到今天的0增长甚至是负增长所导致。省外流入劳动力的减少主要原因是这些地区近年来的相对高增长所导致。辽宁本省人口外流显性化则仅仅是一种纸面游戏，全省近500万的农村流出劳动力中，约有六成跨省流出，这一比例大致与湖北省相当，课题组认为完全属于正常情况，因为湖南、安徽、四川等劳动力流出大省过去曾有80%的农村流动劳动力跨省流动。

第三节　辽宁跨省流出人口大数据推断

一、流出人口大数据初始表征流量

对数据表 PtopLineIn 进行下述 SQL 查询操作：

SELECT province，name，sum（num）as num0，to_char（sum（per）/2.4，'9999.999%'）As per0

　　FROM public."PTopLineIn"

　　where province = '辽宁'

　　group by province，name

　　order by num0　desc

可以得到节前辽宁人口流入来源地涵括全国12个省级单位，表明辽宁人口流出流向相对集中。由查询结果可知，主要流向北京、山东、天津、广东、江苏、上海等经济发达省市，其次主要流向吉林、内蒙古、河北等相邻省份，此外，同区域内的黑龙江也吸引相当数量的辽宁人流入。查询得到流出省份中流量为 TOP10 的省份所归集的大数据人口流量当量为3977404，占辽宁流出人口总量的85.254%。为避免数据漏计，因此还必须对数据表 PtopLineOut 进行下述 SQL 查询操作：

SELECT province，name，sum（num）as num0，to_char（sum（per）/2.4，'9999.999%'）As per0

　　FROM public."PTopLineOut"

　　where name = '辽宁'

　　group by province，name

　　order by num0　desc

第一次查询中共记录了11个省级区域流向辽宁的流入量，TOP10 流量合计占全省流入总量的85.254%，推算出全省总流入量为4665522。比较两次查询结果，第二次查询除新增港澳台的流量外，北京和山东的流量还小于第一次查询，因此应采用第一次查询结果进行下一步分析。在第一次查询中，课题组估计由浙江流入量占全省比重应仅略少于上海，其值取3.36%，比较接近实际。2014年大数据初始归集结果与2015年年底官方根据人口抽样调查数据的初步推算结果相比比较接近。例如，2015年年底辽宁省际间人口流出中，北京占22.97%，天津占5.61%，河北占10.51%，山东占7.14%，而大数据初始归集的2014年省际流出人口中，北京、天津、河北和山东分别为19.69%、5.38%、10.50%和8.03%；2015年流向东北地区占24.68%，其中，吉林占10.0%，内蒙古占7.73%，黑龙江占6.95%，而大数据归集的2014年分别为13.71%、10.20%和6.03%，差异依旧在于官方对省际相邻区域的流动并没有计算在内；2015年辽宁流向长三角地区占9.73%，其中，上海占4.71%，江苏占3.02%，浙江占2.0%，而大数据归集的2014年分别为3.68%、3.99%和3.36%（调整值）；2015年辽宁流向珠三角地区（广东）占5.44%，而大数据归集的2014年流向广东占4.06%。两次查询输出结果如表6-9所示。

表6-9　　　　　　　　辽宁人口流出的初始表征量

第一次查询				序号	第二次查询			
流入地	流出地	大数据采样流量	占辽宁节前流入量比重		流出地	流入地	大数据采样流量	占流出地流量比重
辽宁	北京	951128	19.69%	1	北京	辽宁	853578	2.90%
辽宁	吉林	628208	13.71%	2	吉林	辽宁	628208	26.28%
辽宁	河北	481912	10.50%	3	河北	辽宁	481912	3.75%
辽宁	内蒙古	470477	10.20%	4	内蒙古	辽宁	470477	10.95%
辽宁	山东	382303	8.03%	5	山东	辽宁	356688	3.07%
辽宁	黑龙江	284826	6.03%	6	黑龙江	辽宁	284826	13.07%
辽宁	天津	252053	5.38%	7	天津	辽宁	252053	3.14%
辽宁	广东	178018	4.06%	8	四川	辽宁	982	0.06%
辽宁	江苏	177803	3.99%	9	香港	辽宁	241	0.08%
辽宁	上海	170676	3.68%	10	台湾	辽宁	177	2.13%
辽宁	浙江	1827	0.06%	11	澳门	辽宁	45	0.03%
辽宁	四川	1405	0.15%	12	TOP10	辽宁	3329142	—
辽宁	TOP10	3977404	85.25%	13	其他	辽宁	1336380	—
辽宁	其他	688118	14.75%	14	全国	辽宁	4665522	—
辽宁	全国	4665522	100.00%	15				

二、由大数据表征流量到人口流量、流向测度

需要特别注意的是,节前由外省流向辽宁的流量对应于辽宁流出人口流量而不是相反。将两次查询结果合并,取大值新值之后,最后形成表6-10。将各省节前回流量除以总流量,再乘以跨省总流出人口,就可以得到2014年辽宁人口跨省流出各个流向的实际人口流量。在前面的推算中,2014年辽宁流出人口为334.9万人。从大数据推断的结果来看,2014年辽宁流向北京为68.27万人(列5),占跨省流出总量的20.39%(列4),居第1位;流向吉林为45.09万人,占跨省外出总量的13.46%,居第2位;流向河北为34.59万人,占跨省外出总量的10.33%,居第3位。流向五大目的地TOP5合计209.17万人,占跨省外出总量的62.46%。最后一列(列6)根据流入辽宁的流量反推辽宁跨省流出目的地省份的跨省外来人口估计。例如,课题组推算同期吉林省外流入人口为171.62万人,河北外省流入人口为922.71万人。由于辽宁人在北京、广东、江苏、上海等地外来人口中占比较低,且初始数据系统并没有将全部人口流动计算在内,仅计算排名前10位的省市,因此最后一列的估算参考意义较为有限。

表6-10　2014年辽宁跨省人口流动流量、流向的大数据推断

流向	大数据表征流量	占流出地比重	占辽宁流出人口比重	人口流出量(万人)	辽宁流出目的地外来人口(万人)
北京	951128	2.90%	20.39%	68.27	2358.33
吉林	628208	26.28%	13.46%	45.09	171.62
河北	481912	3.75%	10.33%	34.59	922.71
内蒙古	470477	10.95%	10.08%	33.77	308.36
山东	382303	3.07%	8.19%	27.44	893.6
TOP5	2914028	46.94%	62.46%	209.17	4654.63
黑龙江	284826	13.07%	6.10%	20.45	156.47
天津	252053	3.14%	5.40%	18.09	576.21
广东	178018	0.06%	3.82%	12.78	22418.37
江苏	177803	0.08%	3.81%	12.76	16575.37
上海	170676	2.13%	3.66%	12.25	576.54
TOP6—10	1063376	—	22.79%	76.33	—
其他	688118	—	14.75%	49.39	
全国	4665522	—	100.00%	334.9	

三、人口流出流量、流向变化测度和比较分析

2010年"六普"数据显示（见图6-5），辽宁跨省流出人口并非以邻近的吉林、黑龙江和内蒙古为目的地，而是以京津、山东和河北为主要目的地。其中247843人流向北京，占跨省总流出的24.4%，其次是天津占8.1%。由此也可以看出，北京吸引外来人口的数量应是天津的3倍以上。在辽宁的流出人口中，流向东北、华北两大区域占总流出的68.23%，流向广东珠三角和沪苏浙长三角占总流出的19.14%。

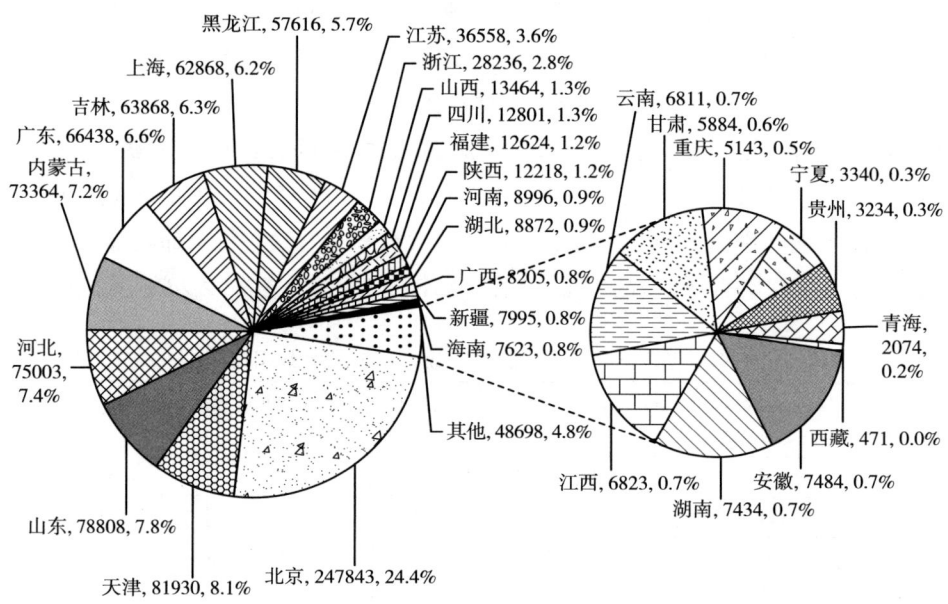

图6-5 辽宁跨省流出人口（2010年"六普"数据）

与2010年相比，大数据推算的结果显示（图6-6），2014年辽宁20.39%的外出人口流向北京，是流向天津的3.77倍，而2010年流向北京的人口是流向天津的3.03倍，表明北京的人口吸引力相对天津而言进一步增强。流向吉林、内蒙古等相邻省区的人口占比增幅较大。流向京津黑吉蒙冀鲁等7个省级区域的人口占总流出比重达73.97%，流向粤苏沪占11.28%。即辽宁外出人口中，流向东北和华北区域的人口增幅明显，而流向珠三角和长三角等区域的人口则降幅较大。

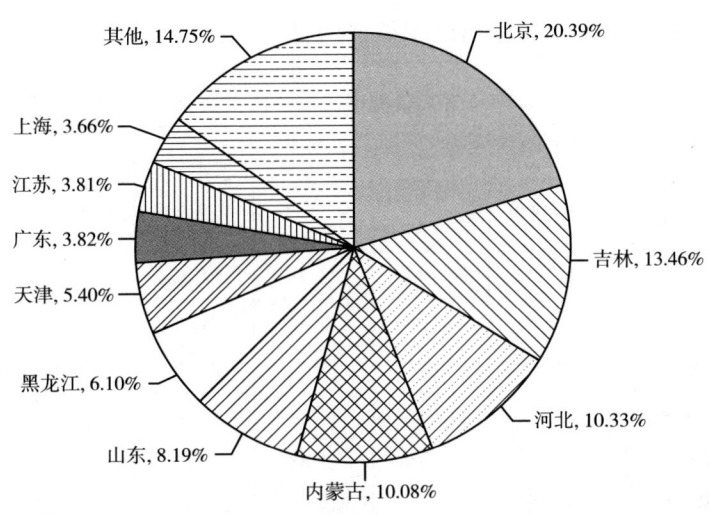

图 6-6 辽宁跨省流出人口流向百分比构成（2014 年大数据推算）

利用前面的研究结果，课题组推算出 2010 年辽宁流出省外人口为 345.2 万人，2014 年年末跨省流出人口比 2010 年减少 10.3 万人。若保持"六普"占比不变，而以实际流出人口计算辽宁各方向流出人口，则 2014 年流向北京的辽宁人口比 2010 年减少 16.10 万人，流向天津、广东、上海的辽宁人分别减少 9.80 万人、9.84 万人和 9.15 万人，而流向吉林、河北、内蒙古三个相邻省份的人口则分别增加了 23.35 万人、9.06 万人和 8.80 万人（见表 6-11）。由于"六普"数据侧重以劳动力特别是以农民工劳动力为主的调查结果，且很多已经流出的人口并没有显现出来而是以其户籍所在地的常住人口出现的。此外，"六普"数据还忽略了相邻地区的人口流动。因此，保持"六普"外来人口占比不变的情况下，那些拥有较多农民工流入地区的人口流量变化会有较大的减少，而相邻省区的外来流动人口则会有较大的增加；若该省人口流入流出相对平衡，则其人口流量的变化将会比较少。表 6-11 中，山东、江苏两省除吸引了相当数量的外省人口流入之外，本省也有较多的流出人口，两省人口流动流量的变化也非常少。表 6-11 的意义在于给出了一个人口流向变化的判断，即 2010 年以来辽宁流向北京、天津、上海、广东等发达省市的人口减少了，而流向辽宁相邻省区的人口则增加了。在辽宁流入人口中，来自东北及内蒙古东部地区占较大比重，而辽宁外出人口则首选北京，其次才是邻近的吉林。实际上，北京对东北和整个北方地区的人口吸引力最强。从经济发展水平来看，北京、辽宁、吉林具有明显的梯度性，而人口流动也呈现出相类似的梯度性。

表6-11　　　　　辽宁跨省人口流出流量、流向变化

流向	2014年大数据推断		2010年			流量变化	
	大数据占比	人口流出	"六普"占比	"六普"流出	调整流出	人口变化	占比变化
北京	20.39%	68.27	24.44%	24.78	84.37	-16.1	-4.06%
吉林	13.46%	45.09	6.30%	6.39	21.74	23.35	7.17%
河北	10.33%	34.59	7.40%	7.5	25.53	9.06	2.93%
内蒙古	10.08%	33.77	7.23%	7.34	24.97	8.8	2.85%
山东	8.19%	27.44	7.77%	7.88	26.83	0.61	0.42%
TOP5	62.46%	209.17	54.92%	55.69	189.6	19.58	7.53%
黑龙江	6.10%	20.45	5.68%	5.76	19.61	0.83	0.42%
天津	5.40%	18.09	8.08%	8.19	27.89	-9.8	-2.68%
广东	3.82%	12.78	6.55%	6.64	22.62	-9.84	-2.74%
江苏	3.81%	12.76	3.61%	3.66	12.45	0.32	0.21%
上海	3.66%	12.25	6.20%	6.29	21.4	-9.15	-2.54%
TOP6—10	22.79%	76.33	28.34%	28.73	97.82	-21.49	-5.55%
其他	14.75%	49.39	16.74%	16.97	57.78	-8.39	-1.99%
全国	100.00%	334.9	100.00%	101.4	345.2	-10.3	0

注：2010年流出省外排名前五（TOP5）是北京、天津、山东、河北、内蒙古五省市，而TOP10是指TOP5加广东、吉林、上海、黑龙江、江苏五省市。

四、辽宁流动人口的未来趋势及对策建议

第一，辽宁的人口问题并非网文所说的出现人口大量流失，自2005年以来辽宁农村流出劳动力人口一直保持在490万人左右的规模，其波动率非常小，且流向省外的规模不是增加了而是减少了。第二，辽宁外省净流入人口数量2010年以来逐步减少，2015年至今的流入与流出基本平衡，即净流入量为零。第三，依据各方情形综合判断，课题组推算出2010年辽宁省际流出为345.2万人，从而得出同期省际流入为473.7万人，跨省净流入为128.5万人。与2010年"六普"相比，辽宁省外流入人口累计减少了94.1万人，跨省流出

人口累计减少 10.3 万人。第四，辽宁流出人口中约有 30% 在流向地常住，例如，在 2014 年流向北京的 68.27 万人口中，有 21.67 万常住人口，占 31.74%。第五，辽宁流向北京、天津、上海、广东等地的人口减少，而流向邻近省区的人口增加。

辽宁真正的人口问题是出生人口大幅度减少所导致的人口自然零增长。20 世纪 90 年代初，仅本省出生的人口就使辽宁每年新增 40 余万人口，时至今日出生人口数量甚至赶不上死亡人口的数量，加之经济增速低于全国平均水平，辽宁无法吸引更多的省外人口来填补人口的持续减少。另外，随着"50 后""60 后"生育高峰人口逐步进入退休期，"90 后""00 后"低生育期进入劳动期人口每人需要承担沉重的养老支出，沉重的养老支出使经济几乎不会有任何增长。例如，1957—1966 年辽宁年均出生人口 90.14 万人，而 1997—2007 年年均出生人口仅为 33.37 万人，每年壮年劳动力需要承担 2.7 人的养老支出。

对策之一：全面放开并鼓励生育。即使全面放开生育，辽宁全省每年新出生人口也难以达到维持现有人口规模的程度，预计年出生人口只有 30 万—40 万人。若全面放开人口生育，至 2035 年辽宁全省人口规模达 3800 万人左右，至 2050 年，辽宁人口仍然将下降到 3000 万人左右。若保持现有生育政策不变，2030 年之后辽宁人口将快速减少，2050 年辽宁人口将下降到 2500 万人以下。

对策之二：全面压缩行政人员和国有企事业单位人员规模，缩减财政性工资支出，尽最大努力平衡养老支出。国有企事业新进人员人事权收归中央，严格凡进必考制度。减少国有企事业单位数量，压缩人员规模。

对策之三：压缩高风险地区投资。中央财政转移支付重点应用在失业人员补贴、退休人员养老、新就业人员补贴等方面，不宜用于其他建设性项目或用于投资。除沈阳、大连外，其他城市不宜大兴土木，而应压缩开支。鼓励人口向沈阳、大连流动。

对策之四：设立大连直辖市。从地理区位和军事价值看，大连、青岛两市比天津更有利于拱卫首都。在新中国成立初期，反登陆作战是首都防卫重点内容之一，因此天津直辖很有必要。如今国力增强，海空防卫地位大幅度上升，而大连是最佳的国土及首都外围防卫所选地。其次，从经济角度看，大连经济居东北首位，实有人口超过 800 万人，土地面积 13237 平方千米，具备非常好的直辖经济基础。大连直辖无疑可吸引大量外部投资流入，有利于解决辽宁乃至东北的人口外流问题。

本章参考文献

[1] 姜玉. 东北地区人口迁移流动及其影响研究 [D]. 吉林大学, 2017.

[2] 王立波, 殷光伟. 辽宁老工业基地人口结构缘何失衡 [J]. 沈阳师范大学学报 (社会科学版), 2017, 41 (5): 9-15.

[3] 姜玉, 刘鸿雁, 庄亚儿. 东北地区流动人口特征研究 [J]. 人口学刊, 2016, 38 (6): 37-45.

[4] 刘淼. 辽宁人才发展困境及对策建议 [J]. 辽宁经济, 2016 (2): 48-49.

[5] 新浪大连->半岛晨报 (2017-07-26). 辽宁流动人口八成流入沈阳大连 [OL]. http://dl.sina.com.cn/news/2017-07-26/detail-ifyihrmf3444535.shtml.

[6] 搜狐->财经-房谱数读 (2017-07-27). 辽宁省人口区域流动新格局 [OL]. http://www.sohu.com/a/160247505_803747.

[7] 辽沈晚报 (2017-07-25). 辽宁25年人口省际净流入超80万 [OL]. http://ln.qq.com/a/20170725/003496.htm.

[8] 百度文库. 2013年辽宁省流动人口动态监测数据分析报告 [OL]. https://wenku.baidu.com/view/44e7329916fc700aba68fc7c.html.

第七章
吉林省人口流动流量、流向及其变化研究

摘　要：2009 年以来，吉林省总人口基本上保持稳定，整体变动率不到 1‰。跨省流出人口规模不大，大数据推断结果表明，2014 年吉林跨省流出人口总量为 247.87 万人，同期跨省流入人口为 157.14 万人，净流出人口为 90.73 万人。跨省流入人口主要来源于黑龙江、辽宁和内蒙古等邻近省区，来自北京、海南、广东的人口流入有所增加，表明吉林外出人口在京琼粤等地常住化趋势明显，来自山东、河南、江苏、河北等省的外来人口减少。与 2010 年相比，吉林实际跨省流出的人口增量并不大，仅增加了 24.6 万人，外出人口主要流向辽宁、北京、黑龙江、内蒙古以及山东、河北、天津等北方地区，流向天津、上海和广东的人口相对减少。吉林并不存在严重的人口外流问题，但以前非统计内的人口数据修正之后加深了人们吉林人口外流的印象。

关键词：吉林流动人口；人口大数据；人口流向变化

第一节　吉林省农村劳动力转移与外出人口增长

一、基于移动用户数量的人口流动量测度

在测量人口流出时，课题组选定以户籍人口为基数。从最近的《吉林统计年鉴》中很难找到户籍，比较分析 1995 年以来的人口数据后发现，吉林省户籍人口增长缓慢，近 10 年来的平均增长率只有 2.25‰，不及全国平均水平的一半。据测定，吉林省 2009 年来的户籍人口数量如表 7-1 第 2 列所示。手机的广泛使用为课题组测算吉林全省的实际人口提供了条件，由于年末移动用户总数不是全年平均数，因此测算结果会有一定的误差，但可对人口总量提供

一个总体估计。基于移动用户数量的吉林2009—2015年的人口估计结果显示，2010年以来吉林的实有总人口基本保持稳定，并不存在大幅度净流出的现象。2010年吉林实有人口比2009年净增加了96.30万人，除去户籍人口的自然增长，人口总量增长了90余万人，主要原因是2008年全球金融危机之后吉林跨省外出人口的回流；2011年全省实有人口净减少122.84万人，除去户籍人口的自然增长效应，实际流出129万人左右，即以前跨省外出人口回流之后的再流出；2013年进出基本平衡；2014年外出人口大幅回流近200万人；2015年较2014年净流出31.21万人（不含户籍人口增长效应）。

表7-1　　　吉林实有人口及人口流出变动（2009—2015年）　　　单位：万人

年份	户籍人口	移动用户	15—64岁人口	实有人口L	实有人口H	人均手机（部）	人口流出变动
2009	2719.5	1574.2	2053.75	2597.65	2733.63	0.591	—
2010	2725.62	1805.4	2100.52	2645.65	2781.93	0.665	96.3
2011	2731.75	2004.1	2037.72	2584.07	2720.66	0.756	-122.84
2012	2737.90	2257	2037.56	2585.13	2722.03	0.851	2.43
2013	2744.06	2372.1	1941.16	2489.97	2627.18	0.927	-190.01
2014	2750.23	2612.3	2040.7	2590.75	2728.26	0.982	201.85
2015	2756.42	2604.1	2023.7	2574.99	2712.81	0.985	-31.21

注：户籍人口变动按年2.25‰的增长率推算。除列3来自各年度统计公报外，列4至列8为推算数。

从年末移动用户数量来看，2015年比2014年仅减少了8.2万户，但推算的全省实有人口却大幅减少了30万人以上。究其原因，主要应该考虑全省户籍人口手机拥有量的增加因素，虽然2010年以来成年人口的人均手机拥有率增加不大，但依然有0.67%左右的增量，意味着即使全省总人口数量没有增加，全省移动用户数量也会因人均手机拥有率增加而增加18.5万户。其次是户籍人口自然增长因素。表7-1测算时很少考虑外来流入人口的手机拥有率变化，主要原因是自2009年以来外来流入人口的手机拥有量基本保持稳定。由于官方的人口数据统计依旧以户籍人口为主，且同样存在将户籍人口中的流出人口记入常住人口的现象，因此会高估"六普"前后历年的人口数量。另外，外来人口更多地集中在吉林、长春等大城市或集中在能源、矿业等较为容易统计的行业，从而导致跨省流入人口较为容易纳入常住人口统计当中。本省流出的漏计和外省流入的易记，导致官方历年的常住人口存在高估现象。"六普"之后，官方人口统计范围和统计方法改进，使过去高估的人口水份逐渐被挤掉，那些依赖官方数据的学术文献和媒体文章就很容易得出"东北人口加速流出"的结论。

二、基于用水量的流入人口规模推算

相对于其他弹性较大的生活必需品而言，日人均生活用水量刚性较大，利用每年的城市生活用水量大致可以估计城市人口的数量（见表7-2）。以德惠市为参照（日均生活用水量为87.7升），推算吉林全省各市实际用水人口（列5）。估算的结果表明，吉林全省各城市人口净流入459.14万人，其中长春流入217.73万人，吉林流入51.45万人，松原流入38.35万人。净流入为负表明该城市实际用水人口比官方统计的要少，人口净流入越多，表明这些城市的外来人口越多。例如，延边朝鲜族自治州下设的县级市的城市人口普遍高于官方统计值，表明这些城市吸引了较多的外来人口。需要注意的是，表7-2所推算的人口净流入既包括本省农村地区的人口流入，也包括外省人口流入。以长春市为例，由城市供水推算的实际用水人口既包括本市农村地区的人口流入，也包括本市以外地区的人口流入。全省实际城市人口1685.42万人，县城、镇及农村人口1000万人左右。

表7-2　　　　吉林省城市供水及实有人口估计（2014年）

城　市	生活用水（万 m³）	用水人口（万人）	人均日生活用水量（升）	实际人口（万人）	人口净流入（万人）
全　省	35893.88	1226.28	120.44	1685.42	459.14
长春市	9974	368.47	139.41	586.2	217.73
九台市	458	21.9	97.33	24.32	2.42
榆树市	446.55	22.9	71.26	18.62	-4.28
德惠市	570.8	22.08	87.63	22.08	0
吉林市	4752	125.73	123.49	177.18	51.45
蛟河市	313.12	13.9	82.6	13.1	-0.8
桦甸市	268.47	15.58	77.39	13.76	-1.82
舒兰市	390	11	111.58	14.01	3.01
磐石市	359	11.3	107.16	13.82	2.52

续表

城　市	生活用水 （万 m³）	用水人口 （万人）	人均日生活 用水量（升）	实际人口 （万人）	人口净流入 （万人）
四平市	1148	47.8	98.58	53.77	5.97
双辽市	230	11.2	92.27	11.79	0.59
辽源市	760	46.5	78.77	41.8	-4.7
通化市	1222.77	43.56	121.09	60.19	16.63
集安市	135.62	8	83.36	7.61	-0.39
白山市	812.27	32.99	79	29.74	-3.25
临江市	158	9.7	70.89	7.85	-1.85
松原市	2127	46.5	159.91	84.85	38.35
扶余市	258	6.63	160.33	12.13	5.5
白城市	800	27.8	119.94	38.05	10.25
洮南市	297.8	16.23	60.42	11.19	-5.04
大安市	544	14.21	111.25	18.04	3.83
延吉市	1610	49.71	141.34	80.18	30.47
图们市	150.63	5.03	104.06	5.97	0.94
敦化市	615.02	23.12	96.17	25.37	2.25
珲春市	814.6	16.5	239.3	45.06	28.56
龙井市	286.5	10.98	88.6	11.1	0.12
和龙市	616	9.5	192.65	20.89	11.39
公主岭市	1058.06	25.1	142.77	40.89	15.79
梅河口市	475	19.3	128.19	28.23	8.93

注：列 5 = 列 4 × 列 3/87.63；列 6 = 列 5 - 列 3。其余各列数据来源于《吉林统计年鉴（2015）》。

在 2008 年以前，吉林与全国其他人口流出省份一样，农村剩余劳动力也大量流出。所不同的是，吉林丰富的石油和矿业资源不但吸纳了外省的农村劳动力，也吸纳了大量本省的农村劳动力。随着油气资源的枯竭和矿业开采接近尾声，本省流动劳动力在 2008 年之后需要重新寻找就业机会。外来流入人口的返乡和本省流动劳动力跨省就业，是吉林乃至整个东北地区"人口加速流出"现象产生的根源。相对于南方人口流出大省而言，吉林的人口净流出比例远低于江西、湖南、广西、贵州、安徽等省区。

第二节　吉林跨省流入人口大数据推断

一、流入人口大数据初始表征流量

要计算吉林跨省流入人口数量，只需要得到节前由吉林流向全国各地的人口数量即可。但节前吉林流出跨省人口也包含一部分本省人口短期外出，因此必须尽可能地减少采样范围以将这一因素排除。课题组所归集的大数据采样表 PtopLineOut 中已经包含这些信息，对 PtopLineOut 数据表进行下述 SQL 查询操作：

　　SELECT province, name, to_char（sum（num），'99,999,999'）as num0, sum（"singleNum"）as sNum0, to_char（sum（per）/2.4，'99.999%'）As per0
　　　　FROM public."PTopLineOut"
　　　　where province = '吉林'
　　　　group by province, name
　　　　order by num0　desc

可以得到节前吉林人口流出目的地涵括全国 17 个省级单位。该查询表明，吉林外省流入人口排前 10 名的省级区域节前返乡过年的流量非常稳定。从大数据归集的可表征人口流动流量的大小来看，节前吉林人口流向最多的省份是黑龙江，大数据人口表征流量为 637898，占节前吉林流出总量的 25.74%。这说明黑龙江是吉林跨省流动人口的主要来源地。流向其余各省流出量大小排名位次为辽宁、内蒙古、北京、山东、河北、河南等地，表明吉林跨省流入人口主要来源于这些省份。TOP10 省占流出总量的 85.39%，推算采样期间吉林流出总量为 2404275。值得注意的是，北京、海南、广东、江苏等地亦有较大的流量，但不能依此流量来认为这些发达地区有较多的人口流入吉林省。可以将这种流量视为这些省市的常住外来人口（吉林籍）在春节期间返回吉林过年。

由于上述查询只能得到流出省份中流量为 TOP10 的省份，且该流量并不直接代表人口流量，而是系统所记录的可代表人口流量的无量纲数据。若吉林节前流入该省人口占吉林总流出人口比重较低，则不能被系统记录，但该省流入人口流量却在某时段内进入其流入排名前 10 位，从而会发生数据的漏计，因此还必须对数据表 PtopLineIn 进行下述 SQL 查询操作：

```
SELECT province, name, sum (num) as num0, to_char (sum (per)/2.4,
'9999.999%') As per0
    FROM public. "PtopLineIn"
    wherename = '吉林'
    group by province, name
    order by num0    desc
```

第二次查询得到的省级单位有所扩展，其中排名前3位的省份名次和流量与第一次查询完全相同。第二次查询涉及台湾和澳门，但流量都比较小（见表7-3）。从第一次查询的流向地来看，吉林外来人口主要来源于黑龙江、辽宁和内蒙古（蒙东地区）。

表7-3　　2014年吉林跨省人口流入流量大数据采样

	第一次查询				第二次查询			
流出地	流向地	大数据采样流量	占流出地比重	流入地	流出地	大数据采样流量	占流入地比重
吉林	黑龙江	637898	25.74%	黑龙江	吉林	529473	14.62%
吉林	辽宁	628208	26.28%	辽宁	吉林	326523	8.70%
吉林	内蒙古	246873	10.45%	内蒙古	吉林	284826	6.03%
吉林	北京	124566	5.32%	海南	吉林	75928	2.30%
吉林	山东	117105	4.93%	台湾	吉林	4381	0.15%
吉林	河北	97912	4.29%	澳门	吉林	860	0.62%
吉林	河南	59651	2.60%	其他	吉林	890789	—
吉林	江苏	48236	2.01%	全国	吉林	2404275	—
吉林	海南	46432	1.77%				
吉林	广东	46057	2.01%				
吉林	上海	1662	0.29%				
吉林	福建	487	0.14%				
吉林	天津	482	0.06%				
吉林	安徽	217	0.04%				
吉林	浙江	203	0.07%				
吉林	湖北	23	0.01%				
吉林	四川	20	0.01%				
吉林	TOP10	2052938	85.39%				
吉林	全国	2404275	100.00%				

二、由大数据表征流量到人口流入量及流向测度

在表 7-1 的分析中，以户籍人口为参照系，2014 年吉林省净流出人口 90.73 万人。在大数据采样中，若能得到采样期内流入总量和流出总量，则根据人口净流入量就可以推算流出人口和流入人口。特别需要注意的是，大数据采样期内流入总量对应的是吉林常住人口跨省流出，而流出总量则对应吉林跨省流入人口。查询汇总结果表明，大数据采样期内流入总量为 3792489，流出总量为 2404275，净流入量为 2931650。由于净流入量对应于 90.73 万人跨省净流出人口，推算 2014 年吉林市流出人口总量为 247.87 万人，同期流入人口为 157.14 万人。表 7-4 中第 5 列重新计算流出量占总流出比重得到吉林省外流入人口中各省级区域占比，从而推算出列 6 中流入人口数量。

表 7-4　　　　2014 年吉林跨省人口流入来源地及数量

来源地	人口大数据采样流量	占来源地比重	占吉林流入比重*	占吉林流入比重**	流入人口（万人）	来源地流出人口（万人）
黑龙江	637898	14.62%	25.74%	26.53%	41.69	285.17
辽宁	628208	8.70%	26.28%	26.13%	41.06	471.94
内蒙古	246873	6.03%	10.45%	10.27%	16.14	267.58
北京	124566	—	5.32%	5.18%	8.14	—
山东	117105	—	4.93%	4.87%	7.65	—
河北	97912	—	4.29%	4.07%	6.4	—
河南	59651	—	2.60%	2.48%	3.9	—
江苏	48236	—	2.01%	2.01%	3.15	—
海南	46432	—	1.77%	1.93%	3.03	—
广东	46057	—	2.01%	1.92%	3.01	—
上海	1662	—	0.29%	0.07%	0.11	—
福建	487	—	0.14%	0.02%	0.03	—
天津	482	—	0.06%	0.02%	0.03	—
安徽	217	—	0.04%	0.01%	0.01	—

续表

来源地	人口大数据采样流量	占来源地比重	占吉林流入比重*	占吉林流入比重**	流入人口（万人）	来源地流出人口（万人）
浙江	203	—	0.07%	0.01%	0.01	—
湖北	23	—	0.01%	0.00%	0	—
四川	20	—	0.01%	0.00%	0	—
TOP10	2052938	—	85.39%	85.39%	134.18	—
全国	2404275	—	100.00%	100.00%	157.14	—

注：占吉林流入人口比重*为第一次查询直接得到，而占吉林流入人口比重**则为推算得到的结果。

从表7-4可以看出，吉林跨省流入人口主要来自黑龙江、辽宁和内蒙古。吉林与黑龙江、辽宁两省大致有着长度相等的接壤边界，辽宁人口约比黑龙江多出550万人，但辽宁流入吉林的人口与黑龙江流入吉林的人口大致相当，原因大致有两个：一是黑龙江的人口主要集中在与吉林相邻的南部，而辽宁人口则集中在辽中南城市群；二是辽宁的经济发展水平较黑龙江要高。如何解释北京、海南、广东也有一定数量的人口流入吉林呢？众所周知，吉林有相当数量的人口流向北京、广东和海南，从采样时间来看，应是北京、海南和广东的常住外来中来自吉林户籍的人口春节前返乡过年。表7-5中内蒙古流入人口排第3位，近邻因素是主因；辽宁流入排第2位，区域近邻因素和人口规模较内蒙古大等原因所导致；北京流入的人口排第4位，主要是吉林籍人口流入北京后利用春节假期机会回家探亲所致；山东、河南、河北、江苏可视为劳动力人口流入；海南和广东的流入与北京相似。排除北京、海南、广东之后，吉林跨省流入人口依次为黑龙江、内蒙古、辽宁、山东、河北、河南和江苏等省区。更为精确的流入数量及排名可利用跨省流入人口的年度移动轨迹进行判断，在手机实名制之后，这种移动轨迹的测定并不存在技术上的困难。

三、2010年以来吉林跨省人口流入变化

2010年"六普"数据显示（见图7-1），来自邻近的黑龙江人口流入占全省外来人口的28.6%，其次是来自邻近的辽宁也占据13.99%的份额，山东则超越与吉林邻近的内蒙古排在流入人口的第3位。若将大数据中的北京排

除，其外来人口变化最大的是内蒙古取代山东，河北取代河南，安徽、湖北、四川等人口流出大省的位置大幅度退后。

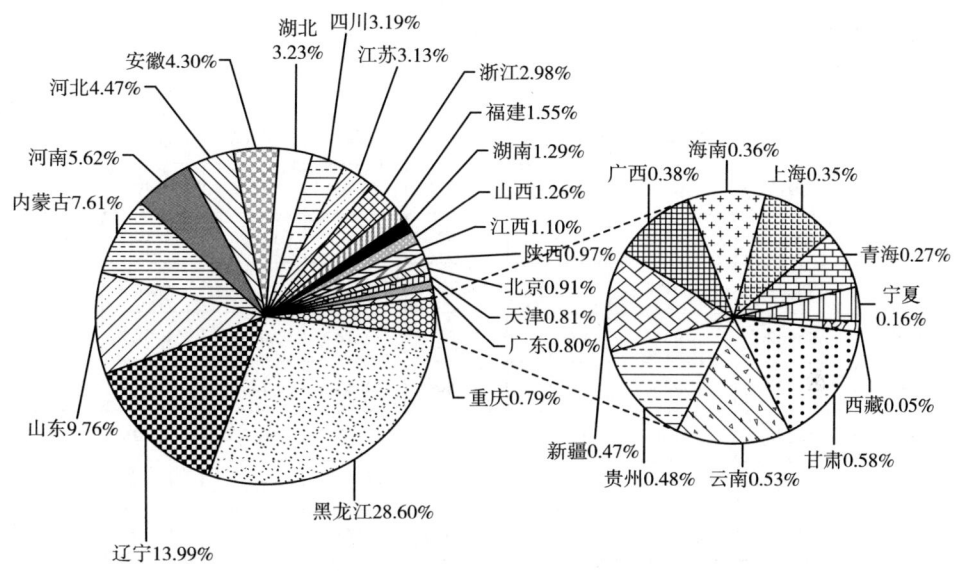

图 7-1　吉林外来人口来源地构成（2010 年"六普"数据）

在表 7-1 的分析中，2010 年吉林全省户籍人口为 2725.62 万人，实有人口为 2713.79 万人，全省净流入人口为 11.83 万人。而 2010 年"六普"公布的数据显示，全省流出 137.285 万人，跨省流入仅 45.65 万人，全省净流出人口 91.635 万人。课题组认为，"六普"数据显然严重低估了外省流入人口的数量，也在一定程度上低估了跨省流出人口的数量。为了便于比较，课题组推算 2010 年吉林实际跨省流出人口 223.26 万人，外省流入人口 211.43 万人（见表 7-5）。

表 7-5　　　　　　　吉林跨省人口流入流量、流向变化

来源地	2014 年			2010 年			新变化	
	流量当量	占总流量比重	人口估计	"六普"比重	"六普"数据	"六普"调整	占比变动	人口流量
黑龙江	637898	26.53%	41.69	28.60%	13.06	60.48	-2.07%	-18.79
辽宁	628208	26.13%	41.06	13.99%	6.39	29.58	12.14%	11.48
内蒙古	246873	10.27%	16.14	7.61%	3.47	16.09	2.66%	0.04
北京	124566	5.18%	8.14	0.91%	0.41	1.91	4.28%	6.23

续表

来源地	2014 年			2010 年			新变化	
	流量当量	占总流量比重	人口估计	"六普"比重	"六普"数据	"六普"调整	占比变动	人口流量
山东	117105	4.87%	7.65	9.76%	4.45	20.63	-4.89%	-12.97
TOP5	1754650	72.98%	114.68	65.58%	29.94	138.66	7.40%	-23.98
河北	97912	4.07%	6.4	4.47%	2.04	9.46	-0.40%	-3.06
河南	59651	2.48%	3.9	5.62%	2.56	11.88	-3.14%	-7.98
江苏	48236	2.01%	3.15	3.13%	1.43	6.61	-1.12%	-3.45
海南	46432	1.93%	3.03	0.36%	0.16	0.76	1.57%	2.27
广东	46057	1.92%	3.01	0.80%	0.37	1.7	1.11%	1.31
TOP610	298288	12.41%	19.5	18.33%	8.37	38.75	-5.92%	-19.26
其他	351337	14.61%	22.96	24.75%	11.3	52.33	-10.14%	-29.37
全国	2404275	100.00%	157.14	100.00%	45.65	211.43	0.00%	-54.29

注：2010年跨省流入排名前五（TOP5）是黑龙江、辽宁、山东、内蒙古、河南五省区，而TOP10是指TOP5加河北、安徽、湖北、四川、江苏五省。2014年跨省流入前五和前十（表7-5）已经发生了很大的变化。

虽然大数据推断与2010年"六普"统计口径、统计范围和统计方法有很大的不同，两者比较后还是能发现2010年以来吉林跨省流入人口的变化。由于"六普"统计侧重于制造业或较大型的服务业，因此，表7-5中变化量为负的省份实际上是高估了其流入量，而变化量为负的省份则是低估了其流入量。以黑龙江为例，课题组测定2010年黑龙江流入吉林的人口在50万人左右，而如果按"六普"比重推算则高达60余万人。再如海南，课题组测定2010年海南吉林户籍的外来常住人口2万人左右，到2014年增加到3万人。课题组还测定来自黑龙江、辽宁的外来人口自2010年来各减少10万人左右；内蒙古减少4万人左右；山东、河北、河南、江苏实际减少的人口流入约为列9估计值的50%。由于外来流入人口的减少，吉林实有人口相应减少，未来官方公布的人口还会减少。另外，由于外来流入人口在官方统计中数量不大，这种外来流入人口的减少很难在官方统计中得到反映。总体来看，2010年以来吉林省外流入人口普遍性地减少，随着定居北京、海南和广东的吉林籍人口增加，年末来自这三地的人口流入则显示为增加。

第三节　吉林跨省流出人口大数据推断

一、流出人口大数据初始表征流量

对数据表 PtopLineIn 进行下述 SQL 查询操作：

SELECT province，name，sum（num）as num0，to_char（sum（per）/2.4，'9999.999%'） As per0

　　FROM public."PTopLineIn"

　　where province = '吉林'

　　group by province，name

　　order by num0　desc

可以得到节前吉林人口流入来源地涵括全国 11 个省级单位。上述查询只能得到流出省份中流量为 TOP10 的省份，但不同时段不同省份进入 TOP10，因此最终输出结果有 11 个省级单位。若吉林省流入该省人口占该省总流入人口比重较低，则有可能发生数据的漏计，因此还必须对数据表 PtopLineOut 进行下述 SQL 查询操作：

SELECT province，name，sum（num）as num0，to_char（sum（per）/2.4，'9999.999%'） As per0

　　FROM public."PTopLineOut"

　　where name = '吉林'

　　group by province，name

　　order by num0　desc

第一次查询除了防止大数据表征的人口流量被漏计外，另一个重要的功能是计算出大数据表征人口的总流量。在原始数据中，为简化计算，系统只记录不同时段流入或流入排名前 10 名的省级区域，因此需要计算总流量。第一次查询中共记录了 11 个省级区域流向吉林的流入量，TOP10 流量合计占全市流入总量的 88.165%，推算出全市总流入量为 3792489；第一次查询共记录了 11 个省级区域的流入量，最大限度地解决了数据漏计的问题。第二次查询中没有北京等地流入，原因是虽然节前由北京流入的人口量较大，但该流量占北京流出量的比重没能进入北京流出前10名,故发生漏计。两次查询输出结果如表7-6所示。从第一次查询的流出地来看,吉林人口主要流向辽宁、北京、黑龙江、内蒙古、山东、河北和天津等北方地区,流向广东、江苏和上海等发达地区只占吉林流出人口的9.52%。系统显示流向浙江的只占0.47%,主要原因是数据采集时的TOP10规则限制,导致排名第10名之后的流量并没有被记录。可参照江浙两省的户籍人口或常住人口数量进行同比例调整,以官方公布的常住人口为例,江浙常住人口之比约为79∶55,利用插值法计算得到吉林跨省流出人口中,2.21%的人口流向浙江,流量绝对值为78422。由于TOP10排名并非十分稳定,因此可取TOP3来计算总流量为3835140,比按TOP10推算的3792489多42651,两者相差1.12%。

表7-6　　　　　　　吉林人口流出的初始表征量

第一次查询				第二次查询				
流入地	流出地	大数据采样流量	占吉林流入量比重	序号	流出地	流入地	大数据采样流量	占流出地流量比重
吉林	辽宁	986013	25.32%	1	辽宁	吉林	986013	18.34%
吉林	北京	601895	15.27%	2	黑龙江	吉林	529473	24.81%
吉林	黑龙江	529473	14.62%	3	内蒙古	吉林	279034	6.45%
吉林	内蒙古	279034	7.63%	4	天津	吉林	107174	0.80%
吉林	山东	251310	6.79%	5	山东	吉林	34580	0.26%
吉林	河北	185160	4.81%	6	台湾	吉林	17	0.30%
吉林	天津	173028	4.22%	7	香港	吉林	16	0.02%
吉林	广东	132149	3.63%	8	澳门	吉林	12	0.01%
吉林	江苏	112642	3.17%	9				
吉林	上海	92944	2.72%	10				
吉林	浙江	17853	0.47%	11				
吉林	TOP10合计	3343648	88.17%	12				
吉林	其他	448841	11.84%	13				
吉林	全国	3792489	100.00%	14				

二、由大数据表征流量到人口流量、流向测度

需要特别注意的是，节前由跨省流向吉林的流量对应于吉林流出人口流量而不是相反。将两次查询结果合并，取大值新值之后，最后形成表7-7。将各省节前回流量除以总流量，再乘以跨省总流出人口，就可以得到2014年吉林人口跨省流出各个流向的实际人口流量。在前面的推算中，2014年吉林流出人口为247.87万人。从大数据推断的结果来看（见表7-7），2014年吉林流向辽宁64.44万人（列5），占跨省流出总量的26.00%（列4），居第1位；流向北京39.34万人，占跨省流出总量的15.87%，居全省流出量第2位；流向黑龙江34.61万人，占跨省流出总量的13.96%，居全省流出量的第3位。流向五大目的地TOP5合计173.05万人，占跨省流出总量的69.81%。最后一列（列6）根据流入吉林的流量反推吉林跨省流出目的地省份的跨省来人口估计，除北京外，其他省市的结果与我国跨跨省出人口的数量基本一致①。与辽宁相比，辽宁20.49%的外出人口流向北京，而吉林只有15.87%。即吉林人口流出目的地首选为邻近的辽宁，其次才向北京迁移，同区域的黑龙江和内蒙古（东部）也是吉林外出人口的重要目的地。

表7-7　　2014年吉林跨省人口流动流量、流向的大数据推断

流向	大数据表征流量	占流出地比重	占吉林流出人口比重	人口流出量（万人）	吉林流出目的地外来人口（万人）
辽宁	986013	18.34%	26.00%	64.44	351.48
北京	601895	—	15.87%	39.34	—
黑龙江	529473	24.81%	13.96%	34.61	139.48
内蒙古	279034	6.45%	7.36%	18.24	282.83
山东	251310	—	6.63%	16.43	—
TOP5	2647725	—	69.81%	173.05	
河北	185160		4.88%	12.1	
天津	173028		4.56%	11.31	

① 由于吉林人占北京外来人口比重较低，而整个大数据系统只记录每天24时排名前10位的流量，故查询时得到的大数据表征流量存在较大的数据遗漏。

续表

流向	大数据表征流量	占流出地比重	占吉林流出人口比重	人口流出量（万人）	吉林流出目的地外来人口（万人）
广东	132149	—	3.48%	8.64	—
江苏	112642	—	2.97%	7.36	—
上海	92944	—	2.45%	6.07	—
TOP6—10	695923	—	18.35%	45.48	—
其他	448841	—	11.84%	29.34	—
全国	3792489	—	100.00%	247.87	—

三、人口流出流量、流向变化测度和比较分析

前面课题组推算2010年吉林实际跨省流出人口为223.26万人，外省流入人口为211.43万人，2014年年末跨省流出人口总量比2010年增加24.61万人。2014年吉林流向各省的人口比例以表7-8第4列计算的结果为标准，2010年则以"六普"占比数据为标准，测算出吉林人口流出流量、流向变化如表7-9所示。比较的结果显示，2014年流向辽宁的吉林人增加15.65万人，流出增量占第1位，占比增加4.14个百分点；其次，流向北京的吉林人增加4.54万人，占比增加0.28个百分点，流出增量排辽宁、黑龙江、内蒙古之后居第四位；流向黑龙江的吉林人增加15.00万人，居流出增量第二位，流出量占比较2010年增加5.18个百分点；流向内蒙古的吉林人增加7.85万人。除北京外，东三省区域内流动增量明显，但这种增量可能并非2010年以后才出现，而是2010年"六普"时邻近区域的流动一部分并没有被纳入统计之中，因此实际的增量可能比测定的要少一些。

流向山东的人口减少幅度最大，累计减少13.85万人，占比减少6.93个百分点；流向天津的人口减少了5.20万人，占比减少2.83个百分点，与2010年相比，天津跌出吉林人口流向目的地前五位；流向广东、江苏和上海的人口也有所减少。与2010年相比，吉林人口流出目的地前10位地区基本保持不变，但流量发生了变化；流向前10位以外的地区人口增加了4.35万人，如海南等南方地区是吉林人口的主要流向地。从北京、河北的人口增量来看，流向天津减少的人口基本上转移到这两个地方（见表7-8）。

表 7-8　　吉林跨省人口流出流量、流向变化

流向	2014 年大数据推断		2010 年			流量变化	
	大数据占比	人口流出	"六普"占比	"六普"流出	调整流出	人口变化	占比变化
辽宁	26.00%	64.44	21.85%	30	48.79	15.65	4.14%
北京	15.87%	39.34	15.59%	21.4	34.8	4.54	0.28%
黑龙江	13.96%	34.61	8.78%	12.05	19.6	15	5.18%
内蒙古	7.36%	18.24	4.65%	6.39	10.39	7.85	2.70%
山东	6.63%	16.43	13.56%	18.61	30.27	-13.85	-6.93%
TOP5	69.81%	173.05	67.18%	92.22	149.98	23.07	2.64%
河北	4.88%	12.1	4.34%	5.96	9.69	2.42	0.54%
天津	4.56%	11.31	7.40%	10.15	16.51	-5.2	-2.83%
广东	3.48%	8.64	5.42%	7.45	12.11	-3.47	-1.94%
江苏	2.97%	7.36	2.93%	4.02	6.54	0.82	0.04%
上海	2.45%	6.07	4.29%	5.89	9.57	-3.5	-1.84%
TOP6—10	18.35%	45.48	21.63%	29.7	48.29	-2.81	-3.28%
其他	11.84%	29.34	11.19%	15.37	24.99	4.35	0.64%
全国	100.00%	247.87	100.00%	137.29	223.26	24.61	0

注：2010 年流出跨省排名前五（TOP5）是辽宁、北京、山东、黑龙江、天津五省市，而 TOP10 是指 TOP5 加广东、内蒙古、河北、上海、江苏五省区。

四、吉林流动人口的未来趋势及对策建议

课题组发现，2008 年之后官方统计公布的第一产业从业人员数量（官方数）乘以第一产业占 GDP 的比重才是真实的第一从业人员数量（估计数），而官方数与估计数之间的差额实际上是农村流出劳动力却依旧被记录为本地常住人口数量。吉林的情况亦是如此，例如，2014 年吉林全省总从业人员 1447.17 万人，实际农村从业人员只有 159.78 万人，第一产业还应流出的劳动力 373.82 万人（见表 7-9）。将表 7-9 中列 6 加上列 8 再加上官方的流动人口数，就可以近似地得到吉林历年流出人口总数。以 2010 年为例，"六普"吉林流出省外人口为 137.29 万人（官方数据），列 6 加上列 8 流动人口为 410.31 万人，因此可推算 2010 年吉林实际流出人口为 547.60 万人（地级市口径），流动人口占常住人口比重为 20.10%，占户籍人口比重为 20.09%。全国流动人口动态监测数据中吉林省的相关数据显示，2010 年吉林跨省流出人

口约占全省 45%（地级市口径），可以推算出 2010 年吉林跨省流出人口为 246.42 万人，与本章第四部分推算的 247.87 万人非常接近。

表 7-9　占比产出法——流动人口总数及省内外流动数量估计（2006—2015 年）

单位：万人

年份	全社会年末从业人员数	第一产业占GDP比重	第一产业实际从业劳动力	第一产业官方从业人员数	第一产业流出劳动力数	常住人口	常住户籍人口差额
2006	1250.5	15.74%	196.79	565.2	368.41	2679.5	27.61
2007	1266.1	14.83%	187.78	564.6	376.82	2696.1	17.18
2008	1281.4	14.27%	182.8	564	381.2	2710.5	8.94
2009	1297.3	13.47%	174.77	568.8	394.03	2719.5	0
2010	1311.6	12.12%	158.91	567.4	408.49	2723.8	1.82
2011	1337.78	12.09%	161.7	573.9	412.2	2726.5	5.25
2012	1355.9	11.83%	160.37	557	396.63	2701.5	36.4
2013	1415.43	11.24%	159.13	551.4	392.27	2678.5	65.56
2014	1447.17	11.04%	159.78	533.6	373.82	2671.3	78.93
2015	1480.6	11.35%	168.06	525.2	357.14	2662.1	94.32

注：列 2、列 5 数据来源于《吉林统计年鉴（2016）》，列 4 = 列 2 × 列 3/100；列 8 = 户籍人口 - 常住人口。

2010 年以来，吉林官方公布的常住总人口累计减少了 61.7 万人，按 4.96‰ 的人口自然增长率，意味着吉林每年净流出 28.82 万人。但课题组的估计表明，2014 年吉林实际人口流出仅比 2010 年增加 24.61 万人，即年均流出只有 6.15 万人，远比官方数据要低。究其原因，则是 2010 年"六普"人口普查时人口流动漏计严重，而"六普"后实际只是将以前流出的人口纳入统计而已。2014 年吉林跨省流出人口占户籍人口比重只有 9.15%，与江西、湖南、广西、安徽等人口流出大省 20% 的跨省流出比率相比，吉林的人口流失率并不严重。所不同的是，江西、湖南等人口流出大省在 2010 年以后基本上扭转了人口流出趋势，四川、重庆、河南、安徽等人口流出大省还在一定程度上吸引了大量外出人口返乡就业。另外，南方人口流出大省也不存在如吉林一样大量离退休职工大规模迁移南下海南、广东、广西等热带地区休养的情况。由于这部分人口依旧计算在本地常住人口之内，但其消费支出大多贡献给了南方热带地区，若将这部分人口算入外流人口，则吉林实际人口还将减少 100 万人以上。2010 年以来，吉林的年均流出虽然只有 6.15 万人，但与每年 2.25‰ 自然人口增量相比，意味着吉林实际总人口每年净减少 1500 人。由于流出多为年轻人口，因而吉林省人口持续老化。

微信公众号文章作者寒冬认为，随着全国乃至东北由制造业经济转向服务业为主的经济，东北寒冷的气候是东北衰落的根本原因；随着工业化、城镇化和人口根据产业结构要素的自由流动，东北人口大幅减少才是一种正常趋势。东北人口的大规模流出，并非 2010 年以来才发生的。早在 2001 年中国加入世贸组织（WTO）前后，中国南方的快速发展就吸引了不少东北人南下，而国家振兴东北的国策也早在 2004 年就开始实施了。由于国内对能源矿产的需求推动和东北丰富的资源吸引，至 2010 年以前东北人口大量流出的同时也吸引了相当数量的人口流入，从而使东北的人口和产业问题并不显得特别严重。2010 年后，南方人口流出大省人口回流，而东北则在资源枯竭和能源矿产需求下降的双力作用下出现人口持续流出。值得注意的是，随着东北困境日益加深，国内反对补贴东北的呼声也会日益强烈。

从长远看，国家对吉林的扶助应以解决就业和安居为重心，并适当缩减基础设施投资。农村土地承包确权之后，农村拥有长期土地经营权之后收入相对稳定，因此转移支付的重点应当以国企普通员工为主并直接到人。从经济角度来看由于客流量较小，因此不宜修建 300 千米以上的高铁线路，基建投资应以大农业和旅游为主。高等教育、科研、军工、重工产业应向长春、吉林城市群聚集而非均衡分散。缩减财政供养人员规模，坚持只出不进的方针。

五、由旅游大数据推算吉林流动人口

吉林移动业务支撑中心发布的《2018 年吉林移动用户春节大数据——回家过年》报告显示[①]，春节有 56.6 万老乡回家过年，其中主要来自黑辽蒙晋鲁等北方省区，数据统计周期为 2018 年 2 月 15 日至 2 月 21 日（大年三十至正月初六）。如果没有实名关联，则统计时间反映的并非吉林外出老乡回家过年，而是旅游人口及外来人口节后返回。因为吉林外出人口的返乡日期应在春节之前占比较多。

---

① 参见：腾讯云—企鹅号. 2018 年吉林移动用户春节大数据 [OL]. https://cloud.tencent.com/developer/news/113728.

2019年吉林省春节假日旅游大数据报告显示①，全省接待游客1471.51万人，其中省内占36.6%。省外游客主要来自辽宁（14.6%）、黑龙江（8%）、北京（6.2%）、广东（5.6%）、山东（4.4%）、浙江（3.7%）、河北（2.7%）、上海（2.5%）、天津（2.3%）、江苏（2.1%）和内蒙古（2.0%）。按每个游客3.5人次推算，则吉林2018年省内跨市流出人口数量为153.88万人，流向省外人口为266.55万人。其中，流向辽宁61.38万人，占流出比重的23.03%，居第1位；流向黑龙江33.63万人，占总流出12.62%，居第2位；流向北京26.07万人，占9.78%，居第3位；流向广东23.54万人，占8.83%，居第4位；流向山东18.50万人，占6.94%，居第5位（见图7-2）。TOP5流出目的地接纳163.13万吉林人，占全部比重的61.20%。

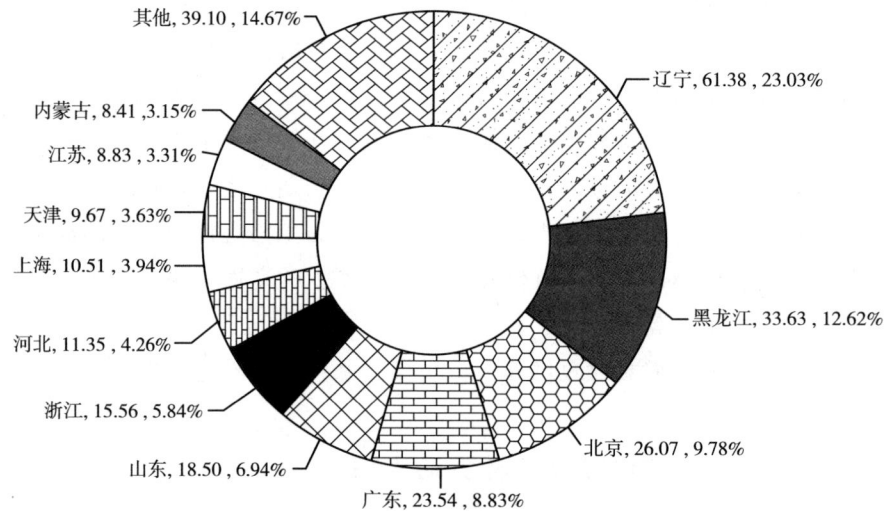

图7-2 吉林外出人口流向地构成（2019年春节旅游大数据推算值）

前面推算2014年吉林外出人口主要流向辽宁、北京、黑龙江、内蒙古和山东（见图7-3）。两者采样期间不同，因此可以取均值。虽然流出总量有差异，但也表明吉林自2014年以来流出人口基本保持在260万人左右的规模，即不存在人口大规模流失的情况。

---

① 来源：吉林日报彩练新闻，参见：百度—百家号（2019-02-12）."数"说吉林｜五大数据告诉你这个春节吉林省有多"热闹"［OL］. https://baijiahao.baidu.com/s?id=1625227358903034257&wfr=spider&for=pc.

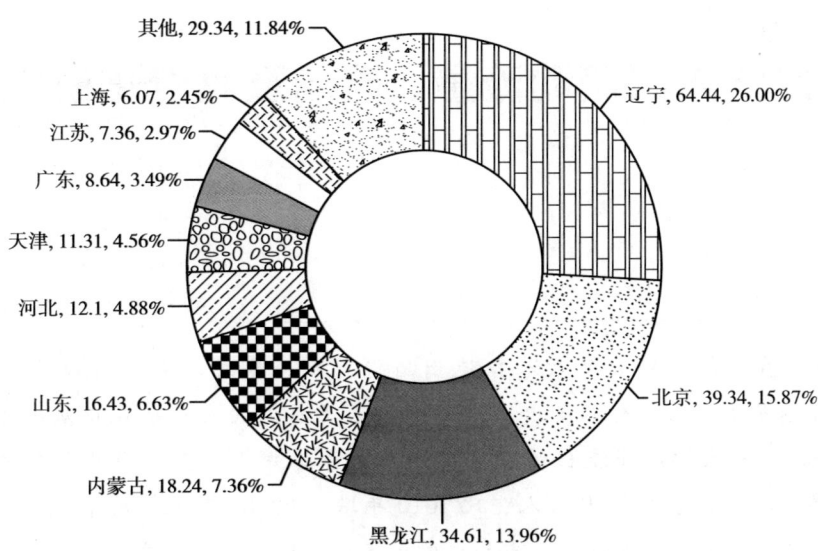

图7-3 吉林外出人口流向地构成（2015年春节节前10天大数据推算值）

本章参考文献

［1］侯建明，李晓刚，叶淑萍. 吉林省流动人口收入状况及其影响因素分析［J］. 人口学刊，2016，38（6）：54-61.

［2］李明霞. 吉林省省际间人口流动的特征分析［D］. 吉林大学，2017.

［3］李越. 城乡规划视角下吉林省人口空间分布格局与调控对策研究［D］. 吉林大学，2016.

［4］郭芮光. 经济发展、空间距离对吉林省省际人口迁移的影响研究［D］. 吉林大学，2014.

［5］田步伟. 东北边境地区经济社会状况和人口流动研究［D］. 吉林大学，2015.

［6］参见：腾讯云—企鹅号. 2018年吉林移动用户春节大数据［OL］. https://cloud.tencent.com/developer/news/113728.

［7］来源：吉林日报彩练新闻，参见：百度—百家号（2019-02-12）."数"说吉林｜五大数据告诉你这个春节吉林省有多"热闹"［OL］. https://baijiahao.baidu.com/s?id=1625227358903034257&wfr=spider&for=pc.

第八章
黑龙江人口流动流量、流向及其变化研究

摘　要：与国内大多数人口流出省份一样，黑龙江农村可流出人口在2008年前基本上已经全部流出，2010年以来黑龙江的实有总人口基本保持稳定，并不存在大幅度净流出的现象。大数据推断结果表明，2014年黑龙江跨省流出人口总量为364.79万人，比2010年增加68.89万人。跨省流出人口主要流向辽宁、北京、吉林、山东和内蒙古等北方地区，流向广东、上海、江苏等南方经济发达省区的人口较少。2014年黑龙江跨省流入人口总量为153.59万人，比2010年仅增加11.29万人。跨省流入人口主要来源于吉林、内蒙古、辽宁、北京和山东等北方地区。

关键词：黑龙江流动人口；人口大数据；人口流向变化

第一节　黑龙江省农村劳动力转移与外出人口增长

一、基于移动用户数量的人口流动量测度

基于移动用户数量的黑龙江2009—2015年的人口估计结果显示，受2008年全球金融危机的影响，2010年黑龙江跨省流出人口回归趋势明显，人口净流出减少136.32万人；2011年和2012年则连续净流出，两年累计净流出284.11万人；2013年和2014年则又面临连续两年的净回归，两年累计净回流215.22万人；2015年再次净流出155.31万人。总体来看，2010年以来黑龙江的实有总人口基本保持稳定，并不存在大幅度净流出的现象（见表8-1）。

表 8-1　　黑龙江实有人口及人口流出变动（2009—2015 年）　　　　单位：万人

年份	户籍人口	移动用户	15—64 岁人口	实有人口	人均手机	人口流出变动
2009	3547.55	1865.9	2434.31	3268.91	0.571	—
2010	3586.57	2243	2609.66	3444.26	0.651	136.32
2011	3626.02	2566	2609.05	3443.65	0.745	-40.06
2012	3665.91	2663.9	2404.88	3239.48	0.822	-244.05
2013	3706.23	3020.4	2471.69	3306.29	0.914	26.48
2014	3747	3457.8	2701.2	3535.8	0.978	188.74
2015	3788.22	3329.1	2587.1	3421.7	0.973	-155.31

注：因户籍人口变动较小，故以 2014 年为基点，按年 1% 的增长率推算。除列 3 来自各年度统计公报外，列 4 至列 7 为推算数。

与国内大多数人口流出省份一样，黑龙江农村可流出人口在 2008 年前基本上已经全部流出，但官方的人口数据统计依旧以户籍人口为主，且同样存在将户籍人口中的流出人口记入常住人口的现象，从而高估了"六普"以前的历年人口数量。另外，外来人口更多地集中在大庆、哈尔滨等大城市或集中在能源、矿业等较为容易统计的行业，从而导致跨省流入人口较为容易纳入常住人口统计中。本省流出的漏计和外省流入的易记，导致官方历年的常住人口高估现象。"六普"之后，官方人口统计范围和统计方法改进，使过去高估的人口水份逐渐被挤掉，那些依赖官方数据的学术文献和媒体文章就很容易得出"东北人口加速流出"的结论。

二、基于用水量的流入人口规模推算

相对于其他弹性较大的生活必需品而言，日人均生活用水量刚性较大，利用每年的城市生活用水量大致可以估计城市人口的数量（见表 8-2）。以鹤岗为参照（日均生活用水量为 87.7 升），推算各地级市实际用水人口（列 4），再加上农业人口中留守家乡人口得到各地级市实际总人口（列 7）。与官方公布的人口相比，实际人口除大庆和哈尔滨低估外，其余地级市差值（列 9）为负，意味着人口净流出。

表 8-2 中地级市合计人口为 3025.9 万人，与表 8-1 估计相差较大，主要原因是并没有将县级市的用水人口计算在内。表 8-3 以海伦市为参照系（日均生活用水量为 54.3 升），推算县级市人口共 406.08 万人，加上大兴安岭

表 8-2　黑龙江各地级市实有人口及与官方比较（2014 年）

城市	生活用水（万 m³）	日均生活用水量（升）	实际用水人口（万人）	官方用水人口（万人）	农业人口（万人）	实际总人口（万人）	官方人口（万人）	人口差值（万人）
哈尔滨	12649	131.2	624.42	417.3	506	1029.21	987.3	41.92
齐齐哈尔	2472.8	101.2	125.61	108.9	356.8	411.04	553.2	-142.19
鸡西	2705.5	150.3	122.05	71.2	66	174.81	183.6	-8.76
鹤岗	1083.2	87.7	53.37	53.4	20.4	69.71	107	-37.3
双鸭山	1088	101.7	54.17	46.7	53.2	96.71	149	-52.28
大庆	4517.8	139.3	222.59	140.2	132.3	328.4	278	50.4
伊春	1541.3	96.7	63.79	57.9	16	76.61	122.9	-46.31
佳木斯	1596.7	100.6	66.17	57.7	115.1	158.26	232.9	-74.59
七台河	892	89.2	39.22	38.5	36.3	68.29	88.2	-19.93
牡丹江	1685.7	106.9	83.31	68.4	114.7	175.06	256.6	-81.53
黑河	390	93.9	14.99	14	71.4	72.11	169.7	-97.6
绥化	1020	106.7	40.77	33.5	406.1	365.67	553.2	-187.53
合计	31642.1	108.8	1510.5	1107.6	1894.3	3025.9	3681.6	-655.7

注：列 4 = 列 5 × 列 3/87.7；列 7 = 列 4 加列 6 × 0.8；列 9 = 列 7 - 列 8。其余各列数据来源于《黑龙江统计年鉴（2015）》。

40.96 万人（此为根据移动用户数量的估计值，官方为 49.9 万人），推算 2014 年黑龙江净流出人口为 208.66 万人，与课题组估算的净流出 211.02 万人相当接近。

表 8-3　黑龙江县级市实有人口及与官方比较（2014 年）

城市	生活用水（万 m³）	日均生活用水量（升）	用水人口调整	实际用水人口（万人）	官方用水人口（万人）
县级市合计	6384.5	103.6	—	406.08	218.3
双城	539.8	94.3	1.74	32.29	18.6
尚志	393.0	143.5	2.64	33.91	12.8
五常	521.0	120.1	2.21	30.68	13.9
讷河	249.5	82.1	1.51	14.42	9.5
密山	302.0	114.4	2.11	19.27	9.2
虎林	197.0	96.5	1.78	12.92	7.3
铁力	779.0	198.5	3.66	39.81	10.9

续表

城市	生活用水 （万 m³）	日均生活 用水量（升）	用水人口 调整	实际用水人口 （万人）	官方用水人口 （万人）
同江	145.0	85.5	1.57	10.34	6.6
富锦	179.0	76.0	1.40	17.15	12.3
绥芬河	249.0	128.0	2.36	21.54	9.1
海林	178.0	62.9	1.16	11.60	10.0
宁安	305.0	129.7	2.39	17.91	7.5
穆棱	244.7	110.1	2.03	16.39	8.1
北安	410.0	110.5	2.03	27.35	13.4
五大连池	140.0	90.4	1.67	7.49	4.5
安达	682.0	88.3	1.63	35.97	22.1
肇东	666.5	80.3	1.48	44.78	30.3
海伦	204.0	54.3	1.00	12.26	12.3

注：列 4 = 列 5 × 列 3/54.3。其余各列数据来源于《黑龙江统计年鉴（2015）》。

在 2008 年以前，黑龙江与全国其他人口流出省份一样，农村剩余劳动力也大量流出。所不同的是，黑龙江丰富的石油和矿业资源不但吸纳了外省的农村劳动力，也吸纳了大量本省的农村劳动力。随着油气资源的枯竭和矿业开采接近尾声，本省流动劳动力在 2008 年之后需要重新寻找就业机会。外来流入人口的返乡和本省流动劳动力跨省就业，是黑龙江乃至整个东北地区"人口加速流出"现象产生的根源。相对于南方人口流出大省而言，黑龙江的人口净流出比例远低于江西、湖南、广西、贵州、安徽等省区。

第二节 黑龙江跨省流入人口大数据推断

一、流入人口大数据初始表征流量

同理，要计算黑龙江跨省流入人口数量，只需要得到节前由黑龙江流向全国各地的人口数量即可。但节前黑龙江流出跨省人口也包含一部分本省人口短期外出，因此必须尽可能地减少采样范围以将这一因素排除。课题组所归集的大数据采样表 PtopLineOut 中已经包含这些信息，对 PtopLineOut 数据表进行下述 SQL 查询操作：

SELECT province, name, to_char（sum（num），'99,999,999'）as num0, sum（"singleNum"）as sNum0, to_char（sum（per）/2.4，'99.999%'）As per0

  FROM public."PTopLineOut"

  where province = '黑龙江'

  group by province, name

  order by num0 desc

可以得到节前黑龙江人口流出目的地涵括全国14个省级单位。该查询表明，黑龙江外省流入人口排前10名的省级区域节前返乡过年的流量非常稳定。从大数据归集的可表征人口流动流量的大小来看，节前黑龙江人口流向最多的省份是吉林，大数据人口表征流量为529473，占节前黑龙江流出总量的24.81%。这说明吉林是黑龙江跨省流动人口的主要来源地。流向其余各省流出量大小排名位次为内蒙古、辽宁、山东、河北、河南等地，表明黑龙江跨省流入人口主要来源于这些省份。TOP10省占流出总量的83.72%，推算采样期间黑龙江流出总量为2131954。

值得注意的是，北京、海南、广东、江苏等地亦有较大的流量，但不能依此流量来认为这些发达地区有较多的人口流入黑龙江省。可以将这种流量视为这些省市的常住人口（黑龙江籍）。

由于上述查询只能得到流出省份中流量为TOP10的省份，且该流量并不直接代表人口流量，而是系统所记录的可代表人口流量的无量纲数据。若黑龙江节前流入该省人口占黑龙江总流出人口比重较低，则不能被系统记录，但该省流入人口流量却在某时段内进入其流入排名前10位，从而会发生数据的漏计，因此还必须对数据表PtopLineIn进行下述SQL查询操作：

SELECT province, name, sum（num）as num0, to_char（sum（per）/2.4, '9999.999%'）As per0

  FROM public."PtopLineIn"

  wherename = '黑龙江'

  group by province, name

  order by num0 desc

第二次查询得到的省级单位有所扩展，其中排名前3位的省份名次和流量与第一次查询完全相同。第二次查询涉及中国大陆、台湾和澳门，但流量都比较小（见表8-4）。从第一次查询中的流向地来看，黑龙江外来人口以东北地区及内蒙古东部为主；但由黑龙江流向北京的流量也排在第4位，这并非表明北京外出人口中有较大的流量流向黑龙江。节前由黑龙江流向北京的人口包括：第一，在黑龙江国企工作的人口返京过年；第二，流动到北京的黑龙江籍人口的家属节前反向短期性流动到北京；第三，短期性差旅人口由黑龙江返回到北京；第四，才确实是流动到黑龙江的北京籍人口节前返京。前三部分人口需要结合实名身份节后再回黑龙江来判断；真正的北京籍流动人口占比应该非常之小，可能不到测定流量的10%。海南的情况比较特别，更多的是节前黑龙江籍人口因气候原因流向海南度假，度假因素流量占测定流量的95%以上。流向广东的度假因素占60%左右。以TOP10为基准测定黑龙江流向全国的总流量为2131954，以TOP3为基准测定值为2148036，误差相对值为0.75%。

表8-4　　2014年黑龙江跨省人口流入流量大数据采样

第一次查询				第二次查询			
流出地	流向地	大数据采样流量	占流出地比重	流入地	流出地	大数据采样流量	占流入地比重
黑龙江	吉林	529473	24.81%	吉林	黑龙江	529473	14.62%
黑龙江	内蒙古	326523	15.23%	内蒙古	黑龙江	326523	8.70%
黑龙江	辽宁	284826	13.07%	辽宁	黑龙江	284826	6.03%
黑龙江	北京	150484	7.21%	海南	黑龙江	75928	2.30%
黑龙江	山东	133792	6.31%	天津	黑龙江	4381	0.15%
黑龙江	河北	107885	5.19%	台湾	黑龙江	860	0.62%
黑龙江	海南	80771	3.68%	澳门	黑龙江	8	0.02%
黑龙江	广东	70817	3.46%	西藏	黑龙江	2	0.02%
黑龙江	河南	54863	2.79%	其他	黑龙江	909953	—
黑龙江	江苏	45502	1.98%	全国	黑龙江	2131954	—
黑龙江	天津	3877	0.32%				
黑龙江	TOP10	1784936	83.72%				
黑龙江	全国	2131954	100.00%				

二、由大数据表征流量到人口流入量及流向测度

在前面的分析中，以户籍人口为参照系，2014年黑龙江省净流出人口为211.20万。在大数据采样中，若能得到采样期内流入总量和流出总量，则根

据人口净流入量就可以推算流出人口和流入人口。特别需要注意的是，大数据采样期内流入总量对应的是黑龙江常住人口跨省流出，而流出总量则对应黑龙江跨省流入人口。查询汇总结果表明，大数据采样期内流入总量为5063604，流出总量为2131954，净流入量为2931650。由于净流入量对应于211.20万跨省净流出人口，推算2014年黑龙江省流出人口总量为364.79万，同期流入人口为153.59万人。表8-5列5中重新计算流出量占总流出比重得到黑龙江省外流入人口中各省级区域占比，从而推算出列6中流入人口数量。

表8-5　　　　2014年黑龙江跨省人口流入来源地及数量

来源地	人口大数据采样流量	占来源地比重	占黑龙江流入比重*	占黑龙江流入比重**	流入人口（万人）	来源地流出人口（万人）
吉林	529473	14.62%	24.81%	24.84%	38.14	260.99
内蒙古	326523	8.70%	15.23%	15.32%	23.52	270.38
辽宁	284826	6.03%	13.07%	13.36%	20.52	340.51
北京	150484	—	7.21%	7.06%	10.84	—
山东	133792	—	6.31%	6.28%	9.64	—
河北	107885	—	5.19%	5.06%	7.77	—
海南	80771	—	3.68%	3.79%	5.82	—
广东	70817	—	3.46%	3.32%	5.1	—
河南	54863	—	2.79%	2.57%	3.95	—
江苏	45502	—	1.98%	2.13%	3.28	—
天津	3877	—	0.32%	0.18%	0.28	—
TOP10	1784936	—	83.72%	83.72%	128.59	—

注：占黑龙江流入人口比重*为第一次查询直接得到，而占黑龙江流入人口比重**则为推算得到的结果。

从表8-5可以看出，黑龙江跨省流入人口主要来自吉林、内蒙古和辽宁等地。由黑龙江省卫计委着手牵头编写的《黑龙江省卫生计生与人群健康状况报告》中显示，2015年黑龙江跨省流入前3位是吉林、山东和内蒙古。与大数据推断相比，两者年份虽然不同，但也不可能有如此大的差别，主要原因是样本抽取的差别：官方采样基本上是一种均匀抽取，而流动人口的公布其实是极不均匀的，即不同地区流动人口的分布密度是完全不一致的；其次，官方采样主要来自制造行业的外来人口，但实际上外来人口很多从事小微型服务企业或自雇就业。

表8-5中内蒙古流入人口排第2位，近邻因素是主因；辽宁流入排第3位，区域因素和第三产业就业等原因所导致；北京流入的人口排第4位，主要是黑龙江籍人口流入北京后利用春节假期机会回家探亲所致；山东、河南、河北、江苏可视为劳动力人口流入；海南和广东的流入与北京相似。排除北京、海南、广东之后，黑龙江跨省流入人口依次为吉林、内蒙古、辽宁、山东、河北、河南和江苏等省区。更为精确的流入数量及排名可利用跨省流入人口的年度移动轨迹进行判断，在手机实名制之后，这种移动轨迹的测定并不存在技术上的困难。

课题组对黑龙江节前流出量进行调整之后，以153.59万外来人口为基数，来自吉林有43.32万人，占外来人口总数的28.20%，居第1位；邻近的内蒙古流入26.71万人，占全省外来人口总数的17.39%，居第2位；同东北区域的辽宁省流动到黑龙江的有23.30万人，占全省流入总数的15.17%，居第3位。此外，同属北方区域的山东、河北和河南流动到黑龙江的人口分别为10.95万人、8.83万人和4.49万人。

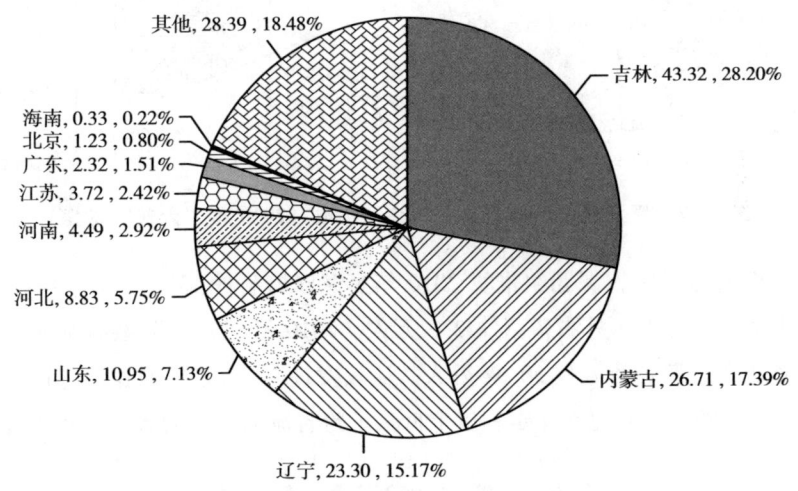

图8-1 黑龙江省跨省流入人口来源构成（2014年）

三、2010年以来黑龙江跨省人口流入变化

2010年"六普"数据显示（见图8-2），吉林是黑龙江外来人口的第一大来源地，占黑龙江全部流入人口比重的23.8%；山东占12.3%，居第2位；

辽宁占 11.4%，居第 3 位；内蒙古占 10.4%，居第 4 位。从中可以看出，山东比河北更偏爱流动到东北，而河北则以京津为主要流出目的地。虽然大数据推断与 2010 年"六普"统计口径、统计范围和统计方法有很大的不同，两者比较后还是能发现 2010 年以来黑龙江跨省流入人口的变化。总体变化是山东、河南、江苏等劳动力输出大省流入黑龙江的人口减少，而内蒙古、吉林、辽宁等相邻省份的流入人口增加。尽管如此，2010 年以来黑龙江跨省人口流入的总体变化基本上保持不变。

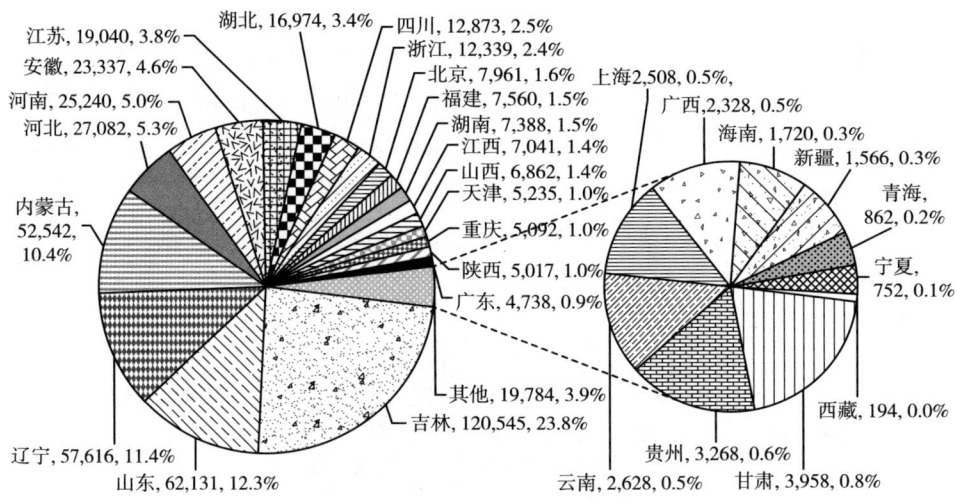

图 8-2　黑龙江省跨省流入人口来源构成（2010 年"六普"数据）

在前面的分析中，课题组推算 2010 年黑龙江跨省净流入人口为 142.3 万人，跨省流出 295.9 万人，外省流入 142.3 万人。2010 年"六普"数据显示，全省流出 255.36 万人，跨省流入仅 50.64 万人。比较发现，"六普"数据显然严重低估了外省流入人口的数量，也在一定程度上低估了跨省流出人口的数量（见表 8-6）。

表 8-6　　　　黑龙江跨省人口流入流量、流向变化

来源地	2014 年			2010 年			新变化	
	流量当量	占总流量比重	人口估计	"六普"比重	"六普"数据	"六普"调整	占比变动	人口流量
吉林	529473	24.84%	38.14	23.80%	12.05	33.87	1.03%	4.27
内蒙古	326523	15.32%	23.52	10.38%	5.25	14.76	4.94%	8.76
辽宁	284826	13.36%	20.52	11.38%	5.76	16.19	1.98%	4.33

续表

来源地	2014 年			2010 年			新变化	
	流量当量	占总流量比重	人口估计	"六普"比重	"六普"数据	"六普"调整	占比变动	人口流量
北京	150484	7.06%	10.84	1.57%	0.8	2.24	5.49%	8.6
山东	133792	6.28%	9.64	12.27%	6.21	17.46	-5.99%	-7.82
TOP5	1425098	66.84%	102.67	63.17%	31.99	89.9	3.67%	12.77
河北	107885	5.06%	7.77	5.35%	2.71	7.61	-0.29%	0.16
海南	80771	3.79%	5.82	0.34%	0.17	0.48	3.45%	5.34
广东	70817	3.32%	5.1	0.94%	0.47	1.33	2.39%	3.77
河南	54863	2.57%	3.95	4.98%	2.52	7.09	-2.41%	-3.14
江苏	45502	2.13%	3.28	3.76%	1.9	5.35	-1.63%	-2.07
TOP610	359838	16.88%	25.92	19.25%	9.75	27.39	-2.37%	-1.46
其他	347018	16.28%	25	17.58%	8.9	25.01	-1.30%	-0.01
全国	2131954	100.00%	153.59	100.00%	50.64	142.3	0.00%	11.29

注：2010 年跨省流入排名前五（TOP5）是吉林、山东、辽宁、内蒙古、河北五省区，而 TOP10 是指 TOP5 加河南、安徽、江苏、湖北、四川五省。2014 年跨省流入前五和前十位已经发生了很大的变化。

第三节 黑龙江跨省流出人口大数据推断

一、流动人口大数据初始表征流量

对数据表 PtopLineIn 进行下述 SQL 查询操作：

SELECT province, name, sum（num）as num0, to_char（sum（per）/2.4, '9999.999%'）As per0

　　FROM public."PTopLineIn"

　　where province = '黑龙江'

　　group by province, name

　　order by num0　desc

可以得到节前黑龙江人口流入来源地涵括全国 11 个省级单位。上述查询只能得到流出省份中流量为 TOP10 的省份，但不同时段不同省份进入 TOP10，因此最终输出结果有 11 个省级单位。若黑龙江省流入该省人口占该省总流入

人口比重较低,则有可能发生数据的漏计,因此还必须对数据表 PtopLineOut 进行下述 SQL 查询操作:

　　SELECT province, name, sum（num）as num0, to_char（sum（per）/2.4,'9999.999%'）As per0
　　　　FROM public."PTopLineOut"
　　　　where name = '黑龙江'
　　　　group by province, name
　　　　order by num0 desc

第一次查询除了防止大数据表征的人口流量被漏计外,另一个重要的功能是计算出大数据表征人口的总流量。在原始数据中,为简化计算,系统只记录不同时段流入或流入排名前 10 名的省级区域,因此需要计算总流量。第一次查询中共记录了 11 个省级区域流向黑龙江的流入量,TOP10 流量合计占全省流入总量的 86.45%,推算出全省总流入量为 5082198;第一次查询共记录了 11 个省级区域的流入量,最大限度地解决了数据漏计的问题。两次查询输出结果如表 8-7 所示。从第一次查询中的节前流出地来看,黑龙江外出人口主要流向辽宁和北京,与黑龙江直接相邻的吉林则排在第 3 位。此外,同属北方地区的山东、内蒙古、河北和天津也是黑龙江外出人口的重要目的地,而经济发达地区的广东、江苏、上海和浙江等南方沿海地区则是黑龙江外出人口选择的目的地。从流量递减性来看,排前 9 位的省级区域较为稳定,而上海和浙江则交替出现,两者流量之和为 151467,略少于排第 9 位的江苏,由此可以推断数据采集期间由上海流向黑龙江的流量应略少于 151467。也可以取上海值为 151467,利用插值法可测算浙江的流量值约为上海的 66.48%,即节前由浙江流向黑龙江的流量为 100698。以北方 7 个省级区域 TOP7 为基准,测算节前流入黑龙江的总流量为 5113978,以 TOP3 为基准测定的总流量值为 5200507。

表 8-7　　　　　　　　黑龙江人口流出的初始表征量

	第一次查询				第二次查询			
流入地	流出地	大数据采样流量	占黑龙江流入量比重	序号	流出地	流入地	大数据采样流量	占流出地流量比重
黑龙江	辽宁	951629	18.06%	1	辽宁	黑龙江	951629	17.43%
黑龙江	北京	923358	17.59%	2	北京	黑龙江	899456	2.64%
黑龙江	吉林	637898	12.67%	3	吉林	黑龙江	637898	25.74%

续表

	第一次查询				第二次查询			
流入地	流出地	大数据采样流量	占黑龙江流入量比重	序号	流出地	流入地	大数据采样流量	占流出地流量比重
黑龙江	山东	442931	9.28%	4	山东	黑龙江	442931	4.28%
黑龙江	内蒙古	413603	8.34%	5	内蒙古	黑龙江	413603	9.46%
黑龙江	河北	319237	6.25%	6	天津	黑龙江	263426	3.13%
黑龙江	天津	263426	5.09%	7	河北	黑龙江	259885	1.59%
黑龙江	广东	176126	3.81%	8	澳门	黑龙江	34	0.02%
黑龙江	江苏	174524	3.72%	9	香港	黑龙江	2	0
黑龙江	上海	90981	1.67%	10				
黑龙江	浙江	60486	1.51%	11				
黑龙江	TOP10	4393713	86.45%	12				
黑龙江	其他	688485	13.55%	13				
黑龙江	全国	5082198	100.00%	14				

根据前述分析可以得到黑龙江外出人口流向目的地构成（见图 8-3）：18.30%流向东北地区的辽宁，17.76%流向北京，12.27%流向邻近的吉林，流向北方地区的山东、内蒙古、河北和天津分别占 8.52%、7.95%、6.14% 和 5.07%，流向南方沿海发达地区的广东、江苏、上海和浙江分别占 3.39%、3.36%、2.91% 和 1.94%。其中，流向第一梯队的辽宁、北京和吉林占全部流出量的 48.32%，流向第二梯队的山东、内蒙古、河北和天津占全部流出量的 27.67%，流向南方沿海发达地区全部流出量的 11.59%，流向其他地区的只占 12.41%。

以 365 万跨省流出人口基数计算，2014 年黑龙江外出人口中，其人口流量构成为：辽宁（66.79 万人）、北京（64.81 万人）、吉林（44.77 万人）、山东（31.09 万人）、内蒙古（29.03 万人）、河北（22.41 万人）、天津（18.49 万人）、广东（12.36 万人）、江苏（12.25 万人）、上海（10.63 万人）、浙江（7.07 万人）、全国其他地区 45.31 万人。以此人口流量为基准，结合第二次查询反向推算辽宁、北京、吉林、山东、内蒙古、河北和天津的外来人口总量分别为 383.19 万人、2454.78 万人、173.94 万人、726.34 万人、306.86 万人、1409.17 万人和 590.69 万人。其中，北京、河北、天津推算得到的外来人口需要仔细讨论。反向推算北京有 2454.78 万外来人口似乎远超人们的想象，但将其拆分为常住性外来人口、短期性及商旅人口和过路性人口之后得到的结论就容易接受了。课题组推算，北京日常性过路人口200万人左右，短期性流动人口及商旅人口600万人左右，常住性外来人口1600万至1700万人之间，即2014年北京常住性外来人口与同期深圳相当。加上北京1400万的户籍人口，2014年北京日均总人口3800万人以上，可以解释为何2014年年末北京移动用户数量高达4076.2万户。

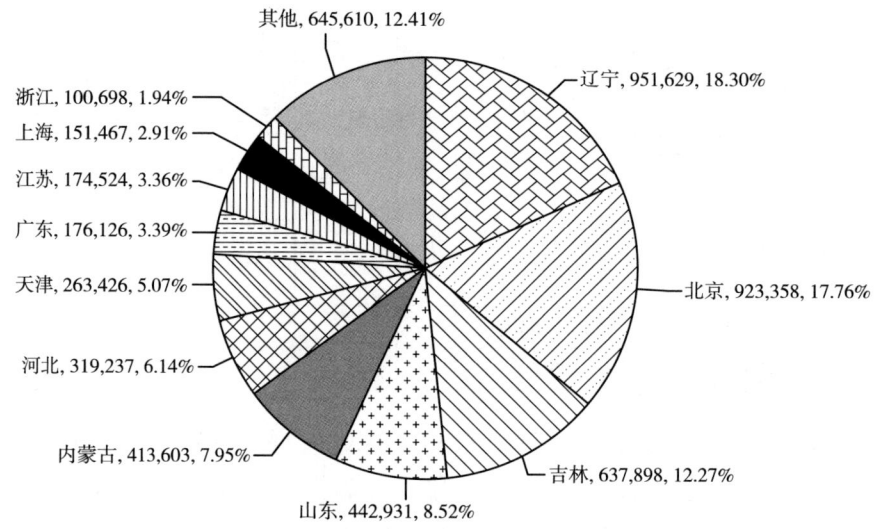

图8-3　黑龙江省跨省流出人口流向构成（2014年）

反向推算河北外来人口高达1409.17万人，主要原因是河北与北京之间日常性人口流量难以确定，如保定与北京的流量就非常大。另外的原因是由于河北与黑龙江距离较远，采样期间有一半的时间并没有相关数据，因此导致占流出地的比重大致缩小了一半，即反向推算的河北外来人口只有推算值的一半左右，即700万外来人口。课题组推算天津外来人口只有590.69万人，过滤掉短期性流动人口、商旅流动和日常性流动人口之后，天津实际常住性外来人口估计不到400万人。

二、由大数据表征流量到人口流量、流向测度

需要特别注意的是，节前由跨省流向黑龙江的流量对应于黑龙江流出人口流量而不是相反。将两次查询结果合并，取大值新值之后，最后形成表8-8。将各省节前回流量除以总流量，再乘以跨省总流出人口，就可以得到2014年

黑龙江人口跨省流出各个流向的实际人口流量。在前面的推算中，2014年黑龙江流出人口364.79万人。从大数据推断的结果来看（见表8-8），2014年黑龙江流向辽宁68.31万人（列5），占跨省流出总量的18.72%（列4），居第1位；流向北京66.28万人，占跨省流出总量的18.17%，居全省流出量第2位；流向吉林45.79万人，占跨省流出总量的12.55%，居全省流出量的第3位。流向五大目的地TOP5合计241.85万人，占跨省流出总量的66.30%。最后一列（列6）根据流入黑龙江的流量反推黑龙江跨省流出目的地省份的跨省来人口估计，除北京外，其他省市的结果与我国跨跨省出人口的数量基本一致[①]。

表8-8 2014年黑龙江跨省人口流动流量、流向的大数据推断

流向	大数据表征流量	占流出地比重	占黑龙江流出人口比重	人口流出量（万人）	黑龙江流出目的地外来人口（万人）
辽宁	951629	17.43%	18.72%	68.31	391.8
北京	923358	2.64%	18.17%	66.28	2506.69
吉林	637898	25.74%	12.55%	45.79	177.88
山东	442931	4.28%	8.72%	31.79	742.65
内蒙古	413603	9.46%	8.14%	29.69	313.72
TOP5	3369419	—	66.30%	241.85	4132.73
河北	319237	1.59%	6.28%	22.91	1445.69
天津	263426	3.13%	5.18%	18.91	603.71
广东	176126	—	3.47%	12.64	—
江苏	174524	—	3.43%	12.53	—
上海	90981	—	1.79%	6.53	—
TOP6—10	1024294	—	20.15%	73.52	—
其他	688485	—	13.55%	49.42	—
全国	5082198	—	100.00%	364.79	—

由黑龙江省卫计委着手牵头编写的《黑龙江省卫生计生与人群健康状况报告》中显示，2015年黑龙江跨省流出目的地前三位是北京、辽宁和天津，而课题组推断的结果表明，吉林、山东、内蒙古、河北都有相当规模的黑龙江

---

① 由于黑龙江人占北京外来人口比重较低，而整个大数据系统只记录每天24时排名前10位的流量，故查询时得到的大数据表征流量存在较大的数据遗漏。

人流入。由于黑龙江远离国内人口流入目的地，不少黑龙江人过年并不返乡，这给课题组的大数据采样带来较大的困难。虽然课题组推算的跨省流出人口远大于官方数据，但是课题组的推算数据实际上仍然是非常保守的，跨省流出人口很可能比课题组推算的更多。例如，因两地医保对接，哈市医保部门曾有统计：在三亚生活的黑龙江籍流动人口有 30 万人之多，仅哈尔滨人就达 13 万人[①]。2011 年哈尔滨市建立了医保异地结算机制，医保部门的统计时间与第六次全国人口普查时间大致相符。与国内其他人口流出大省的情况不同的是，黑龙江流出人口中不但包括劳动力人口流出，更有大量退出劳动力市场的老年人口流向南方各省。若三亚能吸引 30 多万黑龙江人，则海南全省的黑龙江人不会少于 60 万人，广东、广西、云南也有大量的黑龙江人过着候鸟式的流动生活，流出总量应在 200 万人以上。课题组推算 2012 年黑龙江实际净流出人口高达 426.4 万人，2015 年依旧有 366.5 万人（见图 8-4）。由于老年人口多为公务员和国有企事业单位的退休人员，这种具有较强消费能力的人口流出极大地削弱了黑龙江的服务业。课题组测算的黑龙江净流出人口变化极大，可能的原因是 2012 年和 2013 年黑龙江的外来人口流入大量减少所导致。因此，黑龙江真正的人口问题并不是本省人口大量流出，而是外来人口大量离开导致人口流动的不平衡。

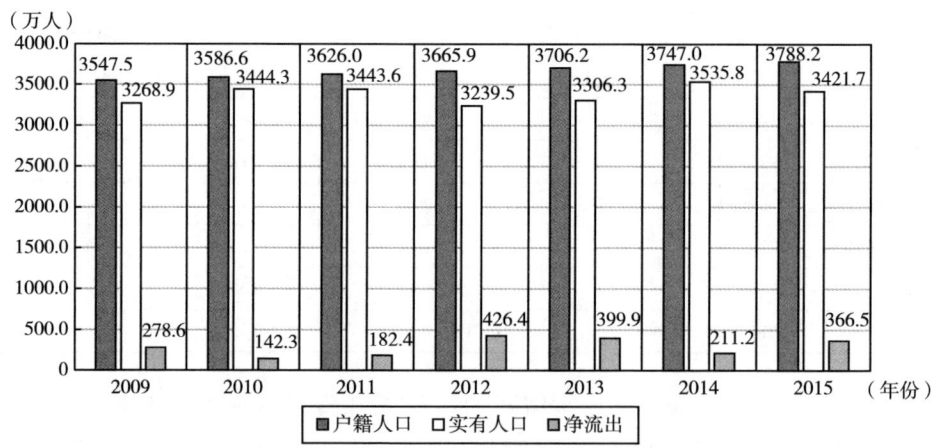

图 8-4　黑龙江省实有人口与净流出人口估计（2009—2015 年）

---

① 天涯论坛．三亚有 30 万黑龙江籍流动人口 被称东北人占半城（2013-08-09）[OL]. http://bbs.tianya.cn/post-73-607593-1.shtml.

三、人口流出流量、流向变化测度和比较分析

利用前面的研究结果,课题组推算出 2010 年黑龙江流出跨省人口 295.9 万人,2014 年年末跨省流出人口总量比 2010 年增加 68.9 万人(见表 8-9)。其中,流向吉林的黑龙江人增加 30.66 万人,占比增加 7.44 个百分点;其次,流向北京的黑龙江人增加 19.55 万人,占比增加 2.38 个百分点;流向内蒙古的黑龙江人增加 13.12 万人。流向辽宁的人口虽然有所增加,但占比减少了 3.58 个百分点。流向山东的人口减少幅度最大,累计减少 15.49 万人,占比减少 7.26 个百分点;流向上海的人口减少了 4.89 万人,同期流向江苏的人口却增加了 4.51 万人,表明上海产业升级将大部分外来人口转移到上海周边的长三角地区;流向天津的人口减少了 3.58 万人,从北京、河北的人口增量来看,这部分减少的人口基本上转移到北京。总体而言,流向吉林、内蒙古等相邻省份的人口增加,

表 8-9　　黑龙江跨省人口流出流量、流向变化　　　　单位:万人

流向	2014 年大数据推断		2010 年			流量变化	
	大数据占比	人口流出	"六普"占比	"六普"流出	调整流出	人口变化	占比变化
辽宁	18.72%	68.31	22.30%	56.96	66	2.31	-3.58%
北京	18.17%	66.28	15.79%	40.33	46.73	19.55	2.38%
吉林	12.55%	45.79	5.11%	13.06	15.13	30.66	7.44%
山东	8.72%	31.79	15.98%	40.8	47.28	-15.49	-7.26%
内蒙古	8.14%	29.69	5.60%	14.3	16.57	13.12	2.54%
TOP5	66.30%	241.85	69.37%	177.14	205.26	36.59	-3.07%
河北	6.28%	22.91	7.69%	19.64	22.76	0.15	-1.41%
天津	5.18%	18.91	7.60%	19.41	22.49	-3.58	-2.42%
广东	3.47%	12.64	4.26%	10.88	12.61	0.04	-0.79%
江苏	3.43%	12.53	2.71%	6.92	8.02	4.51	0.72%
上海	1.79%	6.53	3.86%	9.86	11.42	-4.89	-2.07%
TOP6—10	20.15%	73.52	21.54%	55.02	63.75	9.77	-1.39%
其他	13.55%	49.42	9.09%	23.21	26.89	22.53	4.46%
全国	100.00%	364.79	100.00%	255.36	295.9	68.89	0.00%

注:2010 年流出跨省排名前五(TOP5)是辽宁、山东、北京、河北、天津五省市,而 TOP10 是指 TOP5 加内蒙古、吉林、广东、上海、江苏五省区市。

这种增加有相当一部分很可能仅是数字的变动，但实际上可能是"六普"时就已经流出了，另一部分则是区域相邻因素所导致；流向北京的人口增加也非常明显，在北京外来人口基本保持不变的情形下，意味着北京的东北人越来越多了。

四、黑龙江流动人口的未来趋势及对策建议

2010年以来，黑龙江官方公布的总人口基本上保持不变，考虑到1%的人口自然增长率，意味着黑龙江每年净流出38万左右的人口。但课题组的估计表明，2014年黑龙江实际人口流出仅比2010年增加68.9万人，即年均流出只有17.22万人，不及官方统计的一半。究其原因，2010年"六普"人口普查时人口流动漏计严重，而"六普"后实际只是将以前流出的人口纳入统计而已。黑龙江累计人口跨省流出比率不到10%，与江西、湖南、广西、安徽等人口流出大省20%的跨省流出比率相比，黑龙江的人口流失率并不严重。所不同的是，江西、湖南等人口流出大省在2010年以后基本上扭转了人口流出趋势，四川、重庆、河南、安徽等人口流出大省还在一定程度上吸引了大量外出人口返乡就业。另外，南方人口流出大省也不存在如黑龙江一样大量离退休职工大规模迁移南下海南、广东、广西等热带地区休养的情况。由于这部分人口依旧计算在本地常住人口之内，但其消费支出大多贡献给了南方热带地区，若将这部分人口算入外流人口，则黑龙江实际人口还将减少200万人以上。2010年以来，黑龙江的年均流出虽然只有17.22万人，但与每年41.12万人的新增青壮年人口相比，意味着高达41.88%的青壮年流出省外。

微信公众号文章作者寒冬认为，随着全国乃至东北由制造业经济转向服务业为主的经济，东北寒冷的气候是东北衰落的根本原因；随着工业化、城镇化和人口根据产业结构要素的自由流动，东北人口大幅减少才是一种正常趋势。东北人口的大规模流出，并非是2010年以来才发生的。早在2001年中国加入世贸组织（WTO）前后，中国南方的快速发展就吸引了不少东北人南下，而国家振兴东北的国策也早在2004年就开始实施了。由于国内对能源矿产的需求推动和东北丰富的资源吸引，至2010年以前东北人口大量流出的同时也吸引了相当数量的人口流入，从而使东北的人口和产业问题并不显得特别严重。2010年后，南方人口流出大省人口回流，而东北则在资源枯竭和能源矿产需求下降的双力作用下出现人口持续流出。值得注意的是，随着东北困境日益加

深,国内反对补贴东北的呼声也会日益强烈。

从长远看,国家对黑龙江的扶助应以解决就业和安居为重心,并适当缩减基础设施投资。农村土地承包确权之后,农村拥有长期土地经营权之后收入相对稳定,因此转移支付的重点应当以国企普通员工为主并直接到人。除哈尔滨这个特大城市外,从经济角度来看由于客流量较小,因此不宜修建300公里以上的高铁线路,基建投资应以大农业和旅游为主。高等教育、科研、军工、重工产业应向哈尔滨聚集而非均衡分散。缩减财政供养人员规模,坚持只出不进的方针。

本章参考文献

[1] 沈亚男,王媛. 人口流动背景下黑龙江省养老保险制度研究 [J]. 金融理论与教学,2018(5):82-84.

[2] 李俊荟. 黑龙江省人口空间结构优化中政府行为研究 [D]. 哈尔滨商业大学,2018.

[3] 张艺帅. "振兴"以来东北地区空间结构时空演化研究——基于人口流动视角 [J]. 上海城市管理,2017,26(6):72-81.

[4] 王荣荣. 劳动力流出对黑龙江省经济增长影响研究 [D]. 黑龙江大学,2017.

[5] 曹雪,吴相利. 黑龙江省流动人口特征及流动原因分析 [J]. 统计与咨询,2016(6):39-41.

[6] 王金波. 黑龙江省流动人口及其构成动态分析 [D]. 吉林大学,2015.

[7] 罗丹丹. 黑龙江省人口流动新趋势研究 [J]. 学理论,2014(24):48-49.

[8] 杜吉国. 黑龙江省人口迁移对经济社会发展的影响 [D]. 吉林大学,2013.

第九章
上海市人口流动流量、流向及其变化研究

摘　要：上海是我国最大的人口流入目的地之一的超级城市。2012年前后上海总人口规模一直维持在2500万人左右，人口与劳动力结构处于深度调整时期，未来人口增长潜力极为有限，低技能劳动力密集型服务业人口相对短缺。大数据推断结果表明，江苏取代安徽成为上海最大的人口来源地，苏皖浙豫赣占上海外来人口的70%左右，而上海人口主要流向苏浙皖粤京等地。2010年以来无论是人口流量还是流向都已经发生了巨大的变化，相邻区域人口流动频繁，远距离流动人口减少；其次，以农民工为主的人口流入减少，而高校毕业生流入相对增加，更替过程中全市人口总量略有减少但相对稳定。

关键词：上海流动人口；人口大数据；人口流向变化

第一节　上海市外流入人口规模估计

上海作为我国最大的城市，其人口数量一直以来受到国内外广泛关注和研究。但上海究竟有多少市外流入人口一直以来也没有权威的定论，官方统计数据与学者的研究结果一直以来也存在较大的差距。例如，公安部的数据显示，1996年上海有350万的流动人口（《时代潮》，1997），而官方公布的外来常住人口只有146.6万人，占比依旧低于50%。再如，2000年"五普"时上海登记的流动人口为387.11万人，其中居留6个月以上的外来人口有287万人。而黄志法（《上海教育科研》，1998）认为，1997年上海市实际流动人口在500万—600万人。周晓津（2015）根据上海的肉类和蔬菜消费推算，2000年上海总人口已经超过2000万人。为迎接2010年上海世博会召开，上海对全市人口进行全方位摸底调查，各种人口估算方法所推算的估计数与官方公布的人口相差不大。

一、基于移动用户数量的人口流动量测度

基于移动用户数量的上海2009—2015年的人口估计结果显示（见表9-1），2012年上海实有总人口达到顶峰，随后进入下降通道，至2015年累计减少近50万人；上海世博会期间的人口控制政策效果明显，2012年属于控制放松后反弹，若无金融危机后的政策干预，上海在2008年前后可能已达人口顶峰；上海净流入人口规模为1150万人左右，约比官方公布的常住外来人口多出150万人，相当于上海流动性较大的日常性商旅人口数量并没有纳入统计，因此上海官方的常住人口数量是非常可信的。

表9-1 上海各地级市实有人口及实际人均手机拥有量（2009—2015年）

年份	户籍人口		外来人口		总人口	
	数量（万人）	手机数量（万部）	手机数量（万部）	数量（万人）	数量（万人）	人均手机（部）
2009	1400.7	1330.67	775.66	1011.94	2412.64	0.87
2010	1412.32	1341.7	1019.85	1078.64	2490.96	0.95
2011	1419.36	1348.39	1272.22	1078	2497.36	1.05
2012	1426.93	1355.58	1652.72	1184.16	2611.09	1.15
2013	1424.14	1352.93	1847.72	1181.28	2605.42	1.23
2014	1424.6	1353.37	1939.37	1165.4	2590	1.27
2015	1422.77	1351.63	1908.3	1141.19	2563.96	1.27

注：户籍人口来源于《上海统计年鉴（2016）》。

二、基于用水量的流入人口规模推算

相对于其他弹性较大的生活必需品而言，日人均生活用水量刚性较大，利用每年的城市生活用水量大致可以估计城市人口的数量（见图9-1）。2001年中国加入世贸组织（WTO），2002年开始上海进入人口流入另一个加速期，2007年上海人口流入放缓，在国家"四万亿"的强刺激下人口流入增长期延续到2009年，7年间上海实有人口从2002年的1812万人增长到2009年的2345万人，累计增加533万人，年均增加76.14万人，无论是增加的绝对值还

是相对值都较20世纪90年代要低；2009年以来的四年里累计增加155万人，年均增加38.75万人。2001年上海每天要消费猪肉1000吨、禽肉330吨、鲜奶和水产品各800吨、蔬菜1万吨、鲜切花100万支，每年农副产品流通金额超过80亿美元。以当时上海每天人均50.68克的猪肉消费量估计，2001年上海总人口是1973万人，考虑到上海尚有相当数量的农村人口并没有计入猪肉消费总量之内，因此2000—2001年上海总人口在2000万人规模以上。其次，从上海日人均500克的蔬菜消费量推算，上海当时总人口规模也在2000万人左右。与前述推算结果略有不同的是，基于生活用水量推算的人口高峰是2013年，其原因是移动用户数是年尾数，而用水则是全年量。除去日常性商旅流动人口，上海总人口2500万人是一个"大顶"，特别是2013年以来以农民工为主的外来劳动力人口的加速流出，而以大学毕业生为代表的服务业人口的增长相对缓慢，上海劳动力结构进入长期调整期。从全国层面来看，中国可供劳动力由2012年到达顶峰，农村可流出劳动力总量亦处于下降周期，加上高房价的阻碍作用等因素来判断，上海设置的2040年2500万常住人口控制目标可能比较符合实际情况，人口控制力度无须加强，甚至需要某种程度的放松。

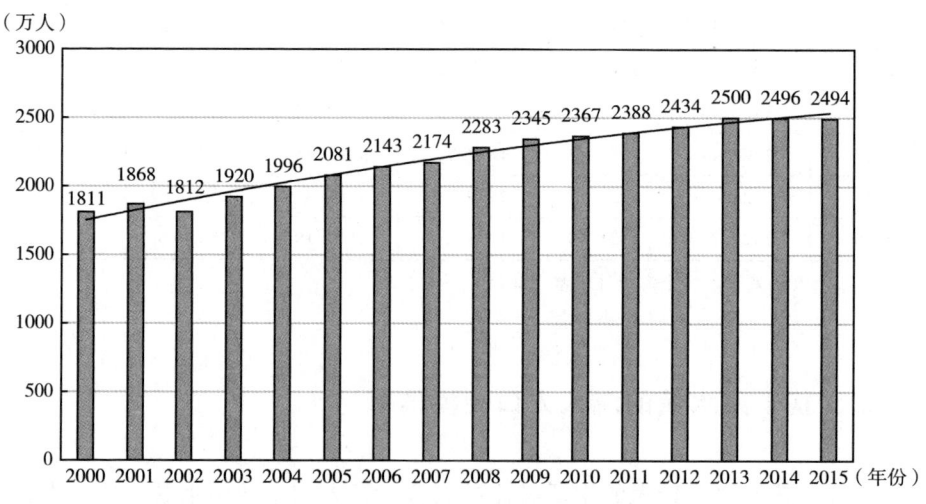

图9-1 基于生活用水量的上海城镇人口估计（2000—2015年）

三、上海总人口及外来人口变动情况

从年末移动用户数量来看（见图9-2），2014—2017年上海总人口几乎没有太大的变化。因为2014年以来全国人均手机拥有量增量不大，而上海作为特大城市，其手机拥有率基本已经饱和，因此移动用户数量直接反映出总人口规模的大小。需要注意的是，年末移动用户总数反映的是当年12月30日区域内全部人口，因此换算成常住人口及流动人口时需要加以调整。例如，2017年11月深圳移动用户总数为2658万户，对应2183万常住人口，同比例推算2017年12月上海3298.71万移动用户对应的常住人口数量应为2709.21万人，而上海市统计公报显示同期年末全市常住人口数量为2418.33万人。将移动用户总数视为总人口的情况下，流动人口主要与服务占比有很大关系，因此粗略估计数需要调整。

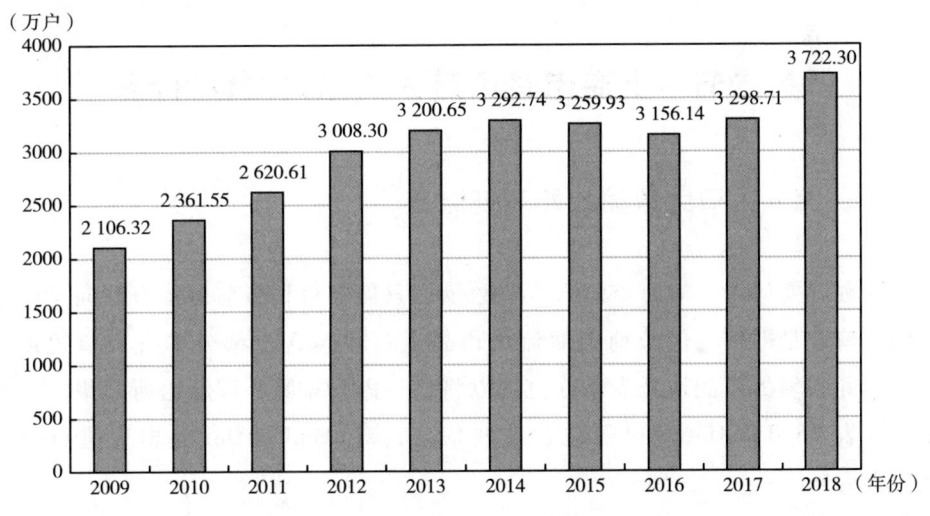

图9-2 上海历年年末移动用户数量（2009—2018年）

深圳2017年服务业比重为58.62%，上海为69%。2017年上海第三产业增加值20783.47亿元，同期深圳第三产业增加值13153.02亿元。深圳13153.02亿元的第三产业增加值对应475万外来流动人口，同比例推算上海外来流动性强的人口为750.56万人。因此，2017年上海3298.71万移动用户对应的常住人口数量应为2548.15万人。2018年的情况比较特殊，主要是人均拥有量发生了较大的变化，至写作时仍然不能判定人均增量发生重大变化的原因，很可能是统计口径有变动。从全国人均增量来看，2018年比2017年增长了9.8%，由此推算同期上海与2017年相同口径的用户总数应为3389.95万户。

2018年上海第三产业增加值22842.96亿元，同比增长8.7%，同比例推算流动性较强的人口（包括旅游、过路等类型的人口）为815.86万人，推算2018年上海常住性人口为2574.09万人，与2017年相比仅增加25.94万人，增幅为1.02%。2009—2013年的常住性人口因各年度人均手机拥有量变化需要仔细测算。从移动用户数量来推算，上海2016年总人口比2015年减少100万人左右，其中常住性人口减少量应在30万人左右，而流动性较强的人口减少规模在70万人左右。尽管如此，上海公布的常住人口数量还是非常可信的，其数值与课题组同期估计值相差不大，人口变动值相差很大，但很难有更为精确的数据来给出公认的结论。

第二节　上海市跨市流入人口大数据推断

一、流入人口大数据初始表征流量

同理，要计算上海跨市流入人口数量，只需要得到节前由上海流向全国各地的人口数量即可。但节前上海流出市外人口也包含一部分本省人口短期外出，因此必须尽可能地减少采样范围以将这一因素排除。课题组所归集的大数据采样表 PtopLineOut 中已经包含这些信息，对 PtopLineOut 数据表进行下述 SQL 查询操作：

```
SELECT province, name, to_char (sum (num), '99,999,999') as num0, sum ("singleNum") as sNum0, to_char (sum (per)/2.4, '99.999%') As per0
    FROM public. "PTopLineOut"
    where province = '上海'
    group by province, name
    order by num0 desc
```

可以得到节前上海人口流出目的地涵括全国11个省级单位。该查询可得到节前由上海流向全国各地排名前10名的省份，但输出结果排第11名的广东流量只有1891，仅为排在第10名湖南的0.285%，几乎可以忽略不计。由此表明，上海外省流入人口排前10名的省级区域节前返乡过年的流量非常稳定。从大数据归集的可表征人口流动流量的大小来看，节前上海人口流向最多的省份是江苏，大数据人口表征流量为6747000，占节前上海流出总量的27.49%。这说明江苏是上海市外流动人口的主要来源地。流向其余各省流出量大小排名位次为安徽、浙江、河南、江西、湖北、山东、福建、四川、湖南，表明上海市外流入人口主要来源于这些省份。10省占流出总量的86.81%，推算采样期间上海流出总量为25675268。

由于上述查询只能得到流出省份中流量为TOP10的省份，且该流量并不直接代表人口流量，而是系统所记录的可代表人口流量的无量纲数据。若上海节前流入该省人口占上海总流出人口比重较低，则不能被系统记录，但该省流入人口流量却在某时段内进入其流入排名前10位，从而会发生数据的漏计，因此还必须对数据表PtopLineIn进行下述SQL查询操作：

SELECT province, name, sum（num）as num0, to_char（sum（per）/2.4, '9999.999%'） As per0

    FROM public. "PtopLineIn"

    wherename = '上海'

    group by province, name

    order by num0 desc

第二次查询得到的省级单位扩展到32个，其中排名前10位的省份名次和流量与第一次查询完全相同。第二次查询涉及中国所有省级区域，表明上海有来自全国各地的人口流入（见表9-2）。

表9-2   2014年上海跨市人口流入流量大数据采样

第一次查询				第二次查询			
流出地	流向地	大数据采样流量	占流出地比重	流入地	流出地	大数据采样流量	占流入地比重
上海	江苏	6747000	27.49%	江苏	上海	6747000	36.77%
上海	安徽	5071324	18.02%	安徽	上海	5071324	15.26%
上海	浙江	2401091	10.09%	浙江	上海	2401091	23.87%
上海	河南	2136492	7.77%	河南	上海	2134527	6.61%
上海	江西	1496072	5.81%	江西	上海	1496072	5.25%
上海	湖北	1288792	5.22%	湖北	上海	1288792	5.45%
上海	山东	1020141	3.61%	山东	上海	1021837	6.84%
上海	福建	738645	3.14%	福建	上海	738645	8.97%
上海	四川	724109	3.02%	四川	上海	724109	3.81%

续表

第一次查询				第二次查询			
流出地	流向地	大数据采样流量	占流出地比重	流入地	流出地	大数据采样流量	占流入地比重
上海	湖南	663750	2.65%	湖南	上海	663750	2.06%
上海	广东	1891	0.05%	重庆	上海	346614	3.19%
上海	TOP10	22287416	86.81%	广东	上海	276695	2.88%
上海	全国	25675268	100.00%	北京	上海	227794	2.72%
				陕西	上海	197591	1.88%
				贵州	上海	195810	1.88%
				辽宁	上海	170676	3.68%
				广西	上海	161820	0.69%
				云南	上海	124428	2.07%
				甘肃	上海	115932	2.39%
				海南	上海	97721	4.13%
				吉林	上海	92944	2.72%
				黑龙江	上海	90981	1.67%
				山西	上海	83906	1.01%
				河北	上海	68225	0.22%
				天津	上海	51788	1.54%
				新疆	上海	33211	5.45%
				台湾	上海	30178	15.09%
				香港	上海	25897	6.15%
				宁夏	上海	17215	1.54%
				澳门	上海	4531	2.32%
				青海	上海	3149	1.02%
				西藏	上海	803	1.16%
				残值	上海	970212	—
				全国	上海	25675268	—

二、由大数据表征流量到人口流入量及流向测度

在前面的分析中，以户籍人口为参照系，2014年上海省净流入人口为1071万人（取两次推算的均值）。在大数据采样中，若能得到采样期内流入总量和流出总量，则根据人口净流入量就可以推算流出人口和流入人口。特别需要注意的是，大数据采样期内流入总量对应的是上海常住人口跨市流出，而流出总量则对应上海市外流入人口。因上海户籍人口外出流量很小，而本章大数据采样期主要是常住人口的流动和日常性商旅人口的流动。周晓津、姚阳（2016）为避免日常性商旅人口流动的影响，以净流出量来推算上海市外流入人口。考虑到上海与江浙两地日常商旅人口的流动极为频繁，本章将节前流量视为上海常住人口的表征性流量，将日常商旅人口的流动当作上海外来常住人口的流量，由此可得到上海市外流入人口的最大值。查询汇总结果表明，大数据采样期内流入总量为7399340，流出总量为25675268，净流出量为18275927。由于净流出量对应于1071万市外净流入人口，推算2015年春节上海市流出人口总量为1504.6万人，同期流入人口为433.6万人。由上海市外流入人口的性质来判断，在1071万外来人口中，实际只有433.6万人可视为稳定的外来常住人口，他们多来自江浙两地；其余637.4万外来人口属于非稳定常住户口，该部分外来人口农民工居多，他们迟早会返回户籍所在地。

从表9-3可以看出，上海市外流入人口主要来自江苏、安徽、浙江、河南、江西、湖北、山东、福建、四川、湖南等地，六省占上海市外流入数量的

表9-3　　　　　　　2014年上海跨市人口流入来源地及数量

来源地	人口大数据采样流量	占来源地比重	占上海流入比重*	占上海流入比重**	流入人口（万人）	来源地流出人口（万人）
江苏	6747000	36.77%	27.49%	26.28%	281.44	765.49
安徽	5071324	15.26%	18.02%	19.75%	211.54	1385.89
浙江	2401091	23.87%	10.09%	9.35%	100.16	419.61
河南	2134527	6.61%	7.77%	8.31%	89.04	1346.41
江西	1496072	5.25%	5.81%	5.83%	62.41	1188.91
湖北	1288792	5.45%	5.22%	5.02%	53.76	985.87
山东	1021837	6.84%	3.61%	3.98%	42.62	623.43

续表

来源地	人口大数据采样流量	占来源地比重	占上海流入比重*	占上海流入比重**	流入人口（万人）	来源地流出人口（万人）
福建	738645	8.97%	3.14%	2.88%	30.81	343.57
四川	724109	3.81%	3.02%	2.82%	30.2	793.61
湖南	663750	2.06%	2.65%	2.59%	27.69	1342.74
重庆	346614	3.19%	—	1.35%	14.46	452.67
广东	276695	2.88%	—	1.08%	11.54	400.62
北京	227794	2.72%	—	0.89%	9.5	349.85
陕西	197591	1.88%	—	0.77%	8.24	439.35
贵州	195810	1.88%	—	0.76%	8.17	433.77
辽宁	170676	3.68%	—	0.66%	7.12	193.67
广西	161820	0.69%	—	0.63%	6.75	975.44
云南	124428	2.07%	—	0.48%	5.19	250.86
甘肃	115932	2.39%	—	0.45%	4.84	202.76
海南	97721	4.13%	—	0.38%	4.08	98.72
吉林	92944	2.72%	—	0.36%	3.88	142.54
黑龙江	90981	1.67%	—	0.35%	3.8	227.93
山西	83906	1.01%	—	0.33%	3.5	345.17
河北	68225	0.22%	—	0.27%	2.85	1276.18
天津	51788	1.54%	—	0.20%	2.16	140
新疆	33211	5.45%	—	0.13%	1.39	25.43
台湾	30178	15.09%	—	0.12%	1.26	8.34
香港	25897	6.15%	—	0.10%	1.08	17.56
宁夏	17215	1.54%	—	0.07%	0.72	46.78
澳门	4531	2.32%	—	0.02%	0.19	8.16
青海	3149	1.02%	—	0.01%	0.13	12.85
西藏	803	1.16%	—	0.00%	0.03	2.88
残值	970212	—	—	3.78%	40.47	—
全国	25675268	—	—	100.00%	1071	15247.1

注：占上海流入人口比重*为第一次查询直接得到，而占上海流入人口比重**则为推算得到的结果。

86.80%，流入人口为926.67万人。来自江苏的外来流动人口高达281.44万人（列6），占上海市外流动人口的26.28%（列5），意味着上海市外流入人口中，每四个人当中就有一个江苏人，反推出江苏跨省流出人口数量为765.49万人（列7）。全国跨省流出人口15247.10万人。北京、天津等直辖市的流出人口亦应视为稳定的外来常住人口。

三、2010年以来上海市外人口流入变化

在前面的分析中，课题组测定了2010年上海市外净流入人口为1016.68万人（取均值），课题组以此作为"六普"调整值。与2010年"六普"调整值相比，2014年上海市外流入人口累计增加了54万人。将"六普"各省占上海流入人口比重固定，测算得到的2010年以来人口流量的变化（见表9-4）。

表9-4　上海市外人口流入流量、流向变化

来源地	2014年			2010年			新变化	
	流量当量	占总流量比重	人口估计	"六普"比重	"六普"数据	"六普"调整	占比变动	人口流量
江苏	6747000	26.28%	281.44	16.75%	150.35	170.28	9.53%	111.16
安徽	5071324	19.75%	211.54	28.99%	260.23	294.72	-9.24%	-83.18
浙江	2401091	9.35%	100.16	5.02%	45.05	51.02	4.33%	49.14
河南	2134527	8.31%	89.04	8.72%	78.26	88.63	-0.40%	0.41
江西	1496072	5.83%	62.41	5.43%	48.72	55.18	0.40%	7.23
TOP5	17850014	69.52%	744.58	66.84%	600	679.52	2.68%	65.06
湖北	1288792	5.02%	53.76	4.54%	40.77	46.18	0.48%	7.58
山东	1021837	3.98%	42.62	4.22%	37.84	42.86	-0.24%	-0.23
福建	738645	2.88%	30.81	2.94%	26.38	29.88	-0.06%	0.94
四川	724109	2.82%	30.2	6.96%	62.45	70.72	-4.14%	-40.52
湖南	663750	2.59%	27.69	2.55%	22.85	25.88	0.04%	1.8
TOP6—10	4437133	17.28%	185.09	19.26%	172.9	195.81	-1.98%	-10.73
重庆	346614	1.35%	14.46	2.54%	22.77	25.78	-1.19%	-11.32
广东	276695	1.08%	11.54	0.88%	7.93	8.99	0.19%	2.56
北京	227794	0.89%	9.5	0.25%	2.28	2.59	0.63%	6.91
陕西	197591	0.77%	8.24	1.41%	12.62	14.29	-0.64%	-6.05

续表

来源地	2014年			2010年			新变化	
	流量当量	占总流量比重	人口估计	"六普"比重	"六普"数据	"六普"调整	占比变动	人口流量
贵州	195810	0.76%	8.17	1.65%	14.81	16.77	-0.89%	-8.6
辽宁	170676	0.66%	7.12	0.70%	6.29	7.12	-0.04%	0
广西	161820	0.63%	6.75	0.55%	4.92	5.58	0.08%	1.17
云南	124428	0.48%	5.19	0.78%	7	7.93	-0.30%	-2.74
甘肃	115932	0.45%	4.84	1.06%	9.48	10.74	-0.60%	-5.9
海南	97721	0.38%	4.08	0.11%	0.95	1.07	0.28%	3.01
吉林	92944	0.36%	3.88	0.66%	5.89	6.67	-0.29%	-2.79
黑龙江	90981	0.35%	3.8	1.10%	9.86	11.16	-0.74%	-7.37
山西	83906	0.33%	3.5	0.50%	4.5	5.1	-0.18%	-1.6
河北	68225	0.27%	2.85	0.75%	6.75	7.64	-0.49%	-4.8
天津	51788	0.20%	2.16	0.14%	1.28	1.45	0.06%	0.71
新疆	33211	0.13%	1.39	0.32%	2.88	3.26	-0.19%	-1.88
台湾	30178	0.12%	1.26	—	—	—	—	—
香港	25897	0.10%	1.08	—	—	—	—	—
宁夏	17215	0.07%	0.72	0.11%	0.99	1.12	-0.04%	-0.4
澳门	4531	0.02%	0.19	—	—	—	—	—
青海	3149	0.01%	0.13	0.13%	1.13	1.28	-0.11%	-1.14
西藏	803	0	0.03	0.01%	0.11	0.13	-0.01%	-0.1
残值	970212	3.78%	40.47	—	—	—	—	—
全国	25675268	100.00%	1071	100.00%	897.7	1016.68	0	54.32

注：2010年市外流入排名前五（TOP5）是安徽、江苏、河南、四川、江西五省，而TOP10是指TOP5加浙江、湖北、山东、福建、湖南五省。2014年市外流入前五和前十已经发生了很大的变化。

虽然大数据推断与2010年"六普"统计口径、统计范围和统计方法有很大的不同，两者比较后还是能发现2010年以来上海市外流入人口的变化。总体变化是安徽、四川、重庆等劳动力输出大省流入上海的人口减少，而江苏、浙江、江西等相邻省份的流入人口增加。由于外省流入劳动力多集中于制造业，而江苏、浙江、广东等经商人口和从事服务业人口较多，经商人口的流动性大，中小服务业人口统计时漏计的可能性也比较大，因此劳动力输出大省人口占比可能被高估，而江浙两地的人口则有可能被低估。尽管如此，2010 年以来上海市外人口流入的总体变化趋势依然不变。

第三节 上海市跨市流出人口大数据推断

一、流动人口大数据初始表征流量

对数据表 PtopLineIn 进行下述 SQL 查询操作：

SELECT province, name, sum（num）as num0, to_char（sum（per）/2.4, '9999.999%'）As per0

  FROM public."PTopLineIn"

  where province = '上海'

  group by province, name

  order by num0 desc

可以得到节前上海人口流入来源地涵括全国 13 个省级单位。上述查询只能得到流出省份中流量为 TOP10 的省份，但不同时段不同省份进入 TOP10，因此最终输出结果有 13 个省级单位。若上海省流入该省人口占该省总流入人口比重较低，则有可能发生数据的漏计，因此还必须对数据表 PtopLineOut 进行下述 SQL 查询操作：

SELECT province, name, sum（num）as num0, to_char（sum（per）/2.4, '9999.999%'）As per0

  FROM public."PTopLineOut"

  where name = '上海'

  group by province, name

  order by num0 desc

第一次查询除了防止大数据表征的人口流量被漏计外，另一个重要的功能是计算出大数据表征人口的总流量。在原始数据中，为简化计算，系统只记录不同时段流入或流入排名前 10 名的省级区域，因此需要计算总流量。第一次查询中共记录了 13 个省级区域流向上海的流入量，TOP10 流量合计占全市流入总量的 87.78%，推算出全市总流入量为 6494919；第二次查询共记录了 12

个省级区域的流入量,最大限度地解决了数据漏计的问题。两次查询输出结果如表9-5所示。

表9-5 上海人口流出的初始表征量

第一次查询					第二次查询			
流入地	流出地	大数据采样流量	占上海流入量比重	序号	流出地	流入地	大数据采样流量	占流出地流量比重
上海	江苏	3396612	44.52%	1	江苏	上海	3396612	10.73%
上海	浙江	1550854	21.21%	2	浙江	上海	1490548	3.67%
上海	安徽	444775	6.33%	3	安徽	上海	444775	6.42%
上海	广东	246319	3.71%	4	江西	上海	58325	1.30%
上海	北京	223296	3.31%	5	辽宁	上海	3460	0.38%
上海	山东	184854	2.61%	6	香港	上海	2257	0.73%
上海	河南	164318	2.24%	7	吉林	上海	1662	0.29%
上海	福建	110893	1.66%	8	台湾	上海	644	8.43%
上海	江西	100158	1.14%	9	山东	上海	604	0.04%
上海	湖北	72840	1.05%	10	澳门	上海	346	0.17%
上海	四川	40306	0.76%	11	西藏	上海	33	0.04%
上海	辽宁	4854	0.31%	12	黑龙江	上海	17	0.01%
上海	湖南	35	0.01%	13				
上海	TOP10	6494919	87.78%	14	TOP10	上海	5399233	72.97%
上海	其他	904421	12.22%	15	其他	上海	2000107	27.03%
上海	全国	7399340	100.00%	16	全国	上海	7399340	100.00%

二、由大数据表征流量到人口流量、流向测度

需要特别注意的是,节前由市外流向上海的流量对应于上海流出人口流量而不是相反。将两次查询结果合并,取大值新值之后,最后形成表9-6。将各省节前回流量除以总流量,再乘以跨市总流出人口,就可以得到2014年上海人口跨市流出各个流向的实际人口流量。在前面的推算中,2014年上海流出人口为433.60万人。从大数据推断的结果来看(表9-6),2014年上海流向江苏199.04万人(列5),占跨市外出总量的45.90%(列4),居第1位;流向浙江90.88万人,占跨市外出总量的20.96%,居第2位;流向安徽

26.06万人，占跨市外出总量的6.01%，居第3位。流向五大目的地TOP5合计343.50万人，占跨市外出总量的79.22%。流向长三角苏浙皖315.98万人，占上海流出市外人口总数的72.87%。最后一列（列6）根据流入上海的流量反推上海跨市流出目的地省份的跨市外来人口估计，其结果与我国跨市外出人口的数量基本一致。

表9-6　　2014年上海跨市人口流动流量、流向的大数据推断

流向	大数据表征流量	占流出地比重	占上海流出人口比重	人口流出量（万人）	上海流出目的地外来人口（万人）
江苏	3396612	10.73%	45.90%	199.04	1855.34
浙江	1550854	3.67%	20.96%	90.88	2476.29
安徽	444775	6.42%	6.01%	26.06	405.98
广东	246319	—	3.33%	14.43	—
北京	223296	—	3.02%	13.09	—
TOP5	5861856		79.22%	343.5	4737.6
山东	184854	0.04%	2.50%	10.83	—
河南	164318	—	2.22%	9.63	—
福建	110893	—	1.50%	6.5	—
江西	100158	1.30%	1.35%	5.87	—
湖北	72840	—	0.98%	4.27	—
TOP6—10	633063	—	8.56%	37.1	
四川	40306	—	0.54%	2.36	
辽宁	4854	—	0.07%	0.28	
香港	2257	—	0.03%	0.13	
吉林	1662	—	0.02%	0.1	
台湾	644	—	0.01%	0.04	
澳门	346	—	0	0.02	
西藏	33	—	0	0	
黑龙江	17	—	0	0	
其他	854302	—	11.55%	50.06	
全国	7399340		100.00%	433.6	

三、人口流出流量、流向变化测度和比较分析

利用前面的研究结果,课题组推算出2010年上海流出市外人口411.60万人,2014年年末跨市流出人口总量增加22万人(见表9-7)。其中,流向江苏的上海人增加63.21万人,占比增加12.9个百分点;其次,流向浙江的上海

表9-7　　　　　上海跨市人口流出流量、流向变化　　　　单位:万人

流向	2014年大数据推断		2010年			流量变化	
	大数据占比	人口流出	"六普"占比	"六普"流出	调整流出	人口变化	占比变化
江苏	45.90%	199.04	33.00%	8.26	135.83	63.21	12.90%
浙江	20.96%	90.88	15.39%	3.85	63.34	27.54	5.57%
安徽	6.01%	26.06	8.30%	2.08	34.15	-8.09	-2.29%
广东	3.33%	14.43	5.67%	1.42	23.36	-8.92	-2.35%
北京	3.02%	13.09	7.29%	1.82	30	-16.91	-4.27%
TOP5	79.22%	343.5	69.65%	17.44	286.68	56.83	9.57%
山东	2.50%	10.83	2.28%	0.57	9.37	1.46	0.22%
河南	2.22%	9.63	1.47%	0.37	6.03	3.59	0.75%
福建	1.50%	6.5	1.94%	0.49	8	-1.5	-0.44%
江西	1.35%	5.87	3.34%	0.84	13.74	-7.87	-1.98%
湖北	0.98%	4.27	2.10%	0.53	8.64	-4.37	-1.11%
TOP6—10	8.56%	37.1	12.33%	3.09	50.74	-13.64	-3.77%
四川	0.54%	2.36	2.53%	0.63	10.42	-8.06	-1.99%
辽宁	0.07%	0.28	1.44%	0.36	5.91	-5.63	-1.37%
香港	0.03%	0.13					
吉林	0.02%	0.1	0.63%	0.16	2.61	-2.52	-0.61%
台湾	0.01%	0.04	—				
澳门	0.00%	0.02					
西藏	0	0	0.03%	0.01	0.13	-0.13	-0.03%
黑龙江	0	0	1.00%	0.25	4.12	-4.12	-1.00%
其他	11.55%	50.06	12.39%	3.1	51	-0.94	-0.84%
全国	100.00%	433.6	100.00%	25.03	411.6	22	0.00%

注:2010年流出市外排名前五(TOP5)是江苏、浙江、安徽、北京、广东五省市,而TOP10是指TOP5加江西、四川、山东、湖北、天津五省。

人增加 27.54 万人，占比增加 5.57 个百分点；流向安徽的上海人减少了 8.09 万人，占全市流出人口第 3 位。流向广东排名上升 1 位，超过流向北京的人口。总体而言，沪苏浙一体化进一步加深，流向长江流域其他地区的人口减少，而流向山东、河南的上海人则增加明显。

上述推算上海流出人口规模主要没有过滤旅游人口及过路性的人口。课题组推算北京实际流出人口在 22.56 万—30.68 万，同理可推算上海流出人口的真实规模在 22.93 万—31.18 万，中值为 27.06 万人，比 2010 年人口普查值多 2 万人左右。由此北京、上海的外出人口流动性较大，很难判断其是否为常住性流出，因此也很难推断 2010 年人口普查时京沪两大直辖市流出人口是否有重大缺陷。

四、上海外来流入人口未来趋势及对策建议

上海总人口在 2012—2013 年达到 2500 万人的顶峰。随着产业和人口转型，上海未来人口很难有较大规模的增长。由于房价高企，餐饮住宿等低技能劳动密集型服务业生存艰难，低技能服务型劳动力的挤出将促使上海成为类似纽约、伦敦、东京等高生活成本城市。另外，新进高校毕业生同样必须承担沉重的租房成本和较长的通行时间，非公企业的高校毕业生很难沉淀下来成为上海的常住人口。

比较京沪 2014 年 1 月以来的移动用户总数变动（见图 9-3），即北京在 2014 年 1 月时移动用户总数仅比多出 165.3 万户，考虑到两市的产业结构的不同，其对应的人口规模大致相等。因为北京的服务业比重远高于上海，且北京地处华北、东北交通要道，其对应的过路性人口或流动性较强的人口数量显然要比上海多。但自 2014 年 2 月之后，北京逐步与上海拉开了距离。到 2015 年 9 月，北京全市移动用户总数的数量比上海多 924.3 万，由此推算北京的实际人口规模已经远超上海。据测算，2015 年 9 月北京总人口高达 2911 万人，同期上海实际人口为 2269 万人，即北京比上海的总人口多 641 万人。但从上海市 2015 年的经济和社会发展统计公报数据来看，2015 年上海常住人口仍旧达到 2415 万人，仅比 2014 年的 2426 万人减少 11 万人。事实上，随着网商对传统商业的大规模冲击，无论是上海还是广州、深圳，都曾面临因传统批发零售业从业人口的大规模撤离而导致人口较多的下降，但从官方数据很难看出这种

冲击和人口的下降。与北京所遇到的情况不同之处在于，北京移动用户数量的变化似乎要晚于其他三个一线城市。例如，北京 2015 年 9 月移动用户总数高达 4194.4 万户，至 2017 年 9 月下降到 3679.7 万户的低位，且北京的这种下降并非一种自然过程，而是伴随着政府的强制关停专业市场。其实，即使没有政府的强力推动，北京同样会在网商强力冲击传统商业的情况下有一个外来人口大规模下降的时期。

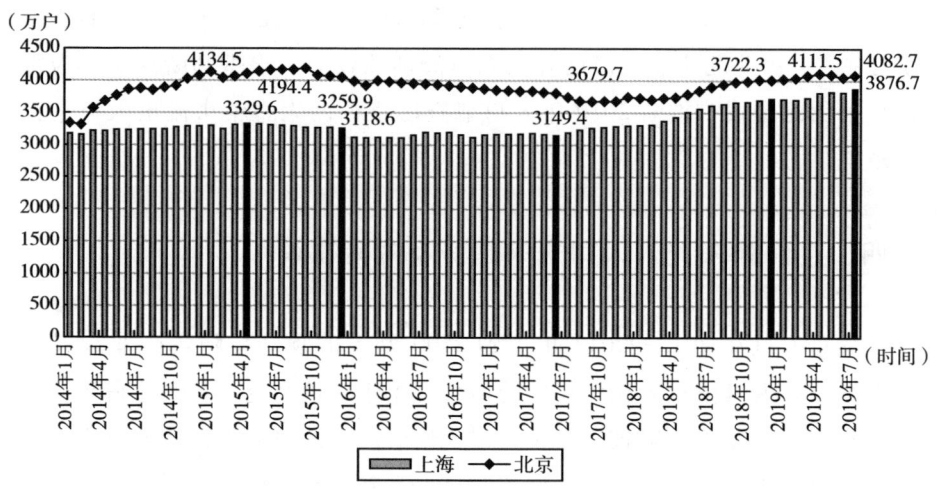

图 9-3　上海移动用户数量及其变动趋势（2014.01—2019.07）

2016 年 1 月上海移动用户总数的突发性下降，还有一个可能的原因是统计口径的变化。若如此，则 2015 年年末的上海实际总人口与 2018 年 6 月的总人口大致保持同样的规模。若非如此，则 2019 年 7 月，京沪两市实际总人口估计值分别为 2753 万人和 2614 万人，北京仅比上海多 206 万人。考虑到北京服务业占比较大，实际的常住人口规模大致相等。上海的实际总人口虽然已经突破 2500 万人，但其经济学意义上的常住人口只占实际总人口的 80% 左右，即经济学意义上可长期居留上海的人口只有 2091 万人，甚至低于 2012 年年末的经济学意义上的常住人口数量。因此，无论人口控制与否，2040 年上海常住人口规模基本上也将保持在 2500 万人左右，但市外流入人口的结构将发生较大的变化，以农民工为主的制造业劳动力流入将转变为以高校毕业生为主的服务业就业人口的流入。由于上海不像深圳、广州一样存在大量的"城中村"建筑，在高房价时代，上海私营企业的就业人口吸引力将远不及广州、深圳等珠三角城市，但公立企事业单位依旧有较强的人口吸引力。上海可借鉴雄安模式或深汕合作模式在南通、嘉兴两地开建沪南、沪嘉合作区。区域合作，交通先行。上海境内就应建设"4横4纵"时速200千米以上的快速轨道交通网，推进上海地区普速铁路城轨化，并在南通、嘉兴建设大上海都市区机场，形成"机场+快速轨道"综合交通体系。

本章参考文献

［1］张车伟，王智勇，蔡翼飞．中国特大城市的人口调控研究——以上海市为例［J］．中国人口科学，2016（2）：2-11，126．

［2］胡国俊．"十三五"期间上海人口、土地、建筑物三控联动研究［J］．科学发展，2017（8）：51-60．

［3］王春兰，丁金宏，吴瑞君，李强，王大犇，杨上广，顾高翔，查波，曹东．上海人口调控综合评估研究［J］．科学发展，2016（6）：35-43．

［4］国务院发展研究中心社会发展研究部课题组，葛延风．上海城市人口总量控制与结构优化研究［J］．科学发展，2014（5）：69-81．

［5］周晓津，姚阳．基于大数据的京沪人口流动流量、流向新变化［J］．大数据，2016（3）．

［6］潘鸿雁，陈国强．上海流动人口的基本状况和社会分化［J］．科学发展，2016（5）：83-91．

［7］周晓津．人口新常态约束下特大城市的规模调控与转型升级［J］．西部论坛，2015（2）：54-64．

［8］周婕，罗道，谢波．2000-2010年特大城市流动人口空间分布及演变特征——以北京、上海、广州、武汉等市为例［J］．城市规划学刊，2015（6）：56-62．

［9］彭希哲．未来30年上海人口与人力资源［J］．科学发展，2016，（7）：106-112．

［10］Yao Yang & Zhou Xiaojin. Research on Population Flow of Megacity Based On Big Data［J］. ACADEMICS, 2016（12）：276-283.

［11］郭庆．上海外来人口本地化现状、反思及发展趋势研究［D］．华东师范大学，2010．

［12］万能．中国大城市的非正式人口迁移研究［D］．南开大学，2009．

第十章
江苏省人口流动流量、流向及其变化研究

摘 要：大数据推断结果表明，2014年江苏跨省流入人口规模为1278.94万人，跨省流出人口规模为701.94万人，外省人口流入量较2010年仅增加19.83万人。安徽、河南、山东、湖北、江西是江苏劳动力人口的主要来源地。2010年以来江苏跨省流出人口数量减少了143万人，主要回流至苏北与其周边相邻省份。流向上海、北京、广东等经济发达省份人口减少显著。在人口增量放缓与停滞的大趋势下，苏南地区的人口政策应尽快从相对抑制变为积极吸引，苏北则应以产业的发展吸引外出人口回流。

关键词：江苏流动人口；人口大数据；人口流向变化

第一节 江苏农村劳动力转移与外出人口增长

一、江苏流动人口数量估计

"五普"和"六普"的流动人口数据显示，江苏流动人口规模由2000年的909.98万增加到2010年的1822.68万人，增长了100.30%。其中省外流入人口则从2000年的253.69万人增加到2010年的737.93万人。苏州作为江苏第一经济强市，10年间流动人口增加了341.8万人，其2010年流动人口占全省流动人口总量的1/3，苏州成为江苏流动人口的缩影，江苏流动人口的变动情况在很大程度上与苏州地区流动人口有密切关系。从官方统计数据上看，2010年以来苏州常住人口基本上维持在1050万人左右的规模，而作为江苏人口第二大市的省会南京，2010年以来常住人口则维持在800多万人的规模。在人口大流动时代，各地常住人口与实际人口通常存在较大缺口。例如，苏州

市公安局人口管理支队公布的人口数据显示，至2013年年底，全市总户籍人口数为6538372人，全市流动人口登记数为6538536人。2013年苏州总人口高达1308万人，而江苏统计年鉴上常住人口只有1058万人，两者相差250万人。由于2010年以来江苏及苏州的流动人口基本保持稳定，从苏州流动人口占全省的比重粗略推断，江苏常住人口背后至少还有750万左右的人口并没有纳入统计口径中。

作为国家和长三角地区的经济强省，江苏不同于同区域的上海和浙江，除接纳一部分省外人口流入之外，经济发达的苏南地区还吸引了大量苏北地区的农村人口流入。据江苏省公安厅统计，2011年江苏省登记在册（发放暂住证）的流动人口有1700多万人。来自江苏省卫生计生委的数据显示，截至2016年年底，江苏流动人口总量约为1864万人，其中跨省流入约1219万人，占总数的65.4%。由于仍旧有较大数量的流动人口并没有办理暂住证，因此两者150万左右的人口差值并非由于流动人口的增量所导致。另外，2016年省外流入比2010年常住口径多出481万人，亦非流动人口增加所致，更多的只是统计口径的差异，原因是2010年以来江苏与广东、浙江和上海等经济发达地区一样面临外来劳动力人口的大量流失。

二、基于移动用户数量的人口流动量测度

根据《江苏统计年鉴（2015）》，利用各地级市移动用户数量和每百户居民手机拥有量，课题组推算出江苏各地级市实际人口及实际的人均手机拥有量（见表10-1）。推算的数据显示，2014年江苏净流入为577.06万人，全省实际总人口为8294.65万人（官方公布的常住人口为7960.06万人）。省内人均实际拥有手机0.884部。苏州净流入为652.41万人，总人口为1319.42万人，居江苏省第1位。苏州市公安局人口管理支队公布的2015年苏州市人口主要数据显示，2015年年末全市户籍总人口达6670124人，比2014年增加59358人，增长率为8.94‰；全市流动人口实有登记数为6981000人，比2014年同期减少8000人。由此推算2014年苏州公安局掌握的实有人口为1359.98万人，由于无法判断实有登记人口的变动，因此表10-1中推算数与公安局相比，两者数据都是可信的，平均误差只有1.51%，表明推算结果比较可靠。南京人口已经接近千万规模，净流入人口估计为329.46万人，苏南地区的无

锡、常州和镇江也录得人口净流入。全省仅苏南地区为人口净流入,净流入规模为 938.70 万人;苏中地区人口流入和流出基本平衡,净流出规模 20.38 万人;苏北地区为人口净流出,净流出规模 195.81 万人。全省表现为净流入,规模为 577.06 万人。苏中、苏北净流出 875.77 万人,其中 300 万人左右流向省外(由表 10-1 推算为 298.71 万人流出,主要流向上海和浙江)。苏州因劳动力适龄人口比例较高的缘故,其实际人均手机拥有量为 1.113 部,其次是无锡、南京,苏南的镇江也接近人均 1 部手机。

表 10-1　江苏各地级市实有人口及实际人均手机拥有量(2014 年)

城市	户籍人口		外来人口		总人口	
	数量（万人）	手机数量（万部）	手机数量（万部）	净流入（万人）	数量（万人）	人均手机（部）
南京市	653.4	620.73	421.71	329.46	982.86	1.061
无锡市	480.9	456.86	375.68	293.5	774.4	1.075
徐州市	1028.7	977.27	-226.26	-176.76	851.94	0.882
常州市	370.85	352.31	167.87	131.15	502	1.036
苏州市	667.01	633.66	835.08	652.41	1319.42	1.113
南通市	766.77	728.43	-83.66	-65.36	701.41	0.919
连云港市	530.56	504.03	-137.51	-107.43	423.13	0.866
淮安市	564.45	536.23	-160.24	-125.19	439.26	0.856
盐城市	828.03	786.63	-216.83	-169.4	658.63	0.865
扬州市	461.12	438.06	-15.64	-12.22	448.9	0.941
镇江市	271.67	258.09	59.28	46.32	317.99	0.998
泰州市	507.85	482.46	-99.58	-77.79	430.06	0.89
宿迁市	586.28	556.97	-181.27	-141.61	444.67	0.845
苏　南	3318.8	4181.26	1201.53	938.7	4249.51	0.984
苏　中	1641.45	1450.07	-26.08	-20.38	1619.79	0.895
苏　北	2999.81	2439.02	-250.64	-195.81	2792.7	0.873
全　省	7717.59	7331.71	738.64	577.06	8294.65	0.884

注:户籍人口来源于《江苏省统计年鉴(2015)》。

从年末移动用户数量来看(见图 10-1),江苏境内的人口在 2013 年左右手机拥有量达到饱和,而在此之间,由于本省农村地区尚有低龄人口和老年人口没有手机,而自此之后基本上达到人手一机的程度。依据年末移动电话用户数量及全国移动电话普及率可大致推算出江苏年末总人口。由于普及率差异及人均饱和程度的不同,2008—2012 年的人口数量推算与实际人口会有较大差异,而 2013 年之后则差值较小。结果显示,2014 年江苏外来人口出现较大幅度的降低,2015 年则有所回升,2016 年又大幅降低,2017 年和 2018 年人口增加则主要是本省新增人口。2008—2018 年,江苏实际总人口数量在 8700 万人左右,但年度波动比较大。

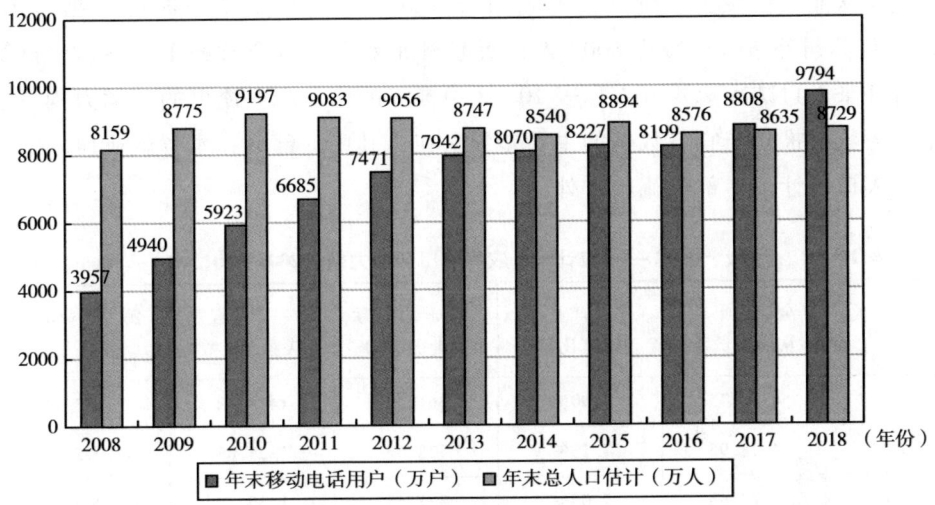

图 10-1 基于年末移动电话用户的江苏年末总人口估计(2000—2018 年)

三、基于产出和从业人员占比的流出人口规模推算

蔡昉、王美艳(2014)的研究结果表明,官方统计高估农业劳动力的数量和比重。例如,2012 年中国农业劳动力占全国劳动力比重实际仅占 19.8%,远低于官方统计的 38.9%。他们指出,中国在 2004 年达到刘易斯转折点时,官方统计的农业劳动力比重为 46.9%,学者估算的数字只有 27.8%。按照学者估算的口径 2024 年中国农业劳动力比重应该下降到只有 7.8%。无论是实地调研还是学者们的估计,全国各地都存在农业劳动力比重高估的现象。2003 年开始,江苏第一产业占全省 GDP 比重就已经降到 10% 以下,2003 年江苏第一产业占全省 GDP 比重只有 9.3%,而第一产业从业人员占总从业人口比重却高达 35.9%。

研究发现，2008年之后官方统计公布的第一产业从业人员数量（官方数）乘以第一产业占GDP的比重才是真实的第一从业人员数量（估计数），而官方数与估计数之间的差额实际上是农村流出劳动力却依旧被记录为本地常住人口数量（见表10-2）。以2015年为例，全省总从业人员为4758.50万人，但第一产业占全省GDP比重仅为5.8%，因此第一产业从业人员实际也只占全部从业人员的5.8%左右，即271.23万人，农村流出的劳动力604.33万人。2015年全社会从业人数总数较2014年下降了2.33万人，其中最大可能的原因是第二产业从业人员减少。例如，苏州市公安局人口管理支队公布的数据显示，2015年苏州外来人口减少8000人，而苏州外来人口占全省的1/3左右，推算全省外来人口减少2.4万人。表10-2中推算的第一产业流出的劳动力构成了本章大数据推断与官方数据的主要差异所在，其中一部分在本省就业但未纳入流动人口统计，一部分流向省外。

表10-2 占比产出法——应计未计农村流出劳动力数（2005—2015年） 单位：万人

年份	全社会年末从业人员数	第一产业占GDP比重	第一产业实际从业劳动力	第一产业官方从业人员数	第一产业流出劳动力数
2005	4578.75	7.90%	361.72	1414.83	1053.11
2006	4628.95	7.10%	328.66	1323.88	995.22
2007	4677.88	7.00%	327.45	1230.28	902.83
2008	4700.96	6.80%	319.67	1179.94	860.27
2009	4726.54	6.50%	307.23	1120.19	812.96
2010	4754.68	6.10%	290.04	1060.29	770.25
2011	4758.23	6.30%	299.77	1023.02	723.25
2012	4759.53	6.30%	299.85	989.98	690.13
2013	4759.89	5.80%	276.07	956.74	680.67
2014	4760.83	5.60%	266.61	918.84	652.23
2015	4758.50	5.70%	271.23	875.56	604.33
2016	4756.22	5.40%	256.84	841.85	585.01

注：列2、列3数据来源于《江苏统计年鉴（2015）》，2015年的数据来自江苏省统计局发布的《2015年江苏省国民经济和社会发展统计公报》。

第二节 江苏跨省流入人口大数据推断

一、流入人口大数据初始表征流量

同理，要计算江苏跨省流入人口数量，只需要得到节前由江苏流向全国各地的人口数量即可。但节前江苏流出省外人口也包含一部分本省人口短期外出，因此必须尽可能地减少采样范围以将这一因素排除。课题组所归集的大数据采样表 PtopLineOut 中已经包含这些信息，对 PtopLineOut 数据表进行下述 SQL 查询操作：

SELECT province, name, to_char（sum（num），'99,999,999'）as num0, sum（"singleNum"）as sNum0, to_char（sum（per）/2.4, '99.999%'）As per0
   FROM public."PTopLineOut"
   where province = '江苏'
   group by province, name
   order by num0 desc

可以得到节前江苏人口流出目的地涵括全国 11 个省级单位。由于系统只记录流出 TOP10 省份，因此第一次查询中排在第 10 和第 11 位的陕西和福建数据偏差较大，而江苏外省流入人口排前 9 名的省级区域节前返乡过年的流量非常稳定，表明江苏省外流入人口非常集中于这些省份。从大数据归集的可表征人口流动流量的大小来看，节前江苏人口流向最多的省份是安徽，大数据人口表征流量为 10160164，占节前江苏流出总量的 30.04%，表明安徽是江苏外省流动人口的主要来源地，且占到江苏外省流入人口的 1/3 左右。流向其余各省流出量大小排名位次为河南、上海、山东、浙江、湖北、江西、四川、湖南等省市。TOP10 最大流入省份占流出总量的 85.11%，推算采样期间江苏流出总量为 33019384。上海作为人口净流入城市，节前江苏流向上海的大数据采样流量，可视为上海外来常住人口中的江苏人。

由于上述查询只能得到流出省份中流量为 TOP10 的省份，且该流量并不直接代表人口流量，而是系统所记录的可代表人口流量的无量纲数据。若江苏节前流入该省人口占江苏总流出人口比重较低，则不能被系统记录，但该省流入人口流量却在某时段内进入其流入排名前 10 名,从而会发生数据的漏计,因此还必须对数据表 PtopLineIn 进行下述 SQL 查询操作:

SELECT province,name,sum(num) as num0,to_char(sum(per)/2.4,
'9999.999%') As per0
　　FROM public."PtopLineIn"
　　wherename = '江苏'
　　group by province,name
　　order by num0　desc

第二次查询得到的省级单位扩展到 32 个,其中排名前 8 位的省份名次和流量与第一次查询完全相同。第二次查询涉及中国所有省级区域,这与江苏全国最多人口流入省份地位相匹配(见表 10 - 3)。由于第二次查询是以流入地为基准的,那些虽然在江苏流入人口占比不大但流出地占比则进入其流出排名前 10 位的则被录入系统。例如,第二次查询时发现,云南流向江苏的人口占其流出人口比重高达 13.23%,但在江苏的云南人占江苏外来人口的比重在 2% 以内,福建情况亦是如此。

表 10 - 3　　2014 年江苏跨省人口流入流量大数据采样

第一次查询				第二次查询			
流出地	流向地	大数据采样流量	占流出地比重	流入地	流出地	大数据采样流量	占流入地比重
江苏	安徽	10160164	30.04%	安徽	江苏	10160164	32.60%
江苏	河南	4384625	12.92%	河南	江苏	4384625	14.20%
江苏	上海	3396612	10.73%	上海	江苏	3396612	44.52%
江苏	山东	2527892	7.65%	山东	江苏	2527892	18.35%
江苏	浙江	2237763	7.39%	浙江	江苏	2237763	22.67%
江苏	湖北	1776518	5.73%	湖北	江苏	1776518	7.64%
江苏	江西	1238866	3.77%	江西	江苏	1238866	4.32%
江苏	四川	960674	3.05%	四川	江苏	960674	4.98%
江苏	湖南	759085	2.35%	湖南	江苏	762205	2.38%
江苏	陕西	661259	1.50%	陕西	江苏	725325	8.11%
江苏	福建	73963	0.87%	福建	江苏	616019	7.60%
江苏	合计	28177421	85.98%	河北	江苏	434324	2.17%
江苏	全国	33019384	100.00%	重庆	江苏	384918	3.53%
				贵州	江苏	373691	3.58%

续表

第一次查询				第二次查询			
流出地	流向地	大数据采样流量	占流出地比重	流入地	流出地	大数据采样流量	占流入地比重
				山西	江苏	350485	5.54%
				北京	江苏	290367	3.10%
				甘肃	江苏	266847	6.10%
				云南	江苏	238467	4.29%
				广东	江苏	180484	1.93%
				辽宁	江苏	177803	3.99%
				黑龙江	江苏	174524	3.72%
				广西	江苏	156556	0.65%
				吉林	江苏	112642	3.17%
				天津	江苏	81854	2.37%
				海南	江苏	51142	2.58%
				新疆	江苏	33765	5.56%
				宁夏	江苏	26994	2.50%
				青海	江苏	20668	4.13%
				台湾	江苏	19711	9.77%
				香港	江苏	11195	2.57%
				西藏	江苏	1996	2.61%
				澳门	江苏	1533	0.75%
				残值	江苏	842755	2.55%
				全国	江苏	33019384	100.00%

二、由大数据表征流量到人口流入量及流向测度

在前面的分析中，2014年江苏省净流入人口为577万人。在大数据采样中，若能得到采样期内流入总量和流出总量，则根据人口净流入量就可以推算流出人口和流入人口。特别需要注意的是，大数据采样期内流入总量对应的是江苏本省人口跨省流出，而流出总量则对应江苏外省流入人口。通过查询计算，大数据采样期内流入总量为18122586，流出总量为33019384，净流出量为14896798。由于净流出量对应于577万净流入人口，推算2014年江苏外省流入人口总量为1278.94万人，同期江苏省际流出人口为701.94万人。因此，

只要计算出节前流出量占流出量的比重,再乘以江苏省外流入人口总量,就可以得到各省 2014 年流入江苏的人口数量。

大数据人口推算结果显示,江苏省外流入人口主要来自安徽、河南、湖北、江西、四川等劳动力丰富的省份以及邻近的上海、山东和福建经济发达省份(见表 10 - 4)。来自安徽的外来流动人口高达 393.53 万人(列 6),安徽省外流动人口的 32.60%(列 3),占江苏省外流入人口比重为 30.77%(列 5),意味着江苏省外流入人口中,每三个人中就有一个安徽人。课题组还可以依此推算出安徽跨省流出人口数量有 1207.23 万人。推算结果发现,江苏省外流入人口中,有 183.33 万上海人,该数据一方面表明苏沪经济和人员来往联系紧密,另一方面反映的是上海外来常住人口中的江苏人数量极大,可称之为"新上海(江苏)人"。"新上海(江苏)人"与来自安徽、河南等劳动力输出省份不同,主要为商旅人口。

表 10 - 4   2014 年江苏跨省人口流入来源地及数量

来源地	人口大数据采样流量	占来源地比重	占江苏流入比重*	占江苏流入比重**	流入人口(万人)
安徽	10160164	32.60%	30.04%	30.77%	393.53
河南	6469210	14.20%	12.92%	19.59%	250.57
上海	4733149	44.52%	10.73%	14.33%	183.33
山东	3219596	18.35%	7.65%	9.75%	124.7
浙江	2813786	22.67%	7.39%	8.52%	108.99
湖北	2797479	7.64%	5.73%	8.47%	108.35
江西	2491351	4.32%	3.77%	7.55%	96.5
四川	1738929	4.98%	3.05%	5.27%	67.35
湖南	1550854	2.38%	2.35%	4.70%	60.07
陕西	1110705	8.11%	1.50%	3.36%	43.02
福建	999358	7.60%	0.87%	3.03%	38.71
河北	833649	2.17%	—	2.52%	32.29
重庆	724992	3.53%	—	2.20%	28.08
贵州	525571	3.58%	—	1.59%	20.36
山西	496466	5.54%	—	1.50%	19.23
北京	447910	3.10%	—	1.36%	17.35
甘肃	140936	6.10%	—	0.43%	5.46

续表

来源地	人口大数据采样流量	占来源地比重	占江苏流入比重*	占江苏流入比重**	流入人口（万人）
云南	90270	4.29%	—	0.27%	3.5
广东	78026	1.93%	—	0.24%	3.02
辽宁	60486	3.99%	—	0.18%	2.34
黑龙江	17853	3.72%	—	0.05%	0.69
广西	12196	0.65%	—	0.04%	0.47
吉林	10919	3.17%	—	0.03%	0.42
天津	10530	2.37%	—	0.03%	0.41
海南	9526	2.58%	—	0.03%	0.37
新疆	9087	5.56%	—	0.03%	0.35
宁夏	6202	2.50%	—	0.02%	0.24
青海	2655	4.13%	—	0.01%	0.1
台湾	2382	9.77%	—	0.01%	0.09
香港	1827	2.57%	—	0.01%	0.07
西藏	910	2.61%	—	0	0.04
澳门	282	0.75%	—	0	0.01
残值	1079614	—	—	3.27%	41.82
全国	33019384	—	—	100.00%	1278.94

注：占江苏流入人口比重*为第一次查询直接得到，而占江苏流入人口比重**则为推算得到的结果。

三、2010年以来江苏外省人口流入变化

利用江苏省卫计委公布的数据，课题组推算2010年江苏省流出省外的人口为845.07万人，推算2014年江苏跨省流出人口701.94万人，即2010年以后江苏本省跨省流出人口回流143.13万人，即苏北、苏中的发展吸引了大量的外出人口返乡就业。课题组推算2010年江苏跨省流入人口变动区间在1247.48万—1270.75万人，取均值1259.11万作为"六普"调整数据，并以此推算2010年以来江苏跨省流入人口流量的变化（见表10-5）。

表10-5　　　　江苏省外人口流入流量、流向变化　　　　　　　　　单位：万人

来源地	2014年			2010年			新变化	
	流量当量	占总量比重	人口估计	"六普"比重	"六普"数据	"六普"调整	占比变动	人口流量
安徽	10160164	30.77%	393.53	34.89%	257.46	439.3	-4.12%	-45.77
河南	6469210	19.59%	250.57	13.77%	101.64	173.43	5.82%	77.14
上海	4733149	14.33%	183.33	1.12%	8.26	14.1	13.21%	169.23
山东	3219596	9.75%	124.7	5.57%	41.08	70.1	4.18%	54.61
浙江	2813786	8.52%	108.99	3.64%	26.85	45.81	4.88%	63.17
TOP5	27395905	82.97%	1061.13	68.48%	505.32	862.21	14.49%	198.91
湖北	2797479	8.47%	108.35	5.43%	40.07	68.37	3.04%	39.98
江西	2491351	7.55%	96.5	3.59%	26.48	45.18	3.96%	51.31
四川	1738929	5.27%	67.35	8.82%	65.06	111.01	-3.55%	-43.65
湖南	1550854	4.70%	60.07	2.75%	20.3	34.64	1.95%	25.42
陕西	1110705	3.36%	43.02	2.80%	20.69	35.3	0.56%	7.72
TOP6—10	9689318	29.34%	375.3	16.52%	121.87	207.95	12.83%	167.34
福建	999358	3.03%	38.71	1.88%	13.86	23.65	1.15%	15.06
河北	833649	2.52%	32.29	1.14%	8.4	14.33	1.39%	17.96
重庆	724992	2.20%	28.08	2.42%	17.88	30.5	-0.23%	-2.42
贵州	525571	1.59%	20.36	3.73%	27.55	47.01	-2.14%	-26.65
山西	496466	1.50%	19.23	0.69%	5.1	8.7	0.81%	10.53
北京	447910	1.36%	17.35	0.19%	1.41	2.41	1.17%	14.94
甘肃	140936	0.43%	5.46	1.38%	10.17	17.35	-0.95%	-11.9
云南	90270	0.27%	3.5	1.91%	14.11	24.07	-1.64%	-20.58
广东	78026	0.24%	3.02	0.60%	4.46	7.61	-0.37%	-4.59
辽宁	60486	0.18%	2.34	0.50%	3.66	6.24	-0.31%	-3.9
黑龙江	17853	0.05%	0.69	0.94%	6.92	11.81	-0.88%	-11.12
广西	12196	0.04%	0.47	0.62%	4.56	7.78	-0.58%	-7.3
吉林	10919	0.03%	0.42	0.54%	4.02	6.86	-0.51%	-6.44
天津	10530	0.03%	0.41	0.12%	0.88	1.5	-0.09%	-1.09
海南	9526	0.03%	0.37	0.08%	0.58	1	-0.05%	-0.63
新疆	9087	0.03%	0.35	0.29%	2.14	3.66	-0.26%	-3.31
宁夏	6202	0.02%	0.24	0.09%	0.7	1.19	-0.08%	-0.95

续表

来源地	2014 年			2010 年			新变化	
	流量当量	占总量比重	人口估计	"六普"比重	"六普"数据	"六普"调整	占比变动	人口流量
青海	2655	0.01%	0.1	0.19%	1.38	2.36	-0.18%	-2.25
台湾	2382	0.01%	0.09	0	0	0	0.01%	0.09
香港	1827	0.01%	0.07	0	0	0	0.01%	0.07
西藏	910	0.00%	0.04	0.02%	0.18	0.31	-0.02%	-0.28
澳门	282	0.00%	0.01	0	0	0	0	0.01
残值	1079614	3.27%	41.82	0	0	0	3.27%	41.82
全国	33019384	100.00%	1278.94	100.00%	737.93	1259.11	0	19.83

注：2010 年省外流入排名前五（TOP5）是安徽、河南、四川、山东、湖北五省，而 TOP10 是指 TOP5 加贵州、浙江、江西、陕西、湖南五省。2014 年省外流入前五和前十已经发生了很大的变化。

由于统计口径不同，表 10-5 中上海、北京数据差异极大，主要原因是大数据推断"新上海（江苏）人"和"新北京（江苏）人"数量较大，而这部分人口在"六普"时并没有将其纳入统计口径中。但表 10-5 的分析依旧有重大意义：一是安徽、四川、贵州、云南、甘肃等中西部地区流入人口减少，且规模超百万以上，而这些地区以前却是江苏跨省流入劳动力的主要来源地；二是与江苏邻近的省市除安徽外人口流入都实现不同程度的增长，表明区域一体化程度加深。虽然江苏省外流出的人口回流在一定程度上弥补了外省流入的减少，但由于人口结构的变化，苏南地区近年来面临持续的劳动力短缺。

第三节 江苏跨省流出人口大数据推断

一、流动人口大数据初始表征流量

对数据表 PtopLineIn 进行下述 SQL 查询操作：
SELECT province, name, sum (num) as num0, to_char (sum (per)/2.4, '9999.999%') As per0
　　FROM public."PTopLineIn"
　　where province = '江苏'

group by province, name

order by num0 desc

可以得到节前江苏人口流入来源地涵括全国 12 个省级单位，表明江苏人口流出流向相对集中。由查询结果可知，主要流向上海、浙江、山东、北京、广东等经济发达省市，其次主要流向安徽、河南两个相邻省份，另外，中部湖北等经济快速发展地区也吸引江苏人流入。查询得到流出省份中流量为 TOP10 的省份所归集的大数据人口流量当量为 16117966，占江苏流出人口总量的 88.57%。为避免数据漏计，因此还必须对数据表 PtopLineOut 进行下述 SQL 查询操作：

SELECT province, name, sum（num）as num0, to_char（sum（per）/2.4,'9999.999%'）As per0

FROM public."PTopLineOut"

where name = '江苏'

group by province, name

order by num0 desc

第二次查询共记录了 26 个省级区域的流入量，少于广东的 29 个流入来源地，表明广东流出人口分散程度大于江苏。第二次查询最大限度地解决了数据漏计或数据不一致的问题。两次查询输出结果如表 10-6 所示。

表 10-6　　　　　　　江苏人口流出的初始表征量

第一次查询				第二次查询				
流入地	流出地	大数据采样流量	占江苏流入量比重	序号	流出地	流入地	大数据采样流量	占流出地流量比重
江苏	上海	6747000	37.08%	1	上海	江苏	6747000	27.49%
江苏	浙江	2797479	15.37%	2	浙江	江苏	2797479	7.13%
江苏	安徽	2280518	12.53%	3	安徽	江苏	2280518	30.90%
江苏	山东	1551909	8.53%	4	山东	江苏	1551909	14.97%
江苏	北京	790242	4.34%	5	北京	江苏	637547	2.24%
江苏	河南	564655	3.10%	6	河南	江苏	564655	6.28%
江苏	广东	563773	3.10%	7	湖北	江苏	304155	4.68%
江苏	湖北	304155	1.67%	8	河北	江苏	287110	2.14%
江苏	河北	299796	1.65%	9	陕西	江苏	239538	2.98%

续表

第一次查询					第二次查询			
流入地	流出地	大数据采样流量	占江苏流入量比重	序号	流出地	流入地	大数据采样流量	占流出地流量比重
江苏	陕西	218439	1.20%	10	山西	江苏	197484	3.98%
江苏	福建	31352	0.17%	11	江西	江苏	172570	3.73%
江苏	四川	2074	0.01%	12	辽宁	江苏	154704	3.10%
江苏	其他	2046194	11.24%	13	天津	江苏	95484	1.61%
江苏	全国	18197586	100.00%	14	四川	江苏	85671	0.93%
				15	新疆	江苏	81562	3.72%
				16	甘肃	江苏	60725	2.12%
				17	吉林	江苏	48236	2.01%
				18	黑龙江	江苏	45502	1.98%
				19	青海	江苏	32319	3.20%
				20	宁夏	江苏	31588	1.70%
				21	重庆	江苏	24290	0.30%
				22	西藏	江苏	2177	0.61%
				23	湖南	江苏	1563	0.06%
				24	香港	江苏	768	0.25%
				25	澳门	江苏	718	0.37%
				26	台湾	江苏	639	7.85%
				27	海南	江苏	152	0.02%
				28	合计	江苏	16446063	—
				29	残值	江苏	1751523	—
				30	全国	江苏	18197586	

二、由大数据表征流量到人口流量、流向测度

需要特别注意的是，节前由外省流向江苏的流量对应于江苏流出人口流量而不是相反。将两次查询结果合并，取大值新值之后，最后形成表10-7。将各省节前回流量除以总流量，再乘以跨省总流出人口，就可以得到2014年江

苏人口跨省流出各个流向的实际人口流量。在前面的推算中，2014年江苏流出人口为701.94万人。从大数据推断的结果来看，2014年江苏流向上海260.25万人（列5），占跨省流出总量的37.08%（列4），居第1位；流向浙江107.91万人，占跨省外出总量的15.37%，居第2位；流向安徽87.97万人，占跨省外出总量的12.53%，居第3位。流向五大目的地TOP5合计546.47万人，占跨省外出总量的77.85%。最后一列（列6）根据流入江苏的流量反推江苏跨省流出目的地省份的跨省外来人口估计。例如，课题组推算同期上海市外流入人口为946.89万人，江苏省外流入人口为1512.19万人。

表10-7　2014年江苏跨省人口流动流量、流向的大数据推断

流向	大数据表征流量	占流出地比重	占江苏流出人口比重	人口流出量（万人）	江苏流出目的地外来人口（万人）
上海	6747000	27.49%	37.08%	260.25	946.89
浙江	2797479	7.13%	15.37%	107.91	1512.59
安徽	2280518	30.90%	12.53%	87.97	284.7
山东	1551909	14.97%	8.53%	59.86	400.01
北京	790242	2.24%	4.34%	30.48	1362.64
TOP5	14167148	—	77.85%	546.47	4506.83
河南	564655	6.28%	3.10%	21.78	347.1
广东	563773	—	3.10%	21.75	—
湖北	304155	4.68%	1.67%	11.73	250.9
河北	299796	2.14%	1.65%	11.56	540.63
陕西	239538	2.98%	1.32%	9.24	309.64
TOP6—10	1971917	—	10.84%	76.06	1448.28
山西	197484	3.98%	1.09%	7.62	191.3
江西	172570	3.73%	0.95%	6.66	178.37
辽宁	154704	3.10%	0.85%	5.97	192.44
天津	95484	1.61%	0.52%	3.68	229.34
四川	85671	0.93%	0.47%	3.3	354.95
新疆	81562	3.72%	0.45%	3.15	84.57
甘肃	60725	2.12%	0.33%	2.34	110.54
吉林	48236	2.01%	0.27%	1.86	92.75

续表

流向	大数据表征流量	占流出地比重	占江苏流出人口比重	人口流出量（万人）	江苏流出目的地外来人口（万人）
黑龙江	45502	1.98%	0.25%	1.76	88.69
青海	32319	3.20%	0.18%	1.25	39.01
宁夏	31588	1.70%	0.17%	1.22	71.51
重庆	24290	0.30%	0.13%	0.94	314.41
西藏	2177	0.61%	0.01%	0.08	13.72
湖南	1563	0.06%	0.01%	0.06	107.66
香港	768	0.25%	0.00%	0.03	11.95
澳门	718	0.37%	0.00%	0.03	7.47
台湾	639	7.85%	0.00%	0.02	0.31
海南	152	0.02%	0.00%	0.01	25.49
合计	16446063	—	90.37%	634.38	—
残值	1751523	—	9.63%	67.56	
全国	18197586	100.00%	100.00%	701.94	8069.58

三、人口流出流量、流向变化测度和比较分析

前面课题组推算出 2010 年江苏流出省外人口为 845.07 万人，2014 年年末跨省流出人口总量为 701.94 万人，比 2010 年减少 143.13 万人。在 2014 年江苏跨省流出人口中，流向排名前 5 位的分别是上海、浙江、安徽、山东、北京，而 2010 年排名前 5 位的是上海、浙江、北京、山东、广东等发达地区，原因是苏北流出人口中很多是农村劳动力。大数据分析的结果显示（见表 10－8），2014 年上海外来人口中江苏仍旧占 27.49%，而"六普"数据显示，江苏跨省流出的人口中，有 49.15% 流向上海。与 2010 年相比，有 155.12 万江苏人离开上海，其中大部分是伴随着产业转移的苏北返乡就业人口。2010 年以来，离开北京的江苏人有 23.39 万人，离开天津、广东乃至新疆的江苏人分别达到 16.29 万人、13.14 万人和 11.18 万人。其中大部分返回江苏，小部分则流向邻近的安徽、山东、浙江和河南等地。这种人口流动的变化，在很大程度上表明江苏近年来大力发展苏北的政策取得了较大的成功。

表 10-8　　江苏跨省人口流出流量、流向变化　　　　单位：万人

流向	2014年大数据推断		2010年			流量变化	
	大数据占比	人口流出	"六普"占比	"六普"流出	调整流出	人口变化	占比变化
上海	37.08%	260.25	49.15%	150.35	415.37	-155.12	-12.08%
浙江	15.37%	107.91	11.17%	34.16	94.38	13.53	4.20%
安徽	12.53%	87.97	3.74%	11.44	31.61	56.36	8.79%
山东	8.53%	59.86	4.52%	13.84	38.22	21.64	4.01%
北京	4.34%	30.48	6.37%	19.5	53.87	-23.39	-2.03%
TOP5	77.85%	546.47	75.35%	230.48	636.74	-90.26	2.50%
河南	3.10%	21.78	1.04%	3.17	8.75	13.03	2.07%
广东	3.10%	21.75	4.13%	12.63	34.89	-13.14	-1.03%
湖北	1.67%	11.73	1.24%	3.78	10.45	1.28	0.43%
河北	1.65%	11.56	1.21%	3.69	10.2	1.36	0.44%
陕西	1.32%	9.24	1.10%	3.36	9.27	-0.03	0.22%
TOP6—10	10.84%	76.06	10.59%	32.39	89.49	-13.43	0.25%
山西	1.09%	7.62	1.15%	3.51	9.69	-2.07	-0.06%
江西	0.95%	6.66	0.84%	2.57	7.09	-0.44	0.11%
辽宁	0.85%	5.97	1.44%	4.41	12.19	-6.23	-0.59%
天津	0.52%	3.68	2.36%	7.23	19.98	-16.29	-1.84%
四川	0.47%	3.3	1.01%	3.08	8.51	-5.2	-0.54%
新疆	0.45%	3.15	1.70%	5.19	14.33	-11.18	-1.25%
甘肃	0.33%	2.34	0.61%	1.88	5.19	-2.85	-0.28%
吉林	0.27%	1.86	0.47%	1.43	3.94	-2.08	-0.20%
黑龙江	0.25%	1.76	0.62%	1.9	5.26	-3.5	-0.37%
青海	0.18%	1.25	0.43%	1.3	3.6	-2.35	-0.25%
宁夏	0.17%	1.22	0.31%	0.95	2.61	-1.39	-0.14%
重庆	0.13%	0.94	0.53%	1.61	4.44	-3.5	-0.39%
西藏	0.01%	0.08	0.04%	0.13	0.37	-0.29	-0.03%
湖南	0.01%	0.06	0.59%	1.8	4.98	-4.92	-0.58%

续表

流向	2014 年大数据推断		2010 年			流量变化	
	大数据占比	人口流出	"六普"占比	"六普"流出	调整流出	人口变化	占比变化
香港	0	0.03	—	—	—	—	—
澳门	0	0.03	—	—	—	—	—
台湾	0	0.02	—	—	—	—	—
海南	0	0.01	0.31%	0.96	2.65	-2.64	-0.31%
合计	90.37%	634.38	—	—	—	—	—
残值	9.63%	67.56	—	—	—	—	—

注：2010 年流出省外排名前五（TOP5）是上海、浙江、北京、山东、广东五省市，而 TOP10 是指 TOP5 加安徽、天津、新疆、辽宁、福建五省区市。

四、结语及对策建议

江苏移动 2017 年春节大数据显示①，苏南地区的无锡、苏州、南京人口净流入地区，节前返乡人口占全部人口的六成以上，而苏北地区的宿迁、淮安、盐城、连云港则增加了近一半的人员。在移动电话饱和的年代，移动大数据表明苏北地区流出人口占本地户籍人口的 50%，其比例甚至高于广东茂名，而苏北有 3000 万户籍人口，对应 1500 万流出人口；苏中地区有 1700 万户籍人口，以流出率减半估计也有 425 万流出人口；苏南 3400 万户籍人口，在苏中地区流出率基础上再减半，其流出人口也有 425 万人，再将苏南净流入地区因素排除，即苏南跨市流出人口有 140 万人。由此看来，江苏境内跨市流出人口应有 2000 余万人。苏北为人口净流出，而苏中解决本地一半的外出人口，苏南则为净流入，加上市内跨县流出人口，江苏全省流动人口规模超过 3000 万人。苏北对其跨市流出人口的吸引力依旧十分有限，苏中人口流动也难以达到平衡，苏南作为人口净流入地区的地位依旧没有太大的改变。

---

① 来源：扬子晚报（2017-02-06）.江苏移动大数据鸡年春节大揭秘［OL］.http://www.10086.cn/aboutus/news/fd/index_detail_6667.html?id=6667.

相当一段时间以来，苏北发展水平远落后于苏南，苏北农村劳动力除大规模流向苏南的苏锡常以外更跨省流动到上海、浙江甚至广东等发达地区。流向上海的苏北人数量与另一劳动力输出大省安徽不相上下，总量高达 400 万人左右。2008 年之后苏北的发展吸引了大量苏北劳动力从上海和苏南回流，尽管如此，除苏南为人口净流入地区外，苏中、苏北依旧是人口净流出地，2014 年跨省流出规模虽然比 2010 年减少了 143 万人，但仍旧有 702 万人跨省流出。2010 年以来，江苏跨省流出劳动力回流在一定程度上弥补了外省流入劳动力的减少，但劳动力供给依旧十分紧张。时至今日，苏州已经成为江苏拥有最多人口和劳动力的城市，由于制造业向更低成本地区转移，未来苏州的人口增长极为有限，会有较长时间的相对停滞期，其长期人口政策应为吸引劳动力和各类产业人才，同处苏南地区的无锡、常州和镇江也面临同样的情况。南京实有人口已经接近千万级别，省会因素、医疗和教育等资源成为人口增长的长期动力，但人口压力远较人们认识的要轻，亦无须控制人口。苏中扬州、泰州和南通经济发展条件优越，但人口吸引力弱于苏南，应以吸引本地人口为主。苏北地区由于有大量的外出人口，随着经济的发展，其人口吸引力甚至优于苏中。

本章参考文献

[1] 吕青. 流动人口迁移的家庭化过程及影响因素——基于江苏 2017 年流动人口动态监测调查 [J]. 人口与社会, 2018, 34 (5): 94 – 101.

[2] 王晓凤. 江苏省人口转移的地区特征和影响因素分析 [D]. 中共江苏省委党校, 2017.

[3] 焦永纪, 温勇, 孙友然. 江苏流动人口特征、服务管理现状及差异——基于苏南、苏中和苏北的调查 [J]. 人口与发展, 2013, 19 (2): 104 – 112.

[4] 马颖亿. 1990 年以来江苏省人口空间格局与演化机理研究 [D]. 南京师范大学, 2012.

[5] 黄润龙. 流动人口的数量及其分布特征研究——以江苏省为例 [J]. 西北人口, 2006 (2): 15 – 18, 25.

[6] 中国新闻网 (2011 – 07 – 04). 江苏流动人口超 1700 万 暂住证将升级为居住证 [OL]. http://www.chinanews.com/df/2011/07 – 04/3155984.shtml.

[7] Yao Yang & Zhou Xiaojin. Research on Population Flow of Megacity Based On Big Data [J]. ACADEMICS, 2016 (12): 276 – 283.

[8] 金陵晚报 (2017-07.09). 江苏省卫计委: 江苏流动人口总量近 2 千万 [OL]. http://xw.xinhuanet.com/news/detail/596026/.

[9] 苏州日报 (2016-02-04). 苏州户籍人口增 5.9 万 昆山流动人口最多 [OL]. http://www.js.chinanews.com/ks/news/2016/0204/4069.html.

[10] 王欢. 江苏流动人口特征演变 [J]. 人口与社会, 2015, 31 (1): 62-68.

第十一章
浙江省人口流动流量、流向及其变化研究

摘 要：浙江是我国仅次于广东的人口和劳动力跨省流入目的地。大数据推断结果表明，2014年浙江跨省流入人口规模超过1800万人，跨省流出人口规模为400多万人，外省人口流入量较2010年减少254万人。安徽、江西、河南、湖北、贵州、江苏、湖南和四川是浙江人口流入的主要来源地，占全省流入总量的79.88%，流入规模为1534万人。2010年以来浙江流出人口数量增加76万人，主要流向上海、江苏、安徽、福建、江西等相邻省份，其次流向广东、北京和山东等经济发达省市，以及流向河南、湖北、湖南等近年来经济发展相对较快的中部省份。人口流动增速平缓，人口政策应从相对抑制变为积极吸引。

关键词：浙江流动人口；人口大数据；人口流向变化

第一节 浙江农村劳动力转移与外出人口增长

一、浙江流动人口数量估计

浙江第六次全国人口普查数据显示，2010年，全省的省外流入人口为1182.4万人，每5个常住人口中就有1人以上来自省外。与2000年相比，增加813.5万人，增幅高达220.5%，年均增长12.4%。同期全省户籍人口仅增加246.7万人，只有省外流入人口的20.9%。对比研究发现，浙江省省际流动人口数量与其他人口流入地区一样，各种来源的数据存在较大的冲突，主要表现在官方公布的流动人口是政府登记在册的常住人口而非实际人口。例如，"六普"义乌市常住人口为123.40万人，同第五次全国人口普查2000年11月

1 日零时的 91.27 万人相比，10 年共增加 32.13 万人，增长 35.20%，年平均增加 3.21 万人，增长 3.06%，远低于全省的增长水平，与义乌 2000 年后快速成为可与广州专业市场匹敌的发展事实不符。2010 年"六普"时义乌市公布的常住人口中市外流入人口仅为 58.58 万人，而来自义乌市流动人口服务管理局的数据显示，2000 年左右开始快速增长的义乌市流动人口规模 2011 年时达到了 151.3 万人的历史峰值。虽然统计时点差异，但以此推算 2010 年义乌市外流动人口规模应在 100 万以上，即官方统计公布的流动人口规模只有流动人口管理服务局的 50% 左右。

浙江省公安厅统计显示，至 2006 年 12 月 20 日，全省登记暂住人口总量已达 1545.3 万，其中来自省外的有 1431.6 万人，比 2010 年多 249.2 万人，同期却没有 2006 年以来浙江外来人口大规模减少的迹象或统计数据。根据浙江省综治委流动人口治安管理工作领导小组办公室主任、省公安厅副厅长凌秋来提供的信息，浙江省登记在册的流动人口有 1670.7 万人，其中，来自省外的有 1414.8 万人（中国平安网，2007 年 8 月）。浙江外来劳动力主要分布在温州、宁波、杭州三地。2006 年年末，三地外来劳动力分别为 375 万人、331 万人和 200 万人，义乌也有 100 万左右的流动劳动力。在我国，公安部门的人口数据应该是最权威和最可信的。从不同年度的人口数据来看，浙江官方所公布的外省流入人口应仅包括那些已经领了暂住证的外来人口。以此推算，到 2010 年全国第六次人口普查时，浙江官方公布的外省流入人口是实际流入人口数据的 50% 左右。

二、基于移动用户数量的人口流动量测度

根据《浙江统计年鉴（2016）》，利用各地级市移动用户数量和每百户居民手机拥有量，课题组推算出浙江各地级市实际人口及实际的人均手机拥有量（见表 11-1）。推算的数据显示，2015 年浙江净流入人口为 1487.38 万人，全省实际总人口为 6422.93 万人。省内人均实际拥有手机 1.29 部，比全国平均水平的 0.945 部多 136.31%。省会杭州实际人口为 1256.08 万人，市外净流入为 540.51 万人，是全省净流入人口最多的城市，其次是宁波；杭州人均手机拥有量 1.37 部，仅次于义乌。温州实际人口比官方公布的常住人口还少 43.88 万人，似乎与人们的想象相差甚远。课题组认为，由于温州本地人口外出经商比例远高于浙江其他地区，外来人口流入与本地人口流出量基本相等，从而导致温州人均

手机的数量与全国15—64岁人口的平均手机拥有量相当；另外，由于温州本地人口的流动性较强，官方统计很难定义、判断和统计部分流出人口的流动状态，从而导致将其纳入本地常住，从而导致本地户籍的常住人口数量偏大。温州市统计局发布的2015年温州市1%人口抽样调查。数据显示，2015年温州市常住人口为911.7万人，与2010年第六次全国人口普查（912.2万人）相比减少了0.5万人。与2010年第六次全国人口普查相比，瓯海、龙湾、鹿城、瑞安等县（市、区）的常住人口分别下降了7.04万人、4.27万人、3.51万人、2.68万人，其他县（市、区）的常住人口均略有上升。这种常住人口数量的下降，一部分来源于本地户籍人口流出，另一部分是外地流入人口回流、返乡创业或流向其他地区。估计结果还表明，丽水、衢州和台州是浙江人口净流出地，但净流出规模较少。

表 11-1　浙江各地级市实有人口及实际人均手机拥有量（2015年）

城市	户籍人口		外来人口		总人口	
	数量（万人）	手机数量（万部）	手机数量（万部）	净流入（万人）	数量（万人）	人均手机（部）
浙东北	2451.81	3138.56	1769.94	1179.96	3631.77	1.35
杭州市	715.57	916	810.76	540.51	1256.08	1.37
宁波市	583.72	747.22	509.78	339.85	923.57	1.36
嘉兴市	348.16	445.68	156.59	104.39	452.55	1.33
湖州市	263.73	337.6	112.67	75.11	338.84	1.33
绍兴市	443.13	567.25	137.33	91.55	534.68	1.32
舟山市	97.5	124.81	42.81	28.54	126.04	1.33
浙西南	2483.74	3179.44	461.13	307.42	2791.16	1.21
温州市	815.09	1043.4	79.09	52.73	867.82	1.29
金华市	475.37	608.52	312.73	208.49	683.86	1.35
其中：义乌市	75	96.01	179.22	119.48	194.48	1.42
衢州市	255.6	327.19	-39.32	-26.22	229.38	1.25
台州市	597.05	764.28	-24.5	-16.34	580.71	1.27
丽水市	265.63	340.03	-46.08	-30.72	234.91	1.25
全省	4935.55	6318	2231.07	1487.38	6422.93	1.29

注：户籍人口来源于《浙江统计年鉴（2015）》，户籍人口人均1.28部，是官方常住居民每百户耐用品拥有量的170%，外来流动人口人均1.5部，据此计算户籍人口和外来人口的手机拥有总数，总人口为实有人口数。

将全国历年的移动用户总数,除以全国15—64岁人口总数,可得到历年流动人口的人均手机拥有量(列3);其次,将浙江历年的移动用户总数除以历年流动人口的人均手机拥有量;最后,由于浙江经济比较发达,常住人口中0—10岁人口手机拥有率极低,因此需要调整。最终估计结果发现(见表11-2),2009年浙江实有人口(估计数)比2008年减少114.45万人,省外净流入人口为1778.59万人,省外流入人口的减少与2008年金融危机导致农民工大规模返乡的事实高度吻合。值得注意的是,由于估计数是以年末数为基础的,实际农民工返乡规模更大。随着国家财政、货币等一篮子反金融危机政策的实施,2010年浙江省外人口净流入增加了41.69万人,这种增加更多地源于返乡农民工再次流入,而非新增流入,因为我国农村剩余劳动力在2008年前后基本上不复存在。2011—2014年连续4年减少,累计减少了219.46万人,此段时间是浙江经济调整与转型升级时期,2015年省外净流入人口再度净增加,表明浙江经济调整转型升级取得了阶段性成果,从而带动人口流入的增加。与表11-1相比,2015年两种方法估计的浙江实有人口非常一致,具有较好的适用性。从估计的结果来看,浙江省际人口流动规模变动相当之大,流动性仍旧相当强烈。值得一提的是,课题组估计的省外净流入人口是一种极为谨慎的估计,实际流入人口数量可能更多。例如,来自浙江省公安厅的数据显示,2009年浙江有1800万外来务工人员,当然这种务工人员包含一小部分本省人口,但浙江本省户籍流动务工人员规模小,且主要来自丽水、衢州和台州,更多的是经商人员,由于经商人员流动性更强,通常不被纳入务工人员统计。据调查,在温州800万户籍人口中,外出经商400万人左右,几乎全民皆商,其中流向境外的温州人亦达百万之巨。

表11-2 浙江历年实有人口数量及其变动情况估计(2009—2015年)

年份	移动用户(万户)	15—64岁手机拥有率	初次估计(万人)	户籍人口(万人)	实有人口(万人)	人口变动(万人)	省外净流入人口(万人)
2009	4436	76.65%	5787.35	4716.18	6494.77	-114.45	1778.59
2010	5047	85.95%	5871.75	4747.95	6536.46	41.69	1788.51
2011	5756	98.35%	5852.75	4781.31	6474.32	-62.14	1693.01
2012	6443	110.77%	5816.61	4799.34	6416.53	-57.79	1617.19
2013	7072	122.20%	5787.23	4826.89	6366.46	-50.07	1539.57
2014	7371	128.01%	5758.19	4859.18	6316.99	-49.47	1457.81
2015	7466	128.68%	5801.9	4873.34	6337.97	20.97	1464.63

注:移动用户数量和户籍人口来源于《浙江统计年鉴(2016)》。

2009年及以前的浙江流动人口数量,较为权威和可信的则是来自省公安厅的暂住人口统计数据(见表11-3)。但这份数据需要仔细解读,一是统计范围是暂住登记人口而非实有的流动人口数量,因此较早年份的流动人口仅是登记数,大量从事第三产业的流动人口并没有被纳入统计;二是这种暂住登记的主要是外省人口,早期本省人口被纳入统计的占比极低;三是统计质量是逐年提高的,越到后期数据越能反映真实情况也越可信。课题组的研究认为,2000年浙江跨省流入人口应在800万人以上,到2010年增加到1800万人左右,实际增量和增速都不同于省公安厅的数据。来自省公安厅的数据显示,2016年浙江全省登记在册的流动人口数量2300多万人,该数据基本上可以接受,依表11-2的估计推算,本省户籍的流动人口800万人左右。值得注意的是,登记在册的人口中一部分已经发生了变化,因此利用大数据来提升人口数据的准确性极为迫切。

表11-3 浙江流动人口规模及其变动情况估计(2000—2009年)

年份	流动人口(万人)	年增量(万人)	年增速(%)
2000	404.2	—	—
2001	574.6	170.4	42.157
2002	706.9	132.3	23.025
2003	898.2	191.3	27.062
2004	1101.9	203.7	22.679
2005	1291	189.1	17.161
2006	1459.8	168.8	13.075
2007	1670.7	210.9	14.447
2008	1823.4	152.7	9.14
2009	1944.1	120.7	6.62

资料来源:浙江省公安厅历年暂住人口统计。

三、基于产出和从业人员占比的流出人口规模推算

蔡昉、王美艳(2014)的研究结果表明,官方统计高估农业劳动力的数量和比重。例如,2012年中国农业劳动力占全国劳动力比重实际仅占19.8%,远低于官方统计的38.9%。他们指出,中国在2004年达到刘易斯转折点时,

官方统计的农业劳动力比重为46.9%，学者估算的数字只有27.8%。按照学者估算的口径2024年中国农业劳动力比重应该下降到只有7.8%。无论是实地调研还是学者们的估计，全国各地都存在农业劳动力比重高估的现象。2000年浙江第一产业占全省GDP比重只有10.3%，而第一产业从业人员占总从业人口比重却高达35.6%。随着统计方法和统计技术的改进，课题组发现浙江这两个统计指标越来越接近实际情况，2009年以来的统计结果基本上值得依赖。

研究发现，2008年之后官方统计公布的第一产业从业人员数量（官方数）乘以第一产业占GDP的比重才是真实的第一从业人员数量（估计数），而官方数与估计数之间的差额实际上是农村流出劳动力却依旧被记录为本地常住人口数量（见表11-4）。以2015年为例，全省总从业人员3733.65万人，但第一产业占全省GDP比重仅为4.3%，因此农村从业人员实际也只占全部从业人员的4.3%左右，即160.55万人，农村流出的劳动力332.14万人。估计结果表明（表11-4），浙江实际从事第一产业的人口远低于官方统计数，除偏远农村依旧有一定数量的第一产业从业人口外，城镇地区第一产业从业人口则"非老即外"，即老龄人口与外来人口从事城镇地区的第一产业活动，而本地处于劳动年龄的人口通常从来非农产业的经济活动。应计未计农村流出劳动力数量减少的主要原因并非农村剩余劳动力的枯竭，而是更多地源于官方统计质量的提升。

表11-4 占比产出法——应计未计农村流出劳动力数（2005—2015年） 单位：万人

年份	全社会年末从业人员数	第一产业占GDP比重	第一产业实际从业劳动力	第一产业官方从业人员数	第一产业流出劳动力数
2005	3100.76	6.70%	207.75	759.53	551.78
2006	3172.38	5.90%	187.17	717.81	530.64
2007	3405.01	5.30%	180.47	683.32	502.85
2008	3486.5	5.10%	177.81	670.16	492.35
2009	3591.98	5.10%	183.19	657.95	474.76
2010	3636.02	4.90%	178.16	581.87	403.71
2011	3674.11	4.90%	180.03	535.27	355.24
2012	3691.24	4.80%	177.18	522.01	344.83
2013	3708.73	4.70%	174.31	506.95	332.64
2014	3714.14	4.40%	163.42	501.73	338.31
2015	3733.65	4.30%	160.55	492.69	332.14

注：列2、列3数据来源于《浙江统计年鉴（2016）》。

第二节 浙江跨省流入人口大数据推断

一、流入人口大数据初始表征流量

同理，要计算浙江跨省流入人口数量，只需要得到节前由浙江流向全国各地的人口数量即可。但节前浙江流出省外人口也包含一部分本省人口短期外出，因此必须尽可能地减少采样范围以将这一因素排除。课题组所归集的大数据采样表 PtopLineOut 中已经包含这些信息，对 PtopLineOut 数据表进行下述 SQL 查询操作：

SELECT province, name, to_char（sum（num），'99, 999, 999'）as num0, sum（"singleNum"）as sNum0, to_char（sum（per）/2.4，'99.999%'） As per0

  FROM public. "PTopLineOut"

  where province = '浙江'

  group by province, name

  order by num0　desc

可以得到节前浙江人口流出目的地涵括全国 12 个省级单位。由于系统只记录流出 TOP10 省份，因此第一次查询中排在第 11 和第 12 位的山东和福建数据偏差较大，而浙江外省流入人口排前 10 名的省级区域节前返乡过年的流量非常稳定。从大数据归集的可表征人口流动流量的大小来看，节前浙江人口流向最多的省份是安徽，大数据人口表征流量为 8390530，占节前浙江流出总量的 19.76%，表明安徽是浙江外省流动人口的主要来源地，且占到浙江外省流入人口的 1/5 左右。流向其余各省流出量大小排名位次为江西、河南、湖北、贵州、江苏和湖南等省，在浙江外省流入人口中，外来务工人员依旧占主要地位。TOP10 最大流入省份占流出总量的 85.16%，推算采样期间浙江流出总量为 40877236。

由于上述查询只能得到流出省份中流量为 TOP10 的省份，且该流量并不直接代表人口流量，而是系统所记录的可代表人口流量的无量纲数据。若浙江节前流入该省人口占浙江总流出人口比重较低，则不能被系统记录，但该省流入人口流量却在某时段内进入其流入排名前 10 位，从而会发生数据的漏计，因此还必须对数据表 PtopLineIn 进行下述 SQL 查询操作：

　　SELECT province, name, sum (num) as num0, to_char (sum (per)/2.4, '9999.999%') As per0
　　　　FROM public."PtopLineIn"
　　　　wherename = '浙江'
　　　　group by province, name
　　　　order by num0 desc

第二次查询得到的省级单位扩展到32个，其中排名前8位的省份名次和流量与第一次查询完全相同。第二次查询涉及中国所有省级区域，这与浙江全国最多人口流入省份地位相匹配（见表11-5）。由于第二次查询是以流入地为基准的，那些虽然在浙江流入人口占比不大但流出地占比则进入其流出排名前10位的则被录入系统。例如，第二次查询时发现，云南流向浙江的人口占其流出人口比重高达13.23%，但在浙江的云南人占浙江外来人口的比重在2%以内，福建情况亦是如此。

表11-5　　2014年浙江跨省人口流入流量大数据采样

第一次查询				第二次查询			
流出地	流向地	大数据采样流量	占流出地比重	流入地	流出地	大数据采样流量	占流入地比重
浙江	安徽	8390530	19.76%	安徽	浙江	8390530	27.76%
浙江	江西	6469210	16.12%	江西	浙江	6469210	24.09%
浙江	河南	4733149	10.76%	河南	浙江	4733149	15.31%
浙江	湖北	3219596	8.01%	湖北	浙江	3219596	13.96%
浙江	贵州	2813786	7.50%	贵州	浙江	2813786	27.19%
浙江	江苏	2797479	7.13%	江苏	浙江	2797479	15.99%
浙江	湖南	2491351	6.12%	湖南	浙江	2491351	7.99%
浙江	四川	1738929	4.26%	四川	浙江	1738929	9.03%
浙江	上海	1490548	3.67%	上海	浙江	1550854	21.21%
浙江	重庆	871120	1.83%	重庆	浙江	1110705	9.92%
浙江	山东	222310	0.35%	福建	浙江	999358	12.57%
浙江	福建	113852	0.97%	山东	浙江	833649	5.94%
浙江	合计	35351860	86.48%	云南	浙江	724992	13.23%
浙江	全国	40877236	100.00%	广东	浙江	525571	5.43%
				陕西	浙江	496466	5.78%

续表

第一次查询				第二次查询			
流出地	流向地	大数据采样流量	占流出地比重	流入地	流出地	大数据采样流量	占流入地比重
				广西	浙江	447910	1.95%
				甘肃	浙江	140936	3.49%
				海南	浙江	90270	3.52%
				山西	浙江	78026	1.57%
				黑龙江	浙江	60486	1.51%
				吉林	浙江	17853	0.47%
				香港	浙江	12196	2.78%
				河北	浙江	10919	0.05%
				新疆	浙江	10530	2.16%
				台湾	浙江	9526	4.53%
				北京	浙江	9087	0.05%
				宁夏	浙江	6202	0.68%
				天津	浙江	2655	0.23%
				澳门	浙江	2382	1.18%
				辽宁	浙江	1827	0.06%
				西藏	浙江	910	1.32%
				青海	浙江	282	0.22%
				残值	浙江	1079614	2.64%
				全国	浙江	40877236	100.00%

二、由大数据表征流量到人口流入量及流向测度

在前面的分析中，2014年浙江省净流入人口1458万人。在大数据采样中，若能得到采样期内流入总量和流出总量，则根据人口净流入量就可以推算流出人口和流入人口。特别需要注意的是，大数据采样期内流入总量对应的是浙江本省人口跨省流出，而流出总量则对应浙江外省流入人口。通过查询计算，大数据采样期内流入总量为9842999，流出总量为40877236，净流出量为31034237。由于净流出量对应于1458万净流入人口，推算2014年浙江外省流入人口总量为1920万人，同期浙江省际流出人口为462万人。因此，只要计算出节前流出量占流出量的比重，再乘以浙江省外流入人口总量，就可以得到

各省2014年流入浙江的人口数量。

大数据人口推算结果显示（见表11-6），浙江省外流入人口主要来自安徽、江西、河南、湖北、贵州、江苏、湖南、四川等劳动力丰富的省份，八省占浙江省外流入数量的79.88%，流入人口为1452.08万人。来自安徽的外来流动人口高达394.10万人（列6），安徽省外流动人口的27.76%（列3），占浙江省外流入人口比重为20.53%（列5），意味着浙江省外流入人口中，每5个人中就有一个安徽人，反推出安徽跨省流出人口数量为1419.93万人（列7）。全国跨省流出人口为16149.97万人。由于春节主要测度农民工流量，因此北京、上海、天津三个直辖市和台港澳的人口流出需要另类解读。例如，节前由浙江流向上海的大数据推断人口为366.46万人，大致可以认为是上海市外流入人口中，来自浙江的人口为343.52万人。更为精确的分析结果需要长期连续的人口大数据定位，即需要更为精准和持续的人口大数据分析系统。

表11-6　　　　2014年浙江跨省人口流入来源地及数量

来源地	人口大数据采样流量	占来源地比重	占浙江流入比重*	占浙江流入比重**	流入人口（万人）	来源地流出人口（万人）
安徽	8390530	27.76%	19.76%	20.53%	394.1	1419.93
江西	6469210	24.09%	16.12%	15.83%	303.86	1261.24
河南	4733149	15.31%	10.76%	11.58%	222.32	1452.47
湖北	3219596	13.96%	8.01%	7.88%	151.22	1082.96
贵州	2813786	27.19%	7.50%	6.88%	132.16	486.14
江苏	2797479	15.99%	7.13%	6.84%	131.4	822
湖南	2491351	7.99%	6.12%	6.09%	117.02	1464.01
四川	1738929	9.03%	4.26%	4.25%	81.68	904.21
上海	1550854	21.21%	3.67%	3.79%	72.84	343.52
重庆	1110765	9.92%	1.83%	2.72%	52.17	526.17
福建	999358	12.57%	0.97%	2.44%	46.94	373.43
山东	833649	5.94%	0.35%	2.04%	39.16	658.98
云南	724992	13.23%	—	1.77%	34.05	257.47
广东	525571	5.43%	—	1.29%	24.69	454.96
陕西	496466	5.78%	—	1.21%	23.32	403.23
广西	447910	1.95%	—	1.10%	21.04	1077.23
甘肃	140936	3.49%	—	0.34%	6.62	189.68

续表

来源地	人口大数据采样流量	占来源地比重	占浙江流入比重*	占浙江流入比重**	流入人口（万人）	来源地流出人口（万人）
海南	90270	3.52%	—	0.22%	4.24	120.49
山西	78026	1.57%	—	0.19%	3.66	233.28
黑龙江	60486	1.51%	—	0.15%	2.84	187.9
吉林	17853	0.47%	—	0.04%	0.84	180.33
香港	12196	2.78%	—	0.03%	0.57	20.64
河北	10919	0.05%	—	0.03%	0.51	986.28
新疆	10530	2.16%	—	0.03%	0.49	22.91
台湾	9526	4.53%	—	0.02%	0.45	9.87
北京	9087	0.05%	—	0.02%	0.43	908.12
宁夏	6202	0.68%	—	0.02%	0.29	43.16
天津	2655	0.23%	—	0.01%	0.12	53.75
澳门	2382	1.18%	—	0.01%	0.11	9.48
辽宁	1827	0.06%	—	0	0.09	136.21
西藏	910	1.32%	—	0	0.04	3.23
青海	282	0.22%	—	0	0.01	5.97
残值	1079614	2.64%	—	2.64%	50.71	50.71
全国	40877436	100.00%	—	100.00%	1920	16149.97

注：占浙江流入人口比重*为第一次查询直接得到，而占浙江流入人口比重**则为推算得到的结果。

三、2010年以来浙江外省人口流入变化

2010年"六普"数据显示，贵州、四川排在河南、湖北之前，湖南、重庆、云南则排在江苏之前（见图11-1）。课题组认为，由于四川人、河南人远道流入浙江，两地人为追求工作的稳定性，他们更多地从事制造行业或流动性较弱的岗位（如城市清洁等），表现在办理暂住证时更为积极，在人口普查时也更容易被纳入统计对象，因此四川、河南人占比更可能存在一定程度的高估。流入TOP5的省市发生了较大的变化，四川由2010年的第4位下降到2014年的第8位，退出TOP5行列。中西部省份近年来经济增速相对浙江而言较高，吸引了大量外出人口回流，河南、安徽经济增长速度亦非常可观，大量产业转移带动了人口转移。尽管如此，表11-7也能得出大致相同的趋势判

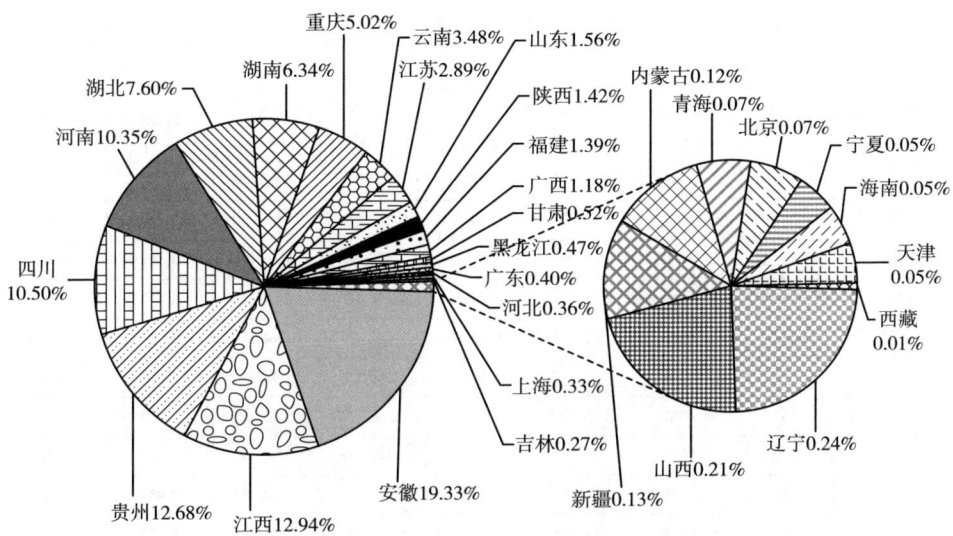

图 11 -1　浙江外来人口流入来源地构成（2010"六普"数据）

断，即浙江与周边省份的人口联系增强了，区域一体化程度加深，而距离较远的中西部地区则因产业转移导致人口回流和转移，流入浙江的人口减少。

在前面的分析中，课题组测定了 2010 年浙江省外净流入人口为 1788.51 万。根据户籍人口、外来人口变动情况，课题组推算出 2010 年浙江省际流出人口为 385.76 万人，从而得出同期省际流入人口为 2174.27 万人。与 2010 年"六普"相比，浙江省外流入人口累计减少了 254 万人。2010 年，浙江实际省外流入人口比政府公布的半年以上流入人口多 991.43 万人，大量流动人口并没有被纳入统计之中。由于课题组将"六普"各省占浙江流入人口比重固定，测算得到的 2010 年以来人口流量的变化（见表 11 -7）。

表 11 -7　浙江省外人口流入流量、流向变化　　　　　　　　　　　单位：万人

来源地	2014 年			2010 年			新变化	
	流量当量	占总流量比重	人口估计	"六普"比重	"六普"数据	"六普"调整	占比变动	人口流量
安徽	8390530	20.53%	394.18	19.30%	228.2	419.58	1.23%	-25.41
江西	6469210	15.83%	303.94	12.90%	152.53	280.45	2.93%	23.49
河南	4733149	11.58%	222.34	10.40%	122.97	226.1	1.18%	-3.76
湖北	3219596	7.88%	151.3	7.60%	89.86	165.22	0.28%	-13.93
贵州	2813786	6.88%	132.1	12.70%	150.16	276.1	-5.82%	-144

续表

来源地	2014年			2010年			新变化	
	流量当量	占总流量比重	人口估计	"六普"比重	"六普"数据	"六普"调整	占比变动	人口流量
TOP5	25626271	62.69%	1203.65	65.80%	778.02	1430.49	-3.11%	-226.84
江苏	2797479	6.84%	131.33	2.90%	34.29	63.05	3.94%	68.28
湖南	2491351	6.09%	116.93	6.30%	74.49	136.96	-0.21%	-20.03
四川	1738929	4.25%	81.6	10.50%	124.15	228.27	-6.25%	-146.67
上海	1550854	3.79%	72.77	3.90%	46.11	84.79	-0.11%	-12.02
重庆	1110705	2.72%	52.22	5.00%	59.12	108.7	-2.28%	-56.48
TOP6—10	9689318	23.70%	455.04	25.30%	299.15	550.02	-1.60%	-94.98
福建	999358	2.44%	46.85	1.40%	16.55	30.44	1.04%	16.41
山东	833649	2.04%	39.17	1.60%	18.92	34.78	0.44%	4.38
云南	724992	1.77%	33.98	3.50%	41.38	76.09	-1.73%	-42.11
广东	525571	1.29%	24.77	0.40%	4.73	8.7	0.89%	16.07
陕西	496466	1.21%	23.23	1.40%	16.55	30.44	-0.19%	-7.2
广西	447910	1.10%	21.12	1.20%	14.19	26.09	-0.10%	-4.97
甘肃	140936	0.34%	6.53	0.50%	5.91	10.87	-0.16%	-4.34
海南	90270	0.22%	4.22	0	0.6	0	0.22%	4.22
山西	78026	0.19%	3.65	0.20%	2.36	4.35	-0.01%	-0.7
黑龙江	60486	0.15%	2.88	0.50%	5.91	10.87	-0.35%	-7.99
吉林	17853	0.04%	0.77	0.30%	3.55	6.52	-0.26%	-5.75
香港	12196	0.03%	0.58	0	0	0	0.03%	0.58
河北	10919	0.03%	0.58	0.40%	4.73	8.7	-0.37%	-8.12
新疆	10530	0.03%	0.58	0.10%	1.18	2.17	-0.07%	-1.6
台湾	9526	0.02%	0.38	0	0	0	0.02%	0.38
北京	9087	0.02%	0.38	0.10%	1.18	2.17	-0.08%	-1.79
宁夏	6202	0.02%	0.38	0	0.6	0	0.02%	0.38
天津	2655	0.01%	0.19	0	0.6	0	0.01%	0.19
澳门	2382	0.01%	0.19	0	0	0	0.01%	0.19
辽宁	1827	0	0	0.20%	2.36	4.35	-0.20%	-4.35
西藏	910	0	0	0	0.1	0	0	0
青海	282	0	0	0.10%	1.18	2.17	-0.10%	-2.17
残值	1079614	2.64%	50.69	0	0	0	2.64%	50.69
全国	40877236	100.00%	1920	100.00%	1182.4	2174	0	-254

注：2010年省外流入排名前五（TOP5）是安徽、江西、贵州、四川、河南五省，而TOP10是指TOP5加湖北、湖南、重庆、云南、江苏五省市。2014年省外流入前五和前十已经发生了很大的变化。

表 11-7 中推算的结果表明，江苏、江西、福建三个与相邻省份流向浙江的人口自 2010 年明显增加了，而四川、贵州、重庆和云南三个西部省市流向浙江的人口则出现明显的减少，前者主要与省级区域一体化程度日益增强相关，而后者则是自金融危机以来中西部省市快速增长的原因所导致。值得注意的是，由于大数据统计推断与人口普查统计存在明显的区别，从而导致两者的数据很难进行比较，虽然经过课题组的调整，仍只能得出相对符合事实的数据。

第三节　浙江跨省流出人口大数据推断

一、流出人口大数据初始表征流量

对数据表 PtopLineIn 进行下述 SQL 查询操作：

SELECT province, name, sum（num）as num0, to_char（sum（per）/2.4,'9999.999%'）As per0

　　FROM public."PTopLineIn"

　　where province = '浙江'

　　group by province, name

　　order by num0　desc

可以得到节前浙江人口流入来源地涵括全国 11 个省级单位，表明浙江人口流出流向相对集中。由查询结果可知，主要流向上海、江苏、广东、福建、北京、山东等经济发达省市，其次主要流向安徽、江西两个相邻省份，另外，中部河南、湖北两个经济快速发展地区也吸引浙江人流入。查询得到流出省份中流量为 TOP10 的省份所归集的大数据人口流量当量为 8194690，占浙江流出人口总量的 83.254%。为避免数据漏计，因此还必须对数据表 PtopLineOut 进行下述 SQL 查询操作：

SELECT province, name, sum（num）as num0, to_char（sum（per）/2.4,'9999.999%'）As per0

　　FROM public."PTopLineOut"

　　where name = '浙江'

```
group by province, name
order by num0  desc
```

第一次查询中共记录了 11 个省级区域流向浙江的流入量，TOP10 流量合计占全省流入总量的 83.254%，推算出全省总流入量为 9842999，大于广东同期节前总流入量，表明浙江流向省外的人口数量要大于广东；第二次查询共记录了 26 个省级区域的流入量，少于广东的 29 个流入来源地，表明广东流出人口更加分散。第二次查询最大限度地解决了数据漏计的问题。两次查询输出结果如表 11-8 所示。

表 11-8　　　　　　浙江人口流出的初始表征量

第一次查询				序号	第二次查询			
流入地	流出地	大数据采样流量	占浙江流入量比重		流出地	流入地	大数据采样流量	占流出地流量比重
浙江	上海	2401091	23.87%	1	上海	浙江	2401091	10.09%
浙江	江苏	2237763	22.67%	2	江苏	浙江	2237763	7.39%
浙江	广东	711816	7.44%	3	安徽	浙江	627387	9.03%
浙江	安徽	627387	6.46%	4	福建	浙江	480063	4.40%
浙江	福建	480063	5.01%	5	江西	浙江	400337	9.01%
浙江	北京	407771	4.26%	6	河南	浙江	312652	3.19%
浙江	江西	400337	4.12%	7	山东	浙江	309869	3.09%
浙江	山东	338992	3.47%	8	湖北	浙江	258367	3.63%
浙江	河南	327414	3.30%	9	湖南	浙江	184238	3.00%
浙江	湖北	262056	2.65%	10	四川	浙江	120746	1.47%
浙江	四川	747	0.03%	11	云南	浙江	63694	1.23%
浙江	其他	1647562	16.74%	12	贵州	浙江	51793	1.19%
浙江	全国	9842999	100.00%	13	新疆	浙江	26948	1.70%
				14	重庆	浙江	25142	0.22%
				15	海南	浙江	19563	1.32%
				16	辽宁	浙江	9268	0.35%
				17	广西	浙江	7889	0.25%
				18	甘肃	浙江	3874	0.23%
				19	青海	浙江	1460	0.49%

续表

| 第一次查询 ||| | 第二次查询 ||||
流入地	流出地	大数据采样流量	占浙江流入量比重	序号	流出地	流入地	大数据采样流量	占流出地流量比重
				20	香港	浙江	1372	0.41%
				21	宁夏	浙江	1317	0.33%
				22	台湾	浙江	402	5.90%
				23	黑龙江	浙江	353	0.10%
				24	澳门	浙江	219	0.10%
				25	吉林	浙江	203	0.07%
				26	西藏	浙江	95	0.12%
				27	合计	浙江	7546105	—
				28	残值	浙江	2296894	—
				29	全国	浙江	9842999	100.00%

二、由大数据表征流量到人口流量、流向测度

需要特别注意的是，节前由外省流向浙江的流量对应于浙江流出人口流量而不是相反。将两次查询结果合并，取大值新值之后，最后形成表11-9。将各省节前回流量除以总流量，再乘以跨省总流出人口，就可以得到2014年浙江人口跨省流出各个流向的实际人口流量。在前面的推算中，2014年浙江流出人口为462万人。从大数据推断的结果来看，2014年浙江流向上海112.70万人（列5），占跨省流出总量的24.39%（列4），居第1位；流向江苏105.53万人，占跨省外出总量的22.73%，居第2位；流向广东33.41万人，占跨省外出总量的7.23%，居第3位。流向五大目的地TOP5合计303.12万人，占跨省外出总量的65.61%。最后一列（列6）根据流入浙江的流量反推浙江跨省流出目的地省份的跨省外来人口估计。例如，课题组推算同期上海市外流入人口为1117.17万人，江苏省外流入人口为1421.29万人。与其他人口流出地区所不同的是，浙江流出人口多以经商为主而非以务工为主。除在国内流动外，大量浙江人流向海外，形成庞大的浙商外出人群。

表 11-9　　2014 年浙江跨省人口流动流量、流向的大数据推断

流向	大数据表征流量	占流出地比重	占浙江流出人口比重	人口流出量（万人）	浙江流出目的地外来人口（万人）
上海	2401091	10.09%	24.39%	112.70	1117.17
江苏	2237763	7.39%	22.73%	105.03	1421.29
广东	711816	—	7.23%	33.41	—
安徽	627387	9.03%	6.37%	29.45	325.96
福建	480063	4.40%	4.88%	22.53	512.69
TOP5	6458120	—	65.61%	303.12	3377.12
北京	407771	—	4.14%	19.14	—
江西	400337	9.01%	4.07%	18.79	208.58
山东	338992	3.09%	3.44%	15.91	514.93
河南	327414	3.19%	3.33%	15.37	482.05
湖北	262056	3.63%	2.66%	12.3	339.22
TOP6—10	1736570	—	17.64%	81.51	1544.77
湖南	184238	3.00%	1.87%	8.65	288.64
四川	120746	1.47%	1.23%	5.67	385.02
云南	63694	1.23%	0.65%	2.99	242.86
贵州	51793	1.19%	0.53%	2.43	204.29
新疆	26948	1.70%	0.27%	1.26	74.62
重庆	25142	0.22%	0.26%	1.18	546.34
海南	19563	1.32%	0.20%	0.92	69.35
辽宁	9268	0.35%	0.09%	0.44	125.36
广西	7889	0.25%	0.08%	0.37	150.52
甘肃	3874	0.23%	0.04%	0.18	77.71
青海	1460	0.49%	0.01%	0.07	13.99
香港	1372	0.41%	0.01%	0.06	15.67
宁夏	1317	0.33%	0.01%	0.06	18.68
台湾	402	5.90%	0	0.02	0.32
黑龙江	353	0.10%	0	0.02	16.74
澳门	219	0.10%	0	0.01	10.6
吉林	203	0.07%	0	0.01	14.22
西藏	95	0.12%	0	0	3.63
合计	7546105	—	76.66%	354.19	7176.8
残值	2296894	—	23.34%	107.81	—
全国	9842999	100.00%	100.00%	462	7176.8

三、人口流出流量、流向变化测度和比较分析

利用前面的研究结果,课题组推算出 2010 年浙江流出省外人口为 386 万人,2014 年年末跨省流出人口总量为 462 万人,比 2010 年增加 76 万人。在 2014 年浙江跨省流出人口中,流向排名前 5 位的分别是上海、江苏、广东、安徽和福建,而 2010 年排名前 5 位的是上海、江苏、广东、北京和福建(见表 11-10)。其中,流向上海的浙江人占全省流出比重下降了 8.51 个百分点,但流出人口却增加了 18.90 万人,表明浙江进一步向上海靠拢,上海成为浙江人流出的首选地;流向江苏的浙江人占全省流出人口的比重也下降了 3.70 个百分点,流出人口却猛增 49.13 万人,浙苏两地人口交流频繁,表现在经济上两省联系进一步加深;流向广东的浙江人虽然占据第 3 位,但流出人口仅增加 0.99 万人;流向安徽的浙江人占全省流出比重增加 3.35 个百分点,流出人口也增加 16.66 万人,流出占比和流出规模的"双增长"表明浙江人看好安徽的发展前景,而 2010 年以来安徽的经济表现确实相当强劲;流向福建的浙江人也出现"双增长"。总体来看,浙江流向相邻省份的人口增幅明显,特别是流向沪苏皖长三角地区人口增加了近 80 万人。北京退出浙江人口流出目的地 TOP5,流出占比减少 1.45 个百分点,流出人口减少 7.11 万人;流向江西、河南、湖南等地也表现出"双增长";流向广西、云南、辽宁等地的人口数量降幅明显,这些地区近年来经济表现相当较差。流向川渝两地也出现较大幅度的减少,可能与汶川地震重建逐步减少有较大的关系。

表 11-10　　　浙江跨省人口流出流量、流向变化　　　单位:万人

流向	2014 年大数据推断		2010 年			流量变化	
	大数据占比	人口流出	"六普"占比	"六普"流出	调整流出	人口变化	占比变化
上海	15.79%	112.7	24.30%	45.05	93.8	18.9	-8.51%
江苏	10.78%	105.03	14.48%	26.85	55.9	49.13	-3.70%
广东	7.22%	33.41	8.40%	15.57	32.42	0.99	-1.18%
安徽	6.66%	29.45	3.31%	6.14	12.79	16.66	3.35%
福建	5.36%	22.53	3.73%	6.91	14.39	8.14	1.63%
TOP5	45.82%	303.12	57.71%	106.99	222.75	80.37	-11.89%
北京	5.35%	19.14	6.80%	12.61	26.25	-7.11	-1.45%

续表

流向	2014年大数据推断		2010年			流量变化	
	大数据占比	人口流出	"六普"占比	"六普"流出	调整流出	人口变化	占比变化
江西	5.31%	18.79	2.54%	4.71	9.81	8.98	2.77%
山东	4.02%	15.91	3.33%	6.17	12.85	3.06	0.69%
河南	3.44%	15.37	1.82%	3.37	7.01	8.36	1.62%
湖北	2.82%	12.3	3.06%	5.67	11.81	0.49	-0.24%
TOP6—10	20.94%	81.51	14.87%	27.57	57.4	24.11	6.07%
湖南	3.78%	8.65	1.81%	3.36	7	1.65	1.97%
四川	2.50%	5.67	2.63%	4.87	10.14	-4.48	-0.13%
云南	2.26%	2.99	2.49%	4.62	9.61	-6.62	-0.23%
贵州	2.01%	2.43	1.72%	3.19	6.64	-4.21	0.29%
新疆	1.84%	1.26	1.62%	2.998	6.24	-4.98	0.22%
重庆	1.04%	1.18	1.35%	2.495	5.19	-4.01	-0.31%
海南	0.72%	0.92	0.66%	1.231	2.56	-1.64	0.06%
辽宁	0.47%	0.44	1.63%	3.03	6.31	-5.87	-1.16%
广西	0.16%	0.37	1.92%	3.56	7.42	-7.05	-1.76%
甘肃	0.12%	0.23	1.23%	2.28	4.74	-4.56	-1.11%
青海	0.09%	0.07	0.51%	0.95	1.98	-1.92	-0.42%
香港	0.08%	0.06	—	—	—	—	—
宁夏	0.03%	0.06	0.54%	1	2.09	-2.03	-0.51%
台湾	0.03%	0.02	—	—	—	—	—
黑龙江	0.01%	0.02	0.67%	1.23	2.57	-2.55	-0.66%
澳门	0	0.01	—	—	—	—	—
吉林	0	0.01	0.73%	1.36	2.83	-2.82	-0.73%
西藏	0	0	0.11%	0.21	0.43	-0.43	-0.11%
误差	23.34%	107.81	—	—	—	—	—
全国	100.00%	462	100.00%	185.39	386	76	0

注：2010年流出省外排名前五（TOP5）是上海、江苏、广东、北京、福建五省市，而TOP10是指TOP5加山东、安徽、湖北、四川、江西五省。

2010年全国第六次人口普查结果显示，浙江流出人口仅88.06万人，比课题组推算的少298万人。原因是浙江流出人口中，务工人口所占比重较小，而经商人口占比较高，求学人口也占有一定的比重，因此在"六普"时经商、求学等非务工性流动人口被统计的可能性较低，从而造成较大的误差。根本原因在于统计的方法和技术，相对而言，大数据更为可靠。

四、结论及对策建议

2018年浙江移动大数据显示①，春节前夕有近3000万人离开浙江，同比增长19.8%。国内主要目的地是安徽、江西与河南，境外目的地主要流向美国、日本和泰国。春节期间有214万人回流浙江，主要来源地是上海、江苏和广东，其中近1/3的人到杭州。省内跨市283万人，主要由杭州、宁波、温州、绍兴、衢州、金华等地流出或互流，如杭州108万人流向绍兴、衢州、金华，温州则由杭州、金华、宁波等地流入36万人。节前离浙3000万人中，其中500万人左右为浙江本省人口出游或商务，由此推算浙江外来人口有2500万人左右（不考虑留浙过年）。2017年年末浙江移动用户总数为7590万户，同期全国移动普及率为102.0部/百人，粗略推算年末浙江总人口为7441万人，减去4957.63万户籍人口，推算出2017年年末浙江外来人口为2483.55万人。对比深圳13153.02亿元的第三产业增加值和475万流动性较强的人口，浙江2017年第三产业增加值27279亿元至少对应985万流动性较强人口，可得到浙江2017年常住性外来人口为1498万人，比2009年减少280万人。

浙江作为全国第二大人口流入省份，2010年以来其省外流入人口规模累计减少200多万人，但2015年省外流入人口规模仍旧保持1800万人以上，净流入人口超过1400万人。大数据推断的结果显示，杭州是浙江唯一一个人口超千万的超级城市，由于商旅人口占比较高，而此类人口又很少纳入官方统计，从而出现大数据推断人口远高于官方公布人口的反常现象；宁波和金华的净流入人口数量居全省第2位和第3位，温州则因大量本地户籍人口流出而表现在人口净流入方面甚至不及义乌这样的一个县级市。从大趋势来看，浙江外省流入人口在2010年达到顶峰，随后则是连续减少，但2015年流入增量转正，但增量规模只有3‰，完全没有必要担心外来人口大规模的流入，而是应正视外来劳动力流入持续减少的问题。2004年全国范围内的"民工荒"以来，跨省流动人口增长已经大为放缓，特别是2010年以来农民工已经成为全国各

---

① 来源：CCTIME飞象网（2018-02-24）.浙江移动大数据报告春节出境游和刷手机最热[OL]. http://www.cctime.com/html/2018-2-24/1362189.htm.

地争夺的重要资源，推进公共服务资源均等化，为农民工解决医疗、教育问题对吸引农民工安居乐业尤其重要。无论是浙江还是人口流出地，在逐步依靠消费推动经济增长的时代，如何吸引外来人口将是各级政府需要考虑的重要问题。

研究显示，与2010年"六普"调整数据相比，浙江省外流入人口下降最快的是四川（减少147万人），其次是贵州（减少144万人）和重庆（减少56万人），来自云南的流入也减少了42万人。由于西南三省一市的省外流入主要是农村劳动力，劳动力大规模的减少使浙江制造业普遍面临劳工短缺，从而迫使劳动力密集型企业加快向内地或海外转移或在本地加快转型升级。当人们还在沉浸外来人口大量流入的烦恼时，温州的金融困境和企业普遍的招工困难已经敲响了外来劳动力大量流失的警钟。2008年金融危机以来，中国已经由劳动力过剩和资本短缺转变为劳动力短缺和资本过剩，对人口和劳动力的争夺不但是温州、东莞这样的制造业大市，北上广深这样的一线城市也面临争夺人口而不是清除低端人口的问题。值得指出的是，虽然温州、宁波等大量的外来人口流失，但浙江大多数地区已经通过投资、贸易等活动控制了相当多的资本和产业，本地人的生活水平依旧保持在较高水平。在浙商的努力下，浙江已经构筑了"省外浙江""域外温州"等财富增值网络，优雅的杭州人品着茶就将全国乃至境外的钱赚了，温州老板亦已遍布海外，后起的中西部省区需要在劳动力短缺和资本相对充裕的大环境下构筑浙商一样的财富增值网络。

本章参考文献

[1] 金浩然，刘盛和，戚伟．中小城市流动人口的长居意愿及其影响因素研究——以浙江义乌市为例 [J]．调研世界，2018（10）：30 – 35．

[2] 周丽萍，王婷．基于政府宏观调控下的浙江流入人口变动研究 [J]．统计科学与实践，2018（5）：4 – 7．

[3] 陈燕萍．浙江人口红利研究 [J]．人口研究，2010，34（4）：76 – 88．

[4] 叶菊英．浙江省流动人口的现状分析与思考 [J]．浙江学刊，2010（4）：218 – 223．

[5] 林锦屏．基于区域协调发展的浙江人口流动研究 [D]．浙江大学，2005．

[6] 章剑卫．浙江省外来人口的研究与分析 [OL]．浙江省统计局人口就业处，http：//www.zj.stats.gov.cn/ztzl/dxdc/rkcydc/ktxb_2024/201409/t20140905_144445.html．

[7] 新华网 (2009-06-04). 10月1日起浙江1800万流动人口将告别暂住证 [OL]. http://politics.people.com.cn/GB/14562/9414936.html.

[8] 中国网 (news.china.com.cn, 2013-02-19). 浙江省外来少数民族流动人口达209万 增幅明显 [OL]. http://news.china.com.cn/txt/2013-02/19/content_28000255.htm.

[9] 参见：CCTIME飞象网 (2018-02-24). 浙江移动大数据报告春节出境游和刷手机最热 [OL]. http://www.cctime.com/html/2018-2-24/1362189.htm.

第十二章
安徽省人口流动流量、流向及其变化研究

摘　要： 安徽是我国的人口和劳动力流出大省之一，实际净流出规模在 1000 万人以上。跨省流出在 2009 年前后达到顶峰（拐点）。大数据推断结果表明，安徽跨省流出人口规模达到 1400 多万人，跨省流入人口近 300 万人。2010 年以来，流向上海的人口大幅度减少，流向苏浙豫鄂等相邻省份人口快速增长，苏浙沪粤豫五省市占流出目的地的 84%；在省外流入人口中，苏豫浙沪鄂五省市占比超过 70%。人口流动流量、流向变化主要受产业转移和区域一体化等经济因素影响，未来安徽人口流动仍有大规模转向的可能。

关键词： 安徽流动人口；人口大数据；人口流向

第一节　安徽农村劳动力转移与外出人口增长

一、安徽流出人口数量估计

自 20 世纪 80 年代以来，随着农村改革推进，大量农村劳动力（农民工）流动到城市，在流动的农民工大潮推动下，人口流动不但成为经济学家所关注的热点问题，同时也是社会学者乃至文学作家笔下的热点。安徽是我国的人口和劳动力大省，在国内外有关人口流动研究中具有十分重要的地位，但定量研究文献较少，而利用大数据进行跨省人口流动、流量及其变化研究更是空白。从就业的基本情况来看，官方统计数据显示，2014 年安徽第一产业从业人员数却依然高达 1415.3 万人，占全社会就业人数比重的 32.8%，而第一产业增加值仅占全省 GDP 的 11.5%，意味着每 2.85 个农业劳动力所创造的产出只相当于 1 个非农产业劳动力产出，在劳动力自由流动的状况下，这种情况是根本

不可能出现的；另外，农村空村现象随处可见，除春节以外，在广大农村寻找几个青壮年劳动力却极不容易，转移到统计上显示具有大量剩余劳动力地区的劳动密集型企业招工亦十分困难。例如，国家统计局安徽调查总队对全省2282家小微工业企业抽样问卷调查结果显示，到了生产旺季的第二季度，企业招工难度增加，部分行业招工困难（安徽财经网，2014-08-21）。显然人口数据与事实存在极大的矛盾。正式的统计数据与很多调查文献数据有极大的差异，国内外学者大多直接采用人口普查或官方公布的数据进行分析；由于国内期刊似乎更喜欢复杂的数理模型，使那些以实地调查为基础具有真实价值的文献却只能发表在国内外档次较低的调研杂志或地级市一级的专科学报上。量变会引致质变，人口数据的极大差异必然会模糊人们的各种判断。

人口流动是一个国家和地区经济增长和波动的缩影。从安徽各地农村劳动力流动调查情况来看，安徽政府各级机关对跨省流出人口规模其实是比较清楚的。从官方有关人口流动的统计数据来看，这些数据是比较接近于事实的。例如，2005年以来，安徽省外流动人口逐年增加，在2011年达到顶峰（拐点）后逐年减少。其中2008年全球金融危机使省外流动人口一度减少51万人。而在净流出人口（其值等于户籍人口减去常住人口之差）方面，官方数据显示，2012年（净流出拐点）差值最大（见图12-1），这是比较符合事实的，因为2008年之后国家"四万亿"政策约在2012年达到尾声。

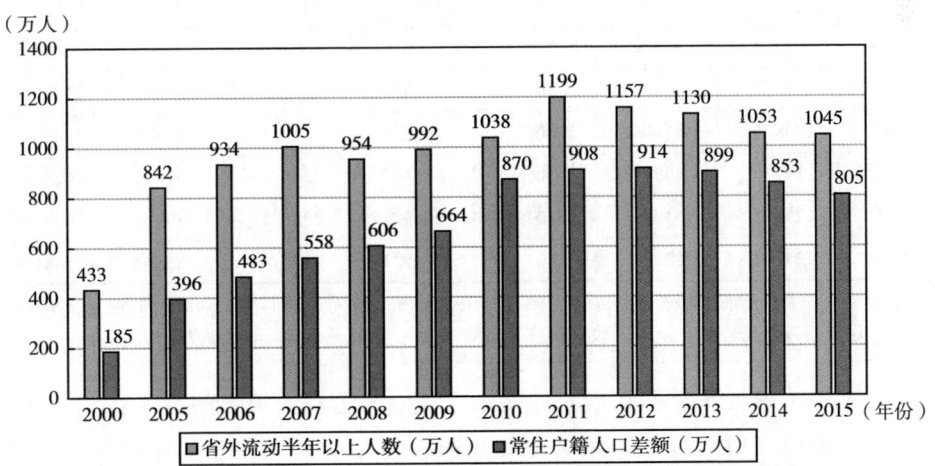

图12-1 安徽省跨省流动人口数量及净流出人口数量

注：户籍人口为公安户籍统计数，常住人口为人口普查或人口抽样调查推算数；常住人口是指常住本地的人，不包括户籍人口中到省外半年以上的人口，包括外省来本省常住半年以上的人口。

二、基于农村流出劳动力的省内外流动人口规模推算

由于农村劳动力在流出人口中占有极高的比例,国内不少人口流动研究往往直接以农村劳动力流动为对象。吴寿平(2016)参照李勋力、李国平(2005)的方法,劳动力流动等于城镇从业人员减去城镇职工人数加上农村从业人员减去第一产业从业人员(农业从业人员),劳动力流动率则等于劳动力流动数与劳动力资源总数之积,测算出 1978—2015 年广西农村流出劳动力(农民工)数量。课题组利用同样的方法,推算安徽 2000—2014 年农村流出劳动力数量(列6),并利用户籍人口减去常住人口的差额计算安徽省内、省外流动人口之和(见表 12-1)。

表 12-1 从业人员法——农村流出劳动力及流动人口数量的估计(2005—2014 年)

单位:万人

年份	城镇从业人员	在岗职工数	农村从业人员	第一产业从业人员	农村流出劳动力	常住户籍人口差额	省内省外流动人口
2005	730.5	317.4	2939	1783.3	1568.8	396	1697.16
2006	755.9	320.9	2985.1	1741	1679.1	483	1836.56
2007	818.1	323.5	2999.9	1639.7	1854.8	558	2051.41
2008	901.9	343.7	3014.1	1592.8	1979.5	606	2178.78
2009	936.2	359.9	3051.8	1566.1	2062	663.53	2384.37
2010	973.9	372.9	3076.5	1583.6	2093.5	870	2393.94
2011	1038.3	411.55	3082.6	1598.9	2110.45	908	2437.24
2012	1141	436.83	3065.8	1531.2	2238.77	914	2628.95
2013	1226.2	519.5	3049.7	1469.7	2286.7	899	2698.31
2014	1277.4	521.7	3033.6	1415.3	2374	853	2848.44

注:列 2 至列 5 数据来源于《安徽统计年鉴(2015)》,其余列为推算数。列 6 = 列 2 - 列 3 + 列 4 - 列 5。常住户籍人口差额 = 户籍人口数 - 常住人口数。列 8 = 列 6 + 列 7 × 非劳动力占比。

表 12-1 中列 6 数据基本上反映了安徽农村劳动力流出的真实数量。为了推算省外流出人口数量,课题组需要知道省外流动人口占全部流动人口比重。在早期流动人口中,省外流动比例极高。课题组比较各种数据发现,2000 年以前除极少数调查文献外,官方公布的安徽人口流动数量基本上就是跨省人口数量,其公布的跨省人口数量则基本等同于跨省流出半年以上的劳动力数量。

例如，不少文献引用"安徽1997年流动人口总量达383.7万人"中的383.7万人仅指省外流动半年以上的人口数量。与其他省份不同的是，表12-1中常住户籍人口差额已经包含一部分农村流出劳动力。

虽然官方数据与实地调查数据有很大的差异，但官方采样中省外流动人口占其全部流动人口的比重是较为准确的，因此课题组尽量采用2010—2014年官方口径来确定出省流动比重。例如，由安徽省第二次全国农业普查领导小组办公室和安徽省统计局联合发布的《安徽省第二次全国农业普查主要数据公报》（第五号）显示，2006年，安徽农村外出从业劳动力1119.07万人。在外出从业劳动力中，在乡外县内从业的劳动力占9.3%，在县外市内从业的劳动力占6.9%，在市外省内从业的劳动力占6.1%，去省外从业的劳动力占77.7%。利用周晓津（2011）有关劳动力及人口流动估算方法及结果，以及上述数据及论证分析，课题组推算出2000—2014年安徽流动人口与劳动力数量（见表12-2）。课题组认为，在推算的安徽跨省流出人口中，有一部分流动性较大，实际常年性跨省流出人口占户籍人口的比重大致与湖南差不多，其规模大致为表12-2所推算的省外流动劳动力人数，其规模在1200万人左右，其余200万人左右则与季节性的流动有关。

表12-2　安徽省历年流动人口与劳动力数量估计（2005—2014年）　　单位：万人

年份	流动人口总数	省外流动			省内流动	
		占流动人口比重	流动人口	流动劳动力	流动人口	流动劳动力
2005	1697.16	74.54%	1265.06	1169.38	432.1	399.42
2006	1836.56	71.04%	1304.69	1192.83	531.87	486.27
2007	2051.41	68.44%	1403.99	1269.43	647.42	585.37
2008	2178.78	65.84%	1434.51	1303.3	744.27	676.2
2009	2384.37	63.24%	1507.88	1304.01	876.49	757.99
2010	2393.94	60.64%	1451.69	1269.5	942.25	824.00
2011	2437.24	58.04%	1414.57	1224.91	1022.67	885.54
2012	2628.95	55.44%	1457.49	1241.18	1171.46	997.59
2013	2698.31	52.84%	1425.79	1208.29	1272.52	1078.41
2014	2848.44	50.24%	1431.06	1192.7	1417.38	1181.3

注：《安徽省第二次全国农业普查主要数据公报》（第五号）中外出劳动力口径与表12-1中有出入，课题组经调整后得到省外流动人口占流动人口总数的比重为71.04%。

表12-2中省外流动人口增长变动与省外流动劳动力变动并非一致的,随着流动时间的增加,流动人口家属随迁比例也会增加,2014年流动人口中非劳动力比重约为83%,而在2009年非劳动力比重在90%左右。与全国大部分人口流出大省一样,安徽也存在大量省外常年性流动人口依旧被其户籍所在地记录为常住人口的情况(见表12-3)。例如,2010年安徽户籍人口为6827万人,登记的常住人口为5957万人,但课题组估计的实际净流出人口为1431.06万人,全省实际人口只有5395.94万人,在省内外流动但依旧被记录为其户籍所在地的常住人口数量不少于581.69万人。安徽实际流出人口约占户籍人口总数的20%,占劳动力人口则接近30%,占农村劳动力人口则高达50%。

表12-3 安徽省历年流动人口与劳动力数量估计(2000—2014年)　　单位:万人

年份	户籍人口（万人）	常住人口（万人）	实际流出（万人）	实际人口（万人）	省外流出省内常住（万人）
2005	6516	6120	1265.06	5250.94	869.06
2006	6593	6110	1304.69	5288.31	821.69
2007	6676	6118	1403.99	5272.01	845.99
2008	6741	6135	1434.51	5306.49	828.51
2009	6795	6131	1507.88	5287.12	843.88
2010	6827	5957	1451.69	5375.31	581.69
2011	6876	5968	1414.57	5461.43	506.57
2012	6902	5988	1457.49	5444.51	543.49
2013	6929	6030	1425.79	5503.21	526.79
2014	6936	6083	1431.06	5504.94	578.06

三、基于人均手机拥有量的地级市人口流动量测度

"六普"常住人口与户籍人口的差额,基本上定义了跨省净流出量,但农村空村现象与县域人口较多的地级市常住人口数量极不相称,很多常年性跨省外出的人口依旧被列入其户籍所在地的常住人口当中。2014年年末,安徽常住人口每百人手机拥有量仅为76.2部,远低于全国平均水平的94.5部。从全国范围来看,那些低于全国平均水平的省份全部是人口流出大省(如江西、安徽、湖南、河南、广西、湖北等)或者是少数民族占比较高的省份(西藏、

新疆、青海)。《安徽统计年鉴(2015)》数据显示,2014年安徽城镇居民调查的人均手机拥有率与经济发达省份广东、浙江的差距不到5个百分点,而农村居民人均手机拥有量与城镇之间的差距也仅在5个百分点以内。但全国各省级单位以常住人口为基数计算得到的人均手机拥有量却不到广东的一半。数据巨大差异的背后,是人口流出大省大量跨省外出人口依旧被计算为本省常住人口,而人口流入大省则低估了跨省外来人口的规模。从调查数据和统计年鉴数据来看,安徽的人均手机拥有量与广东、浙江等经济发达省份相关不大,基本上达到甚至超过全国平均水平。

在考虑到跨省外出人口的手机拥有量之后,我国中西部地区人口流出大省基本上接近于全国平均水平,这也与课题组的实地调查结果完全一致。外出人口的流动性强,其手机需求程度高于非外出人口,因而其人均手机拥有量高于非外出人口。课题组推算出安徽城市实际人口及实际的人均手机拥有量(见表12-4)。推算的数据显示,2014年安徽净流出人口为1123.01万人,全省实际总人口为5812.83万人,常住人口数量依然被高估。不将省外流动人口拥有的手机计算在内,省内人均实际拥有手机也有0.798部,算上跨省流出人口拥有的手机,安徽户籍人均实际拥有手机0.863部,为全国平均水平的91.33%。合肥市实际人口超过800万人,其中城市人口在500万人以上,已经跃升为全国特大城市之一。合肥除消化自身的农村劳动力就业之外,净流入人口为122.91万人,人均手机拥有量0.936部。除合肥外,铜陵市是安徽另一个人口净流入的地级市之一,但净流入规模不到10万人。在净流出人口中,阜阳、六安和亳州合计净流出807.51万人,占全省净流出人口总数的71.90%,这正是春节节前阜阳和六安人口流量居全国前列的主要原因。从净流出人口占户籍人口的比重来看,阜阳、六安和亳州分别为33.36%、32.72%和34.96%,与中西部人口流出大省中的人口大地级市人口流出率基本相似。即使像这种人口流出大市,其内部依然有相当于实际人口10%数量的外来人口。例如,课题组推算阜阳实际还拥有707.4万人,仅次于省会合肥,其中有70万左右的市内跨县、省内跨市的流动人口。

安徽移动统计数据显示[①],2016年春节返乡移动用户超1000万。其中,阜阳、安庆、六安、宿州和亳州5个劳务输出大市占返乡总量的75%。数据

---

① 人民网安徽频道(2017-01-24). 安徽移动积极应对春节数据流量高峰[OL]. http://ah.people.com.cn/n2/2017/0124/c227767-29642809.html.

还显示，50%用户在节前一周集中返乡，因此，依据节前采集数据完全可以推算人口流动流量及流向。

表12－4　安徽各地级市实有人口及实际人均手机拥有量（2014年）

城市	户籍人口（万人）	常住人口（万人）	净流入（万人）	实际人口（万人）	移动用户数（万户）	省内人均手机拥有量（部）
合肥市	712.81	769.6	122.91	835.72	781.89	0.936
淮北市	215.3	215.9	-10.38	204.92	172.7	0.843
亳州市	634.35	499.6	-211.62	422.73	291.6	0.69
宿州市	642.32	548.6	-53.31	589.01	488.42	0.829
蚌埠市	371.1	325.8	-62.77	308.33	243.82	0.791
阜阳市	1051.42	782.3	-344.02	707.4	491.4	0.695
淮南市	243.35	237.5	-32.07	211.28	170.8	0.808
滁州市	449.61	398.5	-75.14	374.47	296.5	0.792
六安市	720.51	572.5	-251.87	468.64	317.4	0.677
马鞍山市	227.73	222.9	-18.48	209.25	173.67	0.83
芜湖市	384.51	361.7	-20.8	363.71	305.72	0.841
宣城市	279.84	257.4	-35.55	244.29	198	0.811
铜陵市	73.78	73.8	6.12	79.9	70.8	0.886
池州市	160.64	143	-23.46	137.18	110	0.802
安庆市	620.88	537.6	-97.96	522.92	416.4	0.796
黄山市	147.69	136.3	-14.61	133.08	109.48	0.823
全省	6935.84	6083	-1123.01	5812.83	4638.6	0.798

注：户籍和常住人口来源于《安徽统计年鉴（2015）》，移动用户总数来源于各地级市2014年统计公报。

四、基于产出和从业人员占比的流出人口规模推算

2010年安徽第一产业占全省GDP比重为11.5%，而第一产业从业人员占总从业人口比重却高达39.1%，但课题组在农村中调查却发现，早在2008年前后安徽农村可供流动的劳动力已经枯竭，真正承担农业劳动的大多是年龄60岁以上的非劳动力，甚至70岁以上的农村老人依然是农业劳动的主力；非贫困市县农村虽然劳动力相对多一些，但这些农村劳动力从事的却是非农业劳动。调查发现，2008年之后官方统计公布的第一产业从业人员数量（官方数

乘以第一产业占GDP的比重才是真实的第一从业人员数量（估计数），而官方数与估计数之间的差额实际上是农村流出劳动力却依旧被记录为本地常住人口数量。

2015年安徽全省总从业人员为4342.1万人，实际农村从业人员只有484.75万人，农村流动到省外的劳动力为911.45万人，加上常住户籍人口差额中流出的非劳动力人口，省外净流出人口为1056.82万人（见表12-5）。由于2008年以前安徽农村尚有一定的剩余劳动力，因此占比产出法估计的省外流动人口数相对偏高。而2008年以后的农村劳动力枯竭，因此估计相对准确。课题组在全国的调研结果表明，经过近30年的发展，中国农村劳动力基本上已经转移完毕，剩余劳动力基本上已经没有剩余。2001年中国加入WTO之后，以前难以转移的40岁、50岁农村劳动力也离开农村进入城镇工作。到2008年全球金融危机前后，安徽省农村剩余劳动力基本上都已经外出，由于全球金融危机的冲击，直到2011年安徽的省外净流出人口和劳动力才达到顶峰。

表12-5 占比产出法——流动人口总数及省内外流动数量估计（2000—2014年）

单位：万人

年份	全社会年末从业人员数	第一产业占GDP比重	第一产业实际从业劳动力	第一产业官方从业人员数	第一产业省外流动劳动力数	官方省外净流出人口	官方净流出非劳动力	省外农村劳力占比	省外净流出人口数
2000	3450.7	25.56	882	2018.9	1136.9	185	12.12	93.45%	1149.03
2005	3669.7	18.06	662.93	1783.3	1120.41	396	29.95	92.44%	1150.36
2006	3741	16.73	625.87	1741	1115.13	483	41.41	91.43%	1156.54
2007	3818	16.3	622.52	1639.7	1017.18	558	53.48	90.42%	1070.66
2008	3916	16.02	627.37	1592.8	965.43	606	55.43	90.85%	1020.86
2009	3988	14.86	592.66	1566.1	973.44	663.5	89.71	86.48%	1063.15
2010	4050	13.99	566.58	1583.6	1017.02	870	109.18	87.45%	1126.2
2011	4120.9	13.17	542.78	1598.8	1056.02	908	121.75	86.59%	1177.77
2012	4206.8	12.69	532.5	1531.2	998.7	914	135.65	85.16%	1134.35
2013	4275.9	11.79	504.13	1469.7	965.57	899	137.14	84.75%	1102.7
2014	4311	11.47	494.69	1415.3	920.61	853	142.08	83.34%	1062.69
2015	4342.1	11.16	484.75	1396.2	911.45	805	145.37	81.94%	1056.82

从国家层面的劳动力与人口流动总源头看，2010年以来，我国15—64岁劳动年龄人口规模已经稳定在10亿人口左右的规模，在2013年达到100582

万的顶峰（拐点）之后掉头向下，劳动年龄人口进入缓慢下降通道。2010年之后，中国人口流出大省的人口流动规模基本保持稳定，所不同的是跨省流动规模的减小和本省流动规模的增加，农村剩余劳动力基本枯竭。但是各种数据表明，自2008年以来与大多数人口流出大省一样，安徽省的外出人口总量正逐渐趋于稳定。

第二节 安徽跨省流出人口大数据推断

前面课题组得到2010年和2014年两组可比较安徽人口流动及其变化的两组数据。课题组以表12－2省外流动人口和劳动力为参照系来测度2010年以来的人口流动及其变化，即由表12－2得到2010年比较期跨省流出人口为1451.69万人，省外流出劳动力1269.50万人，而由表12－5得到净流出人口1126.20万人，省净流出劳动力1017.02万人，从而推断出2010年省外流入人口325.49万人，省外流入劳动力252.48万人；同理推算2014年省外流入人口368.37万人，省外流入劳动力272.09万人；2010年以来外省流入人口累计增加42.88万人，流入劳动力累计增加19.61万人（不包括本省人口与劳动力回流）。

一、流动人口大数据初始表征流量

对数据表PtopLineOut进行下述SQL查询操作：
SELECT province, name, sum（num）as num0, to_char（sum（per）/2.4, '9999.999%'）As per0
  FROM public. "PTopLineOut"
  where name = '安徽'
  group by province, name
  order by num0 desc

可以得到节前安徽人口流入来源地涵括全国27个省级单位，表明安徽流出人口广泛分布在全国各省。由于上述查询只能得到流出省份中流量为TOP10的省份，但安徽在很多省份外省流入比重都比较高，该查询共得到27个省级单位的流量。若安徽省流入该省人口占该省总流入人口比重较低，则有可能发生数据的漏计，因此还必须对数据表 PtopLineIn 进行下述 SQL 查询操作：

SELECT province, name, sum (num) as num0, to_char (sum (per)/2.4, '9999.999%') As per0

FROM public."PTopLineIn"

where province = '安徽'

group by province, name

order by num0 desc

该查询除了防止大数据表征的人口流量被漏计外，另一个重要的功能是计算出大数据表征人口的总流量。查询结果表明，对数据表 PtopLineIn 查询后得到的大数据表征的人口流量为 28880709，占全部回流量总数的 93.455%，因此推断出节前流回安徽的大数据表征的人口总流量为 30903332。2010 年全国第六次人口普查以来，不少学者和媒体人士通过查询官方有关人口的数据得出安徽是全国第一人口流出大省的结论。这种结论其实是错误的，从大数据同一时间段采集的表征人口流动的流量来看，湖南、河南的流量都高于安徽。例如，湖南同期的流量为 31432850，大于安徽 30903332 的总流量；另外，2014 年湖南户籍人口为 7202 万人，同期安徽户籍人口为 6936 万人，以户籍人口为参照系推算，安徽人口流出比例要高于湖南，而实际两省流出比率差不多。

二、由大数据表征流量到人口流量、流向测度

将两次查询结果合并，取大值新值之后，最后形成表 12-6。将各省节前回流量除以总流量，再乘以跨省总流出人口，就可以得到 2014 年安徽人口跨省流出各个流向的实际人口流量。在前面的推算中，2014 年安徽流出人口为 1431.06 万人，流出劳动力为 1192.70 万人。从大数据推断的结果来看（见表 12-6），2014 年安徽流向江苏 470.49 万人（列 5），占跨省外出总量的 32.88%（列 4），居第 1 位，其中以农民工为主的劳动力 392.13 万人（列 6）；流向浙江 388.55 万人，占跨省外出总量的 27.15%，居全省第 2 位；流向上海 234.84 万人，占跨省外出总量的 16.41%，居全省第 3 位；流向广东 57.97 万人，占跨省外出总量的 4.15%，居全省第 4 位；流向河南 50.24 万人，占跨省外出总量的 3.51%，居全省第 5 位。流向五大目的地 TOP5 合计 1202.09 万

人，其中以农民工为主的劳动力为1001.87万人，占跨省外出总量的84.00%。流向长三角（浙苏沪）1093.88万人，其中以农民工为主的劳动力为911.68万人，占跨省外出总量的76.44%，显示安徽已经融入长三角经济区。流向豫鲁鄂赣相邻四省176.96万人，占跨省外出总量的7.71%。

表12-6　2014年安徽跨省人口流动流量、流向的大数据推断

流向	大数据表征流量	占流出地比重	占安徽流出人口比重	人口流出量（万人）	农民工流出量（万人）	安徽流出目的地外来人口
江苏	10160164	30.04%	32.88%	470.49	392.13	1566.43
浙江	8390530	19.76%	27.15%	388.55	323.83	1966.12
上海	5071324	18.02%	16.41%	234.84	195.73	1302.93
广东	1251842	0.61%	4.05%	57.97	48.31	9565.98
河南	1084872	11.82%	3.51%	50.24	41.87	425.2
TOP5	25958732	—	84.00%	1202.09	1001.87	14826.67
北京	1076754	3.73%	3.48%	64.75	53.74	2123.65
山东	572529	5.44%	1.85%	61.83	51.32	799.15
福建	536917	4.36%	1.74%	50.17	41.64	458.62
湖北	402531	6.05%	1.30%	48.81	40.51	1618.22
江西	322547	7.14%	1.04%	16.08	13.35	141.31
TOP6—10	2911278	—	9.42%	241.64	200.56	5140.95
天津	275205	3.34%	0.89%	12.74	10.62	381.79
河北	264048	1.75%	0.85%	12.23	10.19	699.91
辽宁	131814	2.08%	0.43%	6.1	5.09	294.03
湖南	124454	2.27%	0.40%	5.76	4.8	253.88
陕西	111093	1.04%	0.36%	5.14	4.29	494.66
山西	109943	1.98%	0.36%	5.09	4.24	257.39
其他	1016765	—	3.29%	47.08	39.24	
全国	30903332	—	100.00%	1431.06	1192.7	20121.02
珠三角	1251842	0.61%	4.05%	57.97	48.31	9565.98
长三角	23622018	67.82%	76.44%	1093.88	911.68	4835.49
相邻四省	2382479	30.45%	7.71%	176.96	147.05	2983.88

表12-6中最后一列（列7）根据流入安徽的流量反推安徽跨省流出目的地省份的跨省外来人口估计，其结果与我国跨省外出人口的数量基本一致。由

于安徽人占粤京鄂比重不大，因此推算粤京鄂外部流入人口数据不具有适用性，但TOP10其他省级行政区域的外部流入人口具有较高程度的可信性和准确度。

表12-6大数据推断结果与官方抽样结果相比，两者的主要差别在于邻近省份存在较大的差距（见表12-7）。课题组认为大数据推断的安徽人口省外流动数量及其构成更为准确，原因在于：第一，大数据样本采集量非常大，相当于每2.16个样本对应1个流动人口，而官方仅从87614人的样本来推算省外流动人口在各省的分布，相对安徽1000多万省外流动人口而言，采样率只有0.8%；第二，官方样本来源不均匀，即无法进行随机性抽样，而大数据采样基本上是超饱和采样；第三，官方仍然注重农村劳动力为主的流动人口调查。

表12-7 安徽省外流动人口构成的大数据推断与官方抽样结果比较（2014年）

大数据统计推断			官方抽样（87614人）		
排名	流向省份	比重	排名	流向省份	比重
1	江苏	32.88	1	江苏	26.92
2	浙江	27.15	2	浙江	27.25
3	上海	16.41	3	上海	21.66
4	广东	4.05	4	广东	5.21
5	河南	3.51	10	河南	1.07
6	北京	3.48	5	北京	3.86
7	山东	1.85	6	山东	2.15
8	福建	1.74	7	福建	1.86
9	湖北	1.3	13	湖北	0.85
10	江西	1.04			
11	天津	0.89	9	天津	1.11
12	河北	0.85	11	河北	0.88
13	辽宁	0.43	14	辽宁	0.61
14	湖南	0.4			
15	陕西	0.36	12	陕西	0.87
16	山西	0.36			
17	新疆	0.047	8	新疆	1.18
18	其他省市	3.24	18	其他省市	4.52

三、人口流动流量、流向变化测度和比较分析

课题组选择将表 12-7 与 2010 年"六普"时期安徽人口流动的数据相比。为了有相同的比较口径,课题组根据前面的分析调整后 2010 年安徽跨省流向的实际人口和农民工数量,但比例保持不变。表 12-7 中的人口流量当量实际相当于安徽流出人口的大数据采样,而人口总流出与农民工流出之间的差额相当于外省流入安徽人口数量。课题组保持 2010 年"六普"各流向比例不变,但根据前述分析对实际流出人口总量进行了调整为 151.69 万人,其中农民工占 87%,即 1269.50 万人。

从表 12-8 中可以看出,2010 年以来安徽人口流动变化非常明显。与 2010 年相比,2014 年年末跨省流出人口总量减少了 20.63 万人,其中以农民工为主的劳动力减少 76.80 万人,流出人口中非劳动力占比增加是劳动力减少的关键原因。流动人口的人口结构已经发生了巨大的变化,在农民工大潮逐渐退去的同时,高校毕业生逐渐成为跨省流动大军的重要力量;其次,流向省外的流动人口常住化,以前留守在流出户籍地的非劳动力人口也逐渐流出。流向长三角等发达地区的人口和劳动力明显减少,其中流向浙沪苏的人口减少了 31.87 万人,其中农民工减少 72.79 万人;流向珠三角(广东省)的人口减少了 9.22 万人,但劳动力减少了 10.44 万人。

表 12-8　　安徽跨省人口流出流量、流向变化　　　　单位:万人

流向	2014 年大数据推断			2010 年				流量变化	
	大数据占比	人口流出	农民工流出	"六普"占比	"六普"流出	调整流出	农民工流出	人口流动	农民工
江苏	32.88%	470.49	392.13	26.76%	257.46	388.41	339.67	82.08	52.46
浙江	27.15%	388.55	323.83	23.75%	228.52	344.75	301.48	43.79	22.34
上海	16.41%	234.84	195.73	27.04%	260.23	392.59	343.32	-157.74	-147.59
广东	4.05%	57.97	48.31	4.63%	44.54	67.19	58.76	-9.22	-10.44
河南	3.51%	50.24	41.87	0.64%	6.12	9.23	8.08	41	33.79
TOP5	84.00%	1202.09	1001.87	86.65%	833.76	1257.83	1099.97	-55.74	-98.1
北京	3.48%	64.75	53.74	4.47%	43.01	64.89	56.74	-0.14	-3
山东	1.85%	61.83	51.32	1.35%	13.01	19.62	17.16	42.21	34.16

续表

流向	2014年大数据推断			2010年			流量变化		
	大数据占比	人口流出	农民工流出	"六普"占比	"六普"流出	调整流出	农民工流出	人口流动	农民工
福建	1.74%	50.17	41.64	2.60%	25.03	37.76	33.02	12.41	8.62
湖北	1.30%	48.81	40.51	0.62%	6.01	9.07	7.93	39.74	32.58
江西	1.04%	16.08	13.35	0.53%	5.13	7.74	6.77	8.34	6.58
TOP6—10	9.42%	241.64	200.56	7.02%	67.55	101.91	89.12	139.73	111.44
天津	0.89%	12.74	10.62	1.44%	13.9	20.97	18.34	-8.23	-7.72
河北	0.85%	12.23	10.19	0.65%	6.27	9.47	8.28	2.76	1.91
辽宁	0.43%	6.1	5.09	0.78%	7.5	11.31	9.89	-5.21	-4.81
湖南	0.40%	5.76	4.8	0.26%	2.55	3.85	3.36	1.92	1.44
陕西	0.36%	5.14	4.29	0.43%	4.17	6.29	5.5	-1.15	-1.21
山西	0.36%	5.09	4.24	0.47%	4.55	6.87	6.01	-1.78	-1.76
其他	3.29%	47.08	39.24	3.56%	34.26	51.69	45.2	-4.61	-5.96
全国	100%	1431.06	1192.7	100%	962.26	1451.69	1269.5	-20.63	-76.8
珠三角	4.05%	57.97	48.31	4.63%	44.54	67.19	58.76	-9.22	-10.44
长三角	76.44%	1093.88	911.68	77.55%	746.21	1125.75	984.47	-31.87	-72.79
相邻四省	7.71%	176.96	147.05	3.15%	30.27	45.66	39.93	131.29	107.12

注：2010年安徽流出人口的五大目的地TOP5是沪苏浙粤京，而TOP6—10分别是闽津鲁新宁。

流向相邻四省人口增加了131.29万人，其中以农民工为主的劳动力增加107.12万人。其中流向山东的人口增加最多，其次是河南和湖北，流向江西的人口增量不大。流向江苏和浙江这两个发达且相邻的省份增量最大，而流向上海的安徽人大幅度减少157.74万人，伴随着上海的劳动密集型产业向江苏、浙江和安徽等地转移，以农民工为主的人口流动也大量转移。与调整后的2010年"六普"数据相比，一是流出TOP5发生很大的变化，2010年排在安徽流出目的地TOP5的全部是东部发达省市，而2014年年末河南挤进TOP5榜中。二向流向发生了巨大的变化。2010年以来，上海由安徽第一流向地退居苏浙之后居第3位。人口的高流动性使那些一度人满为患的人口流入地似乎转眼之间人去楼空，企业招工困难。三是近年来中西部对流动劳动力的吸引力较强，但流动性极大，从事各项基础设施建设的劳动力占比较高，产业的劳动力吸纳能力较弱，自2014年以来，中西部地区大规模基础设施建设放缓，大量自由流动的劳动力可能重新流向东部发达省市。

从《安徽省 2019 年春节旅游市场大数据报告》①中的数据来推断，在 2018 年安徽籍流动人口中，省外流动依然高于省内流动（58∶42）。从安徽旅游十大省外客源来推断，安徽人口流出主要目的地是江苏、上海、浙江、北京、广东、河南、山东、湖北、天津、河北。其中，由江苏、上海和浙江游客人数分别为 500 万人次、390 万人次和 240 万人次，以 80% 为本省外出人口返乡来推断，安徽流向江苏、上海和浙江的人口分别为 400 万人、312 万人和 192 万人。从停留时间来推断，安徽跨省流出人口可能超过 1300 万人。从各地级市游客接待量来推断，阜阳、宿州、安庆、滁州、六安等地流出人口数量在 200 万人以上。

第三节　安徽跨省流入人口大数据推断

一、流入人口大数据初始表征流量

对数据表 PtopLineOut 进行下述 SQL 查询操作：

SELECT province，name，sum（num）as num0，to_char（sum（per）/2.4，'9999.999%'）As per0

　　FROM public."PTopLineOut"

　　whereprovince = '安徽'

　　group by province，name

　　order by num0　desc

可以得到节前安徽人口流出目的地涵括全国 14 个省级单位。从大数据归集的可表征人口流动流量的大小来看，节前安徽人口流向最多的省份是江苏，表征流量为 2280518，占节前江苏流入总量的 12.31%；其次流向河南和浙江。由于上述查询只能得到流出省份中流量为 TOP10 的省份，若安徽节前流入该省人口占安徽总流出人口比重较低，则不能被系统记录，但该省流入人口流量却在某时段内进入其流入排名前 10 名，从而会发生数据的漏计，因此还必须对数据表 PtopLineIn 进行下述 SQL 查询操作：

---

①　参见：凤凰网安徽综合（2019 – 02 – 12）．安徽省 2019 年春节旅游市场大数据报告［OL］．http：//ah.ifeng.com/a/20190212/7212382_0.shtml．

```
SELECT province, name, sum (num) as num0, to_char (sum (per)/2.4,
'9999.999%')   As per0
    FROM public. "PtopLineIn"
    wherename = '安徽'
    group by province, name
    order by num0   desc
```

该查询的另一个作用是比较同一省份的流入流出,对数据不一致者保留较大值。查询新出现海南和台港澳,由于台港澳流量较少,因而将其忽略。课题组以大数据表征流量百分比推断 2014 年由各省流入安徽的人口总量为 288.05 万人。两次查询形成的表格合并之后的大数据推断结果表明(见图 12 - 2),在 2014 年安徽省外流入人口中,来自江苏的流量占 31.86%,推算由江苏流入人口数量为 91.78 万人;其次从河南流入人口 50.63 万人,占安徽省外流入总量的 17.58%;浙江居第 3 位,流入人口数量为 25.25 万人,占安徽省外流入人口总量的 8.77%。流入排名 TOP5 的省份共流入 202.75 万人,占安徽省外总流入的 70.39%。来自江苏的流入人口中,有相当一部分属于商旅性或日常性往返型人口,常住性流动人口与河南大致差不多。总体来看,安徽外来人口的吸引力非常弱,外来人口主要来自与安徽相邻的省级区域。近年来安徽自身的发展虽然吸引了一部分外出人口回流,但观测到的回流量不如四川明显。

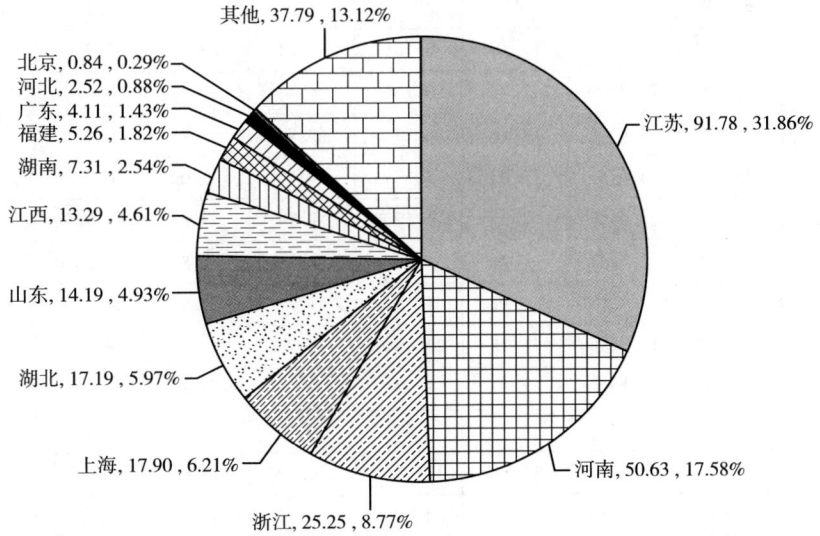

图 12 - 2   外省流入安徽人口数量及其比重 (2014 年)

二、由大数据表征流量到流入人口流量、流向测度

将图 12-2 中的数据与 2010 年"六普"调整数据进行比较,形成表 12-9。结果表明,与 2010 年"六普"相比,安徽省外流入人口增加了 126 万人(由于存在常住人口虚高的情况,大量农村常年性外出人口依旧被记录为其户籍所在地的常住人口,因此计算增量时只需要将 2014 年的常住人口减去 2010 年的常住人口即可),因此可反推出 2010 年外省流入安徽人口数量为 162 万人。与 2010 年相比,四川跌出流入来源地前 5 名,前 10 名也不见踪影,表明四川的快速发展吸引其外流人口急速回流;而上海由 2010 年的流入排名第 13 名进入流入来源地第 5 位,当然这种流入更多的是列入上海常住人口口径中的安徽籍

表 12-9　　　安徽省外人口流入流量、流向变化　　　单位:万人

来源地	2014年			2010年			新变化	
	流量当量	占总流量比重	人口估计	"六普"比重	"六普"数据	"六普"调整	占比变动	人口流量
江苏	2280518	31.86%	91.76	15.95%	11.44	25.84	15.91%	65.93
河南	1258099	17.58%	50.62	13.47%	9.66	21.81	4.11%	28.81
浙江	627387	8.77%	25.24	8.56%	6.14	13.87	0.20%	11.37
上海	444775	6.21%	17.9	2.90%	2.08	4.69	3.32%	13.21
湖北	427114	5.97%	17.19	6.70%	4.81	10.85	-0.73%	6.34
TOP5	5037893	70.39%	202.71	50.78%	36.43	82.27	19.61%	120.45
山东	352512	4.93%	14.18	4.79%	3.44	7.77	0.13%	6.42
江西	330215	4.61%	13.29	5.57%	4	9.02	-0.95%	4.27
湖南	181716	2.54%	7.31	4.52%	3.24	7.32	-1.98%	0
福建	130616	1.82%	5.26	4.02%	2.89	6.52	-2.20%	-1.26
广东	102093	1.43%	4.11	1.78%	1.27	2.88	-0.35%	1.23
TOP6—10	1097152	15.33%	44.15	23.48%	16.85	38.04	-8.15%	6.11
河北	62642	0.88%	2.52	2.97%	2.13	4.81	-2.10%	-2.29
北京	20788	0.29%	0.84	0.61%	0.44	0.99	-0.32%	-0.15
其他	938988	13.12%	37.78	28.18%	20.22	45.64	-15.06%	-7.86
合计	7157463	100.00%	288	100.00%	71.75	162	0.00%	126

注:2010 年省外流入排名前五(TOP5)是江苏、河南、浙江、湖北、四川五省,而 TOP10 是指 TOP5 加江西、山东、贵州、湖南、福建五省。2014 年省外流入前五和前十已经发生了很大的变化。

人口回流本省发展,而真正上海户籍的人口并不多。2014年排在前5名的省市全部是与安徽相邻的省级区域,流入来源地集中程度提高了19.61个百分点,流入人口增加120.45万人。

三、结论与对策建议

自2010年以来,安徽流向上海的人口大幅度减少,而流向江苏、浙江等相邻省份的人口大幅度增加。造成这种现象的可能原因:一方面是官方统计结果低估了相邻省份的人口流动,即抽样调查时样本很难覆盖到边界区域;另一方面则反映了区域一体化日益紧密的事实。从户籍人口来看,2014年安徽仍然有5362万农村人口,但从常住人口来看,城镇人口比例已占到全省的49.15%。早在20世纪80年代末期,像无为县这样的农村劳动力丰富的人口大县乡村流向外省的人口数量已经占到乡镇总人口的3%;据调查,像临泉县等人口净流出严重的地区小城镇人口外流比例平均在20%以上,个别镇甚至接近30%,而且这一比例在2003年之后明显地增加;皖西地区农村外出劳动力有65%以上的跨省流出。在2003年全国性的"民工荒"之前,农村流出人口主要以青壮年为主,而2003年之后大量40岁以上的中老年劳动力进入市场,在2008年前后农村可供流动的剩余劳动力基本上已经被吸纳完毕。2009年是安徽农村劳动力跨省流出的拐点,自此之后省外流动进入缓慢下降通道,而省内流动自2000年以来一直呈现快速增长的态势,人口流动的变化与产业转移等经济因素密切相关。由于所转移的产业基本上已经进入衰退期,其创新和成长能力相对偏弱,未来人口流动依然存在向发达地区转向的可能性。

百度贴吧(https://tieba.baidu.com/p/3405054729,2014-11-12)"农民工1.5亿人的回家之路"大数据显示,每年春节全国有1.5亿农民工跨省返乡,其中安徽排名仅落后四川,以1723万人居全国第2位。该数据也并非空穴来风,本章表12-1中的处理从谨慎出发,将部分农村流出劳动力计算在官方净流出半年以上的人口,否则推算2014年安徽省内外流动人口将高达3227万人,若省外流动占53.39%,即达到1723万人口的规模;除去省外流入288万人口,加上净流出人口所拥有的手机,安徽籍人口每百人手机拥有量为91.7部,仍旧低于全国可接受水平,前述数据依然具有较高的可信性。更为精确的省内外人口流动、流向及其新变化有赖于获得手机实名制后的电信大数据,这也是课题组进一步努力的方向。

从安徽省移动用户总数的变化来推算(见图12-3),2014—2016年安徽就业人口几乎没有太大的变化,基本上维持在3000万人的规模。但2016年12月至2018年7月,安徽移动用户数量增加了1120余万户,以劳均1.5部手机计算,意味着安徽新增了747万劳动力。而安徽年均出生人口80万人左右,因此新增就业劳动力应主要来自外出人口回归,即2016年以来安徽外出人口回流可能高达600万人左右。

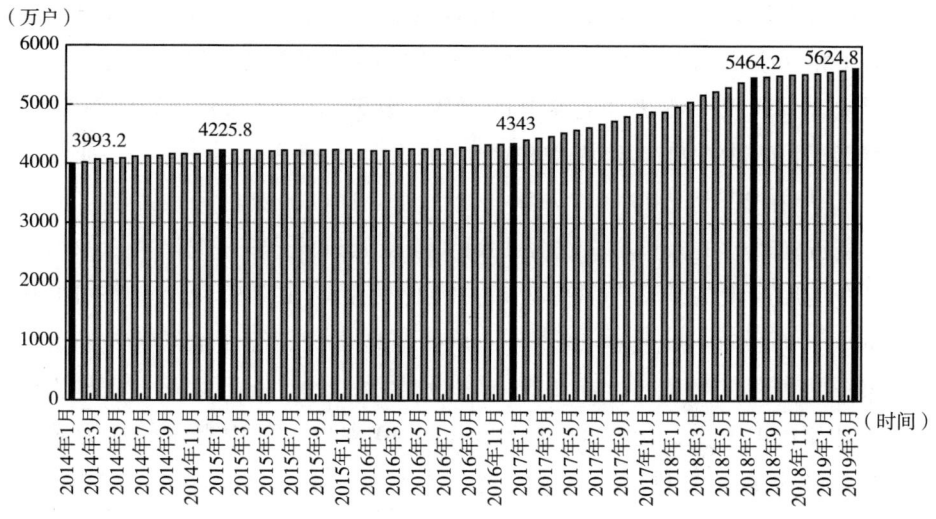

图12-3 安徽省移动用户总数量的变化(2014年1月至2019年3月)

在手机用户拥有量增长极为缓慢的情形下,推算2019年3月安徽净流出人口的最大值为1477万人,最小值为1015万人。2018年7月以来,安徽移动用户数量再次进入缓慢增长状态,意味着安徽人口进入相对稳定时期。2018年7月以来的安徽总人口的停滞,对应其移动用户数量的增长仅由移动用户向农村低龄和高龄人口扩散。考虑到2017年年初以来手机用户的扩散也可能有较大影响,对应的外出人口回流数量也至少在300万人以上。

本章参考文献

[1] 易斌,翟国方,丁琳. 经济驱动下的人口省际流动研究——以安徽为例 [J]. 华东经济管理,2013 (12): 39 - 42.

[2] 郭永昌. 安徽省际流出人口空间选择研究 [J]. 西北人口, 2012, 33 (3): 99-103.

[3] 许忠. 安徽省无为县 12 个乡流出人口调查报告 [J]. 中国人口科学, 1991 (6): 58-62.

[4] 李艳萍, 齐立博. 人口净流出严重地区小城镇规划路径探讨——以安徽省临泉县为例 [J]. 中国工程咨询, 2015 (1): 31-33.

[5] 樊洋, 徐梦琦, 丁春燕. 安徽流动人口问题及对策 [J]. 云南农业大学学报 (社会科学), 2018, 12 (04): 38-44.

[6] 李小强. 安徽省人口空间分布演变研究 [D]. 安徽财经大学, 2018.

[7] 褚斌. 安徽外出流动人口分析 [J]. 中国统计, 2013 (04): 18-19.

[8] 人民网安徽频道 (2017-01-24). 安徽移动积极应对春节数据流量高峰 [OL]. http://ah.people.com.cn/n2/2017/0124/c227767-29642809.html.

第十三章
福建省人口流动流量、流向及其变化研究

摘　要：福建是我国的人口和劳动力主要流入目的地之一，但实际净流入人口规模自 2010 年以来累计减少了 300 万人以上。大数据推断结果表明，2014 年福建跨省流出人口规模为 350 多万人，跨省流入人口规模为 500 万人左右。2014 年，江西、湖北、四川、湖南、贵州和重庆贡献了 65% 的外省流入人口，但与 2010 年相比累计减少了 350 多万人；福建人口主要流向广东、浙江、上海、江苏和江西等与福建相邻或距离较近的东部沿海地区，2014 年流出人口规模与 2010 年大致相等。流入人口流量、流向变化主要受中西部高速发展和福建自身转型困难等经济因素影响，以创新驱动经济增长与转型是未来福建可持续发展的关键。

关键词：福建流动人口；人口大数据；人口流向变化

第一节　福建农村劳动力转移与外出人口增长

一、福建流动人口研究简述

福建以山地、丘陵为主的地理自然条件以及沿海的区位特征，导致全省经济和人口的分布不均衡。表现在人口流动上，福建沿海地区既吸引本省西部地区农村劳动力，也吸引了相当数量来自全国人口流出大省的劳动力；另外，由于福建南邻广东、北邻浙江两个经济发达大省，因此福建本省农民工除流向本省东部沿海地区外，还有相当一部分农村劳动力流向粤浙两个相邻经济大省。此外，还有大量的福建籍商人流向全国乃至世界各地。总体而言，福建较高的经济发展水平吸纳外省人口流入数量大于福建本省人口流出数量，即福建是一

个人口净流入的省份。从流动人口的分布特征来看，福建劳动力流入最多的地区不是省会福州，而是泉州、漳州、厦门，即厦—漳—泉三角洲地区，与广东珠三角相类似，福建厦漳泉三角吸引了大量的省内外人口流入。作为全国开放城市之一，福州（郑桂珍，1985；林璧符，1988）和厦门（刘观海，2001；外来人口与厦门经济社会发展研究课题组，2003）的人口流动很早就引起国内人口和社会学者的关注。

福建究竟有多少省际流动人口？各种来源的数据存在较大的冲突。例如，2000年全国第五次人口普查时福建省有流动人口500万人，但登记在册的流动人口只有167万人。再如，陈金田（《宁夏大学学报（人文社会科学版）》，2006）指出福建省的农村富余劳动力约达1700万人，但与大多数人口流出大省一样，福建农村可供流动的劳动力数量也在2008年前后枯竭。

二、基于农村流出劳动力的省内外流动人口规模推算

李勋力、李国平（2005）认为，劳动力流动等于城镇从业人员减去城镇职工人数加上农村从业人员减去第一产业从业人员（农业从业人员），劳动力流动率则等于劳动力流动数与劳动力资源总数之积。但这种方法只能针对劳动力净流出地区，而福建这种劳动力净流入地区，该方法计算所得到的农村流出劳动力中有部分来源于省外劳动力流入。表13-1基本上反映了福建流动人口数。福建省2015年1%人口抽样调查主要数据公报显示，全省常住人口中，居住地与户口登记地所在的乡镇街道不一致且离开户口登记地半年以上人口为1265万人，其中市辖区内人户分离人口为99万人。同2010年第六次人口普查相比，居住地与户口登记地所在的乡镇街道不一致且离开户口登记地半年以上人口增加158万人，增长14.27%。表13-1列8估计的数据显示，2015年福建省内流动人口数量为1464.72万人，约比同期1%人口抽样调查多出200万人。课题组认为，2009年之前的省内人口流动及其增长趋势与事实应该相符，但流动人口的数量整体上存在低估；而2009年之后的增长态势则存在较大的问题：一是并没有反映金融危机对人口流动的影响；二是没能反映外省劳动力大量返乡的事实；三是没有反映2010年以来福建人口流动基本保持平稳的事实。

表 13-1　从业人员法——农村流出劳动力及流动人口数量估计（2005—2014 年）

单位：万人

年份	城镇从业人员	在岗职工数	农村从业人员	第一产业从业人员	农村流出劳动力	常住户籍人口差额	省内流动人口数
2006	609.58	412.21	1340	686.28	851.09	-175.85	675.24
2007	673.26	429.3	1342.07	658.08	927.95	-171.34	756.61
2008	722.02	441.58	1357.76	647.84	990.36	-161.86	828.5
2009	793.53	452.76	1375.33	638.63	1077.47	-167.32	910.15
2010	845.78	485.94	1395.81	636.54	1119.11	-163.31	955.8
2011	1042.32	538.32	1417.67	647.53	1274.14	-168.24	1105.9
2012	1145.34	561.29	1423.59	642.23	1365.41	-169	1196.41
2013	1129.8	555.66	1426.04	615.96	1384.22	-140.36	1243.86
2014	1217.53	559.95	1430.97	615.77	1472.78	-110.21	1362.57
2015	1329.57	567.5	1438.83	617.87	1583.03	-118.31	1464.72

注：列 2 至列 5 数据来源于《福建统计年鉴》（2007—2016 年），其余列为推算数。列 6 = 列 2 - 列 3 + 列 4 - 列 5。常住户籍人口差额 = 户籍人口数 - 常住人口数。列 8 = 列 6 + 列 7。

三、基于移动用户数量的人口流动量测度

2007 年年末，外出农民工人均手机拥有量已经达到 0.9 部。从全国范围来看，15—64 岁人口是手机的主要拥有者，并以此为中心向高龄和低龄人口扩张。课题组首先将全国历年的移动用户总数，除以全国 15—64 岁人口总数，可得到历年流动人口的人均手机拥有量；其次，将福建历年的移动用户总数除以历年流动人口的人均手机拥有量；最后，由于福建经济比较发达，常住人口中 0—12 岁人口手机拥有率极低，因此需要调整，为方便计算，课题组取 2014 年调整系数为 0.87，由此推算出 2008—2015 年福建的人口如图 13-1 所示。

课题组推算的结果表明，2008 年福建实有人口为 4104 万人，比户籍人口多出 627 万人，即福建全省净流入为 627 万人；2009 年福建实有人口下降到 3957 万人，净流入人口下降到 459 万人，意味着金融危机期间有 168 万外省流入人口返乡，约占全国 2000 多万返乡人口的 8%；2010—2012 年福建净流入人口连续三年增加，累计增加 164 万人，即金融危机之后在我国及各地反危机措施推动下返乡农民工基本全部重新回流到输出目的地；2013 年以来，福建

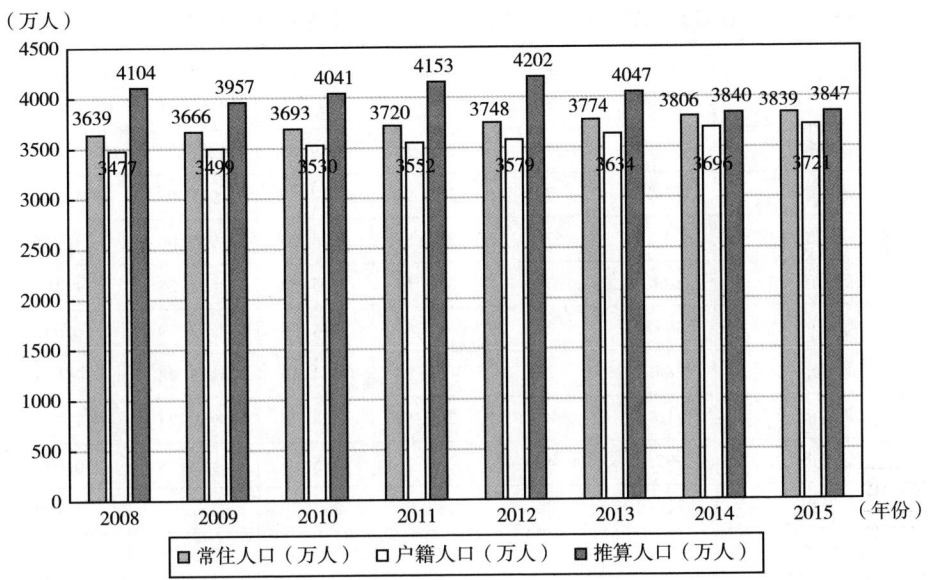

图 13-1 福建历年常住、户籍与实有人口数量（2008—2015 年）

净流入人口连续减少，其中 2013 年净减少 209 万人，2014 年再次净减少 269 万人，2015 年净减少 18 万。课题组的估计很好地反映了人口流动变化的事实。以外来人口最多的晋江为例，该市仅登记在册的外来务工人员就超过 100 万人，占福建全省的 1/8。由于产业升级困难，大量外来务工人员返乡，欠薪等劳务纠纷事件频发，仅 2013 年，晋江市劳动保障维权服务中心就受理外来工劳动纠纷 1300 多起，切实维护了外来工的合法权益（新华网，2014-01-04）。

虽然上述推算结果很可能低估了福建外省流入人口的数量，但人口变动趋势和数量不会有太大的变化。根据福建统计年鉴（2015），利用各地级市移动用户数量和每百户居民手机拥有量，课题组推算出福建城市实际人口及实际的人均手机拥有量（见表 13-2）。推算的数据显示，2014 年福建净流入人口为 594.10 万人，全省实际总人口为 4289.89 万人，与人口净流出大省不同，福建常住人口数量低于实有人口数量为 483.89 万人。省内人均实际拥有手机 0.997 部，比全国平均水平的 0.945 部多 105.5%。福州市实际人口超过 900 万人，其中城市人口在 600 万人以上，已经跃升为全国特大城市之一。厦门是全省人口净流入最多的地区，省内外净流入 302.14 万人，实有人口超过 500 万人。泉州净流入人口居全省第 3 位，漳州由于需要消化自身农村人口而有少量的净流出。宁德、南平、三明、莆田、龙岩等非沿海地区则表现为人口净流出。

表13-2 福建各地级市实有人口及实际人均手机拥有量（2014年）

城市	户籍人口（万人）	常住人口（万人）	净流入（万人）	实际人口（万人）	移动用户数（万户）	省内人均手机拥有量（部）
福建省	3695.79	3806	594.1	4289.89	4276.73	0.997
福州市	674.94	743	259.93	934.87	980.93	1.049
福州市（不含平潭）	632.15	701	261.88	894.03	943.06	1.055
厦门市	203.44	381	302.14	505.58	591.08	1.169
莆田市	341.21	285	-26.63	314.58	287.29	0.913
三明市	284.01	251	-29.86	254.15	228.98	0.901
泉州市	716.22	844	207.54	923.76	950.78	1.029
漳州市	497.41	496	-12.4	485.01	453.68	0.935
南平市	319.19	262	-37.9	281.29	251.6	0.894
龙岩市	307.14	259	-26.54	280.6	255.22	0.91
宁德市	352.24	285	-42.19	310.05	277.17	0.894
平潭综合实验区	42.79	42	-1.94	40.85	37.87	0.927

注：户籍人口、常住人口和移动用户总数来源于《福建统计年鉴（2015）》。

四、基于产出和从业人员占比的流出人口规模推算

自2009年以来，福建第一产业占全省GDP比重一直以来在10%以下，而第一产业从业人员占总从业人口比重却一直在20%以上。调查发现，2008年之后官方统计公布的第一产业从业人员数量（官方数）乘以第一产业占GDP的比重才是真实的第一从业人员数量（估计数），而官方数与估计数之间的差额实际上是农村流出劳动力却依旧被记录为本地常住人口数量。以2014年为例，全省总从业人员为2648.51万人，实际农村从业人员只有222.47万人，农村流出的劳动力为393.30万人，加上常住户籍人口差额中外省净流入人口，省外流入人口为503.51万人（见表13-3）。由于2008年以前福建农村尚有一定的剩余劳动力，因此占比产出法估计的省外流动人口数相对偏高。而2008年以后的农村劳动力枯竭，因此估计相对准确。课题组在全国的调研结果表明，经过近30年的发展，中国农村劳动力基本上已经转移完毕，剩余劳动力基本上已经没有剩余。2001年中国加入WTO之后，以前难以转移的40

岁、50岁农村劳动力也离开农村进入城镇工作。到2008年全球金融危机前后，福建省农村剩余劳动力基本上都已经外出。

表13-3 占比产出法——流动人口总数及省内外流动数量估计（2006—2015年）

单位：万人

年份	全社会年末从业人员数	第一产业占GDP比重	第一产业实际从业劳动力	第一产业官方从业人员数	第一产业流出劳动力数	官方省外净流入人口	省外流入人口数
2006	1949.58	11.4	222.25	686.28	464.03	175.85	639.88
2007	2015.33	10.8	217.66	658.08	440.42	171.34	611.76
2008	2079.78	10.7	222.54	647.84	425.3	161.86	587.16
2009	2168.86	9.7	210.38	638.63	428.25	167.32	595.57
2010	2241.59	9.3	208.47	636.54	428.07	163.31	591.38
2011	2459.99	9.2	226.32	647.53	421.21	168.24	589.45
2012	2568.93	9.0	231.2	642.23	411.03	169.00	580.03
2013	2555.86	8.6	219.8	615.96	396.16	140.36	536.52
2014	2648.51	8.4	222.47	615.77	393.30	110.21	503.51
2015	2768.41	8.2	227.01	617.87	390.86	118.31	509.17

相对于其他跨国流动占比较低的沿海省份而言，对福建的外出人口估计可能会忽略一个重要影响因素，即福建跨国流动人口数量和占本地户籍人口比重较高。例如，美国人口普查局2016年年底的人口调查数据显示，来自福建长乐、连江、福清等地区在美国人口约110.2万人。考虑到美国并非福建跨国外出人口的绝对流入地，因此粗略估计福建流动到国外的人口在350万—400万，而在国内流动的福建籍人口也不会少于这一数字。因此外省流动到福建的人口可能比估计的会更多。

第二节 福建跨省流入人口大数据推断

前面估算的省外流入人口2008年以前可能存在一定程度的高估，而2008年之后则可能存在低估现象，但总体上是可以接受的。低估的原因主要是流动人口中的劳动力占比下降，即非劳动力人口占比在2008年之后是上升的。从国家层面的劳动力与人口流动总源头看，2010年以来，我国15—64岁劳动年龄人口规模已经稳定在10亿人口左右的规模，在2013年达到100582万人的顶峰（拐点）之后掉头向下，劳动年龄人口进入缓慢下降通道。2010年之后，中国人口流出大省的人口流动规模基本保持稳定，所不同的是跨省流动规模的减小和本省流动规模的增加，农村剩余劳动力基本枯竭。但是各种数据表明自2008年以来，福建省外流入人口数量逐步减少的趋势是比较确定的。

一、流入人口大数据初始表征流量

对数据表 PtopLineOut 进行下述 SQL 查询操作：

SELECT province，name，sum（num）as num0，to_char（sum（per）/2.4，'9999.999%'） As per0

  FROM public."PTopLineOut"

  whereprovince = '福建'

  group by province，name

  order by num0 desc

可以得到节前福建人口流出目的地涵括全国11个省级单位。该查询可得到节前由福建流向全国各地排名前10名的省份，但输出结果排第11名的云南流量只有113，仅为排在第10名浙江的0.24%，几乎可以忽略不计。由此表明，福建外省流入人口排前10名的省级区域节前返乡过年的流量非常稳定。从大数据归集的可表征人口流动流量的大小来看，节前福建人口流向最多的省份是江西，表征流量为3129843，占节前福建流出总量的27.0%。这说明江西是福建外省流动人口的主要来源地，且占到福建外省流入人口的27%左右。流向其余各省流出量大小排名位次为湖北、四川、湖南、贵州、重庆、广东、河南、安徽、浙江、云南，表明福建外省流入人口主要来源于这些省市，除广东和浙江两个相邻的发达省份外，其他流入人口来源地都是我国南方的人口流出大省。11省市占流出总量的86.26%，推算采样期间福建流出总量为11438205。

由于上述查询只能得到流出省份中流量为TOP10的省份，若福建节前流入该省人口占福建总流出人口比重较低，则不能被系统记录，但该省流入人口流量却在某时段内进入其流入排名前10位，从而会发生数据的漏计，因此还必须对数据表 PtopLineIn 进行下述 SQL 查询操作：

SELECT province, name, sum（num）as num0, to_char（sum（per）/2.4, '9999.999%'） As per0

  FROM public."PtopLineIn"

  wherename = '福建'

  group by province, name

  order by num0 desc

第二次查询得到的省级单位扩展到 15 个，其中排名前 6 位的省份名次和流量相同。第二次查询中没有出现河南，原因是节前由福建流向河南的人口占河南流出到省外的人口比重很低，故其流量未能在数据表 PtopLineIn 中保存。此外，第二次查询表明云南、上海的流量都比较大，港台澳也记录到来自福建的流量（见表 13-4）。

表 13-4   2014 年福建跨省人口流入流量大数据采样

第一次查询				第二次查询			
流出地	流向地	大数据采样流量	占流出地比重	流入地	流出地	大数据采样流量	占流入地比重
福建	江西	3129843	27.00%	江西	福建	3129843	11.40%
福建	湖北	1001021	8.79%	湖北	福建	1001021	4.34%
福建	四川	917354	7.74%	四川	福建	917354	4.66%
福建	湖南	881387	8.18%	湖南	福建	881387	3.02%
福建	贵州	825622	7.45%	贵州	福建	825622	7.76%
福建	重庆	728615	6.20%	重庆	福建	728615	6.27%
福建	广东	708278	6.82%	广东	福建	708278	7.34%
福建	河南	657257	5.32%	安徽	福建	536917	1.75%
福建	安徽	536814	4.36%	浙江	福建	480063	5.01%
福建	浙江	480063	4.40%	广西	福建	283790	1.18%
福建	云南	113	0.01%	云南	福建	226810	4.23%
TOP11	小计	9866367	86.26%	上海	福建	110893	1.66%
福建*	全国	11438205	100.00%	江苏	福建	31352	0.51%
				香港	福建	12627	2.92%
				台湾	福建	9559	4.52%
				澳门	福建	1509	0.79%
				TOP16	合计	9885640	—

二、由大数据表征流量到人口流入量及流向测度

在图 13 – 1 和表 13 – 3 中，课题组推算了福建的外省人口净流入量，表 13 – 2 则以户籍人口为基数推算了外省人口净流入量可能高达 594.10 万。图 13 – 1 和表 13 – 3 的推算是相互呼应的，图 13 – 1 推算 2014 年福建人口净流入量为 144.40 万人，表 13 – 3 则以劳动力流动为基数推算 2014 年外省人口流入量为 503.51 万人。在大数据采样中，若能得到采样期内流入总量和流出总量，则根据人口净流入量就可以推算流出人口和流入人口。特别需要注意的是，大数据采样期内流入总量对应的是福建本省人口跨省流出，而流出总量则对应福建外省流入人口。通过查询计算，大数据采样期内流入总量为 8106664，流出总量为 11438205，净流出量为 3331541。由于净流出量对应于 2014 年 144.40 万净流入人口，推算 2014 年福建外省流入人口总量为 495.76 万人，同期福建省际流出人口为 351.36 万人。而前述表 13 – 3 推算的福建外省流入人口为 503.51 万人，两者非常接近，取均值 499.63 万人，则流出人口和净流入人口分别为 354.11 万人和 145.53 万人。

以 499.63 万外省流入人口为基数，根据大数据采样推算的各省流入人口占福建比重，课题组得到 2014 年流入福建的各省人口数量（见表 13 – 5）。例如，江西占福建外省流入人口总量的 27.363%，对应 2014 年有 136.71 万人（列 6）江西人在福建流动；在福建的江西人占江西省外流动人口的 11.40%（列 3），推算江西流出省外人口为 1199.78 万人（列 7）。

表 13 – 5　　　　2014 年福建跨省人口流入来源地及数量

来源地	人口大数据采样流量	占来源地比重	占福建流入比重*	占福建流入比重**	流入人口（万人）	来源地流出人口（万人）
江西	3129843	11.40%	27.00%	27.36%	136.71	1199.78
湖北	1001021	4.34%	8.79%	8.75%	43.73	1007.74
四川	917354	4.66%	7.74%	8.02%	40.07	860.45
湖南	881387	3.02%	8.18%	7.71%	38.5	1273.99
贵州	825622	7.76%	7.45%	7.22%	36.06	464.8
重庆	728615	6.27%	6.20%	6.37%	31.83	508.01

续表

来源地	人口大数据采样流量	占来源地比重	占福建流入比重*	占福建流入比重**	流入人口（万人）	来源地流出人口（万人）
广东	708278	7.34%	6.82%	6.19%	30.94	421.39
河南	657257	—	5.32%	5.75%	28.71	—
安徽	536917	1.75%	4.36%	4.69%	23.45	1340.94
浙江	480063	5.01%	4.40%	4.20%	20.97	418.31
广西	283790	1.18%	—	2.48%	12.4	1055
云南	226810	4.23%	—	1.98%	9.91	234.16
上海	110893	1.66%	—	0.97%	4.84	291.63
江苏	31352	0.51%	—	0.27%	1.37	271.19
香港	12627	2.92%	—	0.11%	0.55	18.89
台湾	9559	4.52%	—	0.08%	0.42	9.23
澳门	1509	0.79%	—	0.01%	0.07	8.4
其他	895308	—	13.74%	7.83%	39.11	—
全国	11438205	—	100.00%	100.00%	499.63	9383.89

注：占福建流入人口比重*为第一次查询直接得到，而占福建流入人口比重**则为推算得到的结果。

三、2010年以来福建外省人口流入变化

2010年福建省全国第六次普查公报的数据显示，全省流入半年以上的人口总数为431.3万人。其中94.87万人来自江西，占省外流入22.00%；82.24万人来自四川，占省外流入19.07%；其余各省流入福建人口数量如图13-2所示。

在前面的分析中，课题组发现2008年福建省外净流入人口高达626.55万人，由于全球金融危机的冲击，2009年净流入人口减少了167.85万人；2010—2012年年净流入人口累计回流163.85万人，即在国家"4万亿"政策和福建地方政府政策的推动下，返乡人口差不多又重新回流到福建；2013年净流入人口减少208.75万人，2014年净流入人口再次减少269.40万人，两年累计减少478.16万人，再现外省人口大规模离开福建的潮流；2015年净流入人口下降到只有126.53万人，福建重新回到依旧本省人口推动经济发展的时代（见表13-6）。

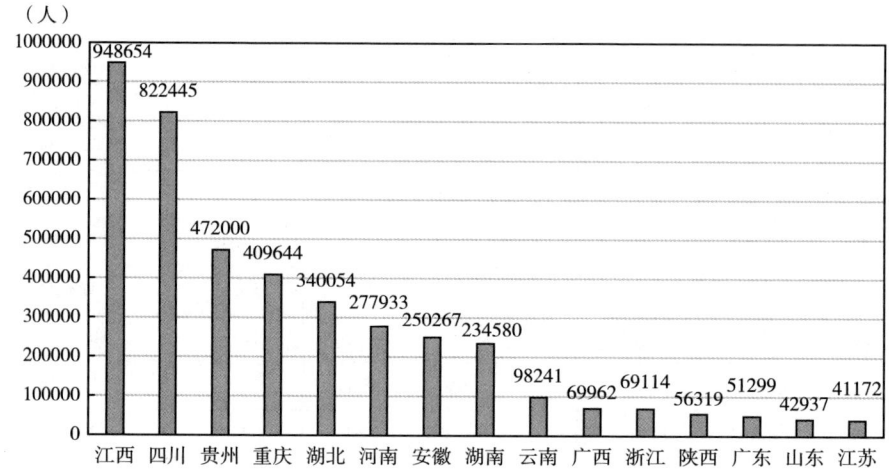

图 13-2 福建全国第六次人口普查外省流入人口数量（TOP15，2010年）

表 13-6 福建净流入人口及其变化（2008—2015年）

年份	常住人口（万人）	户籍人口（万人）	推算人口（万人）	净流入人口（万人）	净流入人口变动（万人）
2008	3639	3477	4104	626.55	—
2009	3666	3499	3957	458.71	-167.85
2010	3693	3530	4041	511.52	52.81
2011	3720	3552	4153	600.79	89.27
2012	3748	3579	4202	622.55	21.76
2013	3774	3634	4047	413.8	-208.75
2014	3806	3696	3840	144.4	-269.4
2015	3839	3721	3847	126.53	-17.87

与2010年"六普"相比，福建省外流入人口累计减少了367.12万人。2010年，福建实际省外流入人口为866.75万人，比政府公布的半年以上流入人口435.45万人，即一半左右的流动人口并没有被纳入统计之中。与人口流出大省相对应，大量流出人口依旧被记录为其户籍所在地的常住人口。与2010年相比，流动在福建的四川人累计减少了125.21万人，贵州、江西、重庆也分别减少了58.79万人、53.93万人和50.50万人，河南、安徽、湖北、湖南等传统人口流出大省也分别减少了27.14万人、26.84万人、24.61万人和8.64万人（见表13-7）。这种大幅度的减少远比金融危机冲击剧烈，其主要原因是中西部地区的快速发展吸引大量人口回流。

表 13-7　　福建省外人口流入流量、流向变化　　　　　　单位：万人

来源地	2014年			2010年			新变化	
	流量当量	占总流量比重	人口估计	"六普"比重	"六普"数据	"六普"调整	占比变动	人口流量
江西	3129843	27.36%	136.71	22.00%	94.87	190.64	5.37%	-53.93
湖北	1001021	8.75%	43.73	7.88%	34.01	68.34	0.87%	-24.61
四川	917354	8.02%	40.07	19.07%	82.24	165.28	-11.05%	-125.21
湖南	881387	7.71%	38.5	5.44%	23.46	47.14	2.27%	-8.64
贵州	825622	7.22%	36.06	10.94%	47.2	94.85	-3.73%	-58.79
TOP5	6755227	59.06%	295.08	69.39%	299.28	601.43	-10.33%	-306.36
重庆	728615	6.37%	31.83	9.50%	40.96	82.32	-3.13%	-50.5
广东	708278	6.19%	30.94	1.19%	5.13	10.31	5.00%	20.63
河南	657257	5.75%	28.71	6.44%	27.79	55.85	-0.70%	-27.14
安徽	536917	4.69%	23.45	5.80%	25.03	50.29	-1.11%	-26.84
浙江	480063	4.20%	20.97	1.60%	6.91	13.89	2.59%	7.08
TOP6—10	1097152	15.33%	135.9	21.59%	93.1	187.09	-6.26%	-51.19
广西	283790	2.48%	12.4	1.62%	7	14.06	0.86%	-1.66
云南	226810	1.98%	9.91	2.28%	9.82	19.74	-0.29%	-9.84
上海	110893	0.97%	4.84	0.11%	0.49	0.98	0.86%	3.87
江苏	31352	0.27%	1.37	0.95%	4.12	8.27	-0.68%	-6.9
其他	919003	8.23%	40.14	5.17%	22.28	44.78	3.06%	-4.63
合计	11438205	100.00%	499.63	100%	431.3	866.75	0	-367.12

注：2010年省外流入排名前五（TOP5）是江西、四川、贵州、重庆、湖北五省市，而TOP10是指TOP5加河南、安徽、湖南、云南、广西五省区。2014年省外流入前五和前十已经发生了很大的变化。

排名前5位的省份中，江西继续稳居第1位；重庆跌出前5位，由第4位下降到第6位；湖南由第8位上升到第4位。TOP5占全省流入人口的比重由2010年的69.39%下降到2014年的59.06%，下降幅度超过10个百分点。流入人口增加的是广东、浙江和上海三个经济发达省市，其中广东流入人口增加20.63万人。距离越远的省份人口减少越多，而距离相对较近省份的流入人口降幅较少甚至出现增加，区域一体化趋势明显；中西部经济发展对其本省人口流出影响巨大。

第三节 福建跨省流出人口大数据推断

一、流出人口大数据初始表征流量

对数据表 PtopLineIn 进行下述 SQL 查询操作：

SELECT province, name, sum（num）as num0, to_char（sum（per）/2.4,'9999.999%'） As per0

　　FROM public."PTopLineIn"

　　where province = '福建'

　　group by province, name

　　order by num0 desc

可以得到节前福建人口流入来源地涵盖全国 15 个省级单位，表明福建流出人口与省外流入人口比较而言相对分散。由于上述查询只能得到流出省份中流量为 TOP10 的省份，若福建省流入该省人口占该省总流入人口比重较低，则有可能发生数据的漏计，因此还必须对数据表 PtopLineOut 进行下述 SQL 查询操作：

SELECT province, name, sum（num）as num0, to_char（sum（per）/2.4,'9999.999%'） As per0

　　FROM public."PTopLineOut"

　　where name = '福建'

　　group by province, name

　　order by num0 desc

第一次查询除了防止大数据表征的人口流量被漏计外，另一个重要的功能是计算出大数据表征人口的总流量。在原始数据中，为简化计算，系统只记录不同时段流入或流入排名前 10 名的省级区域，因此需要计算总流量。第一次查询中共记录了 15 个省级区域流向福建的流入量，其流量合计占全省流入总量的 80.18%，推算出全省总流入量为 8106664；第二次查询共记录了 25 个省级区域的流入量，最大限度地解决了数据漏计的问题。两次查询输出结果如表 13-8 所示。从第一次查询来看，福建外出人口主要流向邻近的广东和长三角,其次也有相当数量的人口流向邻近的江西,流向北京的流向也占到总流量的4%。流向广东的外出人口比长三角浙沪苏三地之和还多。在第二次查询中,广东、上海、江西的流量与第一次查询相同,表明福建籍人口在该省的外来人口中稳定地排在前10位之内,而浙江虽然在第二次查询中排在第9位,但与第一次查询相比相差极大,表明福建籍人口在浙江的外来人口中并不占主导地位,其在数据采样期间排前10位的次数并不多。因此可以用广东、上海和江西的流量及占比来推算福建总流量为8172154,与以TOP10为基准推算8106664的总流量相差并不大。在第二次查询中,自香港起及其之后的数据都是因采样时间不全而导致流量值比实际值要小。

表13-8 福建人口流出的初始表征量

第一次查询				第二次查询				
流入地	流出地	大数据采样流量	占福建流入量比重	序号	流出地	流入地	大数据采样流量	占流出地流量比重
福建	广东	2544101	31.09%	1	广东	福建	2544101	3.05%
福建	浙江	999358	12.57%	2	上海	福建	738645	3.14%
福建	上海	738645	8.97%	3	江西	福建	386551	8.94%
福建	江苏	616019	7.60%	4	广西	福建	241056	4.96%
福建	江西	386551	4.84%	5	湖南	福建	216481	3.95%
福建	北京	333046	4.00%	6	贵州	福建	145954	2.65%
福建	广西	240990	2.98%	7	云南	福建	130668	2.70%
福建	湖北	232790	2.96%	8	安徽	福建	130616	2.04%
福建	湖南	213453	2.76%	9	浙江	福建	113852	0.97%
福建	河南	100323	1.20%	10	湖北	福建	99690	2.40%
福建	山东	88731	1.04%	11	江苏	福建	73963	0.87%
福建	四川	5065	0.11%	12	重庆	福建	72199	1.12%
福建	安徽	547	0.04%	13	海南	福建	62316	3.40%
福建	陕西	214	0.02%	14	香港	福建	6370	2.05%
福建	贵州	90	0.01%	15	四川	福建	5369	0.26%
福建	其他	1606741	19.82%	16	山西	福建	2422	0.24%
福建	全国	8106664	100.00%	17	台湾	福建	2059	25.63%
				18	澳门	福建	1407	0.62%
				19	陕西	福建	634	0.07%

续表

第一次查询				序号	第二次查询			
流入地	流出地	大数据采样流量	占福建流入量比重		流出地	流入地	大数据采样流量	占流出地流量比重
				20	吉林	福建	487	0.14%
				21	辽宁	福建	119	0.02%
				22	黑龙江	福建	52	0.02%
				23	新疆	福建	26	0.01%
				24	宁夏	福建	11	0.01%
				25	西藏	福建	2	0.01%

二、由大数据表征流量到人口流量、流向测度

需要特别注意的是，节前由外省流向福建的流量对应于福建流向全国各省级区域的流量而不是相反。将两次查询结果合并，取大值新值之后，最后形成表13-9。将各省节前回流量除以总流量，再乘以跨省总流出人口，就可以得到2014年福建人口跨省流出各个流向的实际人口流量。在前面的推算中，2014年福建流出人口为354.11万人。从大数据推断的结果来看（见表13-9），2014年福建流向广东111.13万人（列5），占跨省外出总量的31.38%（列4），居第1位；流向浙江43.65万人，占跨省外出总量的12.33%，居全省第2位；流向上海32.27万人，占跨省外出总量的9.11%，居全省第3位。流向五大目的地TOP5合计230.84万人，占跨省外出总量的65.19%。流向长三角（浙苏沪）102.83万人，占跨省外出总量的29.04%，仍旧低于流向广东的人口，珠三角对福建人口的吸引力依旧强于长三角经济区。流向粤浙赣相邻三省171.67万人，占跨省外出总量的48.48%。最后一列（列6）根据流入福建的流量反推福建跨省流出目的地省份的跨省外来人口估计，其结果与我国跨省外出人口的数量基本一致。

三、人口流出流量、流向变化测度和比较分析

利用前面的研究结果，课题组推算出2010年福建流出省外人口为355.23

表 13-9　2014 年福建跨省人口流动流量、流向的大数据推断

流向	大数据表征流量	占流出地比重	占福建流出人口比重	人口流出量（万人）	福建流出目的地外来人口（万人）
广东	2544101	3.05%	31.38%	111.13	3641.21
浙江	999358	—	12.33%	43.65	—
上海	738645	3.14%	9.11%	32.27	1028.53
江苏	616019	—	7.60%	26.91	—
江西	386551	8.94%	4.77%	16.89	188.98
TOP5	5284674	—	65.19%	230.84	4858.72
北京	333046	—	4.11%	14.55	—
广西	241056	4.96%	2.97%	10.53	212.12
湖北	232790	—	2.87%	10.17	—
湖南	216481	3.95%	2.67%	9.46	239.7
贵州	145954	—	1.80%	6.38	—
TOP6—10	2911278	—	14.42%	241.64	451.82
云南	130668	2.70%	1.61%	5.71	211.63
安徽	130616	2.04%	1.61%	5.71	279.41
河南	100323	—	1.24%	4.38	—
山东	88731	—	1.09%	3.88	—
重庆	72199	1.12%	0.89%	3.15	282.34
海南	62316	3.40%	0.77%	2.72	80.01
其他	1067810	—	13.17%	46.64	—
全国	30903332	—	100.00%	354.11	6163.93
珠三角	2544101	3.05%	31.38%	111.13	3641.21
长三角	2354022	3.14%	29.04%	102.83	1028.53
相邻三省	3930010	11.99%	48.48%	171.67	3830.19

万人，与 2014 年的省外流动人口数量大致相等。从表 13-10 中可以看出，2010 年以来福建人口流动变化非常明显。与 2010 年相比，2014 年年末跨省流出人口总量仅减少 1.12 万人，出省人口中闽商占比较大，即能出去的福建人都出去了，因此数量变动较少。在 2010 年福建跨省流出人口中，流向排名前 5 位的省市为广东、上海、浙江、江苏和北京，到 2014 年时北京退居第 6 位，江西挤进前 5 名；2010 年流向 TOP5 总人口为 233.58 万人，到 2014 年则减少 2.74 万人；TOP5 占流出人口比重基本保持不变。2010 年流出人口目的地

TOP6—10 排名为江西、广西、云南、湖北、山东五省区,流出人口数量增加 7.54 万人,比重增加 2.17 个百分点。

表 13-10　　　　福建跨省人口流出流量、流向变化　　　　单位:万人

流向	2014 年大数据推断		2010 年			流量变化	
	大数据占比	人口流出	"六普"占比	"六普"流出	调整流出	人口变化	占比变化
广东	31.38%	111.13	26.05%	43.43	92.53	18.6	5.34%
浙江	12.33%	43.65	9.82%	16.37	34.88	8.77	2.51%
上海	9.11%	32.27	15.82%	26.38	56.2	-23.94	-6.71%
江苏	7.60%	26.91	8.31%	13.86	29.53	-2.63	-0.72%
江西	4.77%	16.89	2.67%	4.46	9.49	7.39	2.10%
TOP5	65.19%	230.84	65.75%	109.63	233.58	-2.74	-0.56%
北京	4.11%	14.55	5.75%	9.59	20.43	-5.88	-1.64%
广西	2.97%	10.53	2.63%	4.39	9.36	1.17	0.34%
湖北	2.87%	10.17	2.24%	3.73	7.95	2.22	0.63%
湖南	2.67%	9.46	1.96%	3.27	6.96	2.49	0.71%
贵州	1.80%	6.38	1.71%	2.85	6.08	0.29	0.09%
TOP6—10	14.42%	51.08	12.26%	20.43	43.53	7.54	2.17%
云南	1.61%	5.71	2.48%	4.14	8.81	-3.1	-0.87%
安徽	1.61%	5.71	1.73%	2.89	6.15	-0.44	-0.12%
河南	1.24%	4.38	1.22%	2.03	4.32	0.06	0.02%
山东	1.09%	3.88	2.23%	3.72	7.93	-4.05	-1.14%
重庆	0.89%	3.15	1.27%	2.12	4.51	-1.36	-0.38%
海南	0.77%	2.72	1.13%	1.88	4.01	-1.29	-0.36%
其他	13.17%	46.64	12.97%	21.63	46.08	0.56	0.20%
全国	100.00%	354.11	100.00%	166.73	355.23	-1.12	0
珠三角	31.38%	111.13	26.05%	43.43	92.53	18.6	5.34%
长三角	29.04%	102.83	33.95%	56.61	120.62	-17.79	-4.92%
浙赣粤	48.48%	171.67	38.54%	64.25	136.9	34.77	9.94%

流向长三角(沪浙苏)下降 4.92 个百分点,人口减少 17.79 万人。其中,流向上海的人口减少 23.94 万人,占流出人口比重下降了 6.72 个百分点;流向江苏的人口减少了 2.63 万人;而流向与福建相邻的浙江则增加了 8.77 万人,占流出人口比重增加了 2.51 个百分点。流向浙赣粤三个相邻省份的人口

增加了 34.77 万人，占流出人口比重上升了 9.94 个百分点。伴随着上海的产业转型升级，福建人口流动也发生了相应的转移。

四、小结及对策建议

自 2010 年以来，福建跨省流出人口的数量基本保持在 350 万左右的规模，但外省流入人口数量却发生了非常大的变化，累计减少了 367.12 万人。其中，四川、贵州、江西、重庆共减少 288.42 万人。传统的人口普查更可能将从事制造业的外来人口纳入统计口径中，从而导致以农民工流出为主的外来人口来源地人口流入量的高估。从课题组推算的结果来看，这种高估的可能性并不能掩盖劳动力流出大省流向福建人口大幅度减少的现实。这种劳动力供给的减少，必然对福建的产业转型升级提出了最为直接的要求。从上海、北京和广东的情况来看，这些地区已经在一定程度上实现了产业的转型升级。福建自身的转型升级举步维艰和中西部地区的高速发展，是福建外省人口流入大幅度减少的关键因素。在国内农村可供流动劳动力普遍枯竭的情况下，福建唯有依靠创新来实现经济的长期稳定发展。

本章参考文献

[1] 林璧符，王依妹. 开放城市流动人口问题刍议——福州市城市流动人口问题的调查分析 [J]. 学术评论，1988 (3)：59 - 61.

[2] 刘观海. 福州市人口发展变化的新特点 [J]. 福州党校学报，2001 (4)：49 - 50.

[3] 《外来人口与厦门经济社会发展研究》课题组. 厦门市外来人口状况与外来人口政策取向 [J]. 厦门科技，2003 (3)：45 - 47.

[4] 夏贵芳. 省际与省内流动人口职业流动特征及其影响因素的对比 [D]. 福建师范大学，2017.

[5] 吴莲妹，洪志华，张志金. 流动人口管理和服务对策探索——以福建晋江为例 [J]. 福州党校学报，2013 (4)：38 - 40.

[6] 张苏北. 福建省人口流动地域类型及其形成机制研究 [D]. 福建师范大学，2014.

第十四章
江西省人口流动流量、流向及其变化研究

摘　要： 大数据推断结果表明，2014年江西户籍跨省外出人口规模高达1088.27万人，跨省流入人口176.87万人。跨省流出人口主要流向广东（452.74万人，41.60%）、浙江（255.73万人，23.50%）、福建（123.72万人，11.37%）、上海（59.14万人，5.43%）和江苏（48.97万人，4.50%）五省市，五省市合计占江西流出人口的86.40%。跨省流入人口主要来自湘粤鄂浙闽皖苏沪等相邻省份或邻近的东部省份，区域一体化趋势明显。产业发展是吸引江西人口回流的主要因素，高铁网络建设是江西城镇化的重要推动力。

关键词： 江西人口流动；人口大数据；户籍外出人口；江西高铁网络

第一节　江西农村劳动力转移与外出人口增长

一、江西流出人口概述

20世纪90年代，江西以优越的地理位置迅速成为广东、浙江、福建、江苏（上海）等邻近省份的廉价劳动力供应基地。到2000年全国第五次人口普查时，官方统计显示的江西出省务工人口已经达到368万人，成为仅次于四川、河南、湖南、安徽等人口大省之后的劳动力输出大省，其输出劳动力占总人口比例居全国之冠。江西省农调队发布的报告显示，2003年江西省跨省流出农村劳动力高达484.85万人。来自全国的调研结果表明，经过近30年的发展，中国农村劳动力基本上已经转移完毕，剩余劳动力基本上已经没有。2001年中国加入WTO之后，以前难以找工作的40岁、50岁农村劳动力也离开农村进入城镇工作。1%人口抽样调查结果表明，2004—2006年江西跨省流出劳

动力分别为 502.6 万人、541.32 万人和 562.9 万人，以此推算，2006 年江西跨省流动人口规模已达 700 万人以上。

全国第六次人口普查（简称"六普"）结果显示，2010 年，江西户籍外出人口 578.74 万人，比 2000 年第五次人口普查（以下简称"五普"）的 368.03 万人增加了 210.71 万人，平均每年增加 21.07 万人，10 年间增长了 57.25%，年均增长 4.63%。由于户籍外出人口仅指户籍在省内、离开户口登记地半年以上、现住地在省外的人口，因此实际跨省流出人口远超普查数据。例如，据周晓津（2011）估计，2000 年江西跨省流出劳动力 423 万人（跨省流出人口 528 万人），其中常年性跨省流出劳动力 336 万人，估计的跨省流出劳动力数量虽然为全国第五次人口普查户籍外出人口数据的 2 倍，但与江西省农调队 2003 年的数据在逻辑上保持一致。按同口径、同比例粗略推算，2010 年江西跨省流出人口规模似乎应该达到 1000 万左右，然而"六普"时人口调查的范围、广度、深度和精度都高于"五普"，因此可以确定的是江西跨省流动的人口规模应在 1000 万人以内，但远多于"六普"的户籍外出人口数据。课题组认为，与大多数人口流出大省一样，江西农村可供流动的劳动力数量也在 2008 年前后枯竭。

二、基于农村流出劳动力的省内外流动人口规模推算

李勋力、李国平（2005）认为，劳动力流动等于城镇从业人员减去城镇职工人数加上农村从业人员减去第一产业从业人员（农业从业人员），劳动力流动率则等于劳动力流动数与劳动力资源总数之积。课题组采用同样的方法，利用江西统计年鉴（2016）数据，得到 2006—2015 年江西农村流出劳动力（见图 14-1）。从图中可以看出，2006 年以来江西农村流出劳动力稳步增加，但 2011 年以后增长速度缓慢；2010 年是人口普查年，由于存在大量农村外出劳动力虚报为本地常住户口的现象，因此 2010 年流出劳动力明显偏低，应取 2009 年和 2011 年的均值，即 2010 年农村流出劳动力不少于 1314.8 万人。依此方法计算的农村劳动力，按省际可分成省外流动和省内流动两大流向。其中流向省外部分早期占比在 70% 以上，后来逐步下降，从全国其他人口流出大省的情况来看，2014 年流向省外占比已经下降到 50% 左右；省内流动部分早期占比较低，2014 年占比已经接近一半。以 2014 年为例，以省外流动占 50%

计算，加上全省户籍人口减去常住人口的数量，江西省外流动人口规模应在1100万人以上。

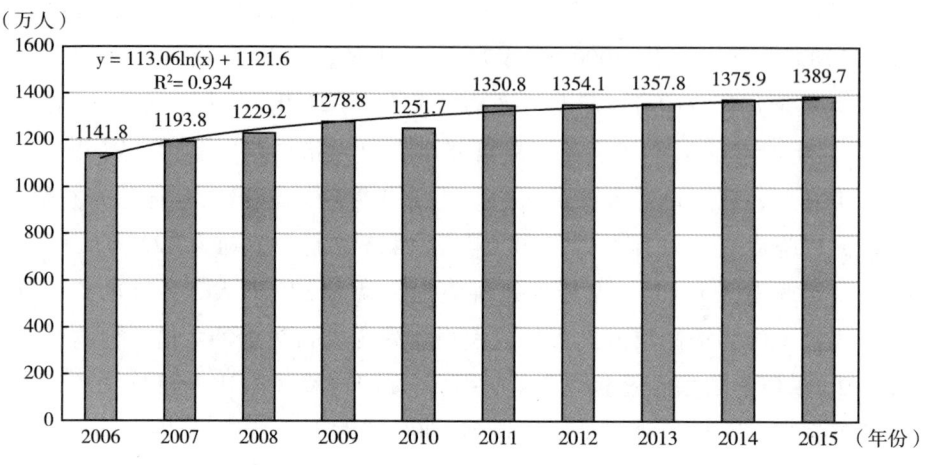

图14-1　江西农村历年流出劳动力数量（2006—2015年）

江西省2015年1%人口抽样调查主要数据公报显示，全省常住人口为4561.72万人，居住地与户口登记地所在的乡镇街道不一致且离开户口登记地半年以上人口为543.9万人，其中市辖区内人户分离人口为119.66万人，不包括市辖区内人户分离的人口为424.24万人，分别比2010年第六次全国人口普查增加73.66万人、36.47万人和37.2万人；全省跨省外出半年以上人口为584.08万人，比2010年第六次全国人口普查的578.74万人增加了5.34万人。令人难以置信的是，在网络搜索如此便利的今天，课题组从网络上竟然很难得到具体的不同年份的江西户籍人口数据，但课题组依旧能推算2015年江西户籍人口数据为5146.46万人；以50%的省外流动比重推算，2015年江西省外流动人口高达1279.58万人，减去省外流入人口之后，江西净流出人口在1100万左右。课题组推算同期江西流出人口可能高达1280万，占流出人口比重为86.8%，这与农民工占流出人口中绝大部分的事实相符。

三、基于移动用户数量的人口流动量测度

首先，将全国历年的移动用户总数，除以全国15—64岁人口总数，可得到历年流动人口的人均手机拥有量（见表14-1，列6）；其次，将江西历年的

移动用户总数（表 14-1，列 5）除以全国历年流动人口的人均手机拥有量，得到江西省内劳动力数量（表 14-1，列 3）；最后，将全省劳动力资源（表 14-1，列 2）减去省内劳动力资源得到省外流动劳动力可能数量（表 14-1 列 4），由此推算出 2006—2015 年江西的省外流动人口如表 14-1 所示。

表 14-1　基于江西年末移动用户数量推算省外流动人口（2006—2015 年）

年份	劳动力资源（万人）	省内资源（万人）	省外流动（万人）	移动电话用户（万户）	全国 15—64 岁人均手机拥有率	农村流出劳动力（万人）
2006	3210.4	2138.25	1072.15	933	48.50%	1141.77
2007	3290.6	2300.46	990.14	1182	57.11%	1193.75
2008	3353	2139.25	1213.79	1277	66.33%	1229.2
2009	3413.8	2242.52	1171.28	1547	76.65%	1278.8
2010	3417.6	2341.39	1076.21	1811	85.95%	1251.71
2011	3480.5	2669.69	810.81	2363	98.35%	1350.83
2012	3495.5	2647.15	848.35	2639	110.77%	1354.05
2013	3524.7	2552.28	972.42	2807	122.20%	1357.84
2014	3551.6	2550.6	1001	2939	128.01%	1375.9
2015	3577.6	2680.54	897.06	3056	126.68%	1389.68

注：劳动力资源和移动电话用户数量来源于《江西统计年鉴（2016）》，其余为推算数。列 3 依据江西的情况进行了调整，调整系数为 0.9。

课题组推算的结果表明，2008 年江西省外流动劳动力有 1213.79 万人，金融危机后减少趋势明显。将省外流动人口与前面农村劳动力比较，课题组还可以推算出历年省内外流动人口数量及比重。以 2015 年为例，省外流动劳动力为 897.06 万人，农村流出劳动力为 1389.68 万人，加上净流出人口 584.08 万人中 82% 的劳动力，推算省外流动劳动力占全部流动劳动力总数的 48%。

进一步，根据《江西统计年鉴（2015）》，利用各地级市移动用户数量和每百户居民手机拥有量，课题组推算出江西城市实际人口及实际的人均手机拥有量（见表 14-2）。推算的数据显示，2014 年江西净流出人口为 579.37 万人，全省实际总人口为 3962.79 万人；省内人均实际拥有手机 0.742 部，远低于全国平均水平的 0.945 部。南昌市实际人口超过 600 万人，其中城市人口在 400 万人以上，也是全省唯一净流入人口的地区（新余接近流入流出平衡）。表 14-2 中的净流出人口是基于常住人口口径，若以户籍人口为基数推算，2014 年江西净流出人口在 1000 万人以上。算上省外流动人口的手机，江西人均手机拥有量达到 83.5%，即江西 15 岁以上的人口手机拥有量已经在 1 部以上，且城镇 10—14 岁的人口也逐步拥有手机。

表 14-2　江西各地级市实有人口及实际人均手机拥有量（2014 年）

城市	常住人口（万人）	净流出（万人）	实际人口（万人）	移动用户数（万户）	省内人均手机拥有量（部）
全　省	4542.16	-579.37	3962.79	2938	0.742
南昌市	524.02	81.52	605.53	517	0.854
景德镇市	162.98	-13.83	149.14	114	0.763
萍乡市	189	-16.18	172.82	132	0.763
九江市	480.69	-64.22	416.47	307	0.738
新余市	116.08	0.41	116.49	93	0.801
鹰潭市	114.76	-15.53	99.22	73	0.737
赣州市	850.75	-107.56	743.19	552	0.742
吉安市	488.12	-99.14	388.97	272	0.698
宜春市	549.33	-87.61	461.72	334	0.724
抚州市	397.66	-95.54	302.12	203	0.674
上饶市	668.8	-161.69	507.11	341	0.672

注：户籍人口、常住人口和移动用户总数来源于《江西统计年鉴（2015）》。

表 14-2 中还隐藏一个重要信息，即江西跨省外出人口中有 579.37 万人口依旧被记录为其户籍所在地的常住人口。2010 年之后，中国人口流出大省的人口流动规模基本保持稳定，所不同的是跨省流动规模的减小和本省流动规模的增加，农村剩余劳动力基本枯竭。从江西省移动用户总数及其增长率来看（见图 14-2），2008 年全球金融危机之后江西跨省外出人口有一个回流过程。有关调查显示，2007 年中国农村外出劳动力人均手机拥有率已达 0.9 部，跨省外出人口的回流是江西移动用户数量大幅增加的主要原因。2009—2012 年是江西跨省外出人口回流的主要年份，也是江西作为中部省份经济高速增长的年代，跨省外出人口回流和手机向农村老年、少年人口普及导致移动用户总数高速增长。2013 年之后移动用户数量的增长主要来源于人均手机拥有量的增加而非人口总量的增长。

大江网论坛（bbs.jxnews.com.cn/forum.php?mod=viewthread&tid=

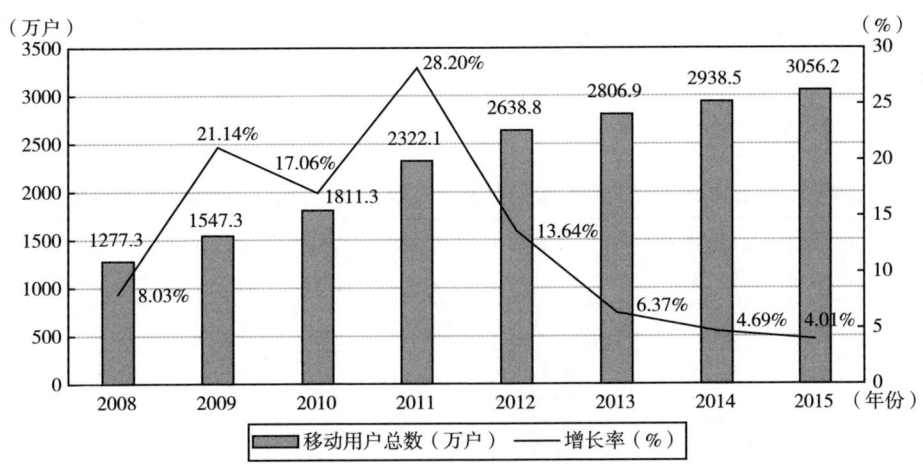

图 14-2　江西省移动用户总数及其增长率（2008—2015 年）

2419701）网文《江西外出人口特征及影响的分析》认为，江西有 978.74 万户籍外出人口。课题组认为这仅是一种猜测而不是科学推算，因为赣州、上饶、九江三个地级市户籍外出人口数量仅为 2010 年"六普"数量的简单增加 100 万人。该网文还认为 2015 年外出人口将继续增加并可能突破千万大关，但江西省统计局的抽样调查数据显示，2015 年该省跨省流动人口的数量比 2014 年减少了 3.19 万人。课题组利用各地移动用户数量和居民人均拥有量估计的实际人口数据显示，上饶市净流出人口 265.98 万人，赣州净流出人口 211.02 万人（见表 14-3）。这种估计是否准确呢？以赣州为例，有学者在 2006 年 8 月在江西省赣州市 90 个村农村劳动力转移情况的调查结果表明，赣南 90 个村 173330 人，有 110218 个劳动力（劳动力占比 63.59%），外出劳动力有 46219 人（外出率 41.94%）。赣州 90% 是农村人口，意味着早在 2006 年赣州流出劳动力数量就在 216 万以上，而 2014 年净流出人口换算之后只相当于 175 万净流出劳动力。事实上，2003 年以来广东不少产业转移至赣州，大量外出赣州人返乡创业，并带动了人口与劳动力回流，早年赣州流出人口甚至更高。因此 2010 年江西全国第六次人口普查数据存在严重的低估，仅相当于将农村外出人口中从事制造业的劳动力纳入统计，大量从事小微制造业和服务业的人口游离在统计数据之外。江西日报（2014-05-21）记者从江西省卫生计生委的全省人口信息平台的最新统计了解到，江西全省流动人口有 836 万人，其中跨省流出人口 714 万人，跨省流出人口总量仅次于安徽、四川、河南、湖南等省，在全国居第 5 位。从流向上看，江西省 13% 的流动人口属省内流动,87% 属跨省流出。跨省流向邻近的经济发达的长珠闽地区。由于卫计委人口信息平台主要与计生人口有关,高龄劳动力漏计的可能性较大,因此该数据可以作为江西跨省流出人口的最低下限。

表 14 – 3　江西年末移动用户数量、户籍人口数量与"六普"户籍外出人口数量

城市	2014年移动电话年末用户数（万户）	2014年户籍人口（万人）	2014年实际人口（万人）	2014年净流出人口（万人）	2010年"六普"户籍外出人口（万人）
南昌市	620.75	517.13	605.53	-88.4	46.2
景德镇市	39.41	166.7	149.14	17.56	19.92
萍乡市	143.08	192.4	172.82	19.58	15.95
九江市	361	508.6	416.47	92.13	71.66
新余市	95.63	120.5	116.49	4.01	10.34
鹰潭市	81.5	124	99.22	24.78	15.86
赣州市	510	954.21	743.19	211.02	92.2
吉安市	284.79	505.5	388.97	116.53	67.35
宜春市	255.75	573.1	461.72	111.38	62.73
抚州市	199.62	417.8	302.12	115.68	57.98
上饶市	379.91	773.09	507.11	265.98	118.55
江西省	2971.44	4853.03	3962.79	890.24	578.74

注：移动用户数来源于各市 2014 年统计公报；户籍人口数据有些不是 2014 年的数据,2014 年全省户籍人口 5100 万人左右,因此净流出人口规模应该在 1000 万人以上。

四、基于产出和从业人员占比的流出人口规模推算

研究发现,2008 年之后官方统计公布的第一产业从业人员数量（官方数）乘以第一产业占 GDP 的比重才是真实的第一从业人员数量（估计数）,而官方数与估计数之间的差额实际上是农村流出劳动力却依旧被记录为本地常住人口数量。以 2014 年为例,全省总从业人员有 2603.3 万人,实际农村从业人员只有 278.93 万人,第一产业还应流出的劳动力为 522.47 万人,加上常住户籍人口差额中外省净流出人口,省外流动人口为 1080.31 万人（见表 14 – 4）。由于 2008 年以前江西农村尚有一定的剩余劳动力,因此占比产出法估计的省外

流动人口数相对偏高。而2008年以后的农村劳动力枯竭，因此估计相对准确。课题组在全国的调研结果表明，经过近30年的发展，中国农村劳动力基本上已经转移完毕，剩余劳动力基本上已经没有剩余。2001年中国加入WTO之后，以前难以转移的40岁、50岁农村劳动力也离开农村进入城镇工作。到2008年全球金融危机前后，江西省农村剩余劳动力基本上都已经外出。

表14-4　占比产出法——流动人口总数及省内外流动数量估计（2006—2015年）

单位：万人

年份	全社会年末从业人员数	第一产业占GDP比重	第一产业实际从业劳动力	第一产业官方从业人员数	第一产业流出劳动力数	常住户籍人口差额	省外流动人口数
2006	2321.1	16.3	378.34	907.4	529.06	484.06	1013.12
2007	2369.6	15.6	369.66	900.8	531.14	488.54	1019.68
2008	2404.5	15.2	365.48	900.1	534.62	490.85	1025.46
2009	2445.2	14.4	352.11	892.6	540.49	493.03	1033.52
2010	2498.8	12.8	319.84	888.6	568.76	497.42	1066.17
2011	2532.6	11.9	301.38	870.5	569.12	505.95	1075.07
2012	2556	11.8	301.61	841	539.39	525.41	1064.8
2013	2588.7	11	285.37	820.88	535.51	542.4	1077.92
2014	2603.3	10.7	278.93	801.4	522.47	557.84	1080.31
2015	2615.8	10.6	277.27	786	508.73	570.07	1078.79

注：列2、列5数据来源于《江西统计年鉴（2016）》，列4＝列2×列3/100；列7＝户籍人口－常住人口，由于户籍人口数据缺失，取2014年为5100万人，其余年份按0.7%的人口增长率推算。

表14-4中第一产业流出的劳动力还有一部分在省内流动，因此省外流动人口数量可能存在高估，但已经离事实非常接近了，估算结果具有重要参考价值。流出劳动力中越到后来省内流动的比重越高，将这一因素考虑之后，江西省外流动人口在2008年之后递减的趋势就非常明显了。由于流出人口中劳动力占比极高，因此省内劳动力的变化也可以成为考察人口（劳动力）流动的指标。将劳动资源总量减去社会就业人数得到社会就业劳动资源差额后发现，江西省每年的社会就业人数远少于全省劳动资源总量，然而事实却是农村也难找出几个劳动力，且无论是官方失业率还是农民工的调查失业率都比较低，因此这种差额实际上已经转化为流动劳动力，其中大部分跨省流出。课题组参照

与江西情况相似的湖南农村劳动力跨省流出比重，重新推算了江西净流出人口（见图14-3），发现2009年净流出人口为906.97万人，处于2006年以来的低位，与金融危机农民工返乡的事实相符；2010年上升，与国家反金融危机政策稳定就业的情况相符；2010年之后净流出下降趋势则与江西经济保持两位数增长从而导致省外流动农民工逐年减少相符，也与沿海农民工短缺的情况相符。

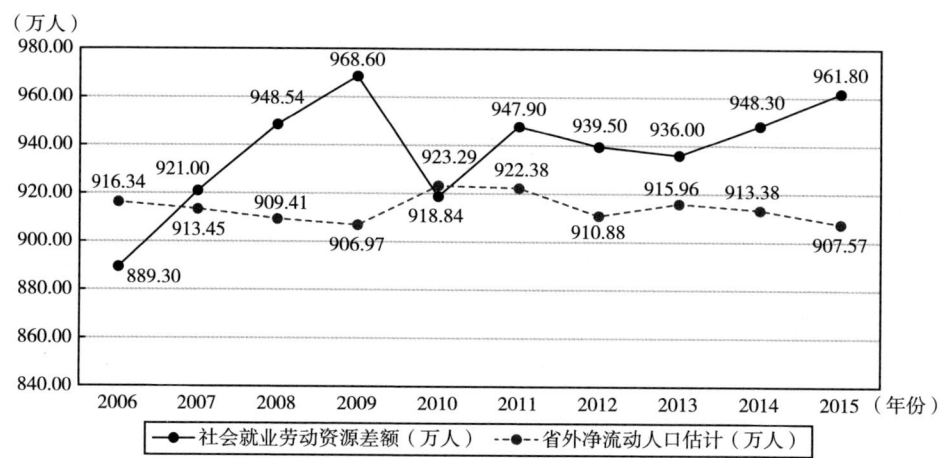

图14-3　江西省外净流出人口与社会就业劳动资源差额（2006—2015年）

江西省旅游规划研究院发布的2018年春节旅游大数据显示①，广东是江西省外第一大市场（占省外流入36.9%），浙江、上海、福建、江苏占据第2至第5的位置。五大游客来源地实际是江西人口流出的目的地。从报告中各地级市人口流动平均距离来看，赣州最远，其主要流向广东珠三角；上饶距离长三角最近，其流动距离基本上以浙江为主（见图14-4）。从平均出行距离看，2018年有所缩短，一个可能的原因是外出人口减少，而另一个原因则是本地人出游比例上升所导致，需要结合移动实名制才能判断跨省流出人口的变化。报告还列出了全国省级行政区域的接待游客总数，其中河南、湖南、湖北、江西分别为2840万、2720.99万、2665.8万和2633.82万人次。由于四个人口流出地省份旅游资源相比排在前面的省份有较大差距，但四省旅游资源都相对稀缺且大致在同一水平，因此利用该数据也可以推算四省流出人口数量及排序。

---

① 江西省旅游规划研究院. 2018江西春节假日旅游大数据市场分析报告［OL］. 江西文化旅游网，2018-08-27，http://tour.jxcn.cn/system/2018/08/27/017090607.shtml.

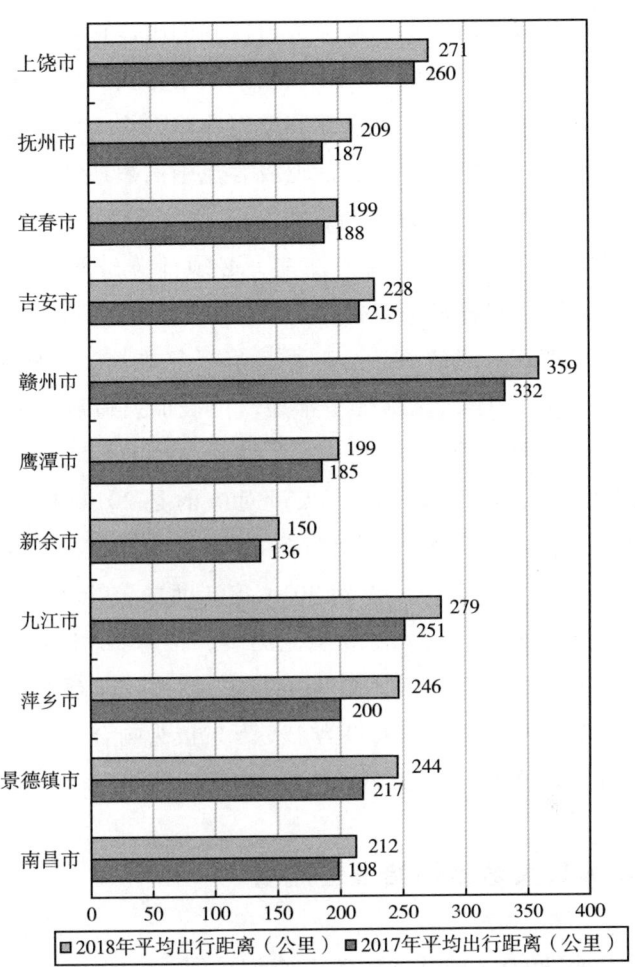

图 14-4　江西省春节人口出行距离及地级市分布示意图

第二节　江西跨省流出人口大数据推断

一、江西流出人口总量测算

江西与广东、福建、浙江三个经济发达省份相邻，与上海、江苏交通也极为方便，湖南、湖北、安徽三省也具备发达的交通。另外，江西跨省流出人口也主要流向这些省份。由于地理位置上的邻接性和方便的交通连接，在计算江西跨省人口流量时可以忽略距离因素对人口流动的阻碍作用，也就无须考虑春节返乡比率对流量、流向的影响。在距离衰减因素方面，所需要考虑的只有北京，但北京与江西之间同样有京九铁路和航空线路，由于江西流向北京的人口占总流出人口比例较低，加上春节节前返乡客流中的短期外出旅游客流可以在很大程度上抵消因距离而导致的流量衰减。

在计算省际人口流动流量、流向之前，必须计算省际流出量和省际流入量。春节是测度我国人口流动的最佳时期，大量的外出人口返乡，选定最佳人口流动大数据采样期就可以解决这一问题。经反复推演，课题组认为2015年2月7日至2月16日共10天为最佳采样期。可表征人口流动的大数据总流入量为27529934人（无量纲单位），总流出量为4424258人，净流入量为23105676人。很明显，春节节前的流入量对应的是2014年江西跨省流出人口，而流出量对应的是2014年江西跨省流入人口，净流入量对应的是2014年江西的净流出人口。在前面计算得到2014年江西净流出人口为913.38万人（基于劳动力口径），根据总流入量和总流出量，推算2014年江西跨省流出人口为1088.27万人，跨省净流入人口为176.87万人。课题组利用湖北的大数据反向推算的同期江西跨省流入人口为195万人极为吻合，因为前期是基于劳动力口径，而后期是总人口，相当于流入人口中务工经商人口比重。

二、流动人口大数据初始表征流量

对数据表PtopLineOut进行下述SQL查询操作：

SELECT province, name, sum（num）as num0，to_char（sum（per）/2.4，'9999.999%'） As per0

　　FROM public."PTopLineOut"

　　where name = '江西'

　　group by province, name

　　order by num0　desc

可以得到节前江西人口流入来源地涵括全国19个省级单位，表明江西的流出人口遍布全国一半以上的省级区域。由于上述查询只能得到流出省份中流量为TOP10的省份，若江西省流入该省人口占该省总流入人口比重较低，则有可能发生数据的漏计，因此还必须对数据表PtopLineIn进行下述SQL查询

操作:

  SELECT province, name, sum (num) as num0, to_char (sum (per)/2.4, '9999.999%') As per0
   FROM public. "PTopLineIn"
   where province = '江西'
   group by province, name
   order by num0 desc

  该查询除了防止大数据表征的人口流量被漏计外,另一个重要的功能是计算出大数据表征人口的总流量。查询结果表明,对数据表 PtopLineIn 查询后得到的大数据表征的人口流量为 26030654,占全部回流量总数的 94.554%,因此推断出节前流回江西的大数据表征的人口总流量为 27529934。如表 14-5 所示,第一次查询可得到节前外省流入江西的人口流动表征流量及其占流出地比重,第二次查询可得到节前流入江西的人口流动表征流量及其占江西流入量比重。在两次查询中,排前 7 位的省级区域流量稳定,因此以 TOP7 为基准推算江西人口流出总流量为 27515999,与以 TOP10 为基准的测定结果相差极小。

表 14-5   2014 年江西跨省人口流动大数据表征流量及占比

第一次查询				序号	第二次查询			
流出地	流入地	表征流量	占流出地比重		流入地	流出地	表征流量	占流入地比重
广东	江西	11453040	12.93%	1	江西	广东	11453040	41.17%
浙江	江西	6469210	16.12%	2	江西	浙江	6469210	24.09%
福建	江西	3129843	27.00%	3	江西	福建	3129843	11.40%
上海	江西	1496072	5.81%	4	江西	上海	1496072	5.25%
江苏	江西	1238866	3.77%	5	江西	江苏	1238866	4.32%
湖南	江西	705459	12.12%	6	江西	湖南	705459	2.70%
湖北	江西	539915	8.22%	7	江西	湖北	539915	2.04%
安徽	江西	330215	4.70%	8	江西	北京	458446	1.57%
广西	江西	207198	4.10%	9	江西	安徽	330215	1.23%
云南	江西	129525	2.34%	10	江西	广西	165661	0.58%
贵州	江西	126450	2.12%	11	江西	山东	18729	0.04%
四川	江西	96095	1.07%	12	江西	四川	16377	0.11%
海南	江西	87960	4.91%	13	江西	河南	8821	0.05%
重庆	江西	69276	1.13%	14	江西	小计	26030654	94.55%

续表

第一次查询				序号	第二次查询			
流出地	流入地	表征流量	占流出地比重		流入地	流出地	表征流量	占流入地比重
澳门	江西	361	0.17%	15	江西	其他	1499280	5.45%
香港	江西	335	0.10%	16	江西	全国	27529934	100.00%
台湾	江西	81	0.75%	17				
西藏	江西	55	0.07%	18				
山西	江西	33	0.01%	19				
小计	江西	26079989	—	20				

三、由大数据表征流量到人口流量、流向测度

将两次查询结果合并，取大值新值之后，将各省节前回流量除以总流量，再乘以跨省总流出人口，就可以得到2014年江西人口跨省流出各个流向的实际人口流量。在前面的推算中，2014年江西流出人口为1088.27万人。从大数据推断的结果来看（见表14-6），2014年江西流向广东452.74万人（列5），占跨省外出总量的41.60%（列4），居第1位，其中以农民工为主的劳动力375.78万人（列6，农民工占83%）；流向浙江255.73万人，占跨省外出总量的23.50%，居全省第2位；流向福建123.72万人，占跨省外出总量的11.37%，居全省第3位。流向粤浙闽沪苏五大目的地TOP5合计940.31万人，其中以农民工为主的劳动力有780.46万人，占跨省外出总量的86.40%，集中在经济发达省市的程度非常明显。流向长三角（浙苏沪）有363.84万人，其中以农民工为主的劳动力有301.99万人，占跨省外出总量1/3，但仍旧少于流向广东的人口数量。流向粤闽浙皖鄂湘相邻六省894.48万人，占跨省外出总量的82.19%。

表14-6中最后一列（列7）根据流入江西的流量反推江西跨省流出目的地省份的跨省外来人口估计，其结果与我国跨省外出人口的数量基本一致。由于江西人占四川、山东、河南比重不大，因此推算其外部流入人口数据不具有适用性，但TOP10其他省级行政区域的外部流入人口具有较高程度的可信性和准确度。课题组推算的实际仅是最低流出量，在前面的推算中，江西2014年净流出量极有可能高达1354.96万人，以此基数推算的粤浙苏沪四大人口流

表 14-6　　2014 年江西跨省人口流动流量、流向的大数据推断

流向	大数据表征流量	占流出地比重	占江西流出人口比重	人口流出量（万人）	农民工流出量（万人）	江西流出目的地外来人口（万人）
广东	11453040	12.93%	41.60%	452.74	375.78	3500.96
浙江	6469210	16.12%	23.50%	255.73	212.26	1586.62
福建	3129843	27.00%	11.37%	123.72	102.69	458.29
上海	1496072	5.81%	5.43%	59.14	49.09	1017.56
江苏	1238866	3.77%	4.50%	48.97	40.65	1300.05
TOP5	23787031	—	86.40%	940.31	780.46	7863.47
湖南	705459	12.12%	2.56%	27.89	23.15	230.15
湖北	539915	8.22%	1.96%	21.34	17.71	259.77
北京	458446	—	1.67%	18.12	15.04	—
安徽	330215	4.70%	1.20%	13.05	10.83	277.79
广西	207198	4.10%	0.75%	8.19	6.8	199.72
TOP6—10	2241233	—	8.14%	88.6	73.54	967.44
云南	129525	—	0.47%	5.12	4.25	—
贵州	126450	—	0.46%	5	4.15	—
四川	96095	0.11%	0.35%	3.8	3.15	3517.29
海南	87960	—	0.32%	3.48	2.89	—
重庆	69276	—	0.25%	2.74	2.27	—
山东	18729	0.04%	0.07%	0.74	0.61	1805.77
河南	8821	0.05%	0.03%	0.35	0.29	711.63
其他	964814	—	3.50%	38.14	31.66	—
全国	27529934	—	100.00%	1088.27	903.26	14865.59
珠三角	11453040	—	41.60%	452.74	375.78	3500.96
长三角	9204148	—	33.43%	363.84	301.99	3904.22
相邻六省	22627682	—	82.19%	894.48	742.42	6313.58

入省市同期省外流入人口分别为 4358.99 万人、1975.43 万人、1618.64 万人和 1266.92 万人。两组数据构成了江西跨省流出人口的可信区间，也可以推断出江西流入目的地省市的省外流入人口的可信区间。取两组数据的中值，可得到江西省外流动人口数量的最佳值为 1221.62 万人。

四、人口流动流量、流向变化测度和比较分析

为测度人口流动流量、流向及其变化，由于课题组获取的大数据仅只有 2014 年，而 2014 年之前的大数据是缺失的，因此最为接近的只剩下 2010 年的"六普"数据。但"六普"数据漏计明显，因此需要将其放大到与 2014 年基本相同的口径。课题组推算 2010 年江西净流出人口的最低值为 923.29 万人，如果有流入或流出人口任何一个的数量，就可以推算出另一个的数量。2010 年"六普"的官方数据显示，全省流出半年以上人口为 578.74 万人，课题组将其同口径放大，得到同期外省流入江西的人口为 114.57 万人以及江西流动到省外的人口为 1106.07 万人。比较时课题组采用 2014 年最为谨慎值，即 1088.27 万省外流动人口。

从表 14-7 中可以看出，2010 年以来江西人口流动变化非常明显。与 2010 年相比，2014 年年末跨省流出人口总量基本保持在 1000 万人以上的规模，江西流向全国的人口减少了 17.80 万人。流向广东的人口反而增加了，这在后面会专门讨论。流出目的地排名前 5 位的省市与 2010 年"六普"和 2000 年"五普"一样没有发生变化，仅在占比发生了变化；第 6 至第 10 名的省份也没有变化，仅北京的排名发生下降。流向相邻六省人口增加了 30.72 万人。其中流向广东的人口增加最多，其次是湖南、湖北和安徽；流向福建和浙江的人口则分别为 57.58 万人和 36.66 万人。流向上海和江苏这两个发达且虽不相邻但距离较近省市也出现了如福建、浙江一样的减少，所不同的是流向江苏的减少幅度远低于上海。流向长三角（浙沪苏）减少人数达到 72.27 万人，但流向安徽的人口反而增加了 5.42 万人。出现这种情况的原因，课题组认为主要源于上海的劳动密集型产业向江苏、安徽等地转移，从而导致以农民工为主的江西人口流动也出现转移。

流向广东的情况需要专门讨论。课题组认为，从"五普""六普"和课题组 2014 年大数据推断的结果来看，"六普"流向广东的人口占江西全省流出人口的比重是错误的，最为接近的比重应取"五普"和大数据推断的均值，即 2010 年江西流向广东的人口占全省流出比重应为 42.691%，或按年以 10∶4 的距离进行线性分隔，即 42.224%。如表 14-8 所示，2000 年"五普"时流向广东占 43.78%，但 2010 年时只有 32.33%，而 2014 年大数据推断比重为

表 14-7　　　　　江西跨省人口流出流量、流向变化　　　　　单位：万人

流向	2014年大数据推断		2010年			流量变化	
	大数据占比	人口流出	"六普"占比	"六普"流出	调整流出	人口流动	占比变动
广东	41.60%	452.74	32.33%	187.12	357.61	95.13	9.27%
浙江	23.50%	255.73	26.43%	152.99	292.39	-36.66	-2.94%
福建	11.37%	123.72	16.39%	94.87	181.3	-57.58	-5.02%
上海	5.43%	59.14	8.42%	48.72	93.11	-33.97	-2.98%
江苏	4.50%	48.97	4.58%	26.48	50.61	-1.64	-0.08%
TOP5	86.40%	940.31	88.15%	510.17	975.03	-34.72	-1.75%
湖南	2.56%	27.89	1.24%	7.2	13.75	14.13	1.32%
湖北	1.96%	21.34	1.00%	5.79	11.07	10.28	0.96%
北京	1.67%	18.12	2.44%	14.12	26.99	-8.86	-0.77%
安徽	1.20%	13.05	0.69%	4	7.64	5.42	0.51%
广西	0.75%	8.19	0.69%	3.97	7.59	0.6	0.07%
TOP6—10	8.14%	88.6	6.06%	35.07	67.03	21.56	2.08%
云南	0.47%	5.12	0.63%	3.63	6.94	-1.82	-0.16%
贵州	0.46%	5	0.38%	2.2	4.21	0.79	0.08%
四川	0.35%	3.8	0.55%	3.2	6.12	-2.33	-0.20%
海南	0.32%	3.48	0.51%	2.95	5.63	-2.16	-0.19%
重庆	0.25%	2.74	0.27%	1.58	3.02	-0.28	-0.02%
山东	0.07%	0.74	0.54%	3.11	5.95	-5.21	-0.47%
河南	0.03%	0.35	0.33%	1.93	3.68	-3.33	-0.30%
其他	3.50%	38.14	2.57%	14.89	28.46	9.68	0.93%
全国	100.00%	1088.27	100.00%	578.74	1106.07	-17.8	0
珠三角	41.60%	452.74	32.33%	187.12	357.61	95.13	9.27%
长三角	33.43%	363.84	39.43%	228.19	436.11	-72.27	-6.00%
相邻六省	82.19%	894.48	78.09%	451.96	863.76	30.72	4.10%

注：2010年江西流出人口的五大目的地 TOP5 是粤浙闽沪苏（不变），而 TOP6—10 分别是京湘鄂皖桂。

41.60%。大数据测定结果与"六普"的主要差别在于人口流量相差极大，主要原因是"六普"数据中广东外来人口数量的严重低估，广东省仅将办理了外来人口暂住登记的人口计入外来常住人口统计口径中，而实际外来人口数是登记值的2倍以上。因此2010年"六普"时江西流动到广东的人口估计达到

400万人的规模。而浙江、福建、上海、江苏等江西外出目的地"六普"时与实际情况较为接近，从而表现为2014年大数据推算与"六普"数值并没有明显的差别。

表14-8　　　　　　江西跨省流出人口数量及流向比较

地区	2000年"五普"		2010年"六普"		2014年大数据	
	人数（万人）	比重（%）	人数（万人）	比重（%）	人数（万人）	比重（%）
总计	368.03	100	578.74	100	1088.27	100
广东	161.13	43.78	187.12	32.33	452.74	41.60
浙江	84.06	22.84	152.99	26.43	255.73	23.50
福建	67.07	18.22	94.87	16.39	123.72	11.37
上海	19.04	5.17	48.72	8.42	59.14	5.43
江苏	8.90	2.42	26.48	4.58	48.97	4.50
小计	340.19	92.43	510.17	88.15	940.31	86.40

课题组对2010年流向广东的人口占江西流出人口比重进行调整后重新计算人口流动变化量（见图14-5）。结果发现，2010年以来，流向广东、福建、上海和北京的人口流量减少，而流向浙江和江苏的人口增加，江西加速融入长三角（浙江、江苏）的态势明显；流向广东（珠三角）的人口虽然有所下降，但仍然占有非常大的比重；流向相邻省份人口占比极大，区域一体趋势明显。

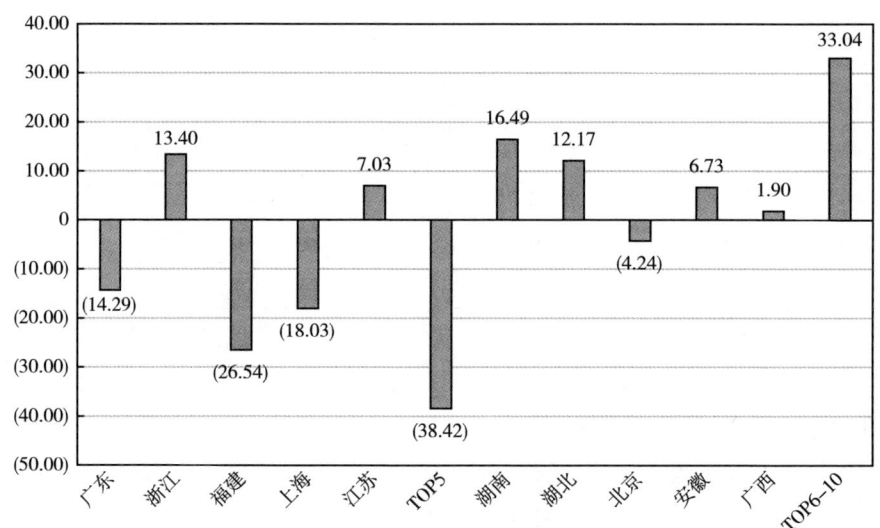

图14-5　江西省人口流出主要目的地人口流量变化（2010年 VS 2014年）

第三节 江西外省流入人口推断

一、流入人口大数据初始表征流量

对数据表 PtopLineIn 进行 SQL 查询操作,即找出流出地为江西省,而流入地为其他省份的流量,依此可以得到那些跨省流入江西的外省人口在节前回流其来源地,同江西跨省流出推断一样,计算江西同期跨省流入人口的数量及比例。查询文本文件如下:

SELECT province, name, sum (num) as num0, to_char (sum (per)/2.4, '9999.999%')   As per0

  FROM public. PTopLineIn

  where name = '江西'

  group by province, name

  order by num0   desc

查询输出结果表明,节前由江西流出的人口主要流向湘粤鄂浙闽皖等邻近省份。该查询还可以得到节前江西流出量占流向目的地省份的流入量比重,在推算出流出量所表征的人口流量之后,可以反推出流向目的地省份的流出人口量。由于数据表 PTopLineIn 仅记录那些流入排在该目的地省份前 10 名的来源地省份,从而导致在江西排名前 10 名的流向省份但在目的地省份流入排名在前 10 名之后的省份数据缺失。因此必须对数据表 PTopLineOut 再次进行 SQL 查询操作,以直接确定江西节前人口流向及其构成。查询文本和输出结果如图 14-6 所示。

二、由大数据表征流出量到人口流入量、流入来源占比测度

合并两次查询,保留新值,重复出现的相同省份则保留大值。例如,在两次查询中,湖北都排在第 3 位,但第一次查询表征流量小于第二次查询,应保留第二次查询结果。根据流向各省的流出量占江西全省流出总量的比重,推算出该省对应的流入江西的人口(表 14-9,列 6),根据对应的流入人口占流入地流量比重(表 14-9,列 4)推算流入地流出人口数量(表 14-9,列 7)。

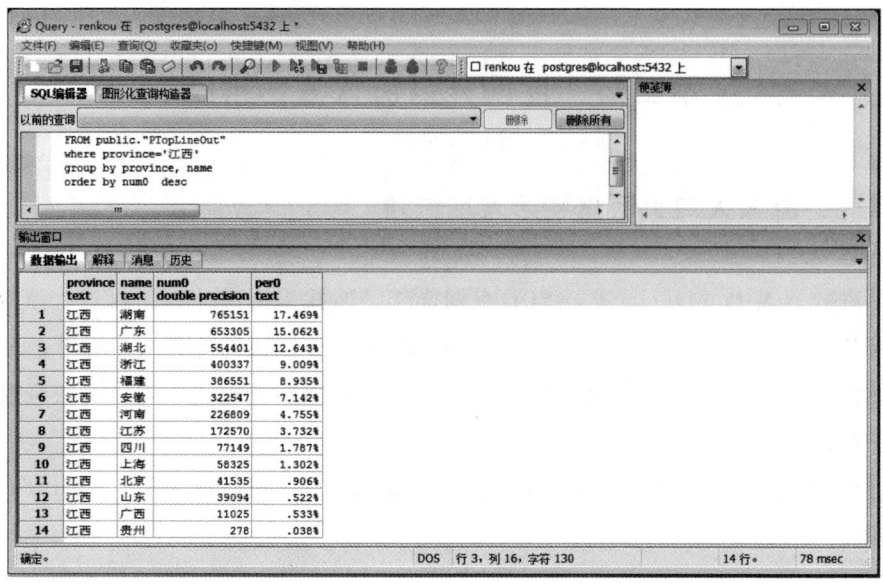

图 14-6　江西省节前人口流出目的地及占比（数据表 PTopLineOut）

表 14-9　　　　　2014 年江西流入人口数量与构成　　　　　单位：万人

流入地	流出地	流出量	占流入地比重	占流出量比重	流入人口	流入地流出人口
湖南	江西	765151	2.58%	17.29%	30.59	1184.69
广东	江西	653305	6.54%	14.77%	26.12	399.65
湖北	江西	554401	2.37%	12.53%	22.16	933.99
浙江	江西	400337	4.12%	9.05%	16	388.83
福建	江西	386551	4.84%	8.74%	15.45	319.48
安徽	江西	322547	0.84%	7.29%	12.89	1540.57
河南	江西	226809	—	5.13%	9.07	—
江苏	江西	172570	—	3.90%	6.9	—
四川	江西	77149	—	1.74%	3.08	—
上海	江西	100158	1.14%	2.26%	4	351.54
北京	江西	41535	—	0.94%	1.66	—
山东	江西	39094	—	0.88%	1.56	—
广西	江西	11025	—	0.25%	0.44	—
小计	江西	3750632	—	84.77%	149.94	—
其他	江西	673626	—	15.23%	26.93	—
全国	江西	4424258	—	100.00%	176.87	5118.75

表 14-9 中最后一列测算出来的数据对人口流出大省而言是比较准确的。例如，湖南、安徽的人口流出规模都在 1000 万人以上。对人口流入大省而言，广东、福建、浙江三省流出人口比较准确；上海的情况比较特殊，所反推的流出人口大致相当于上海外来常住人口中流动性较大的那一部分人口数量。课题组所推算的江西流入人口数量比江西省统计局人口处公布数据的大很多，两者差异主要在于：一是统计口径差异，官方统计只计算流动半年以上的人口，而课题组推算的是跨省流动人口；二是统计范围差异，官方漏计相邻省份县界流入的可能性较大，外省流入人口主要集中在武汉等地；三是采样差异，官方通常是基于 1% 的人口抽样调查，而课题组的采样量是实际人口量的 2 倍之多。综合而言，大数据统计推断的结果更为准确，可作为官方后续统计改进的参考。

三、人口流入量、流入来源变化测度和比较分析

在前述分析中，课题组推算 2010 年"六普"时外省流入江西的人口为 114.57 万人，2014 年省外流入上升到 176.87 万人。与 2010 年"六普"相比，江西省外流入人口增加了 62.3 万人。与 2010 年相比，广东由第 7 上升到第 2，流入江西的人口增加 19.19 万人，增幅最大，表明粤赣经济人口双向联系日益密切；长三角的浙沪苏流入江西的人口也有所增加，江西与长三角互融互惠成效显著；流入福建的排名仍旧为第 5，但由福建流入江西的人口增加了 6.94 万人。总体来说，江西来自粤浙闽苏沪东部沿海发达地区五省市的人口流入量增加 37.53 万人，与湘鄂皖三个相邻省份的人口流入量增加 32.74 万人，区域一体化程度加深；来自四川、河南、广西、山东等地的人口流入占比下降，川豫桂等地自身发展减缓了其人口流出（见表 14-10）。

表 14-10　　　江西省外人口流入流量、流向变化　　　单位：万人

来源地	2014 年			2010 年			新变化	
	流量当量	占总流量比重	人口估计	"六普"比重	"六普"数据	"六普"调整	占比变动	人口流量
湖南	765151	17.29%	30.59	11.41%	6.84	13.07	5.89%	17.52
广东	653305	14.77%	26.12	6.05%	3.63	6.93	8.72%	19.19
湖北	554401	12.53%	22.16	8.76%	5.25	10.03	3.77%	12.13
浙江	400337	9.05%	16	7.86%	4.71	9	1.19%	7

续表

来源地	2014年			2010年			新变化	
	流量当量	占总流量比重	人口估计	"六普"比重	"六普"数据	"六普"调整	占比变动	人口流量
福建	386551	8.74%	15.45	7.43%	4.46	8.52	1.30%	6.94
TOP5	2759745	62.38%	110.33	44.01%	26.38	50.42	18.37%	59.9
安徽	322547	7.29%	12.89	8.56%	5.13	9.8	-1.27%	3.09
河南	226809	5.13%	9.07	6.84%	4.1	7.84	-1.71%	1.23
江苏	172570	3.90%	6.9	4.28%	2.57	4.91	-0.38%	1.99
四川	77149	1.74%	3.08	5.76%	3.45	6.6	-4.02%	-3.51
上海	100158	2.26%	4	1.39%	0.84	1.6	0.87%	2.41
TOP6—10	1439610	21.78%	64.01	28.58%	17.13	32.74	-6.80%	31.27
北京	41535	0.94%	1.66	0.53%	0.32	0.61	0.41%	1.05
山东	39094	0.88%	1.56	3.12%	1.87	3.57	-2.23%	-2.01
广西	11025	0.25%	0.44	3.30%	1.98	3.78	-3.05%	-3.34
小计	3750632	84.77%	149.94	75.28%	45.13	86.25	9.49%	63.69
其他	673626	15.23%	26.93	24.72%	14.82	28.32	-9.49%	-1.39
全国	4424258	100.00%	176.87	100.00%	59.95	114.57	0.00%	62.3
相邻六省	3082292	69.67%	123.22	50.06%	30.01	57.36	19.61%	65.87
粤浙闽苏沪	1712921	38.72%	68.48	27.02%	16.2	30.95	11.70%	37.53
湘鄂皖	1642099	37.12%	65.65	28.72%	17.22	32.91	8.39%	32.74

注：2010年省外流入排名前五（TOP5）是湖南、湖北、安徽、浙江、福建五省，而TOP10是指TOP5+河南、广东、四川、贵州、江苏五省。2014年省外流入前五和前十已经发生了很大的变化。

四、推动江西省人口、产业与城市协调发展

作为红色革命老区之一，江西经济发展一直相对落后，自改革开放以来一直是全国的人口和劳动力流出大省，2000年第五次人口普查时，跨省流出人口为368万人，仅次于四川、安徽和湖南，居全国第4位。但不少学者的乡土调查显示跨省流出的数量可能存在严重低估，例如，中山大学人类学系2000年在江西赣南地区万安、南康、上犹、遂川四县七村的调查结果显示，七村总人口为12670人，总劳动力为7013人，其中流出劳动力为3259人，流出劳动力占全部劳动力的46.47%，占总人口的25.72%。2000年江西有3000万乡村

人口，以此推算江西乡村流出劳动力 750 万人左右，其中跨省流出 600 万人左右。如果算上城镇流出的人口和非劳动力流动人口，江西流动省外的户籍人口规模在 2000 年时可能是官方统计数据的 2 倍左右。2001 年中国加入 WTO 之后，农村人口的非农就业再次加速，在 2008 年前后将农村中可供转移的 40 岁以上的剩余劳动力吸纳完毕，到 2010 年全国第六次人口普查时，江西实际省外流动人口规模已在 1000 万人以上，依旧为官方统计数据的 2 倍左右。人口的强流动性和普查任务的艰巨性是数据失误的重要原因，大数据时代的来临使人口普查的精准、快速成为可能。至 2015 年，江西实有人口在 4000 万人左右，超过 500 万以上的户籍外出人口依旧登记为本省常住人口，从而造成江西常住人口数量的高估。与湖南、四川、河南等人口流出大省一样，这种高估一方面使江西各种人均指标人为地被低估；另一方面使江西在竞争国家转移支付收入中获得利益。即使将全部户籍外出人口及其产出计算在内，江西平均发展水平依旧低于全国平均水平。

随着江西的发展，江西户籍外出劳动力人口在一定时期内有可能继续回流，同期非劳动力人口占全部外出人口的比例也将进一步上升。跨省外出人口总量已经观察到减少。影响江西人口流动总量减少的另一个因素是随着 40 岁、50 岁等高龄劳动力人口的老化，越来越多的农村高龄劳动力人口回归农村。劳动力人口占比的下降将对全省经济和居民家庭构成压力。人口老龄化降临、工业化和城镇化不足将是江西未来的主要挑战。在城镇化方面，南昌将成为城市人口超过 500 万人的特大城市，九江和赣州也将拥有超过 300 万人的城市人口，除鹰潭、新余、景德镇和萍乡外，上饶、宜春和吉安城市人口均将达 200 万人左右，抚州城市人口也将超过 100 万人。首先，若江西不能补足制造业和工业化进程，江西只能依旧承担东部发达省市的劳动力供应地角色。其次，沿江高铁和京九高铁的建造和运营亦可在一定程度上推动江西的工业化和城镇化。最后，建设沿 G35 高速公路纵贯南北的时速为 200 公里左右高等级铁路，建设沿 G76 高速公路横贯东西到厦门的高等级铁路。以高铁网络建设推动与促进江西的工业化和城镇化发展是江西未来发展的必然历程。

本章参考文献

[1] 彭盈婧. 农村剩余劳动力转移与小城镇建设 [D]. 南昌大学，2017.
[2] 龚凯林. 我国中部地区省际人口流出及其影响研究 [D]. 吉林大学，2017.

[3] 刘汝良. 江西人口结构和农村劳动力转移的定量预测研究 [D]. 南昌大学, 2008.

[4] 王建农, 周爱平. 江西外出人口状况分析 [J]. 中国国情国力, 2004 (3): 23-24.

[5] 杨达. 潜隐性"拐点"现象与城乡协调发展新需求——赣南90村农业剩余劳动力转移的实证研究 [J]. 江西社会科学, 2007 (4): 137-147.

[6] 周大鸣. 农村劳务输出与打工经济——以江西省为例 [J]. 中南民族大学学报 (人文社会科学版), 2006, 26 (1): 5-11.

[7] 漆莉莉. 江西流动人口规模的统计预测与分析 [J]. 统计与信息论坛, 2006 (2): 66-70.

[8] 江西省统计局人口和就业统计处. 江西户籍外出人口现状及特征分析——第六次人口普查系列分析资料之十九 [OL]. http://blog.sina.com.cn/s/blog_53f866ff0102vfpx.html. 2015-02-18.

第十五章
山东省人口流动流量、流向及其变化研究

摘　要：大数据推断结果表明，2014年山东跨省流入人口规模418.8万，跨省流出人口规模638.88万人，外省人口流入量较2010年增加89.15万人，跨省流出人口较2010年增加313.43万人。河南、江苏、河北、安徽、黑龙江、辽宁、湖北、浙江、山西、吉林是山东劳动力人口的主要来源地，江苏、北京、河北、河南、天津、上海、浙江、广东、辽宁、安徽则是山东劳动力人口的主要流向目的地，人口主要流向周边相邻省份。总体上看，人口已经由过去的净流入转变为净流出，山东需要应对传统经济没落、高科技高质量发展、能源供给与生态环境平衡等长期发展问题。从国家层面看，建议设立以青岛为中心的直辖市。

关键词：山东流动人口；人口大数据；人口流向变化

第一节　山东农村劳动力转移与外出人口增长

一、山东流动人口研究简述

山东虽然作为我国人口近亿的大省，但有关流动人口的文献和数据远少于广东、浙江、江苏、北京和上海等省市。山东省第二次农业普查主要数据公报显示，2006年全省农村劳动力资源总量为4862万人，占全省9282万户籍人口的52.38%，占全省6055万农业户籍人口的80.30%；农村从业人员4419.6万人，占农村劳动力资源总量的90.9%。其中，在第一产业就业人口2969.97万人（农业从业人员2992.5万人），占农村从业人员67.2%。全省农村跨乡镇外出从业1个月以上的劳动力760.9万人，省内流动农村劳动力631.55万

人，占流出劳动力83%；跨省从业劳动力129.35万人，占流出劳动力17%。而同样根据山东省统计局2007年1%人口抽样调查数据推算，全省流动人口总量约为691万人，其中外省流入人口为270.3万人，占全省流动人口比重为39.15%；省内流动人口为420.5万人，占全省流动人口比重为60.85%；流动人口中务工经商的比例为67.1%。

由于外部条件并没有发生太大的变化，因此在相邻年份流动人口各种比重基本会保持不变。以631.55万人为基数，保持务工经商67.1%的比重和占全省流动人口60.85%的比重不变，推算2007年山东省流动人口为1546.76万人（占同期全省9367万常住人口的16.51%），其中来自本省的流动人口941.20万人，省外流入人口605.56万人，流出省外人口316.80万人；跨省流入与流出省外人口之和为922.36万人，估计人口流动率达到9.85%。"五普"和"六普"的流动人口数据显示，山东跨乡镇流动人口数量由2000年的746.80万人增加到2010年的1369.83万人，增长了83.43%；流动人口占常住人口的比重由2000年的8.30%上升到2010年的14.30%，远低于全国19.58%的比重；2010年山东跨省流出人口309.57万人，跨省流入人口211.56万人。两相比较可以发现，官方数据与估计数据存在较大的差值，主要表现为官方的数据极为谨慎，而估计数据则更可能接近真实。

比较2005年和2010年全国流动人口数据，课题组推算2010年山东省内流动人口达到2169.67万人，占同期9579万官方公布的常住人口比重为22.65%，已经高于全国19.58%的比重。从山东的实际情况上来看，山东流动人口占常住人口比重高于全国水平的可能性不大，但由于官方公布的全国流动人口依然存在较严重的低估，因此可以认为2010年全国实有流动人口占常住人口比重应为22.65%而非19.58%，即2010年全国实有流动人口估计值为25565万人，比官方公布的流动人口多出3465万人，主要源于广东流动人口严重低估。课题组推算2010年山东跨省流出人口325.45万人，但跨省流入人口有待进一步估计。

二、基于移动用户数量的人口流动量测度

有调查显示，2007年全国外出农民工人均手机拥有率就已经达到90%，意味着手机已经在流动劳动力人口当中普及。以劳动力年龄人口为基数计算，

2007年全国劳动力人均手机拥有率也达到60%左右。从山东在全国的经济地位来看，2010年以后人均手机拥有量甚至高于全国平均水平，因此以全国人均手机拥有率为参照可以大致推算出山东历年年末平均人口的数量，但需要进行适当调整。以全国人均手机拥有率为参照，推算山东实有人口如表15-1所示。2010年以后，流动人口人均手机用户数基本上达到100%或以上；从调查的情况来看，2008年人均手机用户数约为95%，2009年接近100%。因此2008年以后的人口估计数比较准确，净流入人口也比较准确。前面推算2010年山东跨省流出人口为325.45万人，而表15-1推算的净流入人口均值为67.20万人，因此可以推算2010年山东跨省流入人口为392.65万人。

表15-1　山东省实有人口及人口净流出（净流入）估计（2005—2016年）

年份	全国 人均手机 拥有率	山东省 年末移动用户数（万户）	人口估计数（万人）	人口（万人） 官方常住	人口（万人） 官方户籍	人口流动（万人） 净流入1	人口流动（万人） 净流入2
2005	30.26%	2316	8527	9248	9212	-720.99	-471.55
2006	35.30%	2951	8855.3	9282	9282	-426.68	-325.55
2007	41.64%	3723	9158.6	9346	9346	-187.42	-168.67
2008	48.53%	4612	9503.4	9417	9392	111.4	54.06
2009	56.27%	5342	9493.5	9470	9449	44.51	25.05
2010	64.36%	6190	9617.8	9579	9536	81.78	52.63
2011	73.55%	7118	9677.8	9637	9591	86.77	63.82
2012	82.50%	7962	9650.9	9685	9580	70.91	58.5
2013	90.33%	8633	9557.2	9733	9612	-54.82	-49.52
2014	94.03%	9100	9677.8	9789	9747	-69.24	-65.1
2015	94.82%	9413.8	9928.1	9847	9822	106.07	100.58
2016	95.60%	9594.5	10036.1	9947	9921	115.11	110.04

注：年末移动用户数（列3）和户籍人口（列5）来源于《山东统计年鉴（2017）》。列2＝全国移动用户年末总数/全国总人口；列4＝列3/列2；列6＝列3－列5×列2＋列5并有粗略调整；列7＝列6－列4；列8＝列3－列6×列2。

从山东的情况看，人口净流入的变化与实际利用外商投资、海关出口总值等外贸因素的增长变动呈现明显的正相关关系，其次与全社会固定资产投资额、地区生产总值等投资和产出的变动关联明显，与消费也有较强的联系（见表15-2）。2012年山东经济增长增速首次回落到个位数，外省人口和本省人口双流出导致净流入人口变动明显，课题组认为2012年以来的实际经济增长率可能更低，而官方为追求增长导致人为的数字增长，但并不影响总产出，因为可能将以前增长中的未计部分延迟计入。2009年人口变动为负在很大程度上是由于2008年的全球金融危机所影响，但在强力投资刺激下迅速回升。

表15-2　山东省净流动人口变化及其主要影响因素（2005—2016年）

年份	地区生产总值（%）	居民消费增长率（%）	全社会固定资产投资额（%）	社会消费品零售总额（%）	海关出口总值（%）	实际利用外商直接投资（%）	净流入人口变动（万人）
2000	10.28	8.2	14.4	13.6	34.1	20.4	—
2005	15	15.2	38.2	16.6	28.9	3.1	—
2006	14.7	15.4	19.6	17	26.8	11.5	156.87
2007	14.2	13.6	24.2	19.3	28.3	10.1	222.74
2008	12	13.3	23.1	23.8	23.8	10.2	-29.01
2009	12.2	10.8	23.3	16	-14.6	-2.3	27.58
2010	12.3	10.3	22.3	18.3	31	14.5	11.19
2011	10.9	9.6	21.8	17.3	20.7	21.7	-5.32
2012	9.8	10.4	20.2	14.6	2.4	10.7	-108.02
2013	9.56	11.6	17.7	13.4	4.5	13.8	-15.58
2014	8.7	11.4	15.5	12.6	7.6	8.1	165.68
2015	7.95	10.7	13.7	10.6	-0.5	7.3	9.46
2016	7.6	8.5	8.4	10.4	-4.8	3.2	156.87

注：增长率数据来源于《山东统计年鉴（2017）》。

从地级市行政区域看（见表15-3）。基于移动电话用户数推算的结果显示，青岛是全省唯一一个总人口超千万的特大城市，济南、潍坊和临沂实有总人口也在900万人以上；基于城市生活用水推算的结果显示，青岛依旧是全省唯一一个城市人口超过1000万人的特大城市，济南和烟台则超过500万人，城市人口超300万人以上的大城市还有潍坊、临沂、济宁和泰安；全省估计城市化率为55.43%，青岛按实有人口计算的城市化率已经高达94.62%，主要是将其所管辖的县级市人口全部计入。以户籍人口为参照，青岛市外净流入人口约为434.42万人，占全省1199.41万市际净流入人口的36.22%；济南净流入人口居全省第2位，烟台、威海分居第3位和第4位，淄博、东营和潍坊也属于净流入城市；地处鲁西南的菏泽、临沂和济宁以及鲁西的聊城和德州则是人口主要净流出地。以官方常住人口为参照,青岛有 305.37 万流动人口,济南也有 236.22 万流动人口(表 15-3,列 10);估计结果显示,菏泽、临沂、德州、聊城和济宁分别有 174.91 万、115.43 万、107.65 万、106.13 万和 87.66 万流出人口依旧被记录为本地的常住人口口径中。

表 15-3　山东各地级市实有人口及人口流动情况(2016 年)

行政区域	移动电话用户数(万户)	实际人口估计数(万人)			官方人口数(万人)			人口流动规模与比率	
		总人口	城市人口	城市化率	常住人口	户籍人口	净流动率	净流入人口	流动人口
全省	9594.5	10031.1	5559.8	55.43%	9946.64	9921.45	1.09%	109.61	84.42
济南	931.7	959.5	608.2	63.38%	723.31	632.83	34.05%	326.7	236.22
青岛	1190.9	1225.8	1159.8	94.62%	920.4	791.35	35.44%	434.42	305.37
淄博	497.8	516.8	283.5	54.85%	468.69	432.43	16.32%	84.35	48.09
枣庄	316.7	334.9	244	72.87%	391.56	413.23	-23.39%	-78.33	-56.66
东营	256.8	265.3	170.2	64.16%	213.21	192.81	27.32%	72.48	52.08
烟台	776.8	805.6	564.8	70.11%	706.49	655.42	18.65%	150.23	99.25
潍坊	894.5	934.1	470.4	50.36%	935.7	901.32	3.51%	32.81	-1.57
济宁	709.2	747.8	327	43.73%	835.44	875.73	-17.11%	-127.95	-87.66
泰安	476.3	501.4	303.9	60.62%	563.74	568.66	-13.42%	-67.3	-62.38
威海	343	354.3	240.1	67.76%	281.93	255.86	27.78%	98.42	72.35
日照	278.8	292	115.5	39.55%	290.11	299.72	-2.66%	-7.76	1.85
莱芜	115.6	121.2	73.7	60.83%	137.58	129.05	-6.44%	-7.81	-16.34
临沂	878.7	928.9	359.5	38.70%	1044.3	1140.84	-22.82%	-211.97	-115.43
德州	445.5	471.6	167.2	35.48%	579.23	592.98	-25.74%	-121.4	-107.65
聊城	469.7	497.6	220.2	44.26%	603.68	632.52	-27.13%	-134.97	-106.13
滨州	369.8	387	115.3	29.80%	389.1	392.13	-1.31%	-5.09	-2.06
菏泽	642.7	687.3	136.5	19.86%	862.26	1014.57	-47.61%	-327.22	-174.91

注:移动电话用户数和官方人口数据来源于《山东统计年鉴(2017)》。列 3 = 列 7 + 列 9;列 4 城市人口以 80.3 升的人均日生活用水量(以莱州为参照系)进行估计;列 5 = 列 4/列 3;列 8 = 列 9/列 3;列 9 = 列 2 - 列 7×95.6%;列 10 = 列 3 - 列 6。

省卫计委发布的山东省流动人口 2016 年动态监测数据分析报告显示,54.2% 为省内跨市流动,28.9% 为市内跨县流动。由于人口净流出地区几乎为纯粹的人口流出,外来人口比例较低,因此课题组同比例推算 2016 年山东省流动人口为 2212.93 万人,与前面推算 2010 年 2169.67 万人的流动人口相比,减少了43.26万人，与全国流动人口普遍减少相对应；推算跨省流出人口为373.985万人。由于省卫计委实际调查流动人口只有6000人，加上涉及流动人口及其居住在本地的家庭成员18576人，与数以千万计的流动人口相比，抽样量只有1‰，因此估计的可信度大为降低，但仍旧可以作为一种参考。

值得注意的是，从山东各地级市年度统计公报中的年末移动用户数量汇总与《山东统计年鉴（2017）》中的数据存在较大的冲突，特别是2012年各市的数据更是令人迷惑；此外，无法从临沂市的统计公报中找到其年末移动用户数量，而日照市则特别指明其统计的是非沉默用户。总体上看，2012年之后的数据似乎是一种人为编制的数据，即公报数据通常大于统计年鉴的数据。另外，可能是手机用户实名制推行之后出现系统性的问题，2013—2016年全省各统计公报的汇总年末移动用户数分别为10303.48万户、10223.35万户、10088.90万户和10423.06万户。

三、基于产出和从业人员占比的流出人口规模推算

蔡昉、王美艳（2014）的研究结果表明，官方统计高估农业劳动力的数量和比重。例如，2012年中国农业劳动力占全国劳动力比重实际仅占19.8%，远低于官方统计的38.9%。他们指出，中国在2004年达到刘易斯转折点时，官方统计的农业劳动力比重为46.9%，学者估算的数字只有27.8%。按照学者估算的口径，2024年中国农业劳动力比重应该下降到只有7.8%。无论是实地调研还是学者们的估计，全国各地都存在农业劳动力比重高估的现象。2003年开始，山东第一产业占全省GDP比重就已经降到10%以下，2003年山东第一产业占全省GDP比重只有9.3%，而第一产业从业人员占总从业人口比重却高达35.9%。

研究发现，2008年之后官方统计公布的第一产业从业人员数量（官方数）乘以第一产业占GDP的比重才是真实的第一从业人员数量（估计数），而官方数与估计数之间的差额实际上是农村流出劳动力却依旧被记录为本地常住人口数量（见表15-4）。以2010年为例，全省总从业人员为6401.90万人，但第一产业占全省GDP比重仅为9.20%，因此第一产业从业人员实际也只占全部从业人员的9.20%左右，即588.97万人，农村流出的劳动力为1684.13万人。2008年以前估计的从第一产业流出劳动力（表4列6）中，尚有一部分失业，

但其比重不超过10%，意味着山东省农村流出劳动力由2008年的1700万人左右，下降到2016年的1450万人，累计减少450万人左右，流出省外的劳动力则由2008年的300万人左右，下降到2016年的250万人左右。全省流动人口总数长期以来保持在2000万人以上的规模，前面课题组推算2010年山东省内流动人口达到2169.67万人，与表15-4中估计的2272.88万人高度吻合，表明估计方法的适用性较强。

表15-4 占比产出法——应计未计农村流出劳动力数（2005—2016年） 单位：万人

年份	全社会年末从业人员数	第一产业占GDP比重	第一产业实际从业劳动力	第一产业官方从业人员数	第一产业流出劳动力数	本省流动劳动力	省外流动劳动力	全省流动人口总数
2005	5840.7	10.70%	624.95	2350.3	1725.35	1432.04	293.31	2237.56
2006	5960	9.80%	584.08	2328	1743.92	1447.45	296.47	2279.45
2007	6081.4	9.70%	589.90	2265.2	1675.30	1390.50	284.80	2207.15
2008	6187.6	9.70%	600.20	2313.5	1713.30	1422.04	291.26	2275.27
2009	6294.2	9.50%	597.95	2297.4	1699.45	1410.54	288.91	2275.07
2010	6401.9	9.20%	588.97	2273.1	1684.13	1397.82	286.30	2272.88
2011	6485.6	8.80%	570.73	2211.6	1640.87	1361.92	278.95	2232.66
2012	6554.3	8.60%	563.67	2168	1604.33	1331.59	272.74	2200.98
2013	6580.4	8.30%	546.17	2086	1539.83	1278.06	261.77	2130.09
2014	6606.5	8.10%	535.13	2023.2	1488.07	1235.10	252.97	2075.80
2015	6632.5	7.90%	523.97	1963.2	1439.23	1194.56	244.67	2024.68
2016	6649.7	7.30%	485.43	1935.1	1449.67	1203.23	246.44	2056.80

注：列2、列3数据来源于《山东统计年鉴（2017）》。

从河北春节返乡人口比重来推断，河北流动人口占全省户籍人口比重的30%，河北外出人口以京津为首选，而山东外出则以青济为先，因此山东籍流动人口占户籍人口的比重与河北相比不应相差太远。再从广东的情况看，广东籍外出人口以珠三角为主要目的地，而珠三角6000万外来人口中，本省占40%，而珠三角又占广东全省流动人口的90%左右。因此，以广东、河北为参照，近亿人口的山东流动人口规模应该在3000万人左右。上述以第一产业GDP占全部GDP比重来推算的全省流动人口总数应该是非常谨慎的，其数量大致相当于跨县区以上的常年性外出流动人口规模。

第二节　山东跨省流入人口大数据推断

一、流入人口大数据初始表征流量

要计算山东跨省流入人口数量,只需要得到节前由山东流向全国各地的人口数量即可。但节前山东流出省外人口也包含一部分本省人口短期外出,因此必须尽可能地减少采样范围以将这一因素排除。课题组所归集的大数据采样表PtopLineOut中已经包含这些信息,对PtopLineOut数据表进行下述SQL查询操作:

SELECT province, name, to_char (sum (num), '99, 999, 999') as num0, sum ("singleNum") as sNum0, to_char (sum (per)/2.4, '99.999%') As per0
　　FROM public. "PTopLineOut"
　　where province = '山东'
　　group by province, name
　　order by num0　desc

可以得到节前山东人口流出目的地涵括全国17个省级单位。由于系统只记录流出TOP10省份,而像山东这样的人口大省,其流出目的地必然多元化。值得注意的是,该流量并不直接代表人口流量,而是系统所记录的可代表人口流量的无量纲数据。若山东节前流入该省人口占山东总流出人口比重较低,则不能被系统记录,但该省流入人口流量却在某时段内进入其流入排名前10名,从而会发生数据的漏计,因此还必须对数据表PtopLineIn进行下述SQL查询操作:

SELECT province, name, sum (num) as num0, to_char (sum (per)/2.4, '9999.999%')　As per0
　　FROM public. "PtopLineIn"
　　wherename = '山东'
　　group by province, name
　　order by num0　desc

第二次查询得到的省级单位扩展到26个,其中排名前6位的省份名次和流量与第一次查询完全相同。第二次查询涉及中国所有省级区域(见表15-5)。由于第二次查询是以流入地为基准的,那些虽然在山东流入人口占比不大但流出地占比则进入其流出排名前10位的则被录入系统。

表15-5　　2014年山东跨省人口流入流量大数据采样

第一次查询				第二次查询			
流出地	流向地	大数据采样流量	占流出地比重	流入地	流出地	大数据采样流量	占流入地比重
山东	河南	1677940	16.01%	河南	山东	1677940	5.87%
山东	江苏	1551909	14.97%	江苏	山东	1551909	8.63%
山东	河北	1435851	13.94%	河北	山东	1435851	7.78%
山东	安徽	572529	5.44%	安徽	山东	572529	1.99%
山东	北京	559014	5.67%	北京	山东	559014	6.04%
山东	黑龙江	442931	4.28%	黑龙江	山东	442931	9.28%
山东	辽宁	356688	3.07%	辽宁	山东	382303	8.03%
山东	湖北	340919	3.18%	浙江	山东	338992	3.47%
山东	浙江	309869	3.09%	山西	山东	313050	5.17%
山东	山西	274784	2.52%	吉林	山东	251310	6.79%
山东	天津	56469	0.52%	天津	山东	239535	6.63%
山东	吉林	34580	0.26%	上海	山东	184854	2.61%
山东	广东	9080	0.39%	内蒙古	山东	132904	3.42%
山东	陕西	4908	0.24%	福建	山东	88731	1.04%
山东	湖南	1164	0.06%	新疆	山东	30209	5.06%
山东	上海	604	0.04%	宁夏	山东	25761	1.99%
山东	四川	247	0.01%	江西	山东	18729	0.04%
山东	TOP10	7522434	72.18%	青海	山东	18035	3.55%
山东	全国	10421915	100.00%	云南	山东	7152	0.26%
				台湾	山东	6706	3.36%
				海南	山东	6345	0.50%
				香港	山东	2210	0.43%
				西藏	山东	1298	1.57%
				甘肃	山东	332	0.04%
				澳门	山东	205	0.18%
				广东	山东	199	0.02%
				广西	山东	39	0
				TOP10	山东	7525829	0
				全国	山东	10421915	0

二、由大数据表征流量到人口流入量及流向测度

在大数据采样中,若能得到采样期内流入总量和流出总量,则根据人口净流入量就可以推算流出人口和流入人口。特别需要注意的是,大数据采样期内流入总量对应的是山东本省人口跨省流出,而流出总量则对应山东外省流入人口。通过查询计算,大数据采样期内流入总量为10421915,流出总量为13819737,净流出量为3397822。由于山东外省流入人口主要来自河南、江苏、河北、安徽,课题组以这些省级行政区域为参照,推算2014年山东流出人口的均值为638.88万人,并进一步推算2014年山东跨省流入人口为481.80万人。只要计算出节前流出量占流出量的比重,再乘以山东省外流入人口总量,就可以得到各省2014年流入山东的人口数量。

大数据人口推算结果显示(见表15-6),山东省外流入人口主要来自河南、江苏、河北、安徽四个相邻省份。来自河南的外来流动人口为77.57万人(列6),占河南跨省流出人口的5.87%(列3),占山东跨省流入人口比重为16.10%(列5),还可以依此推算出河南跨省流出人口数量有1321.25万人。推算结果发现,山东跨省流入人口中,有25.84万北京人,该数据与其他人口流出省份不同,并不表示北京有25.84万人流入山东,而是一种山东人流入北京后成为一种反向流动,即北京外来常住人口中,有25.84万人来自山东;上

表15-6 2015年春运节前山东跨省流入人口流量、流向的大数据推断

流向	大数据表征流量	占流出地比重	占山东流出人口比重	人口流出量(万人)	农民工流出量(万人)	山东流出目的地外来人口(万人)
河南	1677940	5.87%	16.01%	16.10%	77.57	1321.25
江苏	1551909	8.63%	14.97%	14.89%	71.74	831.33
河北	1435851	7.78%	13.94%	13.78%	66.38	853.53
安徽	572529	1.99%	5.44%	5.49%	26.47	1330.71
北京	559014	6.04%	5.67%	5.36%	25.84	427.58
TOP5	5797243	—	56.04%	55.63%	268	4764.39
黑龙江	442931	9.28%	4.28%	4.25%	20.48	220.77
辽宁	382303	8.03%	3.07%	3.67%	17.67	220.15
湖北	340919	—	3.18%	3.27%	15.76	—

续表

流向	大数据表征流量	占流出地比重	占山东流出人口比重	人口流出量（万人）	农民工流出量（万人）	山东流出目的地外来人口（万人）
浙江	338992	3.47%	3.09%	3.25%	15.67	451.37
山西	313050	5.17%	2.52%	3.00%	14.47	280.2
TOP6—10	1818195	—	16.14%	17.45%	84.05	1172.48
吉林	251310	6.79%	0.26%	2.41%	11.62	171.2
天津	239535	6.63%	0.52%	2.30%	11.07	166.95
上海	184854	2.61%	—	1.77%	8.55	326.92
内蒙古	132904	3.42%	—	1.28%	6.14	179.86
福建	88731	1.04%	—	0.85%	4.1	393.67
新疆	30209	5.06%	—	0.29%	1.4	27.59
宁夏	25761	1.99%	—	0.25%	1.19	59.94
江西	18729	0.04%	—	0.18%	0.87	—
青海	18035	3.55%	—	0.17%	0.83	23.49
其他	1816409	—	—	17.43%	83.97	—
全国	10421915	—	—	100.00%	481.8	—

注：占山东流入人口比重*为第一次查询直接得到，而占山东流入人口比重**则为推算得到的结果。

海的情况与北京相类似，课题组推算北京、上海的流出人口实际上是两地的外来常住人口数量；在山东拥有北京、上海、天津三地户籍的人口估计分别为5.16万人、1.70万人和3.30万人，即北京应排在内蒙古之后。最后一列的反向推算在流量较大的情况下比较可靠，若流量小或占该区域的流动比重低，则结果的适用性较差，需要对系统重新设计；若系统能准确记录20个以上而非排名前10位的省级单位，则基本上可利用成熟的算法计算全国各省的流动人口流量、流向及测算真实的跨区域流动及其变化情况。

三、2010年以来山东外省人口流入变化

2010年"六普"数据显示（见图15-1），全省外来半年以上人口为211.56万人，其中黑龙江占19.29%，其次是河南占13.47%。即使将北京排除在外，2014年黑龙江流动到山东的人数也只能排在第5位。另据山东

电视台报道①,2016年春节迁出目的地多往华北、华东和东北,三地占山东迁出总量的70%,其中流向河南的最多,占14.2%。而迁入地主要来自北京、江苏和上海,三地占50%以上。从城市间往返客流来看,也没有发现黑龙江有较大强度的客流,因此山东"六普"外来人口数据可能存在较大缺陷。

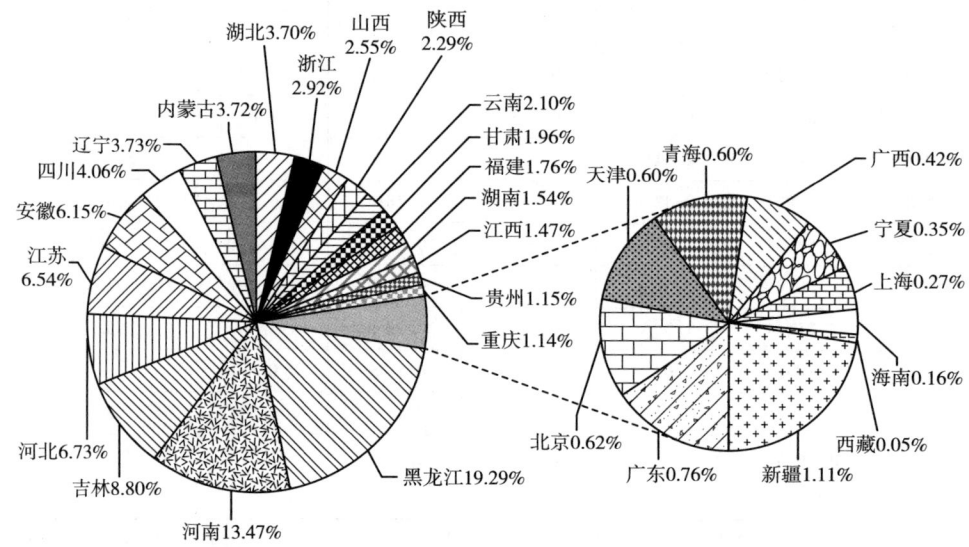

图15-1 山东省外来人口来源地构成(2010年"六普"数据)

利用山东省卫计委公布的数据,结合表15-2,课题组推算2010年山东省流入人口为392.65万人,而推算2014年山东跨省流入人口为418.80万人(见表15-7)。据山东省移动大数据2015年国庆专题报告显示,国庆期间山东出行目的地前3名分别为江苏(18.10%)、河北(15.46%)、河南(14.95),而客源来源地前3名分别是江苏(15.04%)、北京(12.97%)、河南(12.60%)。由于国庆节期间农民工假期短,而农民工占跨省流动人口比重通常在70%以上,因此国庆节期间的人口流动是旅游流、探亲流和商务流三种叠加,与春节前外出人口回家过年形成很大的区别,但也可以从一个侧面推知跨省流动情况:客源来源地表明山东人跨省流出,而出行目的地则表明山东人跨省流入。与2015年2月春节前人口流入相比,国庆流入虽然排名和

---

① 山东电视台(记者于凡 毕美娟).[春节大数据]山东春运客运量将达5695万人次 从北京来的最多 [OL]. 齐鲁网,2016-02-1, http://news.iqilu.com/shandong/yuanchuang/2016/0211/2687765.shtml.

占比差别较大,但不变的是依然是河南、江苏、河北三省,由于国庆节的商旅人口比重较高,而江苏、河北与山东的商旅人口交流显然会大于河南。比较结果显示,山东与邻近省份且经济发展较好的省份的人口流量增加了,而与远距离且相对落后的省份之间的人口流量减少了。

表15-7 山东省外人口流入流量、流向变化 单位:万人

来源地	2014年			2010年			新变化	
	流量当量	占总流量比重	人口估计	"六普"比重	"六普"数据	"六普"调整	占比变动	人口流量
河南	1677940	16.10%	77.57	13.47%	28.49	52.87	2.64%	24.7
江苏	1551909	14.89%	71.74	6.54%	13.84	25.68	8.35%	46.07
河北	1435851	13.78%	66.38	6.73%	14.24	26.43	7.05%	39.95
安徽	572529	5.49%	26.47	6.15%	13.01	24.14	-0.65%	2.33
北京	559014	5.36%	25.84	0.62%	1.31	2.43	4.74%	23.41
TOP5	5797243	55.63%	268	54.82%	115.98	215.26	0.80%	52.74
黑龙江	442931	4.25%	20.48	19.29%	40.8	75.73	-15.04%	-55.26
辽宁	382303	3.67%	17.67	3.73%	7.88	14.63	-0.06%	3.05
湖北	340919	3.27%	15.76	3.70%	7.83	14.53	-0.43%	1.23
浙江	338992	3.25%	15.67	2.92%	6.17	11.46	0.33%	4.21
山西	313050	3.00%	14.47	2.55%	5.4	10.02	0.45%	4.45
TOP6—10	1818195	17.45%	84.05	21.35%	45.18	83.85	-3.91%	0.21
吉林	251310	2.41%	11.62	8.80%	18.61	34.55	-6.39%	-22.93
天津	239535	2.30%	11.07	0.60%	1.28	2.37	1.70%	8.7
上海	184854	1.77%	8.55	0.27%	0.57	1.06	1.50%	7.49
内蒙古	132904	1.28%	6.14	3.72%	7.87	14.6	-2.44%	-8.46
福建	88731	0.85%	4.1	1.76%	3.72	6.9	-0.91%	-2.8
新疆	30209	0.29%	1.4	1.11%	2.36	4.38	-0.83%	-2.98
宁夏	25761	0.25%	1.19	0.35%	0.74	1.38	-0.10%	-0.19
江西	18729	0.18%	0.87	1.47%	3.11	5.77	-1.29%	-4.91
青海	18035	0.17%	0.83	0.60%	1.26	2.34	-0.42%	-1.51
其他	1816409	17.43%	83.97	15.63%	33.06	61.37	1.80%	22.6
全国	10421915	100.00%	481.8	100.00%	211.56	392.65	0.00%	89.15

注:2010年省外流入排名前五(TOP5)是黑龙江、河南、吉林、河北、江苏五省,而TOP10是指TOP5+安徽、四川、辽宁、内蒙古、湖北五省区。2014年省外流入前五和前十已经发生了很大的变化。

第三节　山东跨省流出人口大数据推断

一、流出人口大数据初始表征流量

对数据表 PtopLineIn 进行下述 SQL 查询操作：

SELECT province, name, sum（num）as num0, to_char（sum（per）/2.4, '9999.999%'） As per0
　　FROM public."PTopLineIn"
　　where province = '山东'
　　group by province, name
　　order by num0　desc

可以得到节前山东人口流入来源地涵括全国 10 个省级单位，表明山东人口流出目的地极为稳定。由查询结果可知，主要流向经济发达省市和相邻省份。查询得到流出省份中流量为 TOP10 的省份所归集的大数据人口流量当量为 11647551，占山东流出人口总量的 84.28%。为避免数据漏计，因此还必须对数据表 PtopLineOut 进行下述 SQL 查询操作：

SELECT province, name, sum（num）as num0, to_char（sum（per）/2.4, '9999.999%'） As per0
　　FROM public."PTopLineOut"
　　where name = '山东'
　　group by province, name
　　order by num0　desc

第二次查询共记录了 27 个省级区域的流入量。第二次查询最大限度地解决了数据漏计或数据不一致的问题。两次查询输出结果如表 15-8 所示。

二、由大数据表征流量到人口流量、流向测度

将两次查询结果合并，取大值新值之后，最后形成表 15-9。将各省节前回流量除以总流量，再乘以跨省总流出人口，就可以得到 2014 年山东人口跨省

表15-8　　　　　　　　　　　山东人口流出的初始表征量

第一次查询				第二次查询				
流入地	流出地	大数据采样流量	占山东流入量比重	序号	流出地	流入地	大数据采样流量	占流出地流量比重
山东	江苏	2527892	18.35%	1	江苏	山东	2527892	7.65%
山东	北京	2400662	16.91%	2	北京	山东	2400662	7.92%
山东	河北	1442263	11.11%	3	河北	山东	1442263	10.95%
山东	河南	1126958	8.79%	4	河南	山东	1126958	12.38%
山东	天津	1105680	7.58%	5	天津	山东	1105680	12.81%
山东	上海	1021837	6.84%	6	上海	山东	1020141	3.61%
山东	浙江	833649	5.94%	7	辽宁	山东	383471	7.17%
山东	广东	452627	3.38%	8	安徽	山东	352512	4.87%
山东	辽宁	383471	2.72%	9	山西	山东	249533	4.98%
山东	安徽	352512	2.68%	10	陕西	山东	248384	3.08%
山东	TOP10	11647551	84.28%	11	浙江	山东	222310	0.35%
山东	全国	13819737	100.00%	12	内蒙古	山东	155788	3.16%
				13	黑龙江	山东	133792	6.31%
				14	吉林	山东	117105	4.93%
				15	新疆	山东	76162	3.32%
				16	广西	山东	45481	1.07%
				17	宁夏	山东	44897	2.78%
				18	江西	山东	39094	0.52%
				19	甘肃	山东	34746	1.11%
				20	青海	山东	30246	2.74%
				21	湖北	山东	9586	0.06%
				22	西藏	山东	686	0.33%
				23	重庆	山东	212	0.02%
				24	澳门	山东	161	0.07%
				25	香港	山东	113	0.05%
				26	海南	山东	17	0.01%
				27	台湾	山东	6	0.08%
				28	TOP10	山东	10857496	—
				29	全国	山东	13819737	—

流出各个流向的实际人口流量。在前面的推算中，2014年山东流出人口为638.88万人。从大数据推断的结果来看，2014年山东流向江苏116.86万人（列5），占跨省流出总量的18.29%（列4），居第1位；流向北京110.98万人，占跨省外出总量的17.37%，居第2位；流向河北66.68万人，占跨省外出总量的10.44%，居第3位。流向五大目的地TOP5合计397.73万人，占跨省外出总量的62.25%。最后一列（列6）根据流入山东的流量反推山东跨省流出目的地省份的跨省外来人口估计。例如，课题组推算同期山东人口流向目的地的苏、京、冀、豫、津的外来人口总量分别为1526.83万人、1401.64万人、609.07万人、421.00万人和398.96万人。

表15-9　2014年山东跨省人口流动流量、流向的大数据推断

流向	大数据表征流量	占流出地比重	占山东流出人口比重	人口流出量（万人）	山东流出目的地外来人口（万人）
江苏	2527892	7.65%	18.29%	116.86	1526.83
北京	2400662	7.92%	17.37%	110.98	1401.64
河北	1442263	10.95%	10.44%	66.68	609.07
河南	1126958	12.38%	8.15%	52.1	421
天津	1105680	12.81%	8.00%	51.12	398.96
TOP5	8603455	—	62.25%	397.73	4357.5
上海	1021837	3.61%	7.39%	47.24	1310.38
浙江	833649	1.32%	6.03%	38.54	2911.41
广东	452627	—	3.28%	20.92	—
辽宁	383471	7.17%	2.77%	17.73	247.18
安徽	352512	4.87%	2.55%	16.3	334.7
TOP6—10	3044096	—	22.03%	76.06	4803.67
山西	249533	4.98%	1.81%	11.54	231.64
陕西	248384	3.08%	1.80%	11.48	372.94
内蒙古	155788	3.16%	1.13%	7.2	227.62
黑龙江	133792	6.31%	0.97%	6.19	98.04
吉林	117105	4.93%	0.85%	5.41	109.86
新疆	76162	3.32%	0.55%	3.52	106.12
广西	45481	1.07%	0.33%	2.1	197.24

续表

流向	大数据表征流量	占流出地比重	占山东流出人口比重	人口流出量（万人）	山东流出目的地外来人口（万人）
宁夏	44897	2.78%	0.32%	2.08	74.66
江西	39094	0.52%	0.28%	1.81	346.23
甘肃	34746	1.11%	0.25%	1.61	144.97
青海	30246	2.74%	0.22%	1.4	50.98
湖北	9586	0.06%	0.07%	0.44	764.06
其他	2053034	—	14.86%	94.91	—
全国	13819737	—	100.00%	638.88	11885.51

2015 国庆节期间山东客源来源地前三名分别是江苏（15.04%）、北京（12.97%）、河南（12.60%），以此推断，江苏依然是 2015 年山东外出人口的第一大目的地，河北吸引山东人口能力下降，更多的人流向河南，流向北京的山东人也较 2014 年减少。

三、人口流出流量、流向变化测度和比较分析

前面课题组推算出 2010 年山东流出省外人口为 325.45 万人，2014 年年末跨省流出人口总量为 638.88 万人，比 2010 年增加 313.43 万人。在 2014 年山东跨省流出人口中，流向排名前 5 位的分别是江苏、北京、河北、河南、天津五省市，主要流向周边省份及与山东极为接近的京津两大直辖市；而 2010 年排名前 5 位的是北京、天津、江苏、上海、浙江五省市，主要流向长三角人口。大数据分析的结果显示（见表 15 - 10），流向湖北、新疆、天津、黑龙江和江西的人口减少，其余部分均为增加。2010 年人口普查年，因外出农民可能担心普查对其不利而导致山东流出人口明显偏少，实际流出人口可能也在 600 万左右，但并没有确切的证据来证明这一猜测。2010 年京津是山东外出人口的主要流向地，其次才是长三角的苏沪浙，说明山东进一步向其相邻省份靠拢，也有可能 2010 年全国第六次人口普查时对交界区域的人口流动存在较大的漏计；2014 年江苏成为山东人口的第一流向目的地，河北、河南也挤进前 5 名，流向东北辽宁和黑龙江占流出人口的比重下降。

表 15-10　　　　　山东跨省人口流出流量、流向变化　　　　　　　单位：万人

流向	2014年大数据推断		2010年			流量变化	
	大数据占比	人口流出	"六普"占比	"六普"流出	调整流出	人口变化	占比变化
江苏	18.29%	116.86	13.27%	41.08	43.19	73.67	5.02%
北京	17.37%	110.98	19.31%	59.77	62.84	48.14	-1.94%
河北	10.44%	66.68	2.88%	8.93	9.39	57.29	7.55%
河南	8.15%	52.1	1.58%	4.91	5.16	46.94	6.57%
天津	8.00%	51.12	16.32%	50.51	53.1	-1.99	-8.32%
TOP5	62.25%	397.73	67.11%	207.75	218.41	179.33	-4.85%
上海	7.39%	47.24	12.22%	37.84	39.78	7.46	-4.83%
浙江	6.03%	38.54	5.99%	18.54	19.49	19.05	0.04%
广东	3.28%	20.92	5.04%	15.6	16.4	4.52	-1.76%
辽宁	2.77%	17.73	3.86%	11.95	12.56	5.16	-1.09%
安徽	2.55%	16.3	1.11%	3.44	3.62	12.68	1.44%
TOP6—10	22.03%	76.06	16.00%	49.53	52.07	23.99	6.03%
山西	1.81%	11.54	1.52%	4.7	4.94	6.6	0.29%
陕西	1.80%	11.48	1.34%	4.14	4.36	7.13	0.46%
内蒙古	1.13%	7.2	2.21%	6.83	7.18	0.02	-1.08%
黑龙江	0.97%	6.19	2.01%	6.21	6.53	-0.35	-1.04%
吉林	0.85%	5.41	1.44%	4.45	4.68	0.73	-0.59%
新疆	0.55%	3.52	1.81%	5.61	5.9	-2.38	-1.26%
广西	0.33%	2.1	0.50%	1.55	1.63	0.47	-0.17%
宁夏	0.32%	2.08	0.48%	1.49	1.56	0.51	-0.16%
江西	0.28%	1.81	0.60%	1.87	1.96	-0.16	-0.32%
甘肃	0.25%	1.61	0.48%	1.49	1.57	0.04	-0.23%
青海	0.22%	1.4	0.36%	1.13	1.18	0.21	-0.15%
湖北	0.07%	0.44	0.98%	3.03	3.19	-2.75	-0.91%
其他	14.86%	94.91	4.68%	14.49	15.23	79.68	10.18%
全国	100.00%	638.88	100.00%	309.57	325.45	313.43	0.00%

注：2010年流出省外排名前五（TOP5）是北京、天津、江苏、上海、浙江五省市，而TOP10是指TOP5加广东、辽宁、河北、内蒙古、黑龙江五省区。

四、山东流动人口的未来趋势及对策建议

山东究竟有多少流动人口,一直以来没有一个非常令人可信的数据。课题组依据年末移动用户数量来推算人口也因数据的真实性降低了推算结果的准确度和可信度。从人口流动大数据的跨省流量来推断,2014年山东跨省流出人口大于跨省流入人口,但由于大数据是以常住人口为口径,因此还不能确定户籍人口与常住人口究竟谁多谁少。课题组根据山东省历年出生人口来判断(见图15-2),1988年前的抽样调查数大于公安登记数,这有两种可能:一是20世纪80年代山东是人口净流入的省份,外来人口的流入导致这种差额;二是由于严格的计划生育,导致居民隐瞒人口,而在人口普查时才如实登记。20世纪90年代,抽样调查数与公安登记数差值极小,而到21世纪前10年两者差距再次扩大。考虑到人口普查年份,课题组分别取1983—1990年、1991—2000年、2001—2010年、2011—2016年的平均值来做进一步推断。结果发现,除2011—2016年的累计值中抽样数少于公安登记数之外,前三个时期都是抽样数大于公安登记数,课题组由此判断:1983—1987年、2001—2008年是山东跨省流入大于跨省流出时期,而20世纪90年代山东的人口流入和流出基本平衡,2011年之后山东跨省流出人口略微大于跨省流入。

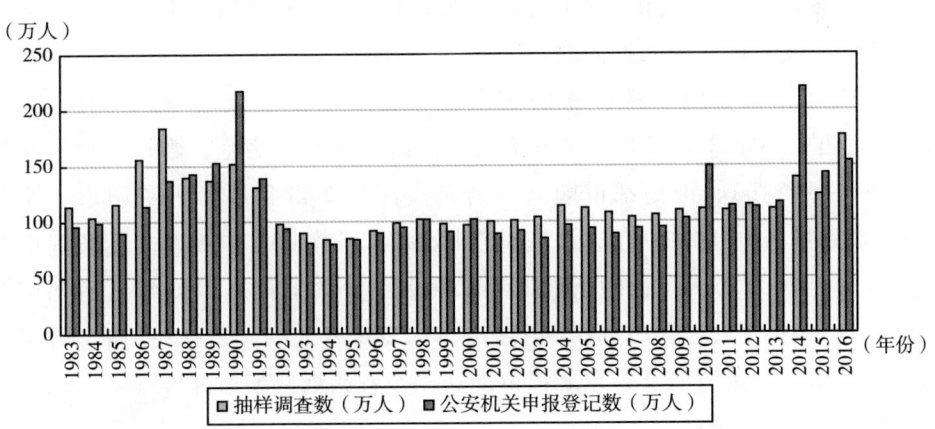

图15-2 山东省历年出生人口数(1983年—2016年)

注:1990年、2000年为人口普查数,2010年为人口普查修正数据,其余年份均为人口抽样调查数,括号内为当年前往公安机关申报登记数。

进一步推断结果表明,1983—1990 年山东年平均净流入人口为 127.88 万人,约为同期山东生育年龄人口的 4.90%;1983—1990 年山东年平均净流入人口为 54.55 万人,约为同期山东生育年龄人口的 1.84%;2001—2010 年山东年平均净流入人口为 264.25 万人,约为同期山东生育年龄人口的 7.66%;2011—2013 年山东年平均净流出人口为 162.87 万人,与大数据推断的 2014 年净流出 157.08 万人口高度吻合,说明课题组的推算方法和推算结果具有较高的可信性,流出人口约为同期山东生育年龄人口的 2.38%。山东跨省流动人口的变化,与传统经济走向没落、全球科技创新和国家迈向高质量发展阶段的大趋势息息相关,若不能与大趋势相适应,未来山东人口流出多于流入的趋势还将持续。

2014 年开放"二孩"生育以来,山东以最能生育冠全国之首。2016 年山东有 9921 万户籍人口,全省实有总人口 9900 万左右,以人均寿命 80 岁计算,未来年平均死亡人口可达 124 万人。以"二孩"开放 10 年前的 2004 年开始计算,13 年来年均出生人口 122 万人,意味着近两年的人口生育高峰过后,山东每年新生人口将回复到 120 万人左右的水平。未来 20 年,山东每年净增人口 50 万左右,到 2040 年总人口 1.1 亿,总人口最大值年份比全国晚 10—15 年,2050 年之后人口总量开始下降。相对东北及其他华北省区市而言,山东的人口问题相对较轻,但由于山东作为全国能源消耗大省,每年一次能源消耗量在 4 亿吨以上,因此如何为 1 亿人口保障能源供给及平衡与生态环境的关系是未来山东发展面临的长期问题。

2017 年年初,山东省发布的《山东半岛城市群发展规划(2016—2030 年)》提出,构建济南都市圈(含济南、淄博、泰安、莱芜、德州、聊城 6 市及滨州市邹平县)、青岛都市圈(含青岛、潍坊 2 市和烟台市莱阳市、海阳市)。规划指出,到 2020 年,济南都市圈总人口达到 3200 万人,青岛都市圈总人口达到 2000 万人。课题组根据年末移动用户数推算,2016 年济南都市圈实有人口 3000 万人,青岛都市圈实有人口 2200 万人(见图 15-3)。山东人口可成三份:一是济南及鲁东北都市圈;二是青潍烟威半岛都市圈;三是鲁西南地区,各占 1/3 左右。

以与大连为中心的设立大连直辖市相对应,课题组建议设立以青岛为中心的青岛直辖市,前者应对东北振兴,后者则与大连直辖相呼应,共同增强应对东亚事务及海洋经济时代的到来。设立青岛直辖后的山东重点构建济南—济

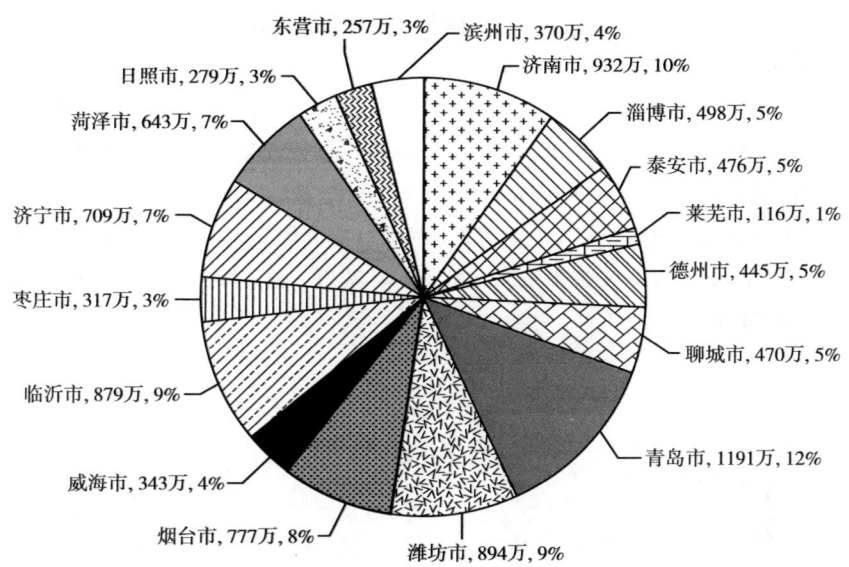

图 15-3　山东省各地级市域人口及占比估计（2016 年）

宁—临沂三角形发展新格局。青岛—潍坊—烟台—威海区域面积 46684 平方公里，2016 年实有人口为 3205 万，地区生产总值为 23918 亿元，实际人均 GDP 为 74628 元，无论从区域面积、人口、经济总量还是人均生产总值都可以支撑一个直辖市，且很多指标强于重庆和天津。

本章参考文献

[1] 杨明俊，尹茂林，陈笛. 人口流动趋势与山东省城镇化战略的思考 [J]. 城市发展研究，2014，21（6）：64-72.

[2] 杨素雯，崔树义. 2016 年山东省流动人口动态监测数据分析报告 [J]. 经济动态与评论，2017（1）：3-55，251.

[3] 王洪娜. 山东省人口迁移流动与区域经济发展研究 [D]. 吉林大学，2015.

[4] 宋全成，文庆英. 流动人口规模、结构及特征的人口社会学分析 [J]. 山东社会科学，2014（10）：58-65.

[5] 董贝. 山东省县域人口迁移的时空格局与城镇化效应 [D]. 曲阜师范大学，2018.

[6] 杨凤. 山东人口迁移流动状况与影响因素 [J]. 北京工业大学学报（社会科学版），2014，14（3）：14-20.

［7］苏卫东. 山东人口流动特征、成因及其合理化的对策［J］. 济南大学学报（综合版），1998（2）：39-41.

［8］李军，苏卫东. 山东人口流动问题探析［J］. 东岳论丛，1998（6）：51-55.

［9］山东省统计局（2008-05-07）. 山东省第二次农业普查主要数据公报（2006年）［OL］. http://www.stats-sd.gov.cn/art/2008/5/7/art_6293_408977.html.

［10］山东省人民政府办公厅. 山东省人民政府办公厅关于印发山东省人口发展"十三五"规划的通知［OL］. 中国山东网［引用日期2017-03-22］. http://news.sdchina.com/show/4072453.html.

基于大数据的中国人口流动研究

分省报告（下）

图书在版编目（CIP）数据

基于大数据的中国人口流动研究：全二册／周晓津
等著．－－北京：中国财政经济出版社，2020.3
ISBN 978－7－5095－9580－0

Ⅰ．①基… Ⅱ．①周… Ⅲ．①人口流动－研究－中国
Ⅳ．①C924.24

中国版本图书馆 CIP 数据核字（2020）第 023084 号

责任编辑：彭　波　　　　责任印制：党　辉
封面设计：卜建辰　　　　责任校对：张　凡

中国财政经济出版社 出版

URL：http://www.cfeph.cn
E－mail：cfeph@cfemg.cn

（版权所有　翻印必究）

社址：北京市海淀区阜成路甲28号　邮政编码：100142
营销中心电话：010－88191537
北京财经印刷厂印装　各地新华书店经销
710×1000 毫米　16 开　43.75 印张　719 000 字
2020 年 3 月第 1 版　2020 年 3 月北京第 1 次印刷
定价：128.00 元（上、下册）
ISBN 978－7－5095－9580－0
（图书出现印装问题，本社负责调换）
本社质量投诉电话：010－88190744
打击盗版举报热线：010－88191661　QQ：2242791300

目录
CONTENTS

分省报告（下）

第十六章　河南省人口流动流量、流向及其变化研究 …………… 305

 第一节　河南农村劳动力转移与外出人口增长 ………………… 305

 第二节　河南跨省流出人口大数据推断 ………………………… 314

 第三节　河南跨省流入人口大数据推断 ………………………… 325

第十七章　湖北省人口流动流量、流向及其变化研究 …………… 330

 第一节　湖北农村劳动力转移与外出人口增长 ………………… 330

 第二节　湖北跨省流出人口大数据推断 ………………………… 339

 第三节　湖北跨省流入人口大数据推断 ………………………… 349

第十八章　湖南省人口流动流量、流向及其变化研究 …………… 357

 第一节　湖南农村劳动力转移与外出人口增长 ………………… 357

 第二节　湖南跨省流出人口大数据推断 ………………………… 361

 第三节　湖南跨省流入人口大数据推断 ………………………… 370

第十九章　广东省人口流动流量、流向及其变化研究 …………… 377

 第一节　广东农村劳动力转移与流动人口增长 ………………… 377

第二节　广东跨省流入人口大数据推断 ……………………………………… 384

　　第三节　广东跨省流出人口大数据推断 ……………………………………… 393

第二十章　广西壮族自治区人口流动流量、流向及其变化研究 … 403

　　第一节　广西农村劳动力转移与外出人口增长 ……………………………… 403

　　第二节　广西流出人口大数据推断 …………………………………………… 408

　　第三节　广西流入人口大数据推断 …………………………………………… 415

第二十一章　海南省人口流动流量、流向及其变化研究 ……………… 424

　　第一节　海南农村劳动力转移与外出人口增长 ……………………………… 424

　　第二节　海南跨省流入人口大数据推断 ……………………………………… 429

　　第三节　海南跨省流出人口大数据推断 ……………………………………… 436

第二十二章　重庆市人口流动流量、流向及其变化研究 ……………… 444

　　第一节　重庆农村劳动力转移与外出人口增长 ……………………………… 444

　　第二节　重庆流出人口大数据推断 …………………………………………… 451

　　第三节　重庆流入人口大数据推断 …………………………………………… 459

第二十三章　四川省人口流动流量、流向及其变化研究 ……………… 465

　　第一节　四川农村劳动力转移与外出人口增长 ……………………………… 465

　　第二节　四川跨省流出人口大数据推断 ……………………………………… 477

　　第三节　四川跨省流入人口大数据推断 ……………………………………… 487

第二十四章　贵州省人口流动流量、流向及其变化研究 ……………… 496

　　第一节　贵州农村劳动力转移与外出人口增长 ……………………………… 496

　　第二节　贵州跨省流出人口大数据推断 ……………………………………… 502

　　第三节　贵州跨省流入人口大数据推断 ……………………………………… 508

第二十五章　云南省人口流动流量、流向及其变化研究 ………… 515

第一节　云南农村劳动力转移与外出人口增长 …………………… 515
第二节　云南跨省流出人口大数据推断 …………………………… 519
第三节　云南跨省流入人口大数据推断 …………………………… 525

第二十六章　西藏自治区人口流动流量、流向及其变化研究 …… 532

第一节　西藏农村劳动力转移与外出人口增长 …………………… 532
第二节　西藏区外人口流入大数据推断 …………………………… 534
第三节　西藏跨区流出人口大数据推断 …………………………… 540

第二十七章　陕西省人口流动流量、流向及其变化研究 ………… 549

第一节　陕西农村劳动力转移与外出人口增长 …………………… 549
第二节　陕西跨省流入人口大数据推断 …………………………… 554
第三节　陕西跨省流出人口大数据推断 …………………………… 560

第二十八章　甘肃省人口流动流量、流向及其变化研究 ………… 568

第一节　甘肃农村劳动力转移与外出人口增长 …………………… 568
第二节　甘肃跨省流入人口大数据推断 …………………………… 574
第三节　甘肃跨省流出人口大数据推断 …………………………… 579

第二十九章　青海省人口流动流量、流向及其变化研究 ………… 587

第一节　青海农村劳动力转移与外出人口增长 …………………… 587
第二节　青海跨省流入人口大数据推断 …………………………… 591
第三节　青海跨省流出人口大数据推断 …………………………… 596

第三十章　宁夏回族自治区人口流动流量、流向及其变化研究 … 603

第一节　宁夏农村劳动力转移与外出人口增长 …………………… 603

第二节 宁夏跨区流入人口大数据推断 607

第三节 宁夏跨区流出人口大数据推断 613

第三十一章 新疆维吾尔自治区人口流动流量、流向及其变化研究 619

第一节 新疆农村劳动力转移与外出人口增长 619

第二节 新疆外来流入人口大数据推断 624

第三节 新疆流出人口大数据推断 630

附录：基于大数据的广州人口流动研究 636

全书参考文献 647

后记 676

第十六章
河南省人口流动流量、流向及其变化研究

摘　要： 大数据推断结果表明，河南跨省外出人口规模高达1752万人，跨省流入人口360万人，净流出人口1392万人。与同口径的"六普"相比，跨省主要流向地依旧是浙、苏、粤、京、沪五省市，五省市占河南跨省外出人口（1085.91万人）的比重由66.83%下降到61.98%，广东从第一流向地变为第三，位居浙江、江苏之后。人口由沿海发达地区向本省及中、西部回流趋势明显，相邻六省成为河南跨省流出增量的主要流向地和跨省流入的主要来源地。流向新疆的人口大幅度减少值得高层关注。最后提出推动河南人口与经济发展的若干对策建议。

关键词： 河南外出人口；人口大数据；大数据表征流量；常住人口数据虚高；河南高铁网络

第一节　河南农村劳动力转移与外出人口增长

河南是一个人口大省，也是一个农业人口大省，更是一个人口净流出大省。人口流动是一个国家和地区经济增长和波动的缩影。未来我国要着重解决好"三个1亿人"问题，促进约1亿农业转移人口落户城镇，改造约1亿人居住的城镇棚户区和"城中村"，引导约1亿人在中西部地区就近城镇化[1]。对河南而言，则需要着重解决好"三个1500万人"问题：1500万跨省外出人口，1500万省内外出人口和1500万就近城镇化人口。河南省"三个1500万人"问题的解决，人口流动流量、流向及其变化研究是其中第一步。

---

① 参见：新华社（2014-03-05）. 解决好现有"三个1亿人"问题［OL］. http://www.gov.cn/xinwen/2014-03/05/content_2630172.htm.

一、河南省流动人口规模判断

据《河南省第二次农业普查主要数据公报（第五号）》① 公布的全省农村劳动力资源与就业情况调查数据测算，2006年年末，全省农村劳动力资源总量为4605万人，农村从业人员为4117万人，占农村劳动力资源总量的89.4%。其中，在第一产业就业的占76.3%；在第二产业就业的占11.9%；在第三产业就业的占11.8%。同时数据显示，农村外出从业劳动力为1148万人。据河南省人力资源和社会保障厅公布数据显示，到2008年年底，全省农村劳动力转移就业总量达2155万人，稳居全国首位，比2007年增加181万人，其中省外输出1200多万人，省内转移945万人，境外就业（含外派劳务）9万多人②。到2010年上半年，农村劳动力转移就业总量达2341万余人，其中省内转移就业人数达1140万人，第一次高于1000万人，转移就业农民工人数比2009年年底增加了164万人，省外转移就业人数比2009年年底减少了81万人③。2012年上半年河南省省外输出1119万人，从省外回流71万人，返乡农民工占省外就业人数的6%，比2011年同期的35万人增加43万人④。

河南省统计局公布"十二五"时期（2011—2015年）河南人口发展报告显示⑤，2010年跨省外出人口的占全部外出人口的比重是52.5%。由于农民工在外出人口的占比大且比较固定，以上述2010年上半年农村劳动力转移总量来推算，2010年上半年跨省转移农民工为1229万人，而上述省外转移数量为1201万人，两者相差28万人。为减少误差，两者取均值，即2010年河南跨省流动农民工数量为1215万人，省内转移1126万人。2009年年底农村劳动力转

---

① 参见：河南统计网（2008-07-14）．河南省第二次农业普查主要数据公报（第五号）[OL]．http：//www.ha.stats.gov.cn/hntj/tjfw/tjgb/pcgb/webinfo/2008/11/1225864379123389.htm．

② 参见：河南日报（2009-02-25）．2008年河南农村劳动力转移就业实现收入1611亿元[OL]．http：//www.gov.cn/gzdt/2009-02/25/content_1241880.htm．

③ 参见：新华社（2010-08-05）．产业转移使河南农村劳动力省内就业突破一千万人[OL]．http：//www.gov.cn/jrzg/2010-08/05/content_1672188.htm．

④ 参见：新浪财经，人民网-人民日报（2012-08-23）．人民日报调查农民工返乡潮：存在小规模回流情况[OL]．http：//finance.sina.com.cn/china/20120823/033912927337.shtml．

⑤ 来源：河南省统计局人口处（2016-05-13）．"十二五"时期河南人口发展报告[OL]．http：//www.ha.stats.gov.cn/sitesources/hntj/page_pc/tjfw/tjfx/qsfx/ztfx/article34d3ed67e0e04e99ae1d973c5e4a6cdd.html．

移总量为2177万人，省外转移1296万人，省内转移881万人。2008年年底农村劳动力转移总量为2155万人，省外转移1210万人，省内转移945万人。2007年年底农村劳动力转移总量为1974万人，省外转移1200万人，省外转移774万人。

从农村劳动力总量趋势和占比来看，河南农村实际外出劳动力要高于公布的统计数据。由于农村劳动力在外出人口中的占比基本稳定，2010年全国流动人口2.21亿人，若河南人占14%，则有3094万外出人口！农民工占外出人口的80%，也有2475.20万人；跨省外出人口占52.5%（1624.35万人），其中农民工占90%（1461.92万人）甚至更高比例。

来自河南、四川两省的人力资源和社会保障厅的数据显示（见图16-1），河南省农村劳动力省外转移的高峰是2009年，四川则是2010年。统计数据显示，截至2009年1月20日，河南省返乡农民工达到950万人，其中因受金融危机影响失业返乡的农民工280万人（人民网-《中国经济周刊》，2009-03-02）①。而全国农民工调查显示，2000万人因金融危机失业返乡，河南失业返乡农民工数量占全国比重竟然高达14%！

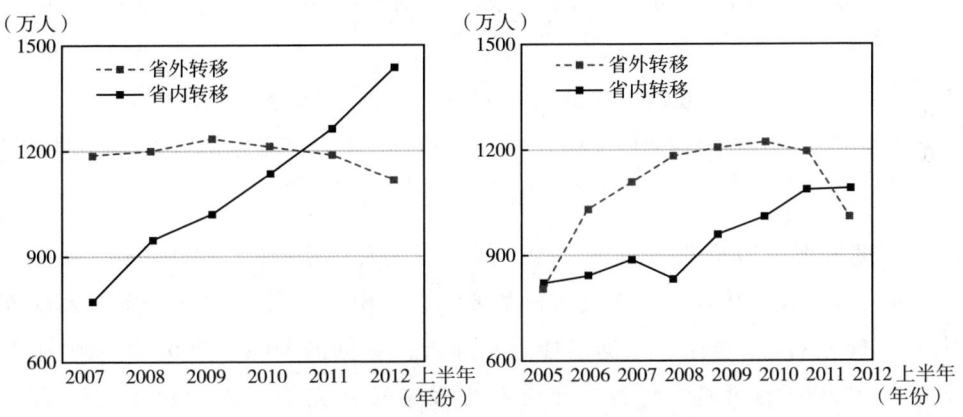

图16-1　河南（左）、四川（右）农民工就业趋势（2007—2012年）

从全国人户分离人口（指居住地和户口登记地不在同一个乡镇街道且离开户口登记地半年以上的人口）及流动人口（指人户分离人口中扣除市辖区内人户分离的人口）数量来看（见图16-2），2010—2014年，全国人户分离

---

① 参见：凤凰财经，来源：人民网（2009-03-02）.农民工调查：2000万人因金融危机失业返乡（4）[OL]. http://finance.ifeng.com/roll/20090302/412010.shtml.

人口始终保持上升趋势,而流动人口数量在2010—2014年也保持逐年上涨的趋势。2015年,全国人户分离人口及流动人口数量首次出现下降。国家统计局公开数据显示,2015年年末全国人户分离人口为2.94亿人,比上年末减少377万人,其中流动人口为2.47亿人,比上年末减少568万人。2016年人户分离人口及流动人口数量继续下降,全国人户分离人口为2.92亿人,比上年末减少203万人,其中流动人口2.45亿人,比上年末减少171万人。

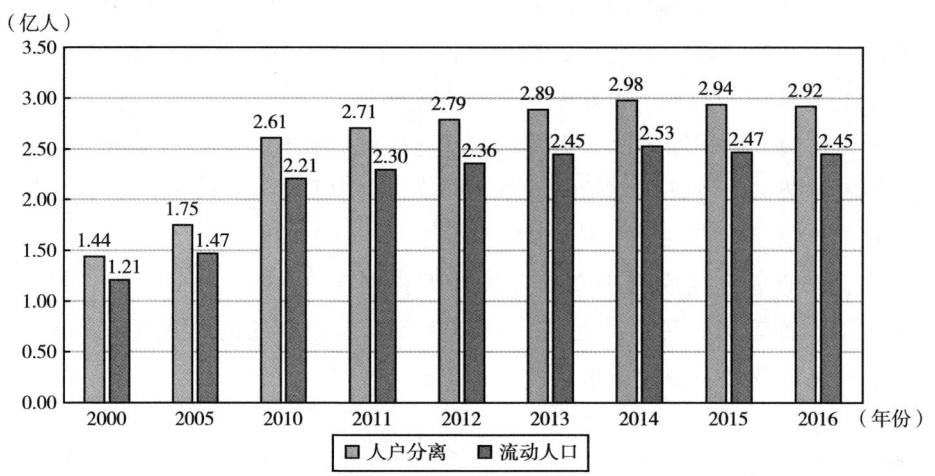

图16-2 中国人户分离与流动人口规模

资料来源:国家统计局。2000年、2010年分别为当年人口普查时点数据,其余年份数据根据年度人口抽样调查推算。2005年人户分离人口为本章采用比例法和插值推算。

研究发现,2000年"五普"(全国第五次人口普查)与2010年"六普"(全国第六次人口普查)数据比实际的要小,其中"五普"数据是实际人口数据的70%左右,"六普"数据已接近实际人口数据的80%。2001年中国加入WTO,到2003年就基本将青壮年劳动力吸纳转移完毕(以"民工荒"为标志);到2008年的全球金融危机前,中国农村中40岁和50岁以上的可供转移的劳动力也基本枯竭。东部地区的流动人口数量在2007年达到拐点,其中广东的拐点则在2005年。金融危机后全国约2000万的农民工返乡,在政府"四万亿"政策的推动下,东部地区流动人口数量虽然有所波动,但在2010年又再次掉头向下,而中西部地区的流动人口则在2012年开始回冷。课题组认为,一方面,2010年随后的人户分离人口与流动人口数量上的增长,更大可能性是源于"六普"以来的统计惯性,而实际上全国流动人口规模基本保持稳定;

另一方面，随着流动人口的居留稳定性在持续增强，人口流动已经进入以家庭化迁移为主的新特征与新趋势阶段，非劳动力人口的迁移增长在一定程度上抵销了劳动力人口流动的波动，实际流动人口则与劳动年龄人口基本保持同步。

以2010年为锚点，全省外出农民工2475.2万人，省内外出农民工1175.72万人。4880万农村劳动力总量，外出就业2475万人；纯农业劳动力832万人，兼业农村劳动力416万人；另外，1158万为本乡镇区域内流动非农业劳动力。全省10440万户籍人口，出省人口1624万人，本省实有人口8816万人。其中推算城镇人口3841万人（以孟州市人均用水标准推算城镇人口3843万人，2010年统计公报城镇人口3788万人），农村人口4975万人。在农村人口中，"386199"人口（泛指儿童、妇女和老人）2914万人，农业劳动力832万人，兼农非农人口416万人，流动及非农人口814万人。估计外省流入人口200万人。高达522万流出人口被记录为农村常住人口，其中跨省448万人被记录为河南本省的农村常住人口，本省流动人口74万被记录为流出地常住人口。这种不被显示的农民工数量在中国人口流出地是一种普遍的现象，从各省人均手机拥有量来看，江西、安徽、湖南、广西、湖北漏计的现象更为严重，而河南漏计人口占比情况与四川大致相似。

据《南方周末》（2007）报道，全国各地在建立农村富余劳动力信息库的过程中发现，农村的富余劳动力90%以上已转移出去，理论上还能从农村转移出来的，已不超过劳动力总量的5%。来自全国的调研结果表明，经过近30年的发展，中国农村劳动力基本上已经转移完毕，剩余劳动力基本上已经没有。2001年中国加入WTO之后，以前难以转移的40岁、50岁以上农村劳动力也离开农村进入城镇工作。到2008年全球金融危机前后，河南省农村剩余劳动力基本上都已外出，虽然"六普"时外出比重数据与2014年人口抽样调查数据有较大的差异，但其他数据分析表明这种差异更多地可能来自调查方法和统计范围的改进所导致。2010年之后，中国人口流出大省的人口流动规模基本保持稳定，所不同的是跨省流动规模的减小和本省流动规模的增加，农村剩余劳动力基本枯竭。但是各种数据表明自2008年以来与大多数人口流出大省一样，河南省的外出人口总量正逐渐趋于稳定。

河南省统计局公布"十二五"时期（2011—2015年）河南人口发展报告显示，2014年河南省全部外出人口中，省内外出人口的占45.84%，跨省外出人口占54.16%，跨省外出人口比重首次下降，且省内流动人口增长快于省外流动人口的增长。2000 年和 2010 年跨省外出人口的占全部外出人口的比重分别是 39.4% 和 52.5%，两相比较，课题组认为 2014 年跨省外出人口比重占比过高。因为 2004 年开始国家实施《促进中部地区崛起规划》，到 2009 年跨省流出人口应该是拐点，跨省流出比重应该是逐渐降低。

二、基于手机拥有量的流出规模推断

人均手机拥有量的变化也证实了课题组这种判断。有关调查显示，2007 年中国农村外出劳动力人均手机拥有率已达 0.9 部。但直到 2014 年年末，河南常住人口每百人手机拥有量仅 83.1 部，低于全国平均水平的 95.5 部，分别为粤浙两省的 59.36% 和 61.28%。仔细比较就可以发现，那些低于全国平均水平的省份全部是人口流出大省（如江西、安徽、湖南、广西等），或者是少数民族占比较高的省份（西藏、新疆、青海）。但天津是个特例，原因是天津高估了外来人口数量。从直观上来讲，广东、浙江比河南经济发达，两省的人均手机拥有量比河南高也在情理之中。比较广东统计年鉴（2015）、浙江统计年鉴（2015）和河南统计年鉴（2015）相关数据发现，河南城镇常住人口人均手机拥有量分别为粤浙两省的 84.95% 和 84.77%，农村常住人口人均手机拥有量分别为粤浙两省的 87.21% 和 84.87%。数据巨大差异的背后，是人口流出大省大量跨省外出人口依旧被计算为本省常住人口，而人口流入大省则低估了跨省外来人口的规模。

在考虑到跨省外出人口的手机拥有量之后，我国中、西部地区人口流出大省基本上接近于全国平均水平，这也与课题组的实地调查结果完全一致。河南省 2014 年年末户籍总人口为 10662 万人，跨省净流出 1392 万人（见表 16-1）。其中，周口、南阳、信阳、驻马店和商丘五个人口大市净流出人口分别高达 365.12 万人、296.96 万人、275.56 万人、258.41 万人和 167.22 万人，五个地级市合计净流出人口 1363.26 万人，占全省净流出人口 97.93%。跨省流出人口主要来自这五个农村人口占比极高的地级市。

以户籍人口为基点，河南全省流入人口为 -1392.13 万人，即净流出，全省仅郑州和省直辖济源市为人口净流入；实际人口 9266.88 万人，与常住人口相比，还有 169.37 万流出人口依旧被记录为其户籍所在地的常住人口，全省人均手机拥有量为 0.832 部，将出省人口拥有的手机计算在内，河南人平均每百人手机拥有量达到 88 部，低于全国平均水平 8 部。主要原因是河南 0—14 岁人口占比较高，2010 年（"六普"）河南常住人口中 0—14 岁人口占 21%，高于同期全国 5.4 个百分点，而这部分人口手机拥有率是很低的，特别是 10 岁以下人口基本上不拥有手机。在后续研究中，大数据推断的 2014 年跨省流入人口 360 万人，河南籍跨省外出人口为 1752 万人，比 2010 年增加了 128 万人。以户籍人口为基数，2014 年郑州实际净流入人口为 466.33 万人，与其常住人口相比，郑州尚有 288.53 万流动性较强的外来人口，全市实际人口已经超过 1200 万人，人均手机拥有量 1.045 部，高于全国平均水平。

表 16 - 1　河南省各地级市实际人口及实际人均手机拥有量（2014 年）

城市	户籍人口（万人）	常住人口（万人）	流动人口（万人）	实际人口（万人）	移动用户数（万户）	省内人均手机拥有量（部）
郑州	760	937.8	466.33	1226.33	1281.59	1.045
开封	514	454.9	-99.83	414.17	337.66	0.815
洛阳	696	667.8	-36.36	659.64	575.81	0.873
平顶山	541	496.03	-86.75	454.25	377.39	0.831
安阳	579	508.8	-52.87	526.13	451.87	0.859
鹤壁	162	159.76	-10.45	151.55	131.64	0.869
新乡	604	570.8	-6.88	597.12	529.3	0.886
焦作	369	352.25	-22.92	346.08	300.91	0.869
濮阳	390	360.1	-44.7	345.3	293.46	0.85
许昌	487	431.5	-81.34	405.66	335.82	0.828
漯河	277	260.1	-48.76	228.24	188.02	0.824
三门峡	228	224.7	-10.94	217.06	189.79	0.874
南阳	1177	998.91	-296.96	880.04	655.87	0.745
商丘	905	725.8	-167.22	737.78	577.64	0.783
信阳	865	640.8	-275.56	589.44	413.23	0.701
周口	1136	880.49	-365.12	770.88	538.82	0.699
驻马店	901	693.3	-258.41	642.59	464.77	0.723
济源	69	72.4	6.6	75.6	69.33	0.917
全省	10659	9436.24	-1392.13	9266.88	7712.93	0.832

注：列 2、列 3、列 5 数据来源于《河南统计年鉴（2015）》，其余列为推算数。

《2014年河南人口发展报告》（简称"报告2014"）显示，全省只有省会郑州市是净流入地区，外省流入河南的人口中37%流入郑州市，省内流动人口中的60%流入郑州市。以此比例推算，2013年河南本省净流入郑州279.80万人，外省净流入郑州180.50万人。据报告2014中的比例推算，2013年河南省内跨市净流动为490.5万人，流向郑州市的占60%，即294.3万人，而课题组推算2014年郑州省内净流入288.53万人，年份有差异但估计结果接近，表明郑州省内流入可能已经大为放缓，已经不像2007年以来的人口急增。课题组认为流入郑州的外省人口比例有可能偏低，其应占全省50%以上，2014年河南跨省流入人口规模在360万人，其中流入郑州为180万人以上。估计结果还表明，郑州、新乡、安阳、商丘和济源实际人口大于常住人口，表明这些地方外出人口依旧被记录为户籍地常住人口的可能性较低，而周口、南阳等有大量农村外出人口的地方外出人口依旧被记录为户籍地常住人口。

表16-1还显示，新乡、济源和安阳实际人口高于常住人口。其中新乡的发展使其人口的流出与流入基本上接近平衡，而安阳依旧是流动人口的主要来源地，近年可能因其发展吸引一定数量的外出人口回流，其净流出量为52.87万人，净流出量占户籍人口的比例为9.13%，外出人口占其户籍人口的比例应在10%以上（大于净流出比例），与报告2014完全相符。此外，表16-1的估计结果与报告2014揭示的结果也高度一致。例如，报告2014指出，安阳市、濮阳市、南阳市、商丘市、信阳市、周口市和驻马店市是河南省流动人口的主要来源地，以上各市外出人口占其户籍人口的比例均达到15%以上，最高的信阳市达到31.4%，其中出省人口占21.6%。这几个省辖市的外出人口占到全省外出人口的69%，占外出到省外人口的85%。开封市、洛阳市、许昌市和济源市外出人口比重也较大，但主要是以省内流动为主。

三、基于实地调研的流出规模推断

大河经济研究中心对邓州、固始、鹿邑、民权与滑县五个外出人口具有较大代表性的样本县（市）中人口规模在2000人以上的行政村的全方位调查表明，五个样本县（市）2008年外出务工人员占总人口比例高达28.33%，与湖南、江西、四川等人口流出大省的代表市县市外出情况相类似。其中，外出人口占比最高的固始县高达35.86%，外出人口占比最低的民权县也有21.01%

的外出率（见表16-2）。大河经济研究中心估计2008年河南外出农民工的规模在2100万人左右，这仅大致是跨省外出人口规模。

表16-2　　　　　五个代表性县市外出人口规模及外出比例

县名/市名	人口规模（万人）	外出人口（万人）	外出人口占总人口比重
固始县	167.3	60	35.86%
邓州市	153	45	29.41%
鹿邑县	116	30	25.86%
民权县	85.2	17.9	21.01%
滑县	124	30	24.19%
合计	645.5	182.9	28.33%

从代表性村庄的劳动力外出情况来看，70.68%的外出务工人员为常年性外出。以总人数的55%为劳动力计算，邓州市高集乡高集村几乎所有的劳动力都外出务工，平均也有60%左右的农村劳动力外出务工。若将零散的本镇区域的短期务工计算在内，2/3的农村劳动力都已经离开农村外出务工（见表16-3）。在常年外出务工的劳动力中，1—5年的占16.53%，5—10年的占68.5%，10年以上的占14.96%。从外出务工流向来看，在672名外出务工人员中，其中东部沿海占比为52.96%，在中部的为13.31%，在北京等地的为20.70%，而在西部的则为4.03%。从三次产业分布来看，由于外出离家距离较远，高达65.04%的外出务工人员选择就业相对稳定的第二产业，选择流动性较强的第三产业（服务业）占比只有12.75%。

表16-3　　　　　五个代表性村庄外出人口情况

代表性村庄	家庭总人数（人）	外出务工人数（人）	常年外出人数（人）	常年外出务工人数占总外出务工人数比重	外出务工人数占劳动力比重
固始县黎集乡石塘村第一村民组	162	78	63	80.77%	80.25%
邓州市高集乡高集村	290	181	126	69.61%	104.02%
鹿邑县任集乡大李行政村第五、第六村民组	511	127	99	77.95%	41.42%
民权县王庄寨乡李西村	474	159	111	69.81%	55.91%
滑县城关镇董西村	436	127	76	59.84%	48.55%
合计	1873	672	475	70.68%	59.80%

以28%的外出比重推算，河南8000万农业人口，流出农业劳动力为2240万。民权县人社局的数据显示，全县省外转移为13.45万人（2010年），以2008年民权17.9万外出人口推算，跨省外出人口比重占75.14%，而2008年代表性村庄常年外出务工人数占外出总数的70.68%。课题组认为，2009年前后河南农村可外出劳动力都已经外出了，却并没有权威的数据被普遍接受。

小结：为方便后续比较研究，课题组根据前述研究做出以下判断和取舍：一是2010年以来河南流出人口基本保持稳定，但流出人口中劳动力比例有所下降；二是河南流入人口约从2010年的200万人上升到2014年的360万人；三是课题组选择2010年以"六普"为基数，并根据前述分析与判断调整相应的人口基数，以便与2014年年末大数据进行流量、流向上的比较；四是明确2010年跨省流出农民工人口为1461.92万人（占流出人口的90%），2014年为1401.6万人，方便后续研究以相同的人口口径进行比较分析。课题组花大力确定人口流入流出总量，再利用后续大数据推断确定的比例以方便推断人口流动的变化。

第二节　河南跨省流出人口大数据推断

一、流动人口大数据初始表征流量

对数据表PtopLineOut进行下述SQL查询操作：

SELECT province, name, sum（num）as num0, to_char（sum（per）/2.4,'9999.999%'） As per0

　　FROM public."PTopLineOut"

　　where name = '河南'

　　group by province, name

　　order by num0　desc

可以得到节前河南人口流入来源地包括全国33个省级单位（见图16-3）。

系统给出的初步结果显示，节前由外省流入河南人口最多的省份是浙江，人口流入线路总数为4733149条，占浙江流出总数的10.763%；其次是江苏，人口流入线路总数为4384625条，占江苏流出总数的12.919%；广东排在第3

province	name	num0	per0	province	name	num0	per0
浙江	河南	4733149	10.763%	江西	河南	226809	4.755%
江苏	河南	4384625	12.919%	广西	河南	160683	3.147%
广东	河南	4336663	4.692%	重庆	河南	158703	2.279%
北京	河南	3030805	10.424%	甘肃	河南	149593	6.256%
上海	河南	2136492	7.768%	贵州	河南	118799	1.923%
山东	河南	1677940	16.012%	云南	河南	104465	2.220%
河北	河南	1295012	10.204%	宁夏	河南	100203	6.721%
安徽	河南	1258099	17.407%	青海	河南	80102	7.562%
湖北	河南	1108397	16.169%	海南	河南	74809	4.020%
陕西	河南	1010795	14.695%	吉林	河南	59651	2.595%
山西	河南	945234	19.663%	黑龙江	河南	54863	2.790%
天津	河南	670836	8.113%	内蒙古	河南	20994	1.004%
福建	河南	657257	5.322%	西藏	河南	13972	4.434%
四川	河南	311518	3.868%	澳门	河南	322	0.137%
湖南	河南	280415	4.637%	台湾	河南	55	0.692%
新疆	河南	249143	11.187%	香港	河南	24	0.021%
辽宁	河南	235951	4.630%				

图 16-3　河南省节前人口流入及占比（系统初步查询结果）

位，人口流入线路总数为 4336663 条，占广东流出总数的 4.692%；北京仅排在第 4 位，人口流入线路总数为 3030805 条，占北京流出总数的 10.424%；流入排名第 5 位的是上海，人口流入线路总数为 2136492 条，占上海流出总数的 7.768%。流入排名前 5 位的都是经济发达省市，距离河南比较远，以省会为起止点计算，距离最近的北京和南京均约为 700 千米，距离较远的广东超过 1300 千米，以过年返乡农民工为主。来自与河南交界的山东、河北、安徽、湖北、陕西、山西六省流量也较大，且其流出量占交界省份的比重也比较高，相邻省份人口流动较为容易，但流量低于经济发达省市的流量。

由于图 16-3 中的查询只能得到流出省份中流量为 TOP10 的省份，若河南省流入该省人口占该省总流入人口比重较低，则有可能发生数据的漏计，因此还必须对数据表 PtopLineIn 进行下述 SQL 查询操作：

SELECT province, name, sum（num）as num0, to_char（sum（per）/2.4, '9999.999%'）As per0

```
FROM public."PTopLineIn"
where province = '河南'
group by province, name
order by num0  desc
```

该查询除了防止大数据表征的人口流量被漏计外,另一个重要的功能是计算出大数据表征人口的总流量。结果表明(见图16-4),对数据表 PtopLineIn 查询后得到的大数据表征的人口流量排名前 10 位 (TOP10) 的省份为 24997952,占全部回流量总数的 83.23%,因此推断出节前流回河南的大数据表征的人口总流量为 30036229。将各省节前回流量除以总流量,再乘以跨省总流出人口,就可以得到 2014 年河南人口跨省流出各个流向的实际人口流量。

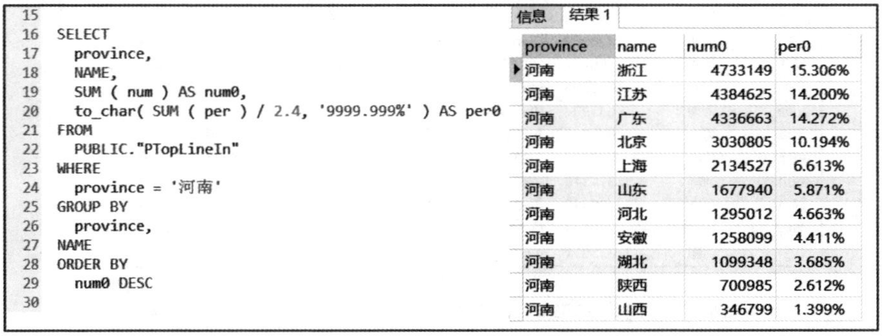

```
15
16  SELECT
17     province,
18     NAME,
19     SUM ( num ) AS num0,
20     to_char( SUM ( per ) / 2.4, '9999.999%' ) AS per0
21  FROM
22     PUBLIC."PTopLineIn"
23  WHERE
24     province = '河南'
25  GROUP BY
26     province,
27  NAME
28  ORDER BY
29     num0 DESC
30
```

province	name	num0	per0
河南	浙江	4733149	15.306%
河南	江苏	4384625	14.200%
河南	广东	4336663	14.272%
河南	北京	3030805	10.194%
河南	上海	2134527	6.613%
河南	山东	1677940	5.871%
河南	河北	1295012	4.663%
河南	安徽	1258099	4.411%
河南	湖北	1099348	3.685%
河南	陕西	700985	2.612%
河南	山西	346799	1.399%

图 16-4 河南省节前人口流入及占比 (补充查询)

二、由大数据表征流量到人口流量、流向测度

以 1752 万跨省外出人口推算 (见表 16-4),2014 年河南流向浙江 276.03 万人 (列5),占跨省外出总量的 15.76% (列4),居全省第 1 位,其中农民工 220.89 万人 (列6);流向江苏 255.72 万人,占跨省外出总量的 14.60%,居全省第 2 位;流向广东 252.91 万人,占跨省外出总量的 14.44%,居全省第 3 位;流向北京 176.72 万人,占跨省外出总量的 10.09%,居全省第 4 位;流向上海 24.53 万人,占跨省外出总量的 7.11%,居全省第 5 位。流向浙苏粤京沪五省市合计 1085.91 万人 (农民工 868.98 万人),占跨省外出总量的 61.98%。流向周边鲁、冀、皖、鄂、陕、晋六省的人口分列第 6 至第 11 位,国家中部崛起战略实施对人口吸引力明显,六省合计流入河南籍人口为

425.61 万人（农民工 340.58 万人），占跨省外出总量的 24.29%；流向全国其他省份 240.48 万人（农民工 192.44 万人），占跨省外出总量的 13.73%。

表 16-4　2015 年春运节前河南跨省人口流动流量、流向的大数据推断

流向	大数据表征流量	占流出地比重	占河南流出人口比重	人口流出量（万人）	农民工流出量（万人）	河南流出目的地外来人口（万人）
浙江	4733149	10.76%	15.76%	276.03	220.89	2565.36
江苏	4384625	12.92%	14.60%	255.72	204.63	1979.22
广东	4336663	4.69%	14.44%	252.91	202.39	5392.6
北京	3030805	10.42%	10.09%	176.72	141.42	1696.01
上海	2136492	7.77%	7.11%	124.53	99.65	1602.7
TOP5	18621734	—	61.98%	1085.91	868.98	—
山东	1677940	16.01%	5.59%	97.91	78.35	611.54
河北	1295012	10.20%	4.31%	75.49	60.41	740.08
安徽	1258099	17.41%	4.19%	73.39	58.73	421.52
湖北	1108397	16.17%	3.69%	64.63	51.72	399.69
陕西	1010795	14.70%	3.37%	59.02	47.23	401.53
山西	945234	19.66%	3.15%	55.17	44.15	280.63
TOP6—11	7295477	—	24.29%	425.61	340.58	—
天津	670836	8.11%	2.23%	39.06	31.26	481.6
福建	657257	5.32%	2.19%	38.36	30.69	721
四川	311518	3.87%	1.04%	18.22	14.58	470.68
湖南	280415	4.64%	0.93%	16.29	13.03	351.05
新疆	249143	11.19%	0.83%	14.54	11.63	129.91
辽宁	235951	4.63%	0.79%	13.84	11.07	298.85
江西	226809	4.76%	0.76%	13.31	10.65	279.51
广西	160683	3.15%	0.53%	9.28	7.43	294.69
重庆	158703	2.28%	0.53%	9.28	7.43	407.14
甘肃	149593	6.26%	0.50%	8.76	7.01	139.89
贵州	118799	1.92%	0.40%	7.01	5.61	364.89
云南	104465	2.22%	0.35%	6.13	4.91	276.13
宁夏	100203	6.72%	0.33%	5.78	4.63	86.01
青海	80102	7.56%	0.27%	4.73	3.78	62.55
海南	74809	4.02%	0.25%	4.38	3.5	108.92

续表

流向	大数据表征流量	占流出地比重	占河南流出人口比重	人口流出量（万人）	农民工流出量（万人）	河南流出目的地外来人口（万人）
吉林	59651	2.60%	0.20%	3.5	2.8	134.73
黑龙江	54863	2.79%	0.18%	3.15	2.52	113
内蒙古	20994	1.00%	0.07%	1.23	0.98	122.6
西藏	13972	4.43%	0.05%	0.88	0.7	19.77
其他	389851		1.30%	22.77	18.22	—
合计	30035828		100.00%	1752	1402	20953.95

表16-4中最后一列（列7）根据流入河南的流量反推河南跨省流出目的地省份的跨省外来人口估计，其结果似乎远远超出统计和人们的意料。但这刚好反映了目的地省份节前河南人返乡过年的比率，大数据推断结果依然准确适用。以广东为例，课题组反推广东跨省外来人口为5392.6万人，而课题组测定的广东跨省流入人口为3976.52万人，两者之比为73.74%。由于课题组专门相对于广东的外来人口测定是指常住性外来人口，意味着广东外来总人口中还有1416.08万短期性流动人口、商旅人口及过路人口。再以上海为例，周晓津、姚阳（《大数据》，2016）推算上海外来人口为1185.8万人，而表16-4中反向推算的上海外来人口为1602.7万人，同理意味着上海外来总人口中还有416.9万短期性流动人口、商旅人口及过路人口。倒数第二行数据实际上是大数据推断的总误差，当然也可以将其分配给TOP10以后的各省，这个误差主要来自数据归集时仅保留流入流出TOP10省市流量的缘故，故将其按比例分给排名TOP10以后的各省之后，误差将会降低到1%以内。

倒数第2行为其他项，实际为本次测算的误差项，其流量值为389851，占总流量（30035828）的1.3%。该项实际也可以分配给第一次查询排名第10位之后的省级区域。由于河南省外出人口数量大，这种误差即使不经分配也可以忽略，但与传统的人口普查相比其数据质量已经远远高出。以总流量和分省流量为依据，忽略其他项之后推算河南省跨省流出人口的流向百分比构成（见图16-5）。其中，河南流向浙江、江苏、广东、北京和上海五大人口流向目的地的比例分别为15.97%、14.79%、14.63%、10.22%和7.21%，五地合计占河南外出人口总量的62.81%。其次是流向山东（5.66%）、河北（4.37%）、安徽（4.24%）、湖北（3.74%）、陕西（3.41%）、山西（3.19%）六个相邻省份，六省合计占河南外出人口总量的 24.61%。全国五大外出人口目的地和六个相邻省份共吸纳了 87.42% 的河南跨省外出人口。流向北京的河南人是流向天津的 4.518 倍，反向推算得到的流向北京的河南人是流向天津的 3.52 倍。河南农村人口重心到北京中心城区比到天津中心城区的距离要多出 10% 左右，但河南到北京的交通要比到天津方便，显然表明了人口重力模型和交通便利度模型使河南流动到京津的人口流量出现差异。课题组初步的计算结果显示，排除距离因素之后，由于河南到北京的交通便利因素导致人口流动增量达到 9.2%。

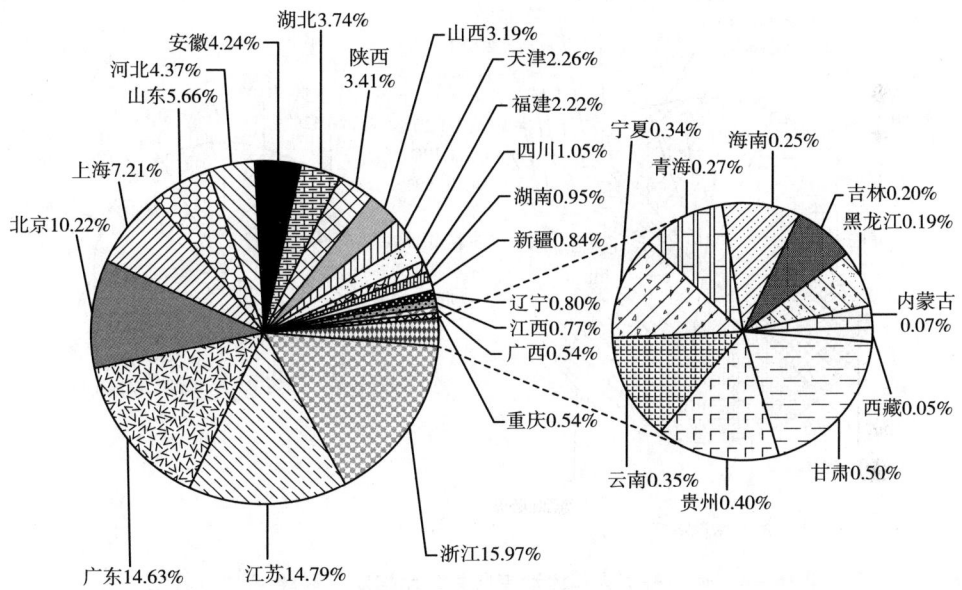

图 16-5 河南跨省人口流动流向百分比构成（2014 年）

三、人口流动流量、流向变化测度和比较分析

2010 年全国第六次人口普查时，河南流向广东的最多，其次是浙江和江苏，北京和上海的排名也没有改变，流向新疆的排到第 6 位，天津则排到了第 7 位。课题组认为，广东位置的变化很可能与河南人在广东主要从事制造业有关，而"六普"时的广东外来人口仅包括已经办理了外来人口暂住登记证的人口，因此其占比明显偏多。新疆的排名靠前则与新疆大开发有关，大量河南人涌向新疆寻求机会。天津在 2008 年之后的大型基础建设也需要较多的体力

型农民工。此外,"六普"对相邻省份的交界区域的人口流动可能有较多的遗漏。"六普"结果显示(见图16-6),河南流向浙江、江苏、广东、北京和上海五大人口流向目的地合计占河南外出人口总量的66.83%。其次是流向新疆、天津、山东、福建等省级行政区域占河南外出人口总量的14.85%。全国五大外出人口目的地和四个劳动力需求较大省份共吸纳了81.68%的河南跨省外出人口。数据还显示,流向东北的河南人只占全省流出人口的2.00%,而2014年下降到只有1.18%,几乎减少了一半。

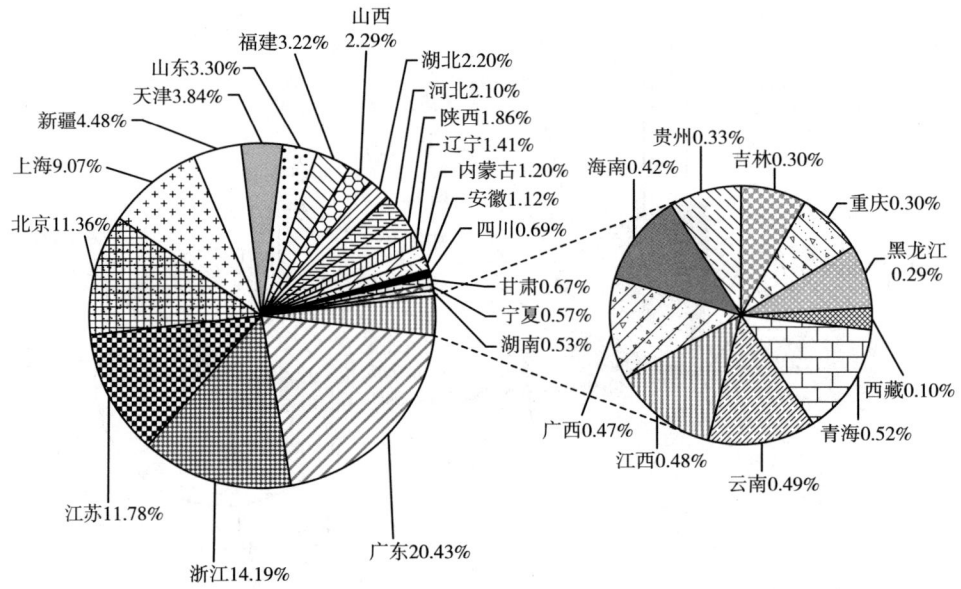

图16-6 河南跨省人口流动流向百分比构成(2010年"六普")

由于2015年春节之前并没有全国范围内的人口流动大数据,为了比较人口流动流量、流向及其变化,课题组选择将表16-4与2010年"六普"时期河南人口流动的数据相比。为了有相同的比较口径,课题组根据前面的分析调整后2010年河南跨省流向的实际人口和农民工数量,但比例保持不变,最终形成表16-5。

从表16-5中可以看出,2010年以来河南人口流动变化非常明显。与2010年相比,2014年年末跨省流出人口总量增加了128万人,其中农民工却减少了60万人。原因在于流动人口的人口结构已经发生了巨大的变化,在农民工大潮逐渐退去的同时,高校毕业生逐渐成为跨省流动大军的重要力量;其

表 16-5　　　　　　　　河南跨省人口流动流量、流向变化　　　　　　　　单位：万人

流向	2015年节前大数据推断			2010年			流量变化		
	大数据占比	人口流出	农民工流出	"六普"占比	"六普"流出	调整流出	农民工流出	人口流动	农民工
浙江	15.76%	276.12	220.96	14.19%	122.42	230.45	207.46	45.67	13.50
江苏	14.60%	255.79	204.69	11.78%	101.64	191.31	172.22	64.48	32.47
广东	14.44%	252.99	202.45	20.43%	176.21	331.78	298.69	(78.79)	(96.24)
北京	10.09%	176.78	141.46	11.36%	97.97	184.49	166.08	(7.71)	(24.62)
上海	7.11%	124.57	99.68	9.07%	78.26	147.30	132.60	(22.73)	(32.92)
山东	5.59%	97.94	78.37	3.30%	28.49	53.59	48.25	44.34	30.13
河北	4.31%	75.51	60.43	2.10%	18.11	34.10	30.70	41.41	29.72
安徽	4.19%	73.41	58.74	1.12%	9.66	18.19	16.37	55.22	42.37
湖北	3.69%	64.65	51.73	2.20%	18.97	35.73	32.16	28.92	19.57
陕西	3.37%	59.04	47.25	1.86%	16.04	30.21	27.19	28.84	20.05
山西	3.15%	55.19	44.16	2.29%	19.74	37.19	33.48	18.00	10.68
天津	2.46%	43.10	34.49	3.84%	33.13	62.36	56.14	(19.26)	(21.65)
福建	2.41%	42.22	33.79	3.22%	27.79	52.29	47.08	(10.07)	(13.29)
四川	1.15%	20.15	16.12	0.69%	5.94	11.21	10.09	8.94	6.04
湖南	1.03%	18.05	14.44	0.53%	4.59	8.61	7.75	9.44	6.69
新疆	0.91%	15.94	12.76	4.48%	38.66	72.76	65.50	(56.81)	(52.74)
辽宁	0.87%	15.24	12.20	1.41%	12.21	22.90	20.61	(7.66)	(8.42)
江西	0.84%	14.72	11.78	0.48%	4.1	7.80	7.02	6.92	4.76
广西	0.58%	10.16	8.13	0.47%	4.01	7.63	6.87	2.53	1.26
重庆	0.58%	10.16	8.13	0.30%	2.55	4.87	4.39	5.29	3.75
甘肃	0.55%	9.64	7.71	0.67%	5.74	10.88	9.80	(1.24)	(2.08)
贵州	0.44%	7.71	6.17	0.33%	2.82	5.36	4.82	2.35	1.34
云南	0.39%	6.83	5.47	0.49%	4.19	7.96	7.16	(1.12)	(1.70)
宁夏	0.36%	6.31	5.05	0.57%	4.93	9.26	8.33	(2.95)	(3.29)
青海	0.30%	5.26	4.21	0.52%	4.44	8.44	7.60	(3.19)	(3.40)
海南	0.28%	4.91	3.93	0.42%	3.66	6.82	6.14	(1.92)	(2.21)
吉林	0.22%	3.85	3.08	0.30%	2.56	4.87	4.39	(1.02)	(1.30)
黑龙江	0.20%	3.50	2.80	0.29%	2.52	4.71	4.24	(1.21)	(1.44)
内蒙古	0.08%	1.40	1.12	1.20%	10.36	19.49	17.54	(18.09)	(16.42)
西藏	0.06%	1.05	0.84	0.10%	0.86	1.62	1.46	(0.57)	(0.62)
合计	100.00%	1752.00	1402.00	100.00%	862.62	1624	1462	128.00	(60.00)

次，流向省外的流动人口常住化，以前留守在流出户籍地的非劳动力人口也逐渐流出。流向粤、沪、京、津、闽等发达地区的人口和劳动力明显减少，其中流向广东的人口减少了78.79万人，流向广东的河南籍农民工减少高达96.24万人；流向苏浙两省的人口和劳动力增加，但劳动力增加远不如人口流量的增加，非劳动力和高校毕业生流动规律依然起作用。早在2003年广东发生"民工荒"时，全国各地流向广东的劳动力就在减少，加上长三角经济快速增长，人口流出大省劳动力都出现了由广东珠三角流向长三角的大转变。自2014年以来，苏浙两省的河南人也同样出现了类似粤沪京津式的人口大回流，流向本省及周边省份的人口和劳动力大幅度增长。粤、沪、京、津、闽等省市的产业转型升级和特大城市的人口调控也是河南籍人口流动变化的重要原因。

流向新疆的人口和劳动力发生的变化令人惊异，但却与事实真相高度一致。2008年之前新疆一直是河南农民工的重要输出地，20世纪90年代河南每年流向新疆的摘棉工数量巨大。新疆大规模建设放缓、反恐形势变化和劳动工资的变化是影响河南籍人口回流的主要因素，课题组同样也测量到了同为人口流出大省的四川也出现了同样的大规模川籍人口离开新疆的情况，这种趋势值得国家高层领导的高度关注。表16-5同样也显示了流向辽宁的河南籍人口和劳动力在减少。大连市的统计公报数据显示，2014年全市移动电话用户848.6万户，下降6.6%，由此估计大连市的人口也在减少之中。表明前面课题组推算结果正确的。

与2010年调整后的数据相比，相对于粤沪京津闽流向人口的大幅度减少（人口减少146.22万人，劳动力减少197.14万人），流向周边六省的人口则大幅度增加（人口增加216.73万人，劳动力增加152.53万人）。其中，流向安徽的河南人增加了55.22万人，劳动力增加42.37万人；流向山东、河北和河南人分别增加了44.34万人和41.41万人；流向湖北、陕西的河南人口增量大致相同，但劳动力却是陕西多于湖北，其原因是2010年流向湖北的人口基数大于陕西，且流出人口的结构发生了变化，即非劳动力人口流动占比上升所导致，且湖北高校数量和高校在校生数量居全国第3位，这同样也会拉低劳动力人口所占比重。

从增量变化的百分比来看（见图16-8），流向邻近省份的安徽、河北变动最大，流向安徽的人口较2010年调整后增长303.59%，劳动力增长258.75%，沪苏浙产业向安徽转移带来的河南劳动力流动的驱动作用明显；流向河北的人口和劳动力增长与北京的产业向河北转移带动相关；中部及长江流域带经济增长也与河南人口流向转变高度相关。流向内蒙古的人口与劳动力数量的绝对值虽然并不大，但其变化幅度甚至高于新疆，与内蒙古煤炭产能过剩密切相关，大量河南籍矿工返乡或流向其他省份。流向发达地区的人口变动绝对值虽然较大，但相对值却并不明显。

河南移动发布的春节大数据报告显示，2017 年春节期间，外省移动客户访豫人数为 1035 万人（2018 年为 1085 万人），在腊月二十六达到高峰 77 万人（2018 年同日达到高峰，推算人数只有 59 万人）。其中，80% 以上来自东部经济发达省份和本省周边省份，来自浙江、广东、江苏和北京的访豫人数占到了 50% 以上。访豫主要目的地主要是豫东和豫南两大人口净流出地区，信阳、商丘、周口、南阳占总来豫客流一半以上[①]。2018 年，广东取代浙江成为到豫客流第一大省，但访客来源地依旧来自东南沿海等省市和周边省份。与 2014 年相比，在河南四个流出目的地中，广东（占 13.9%）、浙江（13.5%）、江苏（10.7%）和北京（9.2%）都有不同程度的下降，其中浙江下降了 2.3 个百分点，降幅达 14.5%；江苏下降了 3.9 个百分点，降幅达 26.71%；广东和北京的降幅较小（见图 16-7）。2018 年春节期间，信阳、商丘、周口、南阳四地市访客分别为 133 万、123 万、115 万和 101 万，仍旧占总来豫人员的一半以上。

从《2019 年河南春节旅游大数据报告》中的国内游客来源地构成来推断，与 2014 年相比，在 2018 年河南跨省流出人口中，浙江仍旧占据第一位，但其占比相对于 2014 年略有下降；流向江苏的河南籍人口占下降幅度较大，由 2014 年的 14.60% 下降到 2018 年的 11.94%；广东则超过江苏成为河南外出人口的第二大目的地，但也有一定的降幅；流向北京和上海的河南人则有较大增幅，其中流向北京的人口增加了 1.51 个百分点，而流向上海的河南人则增加了 1.90 个百分点；流向山东、河北、安徽、湖北和陕西五个相邻省份的人口也有较大的降幅（见图 16-8）。

而从出游目的地占比来看，周口（13.38%）、南阳（9.62%）、驻马店（9.56%）、商丘（8.77%）、信阳（8.69%）依旧是河南人口流出的主要来源地；从人口年龄构成来看，25—34 岁青壮年人口依然是流出主力，占

---

① 来源：央广网河南分网（2017-02-09）．河南移动发布春节大数据报告 [OL]．http://www.10086.cn/aboutus/news/fd/index_detail_6674.html?id=6674.

50.18%,其次是 35—44 岁中年人口,占 28.56%,15—24 岁人口占 9.92%,45—54 岁人口占 9.18%,表明外出人口结构依然以劳动力人口为主。

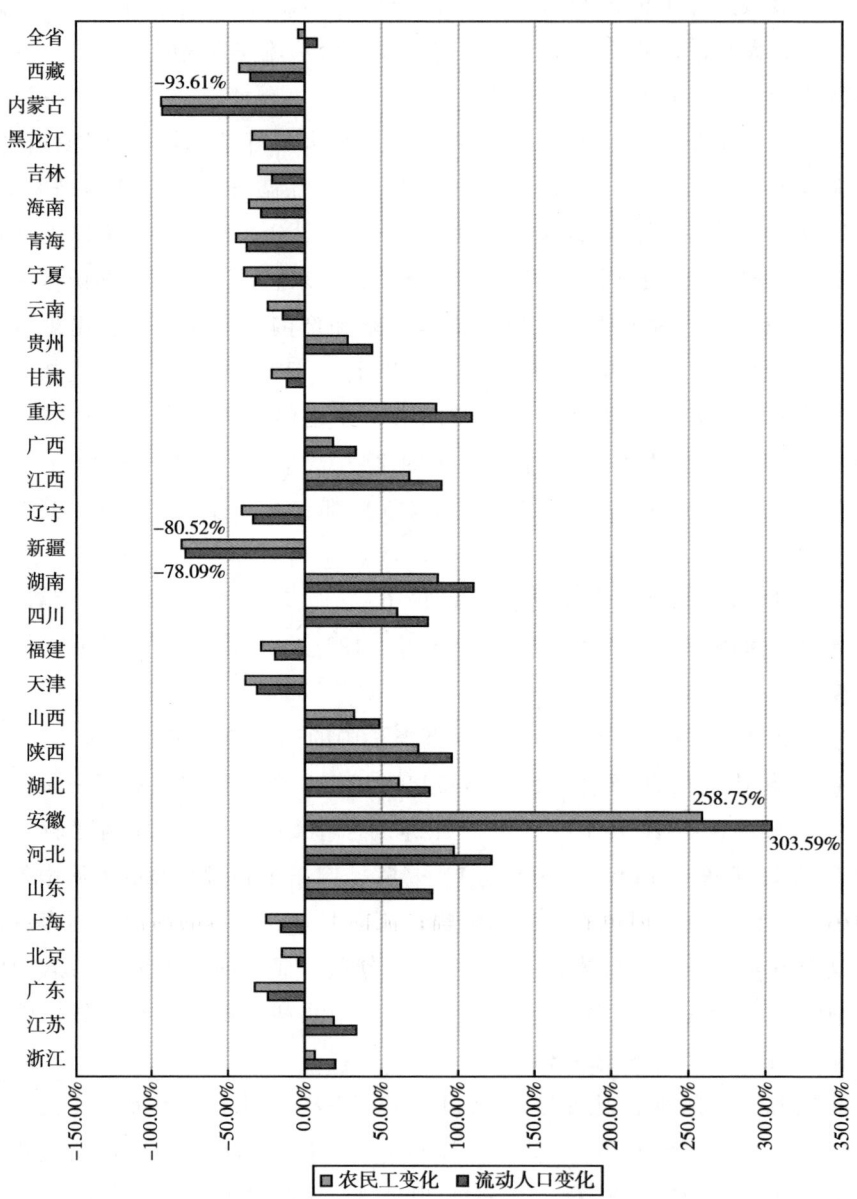

图 16-7　河南跨省人口流动总量与农民工的增量变动比较

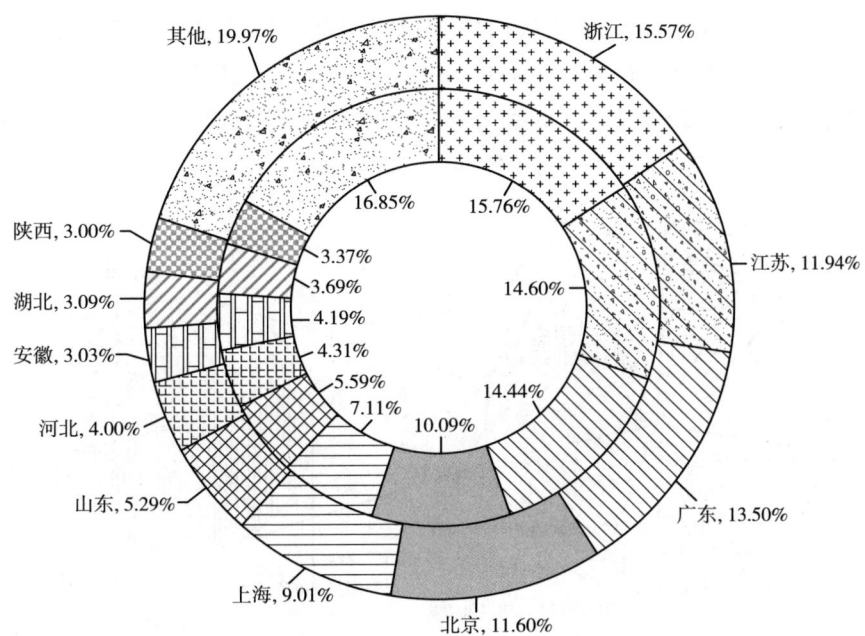

图 16-8　河南省跨省流出人口目的地及构成（2014 年 vs. 2018 年①）

第三节　河南跨省流入人口大数据推断

一、流入人口大数据流量、流向

与前面操作相类似，对数据表 PtopLineIn 进行 SQL 查询操作，可以得到节前河南的主要流出省份（外省人口来源地）。汇总流出线路总量为 7322908 条，汇总百分比为 78.26%，意味着未纳入统计系统内的还有 21.736%，即约 2033767 条线路未纳入计算。将数据经处理导入 Excel 表中，考虑到新疆以外的省份流量较小，都将其忽略后绘制成图 16-9。初步的流向及流量推断表明，河南跨省外来人口主要来自其临近省份，其中山东占河南跨省外来人口第 1 位；安徽、湖北、河北、山西分别排在第 2 至第 5 位；江苏虽然初步来看排在陕西之前，但由于其中包括相当一部分河南跨省外出人口家属节前反向流动

---

① 参见：光明网（2019-02-15）. 2019 年河南春节旅游大数据报告 ［OL］. http://www.stdaily.com/zhuanti01/dsj/2019-02/15/content_750251.shtml.

到江苏过年的占比大于流动到陕西的人口，因此陕西应排在江苏之前居第6位；流向北京、浙江、广东、上海的流量反映的情况与江苏类似，即短期性商旅性客流动和河南跨省外出人口留守家庭反向流动占较大比重，而不应视为如河南跨省外出人口节前返乡过年的情形一样。

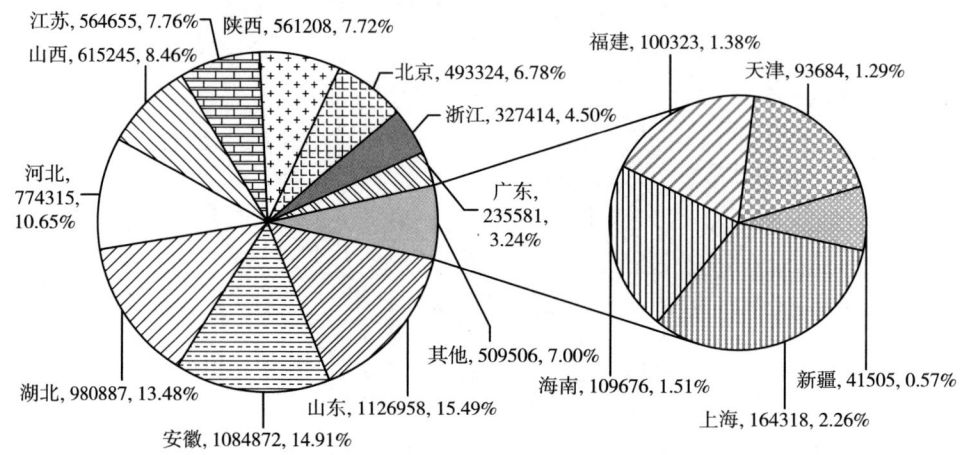

图16-9 河南省节前人口流出地及构成（大数据初步推断）

为测定河南省较长期性的外省流入人口，还需要结合另一日常性人口流动数据库，并将相应数据与图16-5中短期流动人口数据对冲。对冲后测定河南跨省外来人口规模在360万人左右，主要分布在郑州市及其同纬度的洛阳、开封和三门峡等城市，其中郑州占60%以上。在河南跨省外来人口中，山东以58.41万人居第1位，紧跟其后的安徽以56.23万人居第2位，湖北以50.84万人居第3位，河北、山西、陕西分别以40.13万人、31.89万人和29.09万人居第4至第6位。临近六省跨省流入人口总量为351.13万人，占河南跨省外来人口的90%以上。与跨省外出人口流量和流向的大数据推断相比，河南跨省外来人口的推断的准确性和适用性相对不足，手机和农民工实名制可弥补这种不足。

二、省外流入人口快速查询

在研究的后期阶段，课题组开发了通过快速查询得到各省外来人口来源地百分比构成的模块（见图16-10）。受数据限制，来自北京、上海和广东的流入人口实际上是一种经常性的商旅人口，而海南则是度假人口居多。除海南的季节性较强之外，京沪粤与河南之间的人口流动实际上一种“常态流量”，但这种“常态流量”在数据上基本保持不变，但其对应的人口实际上始终处于变动之中，需要结合实名身份信息加以确定。此外，与周边省份的人口流动也存在一定数量的常态性流量，但其占比远低于京沪粤等地。

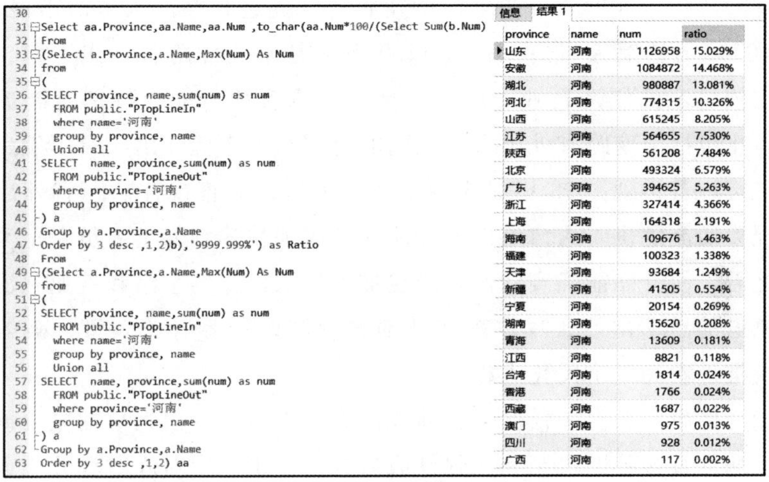

```
Select aa.Province,aa.Name,aa.Num ,to_char(aa.Num*100/(Select Sum(b.Num)
From
(Select a.Province,a.Name,Max(Num) As Num
from
(
SELECT province, name,sum(num) as num
  FROM public."PTopLineIn"
  where name='河南'
  group by province, name
  Union all
SELECT  name, province,sum(num) as num
  FROM public."PTopLineOut"
  where province='河南'
  group by province, name
) a
Group by a.Province,a.Name
Order by 3 desc ,1,2)b),'9999.999%') as Ratio
From
(Select a.Province,a.Name,Max(Num) As Num
from
(
SELECT province, name,sum(num) as num
  FROM public."PTopLineIn"
  where name='河南'
  group by province, name
  Union all
SELECT  name, province,sum(num) as num
  FROM public."PTopLineOut"
  where province='河南'
  group by province, name
) a
Group by a.Province,a.Name
Order by 3 desc ,1,2) aa
```

信息　结果 1

province	name	num	ratio
山东	河南	1126958	15.029%
安徽	河南	1084872	14.468%
湖北	河南	980887	13.081%
河北	河南	774315	10.326%
山西	河南	615245	8.205%
江苏	河南	564655	7.530%
陕西	河南	561208	7.484%
北京	河南	493324	6.579%
广东	河南	394625	5.263%
浙江	河南	327414	4.366%
上海	河南	164318	2.191%
海南	河南	109676	1.463%
福建	河南	100323	1.338%
天津	河南	93684	1.249%
新疆	河南	41505	0.554%
宁夏	河南	20154	0.269%
湖南	河南	15620	0.208%
青海	河南	13609	0.181%
江西	河南	8821	0.118%
台湾	河南	1814	0.024%
香港	河南	1766	0.024%
西藏	河南	1687	0.022%
澳门	河南	975	0.013%
四川	河南	928	0.012%
广西	河南	117	0.002%

图 16－10　河南省外来人口来源地及构成（2014 年）

三、推动河南人口与经济社会发展的对策与建议

河南是一个拥有 1.07 亿户籍人口的大省，未来河南人口总量依旧会以年均 50 万人以上的规模增长，老龄化进程加快，劳动力资源所占比重开始下降，人口的结构性问题也将逐步显现。在河南 16.7 万平方千米的面积中，平原和盆地面积 9.3 万平方千米，丘陵面积 4.3 万平方千米，山地面积 3.1 万平方千米。13.6 万平方千米的宜居土地需要承载 8800 万实有人口，人口密度高达每平方千米 647 人，已经达到 2030 年河南富裕型社会最大人口承载量的极限。面对人口发展的新形势新特点，如何统筹规划人口与经济社会协调发展，是摆在河南乃至全国人民面前的一个重要课题。

在未来一段时间，河南人口总量达到峰值后会快速下降，造成劳动力资源短缺，人口老龄化严重。全面放开“二孩”政策后，2016 年河南新生儿为 161 万人，其中，“二孩”占四成，大约为 64 万人，比 2015 年多出生 11 万人。预计高龄产妇赶生高峰过后，河南每年新生儿数量会恢复到 140 万人的水平，若

跨省外出人口没有出现大规模回归，2030年河南实有总人口也难以突破1亿人，但人口结构的老化将对河南造成较大的负面影响。因此，尽快实施自由生育的政策，应是河南乃至全国的基本人口政策，以保持人口与经济社会的协调发展。

高度关注跨省外出人口的生活就业状况，促进其在流入地的市民化进程。在河南10722万户籍人口中，超过1200万人是常住性跨省外出人口，他们大多从事比较稳定的制造行业。因此，高度重视实体行业，特别是制造业的发展，是防止包括河南跨省外出人口在内的全国约1.2亿外出人口不发生大规模回流的关键。若再现2008年那样的全球性危机，应直接补贴跨省外出人口以应对大规模回流危机。人口流出地和流入地应加快建立外出人员登记系统，以应不时之需，使补贴能确实到位。应更加关注农民工的生活和就业状况，从农民工最急迫的需求出发，尽快落实就地教育和医疗等有关政策，破解各种障碍，加快推进农民工市民化进程。

医疗与健康、教育、信仰是目前我国农村人口和外出人口的主要问题。建立重大疾病的直接补贴机制和加强健康教育和疗护是应对农村和外出人口健康和贫困的关键。动员社会力量兴办教育，鼓励社会力量重建关闭的城镇化地区的中小学校。重视儒释道传统宗教的社会和谐教化功能，重塑社会信仰和道德底线，加强以儒家为首的国学教育，为社会力量兴建宗教设施提供便利。

重视交通基础设施对河南经济社会发展的推动作用。《郑州现代综合交通枢纽发展规划（2014—2020年）》和《中原城市群城际轨道交通网规划（2009—2020年）》几乎将河南所有地级市纳入全国高铁网络。然而，未来河南南部发展才是人口与经济社会协调发展的关键，应规划建设包括"南阳—驻马店—阜阳—亳州—商丘—河泽—濮阳—鹤壁—晋城—洛阳"的大环形快速铁路。推动南阳、商丘建设300万人口的大城市，强化人口流出地的自身发展能力。

本章参考文献

[1] 金融时报（北京，2015-05-18）. 中国劳动力迁徙全地图：河南省人口流出规模最大［OL］. http://henan.163.com/15/0518/11/APT4ADFO0227029N.html.

[2] 河南省统计局人口处. "十二五"时期河南人口发展报告［R］. 2016-05-13. http://www.ha.stats.gov.cn/sitesources/hntj/page_pc/tjfw/tjfx/qsfx/ztfx/arti-

cle34d3ed67e0e04e99ae1d973c5e4a6cdd.html.

［3］樊新生，高更和，罗庆. 农村劳动力流动空间及其影响因素分析——以河南省为例［J］. 经济地理，2015，35（7）：134－139.

［4］黄向球，苗长虹，麻永建，等. 河南省流动人口的空间格局及其对人口分布的影响［J］. 地域研究与开发，2014，33（4）：142－147.

［5］刘岱宁（河南大学中原发展研究院）. 河南新型城镇化人口流动分析［J］. 当代县域经济，2017（12）：34－35.

［6］宋伟. 2030年河南城市人口空间格局的展望［J］. 经济经纬，2016，33（4）：1－7.

［7］梁海艳，符翠丽. 中国流动人口返乡原因与外出意愿研究——基于安徽、四川、河南、湖南、江西、贵州六省数据的分析［J］. 人口与社会，2015，31（2）：74－83.

［8］刘岱宁. 传统农区人口流动与城镇化模式研究［D］. 河南大学，2014.

第十七章
湖北省人口流动流量、流向及其变化研究

摘 要：大数据推断结果表明，湖北跨省外出人口规模超过1000万人，跨省流入人口294万人。主要流向广东（369.8万人，35.69%）、浙江（143.2万人，13.81%）、江苏（79.0万人，7.62%）、上海（57.3万人，5.53%）和湖南（51.3万人，4.95%）五省市，五省市合计占湖北跨省外出人口的67.61%。跨省流入前五位共162.45万人，占外省总流入量的55.28%。2010年以来湖北省际人口流动流量和流向都发生了巨大的变化，相邻省份之间流量增加，区域一体化趋势明显。最后提出推动湖北人口与经济均衡发展的对策建议。

关键词：湖北外出人口；人口大数据；湖北高铁网络；武汉城市群

第一节 湖北农村劳动力转移与外出人口增长

一、湖北流出人口概述

湖北究竟有多少跨省流出人口，各种不同来源的官方数据也是不确定的。例如，湖北省统计局人口处发布的数据显示，2010—2014年省际流出人口分别为589万人、560万人、535万人、512万人和490万人，呈逐年下降趋势；2010—2014年省际流入人口分别为101万人、110万人、118万人、128万人和142万人，呈逐年上升趋势。而湖北省农村劳动力转移监测调查数据显示，截至2012年12月31日，湖北省农村劳动力转移外出总量规模持续增长，全年外出务工人员为1076.28万人，较上年增加30.91万人，增长3.0%，外出务工人员占农村实际从业人员比重为46.0%，比上年同期上升0.3个百分点；

五年来外出人员逐年增加，比 2008 年的 961.50 万人增加了 114.78 万人，增幅达 11.9%；外出务工人员在省内就业达到 452.78 万人，同比增长 2.5%，省外就业的外出务工人员也稳步增加，全年省外就业外出务工人员达到 619.04 万人，同比增加 18.5 万人，增长 3.1%。从课题组掌握各方面信息的分析结果来看，2010 年以来湖北省际流出人口数量是逐年下降的，省统计局农村处的流出总人口确实也是增加的，但主要是省内流动增加，而省外流动却是减少的，问题在于监测调查的数据样本不能代表总体。

与其他大多数人口流出省份不同的是，1999 年之前，人口普查和抽样显示的湖北常住人口数量多于户籍人口数量（见表 17-1）。主要原因是武汉作为全国第三大高校聚集城市，高校在校生规模位居全国第 3，在校生户籍地被确认为武汉市。早在 1992 年，大量湖北农村劳动力涌向珠三角寻求就业机会，2000 年之后长三角则分流了相当一部分外出人口流量。"五普"时湖北户籍人口反超常住人口 290 万人，到 2010 年全国第六次人口普查（简称"六普"）时，户籍人口比常住人口多出 452.2 万人，自此之后户籍与常住之间的差额逐渐缩小。户籍常住差额实际上是一种净流出，例如，2010 年湖北户籍人口比常住人口多 452.2 万人，意味着省际流出人口（流出半年以上）比省际流入人口多流出 452.2 万人。湖北省统计局人口处也正是基于 2010 年以来常住户籍差额逐年减少得出省际人口流出逐年减少的趋势判断。

表 17-1　湖北省历年户籍人口、常住人口及其差额（1996—2015 年）

年份	户籍人口（万人）	常住人口（万人）	常住户籍差额（万人）
1996	5776.3	5825.1	48.8
1997	5838.8	5872.6	33.8
1998	5890.6	5907.2	16.6
1999	5942.5	5938	-4.5
2000	5936	5646	-290
2001	5956.6	5658	-298.6
2002	5978.2	5672	-306.2
2003	6000.5	5685	-315.5
2004	6001.3	5698	-303.3
2005	5984.1	5710	-274.1
2006	6038.3	5693	-345.3
2007	6084.9	5699	-385.9
2008	6110.8	5711	-399.8

续表

年份	户籍人口（万人）	常住人口（万人）	常住户籍差额（万人）
2009	6141.9	5720	-421.9
2010	6176	5723.8	-452.2
2011	6164.1	5758	-406.1
2012	6165.4	5779	-386.4
2013	6170.6	5799	-371.6
2014	6162.3	5816	-346.3
2015	6138.9	5851.5	-287.4

资料来源：《湖北统计年鉴（2016）》。Col4 = col3 - col2。

来自全国的调研结果表明，经过近30年的发展，中国农村劳动力基本上已经转移完毕，剩余劳动力基本上已经没有剩余。2001年中国加入WTO之后，以前难以找工作的40岁、50岁农村劳动力也离开农村进入城镇工作。到2008年全球金融危机前后，湖北省农村剩余劳动力基本上都已经外出。自2008年以来，中国人口流出大省的人口流动规模基本保持稳定，所不同的是跨省流动规模的减小和本省流动规模的增加，农村剩余劳动力基本枯竭。根据徐宏伟、唐铁山（2015）估计，湖北省农村剩余劳动力数量自2008年以来一直保持在900万人左右的高位（见图17-1），但实际上农村已经找不出剩余劳动力可供当地企业发展所用。

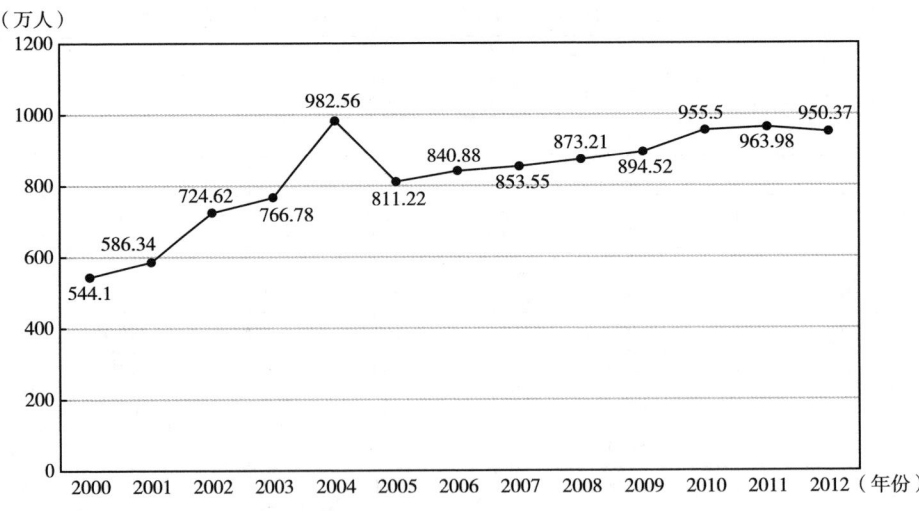

图17-1 湖北省农村剩余劳动力数量（2000—2012年）

国内有关农村剩余劳动力数量的估计通常是相当保守的。以保康县为例，2005年农村外出劳动力已经占到测算剩余劳动力总量的89.64%，2006年占比上升到99.60%，2007年上升到103.59%，超过所测算的剩余劳动力，2008年进一步上升到115.54%，2009年更是上升到139.44%的高位（含临时外出劳动力），占全县农村劳动力总数的60.76%。虽然不同年份的外出劳动力越到后期数量越准确，但农村外出劳动力2008年前后趋于枯竭却是不争的事实。

二、基于农村流出劳动力的省内外流动人口规模推算

李勋力、李国平（2005）认为，农村流出劳动力数量等于城镇从业人员减去城镇职工人数加上农村从业人员减去第一产业从业人员（农业从业人员）。利用同样的方法，课题组推算湖北2000—2014年农村流出劳动力数量（列6），并利用户籍人口减去常住人口的差额计算湖北流动人口总数（见表17-2）。表17-2中2000—2004年的数据存在较大的异常。原因是2001年中国加入WTO之后，出口和经济的高速增长对农村劳动力有一个加速吸纳的过程，但推算的流出人口总数和流出劳动力都不能反映这种事实；其次，2003年全国范围内的"民工荒"出现之后，还有一个40岁以上的农村劳动力加速流出过程，到2008年前后才将农村中可供流动的劳动力吸收完毕。因此，课题组认为表17-2中2005年之后的数据值得采信。2008—2012年的非正常波动，却恰恰是2008年金融危机冲击下的人口流动的反映；2012年之后的流动人口总数的下降，也是湖北劳动力总量达到顶峰（拐点）之后的正常现象。

表17-2 从业人员法——农村流出劳动力及流动人口数量的估计（2005—2014年）

单位：万人

年份	城镇从业人员	在岗职工数	农村从业人员	第一产业从业人员	农村流出劳动力	常住户籍人口差额	流动人口总数
2000	1123.8	854.7	2261.1	992.78	1537.42	290	1827.42
2001	1148.7	860.33	2265.8	1029.96	1524.22	298.6	1822.82
2002	1177	847.96	2266	1074.79	1520.24	306.2	1826.44
2003	1211	936.82	2265	1078.19	1460.99	315.5	1776.49
2004	1245	959.71	2262	1037.84	1509.45	303.3	1812.75
2005	1271	991.8	2266	1106.51	1438.69	274.1	1712.79

续表

年份	城镇从业人员	在岗职工数	农村从业人员	第一产业从业人员	农村流出劳动力	常住户籍人口差额	流动人口总数
2006	1297	1016.88	2267	1161.13	1385.99	345.3	1731.29
2007	1322	906.04	2262	1167.85	1510.11	385.9	1896.01
2008	1337	1070.51	2270	1141.18	1395.31	399.8	1795.11
2009	1357	1071.46	2265	1200.43	1350.1	421.9	1772
2010	1382.6	1086.97	2262.4	1200.99	1357.04	452.2	1809.24
2011	1413	1097.42	2259	1197.54	1377.04	406.1	1783.14
2012	1430.6	900.86	2256.4	1166.85	1619.29	386.4	2005.69
2013	1438	941.84	2254	1130.73	1619.43	371.6	1991.03
2014	1437.6	997.64	2249.9	1059.13	1630.73	346.3	1977.03
2015	1935	1033.85	1723	994.28	1629.87	287.4	1917.27

注：列2至列5数据来源于《湖北统计年鉴（2016）》，其余列为推算数。列6 = 列2 - 列3 + 列4 - 列5。常住户籍人口差额 = 户籍人口数 - 常住人口数。列8 = 列6 + 列7。

表17-2还无法推算省际流出人口数量。课题组利用湖北省统计局2008年和2010—2014年省际流出人口占比为基数推算了2008年以及2010—2014年以来湖北省外流动人口数量。2009年省外流出比重取前后年份的均值，2015年利用2013—2014年趋势值推算。2005—2007年则是根据"五普"值进行推算，由于这三年数据仅有参考价值，课题组直接取值。课题组还根据农民工占流动人口比重推算出省外和省内流动农民工数量（见表17-3）。2008年之后，湖北跨省流出人口规模逐步减少，但总量依旧较大，至2014年还保持在946万人的规模。除流动省外的农民工之外，尚有100多万流动性较强的短期性或商旅性人口流动。省外流动人口的减少与2008年以来以武汉为主要省会基础设施建设快速发展有关，产业转移也带来了一定的人口回流，但总体效应并不大。

表17-3　湖北流动人口总数及其省内外流动数量估计（2005—2015年）　单位：万人

年份	流动人口总数	省外流出比重	省外流动	省外农民工	省内流动	省内农民工
2005	1712.79	62.80%	1075.63	989.58	637.16	586.18
2006	1731.29	62.80%	1087.25	989.4	644.04	586.07
2007	1896.01	62.80%	1190.69	1071.62	705.31	634.78
2008	1795.11	62.80%	1127.33	1003.32	667.78	594.32

续表

年份	流动人口总数	省外流出比重	省外流动	省外农民工	省内流动	省内农民工
2009	1772	62.83%	1113.3	979.7	658.71	579.66
2010	1809.24	62.85%	1137.18	989.34	672.06	584.69
2011	1783.14	60.63%	1081.19	929.82	701.95	603.68
2012	2005.69	51.50%	1032.92	877.98	972.77	826.86
2013	1991.03	49.65%	988.51	830.35	1002.52	842.12
2014	1977.03	47.85%	946.04	785.21	1030.99	855.72
2015	1917.27	46.05%	882.99	724.06	1034.27	848.11

与四川、湖南、安徽、河南、江西等人口大省的人口省际流动不同，特大城市武汉和江汉平原相对发达的民营经济吸纳了相当数量的本省流动劳动力。从表17-3列4可以看出，湖北省际流出人口和流出劳动力数量在2007年达到顶峰（拐点），2013年起省内流动人口和劳动力数量开始超过省外流动数量。2008年省内外流动农民工同比减少108.76万人，课题组甚至可以推算出金融危机造成的湖北外出农民工的失业率为6.37%。

三、基于第一产业的流动人口规模推算

蔡昉、王美艳（2014）的研究结果表明，官方统计高估农业劳动力的数量和比重。例如，2012年中国农业劳动力占全国劳动力比重实际仅占19.8%，远低于官方统计的38.9%。他们指出，中国在2004年达到刘易斯转折点时，官方统计的农业劳动力比重为46.9%，学者估算的数字只有27.8%。按照学者估算的口径，2024年中国农业劳动力比重应该下降到只有7.8%。全国各地都存在农业劳动力比重高估的现象。例如，2010年湖北第一产业占全省GDP比重为13.4%，而第一产业从业人员占总从业人口比重却高达46.4%，但课题组在农村中调查却发现，早在2007年湖北农村可供流动的劳动力已经枯竭，真正承担农业劳动的大多是年龄60岁以上的非劳动力，甚至70岁以上的农村老人依然是农业劳动的主力。调查发现，2008年之后官方统计公布的第一产业从业人员数量（官方数）乘以第一产业占GDP的比重才是真实的第一从业人员数量（估计数），而官方数与估计数之间的差额实际上是农村流出劳动力却依旧被记录为本地常住人口数量（见表17-4）。三次产业占比法推算的全

省流动人口总数少于前面的推算结果,原因是后者大致将县内本乡镇流动过滤掉了。

表 17 – 4 占比产出法——流动人口总数及省内外流动数量估计（2004—2015 年）

单位：万人

年份	全社会年末从业人员数	第一产业占 GDP 比重	第一产业实际从业劳动力	第一产业官方从业人员数	第一产业流出劳动力数	常住户籍人口差额	全省流动人口总数	省外流动占比	净流出人口数
2004	3507	18.11%	635.06	1672.9	1037.84	303.3	1341.14	62.80%	842.23
2005	3537	16.42%	580.79	1687.3	1106.51	274.1	1380.61	62.80%	867.03
2006	3564	14.97%	533.57	1694.7	1161.13	345.3	1506.43	62.80%	946.04
2007	3584	14.76%	529.15	1697	1167.85	385.9	1553.75	62.80%	975.76
2008	3607	15.71%	566.73	1707.91	1141.18	399.8	1540.98	62.80%	967.73
2009	3622	13.86%	501.87	1702.3	1200.43	421.9	1622.33	62.83%	1019.26
2010	3645	13.45%	490.11	1691.1	1200.99	452.2	1653.19	62.85%	1039.1
2011	3672	13.09%	480.56	1678.1	1197.54	406.1	1603.64	60.63%	972.35
2012	3687	12.80%	472.05	1638.9	1166.85	386.4	1553.25	51.50%	799.91
2013	3692	12.22%	451.27	1582	1130.73	371.6	1502.33	49.65%	745.88
2014	3687.5	11.60%	427.87	1487	1059.13	346.3	1405.43	47.85%	672.52
2015	3658	11.20%	409.72	1404	994.28	287.4	1281.68	46.05%	590.27

表 17 – 4 计算得到的是跨省净流出人口,将表 17 – 3 列 4 减去表 17 – 4 列 10,就可以得到省外流入人口数量。例如,2007 年外省流入湖北的人口为 214.94 万人,到 2009 年外省流入人口减少到 94.03 万人,累计减少 120.90 万人。从国家层面的劳动力与人口流动总源头看,自 2010 年以来,我国 15—64 岁劳动年龄人口规模已经稳定在 10 亿人口左右的规模,在 2013 年达到 100582 万人的顶峰（拐点）之后掉头向下,劳动年龄人口进入缓慢下降通道。2010 年之后,中国人口流出大省的人口流动规模基本保持稳定,所不同的是跨省流动规模的减小和本省流动规模的增加,农村剩余劳动力基本枯竭。但是各种数据表明自 2008 年以来与大多数人口流出大省一样,湖北省的外出人口总量正逐渐趋于稳定。课题组依据产出及三次产业劳动力占比估计 2010 年和 2014 年湖北跨省外出劳动力与全国劳动年龄人口规模及其增长变动趋势是高度一致的。利用净流出人口、户籍人口和常住人口,课题组还推算了 2004—2015 年湖北省外流动但却依旧被记录为常住户口的人口数量,例如,2015 年湖北依

旧有 302.87 万流向省外的人口被记录为湖北本地常住户口,其中主要是农村流出人口。

四、基于手机拥有量的流出规模推断

"六普"常住人口与户籍人口的差额,基本上定义了跨省净流出量,但农村空村现象与县域人口较多的地级市常住人口数量极不相称,很多常年性跨省外出的人口依旧被列入其户籍所在地的常住人口当中。有关调查显示,2007 年中国农村外出劳动力人均手机拥有率已达 0.9 部。但直到 2014 年年末,湖北常住人口每百人手机拥有量仅 80 部,远低于全国平均水平的 94.5 部,只有同期广东省和浙江省人均水平的 57.15% 和 58.99%。仔细比较就可以发现,那些低于全国平均水平的省份全部是人口流出大省(如江西、安徽、湖南、河南、广西等),或者是少数民族占比较高的省份(西藏、新疆、青海)。

从直观上来讲,广东、浙江比江西、安徽、湖南、广西、湖北、河南经济发达,两省的人均手机拥有量比湖北等人口流出大省高也在情理之中。《广东统计年鉴(2016)》数据显示,2015 年广东城镇常住居民人均手机拥有率为 79.95%,浙江统计年鉴(2016)数据显示,2015 年浙江城镇常住居民人均手机拥有率为 80.21%,而《湖北统计年鉴(2016)》数据显示,2015 年湖北城镇常住居民人均手机拥有率为 78.25%,分别为同期经济发达省份广东、浙江的 97.87% 和 97.55%。农村常住人口人均手机拥有量与城镇之间的差距也仅在 5 个百分点以内。实地调查也显示汉族人口占比较高省份的人均手机拥有量也基本接近的事实。但全国各省级单位以常住人口为基数计算得到的人均手机拥有量却差距极大。数据巨大差异的背后,是人口流出大省大量跨省外出人口依旧被计算为本省常住人口,而人口流入大省则低估了跨省外来人口的规模。

从调查数据和统计年鉴数据来看,湖北的人均手机拥有量与广东、浙江等经济发达省份相关不大,基本上超过全国平均水平。以全国人均手机拥有量来估计,2015 年湖北移动电话用户为 4650.60 万户,全国人均手机拥有量为 0.9499 部(低于常住人口手机拥有量),假定外省流入人口与湖北本省流出人口有相同的手机拥有量,则 6138.9 万湖北户籍人口应拥有手机 5831.29 万部,即湖北籍跨省流出人口应拥有 1180.69 万部手机。2015 年全国跨省外出人口人均拥有 1.2 部手机,对应跨省流出总人口 983.91 万人。

2007年，全国外出农民工人均手机拥有量就达到0.9部，2015年约为1.2部，据此课题组推算出湖北城市实际人口及实际的人均手机拥有量（见表17-5）。在2015年湖北城市口径统计的5503.32万常住人口中，已跨省流出却依旧登记为本地户籍常住人口的湖北人有318.9万人，全省城市口径实际总人口为5326.36万人，实际人均手机0.885部。武汉作为全国特大城市，共吸引了657.69万外来人口，其中426.19万外来人口并没有计入常住人口，全市实际人口已经接近1500万人，人均手机拥有量1.066部，高于全国平均水平。从推算的结果来看，除省会武汉之外，湖北其他地级市全部表现为人口净流出，其中黄冈净流出最多，荆州净流出居全省第2位，孝感则居第3位，此三个人口大市人口流出规模超过600万人，地处湖北西部的襄阳也有近百万的人口净流出。

表17-5　湖北省城市实际人口及实际人均手机拥有量（2015年）

城市	户籍人口（万人）	常住人口（万人）	流入人口（万人）	实际人口（万人）	移动用户数（万户）	省内人均手机拥有量（部）
武汉市	829.27	1060.77	657.69	1486.96	1584.5	1.066
黄石市	267.97	245.8	-25.13	242.84	226.83	0.934
十堰市	345.94	338.3	-57.3	288.64	263	0.911
宜昌市	398.18	411.5	-14.04	384.14	365.01	0.95
襄阳市	591.58	561.4	-97.09	494.49	450.82	0.912
鄂州市	110.29	105.95	-8.16	102.13	95.98	0.94
荆门市	299.09	289.63	-62.47	236.62	211.86	0.895
孝感市	526.48	487.8	-155.21	371.27	318.64	0.858
荆州市	643.19	570.59	-188.1	455.09	391.1	0.859
黄冈市	744.42	629.1	-275.71	468.71	383.05	0.817
咸宁市	300.41	250.7	-33.24	267.17	248.2	0.929
随州市	250.97	219.08	-55.38	195.59	174.23	0.891
恩施州	402.61	332.7	-68.59	332.7	303.8	0.913
合计	5710.4	5503.32	-318.93	5326.36	4713.22	0.885

据《湖北日报》报道（2015-05-30），来自省公安厅的数据显示，截至2014年年底，全省登记流动人口达11270955人，其中男性约718万人，女性约409万人，男女比例约1.75∶1。在全体流动人口中，流入人口约469万人，

主要分布在武汉,达 298 万余人。从流入原因来看,务工者居多,占总体的 65%。跨省流出 490 万人。在省外流入人口中,河南人最多,达 24 万人,其次是湖南、四川。以武汉同口径推算,湖北全省实际流动人口 1612 万人,登记流动人口占实有流动人口的 69.92%,推算 2014 年年底跨省流出人口规模 941.13 万人,跨省净流出 700.8 万人,跨省流入 240.35 万人。

2014 年 11 月 22 日举行的"武汉市人口专题研究"全国专家研讨会上,有专家认为,2030 年武汉人口规模有可能达到 1720 万人(《楚天都市报》2014 - 11 - 24)。课题组认为超过 1700 万人的可能性非常大,但不是专家所预测的 16 年增加 600 万人的速度,而是 16 年增加 200 万—300 万人的速度。表 17 - 3 中,2013—2015 年省内流动人口只增加了 31.76 万人,每年只增加 15.88 万人。在省内劳动力总量逐年下降的情况下,武汉人口并没有大规模的增长源动力;即使沿海发生大规模战争等极端情况,省外流动人口也只会向农村疏散而不是向大城市聚集。从浙江的情况来看,近年来虽然制造智能化程度大幅度上升,但就业人数却不见快速减少而是有一定程度的增加,因此省外流动人口大规模反流的可能性也比较低。

第二节 湖北跨省流出人口大数据推断

一、流动人口大数据初始表征流量

对数据表 PtopLineOut 进行下述 SQL 查询操作:

SELECT province, name, sum(num) as num0, to_char(sum(per)/2.4, '9999.999%') As per0
　　FROM public."PTopLineOut"
　　where name = '湖北'
　　group by province, name
　　order by num0 desc

可以得到节前湖北人口流入来源地包括全国 31 个省级单位。从大数据归集的可表征人口流动流量的大小来看,节前由外省流入湖北人口最多的省份是广东省,表征人口流量为 8317809,占广东省流出总数的 9.392%。因此,若能推算出湖北流向广东的人口数量，课题组可以反推出广东省外流入人口数量。上述查询只能得到流出省份中流量为TOP10的省份，由于湖北地处中国人口地理分布的中心位置，因而可以记录到全国31个省级单位的节前流入量。若湖北省流入该省人口占该省总流入人口比重较低，则在某个时段内就有可能记录不到流量，从而发生数据漏计的现象，因此还必须对数据表PtopLineIn进行下述SQL查询操作：

SELECT province，name，sum（num）as num0，to_char（sum（per）/2.4，'9999.999%'）As per0

　　FROM public. "PTopLineIn"

　　where province = '湖北'

　　group by province，name

　　order by num0　desc

该查询除了防止大数据表征的人口流量被漏计外，另一个重要的功能是计算出大数据表征人口的总流量。结果表明，对数据表PtopLineIn查询后得到的大数据表征的人口流量为19874536，占全部流量总数的85.276%，因此推断出节前流回湖北的大数据表征的人口总流量为23306131，同期湖南的总流量为31434757，即湖北人口流出总量约为湖南的74.141%。以取大值原则合并两次查询得到的数据，将各省节前回流量除以总流量，再乘以跨省总流出人口，就可以得到2014年湖北人口跨省流出各个流向的实际人口流量。如表17-6所示，课题组推算湖北流向广东的人口占湖北省外流动比重为35.69%，其次流向浙江占13.814%。

表17-6　　湖北省2015年春节节前人口流入来源构成及占比

序号	流出省份	流入省份	大数据表征人口流量	占流出省份比重	占流入省份比重
1	广东	湖北	8317809	9.39%	35.69%
2	浙江	湖北	3219596	8.01%	13.81%
3	江苏	湖北	1776518	5.73%	7.62%
4	上海	湖北	1288792	5.22%	5.53%
5	湖南	湖北	1154751	20.10%	4.96%
6	北京	湖北	1065850	3.87%	4.57%
7	福建	湖北	1001021	8.79%	4.30%

续表

序号	流出省份	流入省份	大数据表征人口流量	占流出省份比重	占流入省份比重
8	河南	湖北	980887	11.07%	4.21%
9	江西	湖北	554401	12.64%	2.38%
10	重庆	湖北	510675	7.94%	2.19%
11	陕西	湖北	433645	6.36%	1.86%
12	安徽	湖北	427114	6.27%	1.83%
13	四川	湖北	417348	5.29%	1.79%
14	山东	湖北	340919	3.18%	1.46%
15	广西	湖北	219793	4.36%	0.94%
16	贵州	湖北	210913	3.76%	0.91%
17	云南	湖北	200991	3.94%	0.86%
18	山西	湖北	143376	3.03%	0.62%
19	海南	湖北	115553	6.63%	0.50%
20	天津	湖北	93265	1.36%	0.40%
21	甘肃	湖北	66956	2.89%	0.29%
22	新疆	湖北	61755	2.81%	0.27%
23	河北	湖北	51155	0.94%	0.22%
24	青海	湖北	26242	2.59%	0.11%
25	宁夏	湖北	16126	1.45%	0.07%
26	辽宁	湖北	6247	0.20%	0.03%
27	西藏	湖北	5745	1.73%	0.03%
28	香港	湖北	586	0.16%	0
29	澳门	湖北	398	0.19%	0
30	台湾	湖北	86	1.16%	0
31	吉林	湖北	23	0.01%	0
*	其他	湖北	597595	—	2.56%
**	全国	湖北	23306131	—	100.00%

注：列4、列5的通过查询得到，而列6 = 列3/全部流量，全部流量 = 最后一行列4，即23306131。

节前回流对应跨省流出，由此可得到湖北跨省流出人口目的地百分比构成（见图17-2）。从中可以看出，广东是湖北外出人口的首要目的地，35.69%的湖北跨省外出人口流向广东（珠三角）；流向长三角的浙江、江苏和上海三省市合计占 26.967%。总体来看，流向珠三角、长三角、北京和福建沿海经济发达地区占总流量的 71.524%，其次是流向湖南、河南、江西、重庆、陕西、安徽六个相邻省份占总流量的 17.427%。

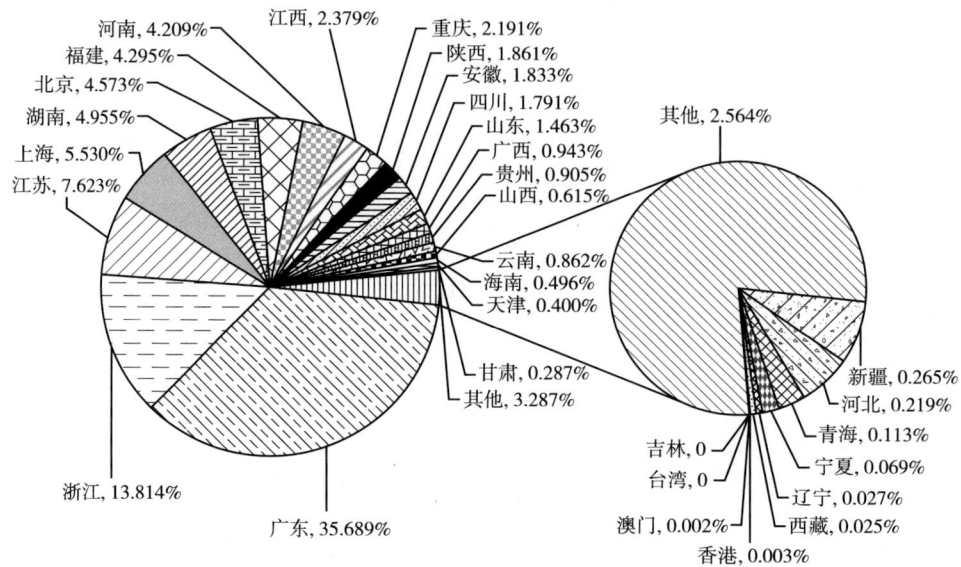

图 17-2　湖北跨省流出人口流动目的地流量百分比构成（2014 年大数据）

二、由大数据表征流量到人口流量、流向测度

湖北户籍人口约为河南的 60%，而河南跨省流出人口总量甚至高达 1600 万人，因此同比例推算湖北跨省流出人口规模应在 900 万人以上。湖北人口外出大部分以武汉为出发点，2019 年春节期间武汉三大火车站发送旅客 938.9 万人次，与 2018 年同比持平[①]，表明湖北外出人口同比持平甚至略有减少。在 2018 年 40 天春运中，武汉地区铁路、公路、航空发送旅客 1522.39 万人次，同比下降 9.93%；抵达旅客 1466.22 万人次，同比下降 5.98%[②]。由此推断 2017 年湖北外出人口在减少，考虑到武汉在湖北独特的交通地位及省内外交

---

①　参见：楚天都市报（2019-03-04）．2019 年春运落下帷幕　武铁客流量 15 年来首次停涨［OL］．http：//wh.leju.com/news/2019-03-04/07006507900708053105729.shtml．

②　参见：长江商报（2018-03-13）．武汉春运发送旅客 2988.61 万人次［OL］．http：//www.changjiangtimes.com/2018/03/583002.html．

通情况，可大致推算 2017 年湖北跨省外出人口在 880 万人左右（按抵达量的 60% 计算），而 2016 年跨省外出人口为 935 万人；发送旅客则对应于 2019 年春节到达量。

为计算 2014 年湖北流向各省的较长期性流出人口，前述表 17-3 推算值的省外流动人口为 946.04 万人，其中农民工 785.21 万人（占流出人口总数的 83%）。表 17-3 中课题组从谨慎出发只计算了省外流动人口的最低估计值，而最大可信值应为表 17-2 列 6 乘以表 17-3 列 3，再加上常住户籍人口差额，即 2014 年湖北省外流动人口最大可信值为 1126.63 万人，其中农民工 935.10 万人。这就构成了湖北省外流动人口的可信区间为 [946.04 万人，1126.63 万人]，而省外流动农民工的可信区间为 [785.21 万人，935.10 万人]。两者取中值，以 1036.3 万流出人口推算（表 17-7），2014 年湖北流向广东 369.8 万人（列 5），占跨省外出总量的 35.69%（列 4），居第 1 位，其中农民工 307.0 万人（列 6）。流出五大目的地 TOP5 合计 700.7 万人，其中农民工 581.5 万人，占跨省外出总量的 67.61%。流向长三角（浙苏沪）279.5 万人，其中农民工 231.9 万人，占跨省外出总量的 26.97%。流向周边相邻六省（包括湘、豫、赣、渝、陕、皖）180.6 万人，占跨省外出总量的 17.43%。流向珠三角依然占较大比重，但已被长三角及相邻省份分流，国家中部崛起战略实施对人口吸引力明显。

表 17-7　2015 年春运节前湖北跨省人口流动流量、流向的大数据推断

流向	大数据表征流量	占流出地比重	占湖北流出人口比重	人口流出量（万人）	农民工流出量（万人）	湖北流出目的地外来人口
广东	8317809	9.39%	35.69%	369.8	307	3937.90
浙江	3219596	8.01%	13.81%	143.2	118.8	1787.70
江苏	1776518	5.73%	7.62%	79	65.6	1379.10
上海	1288792	5.22%	5.53%	57.3	47.6	1098.20
湖南	1154751	20.10%	4.95%	51.3	42.6	255.5
TOP5	15757466	—	67.61%	700.7	581.5	8458.40
北京	1065850	3.87%	4.57%	47.4	39.3	1224.30
福建	1001021	8.79%	4.30%	44.5	36.9	506.6
河南	980887	11.07%	4.21%	43.6	36.2	394.2
江西	554401	12.64%	2.38%	24.7	20.5	195
重庆	510675	7.94%	2.19%	22.7	18.8	285.9
TOP10	29056809	—	92.44%	958	880.1	9179.20

续表

流向	大数据表征流量	占流出地比重	占湖北流出人口比重	人口流出量（万人）	农民工流出量（万人）	湖北流出目的地外来人口
陕西	433645	6.36%	1.86%	19.3	16	303.3
安徽	427114	6.27%	1.83%	19	15.8	303.1
四川	417348	5.29%	1.79%	18.6	15.4	350.6
山东	340919	3.18%	1.46%	15.2	12.6	476.2
广西	219793	4.36%	0.94%	9.8	8.1	224.3
贵州	210913	3.76%	0.90%	9.4	7.8	249.8
云南	200991	3.94%	0.86%	8.9	7.4	227.1
山西	143376	3.03%	0.62%	6.4	5.3	210.7
海南	115553	6.63%	0.50%	5.1	4.3	77.5
天津	93265	1.36%	0.40%	4.1	3.4	304.7
甘肃	66956	2.89%	0.29%	3	2.5	103
新疆	61755	2.81%	0.26%	2.7	2.3	97.6
河北	51155	0.94%	0.22%	2.3	1.9	242
青海	26242	2.59%	0.11%	1.2	1	45.1
宁夏	16126	1.45%	0.07%	0.7	0.6	49.6
辽宁	6247	0.20%	0.03%	0.3	0.2	138.9
西藏	5745	1.73%	0.02%	0.3	0.2	14.8
其他*	598688	—	2.57%	26.6	22.1	—
合计	23306131	—	100.00%	1036.30	860.1	21055.80
珠三角	8317809	9.39%	35.69%	369.8	307	3937.90
长三角	6284906	18.95%	26.97%	279.5	231.9	4265.00
邻近六省	4061473	64.37%	17.43%	180.6	149.9	1737.00

北京、福建对湖北人口的吸引力排在第 6 位和第 7 位。排第 8 至第 12 位的是与湖北相邻的省份。在流入排名前 10 的省份中，来自经济发达的六省市占流入总量的 73.407%，表明湖北跨省流出人口以就业人流为主。与相邻六省流入占流入总量的 17.885%，不及流入排名第 1 位的广东的一半，表明湖北与相邻省份的人口与经济联系依然相对较弱。从节前流入量来判断，湖北人口主要流向经济发达省份和相邻省份，两者合计占到总流量的 92.292%。从香

港、澳门、台湾和吉林流入量来看,该流量背后仅代表湖北人以旅游为主的短期回流,并不能代表较长期的人口流动。此外,内蒙古和黑龙江并没有相关记录,其主要原因是系统只记录以小时为单位流入或流出排名前10位的省份,并不表明湖北与这两个省份没有较长期的人口流动。

表17-7中最后一列(列7)根据流入湖北的流量反推湖北跨省流出目的地省份的跨省外来人口估计,其结果与我国跨省外出人口的数量基本一致。从省际流入来看,我国跨省流动人口规模实际上已经超过2亿人,而官方统计的数字却是连1亿人都不到。其中的差别在于各人口流出大省存在大量已经跨省流出却被登记为户籍所在地的常住人口,如2014年湖北至少就有300万以上的外出人口依旧被登记为常住人口。由于湖北位于中国版图的腹地,大致处于中国人口重心所在地位置,与广东、浙江、江苏、福建仅为隔省距离,与北京、上海的距离也类似于间隔一省,这种位置和人口重心关系,使课题组只要确定湖北与其中任意一省的跨省人口流出量,就可以根据相应的比例关系换算湖北与其他经济发达省份的人口流量。表中最后一列以湖北为基点推算广东跨省外来人口为3937.9万人,浙江、江苏、上海分别为1787.7万人、1379.1万人和1098.2万人。

三、人口流动流量、流向变化测度和比较分析

2010年"六普"数据显示(见图17-3),湖北跨省流出人口为588.98万人。其中,流向广东233.52万人,占跨省流出总量的39.65%。由于流向广东的是已经办理了外来人口暂住登记证的人口,因此湖北实际流向广东的人口应是普查报告数量的2倍。流向浙江的人口也有所低估,因此湖北总流出人口远高于普查数据。2010年湖北户籍人口为6176万人,同期移动用户总数为3454.7万户,当年户籍人口中除了低龄和高龄段人口外,其余70%都拥有了移动电话,由此推算2010年湖北净流出人口为868.5万人,算上外来300万人口,湖北总流出人口应在1100万人以上。

为了有相同的比较口径,课题组根据前面的分析调整后2010年湖北跨省流向的实际人口和农民工数量,但比例保持不变。2010年"六普"时湖北实际流出人口总量调整为1221.10万人(方法是取中值,但这一数值应包括短期性外出人口),其中农民工占87%,即1062.36万农民工(相当于常年性外出人口),最终形成表17-8。

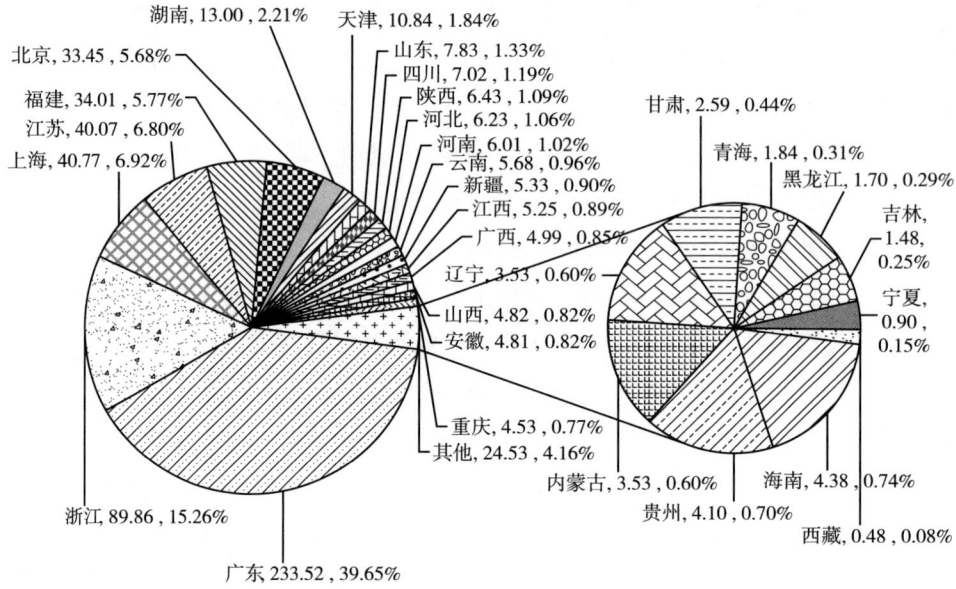

图 17 - 3　湖北跨省流出人口流动目的地流量百分比构成（2010 年人口普查数据）

表 17 - 8　　　　　湖北跨省人口流出流量、流向变化　　　　　单位：万人

流向	2014 年大数据推断			2010 年				流量变化	
	大数据占比	人口流出	农民工流出	"六普"占比	"六普"流出	调整流出	农民工流出	人口流动	农民工
广东	35.69%	369.8	307	39.65%	233.52	484.15	421.21	-114.3	-114.24
浙江	13.81%	143.2	118.8	15.26%	89.86	186.31	162.09	-43.15	-43.26
江苏	7.62%	79	65.6	6.80%	40.07	83.08	72.28	-4.09	-6.71
上海	5.53%	57.3	47.6	6.92%	40.77	84.54	73.55	-27.23	-25.98
湖南	4.95%	51.3	42.6	2.21%	13	26.96	23.46	24.38	19.16
TOP5	67.61%	700.7	581.5	74.41%	438.24	908.57	790.46	-207.92	-208.92
北京	4.57%	47.4	39.3	5.68%	33.45	69.35	60.34	-21.96	-21
福建	4.30%	44.5	36.9	5.77%	34.01	70.5	61.34	-25.99	-24.39
河南	4.21%	43.6	36.2	1.02%	6.01	12.46	10.84	31.16	25.36
江西	2.38%	24.7	20.5	0.89%	5.25	10.88	9.47	13.77	10.99
重庆	2.19%	22.7	18.4	0.77%	4.53	9.4	8.18	13.31	10.67
TOP10	92.44%	958	880.1	86.66%	510.39	1058.16	920.59	-100.2	-40.46
陕西	1.86%	19.3	16	1.09%	6.43	13.33	11.59	5.96	4.41

续表

流向	2014年大数据推断			2010年				流量变化	
	大数据占比	人口流出	农民工流出	"六普"占比	"六普"流出	调整流出	农民工流出	人口流动	农民工
安徽	1.83%	19	15.8	0.82%	4.81	9.96	8.67	9.03	7.1
四川	1.79%	18.6	15.4	1.19%	7.02	14.56	12.67	3.99	2.73
山东	1.46%	15.2	12.6	1.33%	7.83	16.24	14.12	-1.08	-1.54
广西	0.94%	9.8	8.1	0.85%	4.99	10.35	9	-0.57	-0.89
贵州	0.90%	9.4	7.8	0.70%	4.1	8.5	7.4	0.87	0.38
云南	0.86%	8.9	7.4	0.96%	5.68	11.77	10.24	-2.83	-2.82
山西	0.62%	6.4	5.3	0.82%	4.82	9.99	8.69	-3.61	-3.4
海南	0.50%	5.1	4.3	0.74%	4.38	9.08	7.9	-3.95	-3.64
天津	0.40%	4.1	3.4	1.84%	10.84	22.47	19.55	-18.32	-16.11
甘肃	0.29%	3	2.5	0.44%	2.59	5.37	4.67	-2.39	-2.2
新疆	0.26%	2.7	2.3	0.90%	5.33	11.04	9.61	-8.3	-7.33
河北	0.22%	2.3	1.9	1.06%	6.23	12.92	11.24	-10.64	-9.35
青海	0.11%	1.2	1	0.31%	1.84	3.81	3.31	-2.64	-2.34
宁夏	0.07%	0.7	0.6	0.15%	0.9	1.87	1.63	-1.16	-1.03
辽宁	0.03%	0.3	0.2	0.60%	3.53	7.31	6.36	-7.04	-6.13
西藏	0.02%	0.3	0.2	0.08%	0.48	0.99	0.86	-0.74	-0.65
其他*	2.57%	26.6	22.1	1.14%	6.71	13.9	12.09	12.72	10
合计	100%	1036.3	860.1	100%	588.98	1221.1	1062.36	-184.8	-202.23
珠三角	35.69%	369.8	307	39.65%	233.52	484.15	421.21	-114.3	-114.24
长三角	26.97%	279.5	231.9	28.98%	170.71	353.92	307.91	-74.46	-75.96
邻近六省	17.43%	180.6	149.9	6.80%	40.03	82.99	72.2	97.6	77.69

注：2010年的TOP5是广东、浙江、上海、江苏和福建五省市，TOP10除五省市外还包括北京、湖南、天津、山东和四川。

从表17-8中可以看出，2010年以来湖北人口流动变化非常明显。与2010年相比，2014年年末跨省流出人口总量减少了184.80万人，其中农民工减少202.23万人，流出人口中非劳动力占比增加是农民工减少的关键原因。此外，在农民工大潮逐渐退去的同时，高校毕业生逐渐成为跨省流动大军的重要力量；其次，流向省外的流动人口常住化，以前留守在流出户籍地的非劳动力人口也逐渐流出。流向广东、长三角、北京和福建等发达地区的人口和劳动力明显减少，其中流向长三角（浙沪苏）的人口减少了74.46万人，其中农民工减少75.96万人；流向珠三角（广东省）的人口减少了114.30万人，劳动力减少了114.24万人。

流向湖北周边相邻六省的人口增加了97.60万人，其中劳动力增加77.69万人。其中流向河南的人口增加最多，其次是湖南，中部地区的发展和京广高铁是吸引湖北人口流动转向的重要因素；流向江西和重庆的人口也出现增加，但幅度不如豫湘两省，原因一是赣渝经济规模小于豫湘，二是交通不如豫湘便利；流向广西的人口则出现小幅度降低，广西城镇化和产业相对落后是主因。流向安徽和陕西的人口和劳动力出现小幅度增加，原因是随着沪苏浙产业转移至安徽后，以农民工流出为主的湖北劳动力也出现一定程度的随迁。2010年TOP占全部省外流动人口比重74.41%，而2014年下降到67.61%，人口流向的集中度下降。

上述推算的结果是否准确呢？以广东为例，早在2004年两会期间，广东省省长对外透露广东省有4200万跨省流入人口，表17-3中课题组推算广东有3937万外省流入人口，验证了广东外省流入人口减少的事实。来自湖北省统计局2008年公布的统计资料显示，全省外出就业人口960.75万人，其中跨省流出从业人员603.65万人，占全省外出就业人员的62.8%。据湖北省统计局同期的抽样调查数据显示，省外从业人员流向东部地区的占89.8%，其中流向广东的占省外从业人员的60%以上（陈小京，2009）。以此推算，2008年湖北跨省外出到广东的从业人口超过360万人，而2008年外出从业人员占外出人口的比重在90%以下，且非从业人员的流动则往往伴随着从业人员而流动。由此可知，早在2008年，湖北跨省流向广东人口规模就已经达到400万人，该数据同样落在课题组测算的区间之内。虽然2008年受全球金融危机的影响，东部地区部分农民工回流至其原籍地，但回流总体规模有限，2009年之后返乡农民工又再次流动到东部地区寻求工作机会。

实地调研也证实，即使在人口规模较小的山区县，外出就业人员也在2008年前后超过所测算的剩余劳动力。以地处湖北西北部襄阳市的全山区县保康县为例，该县面积3225平方千米，县域总人口28.6万人，每平方千米的人口仅88.7人，农村人口23.07万人，占总人口的80.7%。保康有农村劳动力11.52万人，测算的农村剩余劳动力为5.02万人，但其农村劳动力外出务工人员在 2005 年就达到 4.5 万人，2006 年上升到 5 万人，测算的剩余劳动力已然全部外出就业；2007 年上升到 5.2 万人，2008 年达到 5.8 万人，大量 50 岁以上的人员也外出就业，2009 年统计的包含临时外出务工人员在内的农村外出劳动力已经高达 7 万人，高达 60% 的农村劳动力外出（卢珂、张智勇、周云，2012）。平原区域内的仙桃市人口流出情况也非常显著，湖北统计年鉴（2016）的数据显示，2015 年仙桃市 156.08 万户籍人口，但常住人口只有 115.50 万人，基本上可以断定其净流出人口 40.58 万人，占户籍人口总数的 26.0%。从外出人口占比来看，表 17-5 所推断结果也是相当可信的。

由于在"六普"数据中，大量农村常年外出人口依旧被记录为其户籍所在地的常住人口，同期沿海经济发达省市所统录的人口流入主要将规模以上制造业与大型服务行业的从业人口记录为外来常住人口，大量小微型制造业和小型服务业从业人口则游离于人口统计体系之外。因此，2010 年"六普"数据在总量上会少于实际人口，但在占比上基本符合事实。课题组认为，各省市湖北籍流入人口总量实际与 2015 春运大数据推断结果基本相等，但所占比重和湖北人主要流出目的地发生了较大的变化。流向广东的人口占全省流出人口比重下降，流向上海、北京和福建的外出人口占比下降也非常明显，流向湖南的外出人口占比上升。可以断定流向湖南的人口数量绝对增加。另一个重大变化是流出人口中的劳动力占比发生了较大的变化，即使人口数量保持不变，但其中劳动力人数绝对下降。

第三节　湖北跨省流入人口大数据推断

一、流入人口大数据初始表征流量

对数据表 PtopLineIn 进行 SQL 查询操作，即找出流出地为湖北省，而流入地为其他省份的流量，依此可以得到那些跨省流入湖北的外省人口在节前回流其来源地，同湖北跨省流出推断一样，计算湖北同期跨省流入人口的数量及比例。查询文本文件如下：

SELECT province, name, sum（num）as num0, to_char（sum（per）/2.4, '9999.999%'） As per0

```
FROM public. PTopLineIn
where name = '湖北'
group by province, name
order by num0   desc
```

查询输出结果表明，节前由湖北流出的人口主要流向河南、湖南、江西、重庆、安徽等邻近省市，流向广东、江苏、浙江等经济发达省市也占有一定比重。该查询还可以得到节前湖北流出量占流向目的地省份的流入量比重，在推算出流出量所表征的人口流量之后，可以反推出流向目的地省份的流出人口总量。从湖北节前人口流向来看，邻近省份的跨省流入人口以务工流、学生流和商旅流为主，务工流占较大比重；经济发达省份的跨省流入人口以家属反向流、商旅流和学生流为主，务工流占比较低，但在发达省份务工经商的就业人口家属节前流向其亲属工作地过年的人口流量占有较大比重，其次是发达省份与湖北的商旅往来，此外，湖北武汉为全国第三大高校聚集城市也使节前高校学生流占有较大比重；流向香港、澳门、台湾的主要为短期性的旅游流和在鄂从商人员返乡过年；流向西藏、宁夏、新疆的流量极小且多为学生流。

由于数据表 PTopLineIn 仅记录那些流入排在该目的地省份前 10 名的来源地省份，从而导致在湖北排名前 10 名的流向省份但在目的地省份流入排名在前 10 名之后的省份数据缺失。因此必须对数据表 PTopLineOut 再次进行 SQL 查询操作，以直接确定湖北节前人口流向及其构成。查询文本和输出结果如图 17-4 所示。从图中可以看出，节前湖北人口流出目的地排名前 8 位的省份次序没有变化，但占比普遍下降；排第 9 位的是四川，即节前流向四川的人口中，来自湖北的人口流量在四川流入排名中在前 10 名之后，因而在数据表 PTopLineIn 中无法查询到相关数据；陕西和山东的情况与四川也相同。

二、由大数据表征流出量到人口流入量、流入来源占比测度

合并两次查询，保留新值，重复出现的相同省份则保留大值。在前面，湖北总流入量 23306131 对应 1036.3 万流出人口，则节前由湖北流出量 6608839 对应 293.86 万流入人口，即湖北流入人口 293.86 万人。根据流向各省的流出量占湖北全省流出总量的比重，推算出该省对应的流入湖北的人口（见表 17-9，列 6），根据对应的流入人口占流入地流量比重（列 4）推

第十七章　湖北省人口流动流量、流向及其变化研究

```
36    SELECT province, name,sum(num) as num0,to_char(sum(per)/2.4,'9999.999%')  As per0
37      FROM public."PTopLineIn"
38      where name='湖北'
39      group by province, name
40      order by num0 desc
```

province	name	num0	per0
河南	湖北	1099348	3.685%
湖南	湖北	1016213	3.391%
江西	湖北	539915	2.044%
广东	湖北	524251	5.077%
重庆	湖北	473823	4.326%
安徽	湖北	402531	1.437%
江苏	湖北	304155	1.757%
浙江	湖北	262056	2.652%
福建	湖北	232790	2.957%
上海	湖北	72840	1.046%
广西	湖北	29375	0.139%
海南	湖北	12469	0.476%
香港	湖北	2903	0.636%
澳门	湖北	1437	0.750%
台湾	湖北	1142	0.539%
西藏	湖北	94	0.286%
宁夏	湖北	13	0.008%
新疆	湖北	12	0.016%

图 17-4　湖北省节前人口流出目的地及占比（数据表 PTopLineIn）

算流入地流出人口数量（列7）。例如，河南居湖北流入人口第1位，节前由湖北流向河南的表征人口流量为1108397（第二次查询数据比第一次查询大，故保留第二次查询），占湖北流出总量的16.771%，推算河南流入湖北的人口数量为49.28万人；占河南流入量的3.685%，推算河南跨省流出人口总量为1337.44万人。

表 17-9　　　　　2014年湖北流入人口数量与构成　　　　　单位：万人

流入地	流出地	流出量	占流入地比重	占流出量比重	流入人口	流入地流出人口
河南	湖北	1108397	3.69%	16.77%	49.28	1337.44
湖南	湖北	1016213	3.39%	15.38%	45.19	1332.52
江西	湖北	539915	2.04%	8.17%	24.01	1174.52
广东	湖北	524251	5.08%	7.93%	23.31	459.14
重庆	湖北	473823	4.33%	7.17%	21.07	487.02
安徽	湖北	402531	1.44%	6.09%	17.9	1245.54
江苏	湖北	304155	1.76%	4.60%	13.52	769.73
浙江	湖北	262056	2.65%	3.97%	11.65	439.38
四川	湖北	238078	—	3.60%	10.59	—

续表

流入地	流出地	流出量	占流入地比重	占流出量比重	流入人口	流入地流出人口
福建	湖北	232790	2.96%	3.52%	10.35	350.05
陕西	湖北	164490	—	2.49%	7.31	—
上海	湖北	72840	1.05%	1.10%	3.24	309.64
广西	湖北	29375	0.14%	0.44%	1.31	939.68
海南	湖北	12469	0.48%	0.19%	0.55	116.48
山东	湖北	9586	—	0.15%	0.43	—
其他	湖北	1217870	—	18.43%	54.15	—
全国	湖北	6608839	—	100.00%	293.86	8961.12

表17-9中最后一列测算出来的数据对人口流出大省而言是比较准确的。例如，河南、湖南、安徽、江西四省人口流出规模都在1000万人以上，河南与湖南两省流出人口数量相当接近，河南流出人口略多于湖南流出人口；安徽并非新闻报道所说的是全国人口流出最多的省份，其人口流出量少于河南与湖南等人口大省。对人口流入大省而言，广东、江苏、浙江三省流出人口比较准确；上海的情况比较特殊，所反推的流出人口大致相当于上海外来常住人口中流动性较大的那一部分人口数量。据湖北省统计局人口处的数据显示，2010—2014年湖北省际流入人口分别为101万人、110万人、118万人、128万人和142万人，呈逐年上升趋势。课题组所推算的湖北流入人口数量是湖北省统计局人口处公布数据的2倍之多，两者差异主要在于：一是统计口径差异，官方统计只计算流动半年以上的人口，而课题组推算的是跨省流动人口；二是统计范围差异，官方漏计相邻省份县界流入的可能性较大，外省流入人口主要集中在武汉等地；三是采样差异，官方通常是基于1%的人口抽样调查，而课题组的采样量是实际人口量的2倍之多。综合而言，大数据统计推断的结果更为准确，可作为官方后续统计改进的参考。

湖北省统计局人口处的数据显示，跨省流入人口主要来自河南、重庆、湖南、江西、四川和安徽等周边省市。跨省流入湖北的人口中所占比例值排名前5名的省市为河南、重庆、湖南、江西、四川。根据近三年监测数据可以看出，这五个省市每年流入人口占跨省流入总和的65%左右，并且河南流入人口所占比重有上升趋势（见表17-10）。与大数据推算的相同之处在于相邻省份流入占比较大，且河南占比都较高；而差异在于各省流入排名次序不同，流入总量也相关较大。其原因是湖南、江西的学生流较多，但在并没有在统计局数据里面反映；其次可能的原因是湖南人多直接流动到武汉，而江西人流动到鄂东地区的数量较多，省会武汉和其他地级市统计水平的差异所导致。至2014年年末，重庆、安徽流动到湖北的人口占比下降，很可能源于2012年以来重庆、安徽两地的高速增长吸引本省外出人口回流所导致。

表17-10　　2010—2012年湖北省跨省流入人口区域分布　　单位:%

2010年上半年		2010年下半年		2011年		2012年	
来源地	比例值	来源地	比例值	来源地	比例值	来源地	比例值
重庆	19.26	重庆	21.99	河南	20.72	河南	23.42
河南	16.13	河南	17.82	重庆	17.44	重庆	16.54
浙江	10.75	湖南	12.61	湖南	10.26	湖南	11.17
湖南	9.97	江西	7.77	江西	10.15	安徽	9.77
四川	8.7	四川	7.39	四川	7.79	江西	8.81
合计	64.81	合计	67.58	合计	66.36	合计	69.71

资料来源：湖北省统计局人口处。

三、人口流入量、流入来源变化测度和比较分析

将图17-4中的数据与2010年"六普"调整数据进行比较，形成表17-11。结果表明，与2010年"六普"相比，湖北省外流入人口增加了92.2万人（由于存在常住人口虚高的情况，大量农村常年性外出人口依旧被记录为其户籍所在地的常住人口，因此计算增量时只需要将2014年的常住人口减去2010年的常住人口即可），因此可反推出2010年外省流入湖北人口数量为201.66万人。与2010年相比，四川跌出流入来源地前5位，下降至流入来源地第9位，流入人口减少了4.14万人，表明四川的快速发展吸引其外流人口急速回流，重庆流入人口也减少了1.15万人。2014年排在前5名的省市除广东外其余四省是与湖北相邻的省级区域，流入来源地集中程度提高了2.63个百分点，流入人口增加56.27万人。与湖北相邻的河南、湖南、江西、重庆、安徽、陕西等六省市占全省流入人口总量的55.93%，流入人口增加55.96万人，区域一体化趋势明显。排名第10位之后的省份因系统记录的限制而无法给出准确的流入变化判断。

表 17-11　　湖北省外人口流入流量、流向变化　　　　　单位：万人

来源地	2014 年			2010 年			新变化	
	流量当量	占总流量比重	人口估计	"六普"比重	"六普"数据	"六普"调整	占比变动	人口流量
河南	1099348	16.63%	48.88	18.71%	18.97	37.73	-2.08%	11.15
湖南	1016213	15.38%	45.19	9.69%	9.82	19.54	5.69%	25.65
江西	539915	8.17%	24.01	5.71%	5.79	11.52	2.46%	12.49
广东	524251	7.93%	23.31	3.99%	4.04	8.04	3.95%	15.27
重庆	473823	7.17%	21.07	11.02%	11.17	22.22	-3.85%	-1.15
TOP5	3653550	55.28%	162.45	52.65%	53.37	106.18	2.63%	56.27
安徽	402531	6.09%	17.9	5.93%	6.01	11.96	0.16%	5.94
江苏	304155	4.60%	13.52	3.73%	3.78	7.53	0.87%	6
浙江	262056	3.97%	11.65	5.60%	5.67	11.28	-1.63%	0.37
四川	238078	3.60%	10.59	7.30%	7.4	14.73	-3.70%	-4.14
福建	232790	3.52%	10.35	3.68%	3.73	7.42	-0.16%	2.93
TOP6—10	1439610	21.78%	64.01	22.71%	23.02	45.79	-0.92%	18.22
陕西	164490	2.49%	7.31	2.69%	2.73	5.43	-0.20%	1.89
上海	72840	1.10%	3.24	0.52%	0.53	1.05	0.58%	2.19
广西	29375	0.44%	1.31	2.01%	2.03	4.05	-1.56%	-2.74
海南	12469	0.19%	0.55	0.80%	0.81	1.62	-0.61%	-1.06
山东	9586	0.15%	0.43	2.99%	3.03	6.03	-2.85%	-5.61
其他	1217870	18.43%	54.15	15.63%	15.84	31.52	2.80%	22.63
相邻六省	3696320	55.93%	164.36	53.75%	54.49	108.4	2.18%	55.96
合计	6608839	100.00%	293.86	100.00%	101.36	201.66	0.00%	92.2

注：2010 年省外流入排名前五（TOP5）是河南、重庆、湖南、四川、安徽五省市，而 TOP10 是指 TOP5 加江西、浙江、广东、江苏、福建五省。2014 年省外流入前五和前十已经发生了很大的变化。

四、促进湖北人口与经济社会均衡发展的对策与建议

构建全省人口均衡分布大框架，重视以高铁为主的交通基础设施对湖北经济社会发展的推动作用。省会武汉、东部的黄冈、西部的襄阳和宜昌是湖北人

口的密集地,除省会武汉是吸纳外来人口的重要城市外,黄冈、襄阳和宜昌等城市吸引人口能力较弱,连自身人口的消化也比较困难。相对河南、四川等人口大省而言,湖北的交通区位和自然资源对人口的承载力有较大的优势,湖北中东部平原、丘陵面积超过8万平方千米,具备容纳4000万人口的承载力,西部山区10余万平方千米,亦可接纳2000万人口,全省完全可容纳6000多万户籍人口,但全省流出人口1000余万人,外省流入人口290多万人,人口净流出超过700万人。应加强京九高铁对东部黄冈的人口吸纳能力和承载力,推动国家建设二广高铁,提升襄阳、宜昌等城市的人口吸引能力,省内应重点连通武汉、黄冈、襄阳、宜昌等人口大市,完善武汉城市圈轨道交通网络。

利用武汉特大城市资源优势,提升武汉对长沙、南昌等周边省市的辐射力、影响力和高端人口吸引力、交流力。武汉工业基础较好,教育资源优势明显。应重塑武汉作为国家工业重镇的优势,强化科技创新,提升武汉全省的影响力和辐射力。将高校教育和人才优势转化为产业优势,鼓励社会力量开办中小学基础教育,形成基础教育的品牌吸引力和辐射力。注重教育和医疗基础建设投入,赢得未来大健康产业发展的先机。以武汉城市群轨道交通网增强其与周边地区的人口与产业联系。借鉴成渝城市群合作经验,推动长江中游城市群的形成和发展。

本章参考文献

[1] 陈小京. 湖北农村剩余劳动力跨省区流动的经济分析 [J]. 中国集体经济, 2009 (21): 14 - 15.

[2] 湖北省统计局人口处. 湖北人口流动进入新常态的思考 [OL]. 2015 - 03 - 02. http://www.stats - hb.gov.cn/tjbs/qstjbsyxx/111947.htm.

[3] 湖北省统计局农村处. 湖北人口流动进入新常态的思考 [OL]. 2013 - 03 - 01. http://www.stats - hb.gov.cn/wzlm/tjbs/qstjbsyxx/95397.htm.

[4] 徐宏伟, 唐铁山. 湖北省农村剩余劳动力转移影响因素的实证分析 [J]. 湖北社会科学, 2015 (8): 61 - 67.

[5] 卢珂, 张智勇, 周云. 农村劳动力流动与农村发展——以湖北省保康县为例 [J]. 改革与战略, 2012, 28 (6): 101 - 103 + 214.

[6] 张俊杰. 转型期湖北省农民工流量、流向及其变动趋势研究 [D]. 武汉科技大学, 2008.

［7］金浩然，刘盛和，戚伟. 中小城市人口集聚乏力的原因探析——以湖北荆门为例［J］. 湖北文理学院学报，2018，39（11）：50－54.

［8］梁琳，刘传勇. 湖北人口总量、结构特征及其变化趋势对消费的影响研究［J］. 统计与决策，2013（24）：115－117.

［9］张安录. 湖北大别山区土地人口承载力研究［J］. 生态农业研究，1994（2）：45－53.

第十八章
湖南省人口流动流量、流向及其变化研究

摘　要：大数据推断结果表明，2014年湖南跨省外出人口规模在1200万人以上，跨省流出劳动力1000万人以上，外省流入人口250多万人。与同口径的"六普"相比，广东依旧是湖南人口主要流出目的地，流向广东的农民工761万人，占全省总流出64.45%；流向长三角浙沪苏等地流量和占比减少；与相邻省份之间的人口流动增加，区域一体化趋势明显；流出排名前五位总量和占比变动不大。最后提出推动湖南人口与经济发展的若干对策建议。

关键词：湖南外出人口；人口大数据；大数据表征流量；常住人口数据虚高

第一节　湖南农村劳动力转移与外出人口增长

全国第六次人口普查（简称"六普"）数据显示，2010年湖南省流出人口为1239.57万人，其中流向其他省市区的人口达到527.27万，比2000年的430.69万人增加了近100万人。与其他人口流出大省一样，湖南跨省流出人口规模一直以来是一个"谜"。正式的统计数据与很多调查文献数据有极大的差异。从湖南各地农村劳动力流动调查情况来看，湖南政府各级机关对跨省流出人口规模其实是比较清楚的，只不过在公开的统计数据方面出于各方面的原因而与实地调查结果有较大的差异。

一、湖南流出人口规模探讨

湖南农村实际外出劳动力要高于公布的统计数据。例如，2010年"六普"湖南跨省流出6个月以上的人口为527.27万人，但政府内部及外界公认的跨

省流出规模在1000万人以上。以湖南农村劳动力输出大市衡阳市为例，中共衡阳市委组织部走访组2011年3月10日至20日，对祁东县金桥镇的调查结果显示，该镇共有劳动年龄段内（16—60岁）的劳动力29904人，占总人口的69.54%。在全镇劳动力中，就业的有29851人，就业参与率达99.82%，无业的只有53人，占0.18%。其中，外出务工的达25217人，占农村劳动力的84.33%；本地务农的有4350人，占14.54%；本地务工的有284人，占0.95%；无业在家的有53人，占0.18%。其中，流向广东地区的达16586人，占外出务工的65.77%；流向长三角地区的有439人，占1.74%；流向京津地区的有454人，占1.8%；流向西部地区的有555人，占2.2%；省内就业的有511人，占2.03%；流向其他地区的有6672人，占26.46%。课题组在湖南另一劳动力输出大市邵阳各县农村调查结果也显示出大致相同的结果、比例和趋势，农业大县本地务农的劳动力数量及其占总劳动力的比重，与该县农业占全部GDP比重大致相等，农业产出中相当一部分是由60岁以上的学术意义上的非劳动力承担，70岁以上的农村人口依旧承担农业劳动的现象大量存在。全省与祁东一样的52个贫困市县人口有3000余万人，若按金桥镇比例推算，湖南贫困市县农村跨省外出人口竟然高达1759万人！

2010年湖南第一产业占全省GDP比重为14.5%，但第一产业从业人员占总从业人口比重却高达42.4%，两者的差额实际上是跨省流出农村劳动力却依旧被记录为本地常住人口。2010年湖南全省总从业人员为3982.73万人，实际从业人员为2871.55万人，跨省流出人口1111.18万人。依据同一方法，2014年湖南第一产业占全省GDP比重为11.6%，第一产业从业人员占全省从业人员比重40.8%，全省从业人员为4044.13万人，实际从业人员为2863.24万人，跨省流出1180.88万人。《湖南统计年鉴（2011）》数据显示，2010年全省户籍人口为7089.53万人，跨省实际流出1111.18万人口，实际人口为5978.35万，而公布的常住人口为6568.37万人，两者相差590.02万人，意味着农村跨省流出人口中有590万依旧被记录为拥有本地户籍的常住人口。湖南统计年鉴（2015）数据显示，2014年全省户籍人口为7202.29万人，跨省实际流出1180.88万人口，实际人口为6021.41万人，而公布的常住人口为6737.24万人，两者相差715.83万人，意味着农村跨省流出人口中有715.8万人依旧被记录为拥有本地户籍的常住人口。常住人口的虚高一个可能的原因是：近年来国家转移支付主要按人口基数进行拨付，更多的人口可以得到更多的财政转移支付。全国人口流出大省都存在这种情况。

从湖南人口流出历史来看，1984—1988 年，湖南平均每年向广东输出劳动力 46.7 万人（杨立勇，2006）。湖南劳动力转化与人口流动课题组（1995）的调查结果显示，1994 年湖南跨省流出 500 多万人，其中 80% 流向广东，周晓津（2011）推算 1994 年湖南有 383 万劳动力流向广东。2005 年广东两会时省长透露，广东跨省流入人口 4200 多万人，而湖南人占广东外省流入人口 20% 左右，即 840 余万湖南籍人口在广东。由此推算，早在 2004 年全国性"民工荒"发生之时，湖南跨省流出人口就已经达到 1000 万人左右的规模。而以"民工荒"为标志，湖南农村劳动力基本全部流出。2004 年之后，湖南人口流向有了较大改变，虽然广东依然是湖南外流首选目的地，但流向江浙沪等长三角地区占比增高；其次，由外省回流至本省的趋势是日益明显。

二、基于手机拥有量的流出规模推断

人均手机拥有量的变化也证实了课题组这种判断。有关调查显示，2007 年中国农村外出劳动力人均手机拥有率已达 0.9 部。但直到 2014 年年末，湖南常住人口每百人手机拥有量仅为 71.5 部，远低于全国平均水平的 95.5 部，分别为粤浙两省的 51.01% 和 52.66%。仔细比较就可以发现，那些低于全国平均水平的省份全部是人口流出大省（如江西、安徽、湖南、广西等）或者是少数民族占比较高的省份（西藏、新疆、青海）。但天津是个特例，原因是天津高估了外来人口数量（见图 18-1）。从直观上来讲，广东、浙江比湖南经济发达，两省的人均手机拥有量比湖南高也在情理之中。比较《广东统计

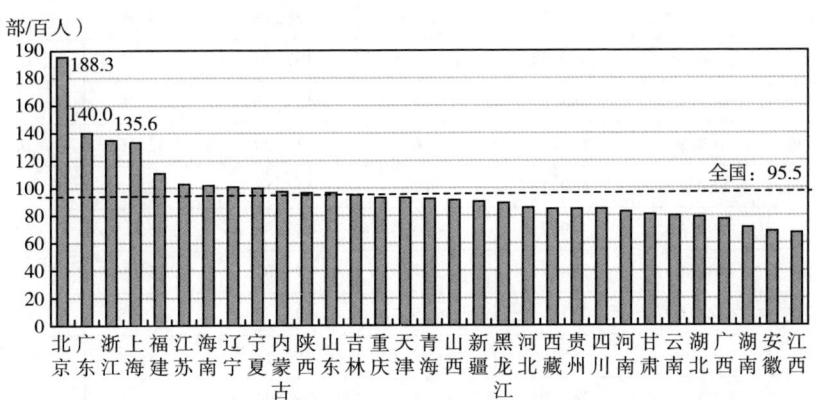

图 18-1　2015 年各省区市每百人常住人口手机拥有量

年鉴（2015）》、《浙江统计年鉴（2015）》和《湖南统计年鉴（2015）》相关数据发现，湖南城镇常住人口人均手机拥有量却达到粤浙两省的85%左右，农村常住人口人均手机拥有量分别也是粤浙两省的85%左右。数据巨大差异的背后，是人口流出大省大量跨省外出人口依旧被计算为本省常住人口，而人口流入大省则低估了跨省外来人口的规模。

在考虑到跨省外出人口的手机拥有量之后，我国中西部地区人口流出大省基本上接近于全国平均水平，这也与课题组的实地调查结果完全一致。湖南省2014年年末户籍总人口为7199.22万人（《湖南统计年鉴（2015）》为7202.29万人，但缺少各地级市数据），跨省净流出1187.34万人（见表18-1）。以户籍人口为基点，全省外来流动人口为-1187.34万人，即为净流出，全省仅省会长沙市为人口净流入；全省实际人口6011.88万人，与常住人口相比，至少有725.36万净流出人口依旧被记录为其户籍所在地的常住人口，全省人均手机拥有量为0.802部，将出省人口拥有的手机在内，湖南人平均每百

表18-1　湖南省各地级市实际人口及实际人均手机拥有量（2014年）

城市	户籍人口（万人）	常住人口（万人）	净流出人口（万人）	实际人口（万人）	移动用户数（万户）	省内人均手机拥有量（部）
全省	7199.22	6737.24	-1187.34	6011.88	4820.72	0.802
长沙市	651.19	731.15	398.8	1049.99	1064.63	1.014
株洲市	403.7	396.09	-23.23	380.48	335.46	0.882
湘潭市	299.94	281.28	-21.21	278.73	244.49	0.877
衡阳市	790	730.34	-235.47	554.53	396.84	0.716
邵阳市	821.27	721.94	-297.41	523.86	349.4	0.667
岳阳市	564.89	559.51	-67.16	497.73	405.21	0.814
常德市	609.2	583.08	-143.85	465.35	351.29	0.755
张家界市	169.97	151.9	-36.68	133.29	102.16	0.766
益阳市	480.82	439.15	-117.24	363.58	272.82	0.75
郴州市	509.76	469.79	-76.41	433.35	346.7	0.8
永州市	630.94	538.71	-237.93	393.01	257.09	0.654
怀化市	525.85	487	-125.38	400.47	301.78	0.754
娄底市	447.7	385.25	-97.12	350.58	268.48	0.766
湘西州	293.99	262.05	-107.05	186.94	124.37	0.665

注：列2、列3、列5数据来源于《湖南统计年鉴（2015）》，其余列为推算数。

人手机拥有量达到 86.75 部，低于全国平均水平 9.25 部。主要原因是湖南 0—14 岁人口占比较高，2010 年（"六普"）湖南常住人口中 0—14 岁人口占 17.62%，而这部分人口手机拥有率是很低的，特别是 10 岁以下人口基本上不拥有手机。以户籍人口为基数，2014 年长沙实际净流入人口为 398.80 万人，全市实际人口已经超过 1000 万人，人均手机拥有量 1.014 部，高于全国平均水平。

在净流出人口中，邵阳以 297.41 万净流出人口居湖南首位，衡阳则以 235.47 万净流出人口居第 2 位。据湖南省衡阳市农调队的调查显示，仅 2001 年衡阳市就有近 191 万的农村劳动力流动到广东。中国加入 WTO 之后，进一步将 40 岁以上的农村劳动力吸纳入流动大军，至 2004 年之后农村可供流动的劳动力基本枯竭，到 2008 年全球金融危机前夕，中国流动人口基本上达到顶峰并持续保持在 2.5 亿人左右的高位。周晓津（2016）以常住人口为基数，推算湖南跨省净流出人口为 1137 万人。据广州《羊城晚报》报道（2003-09-14），广东登记在册的流动人口首次突破 2000 万大关，达到了历史最高峰 2100 万人！与 2005 年广东两会透露的数据相对照，登记在册人口数量约为实际人口数量的 50%。湖南实际跨省流出人口数量，大致为官方公布的外出人口数量（含省内省外流动人口数量）相等。

第二节　湖南跨省流出人口大数据推断

一、流动人口大数据初始表征流量

对数据表 PtopLineOut 进行下述 SQL 查询操作：
SELECT province, name, sum（num）as num0, to_char（sum（per）/2.4, '9999.999%'）As per0
　　FROM public. "PTopLineOut"
　　where name = '湖南'
　　group by province, name
　　order by num0　desc

可以得到节前湖南人口流入来源地包括全国 23 个省级单位（见表 18-2）。从大数据归集的可表征人口流动流量的大小来看，节前由外省流入湖南人口最多的省份是广东省，表征人口流量为 20259356，占广东省流出总数的 23.032%；其次是浙江省，表征人口流量为 2491351，占浙江省流出总数的 6.119%；湖北省排在第 3 位，表征人口流量为 1016213，占湖北省流出总数的 15.665%；福建排在第 4 位，表征人口流量为 881387，占福建省流出总数的 8.179%；流入排名第 5 位的是广西，表征人口流量为 866677，占广西区流出总数的 17.757%。流入排名靠前的除广东、浙江、福建是经济发达地区外，与湖南相邻的湖北、广西、

表 18-2　数据表 PtopLineOut 表征人口流量及其占流出省份比重

序号	流出地 province	流入地 name	表征人口流量 num0（= sum（num））	占流出省份比重 per0（= sum（per）/2.4）
1	广东	湖南	20259356	23.02%
2	浙江	湖南	2491351	6.12%
3	湖北	湖南	1016213	15.67%
4	福建	湖南	881387	8.18%
5	广西	湖南	866677	17.76%
6	贵州	湖南	826166	15.34%
7	江西	湖南	765151	17.47%
8	江苏	湖南	759085	2.35%
9	上海	湖南	663750	2.65%
10	云南	湖南	369941	7.51%
11	重庆	湖南	248528	3.77%
12	四川	湖南	208175	2.34%
13	安徽	湖南	181716	2.65%
14	海南	湖南	150992	8.23%
15	河南	湖南	15620	0.42%
16	西藏	湖南	5071	1.58%
17	山东	湖南	1164	0.06%
18	香港	湖南	948	0.29%
19	青海	湖南	800	0.26%
20	澳门	湖南	669	0.34%
21	新疆	湖南	412	0.07%
22	台湾	湖南	290	3.53%
23	宁夏	湖南	42	0.02%

贵州、江西等地贡献了较大的人口流量当量,但远低于来自广东一省的流量当量。相邻省份的流量当量虽然较小,但其占流出省份的比重都比较大。

将查询得到的数据导入 Excel 中,由于台港澳基本上为旅游客流,为直观计将其略去。由于表 18-3 中的查询只能得到流出省份中流量为 TOP10 的省份,若湖南省流入该省人口占该省总流入人口比重较低,则有可能发生数据的漏计,因此还必须对数据表 PtopLineIn 进行下述 SQL 查询操作:

SELECT province, name, sum (num) as num0, to_char (sum (per)/2.4, '9999.999%') As per0

　　FROM public. "PTopLineIn"

　　where province = '湖南'

　　group by province, name

　　order by num0　desc

该查询除了防止大数据表征的人口流量被漏计外,另一个重要的功能是计算出大数据表征人口的总流量。结果表明,对数据表 PtopLineIn 查询后得到的大数据表征的人口流量为 29066462,占全部回流量总数的 92.466%(见表 18-3),因此推断出节前流回湖南的大数据表征的人口总流量为 31434757。

表 18-3　数据表 PtopLineIn 表征人口流量及其占流出省份比重

序号	流入地 province	流出地 name	表征人口流量 num0 (= sum (num))	占流出省份比重 per0 (= sum (per)/2.4)
1	湖南	广东	20259356	63.69%
2	湖南	浙江	2491351	7.99%
3	湖南	湖北	1016213	3.39%
4	湖南	福建	881387	3.02%
5	湖南	广西	866677	2.90%
6	湖南	贵州	826166	2.79%
7	湖南	江西	765151	2.58%
8	湖南	江苏	762205	2.38%
9	湖南	上海	663750	2.06%
10	湖南	北京	524553	1.57%
11	湖南	云南	9653	0.09%
合计	—	—	29066462	92.47%

将各省节前回流量除以总流量，再乘以跨省总流出人口，就可以得到2014年湖南人口跨省流出各个流向的实际人口流量。

在研究的后期阶段，课题直接利用编程得到湖南外出人口流向百分比构成（见图18-2）。其中，湖南外出人口中流向广东的占66.993%，8.238%的湖南人流向浙江，流向湖北、福建、广西、贵州和江西五个相邻省份占14.40%。前面两次查询的结果显示，前7个方向的流量相等，因此若要推算总流量，应以TOP7为基准。经计算，TOP7流量为27106301，占全省流量86.37%，则总流量为31385021，比以TOP10为基准测算的流量多2318559，多出7.977%。图18-2中两次查询中取大值之后得到24个方向的流量合计为30241177，比TOP7为基准测算的总流量仅相差3.782%。由于湖南外出人口数量大，从广东到海南的前15省级行政区域流量基本上没有遗漏，且TOP15流量占系统直接查询总流量达到99.917%，占以TOP3为基准测算得到的总流量的96.276%。

图18-2　湖南跨省流出人口流向百分比构成（直接查询）

自海南之后的构成难以精准确定，从信息学的角度来看，有数据显示的省份显然会比没有显示的省份的流量要大。将各方向流量除以TOP7为基准的总流量，得到湖南外出人口较为精确的流向百分比构成（见图18-3）。即在湖南外出人口中，仍然有高达64.55%的湖南人流动到广东；流向长三角浙江、江苏和上海的湖南人占12.48%；流向湖北、福建、广西、贵州、江西5个相邻省区的湖南人占13.88%；此外，1.67%的湖南人流向北京，1.18%的湖南外出人口流动到云南、重庆、四川、安徽和海南也有一定的流量。数据库系统无数据的省份人口流量只占全省的 3.72%。湖南外出人口偏爱广东的态势并没有发生根本性的变化，但相比 20 世纪 80 年代和 90 年代 90% 的外出人口流向广东已经有很大的变化。

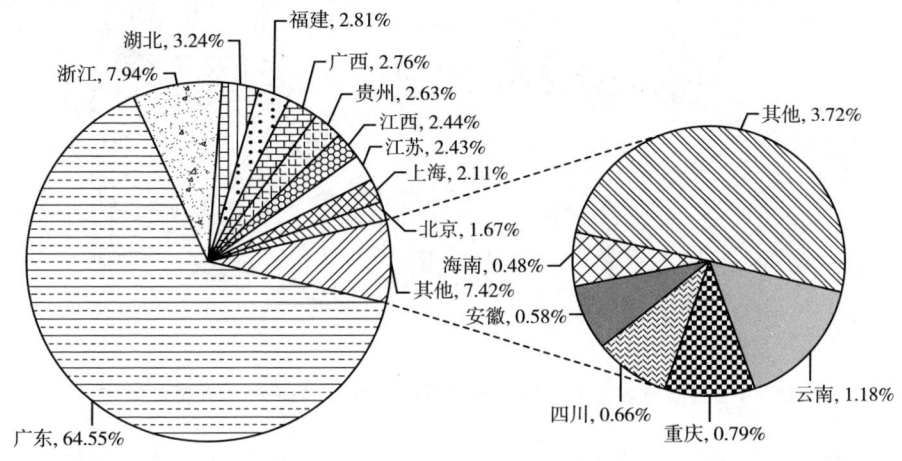

图 18-3　湖南跨省流出人口流向百分比构成（TOP7 基准推算总流量）

2010 年"六普"时（见图 18-4），63.66% 的湖南外出人口流向广东，10.37% 的流向浙江，其次是福建和上海分别占 3.25% 和 3.16%。课题组发现，由于广东仅将办理了外来人口暂住登记的人口上报，因此"六普"湖南流向广东的人口比实际大概要少 50%，即实际上 2010 年时湖南约 77.8% 的外出人口流向广东。而实际流向浙江的人口 100 万人左右，占实际流出量的 8.5% 左右。

二、由大数据表征流量到人口流量、流向测度

在湖南跨省流出人口中，农民工（以前面推算的 1180.88 万人为基准）占 90% 左右，以此推算 2014 年湖南跨省外出人口为 1312.09 万人（见表 18-4）。以此口径推算，2014 年湖南流向广东 845.68 万人（列 5），占跨省外出总量的 64.45%（列 4），居第 1 位，其中农民工有 761.11 万人（列 6）；流向浙江 104.00 万人，占跨省外出总量的 7.93%，居全省第 2 位；流向湖北 42.42 万人，占跨省外出总量的 3.23%，居全省第 3 位；流向福建 36.79 万人，占跨

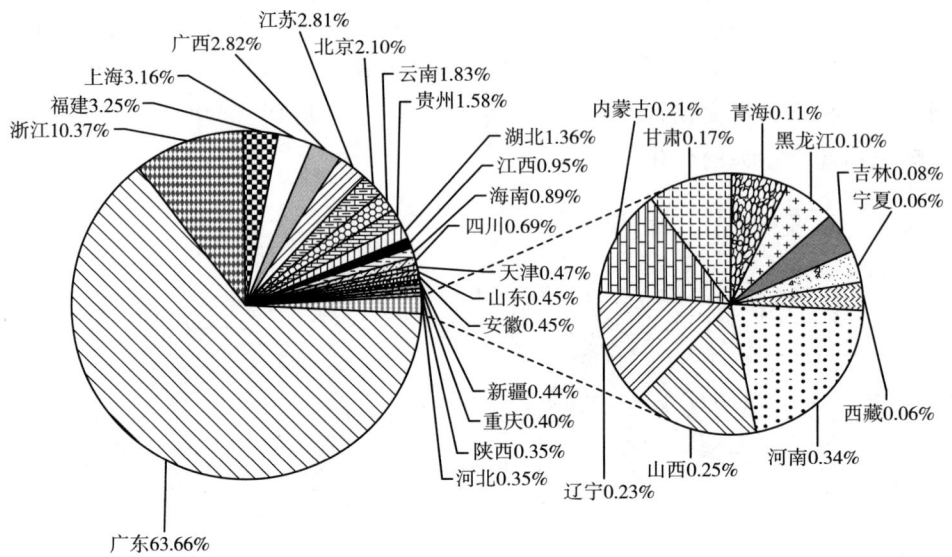

图 18-4　湖南跨省流出人口流向百分比构成（2010 年"六普"数据）

省外出总量的 2.80%，居全省第 4 位；流向广西 36.18 万人，占跨省外出总量的 2.76%，居全省第 5 位。TOP5 流向地合计 1065.06 万人，其中农民工有 958.56 万人，占跨省外出总量的 81.17%。流向长三角 163.52 万人，其中农民工有 147.17 万人，占跨省外出总量的 12.46%。流向除广东外的相邻五省有 128.42 万人，占跨省外出总量的 9.79%。流向广东珠三角依然占较大比重，但已被长三角及相邻省份分流，国家中部崛起战略实施对人口吸引力明显。

表 18-4　2015 年春运节前湖南跨省人口流动流量、流向的大数据推断

流向	大数据表征流量	占流出地比重	占湖南流出人口比重	人口流出量（万人）	农民工流出量（万人）	湖南流出目的地外来人口（万人）
广东	20259356	23.02%	64.45%	845.68	761.11	3673.19
浙江	2491351	6.12%	7.93%	104	93.6	1699.55
湖北	1016213	15.67%	3.23%	42.42	38.18	270.79
福建	881387	8.18%	2.80%	36.79	33.11	449.83
广西	866677	17.76%	2.76%	36.18	32.56	203.74
TOP5	25514984	—	81.17%	1065.06	958.56	6297.09
贵州	826166	15.34%	2.63%	34.49	31.04	224.75
江西	765151	17.47%	2.43%	31.94	28.75	182.83

续表

流向	大数据表征流量	占流出地比重	占湖南流出人口比重	人口流出量（万人）	农民工流出量（万人）	湖南流出目的地外来人口（万人）
江苏	762205	2.35%	2.42%	31.82	28.63	1356.2
上海	663750	2.65%	2.11%	27.71	24.94	1044.75
北京*	524553	1.57%	1.67%	21.9	19.71	1393.78
TOP10	29056809	—	92.44%	1212.91	1091.62	10499.4
云南	369941	7.51%	1.18%	15.44	13.9	205.65
重庆	248528	3.77%	0.79%	10.37	9.34	275.32
四川	208175	2.34%	0.66%	8.69	7.82	370.72
安徽	181716	2.65%	0.58%	7.59	6.83	286.02
海南	150992	8.23%	0.48%	6.3	5.67	76.59
河南	15620	0.42%	0.05%	0.65	0.59	154.14
西藏	5071	1.58%	0.02%	0.21	0.19	13.38
山东	1164	0.06%	0.00%	0.05	0.04	75.92
青海	800	0.26%	0.00%	0.03	0.03	12.89
新疆	412	0.07%	0.00%	0.02	0.02	26.06
宁夏	42	0.02%	0.00%	0	0	8.35
其他*	1193580	7.53%	3.80%	49.82	44.84	661.31
珠三角	20259356	23.02%	64.45%	845.68	761.11	3673.19
长三角	3917306	11.12%	12.46%	163.52	147.17	4100.49
相邻五省	3076463	61.85%	9.79%	128.42	115.58	1092.3
合计	31432850	—	100.00%	1312.09	1180.88	12665.76

表 18-4 中最后一列（列 7）根据流入湖南的流量反推湖南跨省流出目的地省份的跨省外来人口估计，其结果与我国跨省外出人口的数量基本一致。这也刚好反映了目的地省份节前湖南人返乡过年的比率，大数据推断结果依然准确适用。以广东为例，以湖南为基点推算广东跨省外来人口为 3673.19 万人，而广东实际跨省流入人口为 3976.52 万人，两者之比流向广东的湖南人节前返乡过年的比率为 92.37%。再以上海为例，周晓津、姚阳（《大数据》，2016）推算上海外来人口为 1185.8 万人，由此可得出流向上海的湖南人节前返乡过年的比率为 88.10%。由于系统只存储流入或流出 TOP10 省份，因此倒数第五行数

据应将其分配给 TOP10 以后的各省。与其他途经得到的数据相比，表 18-4 中排名前 15 的省份数据契合实际的程度极高，估计误差较低，可信度相当高。

三、人口流动流量、流向变化测度和比较分析

课题组选择将表 18-4 与 2010 年"六普"时期湖南人口流动的数据相比。为了有相同的比较口径，课题组根据前面的分析调整后 2010 年湖南跨省流向的实际人口和农民工数量，但比例保持不变。表 18-4 中的人口流量当量实际相当于湖南流出人口的大数据采样，其中农民工数量相当于净流出人口数量，而人口总流出与农民工流出之间的差额相当于外省流入湖南人口数量。课题组保持 2010 年"六普"各流向比例不变，但根据前述分析对实际流出人口总量进行了调整。2010 年农民工流出取前述估计数据的均值，即 1124 万农民工。由于 2010 年农民工占全部流出人口比重高于 2014 年 5 个百分点（根据广东外来人口年龄构成进行调整），最终形成表 18-5。

从表 18-5 中可以看出，2010 年以来湖南人口流动变化非常明显。与 2010 年相比，2014 年年末跨省流出人口总量增加了 92.44 万人，其中农民工仅增加 45.54 万人，即流出人口中非劳动力占比增加。原因在于流动人口的人口结构已经发生了巨大的变化，在农民工大潮逐渐退去的同时，高校毕业生逐渐成为跨省流动大军的重要力量；其次，流向省外的流动人口常住化，以前留守在流出户籍地的非劳动力人口也逐渐流出。流向长三角和福建等发达地区的人口和劳动力明显减少，其中流向浙沪苏的人口减少了 29.82 万人，其中农民工减少 36.51 万人；流向广东省的人口和劳动力反而增加了，但劳动力增加远不如人口流量的增加，非劳动力和高校毕业生流动规律依然起作用。早在 2003 年广东发生"民工荒"时，全国各地流向广东的劳动力就在减少，加上长三角经济快速增长，人口流出大省劳动力都出现了由珠三角流向长三角的大转变。随着长三角产业向安徽等地转移，加之流向广东的四川、河南、重庆等省市人口和劳动力因西部大开发而导致回流造成的空档，2004 年之后由广东转向长三角的湖南外出劳动力再次回流广东填补空档。自 2010 年以来，湖北、贵州、江西、重庆、安徽等地的发展也在一定程度上吸引了一部分湖南劳动力。流向上海、北京的人口减少在很大程度上是其产业转移之后导致农民工需求减少。

第十八章 湖南省人口流动流量、流向及其变化研究

表18-5 湖南跨省人口流出流量、流向变化 单位：万人

流向	2015年节前大数据推断			2010年				流量变化	
	大数据占比	人口流出	农民工流出	"六普"占比	"六普"流出	调整流出	农民工流出	人口流动	农民工
广东	64.45%	845.68	761.11	63.66%	460.21	753.24	715.57	92.44	45.54
浙江	7.93%	104	93.6	10.37%	74.97	122.7	116.57	-18.71	-22.97
湖北	3.23%	42.42	38.18	1.36%	9.82	16.07	15.27	26.35	22.91
福建	2.80%	36.79	33.11	3.25%	23.46	38.39	36.47	-1.6	-3.36
广西	2.76%	36.18	32.56	2.82%	20.4	33.39	31.72	2.78	0.84
TOP5	81.17%	1065.06	958.56	81.46%	588.87	963.8	915.61	101.26	42.95
贵州	2.63%	34.49	31.04	1.58%	11.45	18.74	17.81	15.74	13.23
江西	2.43%	31.94	28.75	0.95%	9.66	11.19	10.63	20.75	18.11
江苏	2.42%	31.82	28.63	2.81%	18.97	33.23	31.57	-1.42	-2.94
上海	2.11%	27.71	24.94	3.16%	16.04	37.41	35.54	-9.7	-10.6
北京*	1.67%	21.9	19.71	2.10%	19.74	24.9	23.66	-3.01	-3.95
TOP10	92.44%	1212.91	1091.62	92.07%	664.728	1089.28	1034.81	123.63	56.8
云南	1.18%	15.44	13.9	1.83%	13.26	21.7	20.61	-6.26	-6.72
重庆	0.79%	10.37	9.34	0.40%	2.9	4.75	4.51	5.63	4.83
四川	0.66%	8.69	7.82	0.69%	5.01	8.2	7.79	0.49	0.03
安徽	0.58%	7.59	6.83	0.45%	3.24	5.3	5.04	2.28	1.79
海南	0.48%	6.3	5.67	0.89%	6.4	10.47	9.95	-4.17	-4.28
河南	0.05%	0.65	0.59	0.34%	2.47	4.04	3.83	-3.38	-3.25
西藏	0.02%	0.21	0.19	0.06%	0.4	0.66	0.63	-0.45	-0.44
山东	0	0.05	0.04	0.45%	3.25	5.32	5.05	-5.27	-5.01
青海	0	0.03	0.03	0.11%	0.8	1.32	1.25	-1.28	-1.22
新疆	0	0.02	0.02	0.44%	3.16	5.17	4.91	-5.15	-4.89
宁夏	0	0	0	0.06%	0.46	0.75	0.71	-0.75	-0.71
其他*	3.80%	49.82	44.84	2.22%	16.82	26.21	24.9	23.61	19.94
合计	100%	1312.09	1180.88	100%	722.89	1183.16	1124	128.93	56.88
珠三角	64.45%	845.68	761.11	63.66%	460.21	753.24	715.57	92.44	45.54
长三角	12.46%	163.52	147.17	16.34%	109.98	193.34	183.67	-29.82	-36.51
相邻五省	9.79%	128.42	115.58	8.55%	64.59	101.1	96.05	59.36	48.37

流向新疆的人口和劳动力发生的变化令人惊异，但却与事实真相高度一致。新疆大规模建设放缓、反恐形势变化和劳动工资的变化是影响湖南籍人口回流的主要因素，课题组同样也测量到了同为人口流出大省的四川、河南也出现了更大规模的人口离开新疆的情况，这种趋势值得国家高层领导的高度关注。海南之后的省份出现的变化与系统只记录流动省份的前10名有关，但依旧可以看出一些变化。一些证据表明2010年以来湖南跨省流出人口数量并没有什么变化，但课题组没有很强或者直接的证据证实2014年与2010年完全相等，总流出人口的差额约在5%。另外，表18-5中无论是TOP5还是TOP10，人口流向的集中趋势基本上没有变化，但各流向上的排名和流量都发生了很大的变化。

由于"六普"数据缺陷，上述推算只能做一般的参考。据湖南移动通信公司的数据显示[①]，2018年春节期间，从外省漫游到湖南的用户数在大年初三达到了1117万人，其中来自广东和湖北的分别为739万人和78万人。以此推算湖南外出人口流向广东的占66.16%，湖北占6.98%。考虑到并非所有的外出人口都在春节期间返回湖南过年，因此湖南实际跨省流出人口数会大于1117万人，课题组估计90%的湖南外出人口春节返乡，即2017年湖南外出人口规模仍旧高达1241万人，其中流向广东的有821万人，与2014年相比从数值上来看减少20多万人，实际数难以准确认定。从湖南移动发布的信息还要以推断，湖南外出人口中湖北已经超越浙江成为第二大流出目的地。

第三节 湖南跨省流入人口大数据推断

一、跨省流入人口流量与流向推断

对数据表PtopLineOut进行下述SQL查询操作：
SELECT province, name, sum（num）as num0, to_char（sum（per）/2.4, '9999.999%'） As per0
　　FROM public."PTopLineOut"

---

① 湖南移动.湖南移动大数据报告：湖南人春节最爱去哪儿？[OL].2018-02-24.湖南省通信管理局，http://www.xca.gov.cn/TGJCMS/hydt/2600.htm.

```
whereprovince = '湖南'
group by province, name
order by num0    desc
```

可以得到节前湖南人口流出目的地包括全国 12 个省级单位（见表 18-6）。从大数据归集的可表征人口流动流量的大小来看，节前由湖南流出最多的省份是湖北，表征人口流量为 1154751，占湖南流出总数的 20.10%；其次是广东，表征人口流量为 1057237，占湖南流出总数的 18.80%；江西排在第 3 位，表征人口流量为 705459，占湖南流出总数的 12.12%。流入排名靠前的除广东、福建、浙江是经济发达地区外，与湖南相邻的湖北、江西、广西、贵州等地贡献了较大的人口流量当量。表 18-6 中最大的问题是节前由湖南流向广东的人口流量，由于广东是湖南跨省流出最大的目的地，因此该流量中包含相当一部分留守人口在此期间流动到广东过春节；其次，广东春节期间气候宜人，非留守的湖南本省常住人口也流动到广东过年；三年广东与湖南之间日常性商旅人口流动也占有很大比重。课题组无法从当时的大数据系统将这些流量剔除，据估计这种非长期性的人口流动流量约占到 50%。

表 18-6　数据表 PtopLineOut 表征人口流量及其占流出省份比重

序号	流出地 province	流入地 name	表征人口流量 num0（= sum（num））	占流出省份比重 per0（= sum（per）/2.4）
1	湖南	湖北	1154751	20.10%
2	湖南	广东	1057237	18.80%
3	湖南	江西	705459	12.12%
4	湖南	广西	391729	6.89%
5	湖南	贵州	367689	6.43%
6	湖南	河南	280415	4.64%
7	湖南	福建	216481	3.95%
8	湖南	重庆	211182	3.57%
9	湖南	浙江	184238	3.00%
10	湖南	安徽	124454	2.27%
11	湖南	四川	37629	0.57%
12	湖南	江苏	1563	0.06%

将流向广东的人口流量当量中非长期性流量剔除之后，课题组以大数据表征流量百分比推断 2014 年由各省流入湖南的人口总量为 258 万人，并将其与 2010 年"六普"调整数据进行比较，形成表 18-7。结果表明，与 2010 年"六普"相比，湖南外省流入人口增加了 113 万人，其中湖北、江西、广东依旧占据湖南跨省流入人口前 3 名。四川占比大幅度下降，累计下降了 6.26 个百分点，实际流入人口净减少 8.25 万人，四川的发展对其流出人口吸引力大幅度增强；来自江苏、安徽、浙江等长三角地区的人口流入占比也呈现负增长，但由于这些省份排名靠后，无法判断实际人口流量的真正变化；来自湖北、江西两省的人口增长幅度明显，长江中游城市群聚合力增强，但与湖南流出人口总量相比依旧较小。从整体上看，无论是流出还是流入，2010 年以来相邻省份之间的人口流动普遍增加了，省级间区域一体化趋势都十分明显。

表 18-7　　　　湖南跨省人口流入流量、流向变化　　　　单位：万人

来源地	2014 年人口流动大数据推断			2010 年			新变化	
	流量当量	占总流量比重	人口估计	"六普"比重	"六普"数据	"六普"调整	占比变动	人口流量
湖北	1154751	22.62%	58.36	17.94%	13	26.01	4.68%	32.35
江西	705459	13.82%	35.66	9.93%	7.2	14.39	3.89%	21.26
广东	528619	10.36%	26.72	9.29%	6.74	13.47	1.07%	13.25
广西	391729	7.67%	19.8	4.71%	3.41	6.82	2.97%	12.98
贵州	367689	7.20%	18.58	6.30%	4.57	9.13	0.91%	9.45
河南	280415	5.49%	14.17	6.33%	4.59	9.18	-0.84%	4.99
福建	216481	4.24%	10.94	4.51%	3.27	6.54	-0.27%	4.4
重庆	211182	4.14%	10.67	3.21%	2.33	4.66	0.92%	6.01
浙江	184238	3.61%	9.31	4.64%	3.36	6.72	-1.03%	2.59
安徽	124454	2.44%	6.29	3.52%	2.55	5.1	-1.08%	1.19
四川	37629	0.74%	1.9	7.00%	5.08	10.15	-6.26%	-8.25
江苏	1563	0.03%	0.08	2.49%	1.8	3.6	-2.45%	-3.52
小计	4204209	82.36%	212.49	79.85%	57.89	115.78	2.51%	96.71
其他	900403	17.64%	45.51	20.15%	14.61	29.22	-2.51%	16.29
合计	5104611	100.00%	258	100.00%	72.5	145	0.00%	113

二、湖南外来人口来源地构成再分析

在研究的后期阶段，课题组直接通过查询得到湖南外来人口来源地构成百分比（见图 18－5）。该百分比构成是以数据库系统中数据为依据，若需要更精确的推算，则应以前述查询前七个省份为基准，推算外来人口总流量为5722969。因此图中直接查询得到的百分比偏大，但显示的信息也比较清楚，即以湖南为目的地的人口流出省份主要是与湖南直接相邻的省份，但河南、浙江、安徽也有一定的流量，除河南之外几乎全部为长江流域以南的省份。在流出流量中，湖南流向湖北的流量为 1016213，而流入流量中湖北流向湖南的流量为 1154751，两省互流流量相差不大，湖北流出的稍微多一点，课题组认为主要原因是湖南省的经济重心相对于湖北流出人口重心要比湖北省的经济重心与湖南流出人口重心的距离要近。与湘鄂两省互流的情况相比，湘粤则严重失衡，湖南到广东的流量高达 20259356，而广东到湖南的流量只有 1057237，后者只有前者的 5.2%。

```sql
Select aa.Province,aa.Name,aa.Num ,to_char(aa.Num*100/(Select Sum(b.Num)
 From
(Select a.Province,a.Name,Max(Num) As Num
 from
(
 SELECT province, name,sum(num) as num
   FROM public."PTopLineIn"
   where name='湖南'
   group by province, name
   Union all
 SELECT  name, province,sum(num) as num
   FROM public."PTopLineOut"
   where province='湖南'
   group by province, name
) a
 Group by a.Province,a.Name
Order by 3 desc ,1,2)b),'9999.999%') as Ratio
 From
(Select a.Province,a.Name,Max(Num) As Num
 from
(
 SELECT province, name,sum(num) as num
   FROM public."PTopLineIn"
   where name='湖南'
   group by province, name
   Union all
 SELECT  name, province,sum(num) as num
   FROM public."PTopLineOut"  where province='湖南'
   group by province, name
) a
 Group by a.Province,a.Name
Order by 3 desc ,1,2) aa
```

province	name	num	ratio
湖北	湖南	1154751	24.332%
广东	湖南	1057237	22.277%
江西	湖南	705459	14.865%
广西	湖南	391729	8.254%
贵州	湖南	367689	7.748%
河南	湖南	280415	5.909%
福建	湖南	216481	4.561%
重庆	湖南	211182	4.450%
浙江	湖南	184238	3.882%
安徽	湖南	124454	2.622%
四川	湖南	37629	0.793%
海南	湖南	11331	0.239%
江苏	湖南	1563	0.033%
云南	湖南	1212	0.026%
澳门	湖南	259	0.005%
香港	湖南	113	0.002%
西藏	湖南	53	0.001%
台湾	湖南	51	0.001%
上海	湖南	35	0.001%
青海	湖南	4	0.000%

图 18－5　湖南跨省外来人口来源地百分比构成（直接查询）

以总流量 5722969 为基数，在湖南外来人口中，湖北占 20.18%，广东占 18.47%，江西占 12.33%，广西占 6.84%，贵州占 6.42%，5 个相邻省区合计占湖南外来人口总量的 64.25%。河南、福建、重庆、浙江、安徽排在湖南外来人口的第 6 至第 10 位，其占比分别为 4.90%、3.78%、3.69%、3.22%、2.17%，合计占湖南外来人口总量的 17.77%。湖南前 10 位主要外来人口来源地占全部流入人口的 82.01%。

三、2014 年以来华中三省实有人口变动估计

与同为华中地区的河南、湖北相比，2017 年以来湖南人口回流明显。从三省移动用户总数月度值来看，2014—2016 年华中三省实有人口总量基本保持不变。但 2016 年 11 月以来，至 2019 年 3 月，豫、鄂、湘三省移动用户总数分别增长了 22.00%、22.93% 和 33.16%，而全国同期平均增幅为 23.5% 左右。由此可知，2016 年年底以来，河南与湖北两省实有人口基本保持不变，而湖南返乡人口基本大致增加了 10%。粗略推算结果显示，2019 年 3 月，华中豫、鄂、湘三省相对各自的 10900 万、6268 万和 7200 万户籍人口，三省净流出人口分别达到 1848.15 万人、898.43 万人和 1010.36 万人。即 2019 年 3

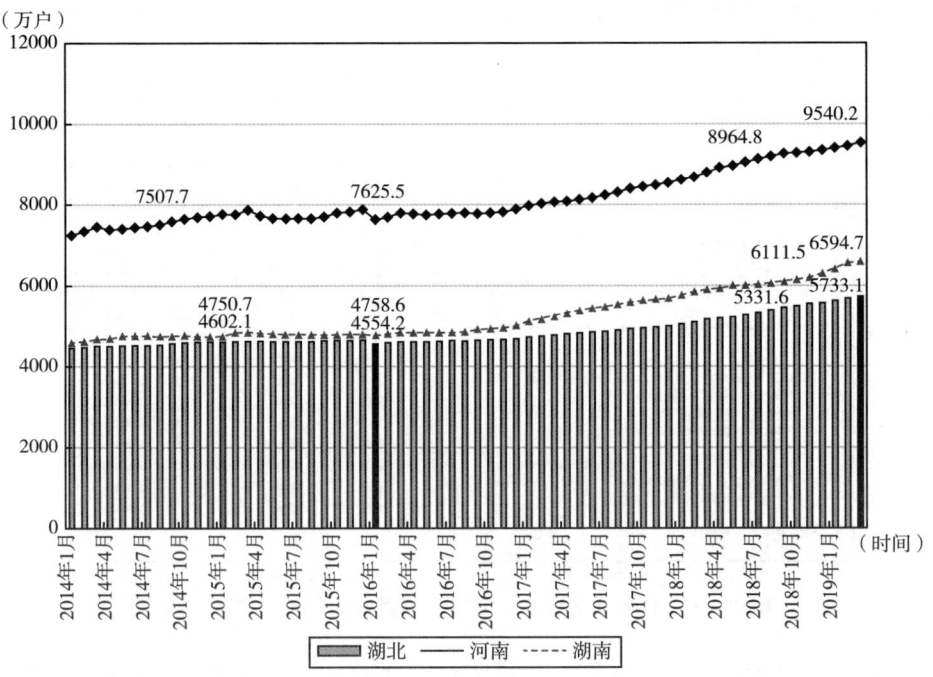

图 18-6　华中三省移动用户总数（2014 年 1 月至 2019 年 3 月）

月,河南省域内实有人口只有9000余万人,湖北省域内实有人口有5300多万人,而湖南省域内实有人口则有6200多万人。

粗略估计忽略了手机实名制导致人均手机拥有量下降因素,但实名制导致人均手机下降的低点是2015年。由此可知,河南实有人口在2014—2016年初有一个小回流。湖南的实有人口在2016年基本保持与2015年相同的规模。考虑到手机实名制导致的人均手机下降因素及其反弹,推算2016年年底以来湖南外出人口返乡增量大致为300万人,而河南、湖北两省的外出人口基本上保持不变。实地调研也支持湖南人口返乡的判断,如湖南传统人口流出地邵阳市和衡阳市,近年来因制造企业增加,外出人口返乡明显;其次,长株潭地区对本省外出人口也有相当的吸引力。

四、促进湖南人口与经济社会均衡发展的对策与建议

与1982年国家把计划生育确定为基本国策相对应,21年后的2003年,广东开始出现"民工荒",标志着新生代青半年农民工出现供给短缺;中国加入WTO对劳动力需求旺盛,大量40岁以上的农民工在2003年之后加入流动大军,到2008年全球金融风暴发生前后,包括湖南在内的农民工流动基本达到顶峰。2010年以来,我国15—64岁劳动年龄人口规模已经稳定在10亿人口左右的规模,在2013年达到100582万人的顶峰(拐点)之后掉头向下,劳动年龄人口进入缓慢下降通道。与此相对应,2010年湖南跨省流出人口规模与2014年跨省流出人口规模也基本稳定在1200万人左右,跨省流出劳动力规模保持在1000万人以上;在跨省流出人口总量上,2014年比2010年增加100万人左右,留守人口随迁、外出人口老龄退出、新生代农民工和高校毕业生是人口流动流量变化的主要因素;跨省流出劳动力规模也保持在产业转移和区域一体化等经济因素是人口流动流向变化的主要因素。

湖南省人民政府发展研究中心"湖南人口老龄化的现状、发展趋势及对策研究"调研组对湖南省2010—2060年50年人口发展预测表明,假设2017年全面放开"二孩"生育,2020年左右实行自由生育政策,2056年65岁老年人口占总人口比重将达28.2%,接近30%的重度老龄化的国际标准。这说明人口形势相当严峻,即使尽快实施宽松的生育政策,如果没有有效的鼓励生育政策及配套的社会政策,湖南人口严重老龄化的结果无可避免。虽然实际全面

放开"二孩"政策早一年,预计高龄产妇赶生高峰过后,如不推行全面自由生育政策,湖南每年新生儿数量也会低于83万人的水平,若跨省外出人口没有出现大规模回归,2030年湖南实有总人口也难以突破6500万人,但人口结构的老化将对湖南造成较大的负面影响。因此,尽快实施自由生育的政策,应是湖南乃至全国的基本人口政策,以保持人口与经济社会的协调发展。

重视交通基础设施对湖南经济社会发展的推动作用。例如,邵阳和衡阳同为湖南人口和劳动力流出地,在2000年时两地流出农村劳动力都在220万—240万人,但到了2014年,邵阳净流出人口比衡阳高出60余万人。从武广高铁开建到运营,衡阳抓住产业转移的大机遇取得了发展的先机,而邵阳仅在近年来依靠沪昆高铁改建了邵阳至长沙动车线路,但邵阳人口主要流向广东,由于交通不便,邵阳失去了承接广东的产业转移机会,大量劳动力需要外出寻求就业机会。地处湘西南的邵阳、永州和衡阳外出劳动力人口占湖南全省70%左右,加快湘西南和湘西地区的交通建设,依旧是提升湖南本省产业的人口承载能力的关键,应推动邵永怀衡等地建设200万人以上人口大城市,强化人口流出地的自身发展能力。

本章参考文献

[1] 湖南劳动力转化与人口流动课题组. 湖南省劳动力的转化与人口流动 [J]. 社会学研究,1995(3):71-82.

[2] 杨立勇. 湖南向广东输出农村劳动力问题研究 [D]. 国防科学技术大学,2006.

[3] 王莉. 中国的人口流动 [J]. 数量经济技术经济研究,1996(2):21-23.

[4] 中共衡阳市委组织部走访组. 衡阳市农村劳动力转移就业调查分析报告 [R] [OL]. http://www.e0734.com/html/2011/1028/80632.html. 2011-10-28.

[5] 张友良,卿树涛. 湖南人口流动对县域经济发展的影响 [J]. 湖南行政学院学报,2013(3):40-44.

[6] 中共湖南省委政策研究室,湖南省财政厅推动城乡统筹 促进和谐发展——湖南农民工问题调查 [J]. 学习导报,2005(10):36-37.

[7] 周凯. 湖南农村劳务输出发展现状与对策研究 [D]. 国防科学技术大学,2005.

[8] 梁海艳. 流动人口的返乡与外出意愿研究——基于安徽、四川、河南、湖南、江西、贵州六省数据的分析 [J]. 南方人口,2015,30(1):58-69.

第十九章
广东省人口流动流量、流向及其变化研究

摘　要：广东是我国的人口和劳动力最大的跨省流入目的地。大数据推断结果表明，2014 年广东跨省流入人口规模超过 4000 万人，跨省流出人口规模 400 多万人；广西（1046.86 万人，25.56%）、湖南（941.21 万人，22.98%）、江西（532.08 万人，12.99%）、湖北（386.43 万人，9.44%）、四川（209.74 万人，5.12%）、河南（201.47 万人，4.92%）、贵州（134.11 万人，3.27%）和重庆（129.71 万人，2.89%）贡献了 87.45% 的跨省流入人口，流入人口高达 3581.61 万人。广东跨省人口流出目的地主要是广西、湖南、福建、江西等与广东相邻或经济发达的长三角地区和北京等地。2010 年以来广东流动人口数量基本保持稳定，但流动人口中劳动力占比下降，以创新驱动经济增长与转型是未来广东可持续发展的关键。

关键词：广东流动人口；人口大数据；人口流向变化

第一节　广东农村劳动力转移与流动人口增长

广东究竟有多少省际流动人口？各种来源的数据存在较大的冲突。据广东省公安部门估计，1988 年全省约有 500 万流动人口，其中 300 万人来自省外的广大农村，并且有 100 万人已签订劳务合同，领了暂住证（廖世同，廖世添，1989）。据彭发强（1992）推算，1990 年广东全省约有 700 万流动人口。据统计，1994 年年底全国离开户籍所在地一年以下的流动人口数已达 1.30 亿人。其中，广东省流动人口已达到 1200 万人，来自广东本省流动人口约占 57%，从外省来的约占 43%；外省流入人口主要来自四川、贵州、湖南、广西、安徽、江西、河南、河北、湖北、辽宁等十几个省区；农民工 700 万人左右，加

上商人和零散用工，总数达1200万人（王莉，1996）。到2000年全国第五次人口普查时，广东省年末常住人口仅比户籍人口多出1151.49万人，外省流入人口中常住人口仅1100多万人。但在2005年两会期间，广东省省长透露：广东全省有户籍人口7900万人，常住半年以上的流动人口3100多万人，总人口达到1.1亿人（2004年年末），另外，还有半年以下的流动人口1100万人（21世纪经济报道，中国宏观经济信息网，2005）。

在我国，公安部门的人口数据应该是最权威和最可信的。从不同年度的人口数据来看，广东官方所公布的外省流入人口应仅包括那些已经领了暂住证的外来人口。因此，2000年广东外省流入人口数量应在3000万人左右，这样才有可能到2004年年末增加到4200万人。自2003年开始，珠三角地区发生"民工荒"，2004年开始"民工荒"现象在全国范围内陆续发生，自此以后广东外省流入人口速度减缓，各界对流动人口的高度关注，外来人口取得暂住证也变得相对容易。申领暂住证人口占实际流动人口比重下降，由2000年以前的1∶3下降到2010年的1∶2左右。因此，到2010年全国第六次人口普查时，广东官方公布的外省流入人口数据已经占到实际流入人口数据的50%左右。

一、广东各地级市人口净流入估计

根据《广东统计年鉴（2016）》，利用各地级市移动用户数量和每百户居民手机拥有量，课题组推算出广东各地级市实际人口及实际的人均手机拥有量（见表19-1）。推算的数据显示，2015年广东净流入人口为3700.63万人，全省实际总人口12709.01万人。省内人均实际拥有手机1.181部，比全国平均水平（0.945部）多124.98%。省会广州实际人口为2240.70万人，市外流入1386.51万人，人口规模居上海、北京之后，列全国第3位，人均手机拥有量1.328部，由于广州户籍人口规模较大，因而人均手机拥有量落后于东莞、深圳、中山等外来人口大量流入的地区。深圳是全省乃至全国人口净流入最多的城市，净流入1733.82万人，实有人口2103.46万人，仅次于北上广居全国第4位。珠三角净流入人口5338.94万人，总人口8604.63万人，相比于2007年净减少500万人以上；东翼人口净流出375.88万人，西翼人口净流出634.59万人，山区净流出人口627.82万人。

表 19-1　广东各地级市实有人口及实际人均手机拥有量（2015年）

城市	户籍人口 数量（万人）	户籍人口 手机数量（万部）	外来人口 手机数量（万部）	外来人口 数量（万人）	总人口 数量（万人）	总人口 人均手机（部）
全省	9008.38	9458.8	5550.95	3700.63	12709.01	1.181
广州	854.19	896.9	2079.76	1386.51	2240.7	1.328
深圳	369.64	388.12	2600.74	1733.82	2103.46	1.421
珠海	112.45	118.07	251.81	167.88	280.33	1.319
汕头	550.46	577.98	35.86	23.91	574.37	1.069
佛山	388.97	408.42	864.02	576.01	964.98	1.319
韶关	330.21	346.72	-111.86	-74.57	255.64	0.919
河源	366.41	384.73	-209.41	-139.61	226.8	0.773
梅州	543.79	570.98	-311.87	-207.91	335.88	0.771
惠州	357.07	374.92	156.85	104.57	461.64	1.152
汕尾	358.96	376.91	-189.52	-126.35	232.61	0.806
东莞	195.01	204.76	1665.06	1110.04	1305.05	1.433
中山	158.68	166.61	444.35	296.23	454.91	1.343
江门	391.41	410.98	80.26	53.51	444.92	1.104
阳江	292.12	306.73	-103.41	-68.94	223.18	0.911
湛江	822.96	864.11	-376.62	-251.08	571.88	0.852
茂名	785.84	825.13	-471.86	-314.57	471.27	0.75
肇庆	438.27	460.18	-134.43	-89.62	348.65	0.934
清远	418.51	439.44	-146.46	-97.64	320.87	0.913
潮州	272.8	286.44	-43.37	-28.91	243.89	0.997
揭阳	701.68	736.76	-366.79	-244.53	457.15	0.809
云浮	298.93	313.88	-162.14	-108.09	190.84	0.795
按经济区域分						
珠三角	3265.69	3428.97	8008.41	5338.94	8604.63	1.329
东翼	1883.9	1978.1	-563.82	-375.88	1508.02	0.938
西翼	1900.92	1995.97	-951.89	-634.59	1266.33	0.824
山区	1957.85	2055.74	-941.73	-627.82	1330.03	0.838

注：户籍人口来源于《广东统计年鉴（2016）》，户籍人口人均1.05部，是官方常住居民每百户耐用品拥有量的138.87%，外来流动人口人均1.5部，据此计算户籍人口和外来人口的手机拥有总数，总人口为实有人口数。

自 2014 年 1 月以来，广东全省移动用户数量并没有发生太大变化，年均保持在 1.5 亿用户左右的规模。前面推算的总人口大致相当于常住性人口，实际总人口大致与人均 1 个用户相对应。人均手机用户大于 1 的部分对应于流动性较强的外来人口、商旅人口及过路性人口之和。例如，课题组推算 2015 年广东全省常住性人口为 1.27 亿人，还有 18% 的流动人口、商旅人口和过路人口，其数量为 2300 万人。在全省流动较强的 2300 万人口中，深圳有 885 万人，广州有 736 万人，东莞有 565 万人。而人均手机用户小于 1 的部分则是对应于手机在本地而人则经常流动到其他地方，如茂名有 118 万此类人口。又如，中国电信江门分公司发布的《江门 2018 年春节大数据报告》显示[①]，2018 年春节期间约有 68 万人离开江门返乡过年。其中省内占 41.97%（28.54 万人），省外主要流向广西（占 14.34%，9.75 万人）、湖南（占 10.69%，7.27 万人）、四川（占 5.20%，3.754 万人）、江西（占 4.28%，2.91 万人）。虽然电信公司的市场占有率较小，但其推算结果还是有较大的参考价值。从江门全市移动电话用户数量来看，2017 年 12 月为 562.1 万户，较 2015 年 12 月的 491.24 万户增加了 70.86 万户，而同期广东省的增量仅增加 180 多万户。因此江门移动用户数量的大幅度增加并非外来流入人口增加，更多的应该是由于本地外出人口返乡就业及低年龄段及老年人口手机拥有量的增加所致，而外来人口增加所导致的用户增量因素则较小。该报告可能并未就节前返乡来推算外来人口。

二、基于移动用户的人口流动量测度

手机作为重要的通信工具，早期仅为高收入人群所拥有。由于外出人口的流动性强，因此其手机需求程度高于非外出人口，表现在人均手机拥有量上，外出人口会高于非外出人口。据调查，2007 年年末，全国外出农民工人均手机拥有量已经达到 0.9 部，高于其流入所在地户籍人口手机拥有量。从全国范围来看，15—64 岁人口是手机的主要拥有者，并以此为中心向高龄和低龄人口扩张。课题组首先将全国历年的移动用户总数，除以全国 15—64 岁人口总数，可得到历年流动人口的人均手机拥有量（见表 19-2 列 3）；将广东历年的移动用户总数除以历年流动人口的人均手机拥有量；由于广东经济比较发

---

① 中国电信江门分公司. 江门 2018 年春节大数据报告 [R]. http://www.jmtv.cn/news/a/f/2018-2-26/1519635910695.shtml.

达，常住人口中 0—10 岁人口手机拥有率极低，因此需要调整。最终估计结果如表 19-2 所示，2009 年广东估计实有人口高达 12498.52 万人，比 2008 年减少 985.63 万人，省外净流入人口 4132.54 万人。省外流入人口的大幅度减少与 2008 年金融危机导致农民工大规模返乡的事实高度吻合。2009—2011 年连续减少，但 2012—2013 年流入人口增加，这也与中西部地区经济增速放缓，大量人口再次流向广东相符合。与表 19-1 相比，2015 年两种方法估计的广东实有人口非常一致，具有较好的适用性。从估计的结果来看，广东省际人口流动规模变动相当之大，流动性仍旧相当强烈。

表 19-2 广东历年实有人口数量及其变动情况估计（2009—2015 年）

年份	移动用户（万户）	15—64 岁手机拥有率	初次估计（万人）	户籍人口（万人）	实有人口（万人）	人口变动（万人）	省外净流入人口（万人）
2009	8938.85	76.65%	11661.92	8365.98	12506.88	-993.8	4140.9
2010	9710.09	85.95%	11296.9	8521.55	12149.05	-357.83	3627.5
2011	10792.83	98.35%	10974.24	8637.19	11829.32	-319.74	3192.13
2012	12467.99	110.77%	11255.84	8635.89	12102.15	272.83	3466.26
2013	14706.06	122.20%	12034.41	8759.46	12884.08	781.92	4124.62
2014	14943.37	128.01%	11673.69	8886.88	12526.83	-357.24	3639.95
2015	15009.75	126.68%	11848.33	9008.38	12704.13	177.3	3695.75

注：移动用户数量和户籍人口来源于《广东统计年鉴（2016）》。

三、基于产出和从业人员占比的农村流出人口规模

蔡昉、王美艳（2014）的研究结果表明，官方统计高估农业劳动力的数量和比重。例如，2012 年中国农业劳动力占全国劳动力比重实际仅占 19.8%，远低于官方统计的 38.9%。他们指出，中国在 2004 年达到刘易斯转折点时，官方统计的农业劳动力比重为 46.9%，学者估算的数字只有 27.8%。按照学者估算的口径，2024 年中国农业劳动力比重应该下降到只有 7.8%。无论是实地调研还是学者们的估计，全国各地都存在农业劳动力比重高估的现象。自 2000 年以来，广东第一产业占全省 GDP 比重一直以来在 10% 以下，而第一产业从业人员占总从业人口比重却一直在 20% 以上，其中 2000 年占比竟然高达

39.9%，2015年占比仍旧有22.1%。调查发现，2008年之后官方统计公布的第一产业从业人员数量（官方数）乘以第一产业占GDP的比重才是真实的第一从业人员数量（估计数），而官方数与估计数之间的差额实际上是农村流出劳动力却依旧被记录为本地常住人口数量。

以2014年为例，全省总从业人员为6183.23万人，但第一产业占全省GDP比重仅为4.7%，因此农村从业人员实际也只占全部从业人员的4.7%左右，即290.61万人，农村流出的劳动力为1093.60万人（见图19-1）。2005年全省1%人口抽样调查时，广东流动人口为2756.25万人，推算外省流入劳动力为1464.40万人。此次调查官方公布的省外流动人口依然仅是登记的外来暂住人口，实际省外流入人口为4384万人，相比2005年年初省长透露的数据，比2004年年末只增加了180万人左右，相较2000—2004年的300万人以上的增量已大为减少。图19-1中2003年广东农村流出劳动力数量最多，随后逐年减少。国家卫计委2008年以来的流动人口调查表明，省内流动人口只占30%左右，70%是省外流动人口。以2014年为例，省内流动劳动力为1093.6万人，省外流动劳动力3645.49万人，即在实际就业的劳动力人口中，还有2/3的省外流入劳动力并没有统计在内，因此全省全社会实际从业的劳动力人数为8613.56万人，其中第一产业从业劳动力402.3万人。

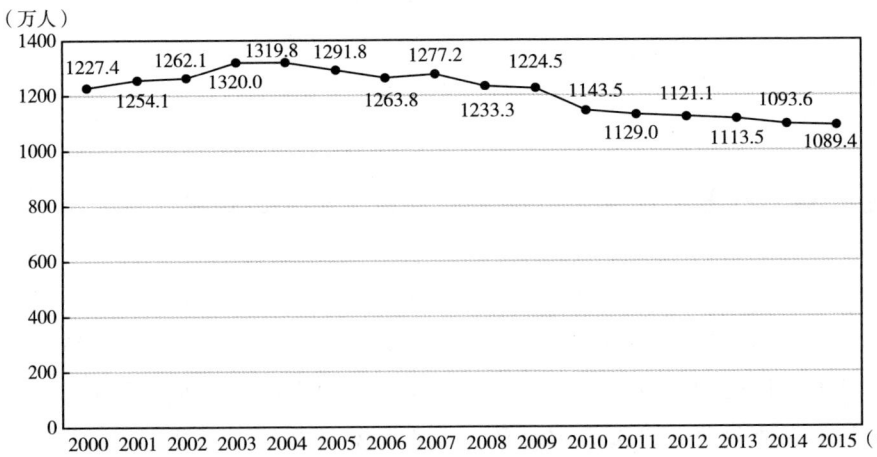

图19-1　广东历年第一产业流出劳动力数量（2000—2015年）

因此，需要将外省流入劳动力计算在全社会从业人员数当中，再次依据第一产业占全省GDP比重计算第一产业从业人员数。2003年之后，广东省内流动劳动力基本稳定，由于"民工荒"的出现，外省劳动力占流动劳动力的比重基本维持在 70% 左右。值得注意的是，虽然测算的广东省内流动劳动力 2003 年以来数量减少了，由于部分省内流动劳动力回流其家乡附近就业，农村劳动力非农就业比例反而提高了。图 19 - 2 中的估计结果表明，2003 年以来，省外流入劳动力逐年减少，2015 年相对于 2003 年省外劳动力流入量减少了 700 万人；但省外流入人口数量基本上保持在 4000 万人左右的规模，2007 年省外流入人口数量达到顶峰。出现这种情况的主要原因，是省外流入人口中非劳动力占比上升。例如，2013 年广东省人口变动抽样调查结果表明，2010—2013 年，广东 0—17 周岁流动人口增长率高达 3%，远高于同期常住人口 0.67% 的增幅。

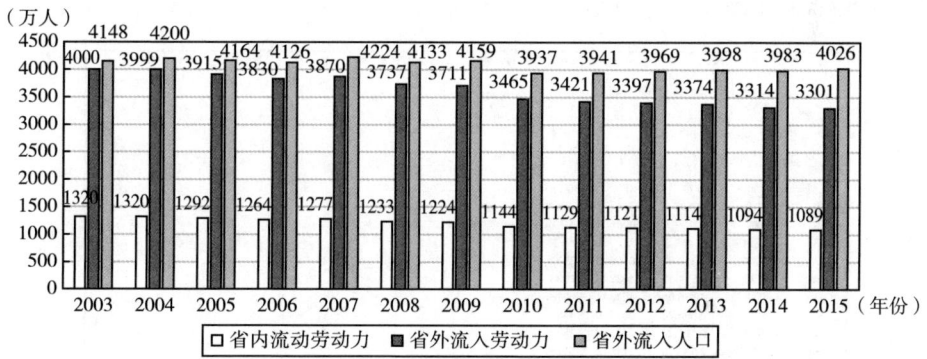

图 19 - 2　广东历年省外流入劳动力与人口数量 (2003—2015 年)

课题组的估计数据实际上与官方公布的数据高度吻合，所不同的是官方数据是逐年呈现增长态势，而课题组的估计数据却是始终保持在高位状态，但官方数据始终少于课题组的估计数据，这表明随着时间的变动，官方将更多的流动人口纳入了其常住人口范围。例如，2007 年以来，深圳、东莞、广州、佛山等外来人口大量流入城市，官方公布的常住人口数量逐年增加，但无论从劳动力市场还是从日常生活品消费量或是从交通总流量来看，这些与人口极为密切的指标并没有发生较大的变动，有些甚至绝对减小。图 19 - 2 的估计值与前面表 19 - 2 的估计值之间的差，可以用来衡量不同年份的省外流入人口的失业程度。例如，课题组推算 2014 年省外流入人口的失业率为 8.6%，2009 年失业率为 23.8%，这种失业率估计虽然比较粗糙，但也在一定程度上反映了不同年份的外省流入人口在广东就业难易程度。

第二节 广东跨省流入人口大数据推断

一、流入人口大数据初始表征流量

要计算广东跨省流入人口数量,只需要得到节前由广东流向全国各地的人口数量即可。但节前广东流出省外人口也包含一部分本省人口短期外出,因此必须尽可能地减少采样范围以将这一因素排除。课题组所归集的大数据采样表 PtopLineOut 中已经包含这些信息,对 PtopLineOut 数据表进行下述 SQL 查询操作,输出结果如图 19-3 所示。

```
1  SELECT province, name,to_char(sum(num),'99,999,999') as num0,sum("singleNum") as sNum0,to_char(sum(per)/
   2.4,'99.999%')  As per0
2  FROM public."PtopLineOut"
3  where province='广东'
4  group by province, name
5  order by num0  desc
6
```

province	name	num0	snum0	per0
广东	广西	22,533,59	2211773	25.389%
广东	湖南	20,259,33	2000600	23.023%
广东	江西	11,453,04	1152050	12.932%
广东	湖北	8,317,80	835988	9.392%
广东	四川	4,514,69	463344	5.102%
广东	河南	4,336,66	451246	4.692%
广东	贵州	2,886,74	281220	3.469%
广东	重庆	2,791,97	266344	3.254%
广东	福建	2,544,10	254919	3.052%
广东	安徽	888,405	76795	0.606%
广东	云南	400,50	51476	0.884%
广东	陕西	671	671	0.005%

图 19-3 2014 年春节前自广东流出的人口流量及流向(PtopLineOut 数据表查询)

查询得到节前广东人口流出目的地涵括全国 12 个省级单位。该查询可得到节前由广东流向全国各地排名前 10 名的省份,但输出结果排第 12 名的陕西流量只有 671,仅为排在第 10 名浙江的 0.076%,几乎可以忽略不计。由此表明,广东外省流入人口排前 10 名的省级区域节前返乡过年的流量非常稳定。从大数据归集的可表征人口流动流量的大小来看,节前广东人口流向最多的是广西,表征流量为 22533599,占节前广东流出总量的 25.39%。这说明广西是广东外省流动人口的主要来源地,且占到广东外省流入人口的 25% 左右。流向其余各省流出量大小排名位次为湖南、江西、湖北、四川、河南、贵州、重庆,表明广东外省流入人口主要来源于这些省市。12 省市占流出总量的 91.80%,推算采样期间广东流出总量为 88156382。

由于上述查询只能得到流出省份中流量为 TOP10 的省份，且该流量并不直接代表人口流量，而是系统所记录的可代表人口流量的无量纲数据。若广东节前流入该省人口占广东总流出人口比重较低，则不能被系统记录，但该省流入人口流量却在某时段内进入其流入排名前 10 名，从而会发生数据的漏计，因此还必须对数据表 PtopLineIn 进行下述 SQL 查询操作（见图 19-4）。

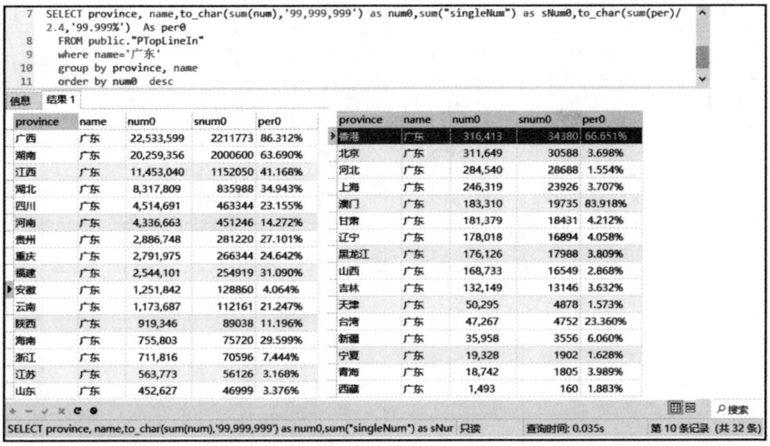

图 19-4　2014 年春节前各省来自广东流入的人口流量及流向（PtopLineIn 数据表查询）

第二次查询得到的省级单位扩展到 32 个，其中排名前 9 位的省份名次和流量与第一次查询完全相同。第二次查询涉及中国所有省级区域，这与广东全国最多人口流入省份地位相匹配（见表 19-3）。

表 19-3　　　　2014 年广东跨省人口流入流量大数据采样

第一次查询				第二次查询			
流出地	流向地	大数据采样流量	占流出地比重	流入地	流出地	大数据采样流量	占流入地比重
广东	广西	22533599	25.39%	广西	广东	22533599	86.31%
广东	湖南	20259356	23.02%	湖南	广东	20259356	63.69%
广东	江西	11453040	12.93%	江西	广东	11453040	41.17%
广东	湖北	8317809	9.39%	湖北	广东	8317809	34.94%
广东	四川	4514691	5.10%	四川	广东	4514691	23.16%
广东	河南	4336663	4.69%	河南	广东	4336663	14.27%
广东	贵州	2886748	3.47%	贵州	广东	2886748	27.10%

续表

第一次查询				第二次查询			
流出地	流向地	大数据采样流量	占流出地比重	流入地	流出地	大数据采样流量	占流入地比重
广东	重庆	2791975	3.25%	重庆	广东	2791975	24.64%
广东	福建	2544101	3.05%	福建	广东	2544101	31.09%
广东	安徽	888405	0.61%	安徽	广东	1251842	4.06%
广东	云南	400501	0.88%	云南	广东	1173687	21.25%
广东	陕西	671	0.01%	陕西	广东	919346	11.20%
广东	合计	80927559	91.80%	海南	广东	755803	29.60%
广东	全国	88156382	100.00%	浙江	广东	711816	7.44%
				江苏	广东	563773	3.17%
				山东	广东	452627	3.38%
				香港	广东	316413	66.65%
				北京	广东	311649	3.70%
				河北	广东	284540	1.55%
				上海	广东	246319	3.71%
				澳门	广东	183310	83.92%
				甘肃	广东	181379	4.21%
				辽宁	广东	178018	4.06%
				黑龙江	广东	176126	3.81%
				山西	广东	168733	2.87%
				吉林	广东	132149	3.63%
				天津	广东	50295	1.57%
				台湾	广东	47267	23.36%
				新疆	广东	35958	6.06%
				宁夏	广东	19328	1.63%
				青海	广东	18742	3.99%
				西藏	广东	1493	1.88%
				残值	广东	337787	—
				全国	广东	88156382	—

二、由大数据表征流量到人口流入量及流向测度

在前面的分析中，2014年广东省净流入人口为3639.95万人。在大数据采样中，若能得到采样期内流入总量和流出总量，则根据人口净流入量就可以推算流出人口和流入人口。特别需要注意的是，大数据采样期内流入总量对应的是广东本省人口跨省流出，而流出总量则对应广东外省流入人口。通过查询计算，大数据采样期内流入总量为9806775，流出总量为88156382，净流出量为78349607。由于净流出量对应于3639.95万人净流入人口，推算2014年广东外省流入人口总量为4095.55万人，同期广东省际流出人口为455.60万人。因此，只要计算出节前流出量占流出量的比重，再乘以广东省外流入人口总量，就可以得到各省2014年流入广东的人口数量，如表19-4所示。

表19-4　　2014年广东跨省人口流入来源地及数量

来源地	人口大数据采样流量	占来源地比重	占广东流入比重*	占广东流入比重**	流入人口（万人）	来源地流出人口（万人）
广西	22533599	86.31%	25.39%	25.56%	1046.86	1212.88
湖南	20259356	63.69%	23.02%	22.98%	941.21	1477.79
江西	11453040	41.17%	12.93%	12.99%	532.08	1292.47
湖北	8317809	34.94%	9.39%	9.44%	386.43	1105.88
四川	4514691	23.16%	5.10%	5.12%	209.74	905.82
河南	4336663	14.27%	4.69%	4.92%	201.47	1411.66
贵州	2886748	27.10%	3.47%	3.27%	134.11	494.86
重庆	2791975	24.64%	3.25%	3.17%	129.71	526.37
福建	2544101	31.09%	3.05%	2.89%	118.19	380.17
安徽	1251842	4.06%	0.61%	1.42%	58.16	1431.05
云南	1173687	21.25%	0.88%	1.33%	54.53	256.63
陕西	919346	11.20%	0.01%	1.04%	42.71	381.48
海南	755803	29.60%	—	0.86%	35.11	118.63
浙江	711816	7.44%	—	0.81%	33.07	444.24
江苏	563773	3.17%	—	0.64%	26.19	826.76
山东	452627	3.38%	—	0.51%	21.03	622.87
香港	316413	66.65%	—	0.36%	14.7	22.05

续表

来源地	人口大数据采样流量	占来源地比重	占广东流入比重*	占广东流入比重**	流入人口（万人）	来源地流出人口（万人）
北京	311649	3.70%	—	0.35%	14.48	391.52
河北	284540	1.55%	—	0.32%	13.22	850.65
上海	246319	3.71%	—	0.28%	11.44	308.7
澳门	183310	83.92%	—	0.21%	8.52	10.15
甘肃	181379	4.21%	—	0.21%	8.43	200.06
辽宁	178018	4.06%	—	0.20%	8.27	203.8
黑龙江	176126	3.81%	—	0.20%	8.18	214.82
山西	168733	2.87%	—	0.19%	7.84	273.33
吉林	132149	3.63%	—	0.15%	6.14	169.03
天津	50295	1.57%	—	0.06%	2.34	148.54
台湾	47267	23.36%	—	0.05%	2.2	9.4
新疆	35958	6.06%	—	0.04%	1.67	27.57
宁夏	19328	1.63%	—	0.02%	0.9	55.16
青海	18742	3.99%	—	0.02%	0.87	21.83
西藏	1493	1.88%	—	0	0.07	3.68
残值	337787	—	—	0.38%	15.69	—
全国	88156382	—	—	100.00%	4095.55	15799.85

注：占广东流入人口比重*为第一次查询直接得到，而占广东流入人口比重**则为推算得到的结果。

从表19-4中可以看出，广东省外流入人口主要来自广西、湖南、江西、湖北、四川、河南等劳动力丰富的省区，六省区占广东省外流入数量的81.01%，流入人口3317.79万人。来自广西的外来流动人口高达1046.86万人（列6），占广西区外流动人口的86.31%（列3），占广东省外流入人口比重为25.56%（列5），意味着广东省外流入人口中，每四个人当中就有一个广西人，反推出广西跨省流出人口数量为1212.88万人（列7）。全国跨省流出人口15799.85万人，北京、上海、天津三个直辖市的人口流出似乎超乎常理，考虑到很多河北人常住北京之后依旧在节前回老家过年，京津人口的流出量就在情理之中了。京津的人口流出量实际是外来于河北的常住人口节前短期迁徙，而上海则是外来于苏浙的常住人口节前短期迁徙，该流量与官方公布的外来常住人口相比，可测量外来常住人口本地化的稳定程度。

三、2010年以来广东外省人口流入变化

2010年"六普"数据显示（见图19-5），广东跨省流入的2149.78万人口中，其中来自湖南籍人口为460.21万人，占广东外来人口21.41%，居外省流入量第1位。其次是广西（16.54%）、四川（12.10%）、湖北（10.86%）、江西（8.70%），TOP5占广东外来人口总量的69.62%。实际上，"六普"中广东的外来人口仅是指办理了暂住登记证的外省人口，而本省办证率是非常低的。至2010年，广东办理了暂住登记的外省人口占实际人口的50%左右，相比于2000年"五普"时30%的办证率已有很大提高。以四川为例，四川省统计局发布的报告显示，2010年跨省流出1050.55万人，其中36.88%的跨省外出人口流向了广东，即387.44万人，而全国汇总的广东外来人口中来自四川的只有260.23万人，只有四川方面的67.17%，再算上非常年性流动人口，这一比例很快就下降到50%左右。再以安徽为例，仅安徽省卫计委流动人口计生服务管理处掌握的广东皖籍流动

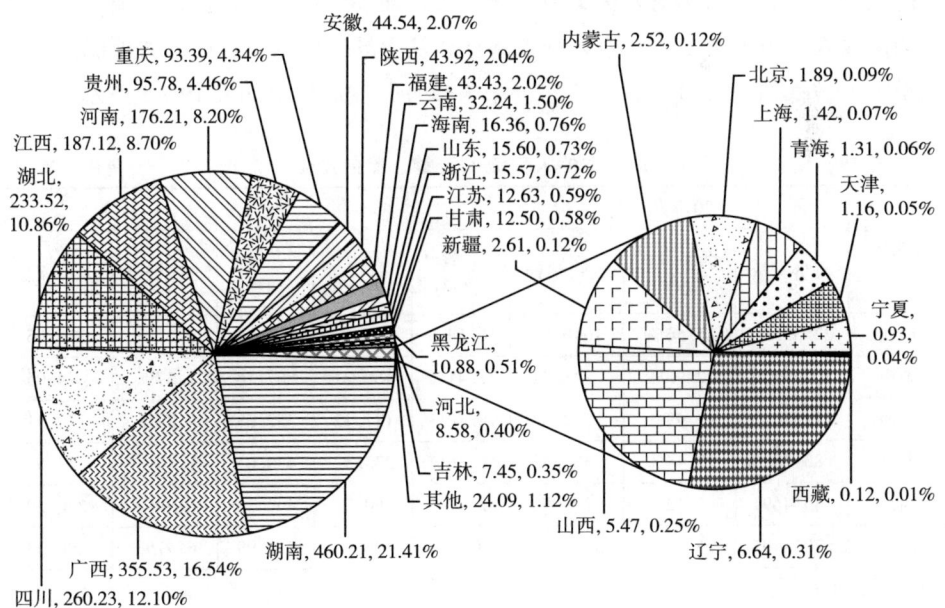

图19-5　广东跨省流入人口流量及来源地百分比构成（2010年"六普"）

人口就有85万人[①]。其他各省流向广东的实际人口数量应是普查数量的2倍或更多。

在前面的分析中，课题组测定了2010年广东省外净流入人口为3627.50万人。根据户籍人口、外来人口变动情况，课题组推算出2010年广东省际流出人口为423.20万人，从而得出同期省际流入人口为4050.70万人。与2010年"六普"相比，广东省外流入人口累计增加了44.85万人。2010年，广东实际省外流入人口比政府公布的半年以上流入人口多1900.92万人，大量流动人口依旧没有被纳入统计之中。由于课题组将"六普"各省占广东流入人口比重固定，测算得到的2010年以来人口流量的变化存在较大的误差。例如，2014年广西占广东外来流动人口比重竟然上升了9.02个百分点，由于广东外来人口数量巨大，出现这种情况的可能极低，究其原因是2010年"六普"时广东严重低估了来自广西的流入量，江西的情况也是如此。但湖南占比却变化不同，湖南与广西、江西的不同之处在于，广西与广东西部多地相邻，且地形多为丘陵地带，而湖南与广东交界线短于广西和江西，且交界之处地形险要，江西与广东交界线长度和地形介于广西和湖南之间。2010年第六次人口普查时，由于湖南人较广西、江西两地人更集中于珠三角，漏计的可能性较低，而很多流入粤西的广西人和流入粤东的江西人则被漏计，从而导致广西、江西占省外流入人口比重大大被低估。2010年以来广东外来人口及其变动情况如表19-5所示。

表19-5　　　　广东省外人口流入流量、流向变化　　　　单位：万人

来源地	2014年			2010年			新变化	
	流量当量	占总流量比重	人口估计	"六普"比重	"六普"数据	"六普"调整	占比变动	人口流量
广西	22533599	25.56%	1046.86	16.54%	355.53	669.91	9.02%	376.95
湖南	20259356	22.98%	941.21	21.41%	460.21	867.16	1.57%	74.05
江西	11453040	12.99%	532.08	8.70%	187.12	352.58	4.29%	179.51
湖北	8317809	9.44%	386.43	10.86%	233.52	440.01	-1.43%	-53.59
四川	4514691	5.12%	209.74	12.10%	260.23	490.33	-6.98%	-280.59
TOP5	67078495	76.09%	3116.32	69.62%	1496.62	2819.99	6.47%	296.33

---

① 参见：中安在线安徽新闻（2016-09-06）》广东85万人皖籍流动人口将更好享受卫生计生均等化服务［OL］. http://www.sohu.com/a/113654731_114967. 推测应为2016年以前的数据，而安徽流出人口在2008年之后由广东向长三角转移，因此2010年安徽流向广东的人口应高于85万。

续表

来源地	2014年			2010年			新变化	
	流量当量	占总流量比重	人口估计	"六普"比重	"六普"数据	"六普"调整	占比变动	人口流量
河南	4336663	4.92%	201.47	8.20%	176.21	332.03	-3.28%	-130.56
贵州	2886748	3.27%	134.11	4.46%	95.78	180.47	-1.18%	-46.36
重庆	2791975	3.17%	129.71	4.34%	93.39	175.97	-1.18%	-46.26
福建	2544101	2.89%	118.19	2.02%	43.43	81.83	0.87%	36.37
安徽	1251842	1.42%	58.16	2.07%	44.54	83.92	-0.65%	-25.76
TOP6—10	13811329	15.67%	641.64	21.11%	453.84	855.15	-5.44%	-213.5
云南	1173687	1.33%	54.53	1.50%	32.24	60.74	-0.17%	-6.21
陕西	919346	1.04%	42.71	2.04%	43.92	82.76	-1.00%	-40.05
海南	755803	0.86%	35.11	0.76%	16.36	30.83	0.10%	4.28
浙江	711816	0.81%	33.07	0.72%	15.57	29.34	0.08%	3.73
江苏	563773	0.64%	26.19	0.59%	12.63	23.8	0.05%	2.4
山东	452627	0.51%	21.03	0.73%	15.6	29.4	-0.21%	-8.37
香港	316413	0.36%	14.7	—	—	—	—	—
北京	311649	0.35%	14.48	0.09%	1.89	3.56	0.27%	10.91
河北	284540	0.32%	13.22	0.40%	8.58	16.17	-0.08%	-2.95
上海	246319	0.28%	11.44	0.07%	1.42	2.68	0.21%	8.77
澳门	183310	0.21%	8.52	—	—	—	—	—
甘肃	181379	0.21%	8.43	0.58%	12.5	23.55	-0.38%	-15.12
辽宁	178018	0.20%	8.27	0.31%	6.64	12.52	-0.11%	-4.25
黑龙江	176126	0.20%	8.18	0.51%	10.88	20.5	-0.31%	-12.32
山西	168733	0.19%	7.84	0.25%	5.47	10.31	-0.06%	-2.47
吉林	132149	0.15%	6.14	0.35%	7.45	14.03	-0.20%	-7.89
天津	50295	0.06%	2.34	0.05%	1.16	2.19	0	0.15
台湾	47267	0.05%	2.2	—	—	—	—	—
新疆	35958	0.04%	1.67	0.12%	2.61	4.92	-0.08%	-3.25
宁夏	19328	0.02%	0.9	0.04%	0.93	1.76	-0.02%	-0.86
青海	18742	0.02%	0.87	0.06%	1.31	2.47	-0.04%	-1.6
西藏	1493	0	0.07	0.01%	0.12	0.23		-0.16
残值	337787	0.38%	15.69	—	—	—		
全国	88156382	100.00%	4095.55	100.00%	2149.78	4050.7	0	44.85

注：2010年省外流入排名前五（TOP5）是湖南、广西、四川、湖北、江西五省区，而TOP10是指TOP5加河南、贵州、重庆、安徽、陕西五省市。2014年省外流入前五和前十已经发生了很大的变化。

另外，由于四川人、河南人远道流入广东，两地人为追求工作的稳定性，他们更多地从事制造行业或流动性较弱的岗位（如城市清洁等），表现在办理暂住证时更为积极，在人口普查时也更容易被纳入统计对象，因此四川、河南人占比存在一定程度的高估。流入 TOP5 省市没有变化，但位次发生了变化：湖南退居第 2 位，四川退居第 5 位。流入 TOP10 福建上榜，陕西退榜。由于福建人在广东从事经商、投资等第三产业占比较高，因而人口普查时往往会被低估，因此福建进入 TOP10 在情理之中，并非 2010 年以来流入增长所致。根据课题组的研究，自 2010 年以来，外来流入人口湖南人增加最多，其次是广西，湖北和江西分居第 3、第 4 位，湘桂赣三省具与广东毗邻，两湖因武广高铁而导致联系增强；流入人口减少最多的是四川，其次是河南，重庆、贵州、安徽位居减少排名第 3 至第 4，四川和重庆近年来经济增速相对广东而言较高，吸引了大量外出人口回流，河南、安徽经济增长速度亦非常可观，大量产业转移带动了人口转移。尽管如此，表 19-5 也能得出大致相同的趋势判断，即广东与周边省份的人口联系增强了，区域一体化程度加深，而距离较远的中西部地区则因产业转移导致人口回流和转移，流入广东的人口减少。

四、广东省外来人口构成快速查询

在后续的分析中，课题组以编程的形式直接得到广东人口来源地构成（见图 19-6）。结果显示，在广东省外来人口中，广西位居第 1，占 25.659%；其次是湖南占 23.070%；江西居第 3，占 13.042%。自西至东三个相邻省区占广东外来人口的 61.77%。处在京广大动脉的湖北居广东外来人口第 4 位，占广东外来人口总数的 9.472%。人口流出大省四川和河南占广东外来人口的第 5、第 6 位。人口流出规模较大的贵州和重庆也占据重要地位。福建虽然与广东相邻，但其仅将广东外来人口的第 9 位。

快速查询忽略了人口流出或流入排在第 10 名之后的省区，但广东外来人口规模大，且相对集中，因此这种忽略并不对最终计算结果带来较大的影响，而人口来源地百分比构成的影响更微小。大数据推算结果显示，广西居广东外来人口之首，而非大数据结果则是湖南居广东外来人口第 1 位。课题组认为，很可能是两广相邻区域的人口流动并没有纳入传统流动人口测量采样之中，因此在一定程度上低估了来自广西的人口流入。在传统人口流动测度的采样中，

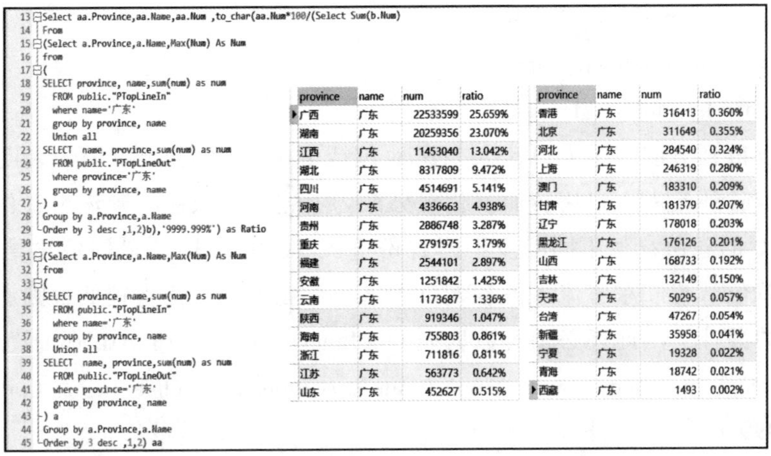

```
Select aa.Province,aa.Name,aa.Num ,to_char(aa.Num*100/(Select Sum(b.Num)
From
(Select a.Province,a.Name,Max(Num) As Num
from
(
SELECT province, name,sum(num) as num
  FROM public."PTopLineIn"
  where name='广东'
  group by province, name
  Union all
SELECT  name, province,sum(num) as num
  FROM public."PTopLineOut"
  where province='广东'
  group by province, name
) a
Group by a.Province,a.Name
Order by 3 desc ,1,2)b),'9999.999%') as Ratio
From
(Select a.Province,a.Name,Max(Num) As Num
from
(
SELECT province, name,sum(num) as num
  FROM public."PTopLineIn"
  where name='广东'
  group by province, name
  Union all
SELECT  name, province,sum(num) as num
  FROM public."PTopLineOut"
  where province='广东'
  group by province, name
) a
Group by a.Province,a.Name
Order by 3 desc ,1,2) aa
```

province	name	num	ratio
广西	广东	22533599	25.659%
湖南	广东	20259356	23.070%
江西	广东	11453040	13.042%
湖北	广东	8317809	9.472%
四川	广东	4514691	5.141%
河南	广东	4336663	4.938%
贵州	广东	2886748	3.287%
重庆	广东	2791975	3.179%
福建	广东	2544101	2.897%
安徽	广东	1251842	1.425%
云南	广东	1173687	1.336%
陕西	广东	919346	1.047%
海南	广东	755803	0.861%
浙江	广东	711816	0.811%
江苏	广东	563773	0.642%
山东	广东	452627	0.515%

province	name	num	ratio
香港	广东	316413	0.360%
北京	广东	311649	0.355%
河北	广东	284540	0.324%
上海	广东	246319	0.280%
澳门	广东	183310	0.209%
甘肃	广东	181379	0.207%
辽宁	广东	178018	0.203%
黑龙江	广东	176126	0.201%
山西	广东	168733	0.192%
吉林	广东	132149	0.150%
天津	广东	50295	0.057%
台湾	广东	47267	0.054%
新疆	广东	35958	0.041%
宁夏	广东	19328	0.022%
青海	广东	18742	0.021%
西藏	广东	1493	0.002%

图 19－6 广东省外来人口省份来源百分比构成（2014 年人口流动大数据）

两广相邻区域数据样本占全省的总样本几乎可以忽略不计，而大数据则在很大程度上将边境区域的人口流动纳入了数据采集范围。20 世纪 90 年代，几乎九成以上的湖南外出人口流动到广东，而 2003 年以来，湖南外出人口向东流入长三角，往北流向湖北和北京，而流动到广东的人口占湖南外出总人口的比重已经下降到七成以下。反观广西，其外出人口九成以上流向广东并保持稳定。因此，虽然广西外出人口占广东外来人口比重超过湖南居第 1 位，但湖南外出人口总量却一直以来都大于广西。其根源是湖南户籍人口总量远多于广西。20 世纪 90 年代，川渝两地占广东外来人口甚至超过湖南，但近年来川渝两地占广东外来人口比重持续下降，特别是 2008 年以来，川渝两地外出人口返乡规模较大，不少原来流动到广东的川渝劳动力返乡。

第三节　广东跨省流出人口大数据推断

一、流出人口大数据初始表征流量

对数据表 PtopLineIn 进行下述 SQL 查询操作：

SELECT province，name，sum（num）as num0，to_char（sum（per)/2.4，‘9999.999%’） As per0

FROM public. “PTopLineIn”

```
where province = '广东'
group by province, name
order by num0  desc
```

可以得到节前广东人口流入来源地包括全国 15 个省级单位，表明广东流出人口与省外流入人口比较而言相对分散。上述查询只能得到流出省份中流量为 TOP10 的省份，但不同时段不同省份进入 TOP10，因此最终输出结果有 15 个省级单位。若广东省流入该省人口占该省总流入人口比重较低，则有可能发生数据的漏计，因此还必须对数据表 PtopLineOut 进行下述 SQL 查询操作：

```
SELECT province, name, sum (num) as num0, to_char (sum (per)/2.4,
'9999.999%') As per0
FROM public. "PTopLineOut"
where name = '广东'
group by province, name
order by num0  desc
```

第一次查询除了防止大数据表征的人口流量被漏计外，另一个重要的功能是计算出大数据表征人口的总流量。在原始数据中，为简化计算，系统只记录不同时段流入或流入排名前 10 名的省级区域，因此需要计算总流量。第一次查询中共记录了 15 个省级区域流向广东的流入量，其流量合计占全省流入总量的 68.87%，推算出全省总流入量为 9806775；第二次查询共记录了 29 个省级区域的流入量，最大限度地解决了数据漏计的问题。两次查询输出结果如表 19 – 6 所示。

表 19 – 6　　　　　　　广东人口流出的初始表征量

第一次查询				第二次查询				
流入地	流出地	大数据采样流量	占广东流入量比重	序号	流出地	流入地	大数据采样流量	占流出地流量比重
广东	广西	1548691	16.03%	1	广西	广东	1548691	33.07%
广东	湖南	1057237	10.70%	2	湖南	广东	1057237	18.80%
广东	福建	708278	7.34%	3	福建	广东	708278	6.82%
广东	江西	653305	6.54%	4	江西	广东	653305	15.06%
广东	浙江	525571	5.43%	5	湖北	广东	524251	7.91%
广东	湖北	524251	5.08%	6	海南	广东	520812	30.42%

续表

第一次查询				序号	第二次查询			
流入地	流出地	大数据采样流量	占广东流入量比重		流出地	流入地	大数据采样流量	占流出地流量比重
广东	海南	520812	5.26%	7	河南	广东	394625	4.53%
广东	北京	337275	3.31%	8	四川	广东	370225	4.80%
广东	上海	276695	2.88%	9	香港	广东	268036	92.03%
广东	河南	235581	2.09%	10	贵州	广东	245063	4.69%
广东	江苏	180484	1.93%	11	重庆	广东	221350	3.45%
广东	四川	146466	1.32%	12	云南	广东	197200	4.11%
广东	香港	36168	0.82%	13	澳门	广东	197175	95.68%
广东	澳门	3011	0.14%	14	安徽	广东	102093	1.78%
广东	山东	199	0.02%	15	黑龙江	广东	70817	3.46%
广东	合计	6754024	68.87%	16	吉林	广东	46057	2.01%
广东	其他	3052751	31.13%	17	青海	广东	15798	1.86%
广东	全国	9806775	100.00%	18	辽宁	广东	12026	0.65%
				19	山东	广东	9080	0.39%
				20	陕西	广东	8050	0.45%
				21	新疆	广东	3186	0.41%
				22	甘肃	广东	2687	0.30%
				23	上海	广东	1891	0.05%
				24	北京	广东	1823	0.04%
				25	台湾	广东	1561	19.22%
				26	山西	广东	1004	0.08%
				27	西藏	广东	178	0.16%
				28	天津	广东	93	0.02%
				29	宁夏	广东	61	0.03%
				30	合计	广东	7182653	—
				31	残值	广东	2624122	—

二、由大数据表征流量到人口流量、流向测度

需要特别注意的是，节前由外省流向广东的流量对应于广东流出人口流量

而不是相反。将两次查询结果合并，取大值新值之后，最后形成表19-7。将各省节前回流量除以总流量，再乘以跨省总流出人口，就可以得到2014年广东人口跨省流出各个流向的实际人口流量。在前面的推算中，2014年广东流出人口为455.60万人。从大数据推断的结果来看，2014年广东流向广西71.95万人（列5），占跨省外出总量的15.79%（列4），居第1位；流向湖南49.12万人，占跨省外出总量的10.78%，居全省第2位；流向福建32.90万人，占跨省外出总量的7.22%，居全省第3位。流向五大目的地TOP5合计208.74万人，占跨省外出总量的45.82%。最后一列（列6）根据流入广东的流量反推广东跨省流出目的地省份的跨省外来人口估计，其结果与我国跨省外出人口的数量基本一致。值得注意的是，表19-7所测算的广东跨省流出人口中，包含一部分外省人口的逆向流动，实际属于广东本省户籍的常住性人口流出约占50%。

表19-7　　2014年广东跨省人口流动流量、流向的大数据推断

流向	大数据表征流量	占流出地比重	占广东流出人口比重	人口流出量（万人）	广东流出目的地外来人口（万人）
广西	1548691	33.07%	15.79%	71.95	217.58
湖南	1057237	18.80%	10.78%	49.12	261.32
福建	708278	6.82%	7.22%	32.9	482.41
江西	653305	15.06%	6.66%	30.35	201.51
浙江	525571	—	5.36%	24.42	—
TOP5	4493082	—	45.82%	208.74	1162.81
湖北	524251	7.91%	5.35%	24.36	307.99
海南	520812	30.42%	5.31%	24.2	79.53
河南	394625	4.53%	4.02%	18.33	404.53
北京	337275	—	3.44%	15.67	—
上海	276695	—	2.82%	12.85	—
TOP6—10	2053658	—	20.94%	95.41	792.05
四川	370225	4.80%	3.78%	17.2	358.63
香港	268036	92.03%	2.73%	12.45	13.53
贵州	245063	4.69%	2.50%	11.39	242.7
河南	235581	—	2.40%	10.94	—
重庆	221350	3.45%	2.26%	10.28	297.72

续表

流向	大数据表征流量	占流出地比重	占广东流出人口比重	人口流出量（万人）	广东流出目的地外来人口（万人）
云南	197200	4.11%	2.01%	9.16	222.96
澳门	197175	95.68%	2.01%	9.16	9.57
江苏	180484	—	1.84%	8.38	—
安徽	102093	1.78%	1.04%	4.74	266.16
黑龙江	70817	3.46%	0.72%	3.29	95.17
吉林	46057	2.01%	0.47%	2.14	106.4
青海	15798	1.86%	0.16%	0.73	39.42
辽宁	12026	0.65%	0.12%	0.56	86.22
山东	9080	0.39%	0.09%	0.42	108.16
陕西	8050	0.45%	0.08%	0.37	84.04
新疆	3186	0.41%	0.03%	0.15	36.37
甘肃	2687	0.30%	0.03%	0.12	41.75
台湾	1561	19.22%	0.02%	0.07	0.38
山西	1004	0.08%	0.01%	0.05	59.8
西藏	178	0.16%	0.00%	0.01	5.34
天津	93	0.02%	0.00%	0	24
宁夏	61	0.03%	0.00%	0	10.5
误差	1072230	—	10.93%	49.81	
全国	9806775	—	100.00%	455.6	4063.68

三、人口流出流量、流向变化测度和比较分析

2010年"六普"数据显示（见图19-7），广东全省流出人口为88.06万人，其中流向广西最多，其次是海南，上海居第3位，北京居第4位。与跨省流入一样，广东跨省流出也存在较大的低估，实际流出人口是普查数的2倍以上。加上商旅性流出人口，在某时点上广东以外的粤籍人口应是普查数的4倍以上。而普查数据则是常年性流动在广东以外，仅户籍尚未迁移。

利用前面的研究结果，课题组推算出2010年广东流出省外人口423.20万人（含商旅性流出），2014年年末跨省流出人口总量增加32.40万人（见表19-8）。在2014年广东跨省流出人口中，流向排名前5位的分别是广西、湖南、福建、

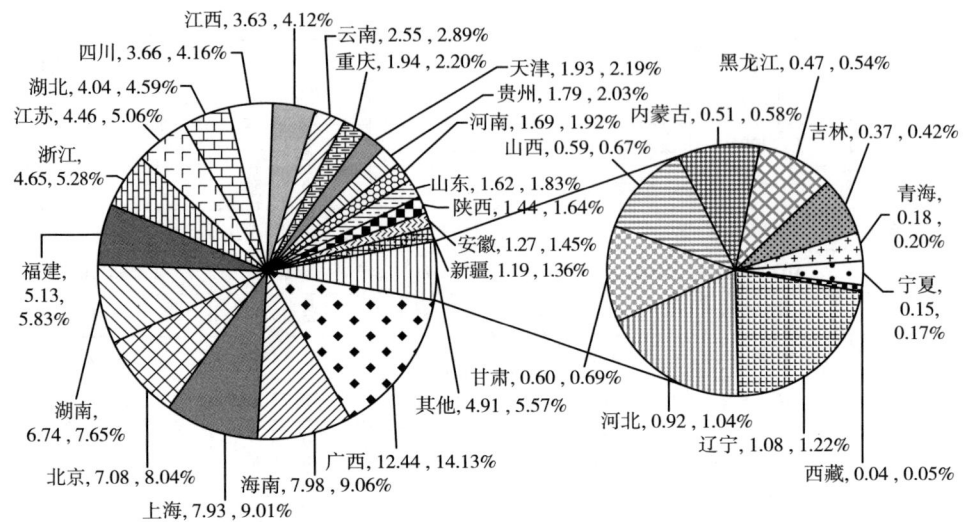

图 19-7 广东跨省流出人口流量及百分比构成（2010 年"六普"数据）

江西和浙江，而 2010 年排名前 5 位的是广西、海南、上海、北京、湖南，仅广西和湖南留在流出目的地前 5 位，其中流向湖南的广东人增加 16.75 万人，其次流向江西的广东人增加 12.92 万人排增量第 2 位，流向广西的广东人增加 12.17 万人。海南、北京和上海退出 TOP5，其中海南由第 2 位退居第 7 位，流出减少 14.14 万人；北京由第 4 位退居第 9 位，流出减少 18.35 万人；上海由第 3 位退居第 10 位，流出减少 25.28 万人，居减幅排行第 1 位。四川和江苏退出流出目的地排行 TOP10，江西则由第 11 位进至第 4 位，浙江由第 6 位进至第 5 位，四川由第 10 位退至第 11 位，江苏由第 8 位退至第 15 位，流出减少 13.04 万人。流向河南的广东人增加 10.22 万，流向湖北的广东人增加 4.94 万人，豫鄂两省

表 19-8　　　　　广东跨省人口流出流量、流向变化　　　　　单位：万人

流向	2014 年大数据推断		2010 年			流量变化	
	大数据占比	人口流出	"六普"占比	"六普"流出	调整流出	人口变化	占比变化
广西	15.79%	71.95	14.13%	12.44	59.78	12.17	1.67%
湖南	10.78%	49.12	7.65%	6.74	32.37	16.75	3.13%
福建	7.22%	32.9	5.83%	5.13	24.65	8.25	1.40%
江西	6.66%	30.35	4.12%	3.63	17.43	12.92	2.54%
浙江	5.36%	24.42	5.28%	4.65	22.36	2.06	0.08%

续表

流向	2014年大数据推断		2010年			流量变化	
	大数据占比	人口流出	"六普"占比	"六普"流出	调整流出	人口变化	占比变化
TOP5	45.82%	208.74	47.88%	42.16	202.63	6.1	-2.07%
湖北	5.35%	24.36	4.59%	4.04	19.42	4.94	0.76%
海南	5.31%	24.2	9.06%	7.98	38.33	-14.14	-3.75%
河南	4.02%	18.33	1.92%	1.69	8.12	10.22	2.11%
北京	3.44%	15.67	8.04%	7.08	34.02	-18.35	-4.60%
上海	2.82%	12.85	9.01%	7.93	38.13	-25.28	-6.19%
TOP6—10	20.94%	95.41	24.92%	21.94	105.45	-10.05	-3.98%
四川	3.78%	17.2	4.16%	3.66	17.6	-0.4	-0.38%
贵州	2.50%	11.39	2.03%	1.79	8.61	2.78	0.47%
重庆	2.26%	10.28	2.20%	1.94	9.32	0.96	0.05%
云南	2.01%	9.16	2.89%	2.55	12.24	-3.08	-0.88%
江苏	1.84%	8.38	5.06%	4.46	21.43	-13.04	-3.22%
安徽	1.04%	4.74	1.45%	1.27	6.12	-1.38	-0.41%
黑龙江	0.72%	3.29	0.54%	0.47	2.28	1.01	0.18%
吉林	0.47%	2.14	0.42%	0.37	1.76	0.38	0.05%
青海	0.16%	0.73	0.20%	0.18	0.87	-0.13	-0.04%
辽宁	0.12%	0.56	1.22%	1.08	5.17	-4.61	-1.10%
山东	0.09%	0.42	1.83%	1.62	7.76	-7.34	-1.74%
陕西	0.08%	0.37	1.64%	1.44	6.94	-6.57	-1.56%
新疆	0.03%	0.15	1.36%	1.19	5.73	-5.59	-1.32%
甘肃	0.03%	0.12	0.69%	0.6	2.9	-2.78	-0.66%
山西	0.01%	0.05	0.67%	0.59	2.83	-2.78	-0.66%
西藏	0	0.01	0.05%	0.04	0.2	-0.19	-0.05%
天津	0	0	2.19%	1.93	9.26	-9.25	-2.19%
宁夏	0	0	0.17%	0.15	0.72	-0.72	-0.17%
误差	10.93%	49.81	—	—	—	—	—
全国	100.00%	455.6	100.00%	88.06	423.2	32.4	0
桂湘赣闽	40.46%	184.32	31.72%	27.93	134.23	50.09	8.74%
泛珠三角	54.05%	246.26	49.86%	43.91	211.02	35.25	4.19%
京广沿线	20.15%	91.81	14.15%	12.46	59.9	31.91	6.00%

注：2010年流出省外排名前五（TOP5）是广西、海南、上海、北京、湖南五省区市，而TOP10是指TOP5加福建、浙江、江苏、湖北、四川五省。

皆为京广高铁沿线。总体而言，流向桂湘赣闽相邻四省人口增加明显，区域一体化程度加深；泛珠三角八省占据一半以上的人口流量；京广沿线的湘鄂豫三省也是广东人流出的重要目的地，人口流量增加 31.91 万人。

2010 年全国第六次人口普查结果显示，广东流出人口仅 88.06 万人，比课题组推算的少 335.14 万人。原因是广东流出人口中，务工人口所占比重较小，而经商人口占比较高，求学人口也占有一定的比重，因此在"六普"时经商、求学等非务工性流动人口被统计的可能性较低，从而造成较大的误差。但以"六普"各省所占比重来测度流向流量的变化是合适的，不存在严重低估的现象，流量变化较大的上海、北京和海南与事实高度吻合，京沪产业转移、人口控制和距离较远是人口流量减少的主因，而流向海南的人口回流则归因于产业单一而缺乏竞争力。

四、广东流动人口的相关对策建议

大约 2000 年前后，广东实际人口就已经超过 1 亿人，从而成为我国人口最多的省份。虽然官方公布的跨省流入人口数据仅是办理暂住证的外省流入人口，但广东省公安部门所掌握的人口数据无疑是最为准确的，遗憾的是这种数据并不容易获得。时至今日，虽然可以通过大数据分析得到较为准确的人口流动数据，但若能获得公安部门的数据加以佐证，无疑会大大提高最终结果的准确性和权威性。最新颁发的《广东省促进大数据发展行动计划（2016—2020 年）》将加快大数据基础设施建设，推动资源整合和政府数据开放共享作为全省未来推动大数据发展的重点任务。课题组认为，首先，人口流动大数据是政务大数据基础平台、社会大数据公共服务平台和更高水平的大数据研究创新平台上的基础性和关键性子平台。因此，人口及其流动大数据涉及多个平台建设，各平台数据共建、共享变得极为重要。其次，人口及其流动大数据绝非仅是人口管理部门的数据开放和共享，任何与人口流动相关的人类活动都有可能成为完善人口大数据的重要子系统，因此基础平台必须采用高度开放性系统设计，以便随时接入新的数据源。最后，现有的人口大数据更多地散见于各种非官方系统，如移动公司、腾讯公司和百度公司等私营性质的公司。不少人认为，网络搜取、文本挖掘、自愿提供、有偿购买、传感采集等方式是数据采集的主要渠道，而实际上，很多可用于人口流动大数据完全可以依靠系统自行采集，而不需要复杂的数据挖掘。令人惋惜的是，很多数据并没有被记录而是当成数据垃圾丢弃掉，因此必须通过重设人口大数据采集指标，以便相关私营公司仅通过极小的代码改动和极低的成本提供数据，政府应加快推进和完善此类大数据采集机制。

自2010年以来，广东作为全国最大人口流入地，2014年年底跨省流入人口仅比2010年增加了44.85万人，仅增长1.11%。广东省人口抽样调查数据表明，2010年以来广东流入农民工占总人口的比重下降1个百分点，同期非劳动力人口由上升4个百分点。这种劳动力占比的变化导致外省流入农民工减少了124.8万人。外省劳动力对广东经济增长的推进作用逐步减弱，但省外流入劳动力依然占据广东实际劳动力总量的40%左右。本省劳动力供给成为广东经济增长的主动力，在国内农村可供流动劳动力普遍枯竭的情况下，广东唯有依靠创新来实现经济的长期稳定发展。从全国的情况来看，广东是我国跨省流动农民工的稳定器。研究发现，广东跨省流入人口（劳动力）占全国跨省流动人口（劳动力）比重与广东外贸进出口占全国比重基本同步。广东外贸进出口额占全国外贸比重由2000年的35.9%下降到2015年的25.02%，由此测算2000年、2004年、2010年和2014年全国跨省流动人口分别为8355.64万人、13586.84万人、14662.47万人和15779万人。2004年全国范围内的"民工荒"以来，跨省流动人口增长已经大为放缓，特别是2010年以来农民工已经成为全国各地争夺的重要资源，推进公共服务资源均等化，为农民工解决医疗、教育问题对吸引农民工安居乐业尤其重要。无论是广东还是人口流出地，在逐步依靠消费推动经济增长的时代，如何吸引外来人口将是各级政府需要考虑的重要问题。

本章参考文献

[1] 廖世同，廖世添. 广东省人口流动趋势及其导向 [J]. 中国人口科学，1989（6）：7-9.

[2] 彭发强. 广东流动人口现况 [J]. 南方人口，1992（3）：24-27.

[3] 王莉. 中国的人口流动 [J]. 数量经济技术经济研究，1996（2）：21-23.

[4] 吴梦绮. 深圳城中村空间发展自组织研究 [D]. 西安建筑科技大学，2018.

[5] 孙铁山，刘霄泉. 中国超大城市常住外来和常住户籍人口居住-就业的空间错位——基于北京、上海和广州的实证 [J]. 人口与经济，2016（5）：23-34.

［6］周婕，罗逍，谢波. 2000－2010年特大城市流动人口空间分布及演变特征——以北京、上海、广州、武汉等市为例［J］. 城市规划学刊，2015（6）：56－62.

［7］豆晓，ARELLANO Blanca，ROCA Josep. 基于相互作用关系的中国省际人口流动研究［J］. 地理研究，2018，37（9）：1848－1861.

［8］蒋小荣，汪胜兰. 中国地级以上城市人口流动网络研究——基于百度迁徙大数据的分析［J］. 中国人口科学，2017（2）：35－46，127.

第二十章
广西壮族自治区人口流动流量、流向及其变化研究

摘　要：大数据推断结果表明，2014年广西区外流动人口规模高达1100多万，其中农村劳动力900多万人，外省流入人口220多万人。与同口径的2010年"六普"时期相比，广东依旧是广西人口主要流出目的地，流向广东的农民工800多万人，占区外流出总量的87.27%；流向长三角浙沪苏等地的人口流量和占比减少；与相邻省份之间的人口流动增加，粤湘两省占自治区流入人口总量的50%以上，区域一体化趋势明显；流出排名前五位总量和占比变动不大。利用珠三角的产业、人才和技术领先优势，加强粤桂合作；解决外出就业人员子女的教育问题；设立北部湾经济特区利用国内资本和东盟等区域的廉价劳动力是广西未来发展的重要战略。

关键词：广西外出人口；人口大数据；北部湾经济新特区；粤桂合作

第一节　广西农村劳动力转移与外出人口增长

一、广西外出农民工数量估计

广西2010年第六次全国人口普查（简称"六普"）主要数据公报显示，2010年广西全区户籍人口5159.46万人，全自治区2010年11月1日零时的常住人口4602.66万人。以此推算，2010年全区净流出人口为556.8万人。课题组在国内人口主要流出地实地调查发现，很多地方农村连片空村，但依旧被登记为本地户籍的常住人口。例如，2010年"六普"全区流动区外6个月以上的人口仅418.5万人，实际流出人数远多于此数。虽然正式公布的统计数据与

很多调查文献数据有极大的差异,但从广西各地农村劳动力流动调查情况来看,广西政府各级机关对跨省流出人口规模其实是比较清楚的,只不过在公开的统计数据方面出于各方面的原因而与实地调查结果有较大的差异。

由于农村劳动力在流出人口中占有极高的比例,国内不少人口流动研究往往直接以农村劳动力流动为对象。吴寿平(2016)参照李勋力、李国平(2005)的方法,劳动力流动等于城镇从业人员减去城镇职工人数加上农村从业人员减去第一产业从业人员(农业从业人员),劳动力流动率则等于劳动力流动数与劳动力资源总数之积,测算出1978—2015年广西农村流出劳动力(农民工)数量(见图20-1)。

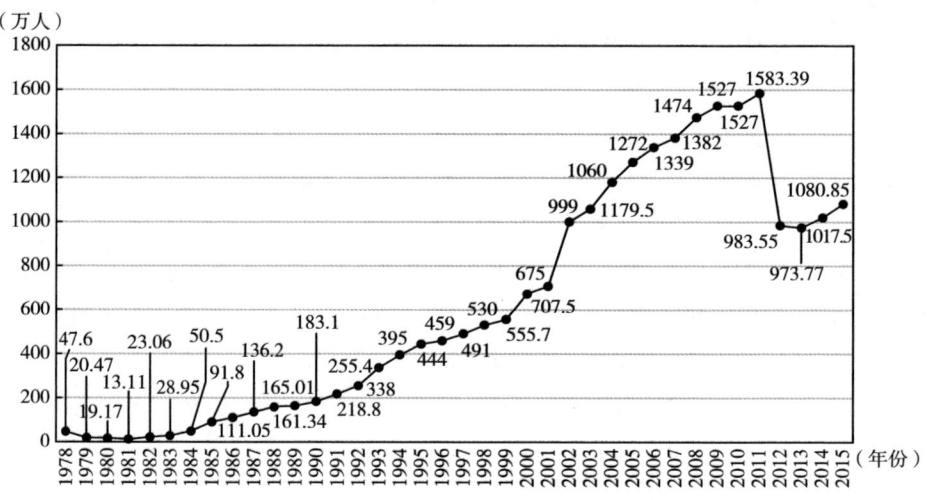

图 20-1　1978—2015 年广西农民工数量估计

课题组认为,吴寿平(2016)的估计基本上反映了广西农民工流出的数量和趋势。由于早期流出人口中农民工占总流出人口比重甚至高达90%以上,因此估计数据中2000年以前的数量基本上与跨区流出数量相等。2000年西部大开发战略开始实施,2001年中国加入世贸组织(WTO),市场对农民工的需求急剧增加,随之外出农民工数量爆发式增长,所不同的是2000年之后区内流动占比逐渐增加,而流向区外农民工比重逐步下降。例如,广西第二次全国农业普查主要数据公报(第五号)显示,2006年广西外出从业人员中,去区外从业的劳动力占外出从业人员比重高达75.2%。2006年广西流出农民工总量为1382万人,按75.2%的比例推算,流动到区外从业劳动力高达1039万人。2005年年初广东两会期间省领导透露,2004年底全区有4200多万外省人口,其中半年以上的有3100多万人,半年以内的有1100多万人(21世纪经济报道,中国宏观经济信息网,2005)。2004年广西占广东外省人口比重18%—20%,在中国加入WTO推动下,大量农村40岁以上的劳动力外出,至2006年年底,广西流动到区外劳动力突破1000万人也在情理之中。

二、广西农村劳动力省内外流动变动

值得注意的是,2004年全国性的"民工荒"出现之前,跨省流出女性劳动力多集中在工厂等流动性相对较弱的处所就业,而男性劳动力在建筑及散工市场占比极高,前者容易统计而后者统计极为困难,因此反映在统计数据上跨省流出人口数量偏少。到2008年全球金融风暴爆发前夕,中国农村可供流动的劳动力基本上枯竭了。另一个需要注意的问题是:图20-1中2012年估计的流出农村劳动力与2011年相比出现极大的下降,课题组发现背后的原因是官方统计根据2010年"六普"数据进行了调整,将常年流出省外的人口不再计入本区常住人口中,因此2012—2015年外出农民工应将流出省外的人口计算在内。据广西区统计局调查,2012年区外从业劳动力占比已经下降到59.3%。以2006年和2012年区外从业人员占农村流出劳动力比重为参照,通过插值法估计2000—2015年区外就业占流出劳动力比重,课题组估计了2000年以来广西农村外出劳动力区内、区外流动数量(见表20-1)。

从表20-1中的估计情况来看,2008年广西区外就业人员达到拐点后下降,这与课题组调查中反映的情况一致。虽然2008年因金融危机的冲击全国一度出现超过2000万农民工返乡的状况,但随之国家"四万亿"投资使农民工陆续回流,但由于农村中可供流出劳动力枯竭,2010年以来全国流动农民工数量基本稳定。2010—2013年,广西年经济增长率分别为12.8%、13.9%、14.2%、12.3%、11.3%和10.2%,自身经济的高速增长吸引了大量农村劳动力;2014年和2015年广西经济增长率只有8.5%和8.1%,加之四川、重庆、河南等省市经济增长吸引了大量流向广东的农民工回流,广西区外就业农民工数量再次回升。表20-1中课题组利用插值推算的各年度区外流出劳动力比重与真实的比重可能存在一定的误差,全区外流动农村劳动力每年减少的幅度在2.35个至2.65个百分点,但并不影响区外就业人员在2008年前后达到顶峰(拐点)的判断。

表 20-1 广西历年农村流出劳动力及其区内、区外数量估计（2000—2015 年）

年份	农村流出劳动力（万人）	流出区外劳动力（万人）	区内流动劳动力（万人）	区外就业占流出劳动力比重
2000	675	614.93	60.07	91.10%
2001	707.5	625.78	81.72	88.45%
2002	999	857.14	141.86	85.80%
2003	1060	881.39	178.61	83.15%
2004	1179.5	949.5	230	80.50%
2005	1272	990.25	281.75	77.85%
2006	1339	1006.93	332.07	75.20%
2007	1382	1002.64	379.36	72.55%
2008	1474	1030.33	443.67	69.90%
2009	1527	1026.91	500.09	67.25%
2010	1527	986.44	540.56	64.60%
2011	1583.39	980.91	602.48	61.95%
2012	1541.55	914.14	627.41	59.30%
2013	1536.77	870.58	666.19	56.65%
2014	1738.5	938.79	799.71	54.00%
2015	1802.85	925.76	877.09	51.35%

三、基于手机拥有量的流出规模推断

由于很多常年性跨区外出的人口依旧被列入其户籍所在地的常住人口当中。课题组将利用人均手机拥有量来测定真实的跨区净流出。有关调查显示，2007 年中国农村外出劳动力人均手机拥有率已达 0.9 部。但直到 2014 年年末，广西常住人口每百人手机拥有量仅 78.86 部，远低于全国平均水平的 95.5 部。仔细比较就可以发现，那些低于全国平均水平的省份全部是人口流出大省（如江西、安徽、湖南、河南、广西等），或者是少数民族占比较高的省份（西藏、新疆、青海）。从直观上来讲，广东、浙江比江西、安徽、湖南、广西、河南经济发达，两省的人均手机拥有量比广西等人口流出大省（区）高也在情理之中。比较广东、浙江、江苏等发达省份的与广西每百户城镇和农村的人均手机拥有量，广西与这些经济发达省份的差距仅在 5 个百分点以内。但

广西与全国各省级单位以常住人口为基数计算得到的人均手机拥有量却差距极大。数据巨大差异的背后，是人口流出大省大量跨省外出人口依旧被计算为本省常住人口，而人口流入大省则低估了跨省外来人口的规模。

从调查数据和统计年鉴数据来看，广西的人均手机拥有量与广东、浙江等经济发达省份相差不大，手机已经成为生活基本配备品。以广西人口流出地来宾市为例，2014年将流出人口拥有的手机计算在内，全市人均手机拥有率高达89.77%，除去0—14岁人口，15岁以上人口基本上达到了人手一机。2014年全国人均手机拥有量为0.9499部，全国跨区外出人口人均拥有1.2部手机。课题组根据2014年广西各地级市人均手机拥有率，推算出广西城市实际人口及实际的人均手机拥有量（见表20-2）。从中可知，2014年广西4754万常住人口中，推算的实际人口为4595.49万人，意味着已跨区流出却依旧登记为本地户籍常住人口的广西人有158.51万人，不计算外出人口所拥有的手机，区内实际人均手机0.798部。全区净流出人口888万，南宁、柳州、北海和防城港为人口净流入地，其余各地级市则为人口净流出地。

表20-2　广西区各地级市实际人口及实际人均手机拥有量（2014年）

城市	户籍人口（万人）	常住人口（万人）	流入人口（万人）	实际人口（万人）	移动用户数（万户）	区内人均手机拥有量（部）
南宁市	729.66	691.38	161.73	891.39	752.41	0.844
柳州市	377.93	388.65	69.36	447.29	370.23	0.828
桂林市	526.48	491.91	-39.48	487	397.6	0.816
梧州市	340.27	297.55	-103.62	236.65	175.75	0.743
北海市	169.31	160.37	29.97	199.28	168.77	0.847
防城港市	94.24	90.8	13.54	107.78	89.98	0.835
钦州市	402	318.06	-148.9	253.1	186.19	0.736
贵港市	543.17	425.56	-224.74	318.43	235.23	0.739
玉林市	707.95	566.01	-192.81	515.14	402.72	0.782
百色市	412.02	356.88	-104.01	308.01	239.11	0.776
贺州市	238.05	201.34	-67.6	170.45	133.94	0.786
河池市	419.85	345.14	-131.13	288.72	222.8	0.772
来宾市	266.38	216.37	-84.44	181.94	140.54	0.772
崇左市	248.18	203.98	-57.88	190.3	150.1	0.789
合计	5475.49	4754	-880	4595.49	3665.37	0.798

注：列2、列3、列5数据来源于《广西统计年鉴（2015）》，其余列为推算数。

课题组的估计结果与 2015 年广西 1% 人口抽样调查极为接近。例如，2015 年 1% 人口抽样调查表明，南宁市作为首府城市，吸纳了大量区内流动人口，占流动人口的比重多达 58.1%；表 20-2 中估计南宁吸纳了 58.9% 的区内其他地级市流出的人口。再如，2015 年 1% 人口抽样调查表明，广西流出到广东的人口占全区流出人口的 89.1%。其中又以贵港市、钦州市、梧州市、南宁市、崇左市、贺州市、玉林市和百色市为主，8 市流入广东人口占全区流入广东人口的 73.9%；表 20-2 中虽然无法判断南宁流出人口，但贵港市、钦州市、梧州市、崇左市、贺州市、玉林市和百色市贡献了全区 77.9% 的净流出人口。课题组利用大数据测定了广西 2014 年外省流入人口为 226 万人，根据净流出 888 万人，可推算 2014 年广西跨省流出人口 1114 万人，减去表 20-2 中 938.79 万人农民工（占区外流出人口的 84.27%），推算非农民工（经商人口和外出务工人员家属）流出人口 175.21 万人。

从广西移动用户总数月度值来看，2016 年 11 月以来，至 2019 年 3 月，广西移动用户总数增长了 39.85%，而全国同期平均增幅为 23.5% 左右。由此推算，2016 年年底以来，广西返乡人口增加 15% 以上。据测算，2019 年 3 月，广西净流出人口仍然高达 781.22 万人，算上 100 多万外省流入人口，广西全区实际流出人口规模在 900 万以上，约占全区户籍人口的 20%，其人口流出比重与相邻区域的湖南、江西大致相似。

第二节　广西流出人口大数据推断

一、流动人口大数据初始表征流量

对数据表 PtopLineOut 进行下述 SQL 查询操作：
SELECT province, name, sum (num) as num0, to_char (sum (per)/2.4, '9999.999%') As per0
　　FROM public. "PTopLineOut"
　　where name = '广西'
　　group by province, name
　　order by num0　desc

可以得到节前广西人口流入来源地包括全国 10 个省级单位（见表 20-3）。从大数据归集的可表征人口流动流量的大小来看，节前由外省流入广西人口最多的省份是广东，大数据表征人口流量为 22533599，占广东流出总数的 25.39%；其次是湖南，表征人口流量为 391729，占湖南流出总数的 6.89%；来自贵州的流入排在第 3 位，表征人口流量为 368956，占贵州流出总数的 7.19%；云南排在第 4 位，表征人口流量为 293038，占云南流出总数的 6.02%；流入排名第 5 位的是海南，表征人口流量为 162210，占海南流出总数的 9.26%。流入排名靠前的除广东、海南是经济发达地区外，与广西相邻的湖南、贵州、云南等地贡献了较大的人口流量当量，但远低于来自广东一省的流量当量。相邻省份的流量当量虽然较小，但其占流出省份的比重都比较大。

表 20-3　数据表 PtopLineOut 表征人口流量及其占流出省份比重

序号	流出地 province	流入地 name	表征人口流量 num0（=sum（num））	占流出省份比重 per0（=sum（per）/2.4）
1	广东	广西	22533599	25.39%
2	湖南	广西	391729	6.89%
3	贵州	广西	368956	7.19%
4	云南	广西	293038	6.02%
5	海南	广西	162210	9.26%
6	重庆	广西	18429	0.38%
7	江西	广西	11025	0.53%
8	香港	广西	748	0.22%
9	澳门	广西	607	0.29%
10	台湾	广西	211	2.64%

将查询得到的数据导入 Excel 中，由于台港澳基本上为旅游客流，为直观计将其略去。由于表 20-3 中的查询只能得到流出省份中流量为 TOP10 的省份，若广西流入该省人口占该省总流入人口比重较低，则春节节前流动回广西时可能占不到 TOP10，因而会发生数据的漏计，因此还必须对数据表 PtopLineIn 进行下述 SQL 查询操作：

SELECT province, name, sum（num）as num0, to_char（sum（per）/2.4, '9999.999%'）As per0

　　FROM public."PTopLineIn"

```
where province = '广西'
group by province, name
order by num0   desc
```

该查询除了防止大数据表征的人口流量被漏计外,另一个重要的功能是计算出大数据表征人口的总流量。结果表明,对数据表 PtopLineIn 查询后得到的大数据表征的人口流量为24947777,占全部回流量总数的96.610%(见表20-4),因此推断出节前流回广西的大数据表征的人口总流量为25821617(不含台港澳)。表20-4中直接得到广西跨省人口流动到各省的比例,例如,在广西流出人口中,86.312%的广西人流向广东,1.953%的广西人流向浙江,1.686%的广西人流向湖南。广西流出区外的流动人口占区外流动总人口的96.45%,集中度非常高,特别是广东接纳的广西人占比远超其他各省总和。将各省节前回流量除以总流量,再乘以跨省总流出人口,就可以得到2014年广西人口跨省流出各个流向的实际人口流量。

表20-4   数据表 PtopLineIn 表征人口流量及其占流出省份比重

序号	流入地 province	流出地 name	表征人口流量 num0(=sum(num))	占流出省份比重 per0(=sum(per)/2.4)
1	广西	广东	22533599	86.31%
2	广西	浙江	447910	1.95%
3	广西	湖南	391729	1.69%
4	广西	贵州	368956	1.65%
5	广西	云南	293038	1.21%
6	广西	福建	283790	1.18%
7	广西	海南	162144	0.66%
8	广西	上海	161820	0.69%
9	广西	江苏	156556	0.65%
10	广西	北京	117712	0.46%
11	广西	湖北	29375	0.14%
12	广西	重庆	571	0.01%
13	广西	四川	421	0.01%
14	广西	河南	117	0.01%
15	广西	山东	39	0
合计			24947777	96.61%

比较表 20-3 和表 20-4，发现海南、重庆的数据不一致，需要保留数值较大的；北京、湖北、上海、江苏、福建则是全新数据。取大值新值之后，合并表 20-3 和表 20-4，计算节前广西各方向流量占总流量比重，再根据前面推算的广西跨区流出人口数量，就可以计算 2014 年广西跨区流出各方向上的流量。

二、由大数据表征流量到人口流量、流向测度

在广西跨区流出人口中，以流出农民工（以前面推算的 938.79 万人为基准）口径推算（见表 20-5），2014 年广西流向广东 1016.87 万人（列 5），占自治区跨区外出总量的 87.27%（列 4），居第 1 位，其中农民工 819.25 万人（列 6）；流向浙江 20.21 万人，占自治区跨区外出总量的 1.73%，居第 2 位；流向湖南 17.68 万人，占跨区外出总量的 1.52%，居第 3 位；流向贵州 16.65 万人，占自治区跨区外出总量的 2.80%，居第 4 位；流向云南 13.22 万人，占自治区跨区外出总量的 2.76%，居第 5 位。TOP5 流向地合计 1084.64 万人，其中农民工 873.84 万人，占跨区外出总量的 93.08%。TOP10 流向地合计 1124.44 万人，其中农民工 905.91 万人，占跨区外出总量的 96.50%。流向长三角 34.58 万人，其中农民工 27.86 万人，占跨区外出总量的 2.97%。流向除广东外的相邻四省 54.87 万人，占跨区外出总量的 4.71%。流向广东珠三角依然占据绝对地位。

表 20-5　2015 年春运节前广西跨区人口流动流量、流向的大数据推断

流向	大数据表征流量	占流出地比重	占广西流出人口比重	人口流出量（万人）	农民工流出量（万人）	广西流出目的地外来人口（万人）
广东	22533599	25.39%	87.27%	1016.87	819.25	4005.17
浙江	447910	—	1.73%	20.21	16.28	—
湖南	391729	6.89%	1.52%	17.68	14.24	256.72
贵州	368956	7.19%	1.43%	16.65	13.41	231.6
云南	293038	6.02%	1.13%	13.22	10.65	219.7
TOP5	24035232	—	93.08%	1084.64	873.84	4713.19
福建	283790	—	1.10%	12.81	10.32	—
海南	162144	9.26%	0.63%	7.32	5.9	79.03

续表

流向	大数据表征流量	占流出地比重	占广西流出人口比重	人口流出量（万人）	农民工流出量（万人）	广西流出目的地外来人口（万人）
上海	161820	—	0.63%	7.3	5.88	—
江苏	156556	—	0.61%	7.06	5.69	—
北京	117712	—	0.46%	5.31	4.28	—
TOP10	24917254	—	96.50%	1124.44	905.91	—
湖北	29375	—	0.11%	1.33	1.07	—
重庆	18429	0.38%	0.07%	0.83	0.67	217.14
四川	421	—	0	0.02	0.02	—
河南	117	—	0	0.01	0	—
山东	39	—	0	0	0	—
江西	11025	0.53%	0.04%	0.5	0.4	93.34
其他	844957	—	3.27%	38.13	30.72	—
珠三角	22533599	25.39%	87.27%	1016.87	819.25	4005.17
长三角	766286	—	2.97%	34.58	27.86	—
相邻四省	1215867	29.35%	4.71%	54.87	44.2	787.06
合计	25821617	—	100.00%	1165.25	938.79	—

表20-5中最后一列（列7）根据流入广西的流量反推广西跨区流出目的地省份的跨区外来人口估计，其结果与我国跨省外出人口的数量基本一致。这也刚好反映了目的地省份节前广西人返乡过年的比率，大数据推断结果依然准确适用。以广东为例，以广西为基点推算广东跨省外来人口为4005.17万人，而课题组利用大数据推算广东跨省流入人口为3976.52万人，两者之比流向广东的广西人节前返乡过年的比率为99.28%。2015年自治区统计局1%人口抽样调查广西流出到广东的人口占全区流出人口的89.1%，与课题组利用大数据推断的87.27%非常接近，与均值相比，误差只有1.04%。从流向构成来看（见图20-2），广东是绝对第一目的地，其流量是排第2位浙江的50.31倍，其次是几个相邻省份，流向福建、上海、江苏和北京等发达地区的占比都非常小。

三、人口流动流量、流向变化测度和比较分析

2010年"六普"数据显示（见图20-3），84.96%的广西跨区流动人口

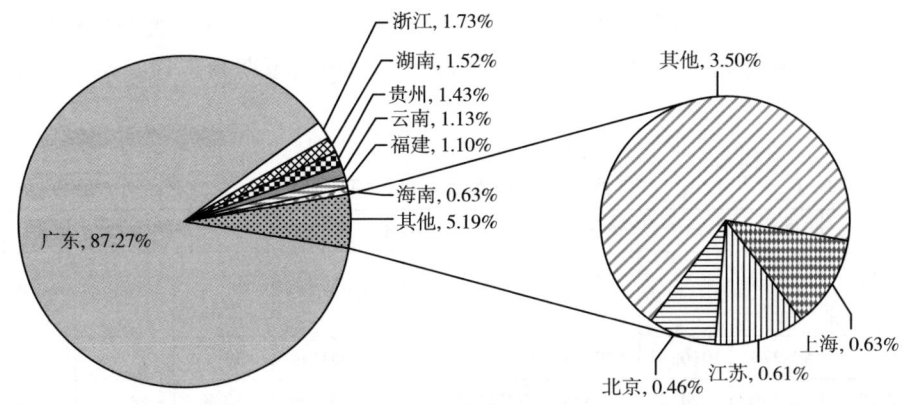

图 20 – 2　广西跨区外出人口目的地构成（2014 年大数据）

流向广东，其次是浙江、福建等沿海经济发达地区，而相邻省份的流量及占比都比较小。由于广东外来人口数据严重被低估，因此 2010 年广西流出自治区以外人口总量在 800 万人以上，其中 90% 左右的外出人口流向广东。

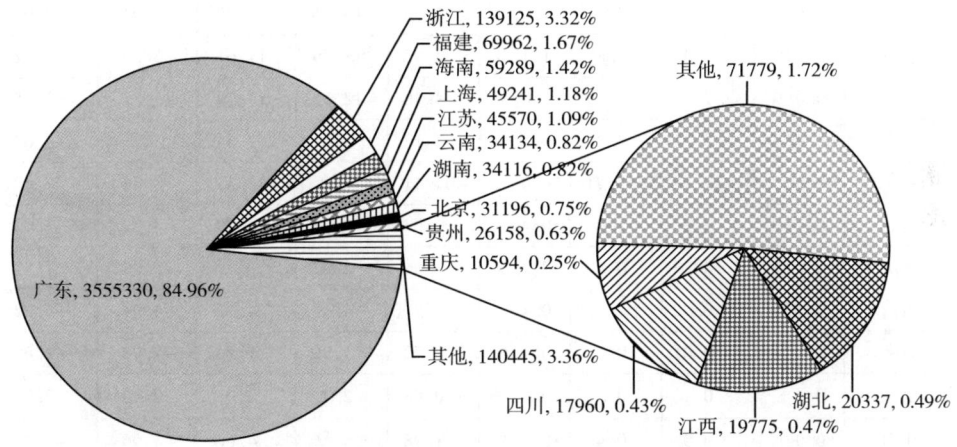

图 20 – 3　广西跨区外出人口目的地构成（2010 年全国第六次人口普查数据）

课题组选择将表 20 – 5 与 2010 年"六普"时期广西人口流动的数据相比。为了有相同的比较口径，课题组根据前面的分析调整了 2010 年广西跨区流出农民工数量，但"六普"各方向流出比例保持不变。表 20 – 5 中的人口流量当量实际相当于广西流出人口的大数据采样，其中农民工数量相当于净流出人口数量，而人口总流出与农民工流出之间的差额相当于外省流入广西人口数量。2010 年农民工流出数量前述计算所得为 986.44 万人。由于 2014 年流出农民工数量为938.79万人，最终形成表20-6。其中农民工流出人口数量相当于常年性跨区流动人口，而1165.25万流出人口则包括短期频繁性甚至过路性流动人口。

表20-6   广西跨省人口流出流量、流向变化   单位：万人

流向	2015年节前大数据推断			2010年				流量变化	
	大数据占比	人口流出	农民工流出	"六普"占比	"六普"流出	调整流出	农民工流出	人口流动	农民工
广东	87.27%	1016.87	819.25	84.96%	355.53	981.11	838.11	35.76	-18.86
浙江	1.73%	20.21	16.28	3.32%	13.91	38.39	32.8	-18.18	-16.51
湖南	1.52%	17.68	14.24	0.82%	3.41	9.41	8.04	8.26	6.2
贵州	1.43%	16.65	13.41	0.63%	2.62	7.22	6.17	9.43	7.25
云南	1.13%	13.22	10.65	0.82%	3.41	9.42	8.05	3.8	2.61
TOP5	93.08%	1084.64	873.84	90.54%	378.89	1045.56	893.16	39.08	-19.32
福建	1.10%	12.81	10.32	1.67%	7	19.31	16.49	-6.5	-6.17
海南	0.63%	7.32	5.9	1.42%	5.93	16.36	13.98	-9.04	-8.08
上海	0.63%	7.3	5.88	1.18%	4.92	13.59	11.61	-6.29	-5.72
江苏	0.61%	7.06	5.69	1.09%	4.56	12.58	10.74	-5.51	-5.05
北京	0.46%	5.31	4.28	0.75%	3.12	8.61	7.35	-3.3	-3.07
TOP10	96.50%	1124.44	905.91	96.64%	404.41	1116	953.33	8.44	-47.42
湖北	0.11%	1.33	1.07	0.49%	2.03	5.61	4.79	-4.29	-3.73
重庆	0.07%	0.83	0.67	0.25%	1.06	2.92	2.5	-2.09	-1.83
四川	0	0.02	0.02	0.43%	1.8	4.96	4.23	-4.94	-4.22
河南	0	0.01	0	0.17%	0.72	1.99	1.7	-1.98	-1.69
山东	0	0	0	0.21%	0.88	2.42	2.07	-2.42	-2.07
江西	0.04%	0.5	0.4	0.47%	1.98	5.46	4.66	-4.96	-4.26
其他	3.27%	38.13	30.72	1.33%	5.58	0.66	0.63	-0.45	-0.44
珠三角	87.27%	1016.87	819.25	84.96%	355.53	981.11	838.11	35.76	-18.86
长三角	2.97%	34.58	27.86	5.59%	23.39	64.56	55.15	-29.98	-27.29
相邻四省	4.71%	54.87	44.2	3.67%	15.37	42.41	36.23	12.45	7.97
合计	100%	1165.25	938.79	100%	418.46	1140.02	973.92	-12.69	-65.66

从表20-6中可以看出，2010年以来广西人口流动变化非常明显。与2010年相比，2014年末跨区流出人口总量减少了12.69万人，其中农民工却

减少65.66万人。原因在于流动人口的人口结构已经发生了巨大的变化,在农民工大潮逐渐退去的同时,高校毕业生逐渐成为跨区流动大军的重要力量;其次,流向区外的流动人口常住化,以前留守在流出户籍地的非劳动力人口也逐渐流出。流向长三角和福建等发达地区的人口和劳动力明显减少,流向浙沪苏的人口减少了29.98万人,其中农民工减少27.29万人;流向广东的人口增加了35.76万人,但劳动力反而减少了18.86万人。根据广东省统计局人口抽样调查结果,2010—2013年,全省0—17周岁流动人口年均增长率为3%,远高于同期常住人口0.67%的增幅;在0—17周岁的流动人口中,农业户口性质占84.1%,非农业性质占15.9%。课题组估计2014年广西流入广东的非农民工中,0—14岁非劳动力人口约为125万人,农民工占80.57%,剔除15—17岁劳动力人口,与广东抽样调查结果完全一致。正是这种非劳动力人口的增长在一定程度上消减了总流出人口中农民工的减少。流向湖南、贵州和云南的人口和农民工都表现出增加,区域一体化趋势增强,但相对于广东的强人口流动联系,广西与其他周边省份的人口联系还比较弱小。此外,主要流向地 TOP5 占全部流出人口比重增加了2.54个百分点,流出总人口增加了8.44万人,但流出农民工反而减少了47.42万人。

第三节　广西流入人口大数据推断

一、流入人口大数据初始表征流量

对数据表 PtopLineOut 进行下述 SQL 查询操作:
SELECT province, name, sum (num) as num0, to_char (sum (per)/2.4, '9999.999%') As per0
　　　　FROM public. "PTopLineOut"
　　　　whereprovince = '广西'
　　　　group by province, name
　　　　order by num0　desc
可以得到节前广西人口流出目的地包括全国12个省级单位(见表20-7)。从大数据归集的可表征人口流动流量的大小来看,节前由广西流出最多的省份是广东,表征人口流量为1548691,占广西流出总数的33.07%;其次是湖南,表征人口流量为866677,占广西流出总数的17.76%;贵州排在第3位,表征人口流量为363325,占广西流出总数的12.12%。流出排名前3位的全部是与广西相邻的省份,福建也占有一定的比例,由于广东、福建是经济发达省份,表明广西外省来的投资中,两省占有较大比重,从而引致两省人口流入。因而不同省份人口节前返乡出发时间不同,大数据系统归集的排名第10位的安徽、山东、重庆、浙江交替出现。系统中记录的TOP10流出人口流量当量为4070188,占全部流出总量的84.51%,由此推断大数据采样期间内,全区人口流量总和当量为4815989。

表 20-7　数据表 PtopLineOut 表征人口流量及其占流出省份比重

序号	流出地 province	流入地 name	表征人口流量 num0（=sum（num））	占流出省份比重 per0（=sum（per）/2.4）
1	广西	广东	1548691	33.07%
2	广西	湖南	866677	17.76%
3	广西	贵州	363325	7.73%
4	广西	福建	241056	4.96%
5	广西	湖北	219793	4.36%
6	广西	江西	207198	4.10%
7	广西	云南	174795	3.71%
8	广西	四川	169714	3.36%
9	广西	河南	160683	3.15%
10	广西	安徽	50581	0.99%
11	广西	山东	45481	0.89%
12	广西	重庆	14305	0.28%
13	广西	浙江	7889	0.15%
14	广西	合计	4070188	84.51%

从表20-7可知,排第10位的安徽流量与第9位的河南相比急剧减少,主要原因是安徽、山东、重庆和浙江几个省市在争夺第10位的位置,可将第10至第13位流量之和视为安徽的流量(118256),再用插值法计算山东、重

庆和浙江的流量分别为106332、33444、18444。

由于表20-7中的查询只能得到流出省份中流量为TOP10的省份,若广西节前流入该省人口占广西总流出人口比重较低,则不能被系统记录,但该省流入人口流量却在某时段内进入其流入排名前10位,从而会发生数据的漏计,因此还必须对数据表PtopLineIn进行下述SQL查询操作:

SELECT province, name, sum (num) as num0, to_char (sum (per)/2.4, '9999.999%') As per0
  FROM public. "PTopLineIn"
  wherename = '广西'
  group by province, name
  order by num0 desc

该查询的另一个作用是比较同一省份的流入流出,对数据不一致者保留较大值。查询新出现海南和台港澳,由于台港澳流量较少,因而将其忽略。另外,课题组根据不同时段的人口流动规律和插值法补足了表20-7中排名第10至第13位四省市数据,形成表20-8。从表中大数据推断结果可知,在2014年广西区外流入人口中,广东占32.16%,流入人口数量为72.82万人;其次从湖南流入人口为40.75万人,占自治区外流入总量的18.00%;贵州居第3位,流入人口数量17.08万人,占自治区外流入人口总量的7.54%。流入排名TOP5的省份共流入152.33万人,占自治区外总流入的67.27%。

广西2015年全国1%人口抽样调查结果显示,广东和湖南两省是自治区外来人口的主要流入地,粤湘两省流入广西的流动人口占全国各省(市、自治区)流入广西人口的41.4%,其中广东占23.1%,湖南占18.3%(见表20-8)。与表20-7中大数据推断相比,粤湘排名没有变化,但广东占比差距较大,主要原因是:第一,课题组没有排除节前由广西流向广东的人口中的短期性旅客人口和因亲人留粤而流入广东过年的留守人口的流量及其比例,因而推断结果可能相对偏高;第二,由于粤桂边界较长,1%抽样调查中粤桂边界人口流动及其占比较低,从而导致抽样调查中广东流入人口数量及其占比偏低;第三,采样时间不同导致的差异,大数据推断采样为2015年春节节前流量,主要表征2014年区外流入,而1%抽样调查时间为2015年。总体而言,课题组认为大推断采样推断的结果更加可靠,特别是随着手机实名制的全面推行,未来大数据推断结果将更加真实准确。

表 20 - 8　　　广西外省流入人口来源地、数量（万人）及构成

序号	外省流入来源地	大数据人口流量当量	占自治区流入人口比重	外省流入人口数量（万人）
1	广东	1548691	32.16%	72.82
2	湖南	866677	18.00%	40.75
3	贵州	363325	7.54%	17.08
4	福建	241056	5.01%	11.34
5	湖北	219793	4.56%	10.34
6	江西	207198	4.30%	9.74
7	云南	174795	3.63%	8.22
8	四川	169714	3.52%	7.98
9	河南	160683	3.34%	7.56
10	安徽	141766	2.94%	6.67
11	山东	125365	2.60%	5.89
12	重庆	108965	2.26%	5.12
13	浙江	92565	1.92%	4.35
14	海南	23141	0.48%	1.09
15	其他	372255	7.73%	17.5
16	合计	4815990	100.00%	226.46

从流入人口来源地构成来看（见图 20 - 4），广东居首，湖南居第 2 位，来自粤湘两个相邻省份的流入人口占广西外来人口的五成，排第 3 位的贵州依

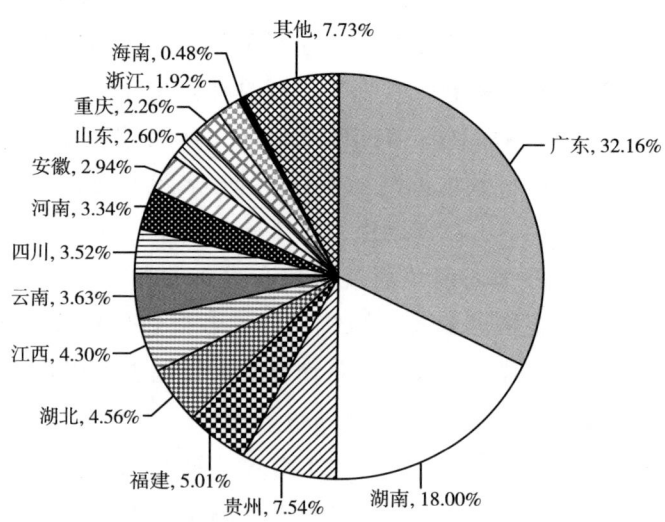

图 20 - 4　广西跨省外来流入人口来源地构成（2014 年大数据）

然是广西的相邻省份。此外，距离较近的福建、湖北、江西、云南和四川五地合计占广西外来人口的 21.02%。

特别地，课题组根据查询还可以推断出那些外省流入来源地省份的总流出人口规模。以广东为例，从流量当量上推断，广东流动到广西的人口占广东跨省流出总人口的 16.03%，而 2014 年广东流入广西人口有 72.82 万人，由此反推出 2014 年广东跨省流出人口为 454.4 万人；课题组同样也推算出同期广东外省流入人口 3976.52 万人，两者相减，课题组推算出 2014 年广东净流入人口 3522.11 万人，与 2004 年相比，广东外省流入人口约减少了 700 万人。同理，课题组推算 2014 年福建跨省流出人口 380.50 万人。

二、由大数据表征流入流量到人口流量、流向测度

2010 年全国第六次人口普查的数据显示（见图 20-5），广西全区外来流入人口为 84.16 万人，其中来自湖南的流入多于广东，人口流出大省四川排在第 3 位，相邻的贵州省流入 5 万多人排第 4 位。"六普"广西外来人口数据可信度高，在桂的广东人虽然多于湖南，但其流动性强，因此湖南超过广东，课

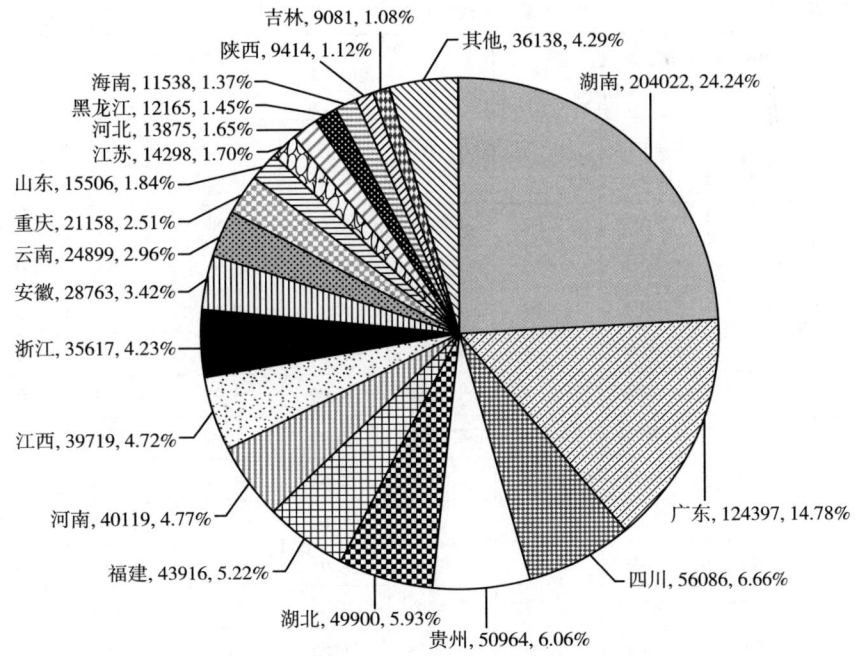

图 20-5　广西跨省外出人口目的地构成（2014 年大数据）

题组估计 2010 年广西外来人口在 100 万人以上，其中来自广东的常住性外来人口大致与湖南差不多。

课题组以大数据表征流量百分比推断 2014 年由各省流入广西的人口总量为 226.46 万人，并将其与 2010 年"六普"调整数据进行比较，形成表 20-9。结果表明，与 2010 年"六普"相比，广西外省流入人口增加了 58.14 万人，其中广东、湖南、贵州依旧占据广西跨省流入人口前三名。广东流入人口大幅度增加，粤桂合作劳动的人员交流起了较大作用，但与广西流向广东的人口相比，广东人口流入程度相对较弱；湖南流入占比大幅度下降，但流入人口数量变动并不大，一个可能的原因是湖南自身的发展对其本省人口的吸引能力增强；贵州和云南流入人口占比及数量增加，表明粤桂湘贵滇四省区域合作与一体化程度加强。四川与河南占比下降幅度较大，人口流入数量下降，表明两省近年来自身发展对本省劳动力吸引能力增强。浙江流入人口比重及数量下降，可能意味着浙商的撤离，这一趋势值得自治区高层关注。整体上看，无论是流出还是流入，2010 年以来相邻省份之间的人口流动普遍增加了，省级间区域一体化趋势都十分明显。

表 20-9　　　　广西外省人口流入流量、流向变化　　　　　　　　　单位：万人

来源地	2015 年春节节前人口流动大数据推断			2010 年			新变化	
	流量当量	占总流量比重	人口估计	"六普"比重	"六普"数据	"六普"调整	占比变动	人口流量
广东	1548691	32.16%	72.82	14.78%	12.44	24.88	17.38%	47.94
湖南	866677	18.00%	40.75	24.24%	20.4	40.8	-6.25%	-0.05
贵州	363325	7.54%	17.08	6.06%	5.1	10.19	1.49%	6.89
福建	241056	5.01%	11.34	5.22%	4.39	8.78	-0.21%	2.55
湖北	219793	4.56%	10.34	5.93%	4.99	9.98	-1.37%	0.36
江西	207198	4.30%	9.74	4.72%	3.97	7.94	-0.42%	1.8
云南	174795	3.63%	8.22	2.96%	2.49	4.98	0.67%	3.24
四川	169714	3.52%	7.98	6.66%	5.61	11.22	-3.14%	-3.24
河南	160683	3.34%	7.56	4.77%	4.01	8.02	-1.43%	-0.47
安徽	141766	2.94%	6.67	3.42%	2.88	5.75	-0.47%	0.91
山东	125365	2.60%	5.89	1.84%	1.55	3.1	0.76%	2.79

续表

来源地	2015年春节节前人口流动大数据推断			2010年			新变化	
	流量当量	占总流量比重	人口估计	"六普"比重	"六普"数据	"六普"调整	占比变动	人口流量
重庆	108965	2.26%	5.12	2.51%	2.12	4.23	-0.25%	0.89
浙江	92565	1.92%	4.35	4.23%	3.56	7.12	-2.31%	-2.77
海南	23141	0.48%	1.09	1.37%	1.15	2.31	-0.89%	-1.22
其他	372255	7.73%	17.5	11.28%	9.5	18.99	-3.56%	-1.49
合计	4815990	100.00%	226.46	100.00%	84.16	168.32	0	58.14

三、引导广西人口流动的对策建议

与1982年国家把计划生育确定为基本国策相对应，21年后的2003年，广东开始出现"民工荒"，标志着新生代青半年农民工出现供给短缺；中国加入WTO对劳动力需求旺盛，大量40岁以上的农民工在2003年之后加入流动大军，到2008年全球金融风暴发生前后，包括广西在内的农民工跨省流动基本达到顶峰（拐点）。2010年以来，我国15—64岁劳动年龄人口规模已经稳定在10亿人口左右的规模，在2013年达到100582万人的顶峰（拐点）之后掉头向下，劳动年龄人口进入缓慢下降通道。与此相对应，2010年广西跨区流出人口规模与2014年跨区流出人口规模也基本稳定在1100多万人，跨区流出劳动力规模保持在900多万人；跨区流出人口规模缓慢减少，但农民工规模则快速减少，2014年区外流动农民工比2010年减少了65.66万人。留守人口随迁、外出人口老龄退出、新生代农民工和高校毕业生是人口流动流量变化的主要因素。区内流动人口数量增加，邻近省份跨省流入人口和劳动力规模上升，产业转移和区域一体化等经济因素是人口流动流向变化的主要因素。

无论是人口流出还是人口流入，粤桂两省已经形成最紧密的关系，广西向广东输送大量的农村劳动力，据估计规模已经超过湖南居广东跨省流入劳动力第1位，而广西也伴随着产业转移吸引一定规模的广东人口流入。两者所不同的是，广西更多的是单方面地向广东输出劳动力，而广东则伴随着投资、商务人才和劳动力流入广西。比较中发现，浙江、福建等省的人口流入在减少，意味着来自浙闽两省的投资也会相应减少，粤桂两省应建立更为紧密的经济联系,直接对接珠三角。由于广西有1000万左右规模的人口在广东就业生活,两省应就教育、医疗等领域达成合作,特别需要开放教育市场。建议广东将对广西、湖南等落后地区的外来人口子女教育的支出费用直接列入国家转移支付项目,鼓励民营资本投资基础教育,政府给予一定的补贴。广西的经济较弱,应用好邻近珠三角的产业和人才优势加快发展。

随着劳动力、土地、厂房和生活成本的急剧增长,中国出口乏力。广西是距离东盟最近的省份,建议国家在北部湾建立新型经济特区,鼓励和吸引国内和国际资本在新特区内投资设厂,利用东南亚国家的相对廉价的劳动力资源加工产品并直接向东盟和南亚等地出口,以缓解国内大量企业寻求投资东南亚和南亚地区的压力。新特区与现有特区的区别在于:国内已有特区设立在于吸引外资,而北部湾新特区在于吸引东盟和南亚地区的劳动力;已有特区设立在于消化国内廉价的农村剩余劳动力,而北部湾新特区在于吸引国内庞大的资本输出需求。可以预见的是,北部湾新特区的设立意义丝毫不亚于现有经济特区,重点在于开放国外廉价劳动力市场,培养国内投资和经营人才;另外,方便广西就地消化本自治区的劳动力。北部湾新特区的设立直接效益是国家每年可以减少3000亿元左右的转移支付。北部湾新特区将极大地加强中国与东盟国家的经济合作关系,具有重大的政治和经济意义。可借鉴当年深圳特区由小到大的建设思路,并逐步扩大特区面积。

本章参考文献

[1] 吴寿平. 农村劳动力流动、人口城镇化与城乡居民收入差距的实证研究——基于1978—2015年广西的数据 [J]. 学术论坛, 2016, 39 (8): 41-47.

[2] 罗远荣. 农村劳动力外流状况的分析与思考——广西农村固定观察点调查 [J]. 广西农村经济, 1995 (4): 42-44.

[3] 农琴妹, 梁利. 崇左市农村青壮年劳动力流动的现状及思考——以天等县为例 [J]. 广西民族师范学院学报, 2005, 22 (3): 55-58.

[4] 罗宝三. 民族山区脱贫致富的亮点:走出山门 建设山乡——广西百色地区劳务输出的调查与思考 [J]. 中国贫困地区, 2000 (10): 41-43.

[5] 杨红梅. 广西农村劳动力转移研究 [D]. 广西大学, 2005.

[6] 陈利丹, 莫林. 广西农村劳动力剩余与转移问题研究 [J]. 调研世界, 1995 (5): 56-58.

［7］蒋国平. 全面提升农村劳动力素质促进农村劳动力进城转移——广西农村劳动力转移情况调研报告［J］. 高教论坛，2005（5）：191-192.

［8］韦世良，梁开光，郭绪全，等. 广西农村劳动力转移问题研究［J］. 广西经济，2004（11）：20-21.

［9］李勋来，李国平. 农村劳动力转移模型及实证分析［J］. 财经研究，2005，31（6）：78-85.

［10］秦明渊，张永花. 西部人口密集地区农村劳动力资源开发问题的调查研究——以广西玉林市为例［J］. 卷宗，2016（10）.

［11］广西壮族自治区人民政府发展研究中心课题组，崔忠仁，彭忠平，等. 加快农村劳动力转移就业实现广西"收入倍增计划"政策研究［J］. 广西经济，2014（2）：23-26.

第二十一章
海南省人口流动流量、流向及其变化研究

摘　要：2014 年海南跨省流入人口 130.13 万人，比 2010 年流入增加 16.53 万人；跨省流出人口 76.33 万人，比 2010 年流出减少 5.67 万人。大数据推断结果表明，广东、广西、湖南、四川、湖北是海南外来人口的主要来源地，来自安徽和黑龙江的劳动力人口流入减少；广东、北京、四川、河南、上海是海南外出人口的主要流向目的地。总体上看，人口已经由 2008 年以前的净流出转变为净流入。推行农村土地"三三制"改革，大力发展小微型家庭农场，加强饮食卫生监管和生活垃圾的无害化处理是海南民生福利改善的主要方向。

关键词：海南流动人口；人口大数据；人口流向变化

第一节　海南农村劳动力转移与外出人口增长

一、基于农村流出劳动力的海南流出人口规模测算

虽然早在 1988 年海南就独立建省，并成为我国面积最大的唯一省级经济特区，但直到 2008 年海南还是人口净流出省级行政区之一，其跨省流出人口主要流向珠三角。周晓津（2011）推算的结果显示，2008 年海南跨省流出约 47 万人，占全国 0.39%；跨省流入约 32 万人，占全国 0.27%，跨省净流出 14 万余人。2010 年全国第六次人口普查数据显示，海南跨省流出约 27.6 万人，跨省流入约 58.8 万人，跨省净流入 31.3 万余人。海南省人口计生委发布的流动人口数据显示，2013 年年底全省总流动人口为 107.62 万人，其中跨省流入 41.2 万人，跨省流出 16.7 万人，跨省净流入 24.5 万人，省内跨市县流动人口 24.9 万人。显然，省人口计生委的数据与 2010 年"六普"数据有很大

的冲突，因为没有证据表明2010年来海南跨省流动人口的剧烈变化，起码总量不会有如此大的变化。研究发现，省人口计生委抽样数据量太小，而流动人口的分布又十分不均衡，两者导致推算结果会有很大的误差。例如，省人口计生委的数据显示，2013年重庆占海南跨省流入人口的11.9%居第1位，而2010年"六普"时排海南跨省流入第2位的四川竟然没有上榜。由于海南的人口流动强度并不会比全国平均水平更低，因此以2010年全国流动人口占总人口比例推算，2010年海南流动人口应有143万人以上。

海南省第二次农业普查主要数据公报显示，2006年全省农村劳动力资源总量为282.29万人，占全省833.44万户籍人口的33.87%，占全省512.07万农业户籍人口的55.13%；农村从业人员255.57万人，占农村劳动力资源总量的90.54%。全省农业外出劳动力31.33万人。由于海南面积狭小，仅相当于全国稍微大一点的地级市，即使是跨市县省内流动，其平均往返距离也仅100千米左右，因此2006年的农业外出劳动力大致可以确定是跨省流出劳动力，这与周晓津（2011）估计的跨省流出人口存在数据和逻辑上的一致性。与其他省级行政区域不同，海南官方统计的常住人口在2010年以前与户籍人口是相等的，而2011年起才与国家定义的常住人口相同。2010年1月，国务院发布《国务院关于推进海南国际旅游岛建设发展的若干意见》，作为国家的重大战略部署，必然会引起较大的人口流动变化。因此，海南跨省流动人口可能直到2010年才由净流出转变为净流入。

二、基于移动用户数量的人口流动量测度

有调查显示，2007年全国外出农民工人均手机拥有率就已经达到90%，意味着手机已经在流动劳动力人口当中普及。以劳动力年龄人口为基数计算，2007年全国劳动力人均手机拥有率也达到60%左右。以全国人均手机拥有率为参照可以大致推算出海南历年年末平均人口的数量，但需要进行适当调整。以全国人均手机拥有率为参照，推算海南实有人口如表21-1所示。估计结果显示，2010年海南实有人口914万人，比869万官方常住人口多35.3万人，比896万公安户籍人口多17.6万人。以常住人口口径计算，2010年海南跨省净流入人口35.3万人，与2010年全国第六次人口普查显示的跨省净流入31.3万余人数据相当吻合。两种估计方法均显示，2005—2008年海南人口为净流

出，而 2008 年之后海南人口流动转变为净流入。表 21-1 估计的问题在于，2010 年以前手机的普及率较低，可能会导致净流出人口的低估现象；而 2010 年之后人口已经转变为明显的净流入，而净流入人口以劳动年龄人口为主，因此实际的人均手机拥有率会高于全国平均水平，因此会导致净流入人口可能会被高估。还有一种情况是，年末移动用户数可能包括部分沉默用户，从而会导致人口流动变动时的人口高估现象。

表 21-1　海南省实有人口及人口净流出（净流入）估计（2005—2016 年）

年份	全国	海南省		人口（万人）		净流入人口（万人）	
	人均手机拥有率	年末移动用户数（万户）	人口估计（万人）	官方常住	官方户籍	以户籍人口为参照	以常住人口为参照
2005	30.26%	203.9	775	828	819	-43.9	-46.7
2006	35.30%	239.9	779	836	833	-54.3	-55.2
2007	41.64%	324.8	820	845	849	-28.8	-27.1
2008	48.53%	397.8	843	854	865	-21.9	-16.6
2009	56.27%	496.4	881	864	880	1.5	10.2
2010	64.36%	594.3	914	869	896	17.6	35.3
2011	73.55%	671.6	912	877	908	3.9	26.3
2012	82.50%	775.6	933	887	902	31.5	44.2
2013	90.33%	858.3	946	895	909	37.3	49.6
2014	94.03%	907.4	962	903	916	45.8	57.9
2015	94.82%	920.5	967	911	908	59.8	56.8
2016	95.60%	942.3	982	917	902	79.8	65.5
2017	96.38%	1007.5	1040	926	911	129.6	115.2

注：年末移动用户数（列3）和户籍人口（列5）来源于《海南统计年鉴（2017）》。列2＝全国移动用户年末总数/全国总人口；列4＝列6＋列2－列6×列2；列7＝列4－列6；列8＝列4－列3。

在手机用户规模较大的情形下，移动电话用户非漫游去话通话时长往往会相对稳定，且其与常住人口存在稳定的正相关关系。自 2012 年海南移动用户非漫游去话时长达到顶峰以来逐年下降，由于 15—64 岁人口占人口的比重长期以来保持稳定，因此表明海南的常住人口很有可能是减少而非增加。以全国 15—64 岁人均手机拥有率推算，2012—2016 年海南 15—64 岁的人口几乎是非常稳定地保持在 706 万人的水平。考虑到上述情况，课题组以移动电话用户非漫游去话通话时长为基准，参照全国 15—64 岁人口的人均手机拥有率重新推算了海南 2005—2017 年的实有人口（见表 21-2，列 5），并将其与表 21-1 的估计计算出均值（列 7），并以均值为基准推算同期海南的人口净流入（列 8、列 9）。推算结果显示，2008 年以前海南依旧是人口净流出，而 2008 年转变为净流入。比较表 21-1 和表 21-2，变动较大的是 2017 年，主要原因是 2017 年移动电话去话通话时长（含本地）比上一年下降 7.02%。表 21-2 列 5 实有人口估计显示，2012 年和 2013 年海南的实有人口都已经超过千万，但自此以后逐步减少到 916 万人。

表 21-2　　　　海南省净流动人口变化（2005—2017 年）

年份	全国 15—64 岁人均手机拥有率	海南 15—64 岁人口占比（%）	海南 15—64 岁人口估计	海南实有人口估计（万人）	表 21-1 估计值（万人）	人口估计平均值（万人）	净流入户籍参照（万人）	净流入常住参照（万人）
2005	42.03%	67.77	491.4	725	775	750.1	-69	-77.9
2006	48.82%	68.65	565.5	823.8	779	801.5	-32	-34.5
2007	57.43%	69.52	595.9	857.2	820	838.8	-10.5	-6.2
2008	66.75%	70.4	644	914.8	843	878.8	14.1	24.8
2009	77.08%	71.27	688	965.2	881	923.1	43.6	59.1
2010	86.39%	72.15	679.4	941.7	914	927.7	31.6	59.1
2011	98.86%	72.36	668.3	923.5	912	917.8	9.8	40.3
2012	111.34%	72.43	736	1016.2	933	974.8	72.9	88.3
2013	122.23%	72.42	727.7	1004.9	946	975.5	66.6	80.3
2014	128.11%	72.41	708.3	978.2	962	970.2	53.8	66.7
2015	129.88%	72.38	689.5	952.3	967	959.9	52.2	49.1
2016	131.86%	72.36	682.5	943.2	982	962.6	60.4	45.5
2017	133.44%	72.34	663.3	916.9	1040	978.7	67.9	52.9

资料来源：《海南统计年鉴（2017）》《2017 年海南省国民经济和社会发展统计公报》。

三、基于产出和从业人员占比的流出人口规模推算

蔡昉、王美艳（2014）的研究结果表明，官方统计高估农业劳动力的数量和比重。例如，2012 年中国农业劳动力占全国劳动力比重实际仅占 19.8%，远低于官方统计的 38.9%。他们指出，中国在 2004 年达到刘易斯转折点时，官方统计的农业劳动力比重为 46.9%，学者估算的数字只有 27.8%。按照学

者估算的口径，2024年中国农业劳动力比重应该下降到只有7.8%。无论是实地调研还是学者们的估计，全国各地都存在农业劳动力比重高估的现象。自2003年开始，海南第一产业占全省GDP比重就已经降到10%以下，2003年海南第一产业占全省GDP比重只有9.3%，而第一产业从业人员占总从业人口比重却高达35.9%。

研究发现，2008年之后官方统计公布的第一产业从业人员数量（官方数）乘以第一产业占GDP的比重才是真实的第一从业人员数量（估计数），而官方数与估计数之间的差额实际上是农村流出劳动力却依旧被记录为本地常住人口数量（见表21-3）。估计的结果显示，自2005年以来，海南省农村流出劳动力基本上保持在100万人左右的水平，2012年达到顶峰之后逐步下降，与同期全国劳动力达到峰值的时间完全一致；流出省外的劳动力保持在30万人左右的水平，外省流入人口自2010年以来保持在100万人以上的水平；全省流动人口200万人左右，2010年以来流动人口占实际人口的比重平均值为20.90%，其中2010年为20.96%，约比全国平均水平高出1.4个百分点。

表21-3 占比产出法——应计未计农村流出劳动力数（2005—2016年）单位：万人

年份	全社会年末从业人员数	第一产业占GDP比重	第一产业实际从业劳动力	第一产业官方从业人员数	第一产业流出劳动力数	本省流动劳动力	省外流入人口	全省流动人口总数
2005	379.55	32.20%	122.22	215.10	92.88	27.87	58.17	86.0
2006	389.03	29.60%	115.15	218.76	103.61	33.15	59.65	92.8
2007	397.46	28.10%	111.69	221.43	109.74	37.31	92.41	129.7
2008	408.36	28.30%	115.57	221.24	105.67	38.04	96.27	134.3
2009	424.56	27.30%	115.90	225.59	109.69	41.68	125.24	166.9
2010	439.65	25.50%	112.11	221.45	109.34	43.74	147.79	191.5
2011	459.22	26.10%	119.86	224.98	105.12	44.15	132.35	176.5
2012	483.90	24.90%	120.49	230.79	110.30	48.53	153.25	201.8
2013	514.56	23.20%	119.38	222.45	103.07	47.41	149.43	196.5
2014	543.10	23.10%	125.46	231.14	105.68	50.73	158.13	208.9
2015	555.77	23.10%	128.38	229.86	101.48	50.74	151.07	201.8
2016	558.14	23.50%	131.16	229.46	98.30	51.11	154.85	206.0

注：列2、列3数据来源于《海南统计年鉴（2017）》。

第二节　海南跨省流入人口大数据推断

一、流入人口大数据初始表征流量

要计算海南跨省流入人口数量，只需要得到节前由海南流向全国各地的人口数量即可。但节前海南流出省外人口也包含一部分本省人口短期外出，因此必须尽可能地减少采样范围以将这一因素排除。课题组所归集的大数据采样表PtopLineOut 中已经包含这些信息，对 PtopLineOut 数据表进行下述 SQL 查询操作：

SELECT province, name, to_char（sum（num），'99,999,999'）as num0, sum（"singleNum"）as sNum0, to_char（sum（per）/2.4，'99.999%'） As per0

　　FROM public."PTopLineOut"

　　where province = '海南'

　　group by province, name

　　order by num0　desc

可以得到节前海南人口流出目的地包括全国 15 个省级单位。由于系统只记录流出 TOP10 省份，意味着海南人口流入来源地的多元化。值得注意的是，该流量并不直接代表人口流量，而是系统所记录的可代表人口流量的无量纲数据，是表示海南跨省流入人口来源于何处。若海南节前流入该省人口占海南总流出人口比重较低，则不能被系统记录，但该省流入人口流量却在某时段内进入其流入排名前 10 位，从而会发生数据的漏计，因此还必须对数据表 PtopLineIn 进行下述 SQL 查询操作：

SELECT province, name, sum（num）as num0, to_char（sum（per）/2.4，'9999.999%'） As per0

　　FROM public."PtopLineIn"

　　wherename ='海南'

　　group by province, name

　　order by num0　desc

第二次查询得到的省级单位只有 4 个，其中排名前 2 位的省份名次和流量与第一次查询完全相同。由于第二次查询是以流入地为基准的,那些虽然在海南流入人口占比不大但流出地占比则进入其流出排名前10位的则被录入系统。两次查询的结果如表21-4所示。

表21-4　　　　2014年海南跨省人口流入流量大数据采样

第一次查询				第二次查询			
流出地	流向地	大数据采样流量	占流出地比重	流入地	流出地	大数据采样流量	占流入地比重
海南	广东	520812	30.42%	广东	海南	520812	5.26%
海南	广西	162210	9.26%	广西	海南	162144	0.66%
海南	湖南	150992	8.23%	澳门	海南	7	0.02%
海南	四川	120857	6.52%	香港	海南	4	0
海南	湖北	115553	6.63%	TOP2	海南	682956	—
海南	江西	87960	4.91%	全国	海南	10421915	—
海南	河南	74809	4.02%				
海南	福建	62316	3.40%				
海南	重庆	55986	3.20%				
海南	浙江	19563	1.32%				
海南	安徽	13013	0.46%				
海南	贵州	12135	0.91%				
海南	北京	10054	0.68%				
海南	江苏	152	0.02%				
海南	山东	17	0.01%				
海南	TOP10	1371058	77.91%				
海南	全国	1759707	100.00%				

二、由大数据表征流量到人口流入量及流向测度

在大数据采样中,若能得到采样期内流入总量和流出总量,则根据人口净流入量就可以推算流出人口和流入人口。特别需要注意的是,大数据采样期内流入总量对应的是海南本省人口跨省流出,而流出总量则对应海南外省流入人口。通过查询计算,大数据采样期内流入总量为2162252,流出总量为1759707,净流入量为402545,由于流入量大于流出量,说明海南的本省流出人口大于外省流入人口而不是相反。由于海南外省流入人口主要来自广东、广西、湖南、四

川、江西等相邻省份及人口流出大省,课题组以广东为参照,推算2014年海南流出人口的均值为118.63万人,并进一步推算2014年海南跨省流入人口为96.54万人,净流出为22.09万人。只要计算出节前流出量占流出量的比重,再乘以海南省外流入人口总量,就可以得到各省2014年流入海南的人口数量。

结合前面的分析及后续流出人口的分析,课题组推算2014年海南流入人口为130.13万人,并进一步推算2010年海南流入人口为113.60万人。大数据人口推算结果显示(见表21-5),海南省外流入人口主要来自广东这个相邻省份,其次是广西、湖南,此外还有四川、湖北、江西、河南、重庆等人口大量流出地。来自广东的流动人口38.51万人(列5),占海南跨省流入人口的29.60%(列4),占广东跨省流出人口比重为5.26%(列3),还可以依此推算出广东跨省流出人口数量有731.65万人(最后一列)。来自广西、湖南的流动人口分别为12.00万人和11.17万人。虽然湖南的乡村人口是广西的1.32倍,但湖南流向海南的人口仅是广西的93%,主要原因是湖南人口流动到海南的平均距离是广西的2.5倍,若积累更多的数据,可以分析出我国农村主要

表21-5 海南跨省流入人口流量、流向的大数据推断(2014年)

流向	大数据表征流量	占流出地比重	占海南流入人口比重	人口流入量(万人)	海南流出目的地外来人口(万人)
广东	520812	5.26%	29.60%	38.51	731.65
广西	162210	0.66%	9.22%	12	1817.48
湖南	150992	—	8.58%	11.17	
四川	120857	—	6.87%	8.94	
湖北	115553	—	6.57%	8.55	
TOP5	1070424	—	60.83%	79.16	2549.13
江西	87960	—	5.00%	6.5	
河南	74809	—	4.25%	5.53	
福建	62316	—	3.54%	4.61	
重庆	55986	—	3.18%	4.14	
浙江	54934	—	3.12%	4.06	
TOP6—10	336005	—	19.09%	24.85	
TOP10	1371058	—	77.91%	101.39	
全国	1759707	—	100.00%	130.13	

注:占海南流入人口比重*为第一次查询直接得到,而占海南流入人口比重**则为推算得到的结果。

人口流出地的距离与流量的关系。课题组推算的是常住性的人口流动，而非东北到三亚季节性的短期人口流动。由于海南人在广东外来人口中占比极低，最后一列的推算结果不具有实际意义，但也可能是广东、广西与其边界省之间的人口流动被课题组大大地忽略掉了。

从来源地构成来看（见图21-1），来自两广的流入接近四成，其次是湖南、四川、湖北、江西和河南等人口流出大省，福建和浙江也占有一定的比重。

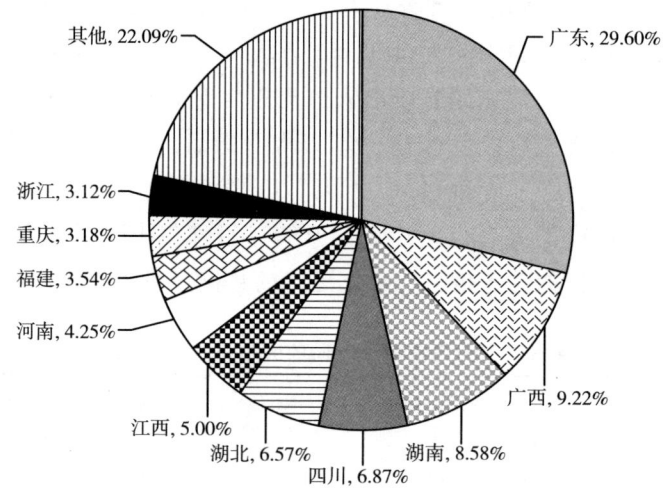

图21-1 海南省外来人口来源地百分比构成（2014年大数据）

在后期研究阶段，课题组可以直接通过查询得到系统中海南外来人口来源地百分比构成（见图21-2）。相较表21-5中的推算，系统中广东占海南外来人口的比重上升到37.031%，比第一次查询上升了6.6个百分点。第一查询中的数据显示，排在前五位的人口流量比较稳定，因此可以选用TOP5流量及占比为基准进行总流量推算。以TOP5为基准推算外来人口总流量为1753155，比以TOP10为基准推算的流量仅少6552，相对值仅少0.37%。因此前面所推算的海南来自全国的流量是比较准确的。图21-2中是以系统中的全部数据加总为基数，即用各方向的流量除以加总数1406440，相对于TOP5为基准的加总数绝对值少了346715，相对值减少了19.78%。即直接查询得到的结果比前面表中的推算值增加了24.65%。当然，可以将前面表格推算过程全部代码化，这也是课题组要做的工作。

```
 1  Select aa.Province,aa.Name,aa.Num,to_char(aa.Num*100/(Select Sum(b.Num))
 2  From
 3  (Select a.Province,a.Name,Max(Num) As Num
 4    from
 5    (
 6     SELECT province, name,sum(num) as num
 7       FROM public."PTopLineIn"
 8       where name='海南'
 9       group by province, name
10       Union all
11     SELECT  name, province,sum(num) as num
12       FROM public."PTopLineOut"
13       where province='海南'
14       group by province, name
15    ) a
16    Group by a.Province,a.Name
17    Order by 3 desc ,1,2)b),'9999.999%') as Ratio
18  From
19  (Select a.Province,a.Name,Max(Num) As Num
20    from
21    (
22     SELECT province, name,sum(num) as num
23       FROM public."PTopLineIn"
24       where name='海南'
25       group by province, name
26       Union all
27     SELECT  name, province,sum(num) as num
28       FROM public."PTopLineOut"
29       where province='海南'
30       group by province, name
31    ) a
32    Group by a.Province,a.Name
33    Order by 3 desc ,1,2) aa
```

province	name	num	ratio
广东	海南	520812	37.031%
广西	海南	162210	11.533%
湖南	海南	150992	10.736%
四川	海南	120857	8.593%
湖北	海南	115553	8.216%
江西	海南	87960	6.254%
河南	海南	74809	5.319%
福建	海南	62316	4.431%
重庆	海南	55986	3.981%
浙江	海南	19563	1.391%
安徽	海南	13013	0.925%
贵州	海南	12135	0.863%
北京	海南	10054	0.715%
江苏	海南	152	0.011%
山东	海南	17	0.001%
澳门	海南	7	0.000%
香港	海南	4	0.000%

图 21 - 2　海南省外来人口来源地百分比构成（2014 年大数据，系统数据）

三、2010 年以来海南外省人口流入变化

2010 年"六普"时（见图 21 - 3），除邻近的广东外，外省人四川最多，其次是湖南和广西，湖北、河南、江西、重庆、安徽等人口流出大省也占一定的比重。课题组认为，由于"六普"外来人口主要焦点在于制造业，而到海南的广东人多从事服务行业，因此进入外来常住人口登记口径的人数相对较少，而四川人在海南则从事第二产业的比例较高，其他人口流出大省也存在这种情况，因此导致这些人口流出大省在海南外来人口所占比重会比较高。与广东的情况有点类似，广西因为与海南距离较近，日常性往返也不能完全过滤，从而导致大数据推算的广西占海南外来人口比重较高。考虑到海南的岛屿因素，广东、广西与海南之间的日常性流量并不大。课题组认为，"六普"时的海南外来人口数据缺陷在于：一是总量比较谨慎，二是行业偏重于第二产业。但从各人口流出大省在海南外来人口的占比来看，并不能直接反映出这两大缺陷。黑龙江的占比有点意外，但也仅 1.9 万人，将度假性质的黑龙江籍人口排除在外，实际常年性在海南的黑龙江人应该在 4 万人以上。

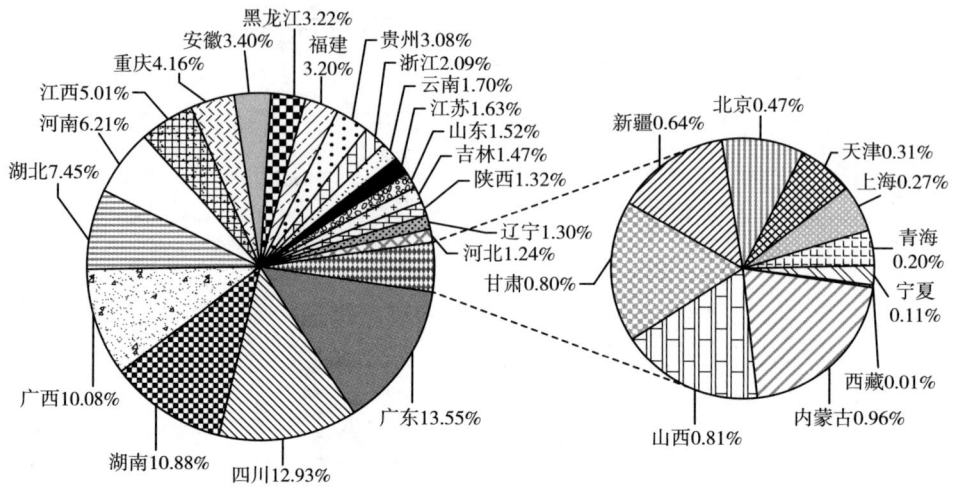

图 21-3 海南省外来人口来源地百分比构成（2010年"六普"）

课题组推算 2014 年海南省流入人口为 130.13 万人。其中，来自广东的流入人口增加 12.95 万人，课题组认为很可能仅是一种数值上的增加，而实际上并没有增加，主要原因是 2010 年全国第六次人口普查时对省际交界区域的人口流量并没有计算在内，而大数据系统归集数据时则将此种因素考虑在内，从而导致其占比远高于 2010 年。若大幅度提高 2010 年广东在海南外省流入人口中的比重，来自广东的流入增量会大大降低。其余各省流入的全为负数，其中广西减少了 2.70 万人，来自四川的流入减少了 2.51 万人，来自湖南的流入人口减少了 1.19 万人，来自湖北的流入人口近于不变（见表 21-6）。与 2010 年相比，流入前 5 名的省份依旧为广东、四川、湖南、广西、湖北五省区，但排名位序发生了变化；而流入前 10 名的省份中，安徽和黑龙江跌出了前 10 名，安徽人口回归其流出地。

表 21-6　　　　海南省外人口流入流量、流向变化　　　　　单位：万人

来源地	2014 年			2010 年			新变化	
	流量当量	占总流量比重	人口估计	"六普"比重	"六普"数据	"六普"调整	占比变动	人口流量
广东	520812	29.60%	38.51	13.55%	7.98	15.4	16.04%	23.12
广西	162210	9.22%	12	12.93%	7.61	14.69	-3.71%	-2.7
湖南	150992	8.58%	11.17	10.88%	6.4	12.35	-2.29%	-1.19

续表

来源地	2014年			2010年			新变化	
	流量当量	占总流量比重	人口估计	"六普"比重	"六普"数据	"六普"调整	占比变动	人口流量
四川	120857	6.87%	8.94	10.08%	5.93	11.45	-3.21%	-2.51
湖北	115553	6.57%	8.55	7.45%	4.38	8.46	-0.88%	0.09
TOP5	1070424	60.83%	79.16	54.88%	32.3	62.35	5.95%	16.81
江西	87960	5.00%	6.5	5.01%	2.95	5.69	-0.01%	0.82
河南	74809	4.25%	5.53	4.16%	2.45	4.72	0.09%	0.81
福建	62316	3.54%	4.61	3.40%	2	3.86	0.14%	0.75
重庆	55986	3.18%	4.14	3.22%	1.9	3.66	-0.04%	0.48
浙江	54934	3.12%	4.06	3.20%	1.88	3.63	-0.08%	0.43
TOP6—10	336005	19.09%	24.85	22.00%	12.95	24.99	-2.90%	-0.14
其他	1371058	22.09%	28.74	26.13%	15.38	29.69	-4.05%	-0.95
全国	1759707	100.00%	130.13	100.00%	58.85	113.6	0	16.53

注：2010年省外流入排名前五（TOP5）是广东、四川、湖南、广西、湖北五省区，而TOP10是指TOP5加河南、江西、重庆、安徽、黑龙江五省。2014年省外流入前五和前十已经发生了很大的变化。

相对于珠三角而言，海南面积虽然与珠三角大致相同，但其净流入人口规模远不及珠三角，2016年有所增加，2017年增量较大，但这种净流入增量既可以是本省外出人口回流也可以是外来人口纯增加，若有实名制数据则可以将

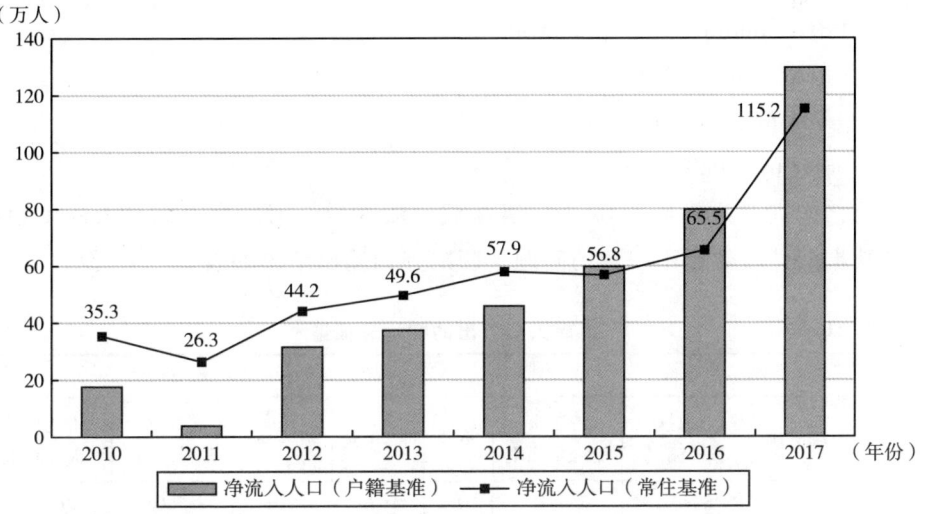

图21-4 海南省历年外来净流入人口估计（2010—2017年）

其区分开来。随着海岸线资源开发放缓,海南外来人口难有更大的增长,未来可能会在50万—100万人的区间波动。

第三节 海南跨省流出人口大数据推断

一、流出人口大数据初始表征流量

对数据表 PtopLineIn 进行下述 SQL 查询操作:

SELECT province, name, sum (num) as num0, to_char (sum (per)/2.4, '9999.999%') As per0

  FROM public. "PTopLineIn"

  where province = '海南'

  group by province, name

  order by num0 desc

可以得到节前海南人口流入来源地包括全国9个省级单位。为避免数据漏计,因此还必须对数据表 PtopLineOut 进行下述 SQL 查询操作:

SELECT province, name, sum (num) as num0, to_char (sum (per)/2.4, '9999.999%') As per0

  FROM public. "PTopLineOut"

  where name = '海南'

  group by province, name

  order by num0 desc

第二次查询共记录了18个省级区域的流入量。第二次查询最大限度地解决了数据漏计或数据不一致的问题。两次查询输出结果如表21-7所示。

表21-7 海南人口流出的初始表征量

第一次查询				第二次查询				
流入地	流出地	大数据采样流量	占海南流入量比重	序号	流出地	流入地	大数据采样流量	占流出地流量比重
海南	黑龙江	80771	3.68%	1	广东	海南	755803	29.60%
海南	吉林	46432	1.77%	2	北京	海南	219197	8.89%

续表

第一次查询				第二次查询				
流入地	流出地	大数据采样流量	占海南流入量比重	序号	流出地	流入地	大数据采样流量	占流出地流量比重
海南	四川	2683	0.08%	3	四川	海南	127452	5.15%
海南	重庆	1262	0.05%	4	河南	海南	109676	4.39%
海南	香港	572	0.19%	5	上海	海南	97721	4.13%
海南	澳门	78	0.04%	6	浙江	海南	90270	3.52%
海南	山西	36	0.01%	7	黑龙江	海南	75928	2.30%
海南	台湾	34	0.37%	8	重庆	海南	63557	2.27%
海南	青海	27	0.02%	9	河北	海南	60076	2.48%
海南	TOP9	131895	6.20%	10	江苏	海南	51142	2.58%
海南	全国	2162252	100.00%	11	贵州	海南	25563	0.90%
				12	湖北	海南	12469	0.48%
				13	湖南	海南	11331	0.64%
				14	山东	海南	6345	0.50%
				15	广西	海南	1984	0.39%
				16	陕西	海南	1810	0.16%
				17	山西	海南	1665	0.19%
				18	吉林	海南	474	0.02%
				19	TOP10	海南	1650822	65.31%
				20	全国	海南	2162252	—

二、由大数据表征流量到人口流量、流向测度

将两次查询结果合并，取大值新值之后，最后形成表21-8。将各省节前回流量除以总流量，再乘以跨省总流出人口，就可以得到2014年海南人口跨省流出各个流向的实际人口流量。仅从流量上来推算，2014年海南流出人口118.63万人。从大数据推断的结果来看（见表21-8），2014年海南流向广东41.47万人（列5），占海南跨省流出总量的34.95%（列4），即海南流出人口的1/3以上流向广东，居第1位；流向北京12.03万人，占跨省外出总量的10.14%，居第2位；流向四川6.99万人，占跨省外出总量的5.89%，居第3位。流向五大目的地TOP5合计71.86万人，占跨省外出总量的60.58%。最

后一列（列6）根据流入海南的流量反推海南跨省流出目的地省份的跨省外来人口估计。例如，课题组推算同期海南人口流向目的地的黑龙江的外来人口总量分别为120.58万人，由于两地距离太远，这种推算意义并不大。

表21-8　　2014年海南跨省人口流动流量、流向的大数据推断

流向	大数据表征流量	占流出量比重	占海南流出人口比重	人口流出量（万人）	海南流出目的地外来人口（万人）
广东	755803	29.60%	34.95%	26.68	—
北京	219197	8.89%	10.14%	7.74	—
四川	127452	5.15%	5.89%	4.5	—
河南	109676	4.39%	5.07%	3.87	—
上海	97721	4.13%	4.52%	3.45	—
TOP5	1309849	—	60.58%	46.24	—
浙江	90270	3.52%	4.17%	3.19	—
黑龙江	80771	2.30%	3.74%	2.85	77.59
重庆	63557	2.27%	2.94%	2.24	—
河北	60076	2.48%	2.78%	2.12	—
江苏	51142	2.58%	2.37%	1.81	—
TOP6—10	345816	—	15.99%	12.21	—
贵州	49172	—	2.27%	1.74	—
吉林	46432	—	2.15%	1.64	—
湖北	36078	—	1.67%	1.27	—
湖南	23609	—	1.09%	0.83	—
其他	351296	—	16.25%	12.4	—
全国	2162252	—	100.00%	76.33	—

从大数据推断结果看（见图21-5），海南人口主要流向广东，占流出总量的34.95%。对海南这样一个人口总量相对较小，且是一种年末热点旅游目的地，对于推算结果需要分多个层面进行更多的解释。一是像北京、上海、浙江、江苏等经济发达且人口净流入地区，节前由这些地方发生较大流量的最大影响因素是其旅游需求，而并非流出的海南人赶回海南过年，四地合计占据的海南流出人口25万余人，若将其剔除，则海南人口的跨省流出基本上是平衡的。二是黑龙江、河北、吉林等距离较远且冬季同样寒冷的地区，也并非海南的流出人口赶回家乡过年而是冬季度假的需求。三是广东的问题，课题组估计

有1/3的是广东本省人口的旅游度假需求。四是四川、河南、重庆等传统的劳动力人口流出大省，其旅游度假需求约占实际流量的20%，其余80%是海南户籍的人口流出。将这些旅游性因素剔除之后，课题组推算2014年海南跨省流出人口76.33万人，2010年跨省流出82万人。

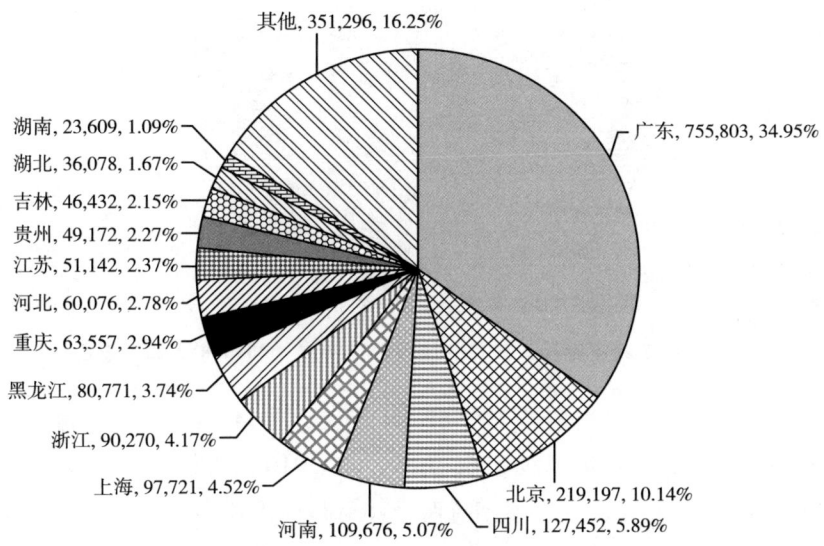

图 21 - 5　海南跨省流出人口目的地百分比构成（2014 年大数据推断）

三、人口流出流量、流向变化测度和比较分析

2010年"六普"数据显示（见图21-6），海南跨省流出人口27.6万人。与其他省份不同，由于海南旅游人口较多，因此人口普查数据比大数据更加符合事实，而实名制大数据比人口普查更可靠。海南的人口流出应与广西相似，即80%以上的人口流向广东。2014年大数据推断中并没有看到海南流向广西的流量，原因是外省流动到广西的人口中，来自海南的占比太小而没有被大数据系统记录。

由于大数据采样对海南这样一个人口规模不大且季节性旅游人口流动频繁的区域而言，需要结合全年平均流量加以调整，经调整后广东占比上升到42.40%，居海南外出人口第1位；四川成为海南外出人口的第2大目的地；北京、河南占海南流出人口比重相等，分居海南流出人口目的地第3位和第4位；贵州、浙江和重庆超过上海，湖北居第9位，江苏居第10位。前面课题

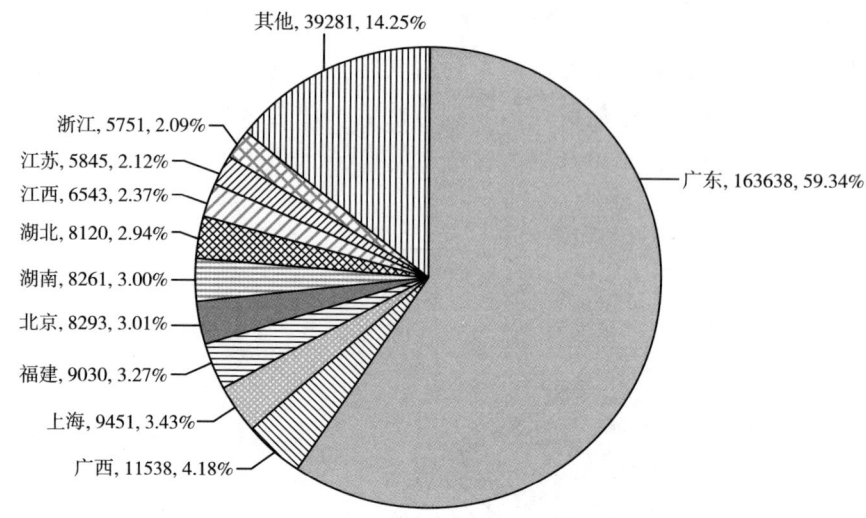

图 21-6　海南跨省流出人口目的地百分比构成（2010 年人口普查数据）

组推算出 2010 年海南流出省外人口 82.00 万人，2014 年年末跨省流出人口总量 76.33 万人，比 2010 年减少 5.68 万人。与 2010 年相比，海南流向广东的人口减少了 16.30 万人，主要原因有两个：一是海南流向广东的人口特别是劳动力确实发生减少，二是"六普"调查时可能发生高估。流向湖南、上海、湖北和江苏的海南人减少，而流向四川、河南、贵州和北京的海南人增加。海南跨省人口流出及其变化如表 21-9 所示。

表 21-9　　　　海南跨省人口流出流量、流向变化　　　　单位：万人

流向	2014 年大数据推断		2010 年			流量变化	
	大数据占比	人口流出	"六普"占比	"六普"流出	调整流出	人口变化	占比变化
广东	42.40%	32.36	59.34%	16.36	48.66	-16.3	-16.94%
北京	4.61%	3.52	3.01%	0.83	2.47	1.05	1.60%
四川	5.36%	4.09	1.73%	0.48	1.42	2.67	3.63%
河南	4.61%	3.52	1.14%	0.31	0.94	2.59	3.47%
上海	2.06%	1.57	3.43%	0.95	2.81	-1.24	-1.37%
TOP5	59.04%	45.07	73.24%	20.2	60.05	-14.99	-14.19%
浙江	3.16%	2.42	2.09%	0.58	1.71	0.71	1.08%
黑龙江	1.70%	1.3	0.62%	0.17	0.51	0.79	1.08%

续表

流向	2014年大数据推断		2010年			流量变化	
	大数据占比	人口流出	"六普"占比	"六普"流出	调整流出	人口变化	占比变化
重庆	2.67%	2.04	1.34%	0.37	1.1	0.94	1.33%
河北	1.69%	1.29	1.05%	0.29	0.86	0.43	0.64%
江苏	1.79%	1.37	2.12%	0.58	1.74	-0.37	-0.33%
TOP6—10	16.97%	12.96	12.52%	3.45	10.27	2.69	4.46%
贵州	2.41%	1.84	0.61%	0.19	0.5	1.34	1.81%
吉林	0.98%	0.75	0.60%	0.16	0.49	0.26	0.38%
湖北	2.02%	1.54	2.94%	0.81	2.41	-0.87	-0.92%
湖南	1.32%	1.01	3.00%	0.83	2.46	-1.45	-1.67%
其他	17.24%	13.16	16.99%	4.68	13.93	-0.77	0.26%
全国	100.00%	76.33	100.00%	27.58	82	-5.67	0

注：2010年流出省外排名前五（TOP5）是广东、广西、上海、福建、北京五省市，而TOP10是指TOP5加湖南、湖北、江西、江苏、浙江五省。

四、促进海南人口与经济社会均衡发展的对策与建议

海南虽然以一省之名，但其经济总量、区域面积和人口总量仅相当于全国一般的地级市。2016年海南全省GDP 4044.51亿元，约为广州、深圳的1/5，只有广东GDP排名第4位的东莞的59.2%[①]，比浙江GDP排名第4位的绍兴市还少655.69亿元。作为全国唯一的经济特区省份，海南经济规模偏小，人均GDP仅为全国平均水平的81.98%（2016年）。究其原因：一是第一产业占比过大，2016年全国第一产业占GDP比重只有8.6%，而海南同期占比高达24%；二是土地面积较小导致农业规模偏小，无法依靠规模化产业化和提高总产出和人均产出水平；三是整个经济高度依赖第三产业，2016年海南第三产

---

① 2016年东莞地区生产总值（GDP）6827.67亿元，移动电话用户1575.08万户，减少181.67万户。年末互联网用户185.27万户，比上年减少16.47万户；宽带接入用户181.01万户，减少15.43万户。以上海人口为参照，并将上海的老年人口因素剔除，课题组测算2016年东莞的人口为1108.45万人，比2015年减少127.85万人，外来人口的大量离开导致东莞的互联网用户和宽带接入用户也明显减少。

业占全省 GDP 比重为 53.7%，而第二产业占全省 GDP 比重只有 22.29%，比第一产业还低 1.71 个百分点。农业高占比所吸纳的大量劳动力和第二产业的小规模的劳动力吸纳能力，是海南经济水平大大低于全国平均水平的主要原因。跨省流出人口规模不到湖南衡阳、邵阳等人口流出大市的 1/3，从劳动力人口看，海南的 GNP 甚至不如衡阳、邵阳、赣州等地级市。

虽然海南是人口净流入地区，但海南是全国唯一的人口净流入但人均 GDP 低于全国的地方。根本原因一是大型企业的垄断所导致的竞争不足，二是小微企业的数量和活力不够，如强调家庭农场的规模经营。破解的方法首先是开放农村宅基地市场，允许宅基地自由买卖，同时全面改革和创新实施房地产税制度。其次不应强调家庭农场的规模效应，更要适当抑制兼并式的中大型企业行为。管理的重点在于饮食卫生监管和生活垃圾的无害化处理。对于经营规模不应设限，而饮食卫生监管则应形成省—市—县—镇—村等多级监管体制。生活垃圾的无害化处理细化到村级即可。改革村集体土地管理权和所有权，可试行"三三制"新农村土地改革：即国家拥有 1/3，村集体拥有 1/3，村民个人拥有 1/3，并允许村民买卖。如此改革之后，也不用担心金融不下乡，个人有产权，资本自然来。

海南面积 3.54 万平方千米，其中平原面积占 11.2%，丘陵占 13.3%，台地占 32.6%、阶地占 16.9%。从宜居条件来看，海南承受 2000 万人口是不成问题的，考虑到平原是农业的主要生产区域，若平原人口密度 1500 人/平方千米，丘陵、台地和阶地人口密度分别为 800 人/平方千米、400 人/平方千米和 300 人/平方千米计算，则全省平原、丘陵、台地和阶地可分别容纳 600 万人、400 万人、450 万人和 250 万人，即全省实际容纳 1700 万人都不成问题。因此，在全国人口增长极为缓慢的时代，未来海南的人口上限并不存在"瓶颈"。

本章参考文献

［1］海南通信管理局—通信发展 – > 行业统计 – > 统计信息（月报）．海南省通信行业主要指标发展情况表（2005 年 1 月至 2018 年 1 月）［OL］．http：//www.hnca.gov.cn/index.php？c＝content&a＝list&catid＝280&page＝1．

［2］海南省统计局（2015 – 03 – 09）．2014 年海南省人口状况分析［OL］．http：//xxgk.hainan.gov.cn/hi/HI0201/201503/t20150309_1529449.htm．

［3］汪海飞. 海南省人口流动对城市化进程影响实证分析［J］. 现代商贸工业，2017（9）：15－17.

［4］飞象网（2018－02－09）. 百度地图2018年春运出行预测：去海南的不都是东北老乡［OL］. http：//www.cctime.com/html/2018－2－9/1360801.htm.

［5］海南新闻网（2008－05－01）. 海南省第二次农业普查主要数据公报［OL］. https：//news.qq.com/a/20080501/000470.htm.

第二十二章
重庆市人口流动流量、流向及其变化研究

摘 要：2007年重庆市外流动人口达到顶峰（拐点），在重庆经济高速增长的吸引下，重庆市外流动人口缓慢减少，而市内流动人口则逐步增加，但市外人口流量依然大于市内流量。与同口径的2010年"六普"时期相比，广东依旧是重庆人口主要流出目的地，但流向川贵鄂湘等相邻省份的流量增加；流向长三角浙沪苏等地的人口流量和占比减少；市外流入人口四川占据半壁，贵鄂湘占比也快速回升；主要流出目的地和主要流入来源地人口流动流量、流向都发生了很大的变化，经济发展和区域一体化是人口流动流量和流向变化的关键因素。

关键词：重庆流动人口；人口大数据；成渝城市群

第一节 重庆农村劳动力转移与外出人口增长

一、重庆流出人口简述

1975年，重庆有2280.39万农业人口，至2014年年末，重庆仍旧有2003.08万农业人口，重庆2000多万农业人口的记录保持了40年之久。相对于全国农业人口数量而言，重庆农业人口占全国农业人口比重不到3%，但重庆流出市外的人口规模却高达全国6%左右。2002年至今，重庆经济保持两位数以上的高增长已达15年，虽然经济的高增长吸引了大量的劳动力，但时至今日，重庆每年净流出人口规模依然在300万人以上。国内很少有专门的文献来研究较大区域内的人口流动流量、流向，一般直接采用人口普查和抽样调查数据。2014年国内大数据热潮涌动，有关人口大数据研究也有不少文献，但

可供应用的文献极其罕见。

在国内，重庆移动从2011年开始探索大数据运营发展，并较早利用移动用户通话信息来推算人口流动情况。2015年，重庆移动基于大数据技术发布了《2015年重庆市人口流动与五大功能区域发展分析报告》，该报告是国内外首份利用大数据技术测度重庆市人口流动的文献。2017年3月2日，重庆移动基于大数据技术发布了《2016年重庆市人口流动与五大功能区域发展分析报告》（以下简称"报告"）。两份《报告》都仅选取移动用户进行分析，重庆移动市场份额为75%。报告所用流动人口数据统计口径：统计期内流入重庆市内或流出重庆市外，且连续驻留时长超过1个月的居民，即常住流动人口。《报告》结果显示，近3年来，重庆市基本上每年新流入人口高于流出人口，出现"入多出少"的净流入状态。《报告》指出，净流入规模明显扩大是由于流入人口大量增加，而流出人口规模基本上没有变化。

二、重庆农村流出劳动力测算

由于农村劳动力在流出人口中占有极高的比例，国内不少人口流动研究往往直接以农村劳动力流动为对象。吴寿平（2016）参照李勋力、李国平（2005）的方法，劳动力流动等于城镇从业人员减去城镇职工人数加上农村从业人员减去第一产业从业人员（农业从业人员），劳动力流动率则等于劳动力流动数与劳动力资源总数之积，测算出1978—2015年广西农村流出劳动力（农民工）数量。课题组利用同样的方法，推算重庆1996—2015年农村流出劳动力数量，并利用户籍人口减去常住人口的差额计算重庆市外、市内流动人口数量（见图22-1）。图中常住户籍人口差额是重庆市统计局公布的户籍人口数减去常住人口数，两者之差是政府公布的市外净流出人口数。而重庆流动劳动力数同样来自市统计局的口径，包括市内、市外流动。由于农村流出劳动力人数采样市统计局口径，市外净流出数并不包含在内，因此常住户籍人口差额加上市外净流出数就是重庆流动人口总数（包括市内、市外流动人口）。另一个需要注意的是，在农村流出劳动力中，通常会伴随10%左右的非劳动力人口流出，主要是外出劳动力亲属。为谨慎计，课题组并没有将伴随农村劳动力流出的亲属（主要是小孩和老人）计算在内。若将农村劳动力亲属流动计算在内，2010年和2014年重庆户籍的流动人口数分别为1161.54万人和

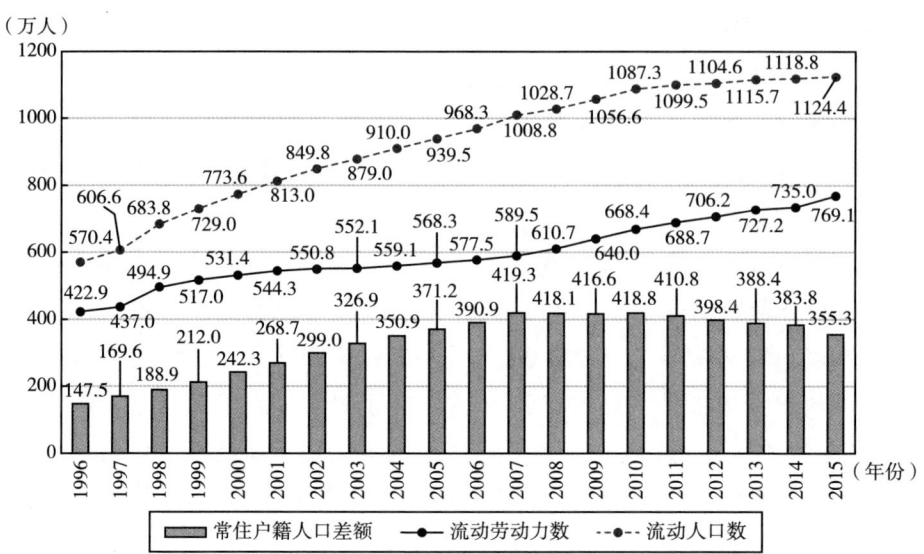

图 22-1 重庆市历年农村流出劳动力、常住户籍人口差额与流动人口数（1996—2015 年）

1200.50 万人，四年累计增加 38.96 万人，同期户籍人口增加 71.75 万人。

从图 22-1 可以看出，2007 年以来重庆市内流动人口和流向市外的流动人口一直保持在 1000 万人以上的规模并缓慢增长，2010 年之后几乎是一条平行线，2013 年仅比 2012 年增长 0.29%。与 2013 年重庆市人口计生委的全市流动人口动态监测数据相比，课题组估计的全市外出流动人口（离开原籍一个月以上）为 1115.65 万人，同期卫计委为 1043.13 万人，两者相差 72.52 万人；市人口卫计委数据显示，全市外出至市外的人口为 531.98 万人，占全部流动人口的 50.998%，在市内流动的人口为 511.15 万人；在来渝的外地人中，每 10 个外地人中，就有 6 个是四川人。课题组的估计结果与市人口卫计委差别并不大，但重庆市人口卫计委的数据主要有三大缺陷：一是样本量过少，仅在全市范围内抽取 6000 个样本，通过小样本进行统计推算结果误差通常会比较大；二是不同区县人口流出的流量和流向差异性较大，郊区人口流向中心城区的可能性较大，而山区县和新撤县设区的地方市外流动占比高；三是外调流入人口在九龙坡、沙坪坝、渝中、江北、渝北等中心区分布不均且密度不同。

与重庆市人口卫计委的数据相比，重庆移动的报告 2016 大数据推断的结果更为可靠：一是样本量足够大，虽然移动公司占全市移动市场份额没有达到 100%，但大数据采样数量在 2091.6 万个初始样本，符合人口流动定义的样本量也在 1000 万人以上，样本量是重庆市人口卫计委样本的 1700 多倍，大数据统计推算误差显然会远远低于重庆市人口卫计委的抽样调查推算。例如,报告2016数据显示,从2016全年来看,重庆市漫游入客流规模一直比漫游出访大,且在春节达到了最大差值规模约487万,且具有明显的季节特征。春节漫游之所以产生最大差值,根本原因是由重庆流向市外的户籍人口返乡过年所导致,最大差值即重庆市外流动人口的最小值。由于重庆远离广东、浙江、上海、江苏、福建和北京等沿海发达省市,除了春节期间返乡过年的市外流动人口外,还有相当比例的流动人口留在他乡过年。例如,2015年广州番禺市一项外来人口返乡过年的调查表明,有七成的外来人口返乡过年,由于重庆远离经济发达省市,返乡过年的比率应该低于70%。当然最大差值并不能代表487万净流出人口,如2016年全国流动人口人均手机拥有量约为1.25部,由于重庆农民工占外出人口比重较大,因此市外流动人口人均手机拥有量应较全国平均水平为低。

三、流动人口市内流动和市外流动差异

图22-1中的流动人口数量既包括市内流动人口也包括市外流动人口,要得到重庆市外流动人口,还需要确定市外流动人口占总流出人口的比重。重庆市卫计委的人口流出规模可能偏小,但市外流动人口占流动人口总数的比重应该比较准确,课题组先根据重庆市统计局公布的2000—2006年的流动人口数据推算的市外流动人口比重,以2006年和2013年市卫计委的数据为基点,采用插值法和趋势外推法计算其他年份的市流动人口占比,然后取均值,得到2000—2015年重庆市内、市外流动人口数量及其占比(见表22-1)。从表中可以看出,2007年重庆市外流动人口达到顶峰(拐点),与全国农村情况一样,农村可供流动劳动力基本枯竭。市内流动继续保持较快的增长态势,平均每年净增长23.5万人。流动人口总数2007年以来一直增加,但其中0—15岁的非劳动力增长速度(约为3%)远快于劳动力增长速度(约为0.5%)。

表22-1　重庆历年流动人口数量及其市内、市外数量估计(2000—2015年)

年份	流动人口数 (万人)	市外流动 (万人)	市内流动 (万人)	市外流动占 流出人口比重
2000	773.64	562.25	211.39	72.68%
2001	813.03	578.27	234.76	71.12%
2002	849.80	595.52	254.28	70.08%

续表

年份	流动人口数（万人）	市外流动（万人）	市内流动（万人）	市外流动占流出人口比重
2003	879.01	603.72	275.29	68.68%
2004	909.99	612.33	297.66	67.29%
2005	939.48	620.16	319.32	66.01%
2006	968.32	645.06	323.26	66.62%
2007	1008.83	655.49	353.34	64.98%
2008	1028.70	651.52	377.18	63.33%
2009	1056.63	651.87	404.76	61.69%
2010	1087.27	652.93	434.34	60.05%
2011	1099.49	642.22	457.27	58.41%
2012	1104.62	627.09	477.53	56.77%
2013	1115.65	615.04	500.61	55.13%
2014	1118.83	598.43	520.40	53.49%
2015	1124.37	582.94	541.43	51.85%

表22-1中的市外流动人口实际上是一种净流出。在图22-1中，常住户籍差额人口是被流入地官方作为外来常住人口来记录，即市外流动人口减去常住户籍差额人口之后，两者之差则是被重庆市作为本市常住人口来加以记录（见图22-2）。由图22-2中可以看出，2001年之前重庆农村跨市流出的人口

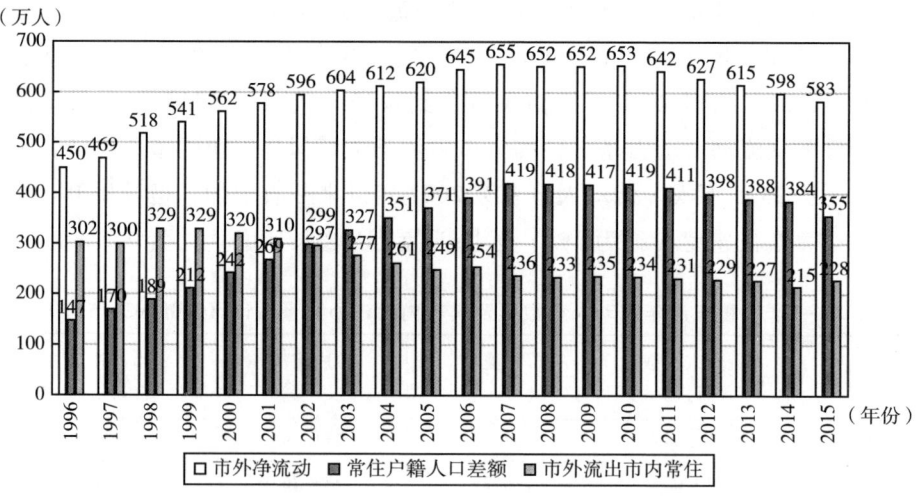

图22-2 重庆市历年市外净流出人口、流出却被记录为常住的人口（1996—2015年）

中，有 300 多万依然被户籍所在地列为当地的常住人口。这种情况并非重庆才有，全国人口流出地区都普遍存在这种现象。很多外出农民工害怕不登记为当地常住人口，就可能失去土地，因此即使常年外出，只要家里还有一个老人，也全部登记为户籍所在地常住居民，甚至全家常年在外省就业，也与村里保持联系，积极参加农村医疗、养老，以免被除去户籍。另外，在全国加大转移支付力度的情况下，更多的常住人口意味着更多的转移支付，因此政府基层管理人员也乐意有更多的常住户籍人口。相对于 3371.84 万户籍人口，2015 年重庆约有 6.75% 的人口（228 万人）依旧被登记为常住人口。

四、基于手机拥有量的流出规模推断

由于很多常年性跨省外出的人口依旧被列入其户籍所在地的常住人口当中，必然会造成某些人均数据偏低，如人均 GDP、人均手机拥有量等。课题组本节将利用人均手机拥有量来测定真实的跨省净流出。有关调查显示，2007 年中国农村外出劳动力人均手机拥有率已达 0.9 部。但直到 2014 年年末，重庆常住人口每百人手机拥有量仅 86.58 部，只有全国平均水平的 91.62%。仔细比较就可以发现，那些低于全国平均水平的省份全部是人口流出大省（如江西、安徽、湖南、河南、重庆等），或者是少数民族占比较高的省份（西藏、新疆、青海）。从直观上来讲，广东、浙江比江西、安徽、湖南、重庆、河南经济发达，两省的人均手机拥有量比重庆等人口流出大省高也在情理之中。比较广东、浙江、江苏等发达省份的与重庆自治区每百户城镇和农村的人均手机拥有量，重庆只比这些经济发达省份的差距仅在 5 个百分点以内。但重庆与全国各省级单位以常住人口为基数计算得到的人均手机拥有量却差距较大。数据巨大差异的背后，是人口流出大省大量跨省外出人口依旧被计算为本省常住人口，而人口流入大省则低估了跨省外来人口的规模。

从调查数据和统计年鉴数据来看，重庆的人均手机拥有量与广东、浙江等经济发达省份相差不大，手机已经成为生活基本配备品。将流出人口拥有的手机计算在内，2015 年重庆人每百人手机拥有量高达 98 部，高于全国同期每百人手机拥有量的 94.99 部（见表 22-2）。以常住人口为基数计算，重庆市 2015 年人均 GDP 为 5.2 万元，比全国人均 GDP 4.9 万元多 0.3 万元，但按常住人口计算重庆每百人手机拥有量却低于全国平均水平，课题组的估计更能反映真实的情况,即人均 GDP 高的地方手机拥有率也会高。如果将重庆市外流动的人口计算在内,2014 年重庆籍人口平均创造 5.64 万元的 GDP,比全国平均水平高出 0.71 万元,人口流动可创造更多财富的能力不容怀疑。课题组利用大数据测定了重庆 2014 年外省流入人口为 288.75 万人(可信区间:268.75 万—308.75 万人,均值 288.75 万人),根据流出 598.43 万人口,可推算 2014 年重庆跨省净流出人口 309.68 万人,根据广东省统计局人口变动抽查调查,外来人口中农民工约占 84%,而重庆在广东外省流入农民工中占有较大的比重与数量,因此可推算流动在市外的农民工有 502.68 万人,非农民工人口 95.75 万。2014 年重庆农业人口 2003.8 万人,占全国 6.74 亿农业人口的 2.97%;从课题组估计的结果来看,重庆流动农民工 939.8 万人(占总流动人口的 84%),占全国 2.53 亿流动人口的 3.71%,重庆流动人口总数占全国 2.98 亿人户分离人口的 3.75%。从表面上看,重庆农村流动人口比例较全国平均水平似乎高出很多,但考虑到全国各人口流出大省普遍存在的外出农民工依旧被记录为其本地户籍所在地的常住人口的现象,课题组认为重庆的人口(劳动力)流动占总人口(劳动力)的比重并非显著地高于全国平均水平。

表 22-2 不同人口基数下重庆每百人手机拥有量(2007—2015 年)

年份	常住人口口径			本市实有人口		重庆籍人口		
	手机数(万部)	人口数(万人)	百人手机拥有量	人口数(万人)	百人手机拥有量	人口数(万人)	手机数(万部)	百人手机拥有量
2007	1176.9	2816.0	41.8	2579.8	45.6	3235.3	1766.8	54.6
2008	1281.7	2839.0	45.1	2605.5	49.2	3257.1	1964.3	60.3
2009	1440.9	2859.0	50.4	2623.7	54.9	3275.6	2162.1	66.0
2010	1664.4	2884.0	57.7	2650.5	62.8	3303.5	2368.6	71.7
2011	1801.2	2919.0	61.7	2687.6	67.0	3329.8	2577.2	77.4
2012	2069.7	2945.0	70.3	2716.4	76.2	3343.4	2778.3	83.1
2013	2380.8	2970.0	80.2	2743.4	86.8	3358.4	3100.4	92.3
2014	2589.9	2991.4	86.6	2776.8	93.3	3375.2	3308.0	98.0
2015	2788.8	3016.6	92.4	2788.9	100.0	3371.8	3505.8	104.0

注:重庆籍人口包括市外流动人口。

《2018 年重庆市国民经济和社会发展统计公报》显示,2018 年年末重庆全市常住人口 3101.79 万人,外出农民工 553.95 万人。而基于手机用户总数推算的全市总人口 3000 万人,即仍然有 100 万左右的外出重庆人口视为本地常住人口。《重庆市人口发展规划(2016—2030 年)》将常住人口规模确定为 3600 万人左右,每年人口增量要达到 40 万人。我们估计未来重庆人口包括外出人口返乡,年均增量只有 25 万人左右,即 2030 年重庆实有总人口也只有 3300 万人左右,常住人口规模达到 3600 万人的概率极低。

第二节 重庆流出人口大数据推断

一、流出人口大数据初始表征流量

对数据表 PtopLineOut 进行下述 SQL 查询操作:

SELECT province, name, sum (num) as num0, to_char (sum (per)/2.4, '9999.999%') As per0

  FROM public."PTopLineOut"

  where name = '重庆'

  group by province, name

  order by num0 desc

可以得到节前重庆人口流入来源地包括全国 10 个省级单位。从大数据归集的可表征人口流动流量的大小来看,节前由外省流入重庆人口最多的省份是广东,大数据表征人口流量为 2791975,占广东流出总数的 3.254%。由于春节人口流动的特殊性,节前各方向的流入当量是用来测定的是重庆人口流出流量、流向,而节前重庆流出当量则用来测定外省流入重庆的人口流量、流向。其次是四川,表征人口流量为 2470578,占四川流出总数的 31.926%;来自贵州的流入排在第 3 位,表征人口流量为 876715,占贵州流出总数的 16.311%;来自浙江的流入当量排在第 4 位,表征人口流量为 871120,占浙江流出总数的 1.827%;流入排名第 5 位的是福建,表征人口流量为 728615,占福建流出总数的 6.195%。在流入排名 TOP5 的省级单位中,广东、浙江和福建是我国东部沿海经济发达地区,也是重庆人口与劳动力流动的主要目的地;四川和贵州则是与重庆相邻两省,来自四川的人口流动流量当量已经与广东省属于同一量级,但重庆人在两省所占比重却相差极大,贵州则与浙江的人口流动流量当量属于同一量级。湖北、云南、贵州三个相邻省份贡献的人口流动流量当量分别居流入当量的第 6、第 7 和第 8 位。

将查询得到的数据导入 Excel 中，由于台港澳基本上为旅游客流，为直观计将其略去。陕西之后的省份流量太小，主要原因是系统仅记录流量为 TOP10 的省份，西藏和广西虽然排在 TOP10 之后，但在某些时段其流入当量依旧进入重庆流入总量的前 10 名，表明重庆有较大规模的人口流向这两个自治区。另一情况要值得注意，若重庆流入该省人口占该省总流入人口比重较低，则春节节前流回重庆时可能占不到 TOP10，但该流量有可能被记录在 PtopLineIn 数据表中，为排除这种发生数据漏计的情况，必须对数据表 PtopLineIn 进行下述 SQL 查询操作：

SELECT province, name, sum（num）as num0, to_char（sum（per）/2.4, '9999.999%'） As per0

　　FROM public."PTopLineIn"

　　where province = '重庆'

　　group by province, name

　　order by num0　desc

该查询除了防止大数据表征的人口流量被漏计外，另一个重要的功能是计算出大数据表征人口的总流量。结果表明，对数据表 PtopLineIn 查询后得到的大数据表征的人口流量为 9872906，占全部回流量总数的 89.055%，因此推断出节前流回重庆的大数据表征的人口总流量为 11086302。在课题组建成的数据库中通过查询可以直接得到重庆跨省流出人口在各省的比例，例如，在重庆流出人口中，流向广东的占 24.642%，流向四川的占 23.034%，9.915% 的重庆人流向浙江。重庆 TOP 流出市外的流动人口占市外流动总人口的 71.991%，集中度非常高，特别是广东接纳的重庆人比重比浙闽苏沪京总和还略高。

二、由大数据表征流量到人口流量、流向测度

在重庆跨省流出人口中，以市外流动人口总量（以前面推算的 598.43 万人为基准）及所占比例推算，2014 年重庆流向广东 150.71 万人（列 5），占市外流动人口总量的 25.18%（列 4），居第 1 位，其中农民工 126.60 万（列 6）；流向四川 133.36 万人，占市外流动人口总量的 22.28%，居重庆市外流出目的

地第 2 位；流向浙江 59.95 万人，占跨省外出总量的 10.02%，居第 3 位，其中农民工 50.36 万人；流向贵州 47.32 万人，占市外流动人口总量的 7.91%，居流量排名第 4 位；流向福建 39.33 万人，占市外流动人口总量的 6.57%，其中农民工 33.04 万人，居流量排名第 5 位（见表 22-3）。TOP5 流向地合计 430.68 万人，其中农民工 361.77 万人，占市外流动总量的 71.97%。TOP10 流向地合计 531.25 万人，其中农民工 446.25 万人，占市外流动总量的 88.77%。

表 22-3 2015 年春运节前重庆跨省人口流动流量、流向的大数据推断

流向	大数据表征流量	占流出地比重	占重庆流出人口比重	人口流出量（万人）	农民工流出量（万人）	重庆流出目的地外来人口（万人）
广东	2791975	3.25%	25.18%	150.71	126.60	3890.45
四川	2470578	31.93%	22.28%	133.36	112.02	350.88
浙江	1110705	1.83%	10.02%	59.95	50.36	2756.55
贵州	876715	16.31%	7.91%	47.32	39.75	243.72
福建	728615	6.20%	6.57%	39.33	33.04	533.29
TOP5	7978588	—	71.97%	430.68	361.77	7774.89
湖北	473823	7.325%	4.27%	25.58	21.48	293.30
云南	446650	8.543%	4.03%	24.11	20.20	237.06
江苏	384918	—	3.47%	20.78	17.45	—
上海	346614	—	3.13%	18.71	15.72	—
湖南	211182	3.565%	1.90%	11.40	9.58	268.60
TOP10	9841775	—	88.77%	531.25	446.25	—
北京	162956		1.47%	8.80	7.39	
海南	55986	3.20%	0.51%	3.02	2.54	79.30
新疆	43204	2.20%	0.39%	2.33	1.96	89.17
西藏	18370	5.86%	0.17%	0.99	0.83	14.22
广西	14305	0.29%	0.13%	0.77	0.65	225.22
陕西	246	0.03%	0.00%	0.01	0.01	—
其他	949460	—	8.56%	38.13	30.72	—
珠三角	2791975	3.25%	25.18%	150.71	126.60	3890.45
长三角	1842237	—	16.62%	99.44	83.53	2756.55
川贵鄂湘	4032298		36.37%	217.66	182.83	1156.50
合计	11086302	—	100.00%	598.43	502.68	8981.76

流向珠三角（广东）150.71万人，流向长三角（浙苏沪）99.44万人，其中农民工83.53万人，占市外流动总量的16.62%。流向川贵鄂湘相邻四省217.66万人，占市外流动总量的36.37%。

表22-3中最后一列（列7）根据流入重庆的流量反推重庆跨省流出目的地省份的跨省外来人口估计，其结果与我国跨省外出人口的数量基本一致。这也刚好反映了目的地省份节前重庆人返乡过年的比率，大数据推断结果依然准确适用。以广东为例，以重庆为基点推算广东跨省外来人口为3890.45万人，而课题组利用湖北人口流动大数据推算广东跨省流入人口为3976.52万人，两者可以取均值进一步缩小广东外省流入人口的可信区间。从目的地流量百分构成来看（见图22-3），重庆人口流向广东和四川占据近一半的比重，其次是浙江、贵州和福建，而流向江苏、上海和北京等发达地区的占比较小。以600万市外流动人口推算，重庆仍然有150万人口流动到广东，相比2010年实际流动到广东的180万以上的人口，其数量减少了30万人以上。

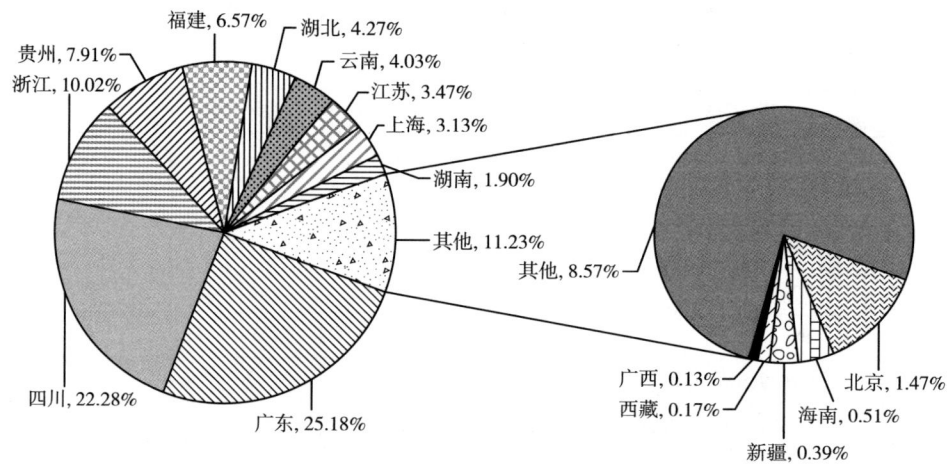

图22-3 重庆流出人口流向目的地构成（2014年大数据推断）

三、人口流动流量、流向变化测度和比较分析

重庆移动发布的《2019年春节重庆移动大数据报告》[①] 数据显示（见图

---

① 参见：搜狐中国新闻网重庆频道（2019-02-12）.重庆移动发布《2019年春节重庆移动大数据报告》[OL].http://www.sohu.com/a/294276373_100253935.

22-4),春节期间入渝880万余人次,其中四川居第1位,占入渝总数的25%;其次是广东占21%,浙江占11%。由于数据采集段包括节后人口回流,而从全国的情况来看,春节假期外出人口回流其流动目的地要占1/3左右,因此可以推算2018年重庆外出流动人口仍然在600万人左右的规模。此外,由于川渝两地日常性流动较为频繁及节后回流原因,可以推断广东仍然是重庆人口外出的首要目的地。从浙江占11%的比重来看,虽然比2014年大数据推断有所提高,但由于外出人口应以节前流量来计算,而该报告数据采集日期为2019年1月25日至2月7日,节后由浙江流入的人口则以外来人口为主,而节前则是外出人口返乡为主。因此,重庆外出流动到浙江人口的比重与2014年基本不变,即2014年以来重庆的外出人口流向构成并没有太大的变化。我们推算2006年重庆市流出市外的劳动力人数563万人,意味着2006年以来重庆外出人口长期保持在600万人左右的规模。但从统计数据上来看,外出人口逐年增长,但这种增长仅仅是一种数据而非真实的外出人口增加。

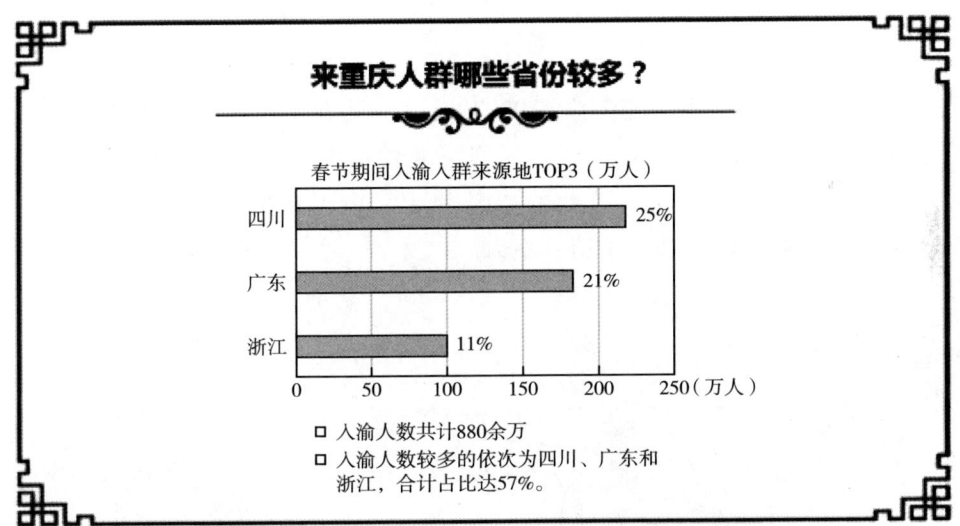

图22-4 重庆流出人口流向目的地

注:图片来源:重庆移动。

重庆移动的报告还显示(见图22-5),春节出渝人数590余万人次。由此推断重庆净流出人口仍然高达300万人左右。从春节出渝流向来看,四川、贵州和湖北是重庆外来人口的主要来源地,三个相邻省份贡献了66.8%的重庆外来人口。

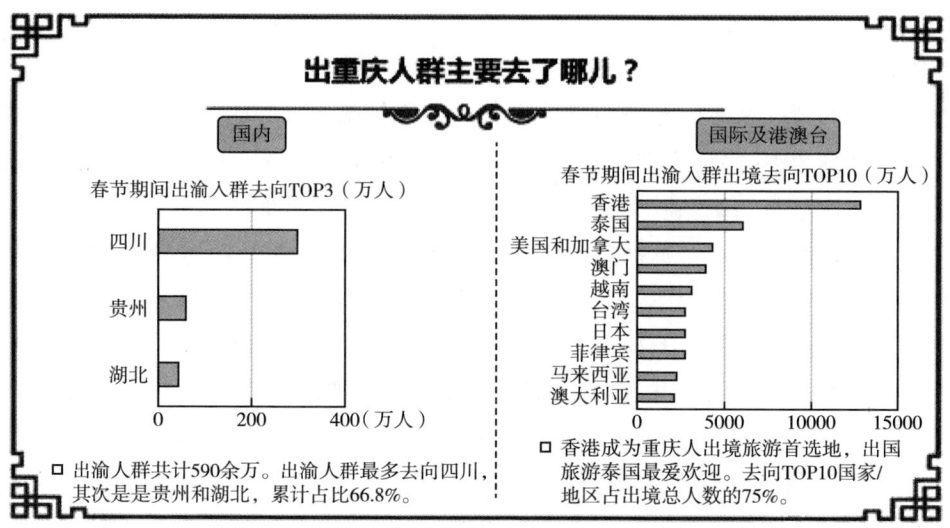

图 22-5　重庆流出人口流向目的地

注：图片来源：重庆移动。

2010年"六普"数据显示（见图22-6），重庆流动到市外的常年性流动人口为350.69万人。其中流向广东93.39万人，占流出总数的26.63%。由于广东外来人口严重低估，实际流向广东的常年性重庆籍流动人口数量在180万以上，占重庆市外流动人口总数的40%以上。由于数据口径差异较大，与2010年普查数据比较的参考价值并不大。

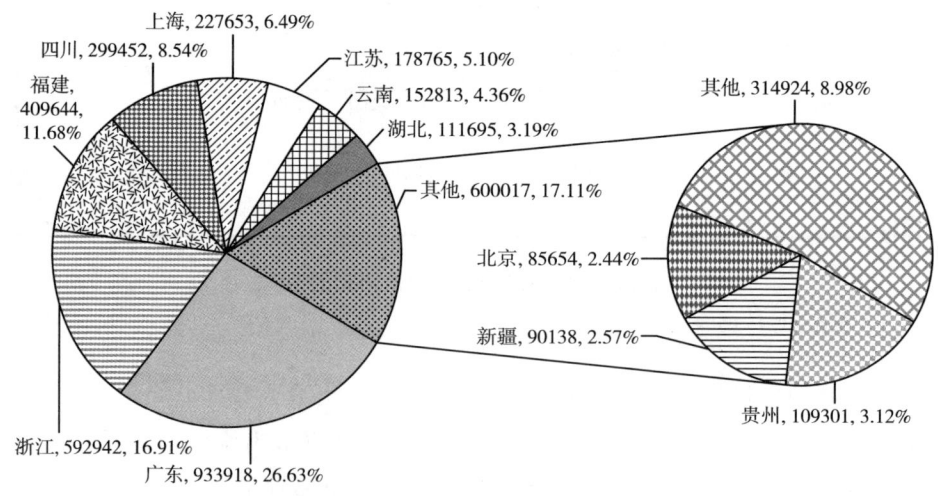

图 22-6　重庆流出人口流向目的地构成（2010年人口普查数据）

课题组选择将表22-3与2010年"六普"时期重庆人口流动的数据相比。由于"六普"数据同样存在市外流动人口依旧被记录为常住人口的问题，为了有相同的比较口径，课题组根据前面的分析调整了2010年重庆市外流动人口及劳动力数量，但"六普"各方向流出比例保持不变。2010年市外流动人口652.93万人，其中农民工590.63万人，占市外流出总量的90.46%；2014年市外流动人口598.43万人，其中农民工502.68万人，占市外流出总量的84%，最终形成表22-4。与2010年相比，重庆市外流动农民工减少了87.95万人，而市外流动人口减少54.50万人，农民工减少的幅度快于市外流动人口减少的幅度。国内人口流出地农民工数量的快速减少与全国劳动力资源2013年形成拐点有极大的关系，流动人口减少幅度低于农民工的原因在于0—15岁非劳动力人口在流出人口中的占比快速上升有关。

表22-4 重庆跨省人口流出流量、流向变化 单位：万人

流向	2015年节前大数据推断			2010年			流量变化		
	大数据占比	人口流出	农民工流出	"六普"占比	"六普"流出	调整流出	农民工流出	人口流动	农民工
广东	25.18%	150.71	126.60	26.63%	93.39	173.88	157.29	(23.17)	(30.69)
四川	22.28%	133.36	112.02	8.54%	29.95	55.75	50.43	77.61	61.59
浙江	10.02%	59.95	50.36	16.91%	59.29	110.40	99.86	(50.44)	(49.50)
贵州	7.91%	47.32	39.75	3.12%	10.93	20.35	18.41	26.97	21.34
福建	6.57%	39.33	33.04	11.68%	40.96	76.27	68.99	(36.94)	(35.95)
TOP5	71.97%	430.68	361.77	68.12%	238.88	444.75	402.32	(14.07)	(40.55)
湖北	4.27%	25.58	21.48	3.19%	11.17	20.80	18.81	4.78	2.67
云南	4.03%	24.11	20.25	4.36%	15.28	28.45	25.74	(4.34)	(5.48)
江苏	3.47%	20.78	17.45	5.10%	17.88	33.28	30.11	(12.51)	(12.65)
上海	3.13%	18.71	15.72	6.49%	22.77	42.39	38.34	(23.68)	(22.62)
湖南	1.90%	11.40	9.58	0.66%	2.33	4.34	3.92	7.06	5.65
TOP10	88.77%	531.25	446.25	88.58%	310.63	578.35	523.16	(47.10)	(76.91)
北京	1.47%	8.80	7.39	2.44%	8.57	15.95	14.43	(7.15)	(7.04)
海南	0.51%	3.02	2.54	0.70%	2.45	4.56	4.12	(1.53)	(1.58)
新疆	0.39%	2.33	1.96	2.57%	9.01	16.78	15.18	(14.45)	(13.22)
西藏	0.17%	0.99	0.83	0.33%	1.15	2.14	1.93	(1.15)	(1.10)
广西	0.13%	0.77	0.65	0.60%	2.12	3.94	3.56	(3.17)	(2.91)

续表

流向	2015年节前大数据推断			2010年			流量变化		
	大数据占比	人口流出	农民工流出	"六普"占比	"六普"流出	调整流出	农民工流出	人口流动	农民工
陕西	0.00%	0.01	0.01	0.71%	2.50	4.65	4.21	(4.64)	(4.20)
其他	8.56%	38.13	30.72	0.77%	2.71	5.05	4.57	33.08	26.15
珠三角	25.18%	150.71	126.60	26.63%	93.39	173.88	157.29	(23.17)	(30.69)
长三角	16.62%	99.44	83.53	28.50%	99.94	186.07	168.31	(86.62)	(84.78)
川贵鄂湘	36.37%	217.66	182.83	15.50%	54.37	101.24	91.58	116.42	91.26
合计	100%	598.43	502.68	100%	350.69	652.93	590.63	(54.50)	(87.95)

注：2010年"六普"数据前五名（TOP5）是指粤、浙、闽、川、沪五省市，而TOP10是前五省市加苏、滇、鄂、贵、新五省区。重庆流向及排名都发生了很大的变化。

从表22-4中可以看出，2010年以来重庆人口流动变化非常明显。与2010年相比，2014年年末跨省流出人口总量减少了54.50万人，其中农民工却减少87.95万人。原因在于流动人口的人口结构已经发生了巨大的变化，在农民工大潮逐渐退去的同时，高校毕业生逐渐成为跨省流动大军的重要力量；其次，流向省外的流动人口常住化，以前留守在流出户籍地的非劳动力人口也逐渐流出。流向长三角和福建等发达地区的人口和劳动力明显减少，其中流向长三角（浙沪苏）的人口减少了86.62万人，其中农民工减少了84.78万人；流向珠三角（广东省）的人口减少了23.17万人，但劳动力反而减少了30.89万人。根据广东省统计局人口抽样调查结果，2010—2013年，全省0—17周岁流动人口年均增长率为3%，远高于同期常住人口0.67%的增幅。正是这种非劳动力人口的增长在一定程度上消减了总流出人口中农民工的减少。流向川贵鄂湘四个与重庆相邻省份的人口和农民工都表现为增加，区域一体化趋势增强，其中流向四川的人口增加77.61万人，劳动力增加61.59万人，成渝城市群之间的人口流动联系进一步加强，以成渝两大超级城市为代表的城市群经济高速增长，对川渝两地吸引外出农民工回流极具吸引力。此外，主要流向地TOP5占全部流出人口比重虽然有所增加，但由于2010年"六普"数据中那些在东部沿海发达地区大中型制造企业中的农民工更容易被记录和抽取，而这些省份第三产业相对发达，从而导致人口漏计的可能性加大，因此实际上难以比较这种变动。

2015 年的重庆移动大数据显示①,四川超越广东成为春节外出人口返乡的第一大来源地,由四川返乡的人数达到 120 万人,占返乡人口总数和的 25%;由广东春节返乡人口占比下降到 21%,人数约 101 万人;浙江、贵州、福建前五位的排名保持不变,其中浙江占 11%,约 52 万人。课题组认为,重庆跨市流出人口并没有发生太大的变化,流出总规模依旧保持在 600 万左右,其中流向广东的人口只不过改为流向四川及其重庆周边省份。2015 年重庆移动大数据还显示,开县、合川、万州三区县返乡人口居全市区县流出前三位,返乡人口分别为 26.6 万人、22.6 万人和 21.5 万人。由于课题组并没有获得重庆移动的全部报告及其数据采集时间,若采集时间跨度包括春节之后,则来自四川返乡的可能会增加,从而导致广东占比减少较大。

第三节 重庆流入人口大数据推断

一、流入人口大数据初始表征流量

对数据表 PtopLineOut 进行下述 SQL 查询操作:

SELECT province, name, sum (num) as num0, to_char (sum (per)/2.4, '9999.999%') As per0

　　FROM public. "PTopLineOut"

　　whereprovince = '重庆'

　　group by province, name

　　order by num0　desc

可以得到节前重庆人口流出目的地包括全国 17 个省级单位。从大数据归集的可表征人口流动流量的大小来看,节前由重庆流出最多的省份是四川,表征人口流量为 3369718,占重庆流出总数的 51.028%;其次是贵州,表征人口流量为 606628,占重庆市流出总数的 9.757%;湖北省排在第 3 位,表征人口流量为 510675,占重庆流出总数的 7.941%。流出排名前 4 位的全部是与重庆相邻的省份,广东和福建是两个排名前 10 位的发达省份。

---

① 重庆本地宝 (2016 - 07 - 12). 重庆人口大数据分析 来看看重庆未来人口发展趋势 (图解) [OL]. http://cq.bendibao.com/news/2016712/65432.shtm.

由于上述查询只能得到流出省份中流量为 TOP10 的省份（排名前 6 位的省份在每个时段都能够记录到流出，而排名第 7 位之后的省份则有可能变换流出排名位置，因而系统记录共有 17 个省级单位出现），若重庆节前流入该省人口占重庆总流出人口比重较低，则不能被系统记录，但该省流入人口流量却在某时段内进入其流入排名前 10 位，从而会发生数据的漏计，因此还必须对数据表 PtopLineIn 进行下述 SQL 查询操作：

SELECT province, name, sum（num）as num0, to_char（sum（per）/2.4, '9999.999%'）As per0

  FROM public."PtopLineIn"

  wherename = '重庆'

  group by province, name

  order by num0　desc

该查询的另一个作用是比较同一省份的流入流出，对数据不一致者保留较大值。查询新出现海南和台港澳，由于台港澳流量较少，因而将其忽略。两次查询形成的表格合并之后的大数据推断结果表明，2014 年重庆市外流入人口中，来自四川的流量占 51.65%，流入人口数量 149.14 万人；其次从贵州流入人口 26.85 万人，占重庆市外流入总量的 9.30%；湖北居第 3 位，流入人口数量 22.60 万人，占重庆市流入人口总量的 7.83%。流入排名 TOP5 的省份共流入 219.39 万人，占重庆市外总流入的 75.98%。

二、2010 年以来重庆市外人口流入变化

"六普"数据显示（见图 22-7），四川、贵州和湖北是重庆外来人口的主要来源地，仅四川就占了五成以上，其次是贵州、湖北、云南、湖南和河南几个近邻省份，而发达地区流入的人口比较少。2010 年重庆"六普"数据除人口总量方面少于实际流入数之外，其来源地占比构成并没有出现异常。相对于 600 万人左右的流出人口，2010 年重庆流入人口不到 200 万人，因此 2010 年重庆净流出人口应在 400 万人以上。

课题组以大数据表征流量百分比推断 2014 年由各省流入重庆的人口总量为 288.75 万人，并将其与 2010 年"六普"调整数据进行比较，形成表 22-5。结果表明，与 2010 年"六普"相比，重庆市外流入人口增加了 103.23 万人（由

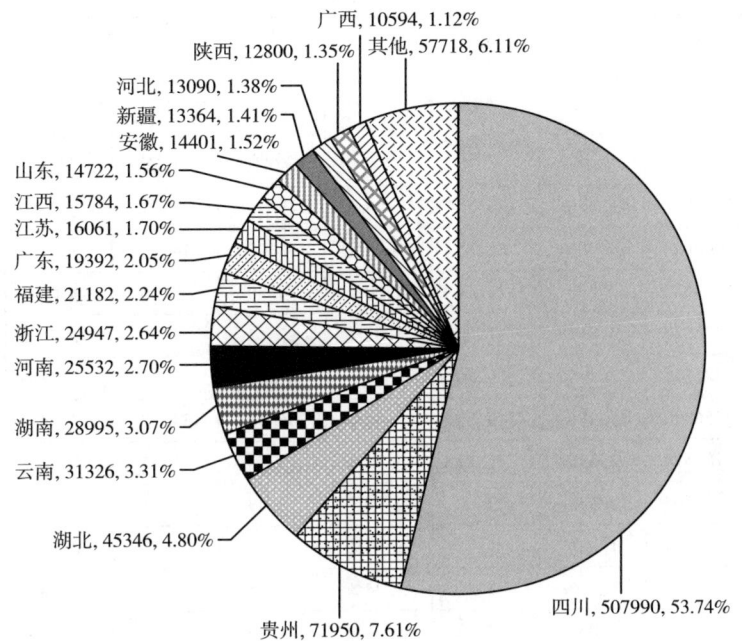

图 22-7 重庆外来人口来源地构成（2010年人口普查数据）

于存在常住人口虚高的情况，大量农村常年性外出人口依旧被记录为其户籍所在地的常住人口，因此计算增量时只需要将2014年的常住人口减去2010年的常住人口，两者相差106.78万人，由于"六普"时点的常住人口与统计年鉴年末常住人口有细微差别，课题组采用"六普"时点），其中四川、贵州、湖北依旧占据重庆跨省流入人口前3名。四川流入人口占全市流入人口比重虽然下降了2.09个百分点，但流入人口数量大幅度增加了49.43万人，约占总流入增量的五成，成渝城市群一体化发展起了较大的推动作用，贵州和湖北两个相邻省份的人口流入也有较大的增量且占比也有所上升，区域一体化趋势明显；广东和海南的情况比较复杂，需要排除短期性旅游人口流量。整体上看，无论是流出还是流入，2010年以来相邻省份之间的人口流动普遍增加了，省级间区域一体化趋势都十分明显。由于系统只保留流动排名前10位的省份的流量，因此占比变动和人口流量变动为负的省份难以给出明确的判断，若将其他项计算在内，重庆与排名第10位之外的省级区域的人口流入量应该是纯增量。

表22-5　　重庆市外人口流入流量、流向变化　　　　　单位：万人

来源地	2015年春节节前人口流动大数据推断			2010年			新变化	
	流量当量	占总流量比重	人口估计	"六普"比重	"六普"数据	"六普"调整	占比变动	人口流量
四川	3369718	51.65%	149.14	53.74%	49.19	99.71	-2.09%	49.43
贵州	606628	9.30%	26.85	7.61%	6.97	14.12	1.69%	12.73
湖北	510675	7.83%	22.60	4.80%	4.39	8.90	3.03%	13.70
湖南	248528	3.81%	11.00	3.07%	2.81	5.69	0.74%	5.31
广东	221350	3.39%	9.80	2.05%	1.88	3.81	1.34%	5.99
TOP5	4956899	75.98%	219.39	72.54%	66.38	134.57	3.44%	84.82
云南	185574	2.84%	8.21	3.31%	3.03	6.15	-0.47%	2.06
河南	158703	2.43%	7.02	2.70%	2.47	5.01	-0.27%	2.01
陕西	129258	1.98%	5.72	1.35%	1.24	2.51	0.63%	3.21
福建	72199	1.11%	3.20	2.24%	2.05	4.16	-1.13%	(0.96)
江西	69276	1.06%	3.07	1.67%	1.53	3.10	-0.61%	(0.03)
TOP10	5571909	85.40%	246.61	83.87%	76.76	155.59	1.53%	91.02
海南	65537	1.00%	2.90	0.39%	0.36	0.73	0.61%	2.17
浙江	25142	0.39%	1.11	2.64%	2.42	4.90	-2.25%	(3.79)
江苏	24290	0.37%	1.08	1.70%	1.56	3.15	-1.33%	(2.07)
广西	18429	0.28%	0.82	1.12%	1.03	2.08	-0.84%	(1.26)
新疆	12435	0.19%	0.55	1.41%	1.29	2.62	-1.22%	(2.07)
北京	6522	0.10%	0.29	0.41%	0.37	0.75	-0.31%	(0.46)
西藏	5775	0.09%	0.26	0.35%	0.32	0.65	-0.26%	(0.39)
其他	794076	12.17%	35.14	9.42%	8.62	17.48	2.75%	17.66
合计	6524115	100.00%	288.75	100.00%	91.52	185.52	0	103.23

注：2010年市外流入排名前五（TOP5）是指川、贵、鄂、滇、湘五省，而TOP10是指TOP5加豫、浙、闽、粤、苏五省。2014年市外流入前五和前十已经发生了很大的变化。

三、重庆人口流动的相关结论对策建议

本章主要解决了两个关键问题：

一是确定农村流出人口的规模，推算常年性流出却依旧被记录为户籍所在

地常住人口的规模。课题组推算了1996—2015年农村流出劳动力规模，其中2010年和2014年两个比较年份的农村流出劳动力分别为668.44万人和735.05万人。在此基础上，课题组根据常住人口和户籍人口的差额，推算出重庆人口流出市外的规模。推算结果反映了农村劳动力2007年以后基本枯竭的事实，也将隐藏在常住人口中但却已经流出的农村人口数量揭示出来。由于数量巨大，量变必然导致质变，课题组的研究的重大意义一方面在于为政府更准确地掌握人口和相关的决策提供了关键数据；另一方面则为深入研究重庆流动到其他各省区市人口的性别、年龄、从事的职业等信息提供数据支撑和研究基础，为后来研究者提供基础数据。

二是确定2010年和2014年两个比较的年份人口流入和流出的规模，从而方便探讨重庆人口流动的新变化。从市外人口流动来看，2014年重庆市外流动人口598.43万人，比2010年的652.93万人减少了54.50万人，同期劳动力减少了87.95万人。劳动力减少的原因是市外流动人口结构发生了较大的变化，0—15岁非劳动力人口流出增长远大于劳动力流动的增长。市外人口流动流向也发生了极大的变化：2010年"六普"数据前五名（TOP5）是指粤、浙、闽、川、沪五省市，排名第6至第10位的是苏、滇、鄂、贵、新五省区；2014年流出目的地排名前5位的变成粤、川、浙、贵、闽五省，川贵相邻省份排名上升，区域一体化动力增强，浙、闽距离较远省份排名下降；2014年流出目的地排名第5至第10位的省级区域变为鄂、滇、苏、沪、湘五省市，上海跌出前10位排行榜，江苏排名由第5位下降到第8位。流量变化也极为显著：流向经济发达省份的人口和劳动力数量下降，而流向相邻省份的人口和劳动力数量增加，区域一体化趋势明显。市外流入也出现了较大的变化。值得注意的是，与一般的研究不同，课题组并不需要对人口流动的表征数量进行描述性的统计分析。大数据后期分析并不需要复杂的数理模型，全书研究重点是解决各种口径的人口数据的一致性问题，课题组主要利用逻辑推理的研究方法来解决遇到的各种细小却事关全局的问题。

2003年广东开始出现"民工荒"，标志着新生代青半年农民工出现供给短缺；中国加入世贸组织（WTO）对劳动力需求旺盛，大量40岁以上的农民工在2003年之后加入流动大军，到2007年全球金融风暴发生，重庆农民工市外流动达到顶峰（拐点）。自2010年以来，我国15—64岁劳动年龄人口规模已经稳定在10亿人口左右的规模，在2013年达到100582万人的顶峰（拐点）

之后掉头向下，劳动年龄人口进入缓慢下降通道。与此相对应，2010年重庆市外流出人口规模与2014年市外流出人口规模也基本稳定在600万人左右；市外流出人口规模缓慢减少，但农民工规模则快速减少，2014年市外流动农民工比2010年减少了87.95万人。留守人口随迁、外出人口老龄退出、新生代农民工和高校毕业生是人口流动流量变化的主要因素。市内流动人口数量增加，邻近省份跨省流入人口和劳动力规模上升，产业转移和区域一体化等经济因素是人口流动流向变化的主要因素。

本章参考文献

[1] 中国统计信息网. 重庆人口流动活跃"出多进少"特征明显 [OL]. 2007-08-06, http://www.stats.gov.cn/ztjc/ztfx/dfxx/200708/t20070803_33544.html.

[2] 重庆互联网移动业务中心. 2015重庆市人口流动与五大功能区发展分析报告 [R] [OL]. 2015年11月. https://tieba.baidu.com/p/4555485758.

[3] 重庆互联网移动业务中心. 2016重庆市人口流动与五大功能区发展分析报告 [R]. 2017年3月.

[4] 重庆日报（2017-03-19）. 重庆移动大数据报告称：重庆市吸引力越来越大 [OL]. http://www.10086.cn/aboutus/news/fd/index_detail_6755.html?id=6755.

[5] 参见：搜狐中国新闻网重庆频道（2019-02-12）. 重庆移动发布《2019年春节重庆移动大数据报告》[OL]. http://www.sohu.com/a/294276373_100253935.

[6] 参见：北国网（2018-12-12）. 数读丨重庆的人口引力圈有多大？基于联通智慧足迹大数据的分析 [OL]. http://ad.163.com/18/1212/14/E2R7H92N000189DG.html.

第二十三章
四川省人口流动流量、流向及其变化研究

摘　要：利用春节前的人口流入大数据可以比较准确地推断出四川跨省外出人口的数量、流向并比较流向及其变化。大数据推断结果表明，四川跨省外出人口规模在1300万人左右，跨省流入人口354万人。受西部大开发和"一带一路"倡议的影响，人口主要流向由粤、浙、闽、苏、沪转向粤、渝、浙、云、贵等地，流向东部地区人口减少，而流向其周边省份的占比大幅度增加；流出下降幅度最大的是新疆（-68.71%），其次是沪、闽、浙三省，流出增幅最大的是陕西（243.84%），其次是重庆、贵州和云南；流出排名前五位的人口总量与占比变动不大。外省人口流入依旧来自与其相邻的渝、滇、贵、鄂、陕五省市。人口流动流量、流向的显著变化值得课题组高度关注和警惕。四川应解决短期的人口超载和长期的人口老化问题，打造成渝世界级城市群，推动成都成为全球城市。

关键词：四川外出人口；人口大数据；四川高铁网络；成渝世界级城市群；全球城市

第一节　四川农村劳动力转移与外出人口增长

四川是我国的人口和劳动力大省，在国内外有关人口流动研究中具有十分重要的地位，"三百万川军闯天下，一年赚回五十个亿"既是20世纪80年代末期四川人流动的真实写照，也在宏观层次上引发了规模更大的连锁迁移。农村劳动力大规模地从农业转向非农产业就业，但从官方的统计数据来看，2014年四川第一产业从业人员数却依然高达1909万人，占全社会就业人数比重的39.5%，而第一产业增加值仅占全省GDP的12.4%；另外，农村空村现象随处可见，除春节以外，在广大农村寻找几个青壮年劳动力却极不容易，转移到

统计上显示具有大量剩余劳动力地区的劳动密集型企业招工也十分困难。正式的统计数据与很多调查文献数据有极大的差异，国内外学者大多直接采用人口普查或官方公布的数据进行分析；由于国内期刊似乎更喜欢复杂的数理模型，使那些以实地调查为基础具有真实价值的文献却只能发表在国内外档次较低的调研杂志或地级市一级的专科学报上。量变会引致质变，人口数据的极大差异必然会模糊人们的各种判断。

从四川各地农村劳动力流动调查情况来看，四川政府各级机关对跨省流出人口规模其实是比较清楚的，只不过在公开的统计数据方面出于各方面的原因而与实地调查结果有较大的差异。人口流动是一个国家和地区经济增长和波动的缩影。今后一个时期，我国要着重解决好"三个1亿人"问题，促进约1亿农业转移人口落户城镇，改造约1亿人居住的城镇棚户区和"城中村"，引导约1亿人在中西部地区就近城镇化。对四川而言，则需要着重解决好"三个1000万人"问题：1000万跨省外出人口，1000万省内外出人口和1000万就近城镇化人口。"三个1000万人"问题的解决，人口流动流量、流向及其变化研究是其中第一步。

一、基于农村流出劳动力的省内外流动人口规模推算

由于农村劳动力在流出人口中占有极高的比例，国内不少人口流动研究往往直接以农村劳动力流动为对象。吴寿平（2016）参照李勋力、李国平（2005）的方法，劳动力流动等于城镇从业人员减去城镇职工人数加上农村从业人员减去第一产业从业人员（农业从业人员），劳动力流动率则等于劳动力流动数与劳动力资源总数之积，测算出1978—2015年广西农村流出劳动力（农民工）数量。课题组利用同样的方法，推算四川2000—2014年农村流出劳动力数量（表23-1列6），并利用户籍人口减去常住人口的差额计算四川省内、省外流动人口之和（见表23-1）。

表23-1中数据基本上反映了四川农村劳动力流出的真实数量。2014年城镇就业人员数据有点异常，即2014年城镇就业人员比2013年突增108.58万人，其他年份变动最大的2007年也只有25.30万人，2010年甚至减少25.09万人。课题组认为，其他年份城镇就业人员的变化实际上真实地反映了经济波动对就业的影响，例如，2001年比2000年减少了23.20万人，原因可

表 23-1 从业人员法——农村流出劳动力及流动人口数量的估计（2000—2014 年）

单位：万人

年份	城镇从业人员	在岗职工数	农村从业人员	第一产业从业人员	农村流出劳动力	常住户籍人口差额	省内省外流动人口
2000	702.20	441.41	3564.50	2643.35	1181.94	172.70	1354.64
2001	679.00	408.84	3556.20	2595.84	1230.52	293.60	1524.12
2002	679.30	379.63	3542.00	2517.48	1324.19	364.50	1688.69
2003	695.40	364.60	3516.60	2482.80	1364.60	353.40	1718.00
2004	711.90	349.30	3481.80	2445.70	1398.70	505.30	1904.00
2005	723.00	344.60	3473.10	2421.50	1430.00	430.10	1860.10
2006	748.30	344.50	3452.30	2306.90	1549.20	553.50	2102.70
2007	723.60	351.93	3432.70	2266.22	1538.15	688.20	2226.35
2008	736.68	347.90	3430.00	2186.18	1632.60	769.80	2402.40
2009	711.59	349.08	3410.76	2144.13	1629.14	799.70	2428.84
2010	719.67	369.46	3390.63	2083.20	1657.64	959.30	2616.94
2011	727.72	363.75	3368.00	2043.36	1688.61	1008.40	2697.01
2012	705.92	375.00	3343.30	1991.30	1682.92	1021.15	2704.07
2013	722.69	379.20	3324.30	1955.79	1712.00	1025.60	2737.60
2014	831.27	380.10	3302.00	1909.00	1844.17	1018.90	2863.07

说明：列2至列5数据来源于《四川统计年鉴（2015）》，其余列为推算数。列6＝列2－列3＋列4－列5。常住户籍人口差额＝户籍人口数－常住人口数。列8＝列6＋列7。

能是 2001 年中国加入世贸组织（WTO），沿海劳动力需求强劲，从而导致省内城镇就业减少。2014 年城镇就业数量的增加，其主要原因是官方将城市化区域内部的农村人员身份转变为城镇就业人员，而真实的增量应该在 10 万人以下。课题组取 2011—2013 年增长平均数，对 2014 年城镇就业人数进行调整，得到 2014 年流动人口数为 2774.0 万人。

为了推算省外流出人口数量，课题组需要知道省外流动人口占全部流动人口比重。在早期流动人口中，省外流动比例极高。课题组比较各种数据发现，2000 年以前除极少数调查文献外，官方公布的四川人口流动数量基本上就是跨省人口数量，其公布的跨省人口数量则基本等同于跨省流出半年以上的劳动力数量。虽然官方数据与实地调查数据有很大的差异，但官方采样中省外流动人口占其全部流动人口的比重是较为准确的，因此课题组尽量采用 2010—2014 年官方口径来确定出省流动比重。例如，2010 年全国第六次人口普查数据显示,全省外出半年以上人口 2091.37 万人。其中,省内 1040.82 万人,省外 1050.55 万人(省外流动占 50.23%)。《2011 年四川省人力资源和社会保障事业发展统计公报》显示,2011 年全省农村劳动力转移输出总量达到 2300.5 万人,比上年增加 54.6 万人。转移输出的农村劳动力中,省内转移 1091.7 万人,增加 77.8 万人;省外输出 1205.2 万人(省外流动占 52.47%),减少 21.4 万人。由于 2010 年"六普"数据是省外流出人口,而 2011 年是省外流出劳动力数据,因此省外流动占比会有差异。四川省人社厅和省统计局历年公布的相关统计公报数据显示,2013 年全省共转移农村劳动力 2467.7 万人,其中省内转移 1313.1 万人,同比增加 66.3 万人;省外输出(三个月以上)1154.6 万人(省外输出占比 46.79%),同比减少 45.5 万人。2015 年 1 月,四川省劳务开发暨农民工工作领导小组办公室发布信息(《四川日报》2015 - 01 - 27),2014 年全省转移输出农村劳动力 2472.2 万人,同比增长 0.7%;2015 年全省转移输出农村劳动力 2478.9 万人,比上年增长 0.3%,其中,省内转移 1339.7 万人、省外输出 1136.2 万人(省外输出占比 45.83%)、外派劳务 3 万人;全省实现劳务净收入 3577 亿元,比上年增长 10%;全省农民人均劳务收入 5794.9 元,同比增加 764 元。全年参加中高级劳务品牌培训达 3.63 万人。据四川省农调队统计资料显示,2003 年全省农村劳动力转移的数量达 1389.8 万人,2004 年达到 1516.7 万人,2005 年已经高达近 2000 万人,占四川 3700 多万农村劳动力的 50%以上。2006 年年末四川省农村劳动力资源总量 3197 万人,占全国劳动力资源 6%;农村外出从业劳动力 1285 万人,占全国外出劳动力的 9.7%。在外出从业劳动力中,省外从业的劳动力占 64.3%。利用周晓津(2011)有关劳动力及人口流动估算方法及结果,以及上述数据及论证分析,课题组推算出 2000—2014 年四川流动人口与劳动力数量(见表 23 - 2)。

表 23 - 2　四川省历年流动人口与劳动力数量估计(2000—2014 年)　　单位:万人

年份	流动人口总数	省外流动			省内流动	
		占流动人口比重	流动人口	流动劳动力	流动人口	流动劳动力
2000	1354.6	86.10%	1166.3	1131.3	188.3	177.0
2001	1524.1	82.47%	1256.9	1206.6	267.2	247.2
2002	1688.7	78.83%	1331.2	1264.7	357.5	325.3

续表

年份	流动人口总数	省外流动			省内流动	
		占流动人口比重	流动人口	流动劳动力	流动人口	流动劳动力
2003	1718.0	75.20%	1291.9	1214.4	426.1	381.3
2004	1904.0	71.57%	1362.6	1267.2	541.4	476.4
2005	1860.1	67.93%	1263.6	1162.5	596.5	516.0
2006	2102.7	64.30%	1352.0	1230.6	750.7	638.1
2007	2226.4	60.78%	1353.2	1217.9	873.1	729.0
2008	2402.4	57.27%	1375.8	1224.4	1026.6	841.8
2009	2428.8	53.75%	1305.5	1148.8	1123.3	904.3
2010	2616.9	50.23%	1314.6	1143.7	1302.3	1028.9
2011	2697.0	49.08%	1323.8	1138.5	1373.2	1064.2
2012	2704.1	47.94%	1296.2	1101.8	1407.8	1070.0
2013	2737.6	46.79%	1280.9	1075.9	1456.7	1085.3
2014	2774.0	46.31%	1284.7	1066.3	1489.3	1087.2

注：列2中2006年、2010年和2013年为四川省人社厅劳动力省外输出劳动力占农村流动劳动力比重，2007—2009年占比以2006年和2010年数据为基础采用插值法推算，2011—2012以2010年和2013年为基础采用插值法补足，2014年为2013年和2015年的均值推算。

前面的数据推算是否准确呢？早在20世纪80年代末，四川省跨地区流动农民以每年100万人以上的人数增加，1995年已超过1000万人（上海经济研究资料室，1995）。尹明芳（1995）[①]指出，1992年仅四川、安徽、湖南、湖北、河南、江西外流的农业劳动力就达2370多万人（其中四川500多万人、安徽500多万人、湖南500多万人、湖北370多万人、河南300多万人、江西200多万人），全国有6000万—7000万农民工在流动。经历1992—1996年国内经济的飞速发展，到1997年川渝两地跨省外流的劳动力规模就应在1000万人以上。从实地调研的情况来看，早在1995年前后，成都平原边缘地带的山区县外出农民工已经占到全县总人口的20%（李小平，1995[②]；何景熙，罗

---

① 尹明芳. 农业剩余劳动力合理转移刍议[J]. 贵州民族学院学报：哲学社会科学版，1995(4)：63-68.

② 李小平. 古蔺县农村劳动力跨地区流动的调查[J]. 农村经济与技术，1995(7)：18-19.

蓉，1999①），1995年四川通江县外出务工经商人员占全县总人口比例高达26.87%（邓文国、鲁阳俊，1996②）。1995年四川有6829.4万农业人口，按20%的外出流动比例计算，1995年省内外流动的人口也有1365.88万人。一般而言，公安与村镇农村劳动力调查数据是相当可信的，由此推断：2000年前后，四川6100万农村人口中，外出就业经商的人口占农村人口总数在30%左右，跨省流动规模在1000万人左右，其中长年流出占70%左右③。到20世纪90年代末，四川实有流动人口总量远非官方统计数据所揭示的规模，农村中绝大部分的青壮年剩余劳动力都已经流出，其总量占到农村总人口的30%以上。

2000年全国第五次人口普查数据显示，全省有695.7万跨省外出人口，约占全省1400万外出人口（农村劳动力转移数量）的50%。研究发现，2000年四川省跨省外出人口数量大致等于跨省外出农村劳动力数量，而实际的跨省外出人口应该在1000万人左右，2000年全国第五次人口普查（简称"五普"）跨省外出人口占实际外出人口的70%左右。课题组可以从同期广东跨省外来人口总量中四川籍人口数量与四川流向广东的比例计算相关结果。2000年"五普"数据显示，广东跨省流入人口在2470万人，其中四川占16%，意味2000年四川有395.2万人口流动到广东。"五普"数据显示四川40.99%的人口流向广东，可推算2000年四川跨省外出人口有964.1万人，占四川农村劳动力总数的25%以上。据广东省省长透露，2004年年末广东流入半年以上的外省人口有3100多万人，半年以下的外省流动人口1100多万人，全省务工经商的外省流入人口4200多万人（《21世纪经济报道》2015-02-01）。以此反推，2000年广东跨省流入人口数量大致在3000万人，若四川省占16%，则意味着有480万四川人在广东，考虑到川粤两省距离遥远，四川人在粤主要从事相对稳定的工作，因此其在"五普"调查中被列入统计的可能性更高，两者取中值为437.5万人，四川人流向广东占其全部总流出40.99%的比重不变，推算2000年四川跨省外出人口1067.33万人。

2001年中国加入世贸组织（WTO），中西部大量劳动力流向粤、浙、苏、

---

① 何景熙，罗蓉. 西部农业发达地区劳动力不充分就业问题初探［J］. 管理世界，1999（2）：166-172.

② 邓文国，鲁阳俊. 对通江县公安局实施流动人口延伸式管理的调查［J］. 四川省公安管理干部学院学报，1996（4）.

③ 2000年"五普"数据表明，四川跨省流出劳动力695.7万人，此应为长年跨省流出劳动力，跨省流动人口可能高达1200万人左右。

沪、闽、京等东部地区，四川农村劳动力转移数量出现"井喷"，跨省外出劳动力猛增，四年间估计仅广东就增加了 1000 万人左右的外省人口。2003 年广东"民工荒"显现，2004 年全国性"民工荒"出现，以往 40 岁以上的农民工很难就业，"民工荒"之后大量 40 岁以上的农村劳动力加入流动大军，至 2008 年全球金融危机前，农村可转移劳动力基本全部转移流出。由于 2008 年以前农村剩余劳动力并没有全部转化为流动劳动力，因此，2008 年以前的跨省流出人口可能存在高估，或者说流出人口中隐性失业的数量和比重较高。以 2000 年为例，课题组推算最为可信的省外流动人口数量为 1067.33 万人，表 23-2 中推算的省外流动人口为 1166.30 万人，但依旧低于以广东为参照推算的四川跨省流出人口的高位值（1171.01 万人）。表 23-2 中的统计口径与官方存在差异，官方是流出 6 个月以上的人口，课题组推算的则是流出时间较长（1 个月以上）或以就业为目的（务工经商）的流动人口，两者虽然有差异，如 2010 年课题组推算的流出人口为 1314.6 万人，而官方流出半年以上的人口为 1050.6 万人，两者相差 264 万人，排除统计口径的差异，课题组推算的结果与官方统计数据吻合程度极高。值得注意的是，表 23-1 中农村流出劳动力通常会伴随一定比例的家属流动，以 2014 年为例，农村随劳动力流出家属占流出人口 10% 左右，表 23-1 中实际可能还有 180 多万的随劳动力流出的非劳动力人口，当然年份越早，随流家属占比越低，但为谨慎起见，课题组并没有将其计算在内。

课题组认为，2001 年中国加入 WTO 效应导致跨省流出劳动力供给与需求急增，较高的失业率导致 2003 年跨省外出人口数量一度回落，但 2002—2013 年，四川省连续 12 年保持了两位数以上的高速增长（年均增长率高达 12.8%），加剧了省内、省外劳动力需求市场对外出劳动力的争夺。四川本省经济的高增长一方面将本省农村高龄劳动力拉入市场，另一方面又对省外流出劳动力形成强大的吸引作用，使省外流出比重逐年降低。据课题组估计，2000—2006 年省外流出劳动力占全部流动劳动力比重每年下降 3.63 个百分点，随着劳动力供应总源头的缓慢增长甚至负增长，2010 年以后省外劳动力占比平均每年下降 1.1 个百分点。全省流出劳动力在 2010 年之后基本保持平稳，2012 年农村跨省外出劳动力数量首次低于本省就业的劳动力数量。2000 年以来，四川流动劳动力总量的增长实际上是一条 Logistic 曲线，为简便计，可将其拟合为对数方程 $y = 365.95 \times \ln(x) + 1197.1$（$R^2 = 0.9317$）。由于省内家属随迁比例高于省外，到 2013 年省内流动劳动力首次超过省外流动劳动力（见图 23-1）。

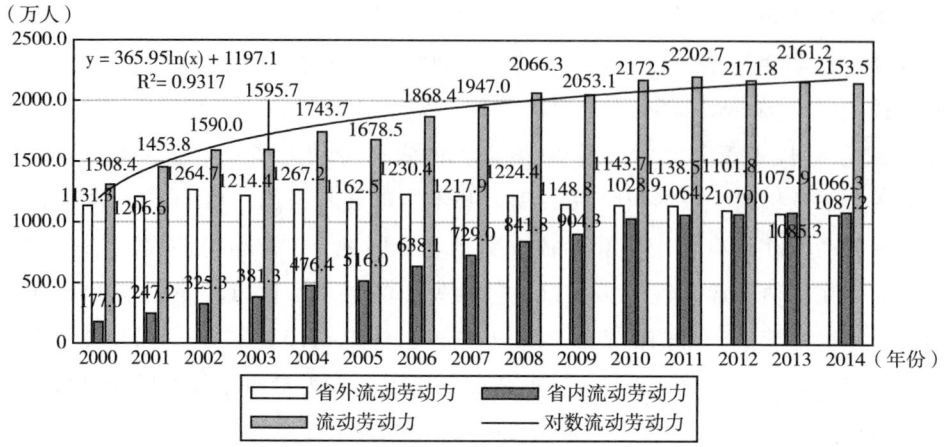

图 23-1　四川省农村转移劳动力本省与跨省流动数量（2000—2014 年）

二、基于人均手机拥有量的地级市人口流动量测度

"六普"常住人口与户籍人口的差额，基本上定义了跨省净流出量，但农村空村现象与县域人口较多的地级市常住人口数量极不相称，很多常年性跨省外出的人口依旧被列入其户籍所在地的常住人口当中。本部分将利用人均手机拥有量来测定真实的跨省净流出。有关调查显示，2007 年中国农村外出劳动力人均手机拥有率已达 0.9 部。但直到 2014 年年末，四川常住人口每百人手机拥有量仅 83.2 部，远低于全国平均水平的 94.5 部，只有同期广东省和浙江省人均水平的 57.08% 和 58.92%。那些低于全国平均水平的省份全部是人口流出大省（如江西、安徽、湖南、河南、广西、湖北等），或者是少数民族占比较高的省份（西藏、新疆、青海）。

从直觉上来讲，广东、浙江比江西、安徽、湖南、广西、湖北、河南、四川经济发达，两省的人均手机拥有量比湖北等人口流出大省高也在情理之中。广东统计年鉴（2016）数据显示，2015 年广东城镇常住居民人均手机拥有率为 79.95%，《浙江统计年鉴（2016）》数据显示，2015 年浙江城镇常住居民人均手机拥有率为 80.21%，而《四川统计年鉴（2016）》数据显示，2015 年四川城镇常住居民人均手机拥有率为 78.38%，分别为同期经济发达省份广东、浙江的 98.03% 和 97.71%，而农村常住人口人均手机拥有量与城镇之间的差距也仅在 5 个百分点以内。但全国各省级单位以常住人口为基数计算得到的人均手机拥有量却差距极大。数据巨大差异的背后，是人口流出大省大量跨省外出人口依旧被计算为本省常住人口，而人口流入大省则低估了跨省外来人口的规模。从调查数据和统计年鉴数据来看，四川的人均手机拥有量与广东、浙江等经济发达省份相关不大，基本上达到甚至超过全国平均水平。

在考虑到跨省外出人口的手机拥有量之后，我国中西部地区人口流出大省基本上接近于全国平均水平，这也与课题组的实地调查结果完全一致。外出人口的流动性强，其手机需求程度高于非外出人口，因而其人均手机拥有量高于非外出人口。2007年全国外出农民工人均手机拥有量就达到0.9部，2014年外出人口人均手机拥有量为1.2部，据此课题组推算出四川城市实际人口及实际的人均手机拥有量（见表23-3）。推算的数据显示，2014年净流出人口1024.21万人，全省实际总人口8134.89万人，与8140.10万的常住人口非常接近。省内人均实际拥有手机0.896部，算上跨省流出人口拥有的手机，四川户籍人均实际拥有手机0.9299部，为全国平均水平的97.89%。成都作为全国特大城市之一，实际人口超过1800万人，超过深圳居北上广之后列全国第4位，其中实际从事农业生产的劳动力人口50余万人。除消化自身的农村劳动力就业之外，净流入人口670.18万人，人均手机拥有量1.171部，高于全国平均水平。除成都外，攀枝花市是四川另一个人口净流入的地级市之一，攀枝花市的人口增长主要源于其工业化和城镇化的推动，而阿坝州则源于旅游业的增长与吸引力提升。达州等19个地级市为人口净流出地，净流出人口1706.83万人，其中流向省内成都、攀枝花682.63万人，跨省净流出1024.21万人。

表23-3 四川各地级市实有人口及实际人均手机拥有量（2014年）

城市	户籍人口（万人）	常住人口（万人）	净流入（万人）	实际人口（万人）	移动用户数（万户）	省内人均手机拥有量（部）
成都市	1210.7	1442.8	670.18	1880.88	2203	1.171
自贡市	330.0	274.6	(74.65)	255.35	207.42	0.812
攀枝花市	111.9	123.2	12.45	124.35	115.65	0.930
泸州市	508.9	425.0	(93.34)	415.56	346.00	0.833
德阳市	392.5	351.1	(16.50)	376.00	333.45	0.887
绵阳市	548.8	473.9	(72.10)	476.70	407.41	0.855
广元市	310.1	257.5	(50.18)	259.92	218.87	0.842
遂宁市	380.4	328.3	(107.40)	273.00	213.48	0.782

续表

城市	户籍人口（万人）	常住人口（万人）	净流入（万人）	实际人口（万人）	移动用户数（万户）	省内人均手机拥有量（部）
内江市	426.0	373.3	(114.72)	311.28	245.73	0.789
乐山市	355.7	325.0	(11.54)	344.16	306.28	0.890
南充市	759.0	633.4	(231.08)	527.92	405.81	0.769
眉山市	353.0	299.0	(60.22)	292.78	245.44	0.838
宜宾市	554.3	447.0	(112.34)	441.96	364.06	0.824
广安市	471.7	323.2	(159.24)	312.46	233.44	0.747
达州市	688.1	553.0	(223.77)	464.33	350.76	0.755
雅安市	157.2	154.4	(2.76)	154.44	138.16	0.895
巴中市	383.1	332.2	(77.99)	305.11	251.20	0.823
资阳市	507.3	354.7	(181.77)	325.53	238.45	0.732
阿坝州	92.2	92.0	(2.51)	89.69	75.35	0.840
甘孜州	111.3	114.7	(16.52)	94.78	74.78	0.789
凉山州	506.9	462.0	(98.19)	408.71	313.04	0.766
全省	9159.1	8140.1	(1024.21)	8134.89	7287.78	0.896

资料来源：《四川统计年鉴（2015）》、成都市2014年统计公报。

以自贡市区日人均用水量为标准测算，2014年四川城市实有人口3926.32万人，占全省实有人口的48.27%。其中成都市1900.58万人，与基于人均手机数推算的结果非常接近，成都人口占全省城镇人口的48.41%，"一市独大"明显。四川省2014年人口变动抽样调查测算的常住城镇人口为3768.9万人，两者实际上十分接近。根据各地级市第一产业占比，课题组推算四川从事第一产业的劳动力实际为1214.47万人，其中纯粹从业农业的劳动力只有674.71万人，其余539.76万人为兼业农业劳动力；测算第一产业劳均创造GDP仅为全部产业的55.56%。测算的全省跨区域流动人口2529.51万人，其中跨省流出1569.63万人，跨省流入354.04万人，跨省净流出1215.59万人；省内流动1313.92万人。

三、基于产出和从业人员占比的流出人口规模推算

蔡昉、王美艳（2014）的研究结果表明，官方统计高估农业劳动力的数

量和比重。2010年四川第一产业占全省GDP比重为12.4%，而第一产业从业人员占总从业人口比重却高达39.5%，但课题组在农村中调查却发现，早在2005年前后四川农村可供流动的劳动力已经枯竭，真正承担农业劳动的大多是年龄60岁以上的非劳动力，甚至70岁以上的农村老人依然是农业劳动的主力；非贫困市县农村虽然劳动力相对多一些，但这些农村劳动力从事的却是非农业劳动。调查发现，2008年之后官方统计公布的第一产业从业人员数量（官方数）乘以第一产业占GDP的比重才是真实的第一从业人员数量（估计数），而官方数与估计数之间的差额实际上是农村流出劳动力却依旧被记录为本地常住人口数量。

2014年四川全省总从业人员有4833.0万人，实际农村从业人员只有599.29万人，农村流出劳动力1309.71万人，加上常住户籍人口差额1018.90万人，全省流动人口数为2328.61万人，其中46.31%流出省外（见表23-4）。从表中可以看出，2010年以来官方公布的常住户籍人口差额与省外流动人口数量已经极为接近，跨省流出人口中依旧被记录为拥有本地户籍的常住人口的人数已经大为减少。由于2008年以前四川农村尚有一定的剩余劳动力，因此占比产出法估计的省外流动人口数相对偏高。而2008年以后的农村劳动力枯竭，因此估计相对准确。课题组在全国的调研结果表明，经过近30年的发展，中国农村劳动力基本上已经转移完毕，剩余劳动力已经没有剩余。2001年中国加入世贸组织（WTO）之后，以前难以转移的40岁、50岁农村劳动力也离开农村进入城镇工作。到2008年全球金融危机前后，四川省农村剩余劳动力基本上都已经外出，虽然"六普"时外出比重数据与2014年人口抽样调查数据有较大的差异，但其他数据分析表明这种差异更多地可能来自调查方法和统计范围的改进所导致。

表23-4 占比产出法——流动人口总数及省内外流动数量估计（2000—2014年）

单位：万人

年份	全社会年末从业人员数	第一产业占GDP比重	第一产业实际从业劳动力	第一产业官方从业人员数	第一产业流出劳动力数	常住户籍人口差额	全省流动人口总数	省外流动占比	省外流动人口数
2000	4658.40	24.1	1122.67	56.7	1518.64	172.70	1691.34	86.10%	1456.22
2001	4664.80	22.9	1068.24	55.6	1525.39	293.60	1818.99	82.47%	1500.04
2002	4667.60	22.2	1036.21	53.9	1479.63	364.50	1844.13	78.83%	1453.78

续表

年份	全社会年末从业人员数	第一产业占GDP比重	第一产业实际从业劳动力	第一产业官方从业人员数	第一产业流出劳动力数	常住户籍人口差额	全省流动人口总数	省外流动占比	省外流动人口数
2003	4683.50	21.2	992.90	53.0	1489.35	353.40	1842.75	75.20%	1385.74
2004	4691.00	21.6	1013.26	52.2	1435.45	505.30	1940.75	71.57%	1388.92
2005	4702.00	20.1	945.10	51.5	1476.43	430.10	1906.53	67.93%	1295.16
2006	4715.00	18.4	867.56	48.9	1438.08	553.50	1991.58	64.30%	1280.58
2007	4731.10	19.2	908.37	47.9	1357.85	688.20	2046.05	60.78%	1243.65
2008	4740.00	17.6	834.24	46.1	1351.94	769.80	2121.74	57.27%	1215.05
2009	4756.62	15.8	751.55	45.1	1392.66	799.70	2192.36	53.75%	1178.39
2010	4772.53	14.4	687.24	43.7	1398.35	959.30	2357.65	50.23%	1184.31
2011	4785.47	14.2	679.54	42.7	1363.83	1008.40	2372.23	49.08%	1164.40
2012	4798.30	13.8	662.17	41.5	1329.14	1021.15	2350.29	47.94%	1126.65
2013	4817.31	12.8	616.62	40.6	1339.18	1025.60	2364.78	46.79%	1106.44
2014	4833.00	12.4	599.29	39.5	1309.71	1018.90	2328.61	46.31%	1078.42

表23-4中的省外流动人口数（列10）实际上是四川省净流出劳动力人口的估计，估计结果更有可能反映了这样一种事实，即2002年以来四川每年两位数以上的GDP增长发生之时，省外流动人口可能已经达到顶峰并逐渐减少。从国家层面的劳动力与人口流动总源头看，2010年以来，我国15—64岁劳动年龄人口规模已经稳定在10亿人口左右的规模，在2013年达到100582万人的顶峰（拐点）之后掉头向下，劳动年龄人口进入缓慢下降通道。2010年之后，中国人口流出大省的人口流动规模基本保持稳定，所不同的是跨省流动规模的减小和本省流动规模的增加，农村剩余劳动力基本枯竭。但是各种数据表明自2008年以来与大多数人口流出大省一样，四川省的外出人口总量正逐渐趋于稳定。课题组依据产出及三次产业劳动力占比估计2010年和2014年四川跨省外出劳动力与全国劳动年龄人口规模及其增长变动趋势是高度一致的。

四川移动大数据显示，2017年春节期间共有833万川人返乡，其中重庆、深圳、东莞回来的人最多；304万人出川，去往重庆、贵阳、昭通的人最多[①]。

---

① 参见：腾讯大成网（2017-02-07）. 四川移动大数据分析：春节304万人出游 [OL]. http://www.10086.cn/aboutus/news/fd/index_detail_6668.html?id=6668.

相对于湖南、广西等邻近跨省流出目的地的省区九成左右的返乡比例，四川人返乡比例在60%—70%。虽然四川是旅游大省，但春节期间省外旅游人口占比较低，因此大致可以推算2016年四川跨省外出人口规模仍旧在1200万人左右；与出川人口相对应，可以推算四川外来人口规模应该在300万人以上。早在2006年，四川外出人口就已经在1200万人左右的规模，意味着10年来四川跨省外出人口基本上保持稳定。

第二节 四川跨省流出人口大数据推断

课题组在前面得到2010年和2014年两组可比较四川人口流动及其变化的两组数据。课题组以表23-2省外流动人口和劳动力为参照系来测度2010年以来的人口流动及其变化，即2010年比较期跨省流出人口为1314.6万人，省外流出劳动力1143.7万人，而2014年大数据推断期跨省流出人口为1284.7万人，省外流动劳动力1066.3万人。以此为基础课题组进行下一步的大数据人口流动研究。

一、流出人口大数据初始表征流量

对数据表PtopLineOut进行下述SQL查询操作：

```
SELECT province, name, sum (num) as num0, to_char (sum (per)/2.4,
'9999.999%') As per0
    FROM public. "PTopLineOut"
    where name = '四川'
    group by province, name
    order by num0    desc
```

可以得到节前四川人口流入来源地包括全国29个省级单位（见表23-5），表明四川流出人口广泛分布在全国各省区市。从大数据归集的可表征人口流动流量的大小来看，节前由外省流入四川人口最多的省份是广东，表征人口流量为4514691，占广东流出总量的5.102%；其次是重庆，表征人口流量为3369718，占节前重庆流出总量的51.028%，即四川占据重庆流入人口的半壁江山；来自浙江的流入量排在第3位，表征人口流量为1738929，占浙江流出

表23-5　数据表 PtopLineOut 表征人口流量及其占流出省份比重

序号	流出地 province	流入地 name	表征人口流量 num0（=sum（num））	占流出省份比重 per0（=sum（per）/2.4）
1	广东	四川	4514691	5.102%
2	重庆	四川	3369718	51.028%
3	浙江	四川	1738929	4.263%
4	云南	四川	1485735	29.777%
5	贵州	四川	1095538	20.386%
6	江苏	四川	960674	3.049%
7	福建	四川	917354	7.737%
8	陕西	四川	744392	10.940%
9	上海	四川	724109	3.016%
10	新疆	四川	238610	11.381%
11	湖北	四川	238078	3.437%
12	甘肃	四川	193240	8.678%
13	广西	四川	169714	3.360%
14	山西	四川	163667	3.432%
15	西藏	四川	137107	46.244%
16	海南	四川	120857	6.515%
17	北京	四川	116353	0.754%
18	青海	四川	78506	7.858%
19	江西	四川	77149	1.787%
20	宁夏	四川	40211	2.669%
21	湖南	四川	37629	0.572%
22	河南	四川	928	0.084%
23	香港	四川	665	0.218%
24	河北	四川	366	0.028%
25	山东	四川	247	0.012%
26	澳门	四川	191	0.107%
27	台湾	四川	153	2.190%
28	辽宁	四川	33	0.011%
29	吉林	四川	20	0.007%

总数的 4.263%；邻近的云南排在第 4 位，表征人口流量为 1485735，占云南流出总数的 29.777%；流入排名第 5 位的是与四川相邻的贵州，表征人口流量为 1095538，占贵州流出总量的 20.386%。流入排名前 5 位（TOP5）的除广东、浙江是经济发达地区外，与四川相邻的重庆、云南、贵州等地贡献了较大的人口流量当量，相邻省份的流量占流出省份的比重都比较大。

表 23-6 中的查询只能得到流出省份中流量为 TOP10 的省份，由于四川在很多省份外省流入比重都比较高，该查询得到的前 21 个省级单位的流量基本包括各时段的采样值，即对前 21 个省市进行大数据推断时，其结果的可信性是比较高的。若四川流入该省人口占该省总流入人口比重较低，则有可能发生数据的漏计，因此还必须对数据表 PtopLineIn 进行下述 SQL 查询操作：

SELECT province, name, sum（num）as num0, to_char（sum（per）/2.4,'9999.999%'）As per0
　　FROM public."PTopLineIn"
　　where province = '四川'
　　group by province, name
　　order by num0 desc

该查询除了防止大数据表征的人口流量被漏计外，另一个重要的功能是计算出大数据表征人口的总流量。结果表明，对数据表 PtopLineIn 查询后得到的大数据表征的人口流量为 16223044，占全部回流量总数的 85.113%（见表 23-6），因此推断出节前流回四川的大数据表征的人口总流量为 19060595。由于四川地处大西南，交通不便等主要原因导致外出人口节前返乡过年成本高，因此春节节前流回四川的大数据表征人口总流量远低于湖南、安徽等大致相同规模的跨省外出人口大省的表征人口总流量。将各省节前回流量除以总流量，再乘以跨省总流出人口，就可以得到 2014 年四川人口跨省流出各个流向的实际人口流量。

表 23-6 数据表 PtopLineIn 表征人口流量及其占流出省份比重

序号	流入地 province	流出地 name	表征人口流量 num0（=sum（num））	占流出省份比重 per0（=sum（per）/2.4）
1	四川	广东	4514691	23.155%
2	四川	重庆	3369718	17.932%
3	四川	浙江	1738929	9.033%

续表

序号	流入地 province	流出地 name	表征人口流量 num0 (= sum (num))	占流出省份比重 per0 (= sum (per)/2.4)
4	四川	云南	1485735	7.921%
5	四川	贵州	1095538	6.078%
6	四川	江苏	960674	4.984%
7	四川	福建	917354	4.657%
8	四川	陕西	744392	4.014%
9	四川	上海	724109	3.806%
10	四川	北京	671904	3.533%
11	四川	TOP10	16223044	85.113%
合计	四川	全国	19060595	100.000%

取大值新值之后，合并两次查询结果，计算节前四川各方向流量占总流量比重，再根据前面推算的四川跨省流出人口数量，就可以计算 2014 年四川跨省流出各方向上的流量。大数据推断结果显示（见图 23-2），2014 年四川人口流出目的地主要是广东、重庆和浙江，三地占四川外出人口总数的 50.49%；其次流向云贵两个相邻省份；江苏、福建、上海和北京等发达地区也占有一定的比重。

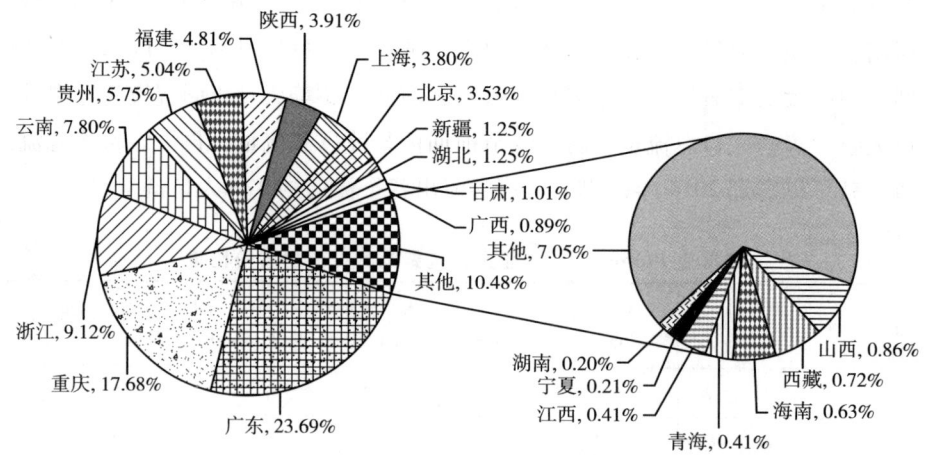

图 23-2 四川省跨省流出人口目的地构成（2014 年大数据推断）

二、由大数据表征流量到人口流量、流向测度

为计算2014年四川流向各省的较长期性流出人口,以前述推算值1284.70万人为基数进行测算,其中农民工1066.30万人,占流出人口总数的83%(见表23-7)。2014年四川流向广东304.29万人(列5),占跨省外出总量的23.686%(列4),居第1位,其中农民工252.56万人(列6);流向重庆227.12万人,占跨省外出总量的17.679%,居全省第2位;流向浙江117.21万人,占跨省外出总量的9.123%,居全省第3位;流向云南100.14万人,占跨省外出总量的7.795%,居全省第4位;流向贵州73.84万人,占跨省外出总量的5.748%,居全省第5位。流出五大目的地TOP5合计822.60万人,其中农民工682.76万人,占跨省外出总量的64.031%。流向长三角(浙苏沪)230.76万人,其中农民工191.53万人,占跨省外出总量的17.962%。流向相邻六省473.54万人,占跨省外出总量的36.860%。流向珠三角依然占较大比重,但已被长三角及相邻省份分流,国家中部崛起战略实施对人口吸引力明显。

表23-7　2015年春运节前四川跨省人口流动流量、流向的大数据推断

流向	大数据表征流量	占流出地比重	占四川流出人口比重	人口流出量(万人)	农民工流出量(万人)	四川流出目的地外来人口(万人)
广东	4514691	5.102%	23.686%	304.29	252.56	5964.21
重庆	3369718	51.028%	17.679%	227.12	188.51	445.09
浙江	1738929	4.263%	9.123%	117.21	97.28	2749.36
云南	1485735	29.777%	7.795%	100.14	83.12	336.30
贵州	1095538	20.386%	5.748%	73.84	61.29	362.21
TOP5	12204611	110.556%	64.031%	822.60	682.76	9857.17
江苏	960674	3.049%	5.040%	64.75	53.74	2123.65
福建	917354	7.737%	4.813%	61.83	51.32	799.15
陕西	744392	10.940%	3.905%	50.17	41.64	458.62
上海	724109	3.016%	3.799%	48.81	40.51	1618.22
新疆	238610	11.381%	1.252%	16.08	13.35	141.31
TOP6—10	3585139	36.123%	18.809%	241.64	200.56	5140.95
湖北	238078	3.437%	1.249%	16.05	13.32	466.88

续表

流向	大数据表征流量	占流出地比重	占四川流出人口比重	人口流出量（万人）	农民工流出量（万人）	四川流出目的地外来人口（万人）
甘肃	193240	8.678%	1.014%	13.02	10.81	150.09
广西	169714	3.360%	0.890%	11.44	9.49	340.44
山西	163667	3.432%	0.859%	11.03	9.16	321.42
西藏	137107	46.244%	0.719%	9.24	7.67	19.98
海南	120857	6.515%	0.634%	8.15	6.76	125.03
北京	671904	3.570%	3.525%	45.29	37.59	1268.54
青海	78506	7.858%	0.412%	5.29	4.39	67.34
江西	77149	1.787%	0.405%	5.20	4.32	290.99
宁夏	40211	2.669%	0.211%	2.71	2.25	101.55
湖南	37629	0.572%	0.197%	2.54	2.11	443.40
其他	1342783	—	7.045%	90.50	75.12	—
全国	19060595	—	100.000%	1284.70	1066.30	—
珠三角	4514691	—	23.686%	304.29	252.56	5964.21
长三角	3423712	—	17.962%	230.76	191.53	6491.24
相邻六省	7025730	—	36.860%	473.54	393.04	1772.29

表23-7中最后一列（列7）根据流入四川的流量反推四川跨省流出目的地省份的跨省外来人口估计，其结果与我国跨省外出人口的数量基本一致。这也刚好反映了目的地省份节前四川人返乡过年的比率，大数据推断结果依然准确适用。以广东为例，以四川为基点推算广东跨省外来人口为5964.21万人，而广东实际跨省流入人口为3976.52万人，两者之比流向广东的四川人节前返乡过年的比率为66.67%，与课题组春节期间在广东小范围的调查结果非常接近。再以上海为例，周晓津、姚阳（《大数据》，2016）推算上海外来人口1185.8万人，由此可得出流向上海的四川人节前返乡过年的比率为73.28%。由于系统只存储流入或流出TOP10省份，因此倒数第五行数据应将其分配给TOP10以后的各省。由于四川省外流动人口的广泛分布，与其他途经得到的数据相比，各省份实际流动人口数据契合实际的程度极高，估计误差较低，可信度相当高。

三、人口流动流量、流向变化测度和比较分析

2010年"六普"数据显示（见图23-3），四川跨省常年性流出人口为890.51万人，其中流向广东的人口占29.22%，其次是浙江和福建，而重庆则排在江苏和上海之后居第5位。由于广东数据仅为办理了暂住登记证的人口，因此四川2010年实际流向广东的人口应在400万人以上。以河南为参照，四川跨省外出人口应在1500万人左右。

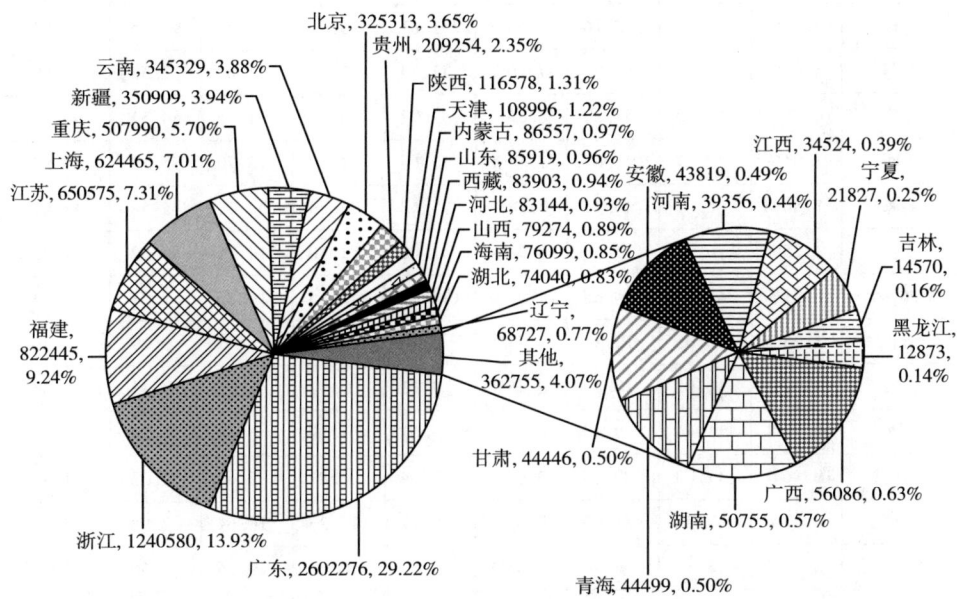

图23-3　四川省跨省流出人口目的地构成（2010年人口普查数据）

课题组选择将表23-7与2010年"六普"时期四川人口流动的数据相比。为了有相同的比较口径，课题组根据前面的分析调整后2010年四川跨省流向的实际人口和农民工数量，但比例保持不变。表23-7中的人口流量当量实际相当于四川流出人口的大数据采样，而人口总流出与农民工流出之间的差额相当于外省流入四川人口数量。课题组保持2010年"六普"各流向比例不变，但根据前述分析对实际流出人口总量进行了调整为1314.60万人，其中农民工占87%，即1066.30万农民工，最终形成表23-8。

表 23-8　　四川跨省人口流出流量、流向变化　　　　单位：万人

流向	2015年节前大数据推断			2010年			流量变化		
	大数据占比	人口流出	农民工流出	"六普"占比	"六普"流出	调整流出	农民工流出	人口流动	农民工
广东	23.69%	304.29	252.56	30.37%	319.05	399.24	347.34	(94.95)	(94.78)
重庆	17.68%	227.12	188.51	5.85%	61.46	76.90	66.91	150.22	121.60
浙江	9.12%	117.21	97.28	15.86%	166.62	208.50	181.39	(91.29)	(84.11)
云南	7.79%	100.14	83.12	3.43%	36.03	45.09	39.23	55.05	43.89
贵州	5.75%	73.84	61.29	2.41%	25.32	31.68	27.56	42.16	33.72
TOP5	64.03%	822.60	682.76	69.66%	731.81	915.75	796.70	(93.15)	(113.94)
江苏	5.04%	64.75	53.74	7.40%	77.74	97.28	84.63	(32.53)	(30.89)
福建	4.81%	61.83	51.32	8.85%	92.97	116.34	101.22	(54.51)	(49.90)
陕西	3.91%	50.17	41.64	1.11%	11.66	14.59	12.70	35.58	28.95
上海	3.80%	48.81	40.51	7.18%	75.43	94.39	82.12	(45.58)	(41.61)
新疆	1.25%	16.08	13.35	3.91%	41.08	51.40	44.72	(35.32)	(31.37)
TOP6—10	18.81%	241.64	200.56	18.93%	198.87	248.85	216.50	(7.21)	(15.94)
湖北	1.25%	16.05	13.32	0.78%	8.19	10.25	8.92	5.79	4.40
甘肃	1.01%	13.02	10.81	0.45%	4.73	5.92	5.15	7.11	5.66
广西	0.89%	11.44	9.49	0.54%	5.67	7.10	6.18	4.34	3.32
山西	0.86%	11.03	9.16	0.67%	7.04	8.81	7.66	2.22	1.49
西藏	0.72%	9.24	7.67	0.93%	9.77	12.23	10.64	(2.98)	(2.97)
海南	0.63%	8.15	6.76	0.81%	8.51	10.65	9.26	(2.50)	(2.50)
北京	3.53%	45.29	37.59	3.33%	34.98	43.78	38.09	1.51	(0.50)
青海	0.41%	5.29	4.39	0.41%	4.31	5.39	4.69	(0.10)	(0.30)
江西	0.40%	5.20	4.32	0.31%	3.26	4.08	3.55	1.12	0.77
宁夏	0.21%	2.71	2.25	0.23%	2.42	3.02	2.63	(0.31)	(0.38)
湖南	0.20%	2.54	2.11	0.41%	4.31	5.39	4.69	(2.85)	(2.58)
其他	7.04%	90.50	75.12	4.76%	50.01	62.57	54.44	27.93	20.68
全国	100.00%	1284.70	1066.30	100.00%	1050.55	1314.60	1143.70	(29.90)	(77.40)
珠三角	23.69%	304.29	252.56	30.37%	319.05	399.24	347.34	(94.95)	(94.78)
长三角	17.96%	230.76	191.53	30.44%	319.79	400.16	348.14	(169.40)	(156.61)
相邻六省	36.86%	473.54	393.04	14.18%	148.97	186.41	162.18	287.13	230.86

从表 23-8 中可以看出，2010 年以来四川人口流动变化非常明显。与 2010 年相比，2014 年年末跨省流出人口总量减少了 29.90 万人，其中农民工减少 77.40 万人，流出人口中非劳动力占比增加是农民工减少的关键原因。原因在于流动人口的人口结构已经发生了巨大的变化，在农民工大潮逐渐退去的同时，高校毕业生逐渐成为跨省流动大军的重要力量；其次，流向省外的流动人口常住化，以前留守在流出户籍地的非劳动力人口也逐渐流出。流向长三角等发达地区的人口和劳动力明显减少，流向浙沪苏的人口减少了 169.40 万人，其中农民工减少 156.61 万人；流向珠三角（广东省）的人口减少了 94.95 万人，但劳动力减少了 94.78 万人。

流向相邻六省市人口增加了 287.13 万人，其中以农民工为主的劳动力增加 230.86 万人。流向重庆的人口增加最多，其次是云南和贵州，区域一体化和大西部开发战略基本上扭转了人口的流向。2010 年，粤浙闽苏沪是四川省外流动的五大目的地，有 915.75 万川人流向五省市，其中农民工 796.70 万人，占全省流出比重 69.66%；而 2014 年四川五大流出目的地变为粤、渝、浙、云、贵，排名前五的流出目的地占全省流出比重下降了 5.63 个百分点，流出集中度下降。

2011—2014 年，流向广东的四川人累计减少了 94.95 万人，同期流向浙江、福建、上海、江苏的川人累计减少了 91.29 万人、54.51 万人、45.58 万人和 32.53 万人。广东外省流入人口约占全国的 1/3，是浙江的 2 倍之多，按理广东累计减少的人口应该更多。原因是 2000 年中国西部大开发战略敲定，成渝地区劳动力需求开始增长，第一代出省农民工回流渐成暗潮。例如，到 2000 年年底，仅金堂县竹篙镇输出到成都的农民工就达 1300 多人，同时，金堂劳务输出主战场东莞的川籍外来工为 319009 人，比 2000 年减少近 7 万人（《成都日报》2011 - 10 - 13，第 006 版）。2008 年全球金融风暴来袭，川渝跨省流出农民工返乡就业也迎来了高潮，仅四川省返乡农民工就高达 92.6 万人，金堂县 2008 年返乡农民工在 4 万人以上。截至 2011 年 10 月，88 万人口的金堂县农村劳动力转移规模已达 28 万人，外出务工人员 18 万人，其中大部分回归成渝经济区域就业。也就是说，四川人大规模撤离广东在 2012 年以前就已经完成了。

与调整后的 2010 年"六普"数据相比，一是流出 TOP5 发生很大的变化，2010 年排在四川流出目的地 TOP5 的全部是东部发达省市，而 2014 年年末仅粤浙两省仍留在流出 TOP5 榜中，其中广东仍是四川跨省流出的首选地，但流出量减少了94.95万人；渝滇贵与四川相邻的三省挤入TOP5行列。二是流向发生了巨大的变化。2010年以来，浙、粤、闽、沪、苏五个发达省市累计减少93.15万人口，而与四川相邻的渝、滇、贵、陕四省市累计增加283.01万人口，人口向西部转移趋势明显，西部净流入与东部净流出变化量达666.08万人，实际变化量超过四川跨省人口流出量的50%以上。人口的高流动性使那些一度人满为患的人口流入地似乎转眼之间人去楼空，企业招工困难。三是近年来中西部对流动劳动力的吸引力较强，但流动性极大，从事各项基础设施建设的劳动力占比较高，产业的劳动力吸纳能力较弱，2014年以来，中西部地区大规模基础设施建设放缓，大量自由流动的劳动力可能重新流向东部发达省市。流向北京的人口数量基本保持稳定；流向长三角浙沪苏的人口数量显著减少，与长三角产业向沿长江流域向中西部转移密切相关；流向粤闽两省人口减少的原因亦可归结为产业向中西部转移和两省2008年以来转型升级相对困难有关。

大数据推断后的人口流量在20万以上的省份中，流向新疆的人口大幅度减少68.71%，新疆外省流入人口的撤离表明其稳定与发展应值得高层领导人高度关注。流向陕西、重庆、贵州、云南的四川人2010年以来累计增加243.84%、195.33%、133.07%和122.08%，而流向上海、福建、浙江、江苏、广东等发达省市的川人累计减少48.29%、46.85%、43.79%、33.44%和23.78%。人口流入高增长的背后是中西部地区近年建设和产业大发展的强劲推动作用。例如，2006年四川外出劳动力中，建筑业占到外出总数的26.4%，在国家建设大规模转向中西部的情况下，从业各种建筑行业的外出劳动力很容易由东部转而流向中西部，在大规模建设放缓的情况下，该部分外出人员需要转行，不稳定风险大为增加。由于中西部产业层级较低，在产能过剩的大环境下，低端产业对人口的吸纳能力极为有限，当产业周期调整时，中西部人口流出大省极有可能再次形成犹如20世纪90年代向东部省市强大的人口迁徙大潮，时间估计在2025年前后，需要引起高度关注。在外来人口和劳动力流入持续减少的情况下，东部地区的产业转型升级极为迫切。

2014年以来，基于移动用户总数的人口推算结果显示，四川实有总人口增长幅度在6%左右，同期重庆为7%，贵州则增长了10%，而云南约减少3个百分点。至2019年3月，四川净流出人口下降到800.61万人。外省流入四川的人口规模保持在350万人左右，推算近年来四川外出人口返乡规模在100万人左右。作为四川省内人口最多的城市，《成都市城市总体规划（2016—

2035)》显示,2035 年成都人口的规划容量为 2300 万人。虽然 2018 年成都的常住人口 1633 万,而实有总人口已经达到 2100 万人左右。成都的飞速发展,使其实际总人口规模可能已经超过广州居全国第 3 位。相对于重庆 2030 年的 3600 万规划人口,成都 2035 年 2300 万的人口规划容量完全可以达到,而重庆则可能会有 300 万人左右的缺口。

第三节 四川跨省流入人口大数据推断

一、流入人口大数据初始表征流量

对数据表 PtopLineOut 进行下述 SQL 查询操作:

SELECT province, name, sum(num) as num0, to_char(sum(per)/2.4,'9999.999%') As per0

  FROM public. "PTopLineOut"

  whereprovince = '四川'

  group by province, name

  order by num0 desc

可以得到节前四川人口流出目的地包括全国 16 个省级单位。从大数据归集的可表征人口流动流量的大小来看,节前由四川流出最多的省份是重庆,表征人口流量为 2470578,占四川流出总数的 31.926%;其次是云南,表征人口流量为 1055607,占四川流出总数的 13.845%;贵州排在第 3 位,表征人口流量为 543468,占四川流出总数的 7.036%。流出排名前五位的全部是与四川相邻的省份,占四川全部流出量的 63.489%。广东和浙江是两个排名前 10 位的发达省份(见表 23-9)。

表 23-9   四川跨省大数据表征人口流出量及其占比

序号	流出地	流入地	大数据人口表征流量	占流出总量比重
1	四川	重庆	2470578	31.926%
2	四川	云南	1055607	13.845%
3	四川	贵州	543468	7.036%
4	四川	湖北	417348	5.293%

续表

序号	流出地	流入地	大数据人口表征流量	占流出总量比重
5	四川	陕西	410836	5.389%
6	四川	广东	370225	4.796%
7	四川	河南	311518	3.868%
8	四川	湖南	208175	2.344%
9	四川	浙江	120746	1.472%
10	四川	江西	96095	1.067%
11	四川	江苏	85671	0.931%
12	四川	北京	57738	0.913%
13	四川	福建	5369	0.259%
14	四川	海南	2683	0.075%
15	四川	甘肃	1206	0.057%
16	四川	辽宁	982	0.057%
17	四川	其他	1604771	20.672%
18	合计	全国	7763016	1.000%

由于上述查询只能得到流出省份中流量为 TOP10 的省份（排名前 6 位的省份在每个时段都能够记录到流出，而排名第 7 位之后的省份则有可能变换流出排名位置，因而系统记录共有 16 个省级单位出现），若四川节前流入该省人口占四川总流出人口比重较低，则不能被系统记录，但该省流入人口流量却在某时段内进入其流入排名前 10 位，从而会发生数据的漏计，因此还必须对数据表 PtopLineIn 进行下述 SQL 查询操作：

SELECT province, name, sum (num) as num0, to_char (sum (per)/2.4, '9999.999%') As per0

FROM public."PtopLineIn"

wherename = '四川'

group by province, name

order by num0 desc

该查询的另一个作用是比较同一省份的流入流出，对数据不一致者保留较大值。查询新出现海南和台港澳，由于台港澳流量较少，因而将其忽略。课题组以大数据表征流量百分比推断 2014 年由各省区市流入四川的人口总量为 354.04 万人（可信区间 [329.52 万人，378.56 万人]）。两次查询形成的表格合并之后的大数据推断结果表明（见表23-10），2014年四川省外流入人口中，来自重庆的流量占31.825%，推算由重庆流入人口数量为112.67万人；其次从云南流入人口48.14万人，占四川省外流入总量的13.598%；贵州居第3位，流入人口数量24.79万人，占四川省外流入人口总量的7.001%。流入排名TOP5的省份共流入223.37万人，占四川省外总流入的63.092%。

表23-10　　　　　四川跨省人口流入量、来源地及其占比

流入来源地	流入目的地	大数据表征人口流量	表征流量占比	流入人口（万人）
重庆	四川	2470578	31.825%	112.67
云南	四川	1055607	13.598%	48.14
贵州	四川	543468	7.001%	24.79
湖北	四川	417348	5.376%	19.03
陕西	四川	410836	5.292%	18.74
广东	四川	370225	4.769%	16.88
河南	四川	311518	4.013%	14.21
湖南	四川	208175	2.682%	9.49
海南	四川	127452	1.642%	5.81
浙江	四川	120746	1.555%	5.51
江西	四川	96095	1.238%	4.38
江苏	四川	85671	1.104%	3.91
北京	四川	57738	0.744%	2.63
甘肃	四川	57267	0.738%	2.61
新疆	四川	52977	0.682%	2.42
上海	四川	40306	0.519%	1.84
西藏	四川	23052	0.297%	1.05
青海	四川	21911	0.282%	1.00
福建	四川	5369	0.069%	0.24
香港	四川	5361	0.069%	0.24
台湾	四川	1594	0.021%	0.07
辽宁	四川	1405	0.018%	0.06
其他	四川	1277269	16.453%	58.25
全国	四川	7763016	100.000%	354.04

从流入来源构成看（见图23-4），排前五位的都是近邻省份，其中重庆、云南、贵州合计占52.42%；来自广东的流入占4.77%，排除旅游人口流入因素后其占比估计也在4.5%左右。海南则高估比较严重，以广东为参照，海南大概只有广东的1/9，即0.5%左右。整体来看，大数据推断结果比较符合事实，移动实名制大数据则可以得到更高的精度。

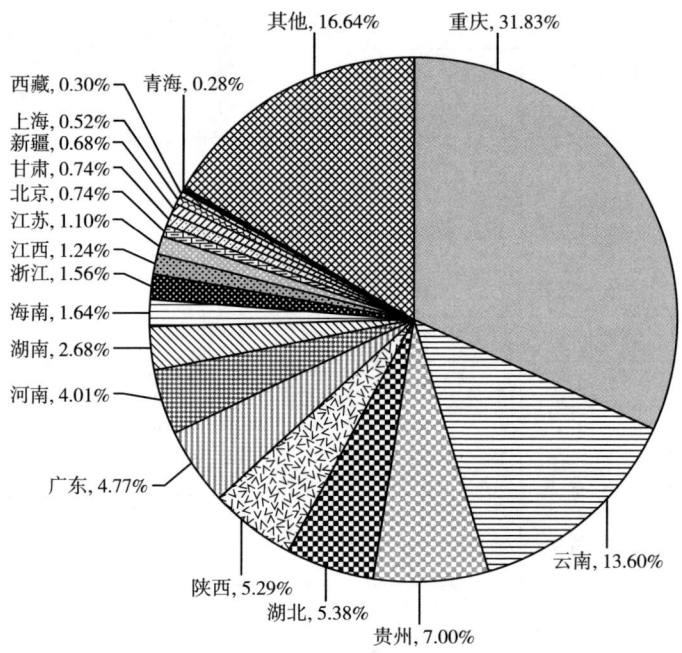

图23-4　四川省跨省流入来源地构成（2014年大数据推断）

二、2010年以来四川省外来人口流入变化

2010年"六普"数据显示（见图23-5），外省流入四川112.85万人，其中重庆最多，占26.53%，贵州则排在第5位。五大来源地占四川外省流入人口的51.22%，而重庆又占五大来源地的五成以上。2010年四川外省人口总数在300万人左右，相对于1500万左右的出省人口，四川净流出人口在1200万左右。2010年四川全省总人口在7700万人左右。2017年12月，四川全省移动用户数为7693.6万户，大致对应7700万总人口，因此2010年以来四川人口流入流出基本平衡。

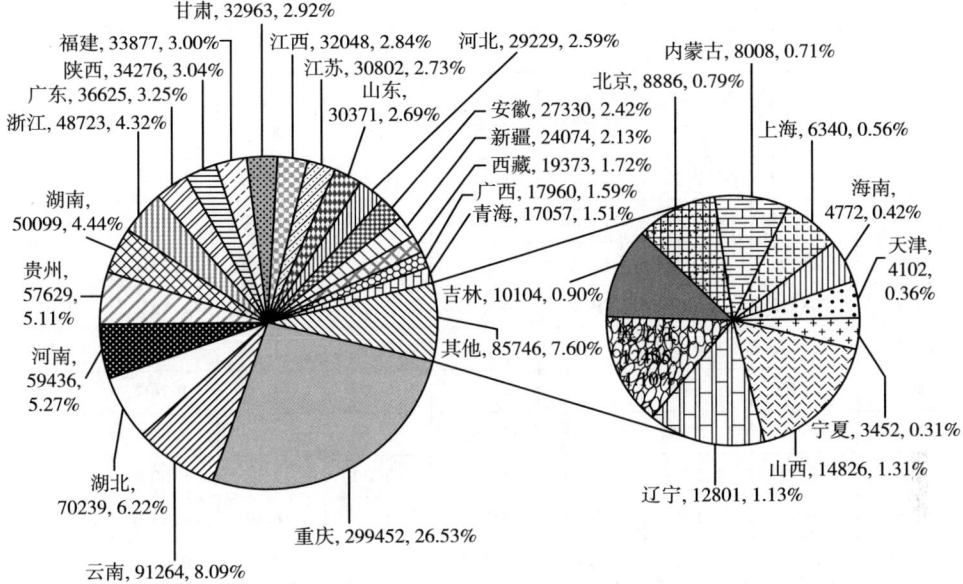

图 23-5　四川省跨省流入来源地构成（2010 年人口普查推断）

将表 23-10 与 2010 年"六普"调整数据进行比较，形成表 23-11。结果表明，与 2010 年"六普"相比，四川省外流入人口增加了 98.20 万人（由于存在常住人口虚高的情况，大量农村常年性外出人口依旧被记录为其户籍所在地的常住人口，因此计算增量时只需要将 2014 年的常住人口减去 2010 年的常住人口即可）。与 2010 年相比，河南跌出流入来源地前 5 位，而陕西进入流入来源地前 5 位，2014 年排在前 5 名的省市全部是相邻省级区域，流入来源地集中程度提高了 11.88 个百分点，流入人口增加 92.34 万人。

表 23-11　四川省外人口流入流量、流向变化　　　　　　　　　　　　单位：万人

来源地	2014 年			2010 年			新变化	
	流量当量	占总流量比重	人口估计	"六普"比重	"六普"数据	"六普"调整	占比变动	人口流量
重庆	2470578	31.82%	112.67	26.53%	29.95	67.88	5.29%	44.79
云南	1055607	13.60%	48.14	8.09%	9.13	20.69	5.51%	27.45
贵州	543468	7.00%	24.79	5.11%	5.76	13.06	1.89%	11.72
湖北	417348	5.38%	19.03	6.22%	7.02	15.92	-0.85%	3.11
陕西	410836	5.29%	18.74	3.04%	3.43	7.77	2.26%	10.97

续表

来源地	2014年			2010年			新变化	
	流量当量	占总流量比重	人口估计	"六普"比重	"六普"数据	"六普"调整	占比变动	人口流量
TOP5	4897837	63.09%	223.37	51.22%	57.80	131.03	11.88%	92.34
广东	370225	4.77%	16.88	3.25%	3.66	8.30	1.52%	8.58
河南	311518	4.01%	14.21	5.27%	5.94	13.47	-1.25%	0.73
湖南	208175	2.68%	9.49	4.44%	5.01	11.36	-1.76%	(1.86)
海南	127452	1.64%	5.81	0.42%	0.48	1.08	1.22%	4.73
浙江	120746	1.56%	5.51	4.32%	4.87	11.05	-2.76%	(5.54)
TOP10	6035953	77.75%	275.28	69.26%	78.16	177.19	8.50%	98.09
江西	96095	1.24%	4.38	2.84%	3.20	7.27	-1.60%	(2.88)
江苏	85671	1.10%	3.91	2.73%	3.08	6.98	-1.63%	(3.08)
北京	57738	0.74%	2.63	0.79%	0.89	2.01	-0.04%	0.62
甘肃	57267	0.74%	2.61	2.92%	3.30	7.47	-2.18%	(4.86)
新疆	52977	0.68%	2.42	2.13%	2.41	5.46	-1.45%	(3.04)
上海	40306	0.52%	1.84	0.56%	0.63	1.44	-0.04%	0.40
西藏	23052	0.30%	1.05	1.72%	1.94	4.39	-1.42%	(3.34)
青海	21911	0.28%	1.00	1.51%	1.71	3.87	-1.23%	(2.87)
福建	5369	0.07%	0.24	3.00%	3.39	7.68	-2.93%	(7.43)
其他	1285629	16.56%	58.63	15.12%	17.06	38.68	1.44%	19.95
合计	7763016	100.00%	354.04	100.00%	112.86	255.84	0	98.20

注：2010年省外流入排名前五（TOP5）是重庆、云南、湖北、河南、贵州五省市，而TOP10是指TOP5加湖南、浙江、广东、陕西、福建五省。2014年省外流入前五和前十已经发生了很大的变化。

在外省流入的人口中，排名前10位的都比较准确，但海南的情况值得分别讨论。与2010年相比，四川流向海南的流量占比大为增加，原因是春节节前很多四川人飞往海南度假，但前期大数据采集时并没有将这一因素考虑在内，以广东为参照系，课题组推算流向海南的除短期性度假之外的流量为广东的1/13.72，即2014年海南流入四川人口为1.23万人，占四川流入的0.35%。浙江流入人口2010年以来累计减少5.54万人，最为可能的原因是汶川重建结束后浙商撤离并流向其他地方。粤、京、沪与四川的联系有所增加，据分析原因是成都与京、沪、穗、深四大一线城市的商旅联系紧密；而浙、苏、闽与四川的联系减弱，在很大程度源于震后重建结束后的商业机会减少。

三、促进四川人口与经济社会可持续发展的对策建议

从移动用户总数来看（见图23-6），2014年之后四川省移动用户总数增长缓慢，而2014年之前则增长迅速。对应于人口因素，则是2014年移动普及率迅速增加，但并不对应人口增加。至2014年劳动力年龄段人口的移动普及率基本饱和，非劳动力普及增长缓慢。对应于全省6000多万劳动力，但2010年年末四川移动用户只有4000余万，除去1500万人左右的跨省外出劳动力，本省尚有500万人以上的劳动力并没有使用手机，这种高龄农村劳动力对手机的需求较低，且在农村劳作。至2017年年底，除了12岁以下及80岁以上人口，四川也基本上全部普及了手机产品。如对四川进行人口普查，在实名制条件下仅需要对低年龄段进行非数字化统计，其余完全可以依靠移动实名制进行较为精细的人口大数据普查。

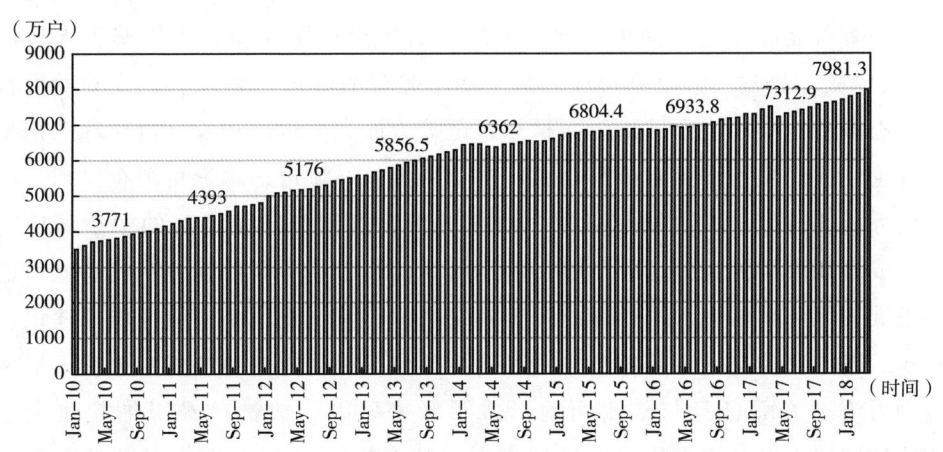

图23-6　四川省移动用户总数（2010年1月至2018年3月）

高度重视和解决四川"3个1000万人"问题，尽快实施人口自由生育政策。四川省位于中国西南腹地，地处长江上游，辖区面积48.6万平方千米，居中国第5位。四川地貌复杂，以山地为主要特色，具有山地、丘陵、平原和高原4种地貌类型，分别占全省面积的74.2%、10.3%、8.2%、7.3%。适宜居住的丘陵和平原面积仅8.99万平方千米；阿坝、甘孜、凉山30万平方千米的土地仅容纳了不到500万人口，高原上可容纳人口屈指可数。以每平方千米山地、丘陵、平原平均承载20人、500人和1200人计算，四川2030年达到富

裕型社会的人口承载极限也就是8000万人。改革开放以来的人口流动与转移，四川总人口基本上已经接近这一极限承载值，人口的自由流动有效地优化和调整了四川和其他人口流出大省的人口承载生态。四川每年新增新生儿数量90万人左右，实施全面"二孩"政策以后，每年新生儿最多增长到120万人左右，高龄妇女抢生高峰过后，年新生儿数量将回复到100万人左右，以人均寿命80岁计算，未来四川人口可望保持在8000万人的水平。来自四川卫生计生委的资料显示，2015年跨省流出育龄妇女463.72万人，占全省育龄妇女总数的20.30%。推动国家层面的"三个1亿人"问题的解决，则四川长期性的大规模人口回流可能性大为降低。解决短期的人口超载和长期的人口老化是未来四川经济社会发展必须重视的重大问题。在人口可自由流动的条件下，从国家发展的大局出发，四川同样需要尽快实施人口自由生育政策。

以科技创新和战略性产业发展吸纳人口，打造成渝世界级城市群。经过多年的发展与赶超，成都已经迈入全国TOP10万亿城市经济体行列，城市实有总人口有可能已经超越深圳，继北上广之后居全国第4位，中国城市人口的"北上广成"格局已经基本形成。从大中小完整的城市体系来看，成渝城市群在核心城市、中小协作城市、面积和区位等方面完全可以和长三角和珠三角相提并论。成渝城市群拥有成都、重庆两个特大核心城市，珠三角则有广州、深圳两大核心城市；成渝城市群中小协作城市群远比珠三角地区的中小城市为多；成渝城市群面积是珠三角城市面积的5倍以上；在区位方面，成渝城市群的发展关系到大西南和大西北的稳定和发展，跨越川渝两个省级区域。建议将达州、巴中和遵义纳入其城市体系和经济区域，因为这些地区事实上在人口和劳动力流动方面已经与成渝两地形成了紧密联系。成都已经吸纳超过全省50%的城镇人口，未来应让成渝城市群承担全省50%以上的农村劳动力融入城镇化。另外，由于四川可宜居土地资源极其稀缺，最近的可供粮食调运的江汉平原直线距离也在800公里以上，因此应十分珍惜和节约成都平原的每一寸土地，杜绝"摊大饼"式的低效发展，应以科技创新和战略性产业来应对未来发展。

成都具备成为全球城市的实力和潜力。研究发现，天津、杭州、武汉、成都等新晋国家中心城市与北、上、广、深四个全球城市都有较大规模的城市间日常性的商旅人口流动。但成都、武汉与四大全球城市之间的商旅性人口流动的均衡性远比天津、郑州、西安、杭州等城市要强，表明成都远距离的辐射力和影响力要高于这些国家中心城市。在引入距离因素计算人口流量与距离的数量积之后发现，地处西部地区的成都商旅人口辐射力、影响力和吸引力位居 11 个国家中心城市前列，同期杭州、武汉等城市的相应能级仅为成都的 2/3，天津、重庆、西安不到成都的一半，其次是厦门、郑州、青岛、沈阳等城市能级则更低。虽然成都目前的经济实力与我国四大全球城市尚有较大的差距，但是成都拥有向东融合、向西对接、向南联动的重要区位，成都的发展对中国西北稳定具有很强的支撑性力量，成都理应成为我国全球城市行列中的重要成员。随着国家高速铁路成网，成都可辐射中国西部 2.5 亿人口和 10 万亿以上的经济总量。2020 年成都将以 8000 万以上的航空旅客吞吐量初步构建枢纽型国际航空门户。此外，成都具备成为全球科技创新中心的优越条件，独特的蜀地文化也有助于成都培育全球文化与交往中心。

本章参考文献

[1] 陈成. 四川省农村劳动力转移现状及其地域变化趋势 [J]. 四川农业科技，2014 (6)：59 - 60.

[2] 吉锐. 2015 年四川省农业农村经济基本情况 [OL]. 中共四川省委农村工作委员会. http://www.snsc.gov.cn/agriculture/3263.htm.

[3] 孔祥智. 四川农村劳动力有序流动与转移研究 [J]. 调研世界，2006 (5)：28 - 30.

[4] 四川省统计局. 四川流动人口现状及其影响研究 [OL]. 中国政府公开信息平台四川省分站. http://govinfo.nlc.gov.cn/scsfz/xxgk/scstjj/201209/t20120912_2615047.shtml?classid=428.

[5] 杨祥禄，侍慧宇，李华. 农村人口结构特点与推进农村劳动力有序转移研究——以四川省为例 [J]. 农村经济，2012 (4)：99 - 103.

[6] 张梦飞. 四川经济、人口与城镇化率重心转移轨迹研究 [J]. 金融理论与教学，2017 (6)：35 - 40.

[7] 熊鹰，赵颖文，杜兴端，李晓. 四川农村人口变化及特征分析 [J]. 四川农业科技，2017 (11)：73 - 75.

[8] 徐林. 流动人口对经济增长影响的实证研究——以四川域内流动人口为例 [J]. 四川行政学院学报，2016 (4)：67 - 72.

第二十四章
贵州省人口流动流量、流向及其变化研究

摘 要：大数据推断结果表明，2014年贵州跨省外出人口规模超过650万人，跨省流入人口300多万人。省外流动人口主要流向广东（181.76万人，27.67%）、浙江（177.16万人，26.97%）、云南（51.82万人，8.04%）、福建（51.98万人，7.92%）和重庆（38.19万人，5.82%）五省市，五省市合计占贵州跨省外出人口的76.42%。跨省流入人口主要来自川、渝、湘、滇、桂五个相邻省市，占外省总流入量的71.03%。2010年以来贵州省际人口流动流量和流向都发生了巨大的变化，相邻省份之间流量增加，区域一体化趋势明显。最后提出推动贵州人口与经济均衡发展的对策建议。

关键词：贵州外出人口；人口大数据；省际流动

第一节 贵州农村劳动力转移与外出人口增长

一、贵州流动人口规模

贵州的人口数据容易使人迷惑。首先，例如，《贵州统计年鉴（2016）》的数据显示，2006—2010年，贵州的常住人口每年减少50万人左右，与2006年以来农村外出人口放缓的事实严重脱节；其次，2010年贵州户籍人口比上一年增加了98万人，增长率高达2.4%，对于只有4000多万户籍的贵州来说是不可能的；最后，户籍人口减去常住人口之后的差额明显有问题，2005年以前是负值，在外省回流的情况下却由2010年以来的710万人增长到2015年的865.83万人。根据2005年进行的1%人口抽样调查资料结果，在贵州省户籍人口中，外出半年以上的人口总数高达890万人，其中630万人流出省外。

来自泛珠三角九省区流动人口计划生育区域联席研讨会的数据显示，2009 年贵州籍流动人口达 600 多万人，其中在省内地、州、市流动的人口数占到流动人口总数的 1/4 左右，3/4 流往省外，主要流向是广东、浙江、福建等地。

贵州人口省际流动规模最准确的数据当属全国第六次人口普查。此次普查的结果表明，2010 年贵州流动人口总量达到 1181 万人，占全省常住半年以上人口的 34%，占同期户籍人口的 28.4%。其中流出省外 718 万人，外省流入 76.3 万人；净流出人口 710 万人（户籍人口减去常住半年以上人口）[①]。浙江和广东是贵州人口的主要流向地，两省共流入 491.7 万人，占全省流出比重达 68.49%；浙、粤、闽、滇、苏五省共流入 620.4 万贵州人，占 86.42%，流向目的地集中程度极高（见表 24 - 1）。贵州省卫计委的数据显示，2011 年年末，贵州流向省外的流动人口数量为 549 万人，2012 年年末上升到 557 万人，到 2013 年年末减少为 553 万人。2014 年呈现增长趋势，达到 581 万人。截至 2015 年

表 24 - 1　贵州流往省外的人口规模及其比重（2010 年全国第六次人口普查）

序号	省区	规模（万人）	占比	序号	省区	规模（万人）	占比
1	浙江	250.9	34.95%	16	湖北	3.5	0.49%
2	广东	240.8	33.54%	17	安徽	3.5	0.49%
3	福建	63.4	8.83%	18	河南	2.8	0.39%
4	云南	35.1	4.89%	19	山西	1.9	0.26%
5	江苏	30.2	4.21%	20	陕西	1.7	0.24%
6	上海	15.7	2.19%	21	天津	1.2	0.17%
7	四川	10.8	1.50%	22	新疆	1.1	0.15%
8	湖南	10.3	1.43%	23	内蒙古	1.0	0.14%
9	广西	10.0	1.39%	24	辽宁	0.8	0.11%
10	重庆	8.2	1.14%	25	黑龙江	0.5	0.07%
11	江西	6.2	0.86%	26	吉林	0.4	0.06%
12	北京	4.8	0.67%	27	甘肃	0.4	0.06%
13	山东	4.3	0.60%	28	西藏	0.3	0.04%
14	海南	4.0	0.56%	29	青海	0.3	0.04%
15	河北	3.6	0.50%	30	宁夏	0.2	0.03%

①　净流出人口应为 641.7 万人，即省外流动人口减去外省流入人口，与官方相差 68.3 万人，此亦为官方数据值得商榷之处。

6月末，贵州省跨省流出人口为580万人，其中浙江和广东成为主要流入地，两省吸纳贵州省籍的流动人口分别为232万人和171万人，占全部跨省流出人口的69.48%。紧随其后的是福建、云南、江苏三个地方，分别吸纳60万人、30万人和22万人。

人口普查数据与贵州省卫计委的数据依旧有明显的差别。一是统计范围，人口普查包括所有流动人口，而省卫计委主要是农村劳动力流出人口，因此普查数据大于卫计委的数据；二是采样，省卫计委与国家卫计委在贵州的采样基本相同，只有1万多个样本。2005年贵州就有630万省外流动人口，到2010年"六普"时的718万省外流动人口，这种增长符合贵州经济增长规律。2003—2010年，贵州每年都维持在两位数以上的增长水平，此段时期的贵州流动人口增长趋势应是省内流动快速增长，而省外流动增长放缓；2010年之后全国特别是东部沿海经济发达省市经济增长放慢，同期贵州增长较快，加之农村劳动力自2008年金融危机以来枯竭，省外流动人口大致保持在2010年"六普"时期的同等规模并略有下降。

值得注意的是，浙粤两省2010年全国第六次人口普查时由贵州流入的人口分别为149.922万人和95.774万人，分别占浙粤省外流入人口总数的12.68%和4.46%。以表24-1中的贵州流向浙粤两省的数量反向推算，浙粤两省省外流入人口总数分别应为1978.8万人和5404.9万人，分别为浙粤两省同期公布的省外流入半年以上人口总数的167.35%和251.42%。鉴于数据严重不一致的现象，国家在汇总2010年全国第六次人口普查时做了较大的调整，贵州省外流出半年以上人口为404.8万人。但广东的5404.9万外省流入人口也并非完全没有根据，2005年两会期间，广东省长透露全省有4200多万外省人口，其中3100多万为流入半年以上人口，1100万流入半年以下人口，若5400万外省流入人口是实，则2005年以来的6年间流入增量为1200万，年均流入增长200万人。这种增长也是广东经济社会所能承受的，与京沪不同，珠三角有大量的农民出租屋（俗称"城中村"），据估计仅深圳就有80万至100万栋"城中村"建筑，据统计广州有500多万套出租房屋，每套出租屋居住2—3人，即可容纳1200万以上的外来人口。

二、基于农村流出劳动力的省内外流动人口规模推算

2001年中国加入世贸组织（WTO）之后，出口和经济的高速增长对农村

劳动力有一个加速吸纳的过程；其次，2003年全国范围内的"民工荒"出现之后，还有一个40岁以上的农村劳动力加速流出过程，到2008年前后才将农村中可供流动的劳动力吸收完毕。从2005年1%人口抽样调查和2010年全国第六次人口普查的情况来看，2005年省外流动630多万人，到2010年省外流动718万人，增速已经大为放缓，与贵州农村的空村现象相符合。课题组根据2010年全国第六次人口普查和2015年全省1%人口抽样调查重估了2010—2015年贵州省流动人口数量和实有人口数量（见表24-2）。由表中可以看出，省外流动人口自2010年以来是逐步下降的，该估计与贵州经济的高速增长对劳动力增长需求相吻合。估计结果还表明，贵州官方常住人口存在较多的人口漏计，但高估了跨省净流出人口数量。高估的主要原因是将农村流出人口省内流动部分计入省外流动。

表24-2 贵州流动人口总数及其省内外流动数量估计（2010—2015年） 单位：万人

年份	省外流动人口	省内流动人口	流动人口总数	省外流动比重	实有人口	官方常住人口	漏计人口
2010	718.00	463.00	1181.00	60.80%	3471.00	3479.00	(8.00)
2011	708.38	476.81	1185.19	59.77%	3530.06	3469.00	61.06
2012	698.76	490.63	1189.39	58.75%	3550.72	3484.07	66.65
2013	689.14	504.44	1193.58	57.74%	3597.01	3502.22	94.79
2014	679.52	518.26	1197.78	56.73%	3645.97	3508.04	137.93
2015	669.90	532.07	1201.97	55.73%	3725.43	3529.50	195.93

贵州是一个少数民族众多的省份，2009年少数民族人口占39%。罗贤贵（2015）调查贵州9个民族村共有人口15549人（2012年），其中少数民族人口12950人，在外务工人员4392人。外出务工人员占9个民族村人口的28.46%，2012年贵州有3557.14万农村人口，由于汉族外出人口比例高于少数民族人口，因此贵州农村外出务工人员应在1000万人以上，省外流动占60%左右，但随着贵州本省经济的发展而逐渐下降。

三、基于第一产业的流动人口规模推算

蔡昉、王美艳（2014）的研究结果表明，官方统计高估农业劳动力的数量和比重。2010年贵州第一产业占全省GDP比重为13.58%，而第一产业从

业人员占总从业人口比重却高达68.30%。调查发现，2008年之后官方统计公布的第一产业从业人员数量（官方数）乘以第一产业占GDP的比重才是真实的第一从业人员数量（估计数），而官方数与估计数之间的差额实际上是农村流出劳动力却依旧被记录为本地常住人口数量。表24-3计算得到的是跨省净流出人口。省内流动人口根据2015年全省1%人口抽样调查得到，并依此调查线性调整2010—2014年省内流动人口。例如，2015年贵州省1%人口抽样调查主要数据公报显示，在全省常住人口中，居住地与户口登记地所在的乡（镇、街道）不一致且离开户口登记地半年以上人口为1218.91万人（不包括市辖区内人户分离的人口）。同2010年第六次人口普查相比，居住地与户口登记地所在的乡（镇、街道）不一致且离开户口登记地半年以上人口增加42.13万人。由此推算2010年以来贵州省常住流动人口每年增加8.426万人，再将全省流动人口总数减去省内流动人口数，得到省外流动人口数。虽然省外流出人口中包括一些城镇人口，但由于这部分流动人口主要在省内流动且占全部流动人口比例非常低，因此忽略不计。

表24-3 占比产出法——流动人口总数及省内外流动数量估计（2004—2015年）

单位：万人

年份	全社会年末从业人员数	第一产业占GDP比重	第一产业实际从业劳动力数	第一产业官方从业人员数	第一产业流出劳动力数	常住户籍人口差额	全省流动人口总数	省内流动人口数	省外净流出人口数
2004	2186.00	19.94%	435.82	1672.29	1236.47	-72.51	1163.96	733.39	430.57
2005	1944.29	18.40%	357.69	1497.26	1139.57	137.73	1277.30	804.80	472.50
2006	1953.24	16.33%	319.05	1487.4	1168.35	231.91	1400.26	882.27	517.99
2007	1872.64	15.48%	289.83	1388.02	1098.19	353.04	1451.23	914.39	536.84
2008	1867.20	15.14%	282.68	1350.32	1067.64	440.75	1508.39	950.40	557.99
2009	1841.92	14.06%	259.04	1299.29	1040.25	553.78	1594.03	1004.36	589.67
2010	1770.90	13.58%	240.51	1209.55	969.04	710	1679.04	1176.78	502.26
2011	1792.80	12.74%	228.34	1194.39	966.05	769.44	1735.49	1185.21	550.28
2012	1825.82	13.02%	237.66	1189.04	951.38	765.41	1716.79	1193.63	523.16
2013	1864.21	12.35%	230.17	1179.76	949.59	783.93	1733.52	1202.06	531.46
2014	1909.69	13.82%	263.89	1171.02	907.13	817.45	1724.58	733.39	430.57
2015	1946.65	15.62%	304.09	1161.54	857.45	865.83	1723.28	804.80	472.50

说明：列2至列5数据来源于《贵州统计年鉴（2016）》。列4=列2×列3；列6=列5-列4；常住户籍人口差额（列7）=户籍人口数-常住人口数；列8=列6+列7。

表 24-3 中 2005 年省外流动人口根据贵州在广东的人口反推得到，并以此为基点推算 2004—2009 年省外流动人口。2005 年贵州省 1% 人口抽样调查主要数据公报显示，贵州有 630 万省外流动人口，表中推算的净流出人口为 472.50 万人，由此推算外省流入人口 157.5 万人。表中推算净流出人口在 2009 年达到高峰，2010 年大幅减少，该推算结果与全球金融危机导致的农民工大量返乡现象相符合，以及与国家"四万亿"政策所带来的人口流动变化也相吻合。

贵州移动 2018 年春节大数据显示[①]，春节黄金周共有 1291 万人来到贵州，其中广东有 204 万人入黔。以广东占贵州外出人口的 28% 推算，2017 年贵州外出人口为 728 万人。但 2017 年春节大数据显示[②]，除夕当天进入贵州的人口为 487 万人。这两个数据构成了贵州外出人口的上下限，即跨省流出人口不少于 487 万人且上限值在 728 万人。因为 2018 年的数据包括节后进入贵州的人口，而节后旅游人口占有较大比重。2019 年春节贵州大数据显示，春节期间有 216.8 万人次出省过年，主要流向贵州周边的云南、四川、广西、湖南和重庆；外省入黔人口主要来自广东、云南、浙江、重庆和四川，表明浙江已经退居第 3，而云南则成为贵州外出人口的第二大目的地。以此来看贵州省外流入人口规模应该在 200 万人以下。

课题组根据每百户城镇居民家庭耐用消费品拥有量重新估算了贵州各地级市 2014 年的实有人口（见表 24-4）。表中的估计有一定的误差，主要原因是 0—14 岁农村人口手机普及率极低，又缺乏详尽的数据支持。但该估计还是具有较强的现实意义，贵阳人口可能远远被低估，而毕节实际人均手机拥有数很好地反映了其人口大量流出的事实，若将其外出人口拥有的手机计算在内，其人均手机拥有数量也已经接近全省的平均水平。

表 24-4　贵州省城市实际人口及实际人均手机拥有量（2014 年）

地级市域	手机用户数（万户）	常住人口数（万人）	常住人口手机用户（万户）	流入人口手机用户（万户）	实有人口数（万人）	实际人均手机数（部）
贵阳市	810.14	455.60	387.26	422.88	815.59	0.99
六盘水市	250.32	288.20	230.56	19.76	304.67	0.82

[①] 参见：人民网-贵州频道（2018-02-24）. 贵州移动大数据解读"年味"[OL]. http://gz.people.com.cn/n2/2018/0224/c194849-31278667.html.

[②] 参见：人民网-贵州频道（2018-02-08）. 贵州移动发布 2017 年春节大数据报告[OL]. http://gz.people.com.cn/n2/2017/0208/c194827-29686024-2.html.

续表

地级市域	手机用户数（万户）	常住人口数（万人）	常住人口手机用户（万户）	流入人口手机用户（万户）	实有人口数（万人）	实际人均手机数（部）
遵义市	551.69	615.49	504.70	46.99	654.65	0.84
安顺市	172.35	230.81	184.65	(12.30)	220.56	0.78
毕节市	351.98	654.12	523.30	(171.32)	511.36	0.69
铜仁市	211.30	311.65	249.32	(38.02)	279.97	0.75
黔西南州	205.93	281.12	224.90	(18.97)	265.32	0.78
黔东南州	269.29	347.75	278.20	(8.91)	340.33	0.79
黔南州	236.84	323.30	258.64	(21.80)	305.13	0.78
全省	3059.84	3508.04	3016.91	42.93	3543.81	0.86

第二节 贵州跨省流出人口大数据推断

一、流出人口大数据初始表征流量

对数据表 PtopLineOut 进行下述 SQL 查询操作：

SELECT province, name, sum（num）as num0, to_char（sum（per）/2.4,'9999.999%'） As per0

　　FROM public."PTopLineOut"

　　where name＝'贵州'

　　group by province, name

　　order by num0　desc

可以得到节前贵州人口流入来源地包括全国 13 个省级单位，远少于四川、河南、湖北等人口流出大省。从大数据归集的可表征人口流动流量的大小来看，节前由外省流入贵州人口最多的省份是广东而非官方统计显示的浙江，课题组认为原因是流向广东的人口中从事第三产业的人口比重较大，而流向浙江的人口中从事制造业比重较大，后者更能被纳入统计范围。来自广东的表征人口流量为 2886748，占广东省流出总数的 3.469%；来自浙江的表征人口流量为 2813786，占浙江省流出总数的 7.496%。

上述查询只能得到流出省份中流量为 TOP10 的省份。若贵州省流入该省人口占该省总流入人口比重较低，则在某个时段内就有可能记录不到流量，从而发生数据漏计的现象，因此还必须对数据表 PtopLineIn 进行下述 SQL 查询操作：

  SELECT province，name，sum（num）as num0，to_char（sum（per）/2.4，'9999.999%'）As per0
    FROM public."PTopLineIn"
    where province = '贵州'
    group by province，name
    order by num0 desc

该查询除了防止大数据表征的人口流量被漏计外，另一个重要的功能是计算出大数据表征人口的总流量。结果表明，对数据表 PtopLineIn 查询后得到的大数据表征的人口流量为 9815761，占全部流入量总数的 94.097%，因此推断出节前流回贵州的大数据表征的人口总流量为 10431534，同期湖南的总流量为 31434757，即贵州人口流出总量约为湖南的 33.185%。以取大值原则合并两次查询得到的数据，将各省节前回流量除以总流量，再乘以跨省总流出人口，就可以得到 2014 年贵州人口跨省流出各个流向的实际人口流量。

表 24-5 合计了两次查询结果。由于在第一次查询中，江西、澳门、台湾、西藏四个省级区域的流入量非常少，课题组将其并入流出省份中的"其他"项。表 24-5 中广东流入量虽然大于浙江流入量，但归集的流量占贵州流入比重却是浙江大于广东。合并之后发现，2015 年春节节前在大数据采样期内由广东的表征人口流量占贵州全省总流入量的 27.673%，浙江占 26.974%，来自粤浙两省流入量占全省 54.65%。表 24-5 列 7 即贵州 2014 年流向外省的人口占全省比重。在查询输出结果中，浙江占比高于广东，但从流量来看，实际上节前由广东流向贵州的流量大于浙江，因而贵州流动到广东的人口比流动到浙江的要多。

表 24-5 贵州省 2015 年春节节前人口流入来源构成及占比

序号	流出省份	流入省份	大数据表征人口流量	占流出省份比重	占流入省份比重（SQL1）	占流入省份比重（合并）
1	广东	贵州	2886748	3.469%	27.101%	27.673%
2	浙江	贵州	2813786	7.496%	27.186%	26.974%
3	云南	贵州	838994	18.310%	8.437%	8.043%

续表

序号	流出省份	流入省份	大数据表征人口流量	占流出省份比重	占流入省份比重（SQL1）	占流入省份比重（合并）
4	福建	贵州	825622	7.451%	7.759%	7.915%
5	重庆	贵州	606628	9.757%	5.873%	5.815%
6	四川	贵州	543468	7.036%	5.208%	5.210%
7	江苏	贵州	373691	—	3.577%	3.582%
8	湖南	贵州	367689	7.734%	3.489%	3.525%
9	广西	贵州	363325	0.910%	3.584%	3.483%
10	上海	贵州	195810	—	1.883%	1.877%
11	海南	贵州	12135	0.910%	—	0.116%
12	其他	贵州	603638	—	—	5.787%
13	全国	贵州	10431534	—	100.000%	100.000%

注：列4、列5的通过查询得到，而列7＝列3/全部流量，全部流量＝最后一行列4，即10431534。

由此可得到贵州外出人口的流向百分比构成（见图24-1）。其中，广东与浙江是贵州两个主要目的地；其次是云南、重庆、四川、湖南和广西五个相邻省区市；福建、江苏、上海等发达地区也有一定的流量。总体而言，贵州外出人口以南方沿海发达地区及其周边省级区域为主要流动目的地。

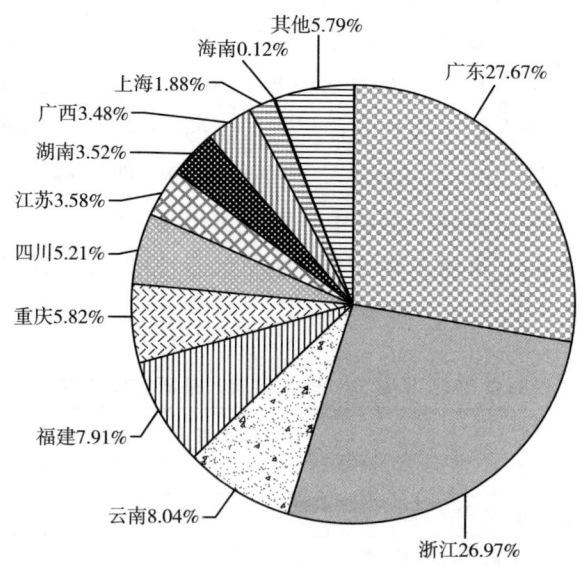

图24-1 贵州跨省流出人口目的地构成（2014年大数据推断）

二、由大数据表征流量到人口流量、流向测度

为计算 2014 年贵州流向各省的较长期性流出人口,前述我们推算值的省外流动人口为 679.52 万人,其中农民工 564 万人(占流出人口总数的 83%)。前述分析表明,2014 年贵州省外流动人口最大可信值为 883 万人,最低可信值 430.57 万人。两者取中值,以 656.79 万流出人口推算(见表 24-6),2014 年贵州流向广东 181.76 万人(列 5),占跨省外出总量的 27.673%(列 4),居第 1 位,其中农民工 150.86 万人(列 6)。流出五大目的地(粤浙滇闽渝)TOP5 合计 501.92 万人,其中农民工 416.59 万人,占跨省外出总量的 76.42%。流向长三角(浙苏沪)213.02 万人,其中农民工 176.81 万人,占跨省外出总量的 32.433%。流向周边相邻五省市(包括滇渝川湘桂)171.26 万人,占跨省外出总量的 26.076%。

表 24-6　2014 年贵州跨省人口流动流量、流向的大数据推断

流向	大数据表征流量	占流出地比重	占贵州流出人口比重	人口流出量(万人)	农民工流出量(万人)	贵州流出目的地外来人口(万人)
广东	2886748	3.469%	27.673%	181.76	150.86	5239.42
浙江	2813786	7.496%	26.974%	177.16	147.04	2363.41
云南	838994	18.310%	8.043%	52.82	43.84	288.50
福建	825622	7.451%	7.915%	51.98	43.15	697.66
重庆	606628	9.757%	5.815%	38.19	31.70	391.46
TOP5	7971778	—	76.42%	501.92	416.59	8980.45
四川	543468	7.036%	5.210%	34.22	28.40	486.32
江苏	373691	—	3.582%	23.53	19.53	—
湖南	367689	7.734%	3.525%	23.15	19.21	299.33
广西	363325	0.910%	3.483%	22.88	18.99	—
上海	195810	—	1.877%	12.33	10.23	—
TOP6—10	1843983	—	17.68%	116.10	96.36	785.66
海南	12135	0.910%	0.116%	0.76	0.63	83.96
其他	603638	—	5.787%	38.01	31.55	—
全国	10431534	—	100.000%	656.79	545.14	9850.07
珠三角	2886748	3.469%	27.673%	181.76	150.86	5239.42
长三角	3383287	—	32.433%	213.02	176.81	2363.41
邻近五省	2720104	—	26.076%	171.26	142.15	1465.62

表 24-6 中最后一列（列 7）根据流入贵州的流量反推贵州跨省流出目的地省份的跨省外来人口估计，其结果与我国跨省外出人口的数量基本一致。以贵州为基点推算广东跨省外来人口为 5239.42 万人，浙江为 2363.41 万人。列 7 所推算的广东外省流入人口数量有点令人难以置信，但也有一些数据支持这一推算结果。例如，2004 年年末广东就有 4200 多万人外省流入人口，到 2014 年增长到 5200 多万人似乎也在情理之中；其次，2014 年广东手机用户总数 1.49 亿，同期全国人均手机 0.945 部，以广东为全国平均水平的 120% 计算，广东外省净流入人口也有 4500 万人。

三、人口流动流量、流向变化测度和比较分析

2010 年"六普"时贵州实际流出人口总量调整为 718 万人（贵州省口径），其中农民工占 87%；"六普"流出人口为 404.86 万人（全国口径）。从流动目的地构成来看（见图 24-2），全国口径的贵州外出人口浙江居第 1 位，占 37.03%，而广东只占 23.66%。由于广东仅以办理了外来人口暂住登记数上报，因此贵州流向广东的常年性外出人口实际数应在 190 万人以上，多于流向浙江的人口。据贵州省提供的数据，浙江、广东相差不大，而云南居江苏之前（见图 24-3）。

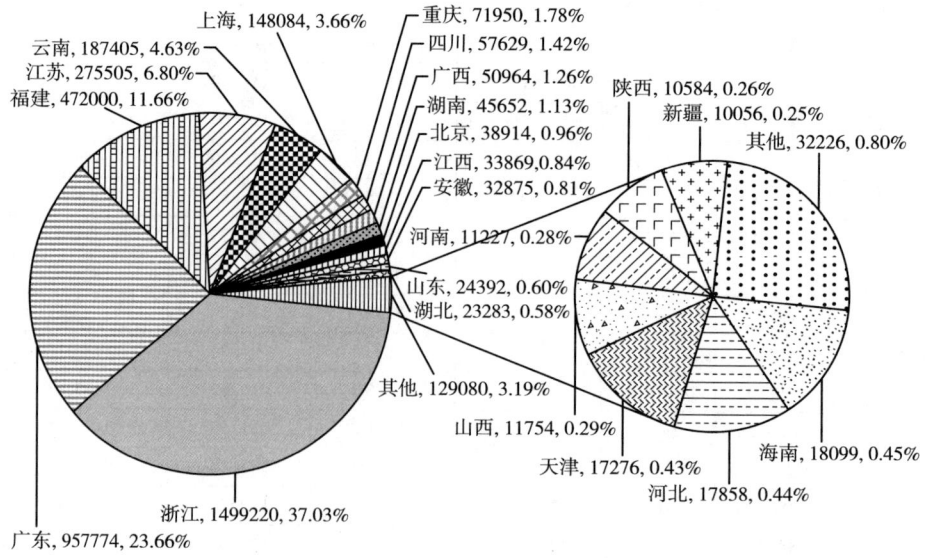

图 24-2 贵州跨省流出人口目的地构成（2010 年全国人口普查数据）

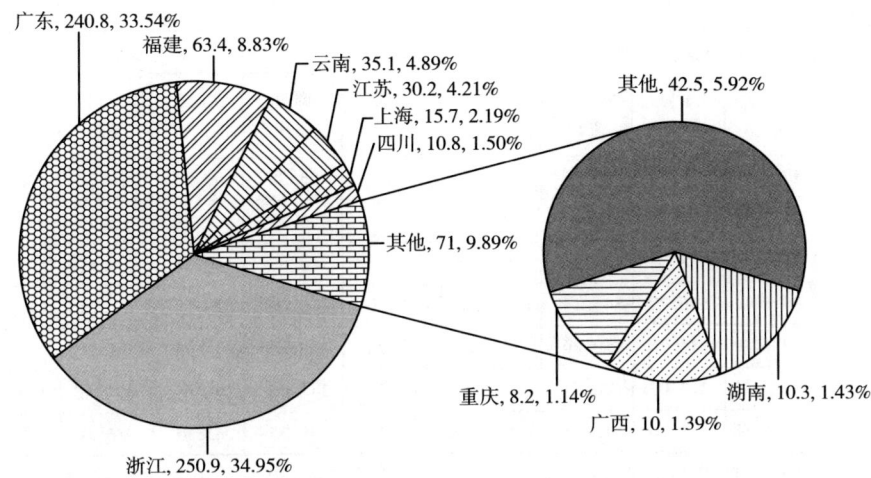

图 24-3 贵州跨省流出人口目的地构成（2010 年贵州省人口普查数据）

2010 年以来贵州人口流动变化非常明显（见表 24-7）。与 2010 年相比，2014 年年末跨省流出人口总量减少了 61.21 万人，同期农民工减少 79.52 万人，流出人口中非劳动力占比增加是农民工减少的关键原因。此外，在农民工大潮逐渐退去的同时，高校毕业生逐渐成为跨省流动大军的重要力量；其次，

表 24-7 贵州跨省人口流出流量、流向变化   单位：万人

流向	2014 年大数据推断			2010 年			流量变化		
	大数据占比	人口流出	农民工流出	"六普"占比	"六普"流出	调整流出	农民工流出	人口流动	农民工
广东	27.67%	181.76	150.86	23.66%	95.78	169.86	147.78	11.90	3.08
浙江	26.97%	177.16	147.04	37.03%	149.92	265.88	231.32	(88.72)	(84.27)
云南	8.04%	52.82	43.84	4.63%	18.74	33.24	28.91	19.59	14.93
福建	7.91%	51.98	43.15	11.66%	47.20	83.71	72.83	(31.72)	(29.68)
重庆	5.82%	38.19	31.70	1.78%	7.20	12.76	11.10	25.43	20.60
TOP5	76.42%	501.92	416.59	83.78%	339.19	601.54	523.34	(99.62)	(106.75)
四川	5.21%	34.22	28.40	1.42%	5.76	10.22	8.89	24.00	19.51
江苏	3.58%	23.53	19.53	6.80%	27.55	48.86	42.51	(25.33)	(22.98)
湖南	3.52%	23.15	19.21	1.13%	4.57	8.10	7.04	15.05	12.17
广西	3.48%	22.88	18.99	1.26%	5.10	9.04	7.86	13.84	11.12
上海	1.88%	12.33	10.23	3.66%	14.81	26.26	22.85	(13.93)	(12.62)

续表

流向	2014年大数据推断			2010年			流量变化		
	大数据占比	人口流出	农民工流出	"六普"占比	"六普"流出	调整流出	农民工流出	人口流动	农民工
TOP6—10	17.68%	116.10	96.36	9.24%	37.43	66.38	57.75	49.72	38.62
海南	0.12%	0.76	0.63	0.45%	1.81	3.21	2.79	(2.45)	(2.16)
其他	5.79%	38.01	31.55	6.53%	26.43	46.87	40.78	(8.87)	(9.24)
全国	100.00%	656.79	545.14	100.00%	404.86	718.00	624.66	(61.21)	(79.52)
珠三角	27.67%	181.76	150.86	23.66%	95.78	169.86	147.78	11.90	3.08
长三角	32.43%	213.02	176.81	47.49%	192.28	341.00	296.67	(127.98)	(119.87)
邻近五省	26.08%	171.26	142.15	10.22%	41.36	73.35	63.81	97.91	78.33

注：2010年的TOP5包括浙江、广东、福建、江苏、云南五省，TOP6—10包括上海、重庆、四川、广西、湖南。

流向省外的流动人口常住化，以前留守在流出户籍地的非劳动力人口也逐渐流出。流向长三角（浙沪苏）的人口减少了127.98万人，农民工减少119.87万人；流向珠三角（广东省）的人口增加了11.9万人，农民工增加了3.08万人。值得注意的是，浙江与广东同为人口流入大省，但2010年贵州流向浙江的人口却大幅度减小，课题组认为主要原因是2010年全国第六次人口普查时广东外省流入人口被严重低估所致。流向贵州周边相邻五省的人口增加了97.91万人，农民工增加78.33万人。流向重庆的人口增加最多，其次是四川，中西部地区的发展和贵广高铁是吸引贵州人口流动转向的重要因素。影响这种变化的因素其实还受到人为干扰，原因是2010年"六普"时可能对相邻省份的流动权重不够，从而造成相邻省份之间的流量被人为压缩；另一个原因是"六普"时那些从事制造业的流动人口比第三产业人口更容易被统计到。

第三节　贵州跨省流入人口大数据推断

一、流入人口大数据初始表征流量

对数据表 PtopLineIn 进行 SQL 查询操作，即找出流出地为贵州省，而流入地为其他省份的流量，依此可以得到那些跨省流入贵州的外省人口在节前回流其来源地，同贵州跨省流出推断一样，计算贵州同期跨省流入人口的数量及比例。查询文本文件如下：

SELECT province，name，sum（num）as num0，to_char（sum（per）/2.4，'9999.999%'）As per0

  FROM public."PTopLineIn"

  where name = '贵州'

  group by province，name

  order by num0 desc

查询输出结果表明，节前由贵州流出的人口主要流向四川、重庆、湖南、云南、广西等邻近省市。该查询还可以得到节前贵州流出量占流向目的地省份的流入量比重，在推算出流出量所表征的人口流量之后，可以反推出流向目的地省份的流出人口总量。例如，由贵州流向四川的流量为1095538人，占四川总流入量的6.08%，课题组推算该流量对应68.98万人口，并反向推算四川省2014年流出人口数量为1134.87万人。

由于数据表PTopLineIn仅记录那些流入排在该目的地省份前10名的来源地省份，从而导致在贵州排名前10名的流向省份但在目的地省份流入排名在前10名之后的省份数据缺失。因此必须对数据表PTopLineOut再次进行SQL查询操作，以直接确定贵州节前人口流向及其构成。查询文本文件如下：

SELECT province，name，sum（num）as num0，to_char（sum（per）/2.4，'9999.999%'）As per0

  FROM public."PTopLineOut"

  where province = '贵州'

  group by province，name

  order by num0 desc

二、由大数据表征流出量到人口流入量、流入来源占比测度

合并两次查询，保留新值，重复出现的相同省份则保留大值。在前面的分析中，贵州总流入量10431534对应656.79万流出人口，则节前由贵州流出量5347329对应336.68万流入人口，即2014年贵州流入人口336.68万人。根据流向各省的流出量占贵州全省流出总量的比重，推算出该省对应的流入贵州的

人口（见表24-8），根据对应的流入人口占流入地流量比重（列4）推算流入地流出人口数量（列7）。例如，在贵州的外来人口中，四川居第1位，节前由贵州流向四川的表征人口流量为1095538，占贵州流出总量的20.49%，推算四川流入贵州的人口数量为68.98万人；占四川流入量的6.08%，推算四川跨省流出人口总量为1134.87万人。由于湖南流向贵州的人口占湖南跨省总流出人口比例极低，因此推算数过大。

表24-8 　　　　　　2014年贵州流入人口数量与构成　　　　　单位：万人

流入地	流出地	流出量	占流入地比重	占流出量比重	流入人口	流入地流出人口
四川	贵州	1095538	6.08%	20.49%	68.98	1134.87
重庆	贵州	876715	8.14%	16.40%	55.20	678.55
湖南	贵州	826166	2.79%	15.45%	52.02	1864.42
云南	贵州	631068	12.03%	11.80%	39.73	330.40
广西	贵州	368956	1.65%	6.90%	23.23	1404.49
广东	贵州	245063	—	4.58%	15.43	—
湖北	贵州	210913	—	3.94%	13.28	—
福建	贵州	145954	—	2.73%	9.19	—
江西	贵州	126450	—	2.36%	7.96	—
河南	贵州	118799	—	2.22%	7.48	—
浙江	贵州	51793	—	0.97%	3.26	—
其他	贵州	649914	—	12.15%	40.92	—
全国	贵州	5347329	—	100.00%	336.68	5412.73

从流入来源地构成来看（见图24-4），贵州外来人口主要来自其周边的四川、重庆、湖南、云南和广西；其次是湖北、江西和河南三个人口流出大省；广东和福建等发达地区也有一定的流量。由于在数据采集阶段浙江的数据有些时段没有记录，因此实际数更大一些。

三、人口流入量、流入来源变化测度和比较分析

2010年全国第六次人口普查数据显示（见图24-5），贵州外省流入人口76.33万人，流入人口大于1万人的省级区域有14个。其中，四川、湖南和重

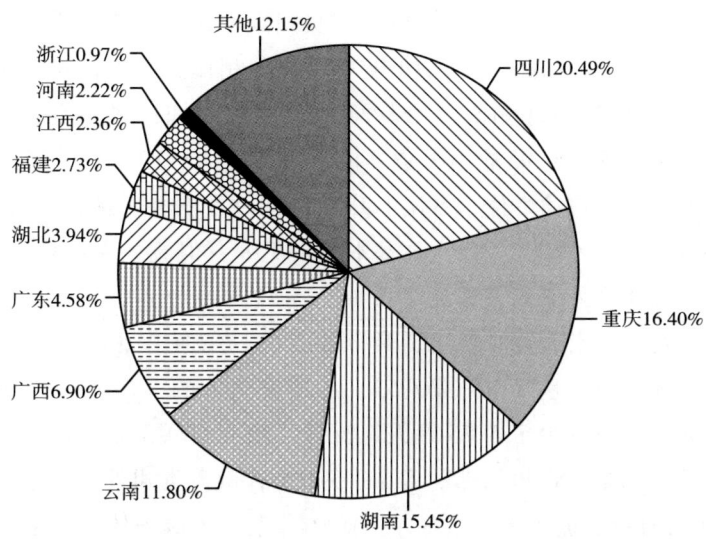

图 24-4 贵州跨省流入人口来源地构成（2014年大数据推断）

庆三个相邻省市居前3位；而来自湖北的流入多于云南；来自发达地区浙江的流入多于福建和广东。近年来四川、湖北和河南等省经济发展迅速，外出人口减少，因此这些省份流入贵州的人口也有较大降幅。

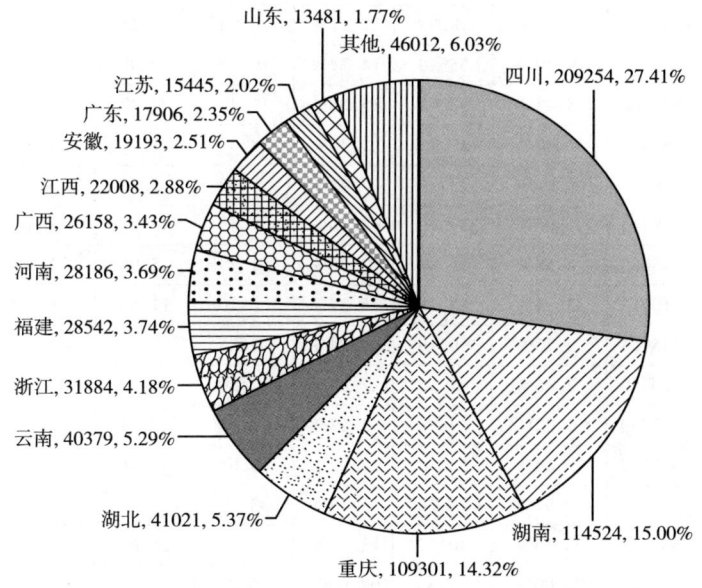

图 24-5 贵州跨省流入人口来源地构成（2014年全国人口普查数据）

在前面的分析中，课题组推算2010年贵州净流出人口502万人，则同期贵州流入人口216万人。因此，与2010年"六普"相比，贵州省外流入人口增加了120.91万人。与2010年相比（见表24-9），四川仍旧占据贵州省外流入人口第1位，但占比下降了6.93个百分点，流入人口增加9.83万人；重庆超过湖南排名贵州省外流入人口第2位，占比上升了2.08个百分点，流入人口增加24.30万人；湖南占贵州省外流入人口比重基本保持不变，但流入人口数量增加19.64万人；云南占贵州省外流入人口比重增加了6.51个百分点，新增人口流入量增加了28.32万人，是流入人口新增量最大的省份；广西由2010年的第9位首次进入贵州省外人口流入前5名（TOP5）。由广东流入的人口增加了10.37万人，而由浙江流入的人口减少了5.75万人，泛珠三角人口联系紧密程度提高。流入排名前5位的全部是与贵州相邻的省市，TOP5省份占贵州外省流入人口比重上升了3.63个百分点，流入人口增加了93.72万人，区域一体化速度加快。特别地，贵州与云南、重庆、四川等大西南地区的人口联系在2010年以后得到加强。

表24-9　　贵州省外人口流入流量、流向变化　　单位：万人

来源地	2014年			2010年			新变化	
	流量当量	占总流量比重	人口估计	"六普"比重	"六普"数据	"六普"调整	占比变动	人口流量
四川	1095538	20.49%	68.98	27.41%	20.93	59.15	-6.93%	9.83
重庆	876715	16.40%	55.20	14.32%	10.93	30.90	2.08%	24.30
湖南	826166	15.45%	52.02	15.00%	11.45	32.37	0.45%	19.64
云南	631068	11.80%	39.73	5.29%	4.04	11.41	6.51%	28.32
广西	368956	6.90%	23.23	3.43%	2.62	7.39	3.47%	15.84
TOP5	3798443	71.03%	239.16	67.40%	51.45	145.43	3.63%	93.72
广东	245063	4.58%	15.43	2.35%	1.79	5.06	2.24%	10.37
湖北	210913	3.94%	13.28	5.37%	4.10	11.60	-1.43%	1.68
福建	145954	2.73%	9.19	3.74%	2.85	8.07	-1.01%	1.12
江西	126450	2.36%	7.96	2.88%	2.20	6.22	-0.52%	1.74
河南	118799	2.22%	7.48	3.69%	2.82	7.97	-1.47%	(0.49)
TOP6—10	847179	15.84%	53.34	17.92%	13.68	38.66	-2.08%	14.68
浙江	51793	0.97%	3.26	4.18%	3.19	9.01	-3.21%	(5.75)
其他	649914	12.15%	40.92	12.33%	9.41	26.61	-0.18%	14.31
全国	5347329	100.00%	336.68	100.00%	76.33	215.77	0	120.91

注：2010年省外流入排名前五（TOP5）是四川、湖南、重庆、湖北、云南五省市，而TOP6—10是浙江、福建、河南、广西、江西五省区。2014年省外流入前五和前十已经发生了很大的变化。

四、有关贵州人口流动的结论与对策建议

2014年，贵州GDP占全国比重由2010年的1.1%上升到1.5%。在全国经济增长普遍放慢的情况下，贵州经济依旧保持两位数以上的高速增长。而人口的流动和流向变化与经济增长密切相关，正是基于这一判断，课题组认为2010年以来贵州的省际流出人口应该与国内人口流出大省一样持续减少。2005年贵州1%人口抽样调查结果显示，贵州有630多万人口流动到全国各地；2009年贵州常年外出务工人数约650万人，金融危机时期，贵州返乡外出务工人员超过120万人；到2010年全国第六次人口普查结果表明，贵州有718万流出省外半年以上的人口。从调查的情况来看，2010年务工人员占省外流动人口比重低于90%，到2014年这一比重进一步下降到85%以下，这也意味着贵州流动到省外的人口亦如其他人口流出大省一样在2009年前后就已经达到顶峰。虽然从官方的常住人口与户籍人口差额来看，2010年以来贵州净流出人口一直在增加，但各方面的数据表明这也许是一种惯性错觉，未来应该依靠大数据对相关人口数据进行科学的推算和及时调整。

自2014年以来，全国贫困人口最多、贫困面积最大、贫困程度最深的贵州在大数据领域已经一路狂奔，从最接地气的数据中心、呼叫中心，到高大上的大数据交易中心、"云上贵州"、大数据博览会，再到2016年贵州建设全国首个国家级大数据综合试验区。贵州似乎在短短的几年内已经从工业时代的跟随者，已悄然变成大数据时代的同行者，甚至领跑者。国内较流行的观点认为，政府部门掌握了最多的大数据，但这些数据往往仅限于政府各部门系统内流通，不同部门之间和外界很难获取或交换数据，由此认为这是中国推动大数据战略的一个难点。课题组的调查发现，政府部门并没有掌握几个大数据，即使是专门的大数据部门也实无大数据可言，真正的大数据实际上都没有保存下来，而保存下来的数据也仅仅是传统统计数据的简单归集。

人口基础信息库的信息生成离不开对移动通信、交通和社交网络等不同来源大数据的综合分析，单一企业来源的大数据分析很难保证结果的准确度和可信性。国内可用于人口流动大数据研究的最关键的数据主要掌握在移动通信公司、腾讯公司、公交地铁、铁路和民航等企业手中，虽然人口流动大数据研究并不涉及个人隐私，但数据获取极为困难。有关人口流动大数据结果可作为贵

州人口基础信息动态库（国家库子库）的信息输入源，政府对此过程中私营企业形成的成本以税收减免或财政补贴的形式进行弥补，以推动企业主动向研究机构公开非涉密非泄漏隐私的人口流动大数据。另外，公共智库、大数据研究人员和社会公众无法获得相关的数据进行研究。因此，应以立法的形式要求这些企业提供数据，并给予这些企业相当形式的补偿或税收减免。

基于移动用户总数的推算结果显示，2019年3月贵州净流出人口为618.26万人。2014年以来，贵州实有总人口增加了10%左右，增速远高于全国平均水平，显示贵州在国家政策的支持下，产业发展和人口回流取得惊人的进展。在贵州外出人口中，低技能劳动力占有绝对比重，这些人口的回流一方面会增加劳动力供应，另一方面使贵州人口的平均年龄增加，随着"60后""70后"外出劳动力人口回流，贵州老龄化会相对加速。贵州常住性外来人口在300万人左右，表明贵州跨省外出人口规模仍旧保持在800万—900万人。

本章参考文献

［1］新华网（2006-12-11）. 贵州：外出流动人口五年增加了一倍多［OL］. http：//news.sohu.com/20061211/n246954854.shtml.

［2］贵州都市报（2009-12-01）. 黔籍流动人口已达600多万人 四分之三流往省外［OL］. http：//www.gz.xinhuanet.com/2008htm/xwzx/2009-12/01/content_18375943.htm.

［3］贵州流动人口状况及特征分析［OL］. http：//www.doc88.com/p-0129371095945.html.

［4］贵州省统计局人口处（2016-04-28）. 2015年贵州省1%人口抽样调查主要数据公报［OL］. http：//www.gz.stats.gov.cn/tjsj_35719/tjgb_35730/tjgb_35732/201609/t20160929_1064862.html.

［5］贵州都市报（2015-07-31）. 贵州省跨省流出人口580万 他们去哪儿了？［OL］. http：//news.gog.cn/system/2015/07/31/014465479.shtml.

［6］罗贤贵. 少数民族人口流动与村落变迁——以贵州9个少数民族村落为典型［J］. 贵州社会科学，2015（7）：83-87.

［7］葛菁华. 贵州省农村剩余劳动力数量及转移趋势［J］. 贵州农业科学，2013，41（6）：207-211.

［8］参见：豆丁网. 贵州流动人口状况及特征分析［OL］. https：//www.docin.com/p-1599843707.html.

第二十五章
云南省人口流动流量、流向及其变化研究

摘　要：大数据推断结果表明，2014年云南跨省流出农民工313.50万人，跨省流入人口283.35万人。主要流向广东（67.66万人，21.58%）、四川（60.85万人，19.41%）、浙江（41.79万人，13.33%）、贵州（36.38万人，11.60%）和江苏（13.75万人，4.39%）五省，五省合计占云南跨省外出农民工的70.31%。跨省流入前五位共197.98万人，占外省总流入量的69.87%，全部来自云南相邻或距离较近的省域。2010年以来云南省际人口流动流量和流向都发生了巨大的变化，相邻省份之间流量增加，区域一体化趋势明显。最后提出推动云南人口与经济均衡发展的对策建议。

关键词：云南外出人口；人口大数据；区域一体化

第一节　云南农村劳动力转移与外出人口增长

长江以南的省份中，云南比较独特。全省少数民族众多，其中人口在6000人以上的少数民族有26个。此外，云南还是全国特有民族最多的省份，有15个只有云南才有的少数民族。2010年全国第六次人口普查显示，云南少数民族人口有1533.7万人，占总人口数的33.37%。虽然云南少数民族数量小于广西居全国第2位，但广西壮族的汉化程度远高于云南少数民族，而少数民族的外出流动与汉族差异极大，因此不能用其他人口流出大省来做参照来分析云南的人口流动。国内很少有专门的文献来研究云南省的人口流动流量、流向。虽然云南的跨省流出人口占全国比例很低，但其规模也在百万以上。另外，云南地处西南，距离经济发达的人口流入目的地较远。在沪昆高铁开通之前，外出农民工只能依靠长达2000千米的沪昆铁路才能到达长三角，或者只

能乘坐长途汽车，历经30甚至40多个小时才能到达打工目的地。云南另一主要流向目的地珠三角的出行距离也在1200千米以上，且早期铁路只能先经沪昆再由就该线南下广州，或者乘坐汽车历经20甚至30个小时才能到达目的地。尽管如此，早在2006年，云南就有50万人左右的务工人员流入广东，其中深圳就有10多万人（《云南日报》2006-05-23）。

2010年全国第六次人口普查数据显示，云南流出半年以上的人口只有148.2万人，其中流向广东只有32.2万人，占全省流出人口的21.74%；流向浙江的却有41.1万人，占全省流出比重为27.73%，竟然高于广东居第1位。

一、基于农村流出劳动力的省内外流动人口规模推算

李勋力、李国平（2005）认为，农村流出劳动力数量等于城镇从业人员减去城镇职工人数加上农村从业人员减去第一产业从业人员（农业从业人员）。利用同样的方法，课题组推算云南2006—2015年农村流出劳动力数量（表25-1，列6）。从表25-1中可以看出，2006年以来云南农村流出劳动力逐年增加，到2014年突破1000万人，但2015年比2014年略微减小。云南农村流出劳动力拐点比较晚，比湖南、四川、河南等人口流出大省在2008年前后形成拐点滞后7—8年。这种估算结果是否准确呢？2007年云南农村劳动力转移就业的规模已达645万人，占农业人口的17%（杨永建、王政，2011），而课题组推算的结果是608.38万人；2010年云南累计实现转移农村劳动力790万人，占农村劳动力总数的38%，仍低于全国平均水平10个百分点（杨永建、王政，2011），同期课题组推算的结果是790.93万人。

表25-1　从业人员法——农村流出劳动力及流动人口数量的估计（2005—2014年）

单位：万人

年份	城镇从业人员	在岗职工数	农村从业人员	第一产业从业人员	农村流出劳动力
2006	418.50	247.98	2099.10	1696.95	572.67
2007	477.29	280.72	2096.51	1684.70	608.38
2008	525.63	286.73	2112.74	1678.42	673.22
2009	547.53	293.60	2137.27	1672.50	718.70
2010	599.12	303.67	2166.78	1671.30	790.93
2011	666.32	317.78	2190.92	1697.20	842.26

续表

年份	城镇从业人员	在岗职工数	农村从业人员	第一产业从业人员	农村流出劳动力
2012	694.56	344.65	2187.34	1636.57	900.68
2013	731.60	352.27	2180.76	1615.29	944.80
2014	773.44	347.06	2188.81	1591.07	1024.12
2015	750.75	343.25	2191.75	1576.53	1022.72

注：列2至列5数据来源于《云南统计年鉴（2016）》，其余列为推算数。列6＝列2－列3＋列4－列5。

2014年国内人口流出大省流向省外的人口比重通常在50%左右，考虑到云南少数民族人口占全省1/3的事实，云南农村流出劳动力省外流动的比重也有34%左右，则2014年云南跨省流出人口也将超过340万人。2006年云南流向广东的务工人员就已经达到50万人左右，以此推算2006年云南跨省流出人口已经在200万人以上。参照全国人口流出主要大省的流出农民工省外流动比率，并根据云南少数民族占比情况做出调整，课题组推算2006—2015年云南跨省流出农民工规模如图25-1所示。

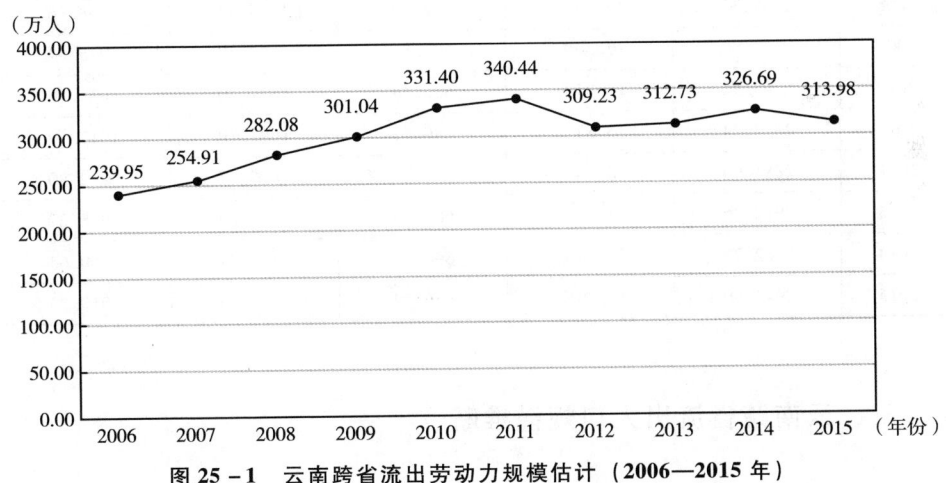

图25-1 云南跨省流出劳动力规模估计（2006—2015年）

二、基于第一产业的流动人口规模推算

蔡昉、王美艳（2014）的研究结果表明，官方统计高估农业劳动力的数量和比重。2010年云南第一产业占全省GDP比重为15.34%，而第一产业从业人员占总从业人口比重却高达60.43%。从国内其他人口流出大省的调查情

况来看，2008年之后官方统计公布的第一产业从业人员数量（官方数）乘以第一产业占GDP的比重才是真实的第一从业人员数量（估计数），而官方数与估计数之间的差额实际上是农村流出劳动力却依旧被记录为本地常住人口数量。由于少数民族的低流动率及省内流动的特性，将这一因素调整之后得到第一产业实际流出劳动力数量（见表25-2）。由于2006年和2007年农业中剩余劳动力数量较大，因此计算的结果偏大，但2008年之后比较符合实际情况。由此发现，云南农村流出劳动力在2010年才达到高峰，比四川、河南、湖南、安徽等人口流出大省晚了2—3年。与表25-1相比，时间越往后估计越准确，因此课题组取2008—2015年的估计值计算农村跨省流出劳动力。

表25-2 占比产出法——流动人口总数及省内外流动数量估计（2004—2015年）

单位：万人

年份	全社会年末从业人员数	第一产业占GDP比重	第一产业实际从业劳动力数	第一产业官方从业人员数	第一产业流出劳动力数
2006	2517.60	18.16%	685.94	1696.95	1011.01
2007	2573.80	17.55%	677.37	1684.70	1007.33
2008	2638.37	17.93%	709.56	1678.42	968.86
2009	2684.80	17.30%	696.86	1672.50	975.64
2010	2765.90	15.34%	636.54	1671.30	1034.76
2011	2857.24	15.87%	680.01	1697.20	1017.19
2012	2881.90	16.05%	693.77	1636.57	942.80
2013	2912.36	15.73%	687.02	1615.29	928.27
2014	2962.25	15.54%	690.43	1591.07	900.64
2015	2942.50	15.09%	666.24	1576.53	910.29

三、云南跨省流出人口规模推断

课题组的农村实地调研发现，农村流出劳动力的空间分布大致可以形成较为明显的"三三制"：即本地县级区域内城乡流动、县外省内流动和跨省流动，每一区域大致占1/3；本县城乡流动县城大致占一半甚至更多，非县城以外的城镇吸引剩下的一半，而本县乡村流动则占比极低且非常不稳定；县外省内流动中省会占一半甚至更多，县外其他地级市又占一小半；省外流动主要流向珠三角、长三角，福建和北京也吸引一定的流量。从图25-2中可以看出，两种估计方法

2009年之后无论在趋势上还是在规模上都几乎同步。由于2006—2008年云南农村还有比较明显的剩余劳动力，因此产出占比法估计的省外流动劳动力多于从业人员法计算的省外流动劳动力，而2011—2013年则几乎完全重合。两种方法取均值之后，可以得到跨省流出劳动力数量，2006—2008年产出占比法与均值之差即云南农村真正的剩余劳动力，而2009年之后的剩余劳动力实际上已经全部转化为省内外流动人口。以2006年为例，云南农村真正的剩余劳动力大约为50万人，远低于很多学者的估计数，原因是流动人口数量的低估。

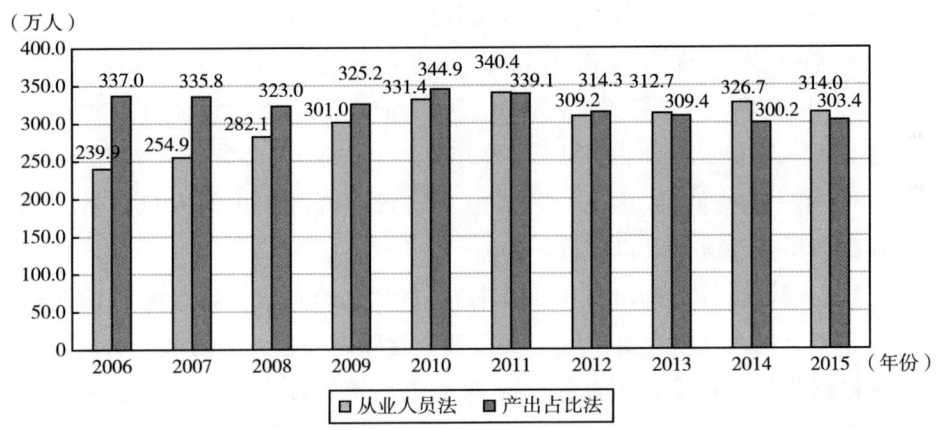

图25-2　从业人员法和产出占比法下的云南跨省流出劳动力估计（2006—2015年）

基于移动用户总数的人口估计结果显示，2019年3月云南净流出人口规模为450万—550万人；2014年以来，云南外来人口流入约减少了3个百分点，来自川渝黔三个相邻省份的外来人口减少明显。与上述估计结果相比，基于移动用户总数估计的结果约多出50万人，主要区别在于前者的估计为常住性外出劳动力，后者则为总外出劳动力。即云南跨省外出劳动力约350万—400万人，其中八成以上为常年性流出。

第二节　云南跨省流出人口大数据推断

一、流出人口大数据初始表征流量

对数据表 PtopLineOut 进行下述 SQL 查询操作：

SELECT province, name, sum (num) as num0, to_char (sum (per)/2.4, '9999.999%') As per0

　　FROM public."PTopLineOut"

　　where name = '云南'

　　group by province, name

　　order by num0 desc

可以得到节前云南人口流入来源地只有 10 个省级单位，远低于湖南、四川、河南、湖北等人口流出大省。从大数据归集的可表征人口流动流量的大小来看，节前由外省流入云南人口最多的省份是四川，表征人口流量为 1055607，占四川流出总数的 13.85%。由节前人口流动的性质可以推出：云南跨省流向四川的人口占四川省外流入人口的 13.85%，无量纲流量为 1055607（第一次查询）。因此，若能推算出云南流向四川的人口数量，就可以反推出四川省外流入人口数量。

上述查询只能得到流出省份中流量为 TOP10 的省份，若云南省流入该省人口占该省总流入人口比重较低，则在某个时段内就有可能记录不到流量，从而发生数据漏计的现象，因此还必须对数据表 PtopLineIn 进行下述 SQL 查询操作：

SELECT province, name, sum (num) as num0, to_char (sum (per)/2.4, '9999.999%') As per0

　　FROM public."PTopLineIn"

　　where province = '云南'

　　group by province, name

　　order by num0 desc

由表 25-3 中第二次查询输出结果可知，节前由广东流向云南的流量为 1173687，占云南节前流入总量的 21.25%，由于流向云南的流量只占广东流出量的极小一部分，因此在数据表 PtopLineOut 中很多时段就发生了漏计，而在数据表 PtopLineIn 中，来自广东的流量一直占云南流入量的前 10 名，因此被漏计的数据在该表中得以保存。由这些数据可知，云南跨省流出人口主要流向广东省，占全省流出量的二成以上。其次流向四川省，占全省流出量的 19.57%，流向浙江占全省流出量的 13.23%。

该查询除了防止大数据表征的人口流量被漏计外，另一个重要的功能是计算出大数据表征人口的总流量。结果表明，对数据表 PtopLineIn 查询后得到的大数据表征的人口流量为4694222，占全部流量总数的86.54%，因此推断出节前流回云南的大数据表征的人口总流量为5424150。第一次查询得到的10个省级区域流量只有2459886，只有第二次查询的52.40%，即约有一半的流量被漏计。其中浙江完全是新出现，广东被漏计流量非常大，而贵州、重庆、广西则没有被漏计，江苏、福建、北京、上海被漏计情况也非常严重。主要原因是虽然这些地区吸引了很多的云南人流入，但其数量占这些地区外来人口数量比重很低。

表 25-3　　　　　　　　两次 SQL 查询输出结果

第一次查询				序号	第二次查询			
流出地	流入地	大数据表征流量	占流出地比重		流入地	流出地	大数据表征流量	占流入地比重
四川	云南	1055607	13.85%	1	云南	广东	1173687	21.25%
贵州	云南	631068	12.29%	2	云南	四川	1055607	19.57%
广东	云南	400501	0.88%	3	云南	浙江	724992	13.23%
重庆	云南	185574	2.88%	4	云南	贵州	631068	12.03%
广西	云南	174795	3.71%	5	云南	江苏	238467	4.29%
西藏	云南	12131	4.24%	6	云南	福建	226810	4.23%
福建	云南	113	0.01%	7	云南	重庆	185574	3.41%
台湾	云南	59	1.21%	8	云南	广西	174795	3.28%
澳门	云南	25	0.02%	9	云南	北京	150430	2.84%
香港	云南	13	0.01%	10	云南	上海	124428	2.07%
合计	云南	2459886	—	11	云南	山东	7152	0.26%
				12	云南	湖南	1212	0.10%
				13	云南	合计	4694222	86.54%
				14	云南	全国	5424150	100.00%

二、由大数据表征流量到人口流量、流向测度

以取大值原则合并两次查询得到的数据，将各省节前回流量除以总流量，再乘以跨省总流出人口，就可以得到2014年云南人口跨省流出各个流向的实际人口流量。为计算2014年云南流向各省的较长期性流出人口，前述图 25-2

推算云南流向省外的劳动力为313.50万人（取均值）。大数据推断结果表明（见表25-4），2014年云南流向广东的农民工67.66万人（列5），占云南跨省外出总量的21.58%（列4），居第1位。农民工占流出人口比重约为85%，因此推算云南流向广东的人口已经接近80万人（列6）。四川是云南人口第二大流出目的地，农民工流出量为60.85万人，占云南跨省流出总量的19.41%。浙江排第3位，农民工流出量为41.79万人。云南人口五大流出目的地TOP5合计接收农民工220.44万人，占跨省外出总量的70.31%。流向长三角（浙苏沪）农民工62.71万人，占跨省外出总量的20%，小于流向珠三角的流量。流向周边相邻五省（川贵渝贵桂）118.71万人，占跨省外出总量的37.87%。流向西部人口比重较大，但仍旧低于东部沿海地区。

表25-4 2014年云南跨省农民工流出流量、流向的大数据推断

流向	大数据表征流量	占流出地比重	占云南流出农民工比重	农民工流出量（万人）	人口流出量（万人）	云南流出目的地外来人口（万人）
广东	1173687	0.88%	21.58%	67.66	79.60	3072.68
四川	1055607	13.85%	19.41%	60.85	71.59	517.10
浙江	724992	—	13.33%	41.79	49.17	—
贵州	631068	12.29%	11.60%	36.38	42.80	348.36
江苏	238467	—	4.39%	13.75	16.17	—
TOP5	3823821	—	70.31%	220.44	259.34	—
福建	226810	—	4.17%	13.08	15.38	—
重庆	185574	2.88%	3.41%	10.70	12.59	436.40
广西	174795	3.71%	3.21%	10.08	11.85	319.54
北京	150430	—	2.77%	8.67	10.20	—
上海	124428	—	2.29%	7.17	8.44	—
TOP10	862037	—	15.85%	49.69	58.46	—
西藏	12131	4.24%	0.22%	0.70	0.82	19.41
山东	7152	—	0.13%	0.41	0.49	—
湖南	1212	—	0.02%	0.07	0.08	—
其他	731814	—	13.46%	42.19	49.63	—
全国	5438167	—	100.00%	313.50	368.82	—
珠三角	1173687	—	21.58%	67.66	79.60	—
长三角	1087887	—	20.00%	62.71	73.78	—
邻近五省	2059175	—	37.87%	118.71	139.66	—

表 25-4 中最后一列（列 7）根据流入云南的流量反推云南跨省流出目的地省份的跨省外来人口估计，其结果与我国跨省外出人口的数量基本一致。该推算结果对与云南相邻的省份而言比较准确，如课题组推算 2014 年四川省外流入人口高达 517.10 万人，同期重庆市外流入人口 436.40 万人，推算西藏流入人口 19.41 万人。来自重庆移动公司的报告显示，重庆市漫游入客流规模一直比漫游出访大，在 2016 年春节达到了最大差值规模约 487 万人。若 2014 年差值保持不变，则意味着 2014 年重庆有 923 人口流出市外，436 万人口市外流入，净流出人口 487 万人。2014 年重庆有 3375 万户籍人口，因此推算重庆实际人口为 2888 万人，而重庆官方公布的常住人口为 2991 万，即重庆有 103 万农村外出人口依旧被记录为本地常住人口，这也是重庆人均移动电话拥有量低于全国平均水平的关键原因。但相比江西、湖南、安徽、河南等人口流出大省而言，重庆官方常住人口数量更接近实际人口数量。

三、人口流出量、流向变化测度和比较分析

在前面的分析中，云南 2010 年流出农民工均值为 338.20 万人，而 2010 年全国第六次人口普查云南跨省流出半年以上的人口仅为 148.24 万人。据周晓津（2011）的估计结果，2010 年广东实际跨省流入的人口数量和云南流向广东的人口数量都远大于官方公布数据。由于云南流向广东的人口规模小，普查时很难被纳入统计范围，因此无论是数量还是占比都相对偏低。如果 2006 年云南就有 50 多万务工人员（农民工）流向广东，那么 2010 年"六普"时就不会只有 30 多万半年以上的人口。其次，2004 年年末广东就有 4200 多万省外流入人口，到 2010 年虽然有所下降，但也有 4000 多万省外流入人口。经分析，云南人占广东省外流入人口 2.5% 左右，即 2010 年云南有 100 万左右的人口在广东流动，其中农民工 85 万左右。

2010 年"六普"数据显示（见图 25-3），云南流出人口 148.2 万人，其中浙江占 27.73%（41.1 万人），而流向广东的只占 21.74%（32.2 万人）。不考虑相邻省份漏计因素，仅广东实际外来人口数是"六普"数据的 2 倍左右，即 2010 年云南流向广东的人口应在 60 万人以上。简便计算 2010 年云南流向广东的人口应占全省总流出的 35.71%，而流向浙江的人口只占全省流出总量的 22.78%。

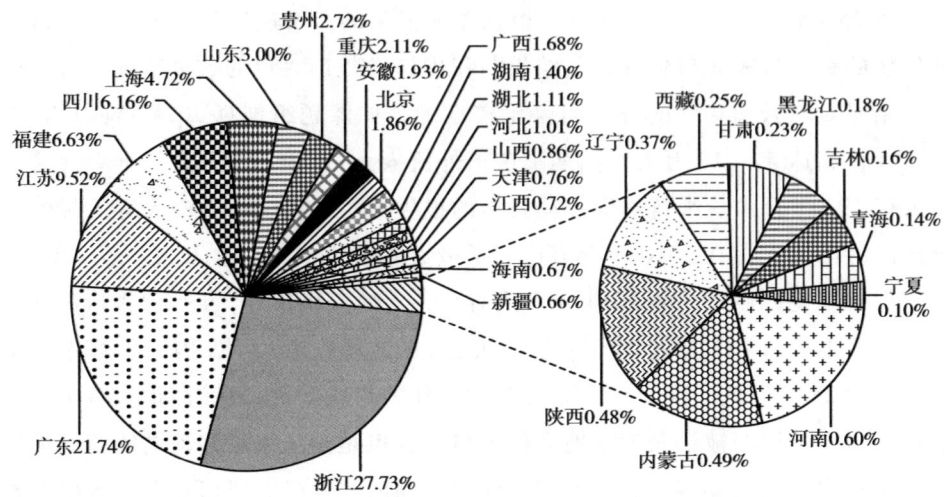

图 25-3 云南跨省流出人口构成（2010年"六普"数据）

与 2010 年第六次人口普查相比（见表 25-5）：福建跌出前 5 位，贵州则从第 8 位跃升至第 4 位，山东、安徽则跌出前 10 位；流向长三角（浙苏沪）的人口明显减少，而流向云南周边省份的人口明显增加，区域一体化趋势明显；流出总人口小幅度减少 6.95 万人，而流出农民工减少幅度较大，主要原因是流出人口中非劳动力占比大约上升了 4 个百分点。由于 2010 年流向广东的实际人口被严重低估，因此 2010 年以来流向广东的云南人减少幅度实际上要比表 25-5 中的数据大得多，估计实际减少 20 万人左右。另外，流向浙江的人口减少幅度大约只有 30 万人，江苏减少 15 万人左右，福建、上海减少 7.5 万人左右。总体上来看，2010 年以来云南流向东部沿海发达地区的人口减少是不争的事实，而流向周边省区的人口却呈现增加的态势，区域一体化明显。

表 25-5　　　　云南跨省人口流出流量、流向变化　　　　　　单位：万人

流向	2014 年大数据推断			2010 年			流量变化		
	大数据占比	人口流出	农民工流出	"六普"占比	"六普"流出	调整流出	农民工流出	人口流动	农民工
广东	21.58%	79.60	67.66	21.74%	32.24	81.71	73.54	(2.11)	(5.88)
四川	19.41%	71.59	60.85	6.16%	9.13	23.13	20.82	48.46	40.03
浙江	13.33%	49.17	41.79	27.73%	41.11	104.20	93.78	(55.04)	(51.99)
贵州	11.60%	42.80	36.38	2.72%	4.04	10.24	9.21	32.56	27.17

续表

流向	2014年大数据推断			2010年			流量变化		
	大数据占比	人口流出	农民工流出	"六普"占比	"六普"流出	调整流出	农民工流出	人口流动	农民工
江苏	4.39%	16.17	13.75	9.52%	14.11	35.76	32.19	(19.59)	(18.44)
TOP5	70.31%	259.34	220.44	71.78%	106.40	269.72	242.75	(10.38)	(22.31)
福建	4.17%	15.38	13.08	6.63%	9.82	24.90	22.41	(9.52)	(9.34)
重庆	3.41%	12.59	10.70	2.11%	3.13	7.94	7.15	4.65	3.55
广西	3.21%	11.85	10.08	1.68%	2.49	6.31	5.68	5.54	4.40
北京	2.77%	10.20	8.67	1.86%	2.76	6.99	6.29	3.21	2.38
上海	2.29%	8.44	7.17	4.72%	7.00	17.74	15.97	(9.30)	(8.79)
TOP6—10	15.85%	58.46	49.69	14.48%	21.47	54.42	48.98	4.04	0.71
西藏	0.22%	0.82	0.70	0.25%	0.38	0.96	0.86	(0.14)	(0.16)
山东	0.13%	0.49	0.41	3.00%	4.45	11.27	10.15	(10.79)	(9.73)
湖南	0.02%	0.08	0.07	1.40%	2.08	5.27	4.75	(5.19)	(4.68)
其他	13.46%	49.63	42.19	1.33%	1.97	5.00	4.50	44.63	37.69
全国	100%	368.82	313.50	100.00%	148.24	375.78	338.20	(6.95)	(24.70)
珠三角	21.58%	79.60	67.66	21.74%	32.24	81.71	73.54	(2.11)	(5.88)
长三角	20.00%	73.78	62.71	41.97%	62.22	157.71	141.94	(83.93)	(79.23)
邻近五省	37.87%	139.66	118.71	12.93%	19.16	48.58	43.72	91.08	74.99

注：2010年的TOP5是浙江、广东、江苏、福建和四川五省，TOP10除五省外分别是上海、山东、贵州、重庆和安徽。云南与重庆并不交界，但昭通地区离重庆极近，故将重庆视为邻近省市。

第三节　云南跨省流入人口大数据推断

一、流入人口大数据初始表征流量

对数据表 PtopLineIn 进行 SQL 查询操作，即找出流出地为云南省，而流入地为其他省份的流量，依此可以得到那些跨省流入云南的外省人口在节前回流其来源地，同云南跨省流出推断一样，计算云南同期跨省流入人口的数量及比例。查询文本文件如下：

SELECT province, name, sum (num) as num0, to_char (sum (per)/2.4,

```
         '9999.999%') As per0
     FROM public."PTopLineIn"
     where name = '云南'
     group by province, name
     order by num0 desc
```

查询输出结果表明，节前由云南流出的人口主要流向四川、贵州、重庆、广西四个邻近省区市，表明云南省外流入人口主要来自周边相邻四省。该查询还可以得到节前云南流出量占流向目的地省份的流入量比重，在推算出流出量所表征的人口流量之后，可以反推出流向目的地省份的流出人口总量。例如，查询得到节前云南流向四川的人口大数据表征流量为1485735（无量纲），占四川节前流入量的7.921%。

由于数据表 PTopLineIn 仅记录那些流入排在该目的地省份前10名的来源地省份，从而导致在云南排名前10名的流向省份但在目的地省份流入排名在前10名之后的省份数据缺失。因此必须对数据表 PTopLineOut 再次进行 SQL 查询操作，以直接确定云南节前人口流向及其构成。查询文本文件如下：

```
     SELECT province, name, to_char(sum(num), '99,999,999') as num0, to_char(sum(per)/2.4, '99.99%') As per0
     FROM public."PTopLineOut"
     where province = '云南'
     group by province, name
     order by num0 desc
```

二、由大数据表征流出量到人口流入量、流入来源占比测度

合并两次查询，保留新值，重复出现的相同省份则保留大值。在前面测算中，云南总流入量5438167对应313.5万流出人口，则节前由云南流出量4915214对应283.35万流入人口，由此推算云南2014年为人口净流出，净流出人口量为30.15万人。根据流向各省的流出量占云南全省流出总量的比重，推算出该省对应的流入云南的人口（见表25-6，列6），根据对应的流入人口占流入地流量比重（列4）推算流入地流出人口数量（列7）。例如，四川居云南流入人口第1位，节前由云南流向四川的表征人口流量为1485735，占云

南流出总量的 30.23%，推算四川流入云南的人口数量为 85.65 万人；占四川流入量的 7.92%，推算四川跨省流出人口总量为 1081.43 万人。

表 25-6　　　　2014 年云南流入人口数量与构成　　　　单位：万人

流入地	流出地	流出量	占流入地比重	占流出量比重	流入人口	流入地流出人口
四川	云南	1485735	30.23%	7.92%	85.65	1081.43
贵州	云南	838994	17.07%	8.44%	48.37	573.06
重庆	云南	446650	9.09%	3.83%	25.75	672.28
湖南	云南	369941	7.53%	—	21.33	—
广西	云南	293380	5.96%	1.21%	16.89	1396.11
湖北	云南	200991	4.09%	—	11.59	—
广东	云南	197200	4.01%	—	11.37	—
福建	云南	130668	2.66%	—	7.53	—
江西	云南	129525	2.64%	—	7.47	—
河南	云南	104465	2.13%	—	6.02	—
浙江	云南	63694	1.30%	—	3.67	—
其他	云南	654313	13.31%	—	37.72	—
全国	云南	4915214	100.00%	—	283.35	—

从流入来源地构成看（见图 25-4），四川是云南外来人口的第一大来源

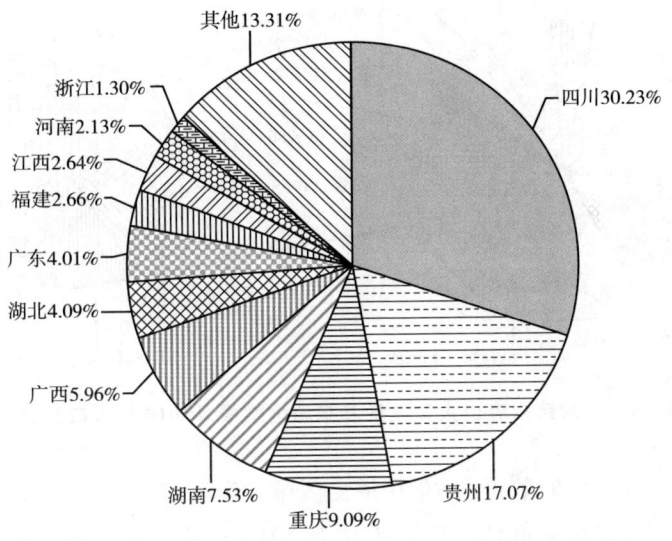

图 25-4　云南跨省流出人口构成（2014 年大数据推断）

地,其次是贵州、重庆、湖南和广西三个相邻省级区域也占有较大比重;来自发达地区的流入以广东、福建和浙江为多;湖北、江西与河南三个人口流出大省也有一定的流量。

三、人口流入量、流入来源变化测度和比较分析

2010年全国第六次人口普查数据显示(见图25-5),前四个流入来源地排名不变,而湖北则排在相邻的广西前边。2010年云南外省流入人口123.65万人,其中四川居第1位。但与贵州方面的数据不同,贵州省普查数据中由贵州流向云南有35.1万人,而云南的数据则只有18.7万人,前者为后者的1.877倍,由此推算云南外来常住性人口为232万人。再从四川的情况来看,2010年四川1050.55万跨省流出人口中,7.8%的外出人口流向云南,即在滇川籍人口有81.94万人,为云南普查数据的2.37倍。因此,2010年云南人口普查的流入人口数量偏低,但来源地所占比重是比较可靠的。取四川和贵州两省倍数均值,推算2010年云南外来常住性人口为262.75万人。

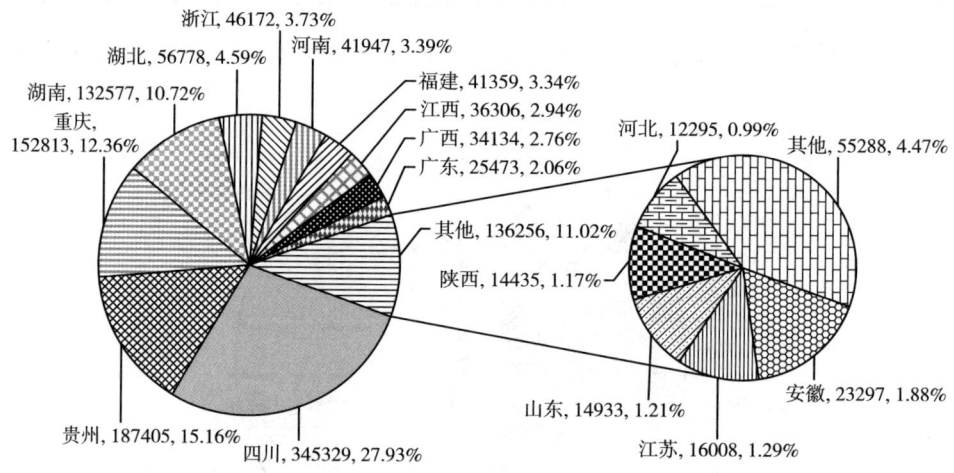

图25-5 云南跨省流出人口流量及来源地构成(2010年人口普查数据)

由于最近可比较的数据为2010年全国第六次人口普查,而2010年云南流出人口和流入人口都被低估,因此需要对2010年云南流入人口进入调整。课题组参照省外流出,特别是云南流动到广东的人口数据进行调整后,再成比例

地对省外流入进行调整,最终确定 2010 年省外流入云南的人口为 235.81 万人。与 2010 年相比(见表 25-7):川贵渝湘依然占据前 4 位的位置,所不同的是川贵流入云南的人口增加了,而渝湘流入云南的人口减少了;湖北退出流入排名前 5 位,而广西则由流入第 10 跃升至第 5 位,湖北流入云南的人口几乎没有增加,而广西流入量增加了 10 万余人;广东由流入排名第 11 上升到第 6 位,流入量增加了 6.51 万人,浙江则由流入第 6 下降到第 11 位,两者排位倒置,流量增减也相差不大。

表 25-7　　　　　　云南省外人口流入流量、流向变化　　　　　　单位:万人

来源地	2014 年			2010 年			新变化	
	流量当量	占总流量比重	人口估计	"六普"比重	"六普"数据	"六普"调整	占比变动	人口流量
四川	1485735	30.23%	85.65	27.93%	34.53	65.86	2.30%	19.79
贵州	838994	17.07%	48.37	15.16%	18.74	35.74	1.91%	12.63
重庆	446650	9.09%	25.75	12.36%	15.28	29.14	-3.27%	(3.39)
湖南	369941	7.53%	21.33	10.72%	13.26	25.28	-3.20%	(3.96)
广西	293038	5.96%	16.89	2.76%	3.41	6.51	3.20%	10.38
TOP5	3434358	69.87%	197.98	70.75%	87.49	166.85	-0.88%	31.13
湖北	200991	4.09%	11.59	4.59%	5.68	10.83	-0.50%	0.76
广东	197200	4.01%	11.37	2.06%	2.55	4.86	1.95%	6.51
福建	130668	2.66%	7.53	3.34%	4.14	7.89	-0.69%	(0.35)
江西	129525	2.64%	7.47	2.94%	3.63	6.92	-0.30%	0.54
河南	104465	2.13%	6.02	3.39%	4.19	8.00	-1.27%	(1.98)
TOP6—10	762849	15.52%	43.98	16.17%	19.99	38.13	-0.65%	5.85
浙江	63694	1.30%	3.67	3.73%	4.62	8.81	-2.44%	(5.13)
其他	654313	13.31%	37.72	11.02%	13.63	25.98	2.29%	11.73
全国	4915214	100.00%	283.35	100.00%	123.65	235.81	0.00%	47.54
相邻四省	3064417	62.35%	176.66	58.20%	71.97	137.25	4.14%	39.41

注:2010 年省外流入排名前五(TOP5)是四川、贵州、重庆、湖南、湖北五省市,而 TOP10 是指 TOP5 加浙江、河南、福建、江西、广西五省区。2014 年省外流入前五和前十已经发生了很大的变化。

四、有关云南人口流动的结论与对策建议

相对而言，云南人口跨省流出的规模和比重都远低于四川、广西、贵州三个邻近省区。有学者估计云南有1300多万的农村剩余劳动力，课题组研究表明2010年云南农村流出劳动力规模也在1000万人以上，这就意味着云南农村最多也只有300万左右的真正剩余劳动力，而学者们所估计的剩余劳动力实际上已经转化成为流动劳动力。考虑到云南的特殊情况，这些不能流动的劳动力受各种因素的制约，短期内也难以转为可供流动劳动力，大部分以兼农兼业的状态在其家乡附近就业，剩余劳动力的就业压力相对较小，但相对贫困的压力仍然较为严重。

从流动情况来看，云南流入流出大致均衡，流出人口略大于流入人口，区域一体化趋势极为明显。大数据分析结果表明，广东而非浙江才是云南人口最大流出目的地，但官方数据明显地低估了流向广东的人口数量和比例。2010年以来，云南跨省流出人口小幅度减少了24.7万人，而跨省流入人口增加了47.54万人。流出目的地除粤浙苏闽等沿海发达地区外，川黔相邻省份也是云南人口的主要流出目的地，而流入来源地全部是与云南邻近的省份。

云南最大的城市昆明离最近的成渝城市群距离也在500千米以上，距离贵阳也在500千米左右，但贵阳也同处欠发达地位，因此云南需要依靠自身独立迎接并推动城镇化发展。沪昆高铁已经开通，但云南境内185千米的路段内只有4个站点，非公交化运营对除昆明外的三个站点及其所在城市经济的作用影响不大。除建设成昆高铁外，应考虑建设经昭通到宜宾的客货两用铁路，尽快融入成渝城市群。由于人口密度及地形限制，昆明以西则应以机场建设为宜。加强与东南亚和南亚的互联互通必将为云南带来较大的发展机遇。最后，随着消费升级，旅游和无公害农产品将成为云南发展的最大机遇，加强环境保护，大力发展云南旅游业和生态农业，是云南未来发展的最大机遇。

本章参考文献

[1] 杨永建, 王政. 论云南农村富余劳动力转移的困境与对策——以罗平县农村剩余劳动力的转移为例 [J]. 云南农业大学学报：社会科学版, 2011, 5 (6): 10-14.

[2] 李继云. 云南农村剩余劳动力数量估算与变化趋势分析 [J]. 红河学院学报,

2009, 7 (5): 63 – 67.

[3] 朱要龙, 刘培培. 边疆民族地区流动人口的人口社会学特征分析——以云南为例 [J]. 云南民族大学学报（哲学社会科学版）, 2017, 34 (6): 66 – 74.

[4] 李应子. 云南省流动人口特点及趋势分析 [J]. 兰州教育学院学报, 2016, 32 (3): 32 – 34.

[5] 罗平. 欠发达地区人口均衡发展研究 [D]. 云南大学, 2015.

第二十六章
西藏自治区人口流动流量、流向及其变化研究

摘　要：西藏地广人稀，自青藏铁路开通以来人口流动率甚至高于全国平均水平，但2015年之后回复到低于全国平均水平的状态。2014年西藏区外流入人口70.82万人，比2010年流入增加11.82万人；流出人口19.65万人，比2010年流出减少0.35万人。大数据推断结果表明，四川、青海、重庆、甘肃、河南等5省市是西藏外来人口的主要来源地，其次是来自中部地区的陕西、云南、湖北、湖南的4个省，江苏是唯一的发达地区，来自甘肃的人口流入减少；四川、青海、重庆、云南、甘肃是西藏外出人口的主要流向目的地，其次流向北京陕西江苏河南广东等5省市。未来西藏的人口压力较少，人口增长也极为有限。

关键词：西藏 流动人口；人口大数据；人口流向变化

第一节　西藏农村劳动力转移与外出人口增长

一、西藏流动人口研究概述

西藏地广人稀，全区面积120万平方千米，占全国1/8，平均海拔4000米，广袤的土地和超高海拔限制了人口的跨省域流动。西藏少数民族占全区90%以上，15岁以下人口占比超过1/4，少数民族和低年龄人口也导致了西藏流出人口占总人口的比重相对国内其他省级行政区域而言要低得多。

2010年"六普"数据显示，全区流出人口5.5万人，区外流入人口16.5万人，净流入人口11万人。与全国其他地区一样，官方统计的常住性的流动

人口往往相对谨慎,真实的流动人口往往要比统计上多得多。区外藏族流动人口数据显示,成都、西宁、兰州、昆明等西部大城市和北京、上海、广州等东部大城市都有相当规模的藏族流动人口。例如,北京就有 2 万余人的常住藏族人口(杜永彬,2009);仁真洛色课题组(2012)研究发现,北京常住藏族人口就有 1 万多人,成都有常住藏族流动人口 15 万—20 万人。由于成都的藏族人口主要来自西藏、四川和青海,按藏族人口成比例地推算,仅流动到成都的西藏人口就在 10 万人左右,加上流动在北上广及其他大城市的流动人口,2010 年西藏实际流出人口大约是官方统计人口的 4 倍,即有 20 万跨区流出人口,而区外流入人口则在 60 万—70 万人。

二、基于移动用户数量的人口流动量测度

以全国人均手机拥有率为参照可以大致推算出西藏历年年末平均人口的数量,但需要进行适当调整。估计结果显示(见表 26-1),2010 年西藏实有人口 324.05 万人,比 300.22 万官方常住人口多 23.83 万人(净流入人口),比 2010 年全国第六次人口普查显示的跨区净流入 11 万余人多 12 万余人。表 26-1 估计的问题在于,2010 年以前手机的普及率较低,可能会导致净流出人口的低估现象;而 2010 年之后人口已经转变为明显的净流入,而净流入人口以劳动年龄人口为主。估计的结果显示,2009 年以前西藏为人口净流出,2009 年转变为人口净流入,2016 年再次转变为人口净流出。

表 26-1　西藏实有人口及人口净流出(净流入)估计(2005—2016 年)

| 年份 | 全国 | 西藏自治区 | | 人口(万人) | | 西藏人口净流入 | |
	人均手机拥有率	年末移动用户数(万户)	人口估计(万人)	官方常住	从业人口	人均手机拥有率	净流入人口(万人)
2005	30.26%	46.93	272.72	280.31	143.6	17.21%	(7.59)
2006	35.30%	60.55	280.40	285.08	148.2	21.59%	(4.68)
2007	41.64%	73.73	280.85	288.83	158.15	26.25%	(7.98)
2008	48.53%	83.53	277.90	292.33	163.5	30.06%	(14.43)
2009	56.27%	125.51	304.62	295.84	169.07	41.20%	8.78
2010	64.36%	157.64	324.05	300.22	173.39	48.65%	23.83
2011	73.55%	196.40	336.26	303.3	185.55	58.41%	32.96

续表

年份	全国	西藏自治区		人口（万人）		西藏人口净流入	
	人均手机拥有率	年末移动用户数（万户）	人口估计（万人）	官方常住	从业人口	人均手机拥有率	净流入人口（万人）
2012	82.50%	235.49	343.47	307.62	202.06	68.56%	35.85
2013	90.33%	265.60	355.55	312.04	205.54	74.70%	43.51
2014	94.03%	291.80	368.72	317.55	213.68	79.14%	51.17
2015	94.82%	271.60	329.03	323.97	234.73	82.55%	5.06
2016	95.60%	284.40	323.02	330.54	254.36	88.04%	(7.52)

注：年末移动用户数（列3）和常住人口（列5）来源于《西藏统计年鉴（2017）》。列2＝全国移动用户年末总数/全国总人口；列4＝列5＋列8；列7＝列3/列4；列8＝列3－列6×全国15岁以上人口手机拥有率。

估计结果有两个时期表现异常：一是2005—2007年，净流出人口有可能因手机的非普及性而低估；二是从业人口占官方常住人口的比重发生了巨大变化（见图26-1）。由于西藏15岁以下人口占比超过25%，加上64岁以上人口，西藏从业人口占常住人口的比重不可能高于70%，且应低于全国60%的水平，因此2010年从业人口占常住人口57.8%的数值是比较可信的。另外，人口普查期间的流动人口很多在其户籍地登记为常住人口，普查之后从业人口占比上升也是非常正常的，因此2014年从业人口占常住人口67.3%的数值是比较可信的。总体来看，2009—2014年的西藏实有总人口和净流入人口的估计还是可信的。2015年西藏移动电话用户271.6万户，减少20.23万户，意味着2015年西藏的流入人口比上一年大幅度减少，净减少的数量加上沉默但依旧没有销户的用户，以及本地人口手机数量的自然增长，西藏外来流入人口减少量应在20万人以上。

第二节 西藏区外人口流入大数据推断

一、流入人口大数据初始表征流量

要计算西藏跨区流入人口数量，只需要得到节前由西藏流向全国各地的人口数量即可。但节前西藏流出区外人口也包含一部分本区人口短期外出，因此

第二十六章 西藏自治区人口流动流量、流向及其变化研究

必须尽可能地减少采样范围以将这一因素排除。课题组所归集的大数据采样表 PtopLineOut 中已经包含这些信息,对 PtopLineOut 数据表进行下述 SQL 查询操作:

SELECTprovince, name, to_char(sum(num), '99,999,999')asnum0, sum("singleNum") assNum0, to_char(sum(per)/2.4, '99.999%')Asper0

  FROM public."PTopLineOut"

  where province = '西藏'

  group by province, name

  orderbynum0desc

可以得到节前西藏人口流出目的地包括全国 26 个省级单位。由于系统只记录流出 TOP10 省份,意味着西藏人口流入来源地的多元化。值得注意的是,该流量并不直接代表人口流量,而是系统所记录的可代表人口流量的无量纲数据,是表西藏跨区流入人口来源于何处。若西藏节前流入该省人口占西藏总流出人口比重较低,则不能被系统记录,但该省流入人口流量却在某时段内进入其流入排名前 10 位,从而会发生数据的漏计,因此还必须对数据表 PtopLineIn 进行下述 SQL 查询操作:

SELECTprovince, name, sum(num) asnum0, to_char(sum(per)/2.4, '9999.999%')Asper0

  FROMpublic."PtopLineIn"

  wherename = '西藏'

  groupbyprovince, name

  orderbynum0desc

第二次查询得到的省级单位只有 1 个。由于第二次查询是以流入地为基准的,那些虽然在西藏流入人口占比不大但流出地占比则进入其流出排名前 10 位的则被录入系统。两次查询的结果如表 26-2 所示。

表 26-2   2014 年西藏跨区人口流入流量大数据采样

第一次查询				第二次查询			
流出地	流向地	大数据采样流量	占流出地比重	流入地	流出地	大数据采样流量	占流入地比重
西藏	四川	137107	46.24%	青海	西藏	30683	6.89%
西藏	青海	30683	11.98%	全国	西藏	292096	—
西藏	重庆	18370	5.86%				

续表

流出地	流向地	第一次查询		第二次查询			
		大数据采样流量	占流出地比重	流入地	流出地	大数据采样流量	占流入地比重
西藏	甘肃	16879	5.43%				
西藏	河南	13972	4.43%				
西藏	陕西	13708	5.19%				
西藏	云南	12131	4.24%				
西藏	湖北	5745	1.73%				
西藏	湖南	5071	1.58%				
西藏	江苏	2177	0.61%				
西藏	北京	1187	0.46%				
西藏	安徽	896	0.29%				
西藏	山东	686	0.33%				
西藏	河北	673	0.29%				
西藏	广东	178	0.16%				
西藏	浙江	95	0.12%				
西藏	山西	69	0.07%				
西藏	江西	55	0.07%				
西藏	上海	33	0.04%				
西藏	贵州	22	0.02%				
西藏	福建	2	0.01%				
西藏	TOP4	203039	69.51%				
西藏	全国	292096	100.00%				

二、由大数据表征流量到人口流入量及流向测度

在大数据采样中，若能得到采样期内流入总量和流出总量，则根据人口净流入量就可以推算流出人口和流入人口。特别需要注意的是，大数据采样期内流入总量对应的是西藏本区人口跨省流出，而流出总量则对应西藏外省流入人口。通过查询计算，大数据采样期内流入总量为81039，流出总量为292096，净流出量为211057，由于流入量大于流出量，说明西藏的本区流出人口大于外省流入人口而不是相反。结合第二部分的分析及后续流出人口的分析，课题组推算2014年西藏流入人口为70.82万人，流出人口为19.65万人，净流入

人口 51.17 万人。大数据人口推算结果显示（见表 26-3），西藏区外流入人口主要来自四川这个相邻的人口流出大省，其次是青海、重庆、甘肃等人口中西部地区。其中，来自四川的常住性流动人口 33.24 万人（列 5），占西藏区外流入人口的 49.64%（列 4），即西藏的区外流动人口中四川人约占五成；其次是来自邻近的青海流入人口 7.44 万人，占西藏区外流入人口的 10.50%；来自重庆的流入人口 4.45 万人，占西藏区外流入人口的 6.29%，甘肃、河南也有数万人流入西藏，排名前 5 位的人口流入来源地占全区外来人口比重为 74.29%。课题组还利用衰减法与插值法推算了湖北、湖南、江苏等省流动到西藏的人口。

表 26-3 西藏跨区流入人口流量、流向的大数据推断（2014 年）

流向	大数据表征流量	占流出地比重	占西藏流入人口比重	人口流入量（万人）	西藏流出目的地外来人口（万人）
四川	137107	—	46.94%	33.24	—
青海	30683	6.89%	10.50%	7.44	108.00
重庆	18370		6.29%	4.45	—
甘肃	16879		5.78%	4.09	—
河南	13972		4.78%	3.39	—
TOP5	217011	—	74.29%	52.62	108.00
陕西	13708		4.69%	3.32	—
云南	12131		4.15%	2.94	—
湖北	11429		3.91%	2.77	—
湖南	10509		3.60%	2.55	—
江苏	9588		3.28%	2.32	—
TOP6—10	57366		19.64%	13.91	—
TOP10	274377		93.93%	66.52	—
全国	292096	—	100.00%	70.82	—

注：占西藏流入人口比重*为第一次查询直接得到，而占西藏流入人口比重**则为推算得到的结果。

三、2010 年以来西藏外省人口流入变化

从来源地构成来看（见图 26-1），四川几乎占据西藏外来人口的一半，

重庆也占有较大的比重,而邻近西藏的青海和甘肃因其自身人口规模较小而占比不算太大。此外,人口流出大省如河南、湖北和湖南也占有一定的比例。

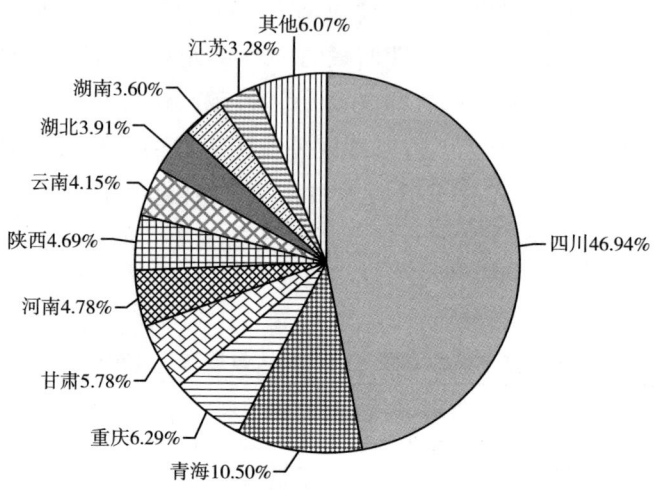

图26-1　西藏外来人口来源地构成(2014年大数据推断)

利用插值法和比例法,课题组推算2010年西藏净流入人口为37.03万人,流出人口22万人,流入人口59万人,与引言部分推断的流动人口数量基本相符。从各省流入西藏的人口占西藏区外流入人口比重来看(见图26-2),甘肃和青海的比重异常:虽然甘肃人口总量远多于青海,但青海与西藏相邻,因此"六普"很可能高估了甘肃的流动人口而低估了青海的流动人口,但也有一种可能是这两个省的人口流动发生了重大变化。无论是2010年还是2014

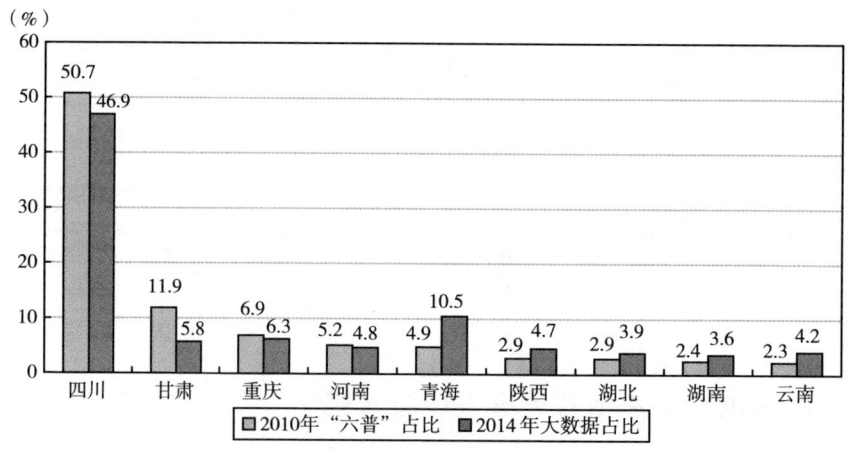

图26-2　西藏外来人口构成变化对比(2010年"六普"vs. 2014年大数据推断)

年，图26-2中9个省皆为西藏人口流入的主要来源地，但其排名位置及数量发生了变化；2010年9省占西藏区外流入人口比重为90.30%，到2014年9省占西藏区外流入人口比重仍然高达90.65%；2014年江苏上升到西藏流入人口排名的第10名，人口流入量和占比超过2010年的安徽、浙江和山东，很可能是江苏在援藏中投入了较大的人力物力。

与2010年相比，2014年西藏区外流入人口净增加11.82万人（见表26-4）。其中青海增加4.53万人，甘肃减少2.92万人；四川和青海的增加很可能是大数据采样的相邻因素起了较大的作用，实际增加数可能要少一些，而甘肃的减少可能源与"六普"侧重于农民工有关。排名第6至第9位的增加并没有表现出意外。

表26-4　　　　　　西藏区外人口流入流量、流向变化　　　　　　单位：万人

来源地	2014年			2010年			新变化	
	流量当量	占总流量比重	人口估计	"六普"比重	"六普"数据	"六普"调整	占比变动	人口流量
四川	137107	46.94%	33.24	50.72%	8.39	29.92	-3.78%	3.32
青海	30683	10.50%	7.44	4.93%	0.82	2.91	5.57%	4.53
重庆	18370	6.29%	4.45	6.94%	1.15	4.10	-0.65%	0.36
甘肃	16879	5.78%	4.09	11.89%	1.97	7.02	-6.11%	(2.92)
河南	13972	4.78%	3.39	5.22%	0.86	3.08	-0.44%	0.31
TOP5	217011	74.29%	52.62	79.71%	13.19	47.03	-5.41%	5.59
陕西	13708	4.69%	3.32	2.93%	0.48	1.73	1.76%	1.60
云南	12131	4.15%	2.94	2.29%	0.38	1.35	1.87%	1.59
湖北	11429	3.91%	2.77	2.90%	0.48	1.71	1.02%	1.06
湖南	10509	3.60%	2.55	2.44%	0.40	1.44	1.16%	1.11
江苏	9588	3.28%	2.32	0.81%	0.13	0.48	2.47%	1.84
TOP6—10	57366	19.64%	13.91	12.08%	2.00	7.13	7.56%	6.78
TOP10	274377	93.93%	66.52	91.79%	15.18	54.16	2.14%	12.37
全国	292096	100.00%	70.82	100.00%	16.54	59.00	0	11.82

注：2010年区外流入排名前五（TOP5）是四川、甘肃、重庆、河南、青海五省市，而TOP10是指TOP5加河陕西、湖北、湖南、云南、安徽五省。2014年省外流入前五和前十已经发生了很大的变化。

第三节 西藏跨区流出人口大数据推断

一、流动人口大数据初始表征流量

对数据表 PtopLineIn 进行下述 SQL 查询操作：

SELECTprovince，name，sum（num）asnum0，to_char（sum（per）/2.4，'9999.999'）Asper0

FROMpublic."PTopLineIn"

whereprovince='西藏'

groupbyprovince，name

orderbynum0desc

可以得到节前西藏人口流入来源地包括全国 26 个省级单位。为避免数据漏计，因此还必须对数据表 PtopLineOut 进行下述 SQL 查询操作：

SELECTprovince，name，sum（num）asnum0，to_char（sum（per）/2.4，'9999.999'）Asper0

FROMpublic."PTopLineOut"

wherename='西藏'

groupbyprovince，name

orderbynum0desc

第二次查询共记录了 1 个省级区域的流入量。两次查询输出结果如表 26-5 所示。

表 26-5　　　　　　　　西藏人口流出的初始表征量

第一次查询					第二次查询			
流入地	流出地	大数据采样流量	占西藏流入量比重	序号	流出地	流入地	大数据采样流量	占流出地流量比重
西藏	四川	23052	27.43%	1	青海	西藏	4301	0.71%
西藏	青海	17582	22.41%	2				
西藏	重庆	5775	6.51%	3				
西藏	云南	4278	5.93%	4				

续表

第一次查询					第二次查询			
流入地	流出地	大数据采样流量	占西藏流入量比重	序号	流出地	流入地	大数据采样流量	占流出地流量比重
西藏	甘肃	3778	4.93%	5				
西藏	北京	2514	3.10%	6				
西藏	陕西	2305	2.87%	7				
西藏	江苏	1996	2.61%	8				
西藏	河南	1687	1.88%	9				
西藏	广东	1493	1.88%	10				
西藏	山东	1298	1.57%	11				
西藏	浙江	910	1.32%	12				
西藏	河北	812	1.06%	13				
西藏	上海	803	1.16%	14				
西藏	山西	96	0.27%	15				
西藏	湖北	94	0.29%	16				
西藏	安徽	68	0.13%	17				
西藏	湖南	53	0.19%	18				
西藏	天津	37	0.13%	19				
西藏	新疆	11	0.06%	20				
西藏	广西	8	0.06%	21				
西藏	宁夏	8	0.04%	22				
西藏	江西	4	0.03%	23				
西藏	内蒙古	2	0.02%	24				
西藏	黑龙江	2	0.02%	25				
西藏	贵州	1	0.01%	26				
西藏	TOP5	54465	67.21%					
西藏	全国	81039	100.00%					

二、由大数据表征流量到人口流量、流向测度

2010年全国第六次人口普查数据显示（见图26-3），西藏外出人口仅55185万人。其中，四川占35.11%，其次是陕西占11.19%，青海占8.79%

居第 3 位，随后是重庆、甘肃和江苏。由于川渝两地人口规模庞大，且与西藏有着长期密切的联系，因此占比较高。

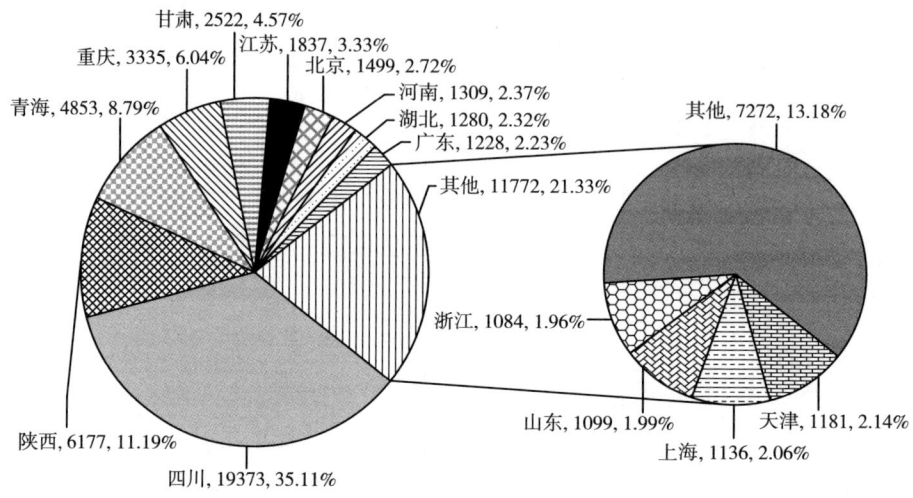

图 26-3　西藏外来人口来源地构成（2010 年人口普查数据）

与 2010 年人口普查数据相比，2014 年大数据推断结果显示（见图 26-4），西藏外出人口主要流向四川、青海、云南和甘肃等相邻省份。其中四川和青海两省占西藏外出人口的五成，而陕西仅占 4.05%。2010 年西藏外出人口应该在 15 万人以上，2014 年则在 20 万人左右，其人口流出态势实际上也是基本持平，即增量和增幅都很小。西藏流动到北京的人口占全区外出人口的 4.42%。

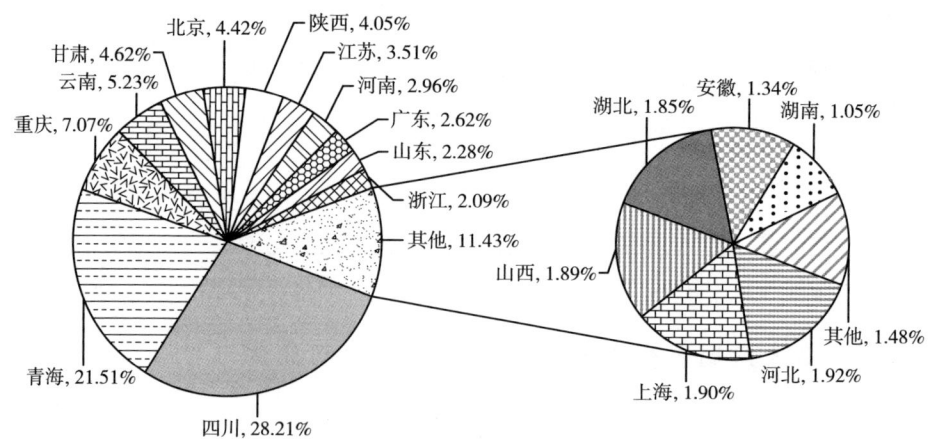

图 26-4　西藏外来人口来源地构成（2014 年大数据推断）

但北京的藏族人口则应是实际估计数的 3~4 倍,即西藏周边省区也有不少藏族人口流动到北京。

将各省节前回流量除以总流量,再乘以跨省总流出人口,就可以得到 2014 年西藏人口跨省流出各个流向的实际人口流量。仅从流量上来推算,2014 年西藏流出人口 19.65 万人。从大数据推断的结果来看(见表 26-6),2014 年西藏流动到四川的人口为 5.54 万人(列 4),占西藏区外流动的 28.21%(列 3),即西藏流出人口的 1/4 以上流向四川,居流出目的地第 1 位;流向青海 4.23 万人,占区外流动总量的 21.51%,居第 2 位;流向重庆 1.39 万人,占区外流动总量的 7.07%,居第 3 位。流向五大目的地 TOP5 合计 13.10 万人,占区外流动总量的 66.64%。

表 26-6　西藏流出人口流量、流向(大数据推断 vs. 2010 年"六普")

流向	2014 大数据表征流量	占 2014 流入量比重	2014 流出人口(万人)	2010 流出人口(万人)	占 2010 年流出人口比重
四川	23052	28.21%	5.54	1.94	35.11%
青海	17582	21.51%	4.23	0.49	8.79%
重庆	5775	7.07%	1.39	0.33	6.04%
云南	4278	5.23%	1.03	0.09	1.57%
甘肃	3778	4.62%	0.91	0.25	4.57%
TOP5	54465	66.64%	13.10	3.63	65.71%
北京	3609	4.42%	0.87	0.15	2.72%
陕西	3309	4.05%	0.80	0.62	11.19%
江苏	2865	3.51%	0.69	0.18	3.33%
河南	2422	2.96%	0.58	0.13	2.37%
广东	2143	2.62%	0.52	0.12	2.23%
Top6—10	14349	17.56%	3.45	0.72	12.96%
山东	1863	2.28%	0.45	0.11	1.99%
浙江	1706	2.09%	0.41	0.11	1.96%
河北	1566	1.92%	0.38	0.09	1.56%
上海	1553	1.90%	0.37	0.11	2.06%
山西	1547	1.89%	0.37	0.02	0.38%
湖北	1515	1.85%	0.36	0.13	2.32%
安徽	1096	1.34%	0.26	0.07	1.30%

续表

流向	2014 大数据表征流量	占 2014 流入量比重	2014 流出人口（万人）	2010 流出人口（万人）	占 2010 年流出人口比重
湖南	854	1.05%	0.21	0.08	1.49%
天津	596	0.73%	0.14	0.12	2.14%
新疆	177	0.22%	0.04	0.03	0.55%
广西	129	0.16%	0.03	0.02	0.42%
宁夏	129	0.16%	0.03	0.01	0.25%
江西	64	0.08%	0.02	0.05	0.95%
内蒙古	32	0.04%	0.01	0.02	0.32%
黑龙江	32	0.04%	0.01	0.02	0.35%
贵州	16	0.02%	0	0.04	0.67%
其他	35	0.04%	0.01	0.19	3.37%
全国	81726	100.00%	19.65	5.52	100.00%

表 26-6 中自北京以后的流量数据为插值和衰减混合算法估计得出。第 5 列和第 6 列为 2010 年的"六普"数据。由于"六普"数据约为真实人口流出量的 1/4，因此可以发现混合算法估计的数据自湖北之后就出现了较大的误差。

三、人口流出流量、流向变化测度和比较分析

在前面的推算中，课题组认为 2010 年西藏流出区外的人口有 20 万人。以此为参照，2014 年西藏流出人口比 2010 年减少 0.35 万人，实际减少的可能在 2 万人以上（见表 26-7）。其中，流向四川的西藏人减少了 1.48 万人，流量变化减少了 6.90 个百分点；其次，流向陕西的西藏人减少了 1.44 万人，流量变化减少了 7.14 个百分点。流向青海的西藏人增加了 2.47 万人，流量变化增加了 12.72 个百分点；流向云南的西藏人增加了 0.71 万人，流量变化增加了 3.66 个百分点。流向青海和云南的西藏人增加有两个原因：一是实际的人口流出增加，二是仅是数字上的增加，即 2010 年"六普"时对边界人口流动的少计或漏计。流向四川和陕西的人口减少也有两个原因：一是 2010 年"六普"时对成都、西安等大城市藏族人口流动的多计，或一律将藏族人口计其来源地为西藏，而忽略了西藏以外的藏族人口流入；二是流向川陕两省的人口

可能并没有减少,而是流动人口在成都和西安的快速沉淀导致流量变小。流向北京的西藏人增加更多地源于政治因素,而流向上海的西藏人减少可能更多地源于经济因素,即西藏人难以适应上海的快速经济环境变化。由于西藏人口流出规模太小,这种人口流动的流向、流量变化难以达到精确化,除非对大数据归集系统做更大的改进。

表 26-7　　　　西藏跨省人口流出流量、流向变化　　　　　　单位:万人

流向	2014 年大数据推断		2010 年			流量变化	
	大数据占比	人口流出	"六普"占比	"六普"流出	调整流出	人口变化	占比变化
四川	28.21%	5.54	35.11%	1.94	7.02	(1.48)	-6.90%
青海	21.51%	4.23	8.79%	0.49	1.76	2.47	12.72%
重庆	7.07%	1.39	6.04%	0.33	1.21	0.18	1.02%
云南	5.23%	1.03	1.57%	0.09	0.31	0.71	3.66%
甘肃	4.62%	0.91	4.57%	0.25	0.91	(0.01)	0.05%
TOP5	66.64%	13.10	65.71%	3.63	13.14	(0.05)	0.94%
北京	4.42%	0.87	2.72%	0.15	0.54	0.32	1.70%
陕西	4.05%	0.80	11.19%	0.62	2.24	(1.44)	-7.14%
江苏	3.51%	0.69	3.33%	0.18	0.67	0.02	0.18%
河南	2.96%	0.58	2.37%	0.13	0.47	0.11	0.59%
广东	2.62%	0.52	2.23%	0.12	0.45	0.07	0.40%
Top6—10	17.56%	3.45	12.96%	0.72	2.59	0.86	4.60%
山东	2.28%	0.45	1.99%	0.11	0.40	0.05	0.29%
浙江	2.09%	0.41	1.96%	0.11	0.39	0.02	0.12%
河北	1.92%	0.38	1.56%	0.09	0.31	0.06	0.35%
上海	1.90%	0.37	2.06%	0.11	0.41	(0.04)	-0.16%
山西	1.89%	0.37	0.38%	0.02	0.08	0.30	1.51%
湖北	1.85%	0.36	2.32%	0.13	0.46	(0.10)	-0.47%
安徽	1.34%	0.26	1.30%	0.07	0.26	0.00	0.05%
湖南	1.05%	0.21	1.49%	0.08	0.30	(0.09)	-0.44%
全国	100.00%	19.65	100.00%	5.52	20.00	(0.35)	0

注：2010 年流出区外排名前五 (TOP5) 是四川、陕西、青海、重庆、甘肃五省市,而 TOP10 是指 TOP5 + 江苏、北京、河南、湖北、广东五省市。

四、有关西藏人口流动的结论与对策建议

据课题组估计,2010 年西藏区外流入人口 59 万人,增加到 2014 的 70.82 万人,净增加 11.82 万人。2006 年 7 月,青藏铁路全线开通运营,西藏区外流入人口迅速增加。据有关部门统计,2006 年全区暂住人口 21 万人,到 2008 年增加到 40 万人,截至 2011 年 6 月,全区已办理暂住证人口已经超过 44 万人(见图 26-5)。2008 年拉萨办理暂住证人口占全区 40%,以此推算 2010 年全区应办证人口 50 余万人,2011 年应办证 60 万人。众所周知,通常区内人口或藏民很多并不办理暂住证,因此课题组的推算与有关部门的统计是高度吻合的。此外,课题组推算 2010 年西藏流出人口 20 万人,意味着西藏的流动人口中来自本地户籍的大约还有相等数量的区内流动人口。因此,2010 年西藏可称为流动人口总量为 79 万人,占全区实有 324.05 万人口的 24.38%,表明西藏的人口流动强度高于全国同期平均水平。2014 年西藏流动人口为 92.82 万人,占全区实有 368.72 万人口的 25.17%,高于全国 18.50% 的平均水平。2015 年西藏流动人口比 2014 年减少了近 40 万人,流动人口占实有人口的 16.15%,低于全国 17.97% 的平均水平。总体来看,课题组估计的结果是相当可信的。

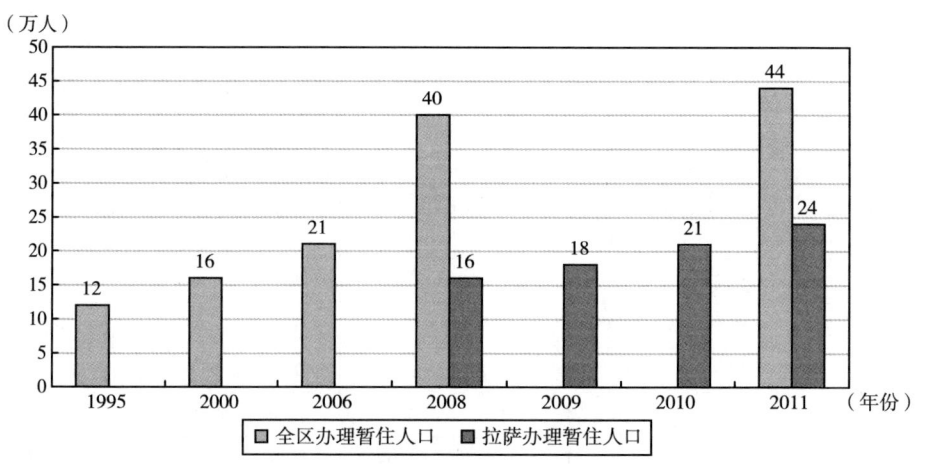

图 26-5 西藏自治区和拉萨市办理暂住人口比较

西藏地广人稀,1995 年以来人口年均增加 4.15 万人,2008 年以来人口出生率、死亡率和自然增长率基本保持在水平状态(见图 26-6)。2005 年以来,

课题组估计的西藏实有人口年均增加 4.57 万人，若无更大规模的投资驱动，西藏人口增长将回复到年均 4.15 万人的水平。由于西藏严酷的高原自然条件，未来西藏人口在很大程度上不会出现高速增长。课题组预计，2030 年西藏人口 380 万人左右，2050 年将超过 400 万人。

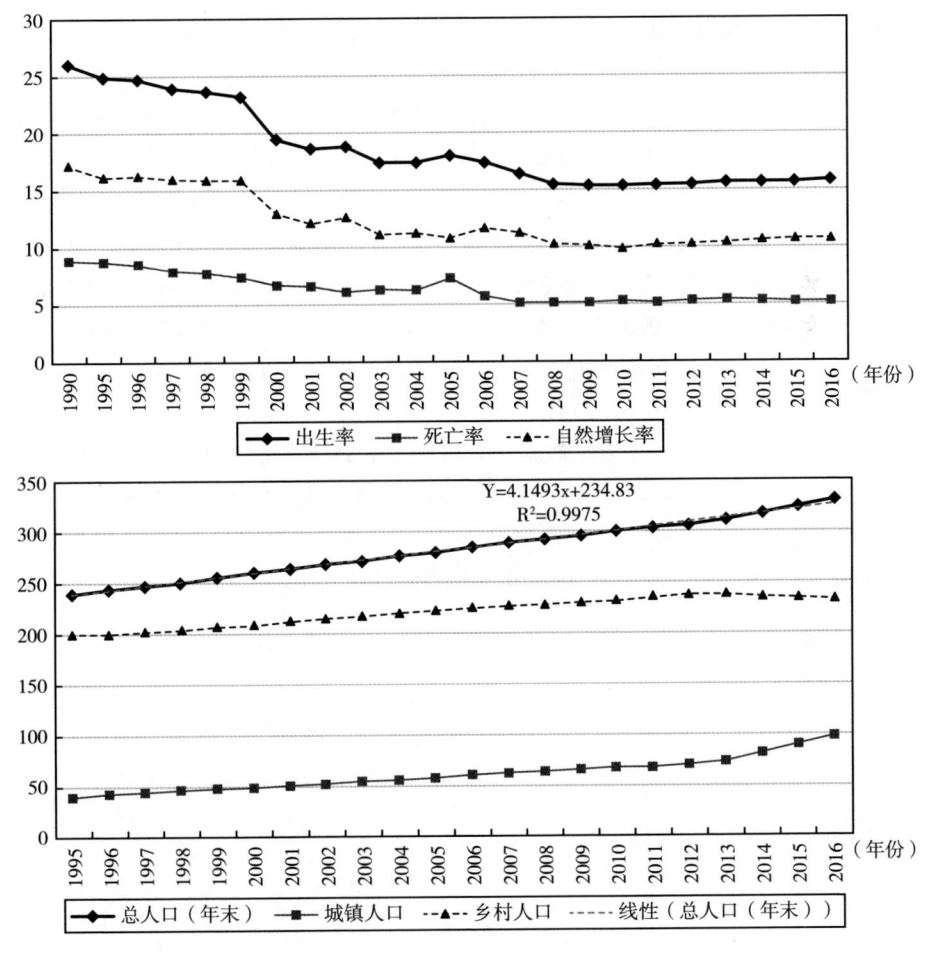

图 26-6　西藏自治区人口增长趋势

本章参考文献

[1] 石人炳，石玲. 西藏流动人口状况与特点——基于"全国第六次人口普查"数据的分析 [J]. 西南民族大学学报（人文社会科学版），2014，35（7）：49-52.

[2] 王茂侠. 西藏的流动人口与人口流动——基于第五、第六次人口普查数据的比较

[J]. 西北人口, 2014, 35 (5): 13 - 18.

[3] 西藏商报 (2017 - 12 - 07). 2017年西藏流动人口38.9万人 [IL]. http://www.tibet.cn/news/focus/1512608408693.shtml.

[4] 钟振明, 刘恒. 西藏流动人口问题研究 [J]. 西藏发展论坛, 2011 (6): 46 - 49.

[5] 杜永彬. 都市少数民族对现代化的适应: 以北京的藏族为例 [J]. 中国藏学, 2009 (3): 38 - 47.

[6] "内地藏族流动人口研究"课题组, 仁真洛色, 黄维忠. 从在内地的藏族流动人口状况看汉藏民族关系——以成都市藏族流动人口状况为例 [J]. 中国藏学, 2012 (2): 6 - 10, 4, 3.

[7] 鲍栋. 青藏铁路开通后拉萨流动人口分析 [J]. 西藏研究, 2007 (4): 94 - 99.

[8] 旦增遵珠. 民主改革前西藏流动人口救助问题刍议——以拉萨、昌都两地流动人口互助互济活动为基点 [J]. 西南民族大学学报 (人文社科版), 2009, 30 (2): 180 - 185.

[9] 马戎, 旦增伦珠. 拉萨市流动人口调查报告 [J]. 西北民族研究, 2006 (4): 126 - 173.

[10] 马玉花. 加强和创新西藏流动人口服务管理工作的思考 [OL]. 西藏日报 (2011 - 10 - 01). http://news.163.com/11/1001/12/7F9FG00R00014AED.html.

[11] 中国新闻网 (2012 - 03 - 29). 藏学专家: 汉藏民族间是双向或多向的自主流动 [OL]. http://china.huanqiu.com/hot/2012 - 03/2569503.html.

第二十七章
陕西省人口流动流量、流向及其变化研究

摘 要：大数据推断结果表明，2014年陕西跨省流入人口规模385.47万人，与2010年530.56万流入人口相比减少了145.09万人，西部大开发的外来人口流入效应开始消失；与2010年相比，河南、四川、甘肃、山西、湖北依旧是陕西外来人口的主要来源地。跨省流出人口规模467.40万人，比2010年的492.99万人减少25.59万人；流向排名前五位的分别是广东、江苏、山西、甘肃、北京，而2010年排名前五位的是广东、江苏、浙江、北京、内蒙古。

关键词：陕西流动人口；人口大数据；人口流向变化

第一节 陕西农村劳动力转移与外出人口增长

2010年全国第六次人口普查时，官方公布数据显示，陕西全省流动人口总数为589.11万人，流出到省外的人口为1960598人，广东、江苏、浙江、北京、内蒙古、上海、新疆、天津、福建、山西是陕西外出人口的十大流向目的地；外省流入陕西的人口为974362人，河南、四川、甘肃、山西、湖北、安徽、山东、河北、内蒙古、浙江是陕西外来人口的十大流入来源地；净流出人口为986236人。与其他省市一样，陕西"六普"人口普查的流动人口数据主要是那些流动性较弱且工作相对稳定的农村劳动力人口，即通常所说的农民工人口，那些流动性较强、自雇或城市中小服务业从业人口并没有包括在内，因此存在严重的低估。

一、基于移动用户数量的农村劳动力人口流动量测度

有调查显示，2007年全国外出农民工人均手机拥有率就已经达到90%，

意味着手机已经在劳动力人口当中普及。2010年左右，手机基本上成了陕西的大众消费品，因此以全国人均手机拥有率为参照可以大致推算出陕西2010年以来年末平均人口的数量（见表27-1）。估计结果显示，2005年和2006年陕西的人口估计数比官方常住人口数差距较大，主要原因是手机的普及率不高，特别是农村还有相当一部分并没有手机。2007年估计值与常住人口差值趋于正常，主要是手机普及率大为提高；2008年跨省流出人口减少也在情理之中，与2008年全球金融危机影响相对应，外出人口回流增加；2010年以常住人口为参照系，陕西人口估计值比官方常住人口多177.73万人，比调整的户籍人口多37.57万人，表明2010年陕西为人口净流入。实际上，估计值比官方统计值更为真实可信。以调整的户籍人口为参照，2005年陕西净流出人口为203.49万人，2006年下降到153.77万人；2007—2012年为人口净流入年份，2013—2015年为人口净流出年份，2016年两次恢复为人口净流入。2010年全国第六次人口普查数据显示，陕西流动到外省的人口为196万人，而外省流动到陕西的人口为97万人，净流出人口约99万人。课题组认为，估

表27-1 陕西省实有人口及人口净流出（净流入）估计（2005—2016年）

年份	全国		陕西省	常住人口（万人）		人口流动（万人）	
	人均手机拥有率	年末移动用户数（万户）	人口估计（万人）	官方数据	户籍人口调整后	估计-官方差值	净流入
2005	30.26%	938.10	3100.1	3690	3772.6	(589.87)	(203.49)
2006	35.30%	1183.58	3352.9	3699	3788.5	(346.08)	(153.77)
2007	41.64%	1612.66	3872.9	3708	3804.7	164.86	28.38
2008	48.53%	1912.25	3940.3	3718	3821.0	222.34	57.89
2009	56.27%	2337.37	4153.8	3727	3837.6	426.85	177.95
2010	64.36%	2518.23	3912.7	3735	3854.4	177.73	37.57
2011	73.55%	2907.18	3952.7	3743	3871.3	209.66	59.84
2012	82.50%	3264.77	3957.3	3753	3888.5	204.29	56.79
2013	90.33%	3512.46	3888.5	3764	3905.8	124.48	(15.66)
2014	94.03%	3607.21	3836.2	3775	3923.4	61.23	(81.93)
2015	94.82%	3649.65	3849.0	3793	3941.1	56.16	(87.32)
2016	95.60%	3813.29	3988.8	3813	3959.1	176.18	28.42

注：年末移动用户数（列3）和官方人口（列5）来源于陕西省各年度的统计年鉴。列2 = 全国移动用户年末总数/全国总人口；列4 = 列3/列2；列6利用线性插值法对户籍人口数量进行调整，2015年和2016年为官方户籍人口数；列7 = 列4 - 列5；列8 = 列3 - 列6×列2。

计的结果虽然是年末总人口,而官方为常住人口口径,虽然两者在统计口径有较大的差别,但官方数据一直低于户籍人口数(调整值),无法反映西部开发对人口流动的影响。

二、陕西各地级市人口规模推算

在人手一机的情况下,若能知道一个地级市的手机用户数及人均手机拥有率,则可以快速初步估计该地级市的人口。据手机用户数估计,2016年陕西省人口总量为3987.5万人(见表27-2)。其中,西安市为1481.5万人,以户籍人口为参照,净流入人口为627.7万人,延安市净流入1.2万人;其余地级市为人口净流出,其中渭南净流出113.5万人,其次是咸阳净流出103.1万人,由于渭南和咸阳与西安相邻,人口主要流向西安,三地一体化趋势极为明显;南部、东部及西部的汉中、商洛、安康和宝鸡等四个城市净流出人口分别为96.1万人、92.9万人、87.1万人和63.6万人,此四个地级市是陕西人口跨省流出的主要来源地;北部的榆林和铜川净流出人口数量较少。根据人均生活用水量估计,2016年陕西总人口为3960万人,西安、咸阳两地的估计结果与手机用户法估计相近。取手机用户法和用水法的平均值,以官方常住人口为参照,尚有161.1万人并没有纳入常住口径,其中西安有611.4万人并没有被统计在内。

表27-2 陕西省各地级市年末实有人口估计及变动(2016年) 单位:万人

区域/城市	基于人均生活用水的人口估计			基于手机数总人口估计	官方常住人口	官方户籍人口	人口净流入	
	城市人口	农村人口	总人口				平均值法	手机用户法
全省	1988.0	1972.0	3960.0	3987.5	3812.6	3959.1	161.1	27.1
西安市	1207.2	300.5	1507.8	1481.5	883.2	824.9	611.4	627.7
铜川市	34.6	24.1	58.8	71.1	84.7	83.5	(19.8)	(11.9)
宝鸡市	139.7	220.6	360.2	317.5	377.5	384.0	(38.7)	(63.6)
咸阳市	160.0	271.2	431.2	421.7	498.7	529.5	(72.3)	(103.1)
兴平市	28.2		28.2			61.4		
渭南市	76.0	243.3	319.3	438.4	537.2	557.1	(158.4)	(113.5)
韩城市	23.0	18.4	41.4			40.2		

续表

区域/城市	基于人均生活用水的人口估计			基于手机数总人口估计	官方常住人口	官方户籍人口	人口净流入	
	城市人口	农村人口	总人口				平均值法	手机用户法
华阴市	11.7		11.7			25.5		
延安市	48.1	111.0	159.1	238.5	225.3	237.3	(26.5)	1.2
汉中市	71.6	243.3	314.9	283.6	344.6	384.1	(45.3)	(96.1)
榆林市	60.4	192.9	253.3	365.3	338.2	382.0	(28.9)	(16.0)
安康市	53.7	252.2	305.9	213.3	265.6	304.4	(6.0)	(87.1)
商洛市	22.7	107.3	130.0	155.8	237.2	253.0	(94.3)	(92.9)
杨凌示范区	22.9	5.6	28.5		20.5	19.1	8.0	9.4

注：年末实有人口估计方法＊以全国人均手机拥有量推算。

总体来看，2016 年陕西全省实有人口已经超过户籍人口数量，表明陕西已经由过去的人口净流出基本上达到流入与流出平衡并略有盈余，但区域分布极不平衡。流失人口最严重的并非南部的汉中、安康，而是与西安近邻的渭南和商洛。从手机用户数量来推算，西安、杨凌示范区和延安为人口净流入，其中西安更是以 627.69 万的人口净流入居全省之最，甚至在全国省会城市中亦可居前 10 名。延安虽然从手机用户数量来推算为人口净流入，但从人均用水法来推算则为人口净流出，极为可能的原因是人口居住在西安但同时又拥有延安的手机用户，又如延安作为革命圣地，日常性的商旅人口也较多，但并不在延安常住。渭南、咸阳和宝鸡的流出人口很多流向了西安，而陕南的汉中、安康和商洛则贡献了大部分的跨省流出人口。渭南和咸阳因人口基数大，加之资源枯竭，因此流出人口也较多。陕西榆林人口虽然也有 300 多万人，但其面积较大，可承载人口数量也相应会比较大，加之资源丰富，净流出人口数量并不大。陕西移动发布的 2017 年春节大数据报告显示①，西安市 41% 常住人口离开西安过年，以 1500 万常住人口计算，春节离开西安的人口达到 600 万人，这与西安同期近 900 万户籍人口数据相吻合。但从 317 万人入陕过年（其中广东、浙江、江苏三省入陕人数分别为 42.2 万人、27.6 万人、25.8 万人），297 万人离陕返乡来推算，2016 年陕西应该仍然是一个人口略有净流出的省份。

---

① 陕西三秦都市报——三秦网（2017 - 02 - 11）. 陕西移动发布春节大数据报告 春节 317 万人入陕、297 万人出游 [OL]. http：//www.sanqin.com/2017/0211/278038.shtml.

三、基于产出和从业人员占比的流出人口规模推算

蔡昉、王美艳（2014）的研究结果表明，官方统计高估农业劳动力的数量和比重。例如，2012 年中国农业劳动力占全国劳动力比重实际仅占 19.8%，远低于官方统计的 38.9%。他们指出，中国在 2004 年达到刘易斯转折点时，官方统计的农业劳动力比重为 46.9%，学者估算的数字只有 27.8%。按照学者估算的口径，2024 年中国农业劳动力比重应该下降到只有 7.8%。无论是实地调研还是学者们的估计，全国各地都存在农业劳动力比重高估的现象。研究发现，以官方统计公布的第一产业从业人员数量（官方数）乘以第一产业占 GDP 的比重才是真实的第一从业人员数量（估计数），而官方数与估计数之间的差额实际上是农村流出劳动力却依旧被记录为本地常住人口数量（见表 27-3）。以 2015 年为例，全省总从业人员为 2071 万人，但第一产业占全省 GDP 比重仅为 8.86%，因此第一产业从业人员实际也只占全部从业人员的 8.86% 左右，即 183.59 万人，农村流出的劳动力 605.41 万人。根据农民工占流动人口的比重，还可以大致推算出不同年份的流动人口总数（列7），并根据流向外省的比重推算出同期陕西跨省流出人口数量（列8）。结果显示，2006 年陕西跨省流出人口高达 578 万人，随后逐步下降，2010 年流向省外人口 493 万人，2014 年下降到 446 万人。

表 27-3　占比产出法——应计未计农村流出劳动力数（2005—2016 年）　单位：万人

年份	全社会年末从业人员数	第一产业占 GDP 比重	第一产业实际从业劳动力数	第一产业官方从业人员数	第一产业流出劳动力数	流动人口总数	流向省外人口数
2005	1976	11.08%	218.90	957.00	738.10	811.10	566.67
2006	1986	10.22%	202.97	956.00	753.03	836.69	578.04
2007	2013	10.29%	207.21	933.00	725.79	815.50	554.55
2008	2039	10.30%	210.11	909.00	698.89	794.20	531.52
2009	2060	9.67%	199.11	876.12	677.02	778.18	513.60
2010	2074	9.76%	202.50	855.54	653.04	759.35	492.99
2011	2059	9.76%	200.91	824.00	623.09	733.05	468.21
2012	2061	9.48%	195.38	797.00	601.62	716.22	450.42

续表

年份	全社会年末从业人员数	第一产业占GDP比重	第一产业实际从业劳动力数	第一产业官方从业人员数	第一产业流出劳动力数	流动人口总数	流向省外人口数
2013	2058	9.02%	185.53	779.00	593.47	715.02	443.31
2014	2067	8.85%	182.86	782.00	599.14	730.66	446.27
2015	2071	8.86%	183.59	789.00	605.41	747.42	449.34
2016	2073	8.73%	181.00	791.00	610.00	762.50	451.32

注：列2、列3数据来源于《陕西统计年鉴（2017）》。

近年来，作为陕西最大的城市，西安近年来人口增长迅速，其主要原因是高强度的人口增长政策。《西安国家中心城市建设实施方案》显示，2020年西安户籍人口规模为1200万人，常住人口超过1500万人。2018年年末，西安的户籍人口已经达到986.87万人，相对前两年已经有巨大增长。基于移动用户总数的推算结果显示，2018年年末西安总人口为1400万左右，高峰人口也已经达到1500万人，因此2020年西安的常住人口很难突破1500万人，估计值为1400万人左右。例如，2019年8月推算的西安总人口相对于2018年12月减少了25万人以上，"抢人"效应的快速下降使西安的总人口不增反降。随着气候变动导致西北降水量增加，西安未来人口仍然可承受较大的增量，但由于产业规模难以跟上，西安不宜大规模增加更多的人口，在这一方面西安与同处西部的成都、重庆有很大的差别。推算结果还显示，商洛净流出人口仍然占其户籍人口的四成左右，表明陕西人口流出地的人口流出趋势仍然没有根本性的变化，而全省人口流入地西安仍然是最大的外来人口所在城市。

第二节 陕西跨省流入人口大数据推断

一、流入人口大数据初始表征流量

要计算陕西跨省流入人口数量，只需要得到节前由陕西流向全国各地的人口数量即可。但节前陕西流出省外人口也包含一部分本省人口短期外出，因此必须尽可能地减少采样范围以将这一因素排除。课题组所归集的大数据采样表

PtopLineOut 中已经包含这些信息，对 PtopLineOut 数据表进行下述 SQL 查询操作：

　　SELECT province, name, to_char (sum (num), '99,999,999') as num0, sum ("singleNum") as sNum0, to_char (sum (per)/2.4, '99.999%') As per0

　　　　FROM public."PTopLineOut"

　　　　where province = '陕西'

　　　　group by province, name

　　　　order by num0 desc

可以得到节前陕西人口流出目的地包括全国 15 个省级单位。由于系统只记录流出 TOP10 省份，表明陕西省外流入人口相对分散。从大数据归集的可表征人口流动流量的大小来看，节前陕西人口流向最多的省份是河南，大数据人口表征流量为 1010795，占节前陕西流出总量的 14.70%。其次是山西、四川和甘肃三个相邻省份。TOP4 流入省份占流出总量的 47.68%，推算采样期间陕西流出总量为 6796625（无量纲）。

　　由于上述查询只能得到流出省份中流量为 TOP10 的省份，且该流量并不直接代表人口流量，而是系统所记录的可代表人口流量的无量纲数据。若陕西节前流入该省人口占陕西总流出人口比重较低，则不能被系统记录，但该省流入人口流量却在某时段内进入其流入排名前 10 位，从而会发生数据的漏计，因此还必须对数据表 PtopLineIn 进行下述 SQL 查询操作：

　　SELECT province, name, sum (num) as num0, to_char (sum (per)/2.4, '9999.999%') As per0

　　　　FROM public."PtopLineIn"

　　　　wherename = '陕西'

　　　　group by province, name

　　　　order by num0 desc

　　第二次查询得到的省级单位 17 个，由于自陕西的流出量占河南省流入量在测度期间内从未进入前 10 位，因此第二次查询时居陕西人口流入第 1 位的河南省却因其流量占河南流入量比重极低下降至第 4 位。两次查询的结果如表 27-4 所示。

表27-4　　　　2014年陕西跨省人口流入流量大数据采样

	第一次查询				第二次查询			
流出地	流向地	大数据采样流量	占流出地比重	流入地	流出地	大数据采样流量	占流入地比重
陕西	河南	1010795	14.87%	山西	陕西	762791	13.50%
陕西	山西	762791	11.22%	四川	陕西	744392	4.01%
陕西	四川	744392	10.95%	甘肃	陕西	722585	17.07%
陕西	甘肃	722585	10.63%	河南	陕西	700985	2.61%
陕西	湖北	433645	6.38%	内蒙古	陕西	390027	11.13%
陕西	内蒙古	390027	5.74%	宁夏	陕西	225550	20.63%
陕西	河北	279103	4.11%	江苏	陕西	218439	0.86%
陕西	山东	248384	3.65%	河北	陕西	202334	1.20%
陕西	江苏	239538	3.52%	新疆	陕西	48441	8.31%
陕西	宁夏	125239	1.84%	青海	陕西	34371	6.34%
陕西	安徽	111093	1.63%	西藏	陕西	2305	2.87%
陕西	北京	19000	0.28%	海南	陕西	1810	0.16%
陕西	广东	8050	0.12%	澳门	陕西	223	0.17%
陕西	福建	634	0.01%	福建	陕西	214	0.02%
陕西	重庆	246	0	湖北	陕西	152	0.01%
陕西	TOP4	3240563	47.68%	香港	陕西	98	0.10%
陕西	全国	6796625	100.00%	台湾	陕西	4	0.02%

二、由大数据表征流量到人口流入量及流向测度

在大数据采样中，若能得到采样期内流入总量和流出总量，则根据人口净流入量就可以推算流出人口和流入人口。特别需要注意的是，大数据采样期内流入总量对应的是陕西本省人口跨省流出，而流出总量则对应陕西外省流入人口。通过查询计算，大数据采样期内流入总量为8241204，流出总量为6796625，净流入量为1444578。在前面的推算中，2014年陕西净流出人口81.93万人，因此可以推算2014年陕西外省流入人口总量为385.47万人，同

期陕西跨省流出人口为467.40万人。在计算出节前流出量占流出量的比重后，再乘以陕西省外流入人口总量，就可以得到各省2014年流入陕西的人口数量（见表27-5）。大数据人口推算结果显示，陕西省外流入人口主要来自河南、山西、四川、甘肃4个相邻省份。其中，来自河南的省外流入人口为57.33万人（列6），占陕西省外流入人口的14.87%（列5）；来自山西的流入人口有43.26万人（列6），占陕西全省流入人口的11.22%（列5），占陕西省无量纲人口流出量比重为13.50%（列3），以此推算出山西跨省流出人口数量有320.55万人（列7）。表中第3列河南、河北两省的数据为线性调整值，推算河南同期跨省流出人口为1522.06万人，河北为955.48万人。来自其他省级单位的人口流入如表27-5所示。

表27-5　　2014年陕西跨省人口流入来源地及数量

来源地	人口大数据采样流量	占来源地比重	占陕西流入比重*	占陕西流入比重**	流入人口（万人）	来源地流出人口（万人）
河南	1010795	3.77%	14.70%	14.87%	57.33	1522.06
山西	762791	13.50%	11.66%	11.22%	43.26	320.55
四川	744392	4.01%	10.94%	10.95%	42.22	1051.77
甘肃	722585	17.07%	10.39%	10.63%	40.98	240.15
湖北	433645	—	6.36%	6.38%	24.59	—
内蒙古	390027	11.13%	5.80%	5.74%	22.12	198.83
河北	279103	1.66%	3.90%	4.11%	15.83	955.48
山东	248384	—	3.08%	3.65%	14.09	—
江苏	239538	0.86%	2.98%	3.52%	13.59	1572.38
宁夏	225550	20.63%	2.37%	3.32%	12.79	62.00
TOP10	5056810	—	—	74.40%	286.80	—
其他	1739815	—	—	25.60%	98.67	—
全国	6796625	—	—	100.00%	385.47	—

注：占陕西流入人口比重*为第一次查询直接得到，而占陕西流入人口比重**则为推算得到的结果。

从流出目的地构成来看（见图27-1），陕西外来人口主要来自相邻省区及河北、山东两个人口大省，来自发达地区的流入量非常小且很少进入前10

名，江苏因苏北的陇海线联系也占有 3.52% 的比重。

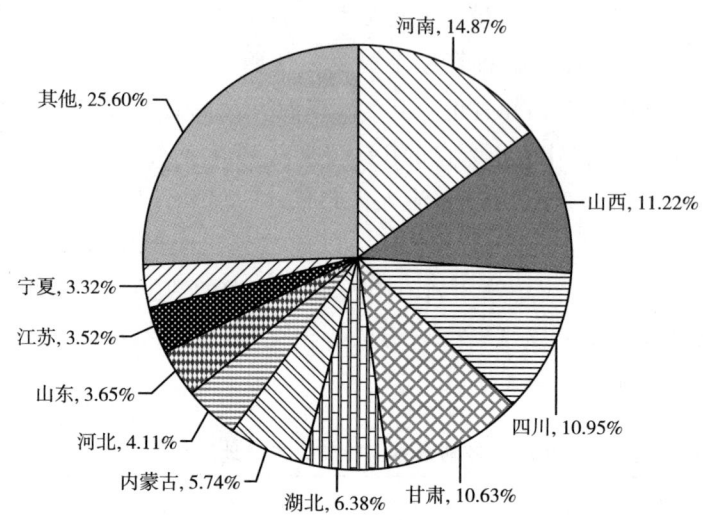

图 27-1　陕西外来人口来源地构成（2014 年大数据推断）

2010 年第六次全国人口普查数据显示（见图 27-2），陕西外来人口为 97.44 万人。其中，河南、四川、甘肃三个相邻省份居前 3 位，而山西居第 4 位；湖北和安徽两个人口流出大省也占有一定的比重，而河北则少于山东；浙江和江苏两个经济发达大省也有一定的人口流动到陕西。

三、2010 年以来陕西外省人口流入变化

以 2014 年为参照，课题组推算 2010 年陕西跨省流入人口为 530.56 万人，同期跨省流出人口 492.99 万人，净流入人口 37.57 万人。以此推算 2010 年以来陕西跨省流入人口流量的变化（见表 27-6）。与 2010 年全国第六次人口普查相比，在陕西跨省流入人口中，排名前 5 位的依旧是河南、四川、甘肃、山西、湖北，但"六普"时五省占全省流入人口比重仅为 37.67%。比较结果显示，与陕西相邻的省区除河南省外，其他相邻省区流入人口全部出现增加。原因是"六普"时很少将这种相邻省区的流入计入统计口径；另一个原因是，西安几乎是陕西唯一人口流入地，前面的估计结果显示，很多人口并没有被计入西安常住人口当中。估计结果还显示，来自山东和江苏的人口流入减少了。

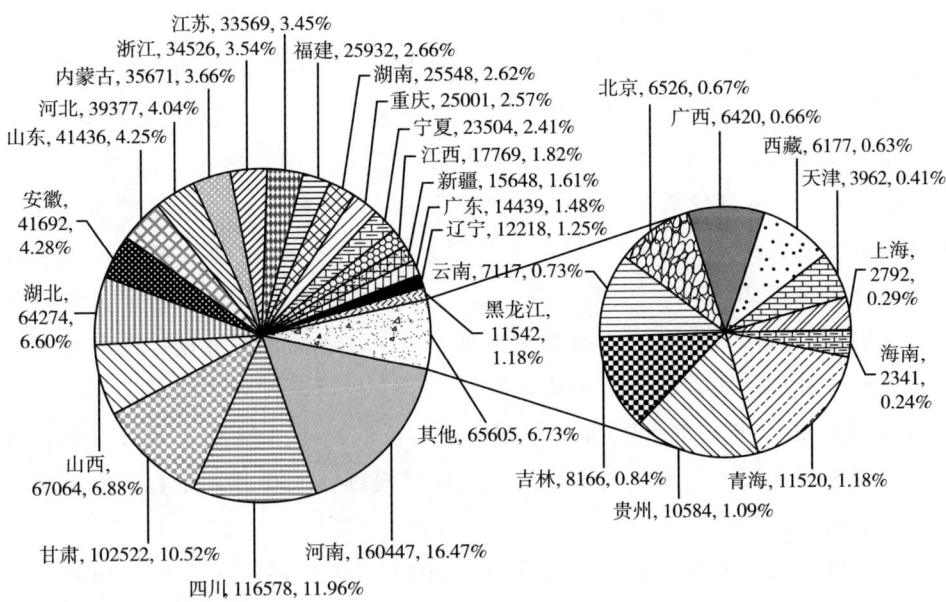

图 27-2 陕西外来人口来源地构成（2010 年第六次全国人口普查）

表 27-6　　　　　　　陕西省外人口流入流量、流向变化

来源地	2014 年			2010 年			新变化	
	流量当量	占总流量比重	人口估计	"六普"比重	"六普"数据	"六普"调整	占比变动	人口流量
河南	1010795	14.87%	57.33	16.47%	16.04	87.37	-1.59%	(30.04)
山西	762791	11.22%	43.26	4.27%	4.16	22.68	6.95%	20.59
四川	744392	10.95%	42.22	6.52%	6.35	34.59	4.43%	7.63
甘肃	722585	10.63%	40.98	6.13%	5.98	32.54	4.50%	8.44
湖北	433645	6.38%	24.59	4.28%	4.17	22.70	2.10%	1.89
TOP5	3674208	54.06%	208.38	37.67%	36.71	199.87	16.39%	8.51
内蒙古	390027	5.74%	22.12	2.71%	2.64	14.39	3.03%	7.73
河北	279103	4.11%	15.83	2.91%	2.83	15.42	1.20%	0.41
山东	248384	3.65%	14.09	2.97%	2.89	15.75	0.69%	(1.66)
江苏	239538	3.52%	13.59	2.70%	2.63	14.30	0.83%	(0.72)
宁夏	225550	3.32%	12.79	2.07%	2.02	10.99	1.25%	1.81
TOP6—10	1382602	20.34%	78.41	14.18%	13.82	75.26	6.16%	3.16
其他	1739815	25.60%	98.67	48.98%	47.72	259.84	-23.38%	(161.17)
全国	6796625	100.00%	385.47	100.00%	97.44	530.56	0.00%	(145.09)

说明：2010 年省外流入排名前五（TOP5）是河南、四川、甘肃、山西、湖北五省，而 TOP10 是指 TOP5 加安徽、山东、河北、内蒙古、浙江五省区。

陕西移动发布的《2018年春节大数据报告》显示①，2018年春节期间，外省入陕的人数达到了431万人，其中来自山西、广东、河南的人数分别达到了52万人、43万人、33万人；前往西安、安康、汉中的人数分别为86万人、77万人、75万人。365万陕西人选择出省，其中四川、河南、山西、甘肃、湖北位居前5，占到总离陕人数的64%，与2017年相比，四川超过河南，成为陕西人出省的第一目的地。报告还显示，西安市57%常住人口离开西安过年，由此可推断2017年西安的外来人口已经超过户籍人口，考虑到新增户籍人口的因素，这一判断仍然大概率的正确。由于缺乏第一手数据，课题组无法判断陕西在此期间中商旅人口的确切数量，但大致可以推断进出基本平衡，由此可判断至2017年年底，陕西全省流出人口依旧高于外省流入人口，本省流出人口规模400万人左右，而外省流入人口规模则在350万人左右，净流出人口规模50万人左右。

基于移动用户总数的推算结果显示，2019年3月陕西人口流入和流出已基本达到平衡。由于缺乏更细致的数据，尚无法判断手机用户对应的人口流动。由于产业发展没能跟上人口的变化，这种表面上的人口数量增加可能并没有从根本上改变人口流动趋势，即外出人口仅仅办了个本地手机，而实际上依然流动到外省。另外，外省人口的表面流入也仅是表现在数据上，而实际的人口流动并没有发生。

第三节　陕西跨省流出人口大数据推断

一、流出人口大数据初始表征流量

对数据表PtopLineIn进行下述SQL查询操作：
SELECT province, name, sum（num）as num0, to_char（sum（per）/2.4,'9999.999%'）As per0
　　FROM public."PTopLineIn"
　　where province = '陕西'

---

① 极客网（2018-02-26）.陕西移动发布春节大数据报告［OL］.http：//www.fromgeek.com/telecom/144800.html.

```
group by province, name
order by num0    desc
```

可以得到节前陕西人口流入来源地包括全国12个省级单位，表明陕西人口流出流向相对集中。由查询结果可知，陕西跨省流出人口主要流向广东、江苏、北京、浙江4个经济发达省市和山西、甘肃、河南、内蒙古4个相邻省级行政区域。查询得到流出省份中流量为TOP6的省份所归集的大数据人口流量当量为8241204，占陕西流出人口总量的51.66%。为避免数据漏计，因此还必须对数据表PtopLineOut进行下述SQL查询操作：

```
SELECT province, name, sum (num) as num0, to_char (sum (per)/2.4,
'9999.999%') As per0
FROM public."PTopLineOut"
where name = '陕西'
group by province, name
order by num0    desc
```

第二次查询共记录了20个省级区域的流入量。第二次查询在一定程度上解决了数据漏计或数据不一致的问题。由于陕西流动到广东的人口占广东外来人口比重极低，因此第二次查询中由广东流出到陕西的流量极小。两次查询输出结果如表27-7所示。

表27-7　　　　　　　　陕西人口流出的初始表征量

第一次查询				序号	第二次查询			
流入地	流出地	大数据采样流量	占陕西流入量比重		流出地	流入地	大数据采样流量	占流出地流量比重
陕西	广东	919346	11.20%	1	山西	陕西	725321	15.66%
陕西	江苏	725325	8.11%	2	甘肃	陕西	674437	30.19%
陕西	山西	725321	9.06%	3	江苏	陕西	661259	1.50%
陕西	甘肃	674437	8.49%	4	河南	陕西	561208	6.64%
陕西	北京	652016	7.78%	5	内蒙古	陕西	531597	13.30%
陕西	河南	561208	7.01%	6	四川	陕西	410836	5.39%
陕西	内蒙古	531597	6.46%	7	宁夏	陕西	307543	21.14%
陕西	浙江	496466	5.78%	8	湖北	陕西	164490	2.24%
陕西	四川	410836	5.15%	9	新疆	陕西	163002	7.67%

续表

第一次查询					第二次查询			
流入地	流出地	大数据采样流量	占陕西流入量比重	序号	流出地	流入地	大数据采样流量	占流出地流量比重
陕西	上海	197591	1.88%	10	重庆	陕西	129258	2.09%
陕西	宁夏	118195	1.60%	11	北京	陕西	107067	0.66%
陕西	河北	45117	0.79%	12	青海	陕西	99073	10.42%
陕西	TOP6	4257653	51.66%	13	河北	陕西	79947	0.98%
陕西	全国	8241204	100.00%	14	西藏	陕西	13708	5.19%
				15	山东	陕西	4908	0.24%
				16	天津	陕西	1577	0.10%
				17	广东	陕西	671	0.01%
				18	台湾	陕西	52	0.81%
				19	澳门	陕西	50	0.04%
				20	香港	陕西	10	0.01%

二、由大数据表征流量到人口流量、流向测度

需要特别注意的是，节前由外省流向陕西的流量对应于陕西流出人口流量而不是相反。将两次查询结果合并，取大值新值之后，最后形成表27-8。将各省节前回流量除以总流量，再乘以跨省总流出人口，就可以得到2014年陕西人口跨省流出各个流向的实际人口流量。在前面的推算中，2014年陕西流出人口467.40万人。从大数据推断的结果来看，2014年陕西流向广东的人口有52.14万人（列5），占陕西跨省流出总量的11.16%（列4），居第1位；流向江苏有41.14万人，占陕西跨省外出总量的8.80%，居第2位；流向山西有41.14万人，占跨省外出总量的8.8%，居第3位。流向五大目的地TOP5合计209.64万人，占跨省外出总量的44.85%。最后一列（列6）根据流入陕西的流量反推陕西跨省流出目的地省份的跨省外来人口估计。例如，课题组推算同期北京市外流入人口1377.98万人；推算广东省跨省流入人口3805.58万人[①]。

---

① 课题组利用插值法对陕西占广东和北京的流出人口比重进行推算，与前表数据有部分差异。

表27-8　2014年陕西跨省人口流动流量、流向的大数据推断

流向	大数据表征流量	占流出地比重	占陕西流出人口比重	人口流出量（万人）	陕西流出目的地外来人口（万人）
广东	919346	1.37%	11.16%	52.14	3805.58
江苏	725325	1.64%	8.80%	41.14	2508.58
山西	725321	15.66%	8.80%	41.14	262.64
甘肃	674437	30.19%	8.18%	38.25	126.72
北京	652016	2.68%	7.91%	36.98	1377.98
TOP5	3696445	—	44.85%	209.64	8081.49
河南	561208	6.64%	6.81%	31.83	479.64
内蒙古	531597	13.30%	6.45%	30.15	226.62
浙江	496466	—	6.02%	28.16	—
四川	410836	5.39%	4.99%	23.30	432.37
上海	360903	—	4.38%	20.47	—
TOP6—10	2361010	—	28.65%	133.90	—
宁夏	307543	21.14%	3.73%	17.44	82.49
其他	1876206	—	22.77%	106.41	—
全国	8241204	—	100.00%	467.40	

三、人口流出流量、流向变化测度和比较分析

大数据推断结果显示（见图27-3），陕西外出人口主要流向广东、江苏、北京、浙江和上海经济发达地区，五省市合计占陕西外出人口总量的38.27%；其次流向山西、甘肃、河南、内蒙古、四川和宁夏相邻省区，六省区合计占陕西外出人口总量的38.96%。

2010年"六普"数据显示（见图27-4），陕西外出人口主要流向广东、江苏、浙江、北京和上海等经济发达地区，流向内蒙古和新疆也占有一定比重。

前面课题组推算出2010年陕西流出省外人口492.99万人，2014年年末跨省流出人口总量467.40万人，比2010年减少25.59万人。在2014年陕西跨省流出人口中，流向排名前五位的分别是广东、江苏、山西、甘肃、北京，而2010年排名前五位的是广东、江苏、浙江、北京、内蒙古。大数据分析的结

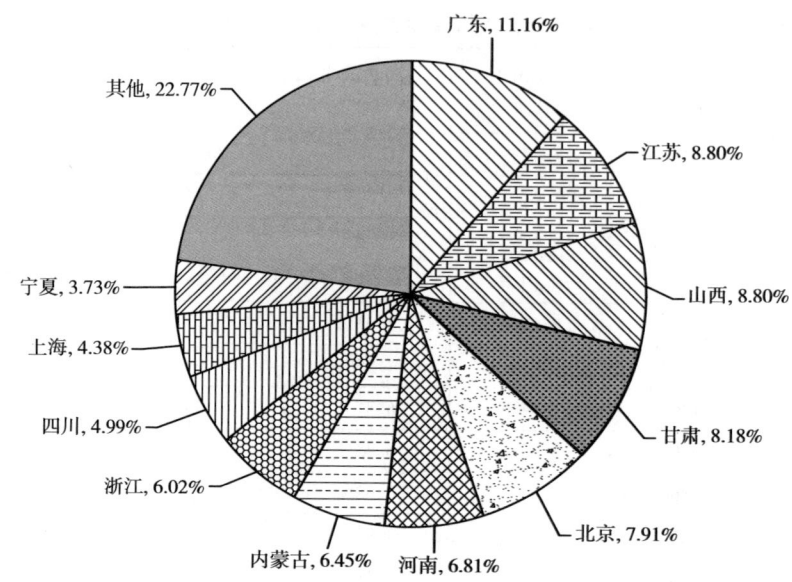

图27-3 陕西外出人口流向目的地构成（2014年大数据推断）

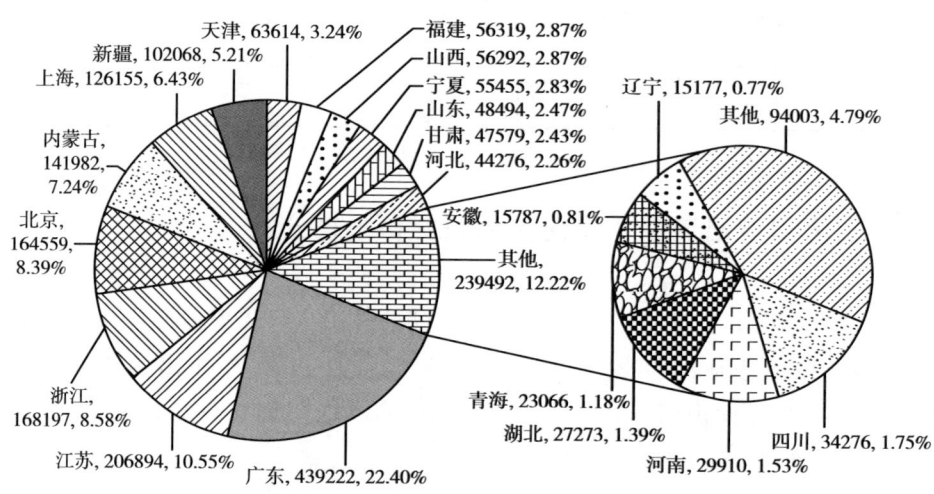

图27-4 陕西外出人口流向目的地构成（2010年人口普查数据）

果显示（见表27-9），在2014年陕西跨省流出的人口中，有11.16%流向广东，而2010年"六普"时流向广东的人口占陕西流出人口的22.40%。2010年以来，离开广东的陕西人有58.30万人，即60%左右的陕西人离开广东回流陕西及其周边省份；离开其他省份而回流至陕西及其周边省份的人口也高达161.95万人。此外，流向长三角和北京的陕西人也有所增加。虽然课题组对

2010 年的数据做出了一定的调整，但实际上还是未能如意，主要原因是统计口径的差异所造成。陕西移动发布的《2018 年春节大数据报告》显示，2018 年春节期间，外省入陕的人数达到了 431 万人，其中山西、广东、河南列前三位，人数分别达到了 52 万人、43 万人、33 万人。西安、安康、汉中是入陕人群前往的主要目的地，入陕人数分别为 86 万人、77 万人、75 万人，占总体入陕人数的一半以上。依此数据推断，2017 年陕西跨省流出人口较 2014 年减少了 35 万人左右，广东已经让位于山西，流动到广东的陕西人减少了 9 万人；而流动到山西的陕西人增加了 11 万人，流动到河南的陕西人仅增加 1 万人左右；由安康和汉中流出的人口也有所减少。

表 27-9   陕西跨省人口流出流量、流向变化

流向	2014 年大数据推断		2010 年			流量变化	
	大数据占比	人口流出	"六普"占比	"六普"流出	调整流出	人口变化	占比变化
广东	11.16%	52.14	22.40%	43.92	110.44	(58.30)	-11.25%
江苏	8.80%	41.14	5.94%	11.65	29.29	11.84	2.86%
山西	8.80%	41.14	1.28%	2.50	6.29	34.85	7.53%
甘肃	8.18%	38.25	1.12%	2.19	5.52	32.73	7.06%
北京	7.91%	36.98	3.25%	6.37	16.01	20.97	4.66%
TOP5	44.85%	209.64	37.70%	73.91	185.86	23.79	7.15%
河南	6.81%	31.83	0.72%	1.42	3.57	28.26	6.08%
内蒙古	6.45%	30.15	2.90%	5.68	14.28	15.87	3.55%
浙江	6.02%	28.16	3.21%	6.30	15.84	12.32	2.81%
四川	4.99%	23.30	0.82%	1.62	4.06	19.24	4.16%
上海	4.38%	20.47	2.65%	5.20	13.06	7.41	1.73%
TOP6—10	28.65%	133.90	8.79%	17.24	43.34	90.56	19.86%
宁夏	3.73%	17.44	1.27%	2.50	6.28	11.17	2.46%
其他	22.77%	106.41	54.43%	106.72	268.35	(161.95)	-31.67%
全国	100.00%	467.40	100.00%	196.06	492.99	(25.59)	0.00%

说明：2010 年流出省外排名前五（TOP5）是广东、江苏、浙江、北京、内蒙古五个省级单位，而 TOP10 是指 TOP5 加上海、新疆、天津、福建、山西五省区市。

四、结语及对策建议

据课题组估计,2010 年陕西流动人口总量为 796.91 万人,占同期全省实有 3912.73 万人口的 20.37%,人口流动强度略高于全国同期 19.58% 平均水平;2014 年陕西流动人口为 648.73 万人,占全省实有 3836.23 万人口的 16.91%,低于全国同期 18.50% 的平均水平。与 2010 年"六普"数据相比,2010 年陕西省总流动人口为 589 万人,占同期全省官方常住人口 3735 万人口的 15.77%,人口流动强度比全国同期 19.58% 平均水平少 3.81 个百分点。以课题组的口径推算,全国平均水平依旧存在一定程度的低估,因此陕西人口流动强度依旧会低于全国平均水平。总体来看,课题组估计的结果是相当可信的。

未来陕西面临总人口长期下降问题。虽然 2016 年陕西拥有 3812 万人口,但以人均寿命 80 岁计算,未来年平均死亡人口可达 47.65 万人。1990 年陕西出生人口高达 77.2 万人,但 2010 年以来陕西年均出生人口只有 37.9 万人。也就是说到 2035 年,即使流出的人口全部回归陕西,全省的人口将减少到 3500 万以上。由于历年出生人口的较大波动,20 世纪 90 年代以来人口出生数量大幅度降低,因此到 2060 年全省人口将减少到 3000 万左右。陕西省"十三五"人口发展规划预计,"十三五"期间全省新出生人口 50 万人,但"二孩"政策第一年(2016 年)全省出生人口 41.8 万人,仅比 2015 年增加 3.6 万人(以统计年鉴的 40.8 万人计算,仅增加 2.6 万人),与预计数量相差巨大。伴随着城市化而来的少子化将造成严重的经济和社会问题,人口的萎缩将导致大量城市基础设施闲置,资产价格和总产出双下降,在业人员养老负担沉重,因此全面放开并鼓励生育应迟早成为全国共识。

本章参考文献

[1] 方蕾,刘科伟,许玲,李建伟. 陕西省流动人口时空特征及其影响因素——基于第四、五、六次人口普查的研究 [J]. 陕西师范大学学报(自然科学版),2015,43(2):92-98.

[2] 韩彦婷,王淑清. 西安市流动人口管理经验研究 [J]. 理论观察,2009(5):74-75.

［3］杨蕊，许成科. 西安市流动人口管理现状及对策分析［J］. 新西部（理论版），2015（8）：29，28.

［4］张坚. 关于八大城市流动人口问题的综合报告［J］. 社会学研究，1991（3）：20-24.

［5］腾讯大秦网（2017-02-10）. 陕西移动发布春节大数据报告［OL］. http：//xian. qq. com/a/20170210/020932. htm.

［6］西北信息报（2018-03-01）. 陕西移动发布春节大数据报告. http：//xbxxb. joyhua. com/xbxxb/20180301/mhtml/page_02_content_001. htm.

［7］陕西省统计局（2015-05-05）. 新常态下陕西人口发展呈现四大特点——2014年陕西人口发展报告［OL］. http：//www. shaanxitj. gov. cn/site/1/html/126/111/10737. htm.

［8］陕西省发展和改革委员会（2018-01-12）.《陕西省人口发展规划（2016—2030年）》［OL］. http：//www. sndrc. gov. cn/html/100127/1027762. html.

第二十八章
甘肃省人口流动流量、流向及其变化研究

摘 要：大数据推断结果表明，2014年甘肃跨省流入人口规模309.8万人，与2010年205.5万流入人口相比增加了104.3万人，西部大开发的外来人口流入效应开始快速下降；与2010年相比，青海、河南、陕西、四川依旧是甘肃外来人口的主要来源地。跨省流出人口规模564.8万人，比2010年的361.4万人增加了203.4万人；流向排名前五位的分别是陕西、新疆、宁夏、青海、北京，而2010年排名前五位的是新疆、北京、内蒙古、广东、宁夏。

关键词：甘肃流动人口；人口大数据；人口流向变化

第一节 甘肃农村劳动力转移与外出人口增长

一、甘肃流动人口研究简述

2010年全国第六次人口普查时，官方公布数据显示，甘肃全省流动人口总数为311.27万人，流出到省外的人口为1593265人，新疆、北京、内蒙古、广东、宁夏、陕西、江苏、上海、青海、天津是甘肃外出人口的十大流向目的地（TOP10_Out），TOP10_Out占全部流出总数的61.46%，其中流向新疆的独占21.62%；外省流入甘肃的人口为432833人，青海、河南、陕西、四川、湖北、浙江、江苏、安徽、山东、河北是甘肃外来人口的十大流入来源地（TOP10_In），TOP10_In占全部流入总数的51.55%，其中青海流入占13.39%；净流出人口1160432人，流出目的地集中度高于流入来源地。与其他省市一样，甘肃"六普"人口普查的流动人口数据主要是那些流动性较弱且工作相对稳定的农村劳动力人口，即通常所说的农民工人口，那些流动性较

强、自雇或城市中小服业从业人口并没有包括在内，因此存在严重的低估。例如，来自甘肃人社局的数据显示，2007年全省流出劳动力587.16万人，占全省1862.9万劳动力总量的31.52%，由于省外流动劳动力约占流出劳动力总数的25%，因此可以推断2010年"六普"时公布的流动到省外的人口数与2007年流动到省外的劳动力人数相差不大，说明甘肃"六普"中的跨省流出人口基本上仅指省外流动劳动力人口[①]。

2008年，甘肃全省流出劳动力下降到425.91万人，比2007年减少161.25万人。2008年全国因金融危机跨省回流的劳动力约2000万人，占跨省流动总劳动力的1/6左右，以此推算甘肃同期实际跨省流出劳动力应在240万人以上。周晓津（2011）推算的结果显示，2008年甘肃跨省净流出人口为175万人。本章重点关注甘肃跨省流动人口流量、流向及其2010年以来的新变化。并将对甘肃跨省流入人口数量做出推断，大致确定2014年甘肃净流入人口数量，为人口流动流量、流向的测度设定一个基点（锚点，测度点）。同时对甘肃跨省人口流动大数据来源及其说明进行综述，将利用百度公司2015年春节人口流动大数据推断出甘肃跨省流动人口的数量和构成，并探讨流动流量、流向及变化以及其背后的主导流动因素。最后提出甘肃人口与经济社会可持续发展的对策与建议。

二、基于移动用户数量的农村劳动力人口流动量测度

有调查显示，2007年全国外出农民工人均手机拥有率就已经达到90%，意味着手机已经在劳动力人口当中普及。2010年左右，手机基本上成了甘肃的大众消费品，因此以全国人均手机拥有率为参照可以大致推算出甘肃2010年以来年末平均人口的数量（见表28-1）。

估计结果显示，以户籍人口为参照，2007年甘肃净流出人口为405.34万人，受金融危机和西部大开发影响，2009年下降到298.71万人；2012年甘肃净流出人口大幅增加，到2014年上升到511.92万人的顶峰，自此再次开始下降。基于移动用户数量估计的人口结果显示，2005年以来甘肃年平均总人口

[①] 依据国家统计局公布的流动人口数推算，2007年全国流动人口数为1.84亿人，2010年增长到2.21亿人，增长16.74%，以同比例推算，意味着2010年甘肃流动到外省的人口数量甚至低于2007年流动到省外的劳动力数量。

表 28 - 1　甘肃省实有人口及人口净流出（净流入）估计（2005—2016 年）

年份	全国		甘肃省	常住人口（万人）		人口流动（万人）	
	人均手机拥有率	年末移动用户数（万户）	人口估计（万人）	官方数据	户籍人口调整后	估计 - 官方差值	净流入
2005	30.26%	408	2213.86	2545.1	2589.41	(331.24)	(375.56)
2006	35.30%	545	2230.51	2546.79	2605.11	(316.28)	(374.60)
2007	41.64%	686	2215.56	2548.19	2620.90	(332.63)	(405.34)
2008	48.53%	896	2253.15	2550.88	2636.79	(297.73)	(383.63)
2009	56.27%	1194	2354.06	2554.91	2652.77	(200.85)	(298.71)
2010	64.36%	1390	2341.18	2559.98	2668.85	(218.80)	(327.67)
2011	73.55%	1614	2324.19	2564.19	2685.03	(240.00)	(360.84)
2012	82.50%	1764	2236.73	2577.55	2701.30	(340.82)	(464.58)
2013	90.33%	1976	2238.80	2582.18	2717.68	(343.38)	(478.88)
2014	94.03%	2059	2222.23	2590.78	2734.15	(368.55)	(511.92)
2015	94.82%	2108	2250.49	2599.55	2750.72	(349.06)	(500.24)
2016	95.60%	2204	2325.77	2609.95	2767.40	(284.18)	(441.63)

注：年末移动用户数（列 3）和官方人口（列 5）来源于甘肃省各年度的统计年鉴。列 2 = 全国移动用户年末总数/全国总人口；列 4 = 列 6 + 列 8；列 6 利用线性插值法对户籍人口数量进行调整；列 7 = 列 4 - 列 5；列 8 = 列 3 - 列 6 × 列 2。

为 2267.21 万人，人口增长几乎停滞。由于甘肃经济比较落后，虽然 2010 年以来全国成年人口几乎人手一机的情况下，甘肃可能仍然有一部分农村留守人口没有或较少拥有手机，据此课题组估计了以户籍人口为参照系的甘肃跨省净流出人口下限（见图 28 - 1）。估计值与官方常住人口之间的差值意味着：人口虽然实际上已经跨省流出，但表现在统计数据上，依旧被登记为当地常住人口，这种情况在全国人口流出地区普遍存在。以 2010 年为例，全省户籍人口约为 2669 万人，官方统计的常住人口为 2600 万人，实际人口为 2341 万人，约 219 万流出人口依旧被登记为常住人口（户籍人口）。

二、甘肃各地级市人口规模推算

在人手一机的情况下，若能知道一个地级市的手机用户数及人均手机拥有率，则可以快速初步估计该地级市的人口。据手机用户数估计，2016 年甘肃省人口总量为 2325.61 万人（见表 28 - 2）。其中，兰州市为 481.55 万人，以

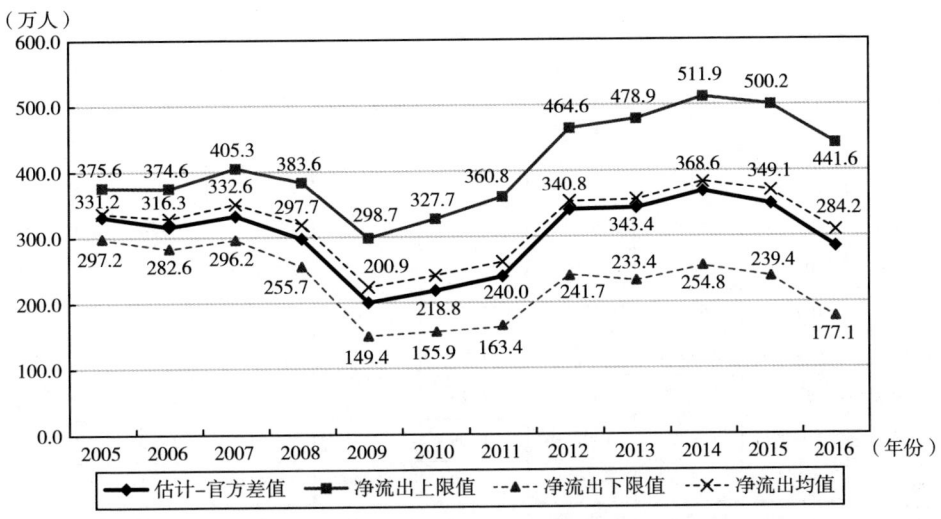

图 28-1 甘肃跨省净流出人口的上、下限值、均值及估计—官方差值

户籍人口为参照，净流入人口为157.32万人；酒泉市人口净流入21.38万人；此外，属于人口净流入的城市还有嘉峪关市和金昌市。其余地级市为人口净流出，其中天水市人口净流出最多，其次是定西、陇南和临夏三个地级市，庆阳、平凉、武威和白银等地级市区域人口净流出规模也比较大，张掖和甘南州人口流出规模较小。全省人口净流出地级市净流出人口为639.51万人，本省吸纳197.72万人，净流出到省外人口为441.79万人。无论从垃圾清运量还是生活用水时来推算，兰州是全省唯一人口超过400万人的大城市，其余城市人口都在400万人以下，天水和酒泉分别为甘肃第二大和第三大城市。

表 28-2　甘肃省各地级市年末实有人口及城市化率估计（2016年）　　单位：万人

区域/城市	年末户籍总人口	年末移动用户数（万户）	基于移动用户的人口估计	人口净流入	基于垃圾清运城市人口	基于垃圾清运城市化率	基于生活用水城市人口	基于生活用水的城市化率
兰州市	324.23	467.28	481.55	157.32	432.36	89.79%	481.09	99.90%
嘉峪关市	20.53	35.94	36.84	16.32	30.15	81.83%	16.97	46.06%
金昌市	45.93	46.62	48.64	2.71	41.40	85.11%	43.99	90.45%
白银市	182.28	134.79	142.81	(39.47)	71.87	50.32%	55.41	38.80%
天水市	370.61	231.8	248.11	(122.50)	99.45	40.08%	86.99	35.06%
武威市	191.09	135.04	143.45	(47.64)	81.00	56.47%	43.09	30.04%

续表

区域/城市	年末户籍总人口	年末移动用户数（万户）	基于移动用户的人口估计	人口净流入	基于垃圾清运城市人口	基于垃圾清运城市化率	基于生活用水城市人口	基于生活用水的城市化率
张掖市	130.99	114.98	120.74	(10.25)	48.15	39.88%	47.04	38.96%
平凉市	234.37	154.88	165.19	(69.17)	62.33	37.73%	38.45	23.27%
酒泉市	101.90	118.79	123.27	21.38	90.77	73.63%	71.55	58.04%
庆阳市	269.97	183.63	195.51	(74.46)	56.03	28.66%	21.79	11.14%
定西市	303.12	194.88	208.22	(94.90)	29.25	14.05%	11.77	5.65%
陇南市	287.81	187.92	200.58	(87.23)	22.32	11.13%	13.50	6.73%
临夏州	230.89	139.64	149.80	(81.09)	77.31	51.61%	38.35	25.60%
甘南州	73.69	57.65	60.89	(12.80)	14.99	24.61%	5.91	9.70%
全省	2767.40	2203.84	2325.61	(441.79)	1157.36	49.77%	975.90	41.96%

注：年末实有人口估计方法以全国人均手机拥有量推算。

以垃圾清运量来推算，2016年甘肃城镇人口为1157.36万人，实际城市化率已经达到49.77%。以人均生活用水量来推算，2016年甘肃城镇人口为975.90万人，实际城市化率仅为41.96%。两者构成了甘肃实际城市人口的上限值和下限值，以两者的均值计算，2016年甘肃的实际城市化率为45.86%，仅为同期全国平均水平57.4%的79.90%。

三、基于产出和从业人员占比的流出人口规模推算

蔡昉、王美艳（2014）的研究结果表明，官方统计高估农业劳动力的数量和比重。例如，2012年中国农业劳动力占全国劳动力比重实际仅占19.8%，远低于官方统计的38.9%。他们指出，中国在2004年达到刘易斯转折点时，官方统计的农业劳动力比重为46.9%，学者估算的数字只有27.8%。按照学者估算的口径，2024年中国农业劳动力比重应该下降到只有7.8%。无论是实地调研还是学者们的估计，全国各地都存在农业劳动力比重高估的现象。研究发现，以官方统计公布的第一产业从业人员数量（官方数）乘以第一产业占GDP的比重才是真实的第一从业人员数量（估计数），而官方数与估计数之间的差额实际上是农村流出劳动力却依旧被记录为本地常住人口数量（见表28-3）。以2014年为例，全省总从业人员为1520万人，但第一产业占全

省 GDP 比重仅为 13.2%，因此第一产业从业人员实际也只占全部从业人员的 13.2% 左右，即 200.3 万人，农村流出的劳动力为 681.6 万人。根据农民工占流动人口的比重，还可以大致推算出不同年份的流动人口总数（列 7），并根据流向外省的比重推算出同期甘肃跨省流出人口数量（列 8）。结果显示，2009 年甘肃跨省流出人口高达 496.5 万人，随后逐步下降，2010 年流向省外人口为 469.9 万人，2015 年下降到 273.9 万人。

表 28-3 占比产出法——应计未计农村流出劳动力数（2005—2016 年） 单位：万人

年份	全社会年末从业人员数	第一产业占GDP比重	第一产业实际从业劳动力	第一产业官方从业人员数	第一产业流出劳动力数	流动人口总数	流向省外人口数	流向本省人口数	省外流入人口数	全省流动人口总数
2005	1391.4	15.9%	221.6	885.8	664.2	738.0	323.7	414.2	117.0	440.8
2006	1401.4	14.7%	205.6	886.1	680.5	764.6	351.4	413.2	130.5	482.0
2007	1414.8	14.3%	202.7	886.5	683.7	777.0	329.9	447.1	150.9	480.8
2008	1446.3	14.6%	211.1	901.3	690.6	793.8	370.7	423.1	167.5	538.2
2009	1488.6	14.3%	212.7	923.1	710.4	826.0	496.5	329.5	180.0	676.6
2010	1499.6	14.5%	217.3	923.9	706.6	831.3	469.9	361.4	205.5	675.4
2011	1500.3	13.6%	203.6	919.1	715.5	851.8	453.8	398.0	234.6	688.4
2012	1491.6	13.8%	205.1	901.7	696.6	839.2	326.8	512.4	270.7	597.5
2013	1505.0	13.3%	200.8	891.9	691.1	842.8	314.6	528.2	294.8	609.4
2014	1519.9	13.2%	200.3	881.9	681.6	841.4	276.8	564.6	309.8	586.6
2015	1535.7	14.1%	215.8	876.3	660.5	825.6	273.9	551.7	312.5	586.2
2016	1548.7	13.7%	211.6	866.7	655.1	829.3	342.2	487.1	310.0	652.2

注：列 2、列 3 数据来源于《甘肃统计年鉴（2017）》。

从兰州市大数据社会服务管理局 2017 年春节期间兰州市人口流动大数据分析报告①中的数据推断，春节期间兰州外出人口为 138.2 万余人次，对应于 2016 年兰州外来人口 130 余万人。其次，从兰州 GDP 占全省 1/3 的比重来推算，甘肃 2016 年省外流入人口规模应在 300 万人以上。从兰州外出流向看，其外来人口主要来自陕西（15.9 万余人次）、四川（12.9 万余人次）、河南（12.6 万余人次），上海也有 8.4 万余人次的流量，但上海的流量对应的是长

---

① 参见：中国甘肃网（2017-02-04）．兰州市 2017 年春节期间人口流动大数据分析 [OL]．http：//gansu.gscn.com.cn/system/2017/02/04/011596902.shtml．

三角沪苏浙三地，原因是兰州距离长三角较远，而上海是最便捷的中转地。从外地来兰总人次推断，陕西、新疆和北京是兰州乃至甘肃的主要流动目的地，受交通条件限制，甘肃跨省流出经省会再返乡，因此推算2016年甘肃外出人口应在300万人以上。研究过程中发现，北方省级区域的流动人口与人口流出大省的户籍人口流出率基本上在30%以上，因此甘肃籍省内外流动人口规模应在800万人以上。作为一个净流出人口的省份，表28-3中推算的全省流动人口总数并没有将本县跨乡镇之间的流动数量。

第二节　甘肃跨省流入人口大数据推断

一、流入人口大数据初始表征流量

要计算甘肃跨省流入人口数量，只需要得到节前由甘肃流向全国各地的人口数量即可。但节前甘肃流出省外人口也包含一部分本省人口短期外出，因此必须尽可能地减少采样范围以将这一因素排除。课题组所归集的大数据采样表PtopLineOut中已经包含这些信息，对PtopLineOut数据表进行下述SQL查询操作：

SELECT province，name，to_char（sum（num），'99,999,999'）as num0，sum（"singleNum"）as sNum0，to_char（sum（per）/2.4，'99.999%'）As per0
　　FROM public."PTopLineOut"
　　where province = '甘肃'
　　group by province，name
　　order by num0　desc

可以得到节前甘肃人口流出目的地包括全国16个省级单位。由于系统只记录流出TOP10省份，表明甘肃省外流入人口相对分散。从大数据归集的可表征人口流动流量的大小来看，节前甘肃人口流向最多的省份是陕西，大数据人口表征流量为674437，占节前甘肃流出总量的30.19%。其次是宁夏、青海和四川三个相邻省份。TOP5流入省份占流出总量的64.52%，推算采样期间甘肃流出总量为2243908（无量纲）。

由于上述查询只能得到流出省份中流量为TOP10的省份，且该流量并不直接代表人口流量，而是系统所记录的可代表人口流量的无量纲数据。若甘肃节前流入该省人口占甘肃总流出人口比重较低，则不能被系统记录，但该省流入人口流量却在某时段内进入其流入排名前 10 位，从而会发生数据的漏计，因此还必须对数据表 PtopLineIn 进行下述 SQL 查询操作：

SELECT province, name, sum (num) as num0, to_char (sum (per)/2.4, '9999.999%') As per0
　　FROM public. "PtopLineIn"
　　wherename = '甘肃'
　　group by province, name
　　order by num0　desc

第二次查询得到的省级单位 7 个，由于自甘肃的流出量占四川、河南等省流入量在测度期间内从未进入前 10 位，因此第二次查询时四川、河南、湖北、江苏等省未能记录到数据。两次查询的结果如表 28-4 所示。

表 28-4　　2014 年甘肃跨省人口流入流量大数据采样

第一次查询				第二次查询			
流出地	流向地	大数据采样流量	占流出地比重	流入地	流出地	大数据采样流量	占流入地比重
甘肃	陕西	674437	30.19%	陕西	甘肃	674437	8.49%
甘肃	宁夏	227687	10.22%	宁夏	甘肃	227687	21.58%
甘肃	青海	202745	9.17%	青海	甘肃	202745	39.55%
甘肃	四川	193240	8.68%	新疆	甘肃	63334	10.98%
甘肃	河南	149593	6.26%	西藏	甘肃	3778	4.93%
甘肃	湖北	66956	2.89%	内蒙古	甘肃	525	0.08%
甘肃	江苏	60725	2.12%	澳门	甘肃	9	0.02%
甘肃	新疆	56174	2.75%				
甘肃	河北	51979	2.06%				
甘肃	山东	34746	1.11%				
甘肃	北京	24599	1.31%				
甘肃	内蒙古	17396	1.25%				
甘肃	浙江	3874	0.23%				
甘肃	广东	2687	0.30%				
甘肃	重庆	73	0.02%				
甘肃	山西	34	0.01%				
甘肃	TOP5	1447702	64.52%				
甘肃	全国	2243908	100.00%				

二、由大数据表征流量到人口流入量及流向测度

在大数据采样中，若能得到采样期内流入总量和流出总量，则根据人口净流入量就可以推算流出人口和流入人口。特别需要注意的是，大数据采样期内流入总量对应的是甘肃本省人口跨省流出，而流出总量则对应甘肃外省流入人口。通过查询计算，大数据采样期内流入总量为4089254，流出总量为2243908，净流入量为1845346。在前面的推算中，2014年甘肃净流出人口254.8万人，因此可以推算2014年甘肃外省流入人口总量为309.8万人，同期甘肃跨省流出人口为564.6万人。在计算出节前流出量占流出量的比重后，再乘以甘肃省外流入人口总量，就可以得到各省2014年流入甘肃的人口数量（见表28-5）。大数据人口推算结果显示，甘肃省外流入人口主要来自陕西、宁夏、青海、四川4个相邻省区。其中，来自陕西的省外流入人口为93.11万人（列6），占甘肃省外流入人口的30.06%（列5）；来自宁夏的流入人口有31.44万人（列6），占甘肃全省流入人口的10.15%（列5），占甘肃省无量纲人口流出量比重为10.22%（列3），以此推算出宁夏跨省流出人口数量有145.64万人（列7）。表中第3列自湖北以下5省的数据为线性调整值，推算新疆同期跨省流出人口83.37万人，青海跨省流出为70.77万人，由于流量较小，这种反向推算只具备一定的参考意义。来自其他省级单位的人口流入如表28-5所示。

表28-5　　2014年甘肃跨省人口流入来源地及数量

来源地	人口大数据采样流量	占来源地比重	占甘肃流入比重*	占甘肃流入比重**	流入人口*（万人）	来源地流出人口（万人）
陕西	674437	8.49%	30.19%	30.06%	93.11	1096.24
宁夏	227687	21.58%	10.22%	10.15%	31.44	145.64
青海	202745	39.55%	9.17%	9.04%	27.99	70.77
四川	193240	—	8.68%	8.61%	26.68	—
河南	149593	—	6.26%	6.67%	20.65	—
湖北	78998	—	2.89%	3.52%	10.91	—
江苏	71646	—	2.12%	3.19%	9.89	—
新疆	66277	10.98%	2.75%	2.95%	9.15	83.37

续表

来源地	人口大数据采样流量	占来源地比重	占甘肃流入比重*	占甘肃流入比重**	流入人口（万人）	来源地流出人口（万人）
河北	61327	—	2.06%	2.73%	8.47	—
山东	40995	—	1.11%	1.83%	5.66	—
TOP10	1766945	—	75.45%	78.74%	243.95	—
其他	476963	—	24.55%	21.26%	65.85	—
全国	2243908	—	100.00%	100.00%	309.80	—

注：占甘肃流入人口比重*为第一次查询直接得到，而占甘肃流入人口比重**则为推算得到的结果。自湖北至山东的数据以线性插值法进行调整。

大数据推断结果显示（见图28-2），来自陕宁青川4个相邻省份占总流入量的57.85%，其次是陇海线和京广沿线与甘肃距离较近的省份，与甘肃相邻的新疆籍人口只占总流入量的2.95%。

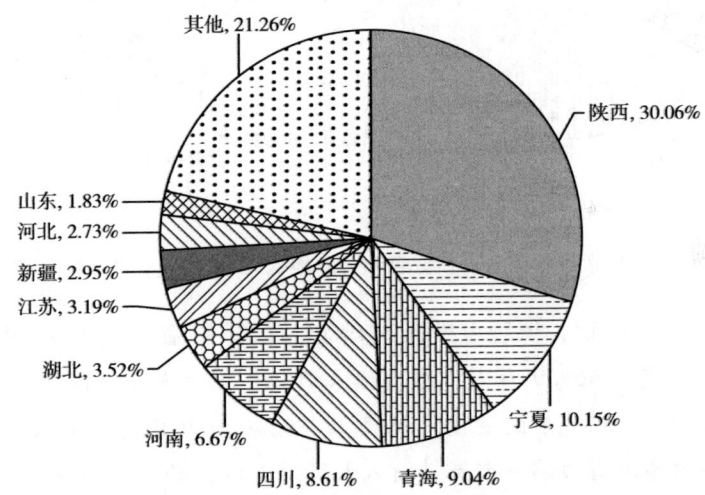

图28-2 甘肃跨省流入人口流量和来源地构成（2014年大数据推断）

三、2010年以来甘肃外省人口流入变化

2010年全国第六次人口普查结果显示（见图28-3），甘肃跨省流入人口仅为43.28万人。其中，自青海流入5.8万人，占甘肃外省流入13.39%。其次是河南流入5.7万人，占甘肃外省流入总量的13.27%。陕西和青海同是甘

肃的相邻省份，而陕西人口规模是青海的 6.6 倍，且有陇海铁路相连，但"六普"时流动到甘肃的陕西籍人口却比来自青海的少。出现这种情况的原因是青海籍流动人口可能分布相对集中且多从事于制造业等较为稳定的行业，而陕西籍流动人口可能从事服务业较多，因此统计时漏计陕西籍人口的可能性比较高。河南和四川在甘流动人口数量则与两省的户籍人口基数高度重合。

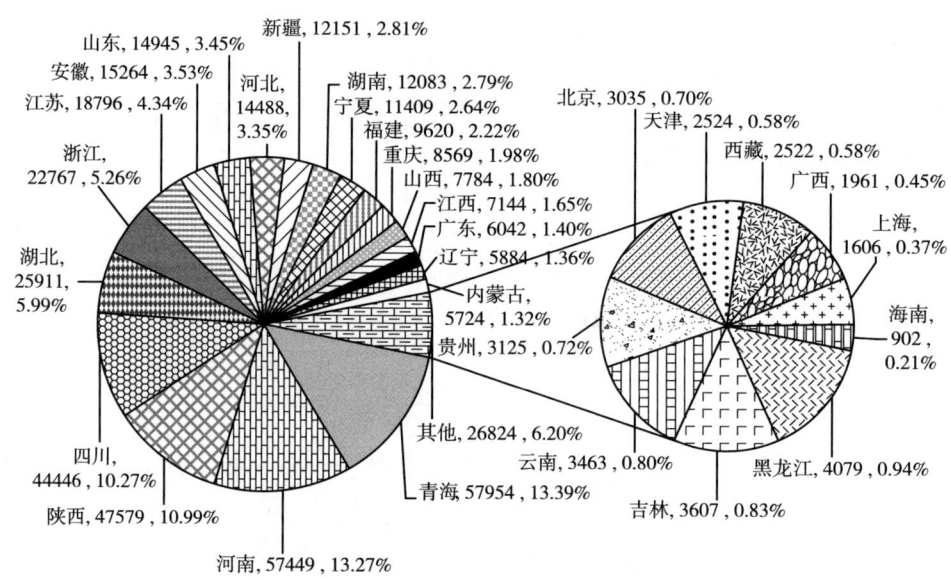

图 28-3　甘肃跨省流入人口流量和来源地构成（2010 年"六普"数据）

以 2014 年为参照，课题组推算 2010 年甘肃跨省流入人口为 205.50 万人，同期跨省流出人口 469.9 万人，净流出人口 264.4 万人。以此推算 2010 年以来甘肃跨省流入人口流量的变化（见表 28-6）。与 2010 年全国第六次人口普查相比，陕西超越青海居甘肃省外流入人口第 1 位，湖北跌出前 5 位，而宁夏则进入前 5 位，除河南外，其余 4 个皆为甘肃相邻的省份。原因是"六普"时很少将这种相邻省区的流入计入统计口径；另一个原因是，兰州几乎是甘肃唯一人口流入地，前面的估计结果显示，很多人口并没有被计入兰州常住人口当中。估计结果还显示，来自浙江的人口流入大幅度减少。

兰州市大数据局联合发布的《兰州市 2018 年春节期间人口流动大数据分析报告》显示，2018 年春节期间，有 179.06 万余人次离开兰州，从其流向目的地来看，前往陕西省的人数最多，超过 18 万余人次，其后依次是河南省 13.21 万余人次，四川省 11.21 万余人次，江苏省 8.4 万余人次。由于未能获

表 28-6　　　　　甘肃省外人口流入流量、流向变化

来源地	2014 年			2010 年			新变化	
	流量当量	占总流量比重	人口估计	"六普"比重	"六普"数据	"六普"调整	占比变动	人口流量
陕西	674437	30.06%	93.11	6.34%	2.74	13.03	23.71%	80.08
宁夏	227687	10.15%	31.44	2.19%	0.95	4.49	7.96%	26.94
青海	202745	9.04%	27.99	13.39%	5.80	27.52	-4.35%	0.48
四川	193240	8.61%	26.68	6.33%	2.74	13.00	2.29%	13.68
河南	149593	6.67%	20.65	7.11%	3.08	14.62	-0.45%	6.04
TOP5	1447702	64.52%	199.87	37.11%	16.06	76.25	27.41%	123.62
湖北	78998	3.52%	10.91	3.94%	1.70	8.09	-0.42%	2.82
江苏	71646	3.19%	9.89	3.08%	1.33	6.34	0.11%	3.56
新疆	66277	2.95%	9.15	2.23%	0.96	4.57	0.73%	4.58
河北	61327	2.73%	8.47	2.58%	1.12	5.31	0.15%	3.16
山东	40995	1.83%	5.66	2.60%	1.12	5.34	-0.77%	0.32
TOP6—10	319243	14.23%	44.08	14.45%	6.25	29.69	-0.22%	14.38
其他	476963	21.26%	65.85	50.22%	21.74	103.20	-28.96%	(37.35)
全国	2243908	100.00%	309.80	100%	43.28	205.50	0	104.30

注：2010 年省外流入排名前五（TOP5）是青海、河南、陕西、四川、湖北五省，而 TOP10 是指 TOP5 加浙江、江苏、安徽、山东、河北五省，新疆排在第 11 位。

得详细的报告和相关数据，因此无法给出课题组的判断，但可以大致判断 2017 年兰州市外来人口来源地前 5 名中依旧有陕西、河南和四川；宁夏、青海和新疆的流入变化难以判断且并没有出现在兰州流出名单之列，其可能是原因是这些相邻省份的人口流动主要发生在交界区域。

第三节　甘肃跨省流出人口大数据推断

一、流出人口大数据初始表征流量

对数据表 PtopLineIn 进行下述 SQL 查询操作：
SELECT province, name, sum (num) as num0, to_char (sum (per)/2.4, '9999.999%') As per0

```
FROM public."PTopLineIn"
where province = '甘肃'
group by province, name
order by num0   desc
```

可以得到节前甘肃人口流入来源地包括全国12个省级单位，表明甘肃人口流出流向相对集中。由查询结果可知，甘肃跨省流出人口主要流向陕西、新疆、宁夏、青海、内蒙古等5个相邻省级行政区域以及北京、江苏、广东、浙江、上海等经济发达省市。查询得到流出省份中流量为TOP5的省份所归集的大数据人口流量当量为2429303，占甘肃流出人口总量的59.41%。为避免数据漏计，因此还必须对数据表PtopLineOut进行下述SQL查询操作：

```
SELECT province, name, sum (num) as num0, to_char (sum (per)/2.4,
'9999.999%')  As per0
FROM public."PTopLineOut"
where name = '甘肃'
group by province, name
order by num0   desc
```

第二次查询共记录了8个省级区域的流入量。由于甘肃流动到北京、江苏、广东、浙江、上海等省市的人口占其外来人口比重极低，因此第二次查询中由这些发达省市流出到甘肃的流量极小而无法出现在流量TOP10名单上。两次查询输出结果如表28-7所示。

表28-7　　　　　　　甘肃人口流出的初始表征量

第一次查询				第二次查询				
流入地	流出地	大数据采样流量	占甘肃流入量比重	序号	流出地	流入地	大数据采样流量	占流出地流量比重
甘肃	陕西	722585	17.07%	1	陕西	甘肃	722585	10.39%
甘肃	新疆	586865	15.53%	2	新疆	甘肃	586865	28.93%
甘肃	宁夏	417701	9.92%	3	宁夏	甘肃	417701	27.63%
甘肃	青海	377282	9.74%	4	青海	甘肃	377282	39.52%
甘肃	北京	324870	7.15%	5	内蒙古	甘肃	165538	4.01%
甘肃	江苏	266847	6.10%	6	西藏	甘肃	16879	5.43%
甘肃	广东	181379	4.21%	7	四川	甘肃	1206	0.06%

续表

第一次查询				第二次查询				
流入地	流出地	大数据采样流量	占甘肃流入量比重	序号	流出地	流入地	大数据采样流量	占流出地流量比重
甘肃	内蒙古	176178	4.20%	8	澳门	甘肃	1	0
甘肃	浙江	140936	3.49%	9				
甘肃	上海	115932	2.39%	10				
甘肃	四川	57267	1.48%	11				
甘肃	山东	332	0.04%	12				
甘肃	TOP5	2429303	59.41%	13				
甘肃	全国	4089254	100.00%	14				

二、由大数据表征流量到人口流量、流向测度

需要特别注意的是，节前由外省流向甘肃的流量对应于甘肃流出人口流量而不是相反。将两次查询结果合并，取大值新值之后，最后形成表28-8。将各省节前回流量除以总流量，再乘以跨省总流出人口，就可以得到2014年甘肃人口跨省流出各个流向的实际人口流量。在前面的推算中，2014年甘肃流出人口为564.6万人。从大数据推断的结果来看（见表28-8），2014年甘肃流向陕西的人口有99.80万人（列5），占甘肃跨省流出总量的17.67%（列4），居第1位；流向新疆有81.06万人，占甘肃跨省外出总量的14.35%，居第2位；流向宁夏有57.69万人，占跨省外出总量的10.21%，居第3位。流向五大目的地TOP5合计335.53万人，占跨省外出总量的59.41%。最后一列根据流入甘肃的流量反推甘肃跨省流出目的省份的跨省外来人口估计。例如，课题组推算同期陕西省流入人口960.93万人；推算新疆跨省流入人口280.18万人[1]。

直观来看（见图28-4），排前四位的相邻省份是甘肃人口主要流向目的地，占甘肃跨省流出比重的五成以上，其次是流向北京、江苏、广东、浙江和上海的经济发达地区，邻近的内蒙古也占4.71%。

---

[1] 课题组利用线性插值法对甘肃流向广东、内蒙古、浙江、上海的流出人口比重进行推算，与前表数据有部分差异。

表28-8　2014年甘肃跨省人口流动流量、流向的大数据推断

流向	大数据表征流量	占流出地比重	占甘肃流出人口比重	人口流出量（万人）	甘肃流出目的地外来人口（万人）
陕西	722585	10.39%	17.67%	99.80	960.93
新疆	586865	28.93%	14.35%	81.06	280.18
宁夏	417701	27.63%	10.21%	57.69	208.79
青海	377282	39.52%	9.23%	52.11	131.85
北京	324870	—	7.94%	44.87	—
TOP5	2429303		59.41%	335.53	1581.75
江苏	266847	—	6.53%	36.86	—
广东	198382	—	4.85%	27.40	—
内蒙古	192694	—	4.71%	26.61	—
浙江	154148	—	3.77%	21.29	—
上海	126800	—	3.10%	17.51	—
TOP6—10	938871		22.96%	129.68	—
其他	721080	—	17.63%	99.59	—
全国	4089254		100.00%	564.8	—

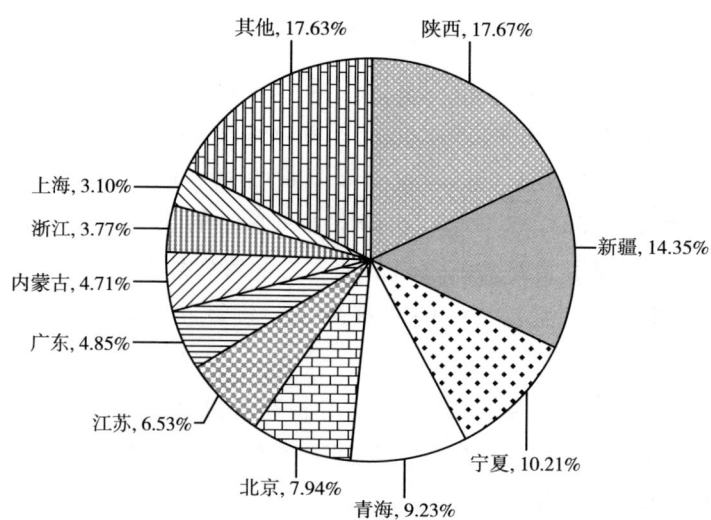

图28-4　甘肃跨省流出人口流向百分比构成（2014年大数据推断）

三、人口流出流量、流向变化测度和比较分析

相对于2014年大数据推断以相邻省份和经济发达地区为主的流动不同，2010年甘肃外出人口流向北京、广东、江苏和上海等发达地区的占比要高得多，其合计占比为29.17%，而2014年4个发达地区占比下降到22.42%。2010年排首位的目的地是新疆（见图28-5），而2014年则变为陕西。

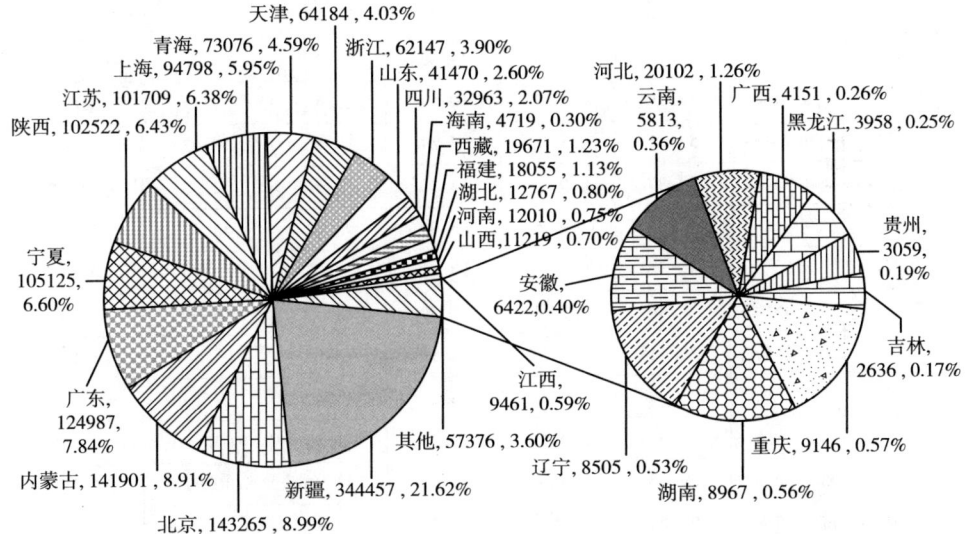

图28-5 甘肃跨省流出人口流量和流向百分比构成（2010年"六普"数据）

前面课题组推算出2010年甘肃流出省外人口为492.99万人，2014年年末跨省流出人口总量467.40万人，比2010年减少25.59万人。在2014年甘肃跨省流出人口中，流向排名前五位的分别是陕西、新疆、宁夏、青海、北京，而2010年排名前五位的是新疆、北京、内蒙古、广东、宁夏。大数据分析的结果显示（见表28-9），在2014年甘肃跨省流出的人口中，有17.67%流向陕西，而2010年"六普"时流向陕西的人口占甘肃流出人口的6.43%。2010年以来，离开广东的甘肃人有0.95万人，离开上海的甘肃人有3.99万人，但流向浙江的甘肃人却增加了7.19万人，流向江苏的甘肃人也增加了13.79万人，流向北京的甘肃人增加了12.37万人，离开内蒙古的甘肃人增加了5.57万人。总体来看，流向长三角和北京的甘肃人也有所增加。虽然课题组对2010年的数据做出了一定的调整，但实际上还是未能如意，主要原因是统计

口径的差异所造成。增加最明显的是陕西、青海、宁夏等相邻省份，这当中有相当一部分人口在2010年时并没有被纳入统计数据中，但实际上很可能已经流出。

表28-9　　甘肃跨省人口流出流量、流向变化

流向	2014年大数据推断		2010年			流量变化	
	大数据占比	人口流出	"六普"占比	"六普"流出	调整流出	人口变化	占比变化
陕西	17.67%	99.80	6.43%	10.25	23.26	76.55	11.24%
新疆	14.35%	81.06	21.62%	34.45	78.13	2.92	-7.27%
宁夏	10.21%	57.69	6.60%	10.51	23.85	33.85	3.62%
青海	9.23%	52.11	4.59%	7.31	16.58	35.53	4.64%
北京	7.94%	44.87	8.99%	14.33	32.50	12.37	-1.05%
TOP5	59.41%	335.53	53.96%	85.97	195.01	140.52	5.45%
江苏	6.53%	36.86	6.38%	10.17	23.07	13.79	0.14%
广东	4.85%	27.40	7.84%	12.50	28.35	(0.95)	-2.99%
内蒙古	4.71%	26.61	8.91%	14.19	32.19	(5.57)	-4.19%
浙江	3.77%	21.29	3.90%	6.21	14.10	7.19	-0.13%
上海	3.10%	17.51	5.95%	9.48	21.50	(3.99)	-2.85%
TOP6—10	22.96%	129.68	27.38%	43.63	98.96	30.71	-4.42%
其他	17.63%	99.59	18.78%	29.93	67.89	31.71	-1.15%
全国	100.00%	564.80	100.00%	159.33	361.40	203.40	0

注：2010年流出省外排名前五（TOP5）是新疆、北京、内蒙古、广东、宁夏五个省级单位，而TOP10是指TOP5加陕西、江苏、上海、青海、天津五省市。

兰州市大数据局联合发布的《兰州市2018年春节期间人口流动大数据分析报告》显示，2018年春节期间，外地来兰州总人数是294万人次，其中陕西来兰州人口最多，达到46.6万余人次，新疆为35.2万余人次，青海为32万余人次。其中省内来兰州人数占总体比重为69.41%。据此推断，陕西、新疆和青海在2018年依然位居甘肃人口外流目的地前三。

四、结语及对策建议

据课题组估计，2010年甘肃流动人口总量为675.4万人，占同期全省实

有 2512.95 万人口的 26.88%，人口流动强度大大高于全国同期 19.58% 平均水平；2014 年甘肃流动人口下降到 586.6 万人，占全省实有 2479.32 万人口的 23.66%，依旧高于全国同期 18.50% 的平均水平。与 2010 年"六普"数据相比，2010 年甘肃省总流动人口占同期全省官方常住人口 2600 万人口的 25.96%，人口流动强度比全国同期 19.58% 平均水平高出 6.38 个百分点。以课题组的口径推算，全国平均水平实际数比官方数大约高 20%，因此 2014 年甘肃人口流动强度仅比全国平均水平高出 1.6 个百分点左右。一个可能的原因是，西部开发并没有带动甘肃本省流出人口的回流就业，而是吸引了大量省外人口流入造成了流动人口总量的增大所导致。总体来看，课题组估计的结果是相当可信的。

未来甘肃面临总人口长期下降问题。据官方统计数据显示，甘肃"十二五"期间常住人口年均出生数量 31.47 万人、年均人口出生率为 12.18‰、年均人口自然增长率为 6.09‰。值得注意的是，2017 年甘肃省出生人口为 32.93 万人，比"十二五"期间年均出生量多 1.46 万人，仅增长 4.64%，全面放开"二孩"生育效应极小。以人均寿命 80 岁计算，此等生育水平仅能维持 2500 余万的人口总量。1995 年甘肃出生人口高达 50.3 万人，但 2010 年以来甘肃年均出生人口只有 31.5 万人，比 20 世纪 90 年代几乎减少 14 万多人。等到"80 后""90 后"生育结束，"00 后"进入主生育期，甘肃年出生人口可能还会下降 1/3，即 2025 年前后甘肃死亡人口会逐步大于出生人口，人口开始负增长，也就是说到 2035 年，即使流出的人口全部回归甘肃，全省的人口将减少到 2700 万人以内。由于历年出生人口的较大波动，20 世纪 90 年代以来人口出生数量大幅度降低，因此到 2060 年全省人口将减少到 2400 万人左右。甘肃省"二孩"政策第一年（2016 年）全省出生人口 31.8 万人，仅比 2010—2015 年年均出生人口多 0.33 万人，与预计数量相差巨大。

甘肃是丝绸之路经济带关键和必经之路，兰新高铁甘肃境内 565 千米的铁道上仅有 8 个车站，站间平均距离超过 70 千米，过长的站间距离大大减少了本地客流量。研究发现，站间距离减少 2 倍，本地客流将增加 4 倍（周晓津，2013）。因此，国家应在西部地区大幅度增加高铁车站，考虑到西部的实际情况，高铁车站平均距离以 20—30 千米为宜，即兰新铁路甘肃段应至少新增 10 个车站，此举一方面大幅度增加本地客流 400% 左右，另一方面使沿线城市跨入比我国东部地区还便捷的高铁客运。由于西部地区车流密度低，并不会影响长距离客运的速度,甚至可以开行 4 车厢的高铁列车,以公交化开行的方式运营。其次,补齐兰州至张掖 500 余千米甘肃境内高铁线路,设站标准及开行同上。最后,无须降低西部地区的动车票价,但应给本地户籍居民相当于 50% 票价的直接转移支付,或本地居民乘车可购买 50% 的折价票,折价部分由国家财政直接补贴给运营企业。便捷的交通对人口和产业的吸引力将大幅上升,更能推动甘肃沿线城市发展,使甘肃进入城市化快速发展的新阶段。

本章参考文献

[1] 甘肃省政府办公厅 (2018-03-28).《甘肃省人口发展规划 (2016—2030 年)》[OL]. http: //www. gansu. gov. cn/art/2018/3/28/art_4785_359227. html.

[2] 中国甘肃网 (2018-02-26). 兰州市 2018 年春节期间人口流动分析 [OL]. http: //gansu. gscn. com. cn/system/2018/02/26/011912504. shtml.

[3] 周文丽. 人口流动的经济增长收敛效应实证研究——以甘肃省为例 [J]. 南京人口管理干部学院学报, 2012, 28 (2): 25-30.

[4] 王海燕, 张飐. 甘肃省流动人口就业现状、就业特征及其质量提高对策探析 [J]. 经贸实践, 2017 (22): 86-87.

[5] 甘肃省流动人口动态监测课题组, 苏君, 蒋新贵, 郭志仪, 周韬. 甘肃省 2012 年流动人口动态监测数据分析报告 [J]. 西北人口, 2013, 34 (3): 33-42+48.

[6] 郭志仪, 刘红亮. 甘肃省流动人口的结构特征——基于"六普"数据的分析 [J]. 西北人口, 2013, 34 (1): 63-66+72.

[7] 白建明, 靳欣, 杨都. 生态脆弱地区人口外流特征及原因分析——以甘肃省民勤县的调查为例 [J]. 南京人口管理干部学院学报, 2012, 28 (3): 9-13.

[8] 林柯, 吴嘉. 甘肃省人口与劳动力资源变化状况及规律分析——基于 1998—2007 年的数据 [J]. 发展, 2010 (2): 85-86.

第二十九章
青海省人口流动流量、流向及其变化研究

摘 要：大数据推断结果表明，2014年青海跨省流入人口规模60.20万人，与2010年99.61万流入人口相比减少了39.41万人，西部大开发与虫草资源的枯竭所带来的外来人口流入效应开始快速下降；与2010年相比，甘肃、河南、陕西、四川依旧是青海外来人口的主要来源地。2014年跨省流出人口规模31.99万人，比2010年的34.10万人减少了2.11万人；2014年流向排名前五位的分别是甘肃、陕西、西藏、新疆、四川，而2010年排名前五位的是甘肃、新疆、四川、江苏、广东。

关键词：青海流动人口；人口大数据；人口流向变化

第一节 青海农村劳动力转移与外出人口增长

一、青海流动人口研究简述

青海地广人稀，全省面积72万多平方千米，2016年全省户籍人口仅579.66万人，人口密度仅8.04人/平方千米。由于人口总量较小，仅相当于我国中东部地区人口较多的地级市，近10年来年均人口自然增量8.5万人左右。另外，青海少数民族占接近五成，因此流动人口规模甚至不如我国中东部的一个地级市。2010年全国第六次人口普查时，官方公布数据显示，青海全省流动人口总数为99.3万人，流出到省外的人口为24.2万人，相邻省区和东部发达地区是青海人口主要流动目的地，甘肃、新疆、四川、江苏、广东、山东、陕西、北京、上海、浙江是青海外出人口的十大流向目的地（TOP10_Out），TOP10_Out占全部流出总数的72.31%，其中流向甘肃的独占23.94%；外省流入青海的人口为31.8万人，相邻省区、中部人口流出大省和江浙地区

是青海人口流入的主要来源地，甘肃、四川、河南、陕西、湖北、江苏、安徽、山东、河北、浙江是青海外来人口的十大流入来源地（TOP10_In），TOP10_In 占全部流入总数的 81.83%，其中甘肃流入占 22.95%；净流入人口 7.6 万人，流出目的地集中度低于流入来源地。与其他省市一样，青海"六普"人口普查的流动人口数据主要是那些流动性较弱且工作相对稳定的农村劳动力人口，即通常所说的农民工人口，那些流动性较强、自雇或城市中小服务业从业人员并没有包括在内，因此存在严重的低估。本章重点关注青海跨省流动人口流量、流向及其 2010 年以来的新变化。

二、基于移动用户数量的农村劳动力人口流动量测度

有调查显示，2007 年全国外出农民工人均手机拥有率就已经达到 90%，意味着手机已经在劳动力人口当中普及。2010 年左右，手机基本上成了青海的大众消费品，因此以全国人均手机拥有率为参照可以大致推算出青海 2010 年以来年末平均人口的数量（见表 29-1）。

表 29-1　青海省实有人口及人口净流出（净流入）估计（2005—2016 年）

年份	全国		青海省	常住人口（万人）		人口流动（万人）	
	人均手机拥有率	年末移动用户数（万户）	人口估计（万人）	官方数据	户籍人口调整后	估计-官方差值	净流入
2005	30.26%	121.36	460.61	543.2	486.45	(82.59)	(25.84)
2006	35.30%	172.20	492.74	547.7	495.42	(54.96)	(2.68)
2007	41.64%	222.00	516.27	551.6	504.22	(35.33)	12.04
2008	48.53%	247.20	511.02	554.3	512.57	(43.28)	(1.55)
2009	56.27%	310.70	538.49	557.3	520.89	(18.81)	17.59
2010	64.36%	397.80	586.52	563.47	529.52	23.05	57.00
2011	73.55%	461.80	604.06	568.17	537.83	35.89	66.22
2012	82.50%	537.20	632.76	573.17	546.07	59.59	86.69
2013	90.33%	542.40	595.98	577.79	554.10	18.19	41.88
2014	94.03%	543.99	577.58	583.42	562.59	(5.84)	14.98
2015	94.82%	517.53	547.12	588.43	571.14	(41.31)	(24.03)
2016	95.60%	539.76	565.26	593.46	579.66	(28.20)	(14.40)

注：年末移动用户数（列3）和官方人口（列5）来源于青海省各年度的统计年鉴。列 2 = 全国移动用户年末总数/全国总人口；列 4 = 列 6 + 列 8；列 6 利用线性插值法对户籍人口数量进行调整；列 7 = 列 4 - 列 5；列 8 = 列 3 - 列 6 × 列 2。

估计结果显示，以户籍人口为参照，2005 年青海净流出人口为 25.84 万人，受金融危机和西部大开发影响，2009 年变成人口净流入 17.59 万人，到 2012 年净流入人口上升到 86.69 万人的顶峰，自此再次开始下降，到 2016 年变成人口净流出 14.40 万人。由于青海少数民族比重较大，虽然 2010 年以来全国成年人口几乎人手一机的情况下，青海可能仍然有一部分农村留守人口没有或较少拥有手机，据此课题组估计了以户籍人口为参照系的青海跨省净流出人口下限（见图 29-1）。估计值与官方常住人口之间的差值意味着：人口虽然实际上已经跨省流出，但表现在统计数据上，依旧被登记为当地常住人口，这种情况在全国人口流出地区普遍存在。以 2010 年为例，全省户籍人口约 529.52 万人，官方统计的常住人口为 563.47 万人，实际人口 586.52 万人，约 31.57 万净流入人口没有被登记为常住人口。从课题组估计的结果来看，2009 年官方常住人口表现为高估，而 2010—2014 年表现为低估，2015 年之后又高估了常住人口数量，原因是官方常住人口数据是以 2010 年"六普"为基准进行线性调整，而实际上在 2009 年之后大量外来人口涌入青海，2012 年外来人口大潮退却。

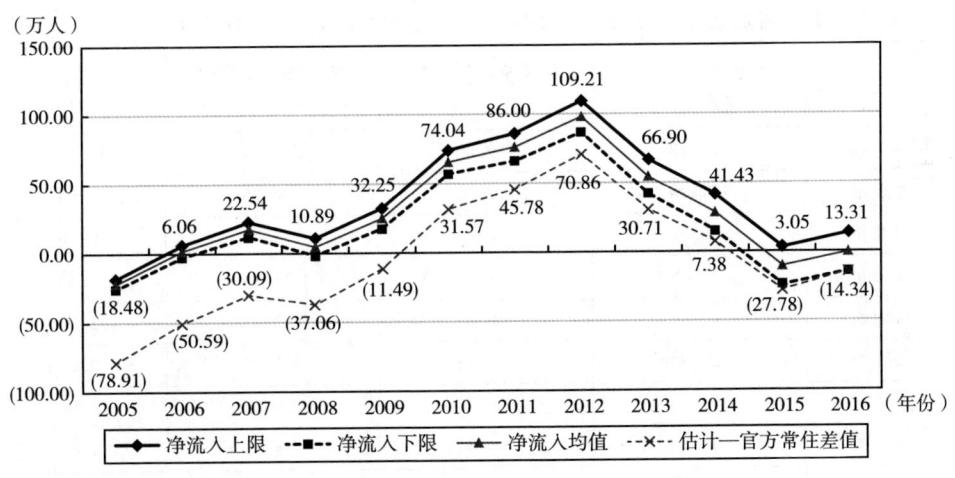

图 29-1　青海跨省净流出人口的上、下限值、均值及估计—官方差值

二、青海各地级市人口规模推算

在人手一机的情况下，若能知道一个地级市的手机用户数及人均手机拥有率，则可以快速初步估计该地级市的人口。据手机用户数估计，2016 年青海

省人口总量为579.12万人（见表29-2）。其中，西宁市为253.44万人，以户籍人口为参照，净流入人口50.15万人；海西州人口净流入17.78万人。其余地级市为人口净流出，其中海东市人口净流出最多，净流出人口47.04万人。由于海东市与省会西宁市直线距离只有30千米，因此海东市流出人口大部分流向西宁市，可将海东直接纳入西宁市管辖。其次是玉树州、黄南州和海南州三个地级市区域；海北州人口流出规模较小。全省人口净流出地级市净流出人口为68.48万人，本省吸纳67.94万人，净流出到省外人口0.55万人。省会西宁是全省唯一人口超过100万人的大城市，海东市虽然人口总量超过100万人，但城市人口约为80万人。2010年以来，青海人均移动电话数量与全国平均水平逐渐接近，《青海统计年鉴（2017）》发布的居民家庭主要耐用消费品每百户年末拥有量小样本调查显示，2016年青海人均移动电话拥有量为0.7部，意味着青海15岁以上人口基本上达到了人手一机的程度，与全国入户调查的平均水平相比相差5—7个百分点。由于课题组的估计应用主要面向流动人口，因此虽然人口总量估计上可能有所误差，但对流动人口而言误差极小。

表29-2　青海省各地级市年末实有人口及城市化率估计（2016年）

区域/城市	年末户籍总人口（万人）	年末移动用户数（万户）	基于移动用户的人口估计（万人）	人口净流入（万人）
西宁市	203.28	239.63	253.44	50.15
海东市	171.29	112.62	124.25	(47.04)
海北州	29.58	26.71	28.72	(0.86)
黄南州	27.48	21.98	23.85	(3.63)
海南州	46.90	40.62	43.81	(3.09)
果洛州	20.34	16.18	17.56	(2.78)
玉树州	40.37	26.53	29.27	(11.09)
海西州	40.43	55.47	58.21	17.78
全省	579.66	539.76	579.12	(0.55)

注：年末实有人口估计方法以全国人均手机拥有量的97.5%推算。

三、基于产出和从业人员占比的流出人口规模推算

研究发现，以官方统计公布的第一产业从业人员数量（官方数）乘以第

一产业占 GDP 的比重才是真实的第一从业人员数量（估计数，见表 29-3）。以 2014 年为例，全省总从业人员 317.30 万人，但第一产业占全省 GDP 比重仅为 9.4%，因此第一产业从业人员实际也只占全部从业人员的 9.4% 左右，即 29.83 万人，农村流出的劳动力为 86.37 万人。根据农民工占流动人口的比重，还可以大致推算出不同年份的流动人口总数（列 7），并根据流向外省的比重推算出同期青海跨省流出人口数量（列 8）。

表 29-3　占比产出法——应计未计农村流出劳动力数（2005—2016 年）　单位：万人

年份	全社会年末从业人员数	第一产业占 GDP 比重	第一产业实际从业劳动力数	第一产业官方从业人员数	第一产业流出劳动力数	流动人口总数	流向省外人口数	流向本省人口数	省外流入人口数	全省流动人口总数
2005	291.04	12.0%	34.92	144.06	109.14	121.26	36.38	84.88	14.22	99.10
2006	294.19	10.4%	30.60	139.15	108.55	121.97	36.59	85.38	38.28	123.66
2007	298.56	10.5%	31.35	132.26	100.91	114.67	34.40	80.27	51.69	131.96
2008	301.00	10.4%	31.30	133.95	102.65	117.98	35.40	82.59	40.06	122.65
2009	303.26	9.9%	30.02	130.40	100.38	116.72	35.02	81.70	59.94	141.64
2010	307.65	10.0%	30.77	127.37	96.61	113.65	34.10	79.56	99.61	179.17
2011	309.18	9.3%	28.75	121.82	93.07	110.79	33.24	77.56	109.35	186.91
2012	310.89	9.3%	28.91	115.09	86.18	103.83	31.15	72.68	129.10	201.78
2013	314.21	9.6%	30.16	116.60	86.44	105.41	31.62	73.79	86.01	159.80
2014	317.30	9.4%	29.83	116.20	86.37	106.63	31.99	74.64	60.20	134.84
2015	321.41	8.6%	27.64	115.09	87.45	109.31	32.79	76.52	22.30	98.82
2016	324.28	8.6%	27.89	115.16	87.27	110.47	33.14	77.33	32.59	109.92

注：列 2、列 3 数据来源于《青海统计年鉴（2017）》。

第二节　青海跨省流入人口大数据推断

一、流入人口大数据初始表征流量

要计算青海跨省流入人口数量，只需要得到节前由青海流向全国各地的人口数量即可。但节前青海流出省外人口也包含一部分本省人口短期外出，因此必须尽可能地减少采样范围以将这一因素排除。课题组所归集的大数据采样表 PtopLineOut 中已经包含这些信息，对 PtopLineOut 数据表进行下述 SQL 查询操作：

SELECT province，name，to_char（sum（num），'99,999,999'）as num0，sum（"singleNum"）as sNum0，to_char（sum（per）/2.4，'99.999%'） As per0

　　FROM public."PTopLineOut"

　　where province = '青海'

　　group by province，name

　　order by num0　desc

可以得到节前青海人口流出目的地包括全国 18 个省级单位。由于系统只记录流出 TOP10 省份，表明青海省外流入人口相对分散。从大数据归集的可表征人口流动流量的大小来看，节前青海人口流向最多的省份是甘肃，大数据人口表征流量为 377282，占节前青海流出总量的 39.52%。其次是陕西、河南和四川三个相邻省份。TOP4 流入省份占流出总量的 65.36%，推算采样期间青海流出总量为 971471（无量纲）。

由于上述查询只能得到流出省份中流量为 TOP10 的省份，且该流量并不直接代表人口流量，而是系统所记录的可代表人口流量的无量纲数据。若青海节前流入该省人口占青海总流出人口比重较低，则不能被系统记录，但该省流入人口流量却在某时段内进入其流入排名前 10 位，从而会发生数据的漏计，因此还必须对数据表 PtopLineIn 进行下述 SQL 查询操作：

SELECT province，name，sum（num）as num0，to_char（sum（per）/2.4，'9999.999%'） As per0

　　FROM public."PtopLineIn"

　　wherename = '青海'

　　group by province，name

　　order by num0　desc

第二次查询得到的省级单位 3 个，由于自青海的流出量占陕西、河南、四川等省流入量在测度期间内从未进入这些省份的前 10 位，因此第二次查询时自陕西省以下至西藏等皆未能记录到数据。两次查询的结果如表 29-4 所示。

表 29-4　　　　2014 年青海跨省人口流入流量大数据采样

		第一次查询				第二次查询		
青海	甘肃	377282	39.52%	甘肃	青海	377282	9.74%
青海	陕西	99073	10.42%	西藏	青海	17582	22.41%
青海	河南	80102	7.56%	宁夏	青海	147	0.07%
青海	四川	78506	7.86%				
青海	江苏	32319	3.20%				
青海	山东	30246	2.74%				
青海	湖北	26242	2.59%				
青海	河北	25176	2.02%				
青海	安徽	21115	1.73%				
青海	广东	15798	1.86%				
青海	西藏	4301	0.71%				
青海	山西	2632	0.19%				
青海	北京	2292	0.29%				
青海	浙江	1460	0.49%				
青海	湖南	800	0.26%				
青海	宁夏	45	0.03%				
青海	重庆	27	0.02%				
青海	海南	27	0.02%				
青海	TOP4	634963	65.36%				
青海	全国	971471	100.00%				

二、由大数据表征流量到人口流入量及流向测度

在大数据采样中，若能得到采样期内流入总量和流出总量，则根据人口净流入量就可以推算流出人口和流入人口。特别需要注意的是，大数据采样期内流入总量对应的是青海本省人口跨省流出，而流出总量则对应青海外省流入人口。通过查询计算，大数据采样期内流出总量为 971471 人（对应人口流入），流出总量为 508686 人（对应人口流出），净流入量为 462785 人。在前面的推算中，2014 年青海净流出人口为 28.21 万人，因此可以推算 2014 年青海外省流入人口总量为 59.21 万人，同期青海跨省流出人口为 31.01 万人。

在表 29-4 中课题组可以看到，第一次查询中节前流出到四川的流量与流动到江苏的流量有一个大断层，意味着仅甘肃、陕西、河南、四川等四省的流量一直保持在 TOP10 流量榜上，自江苏及以后各省在排行榜上交替出现，因此需要对这些省份的流量进行调整与恢复。此外，从第二次查询发现，由青海流向西藏的无量纲流量为 17582，甚至大于第一次查询时由青海流向广东的流量，而广东恰好位于第一次查询流量排名 TOP10，利用线性插值算法，可以恢复自四川至广东的无量纲流量。在计算出节前流出量占流出量的比重后，再乘以青海省外流入人口总量，就可以得到各省 2014 年流入青海的人口数量。大数据人口推算结果显示（见表 29-5），青海省外流入人口主要来自甘肃、陕西、四川 3 个相邻省份。其中，来自甘肃的省外流入人口为 22.99 万人（列 6），占青海省外流入人口的 38.84%（列 5），占青海省无量纲人口流出量比重为 9.74%（列 3），以此推算出宁夏跨省流出人口数量有 236.14 万人（列 7）；来自陕西的流入人口有 6.04 万人（列 6），占青海全省流入人口的 10.20%（列 5）。表中第 3 列自江苏至广东等 5 省的数据为线性调整值。来自其他省级单位的人口流入如表 29-5 所示。

表 29-5　　　　　2014 年青海跨省人口流入来源地及数量

来源地	人口大数据采样流量	占来源地比重	占青海流入比重*	占青海流入比重**	流入人口*（万人）	来源地流出人口（万人）
甘肃	377282	9.74%	39.52%	38.84%	22.99	236.14
陕西	99073	—	10.42%	10.20%	6.04	—
河南	80102	—	7.56%	8.25%	4.88	—
四川	78506	—	7.86%	8.08%	4.78	—
江苏	56017	—	3.20%	5.77%	3.41	—
山东	52424	—	2.74%	5.40%	3.20	—
湖北	45484	—	2.59%	4.68%	2.77	—
河北	43636	—	2.02%	4.49%	2.66	—
安徽	36598	—	1.73%	3.77%	2.23	—
广东	27382	—	1.86%	2.82%	1.67	—
TOP10	896505	—	79.50%	92.28%	54.64	—
西藏	17582	22.41%	0.71%	1.81%	1.07	4.78
山西	10759	—	0.19%	1.11%	0.66	—
北京	9369	—	0.29%	0.96%	0.57	—

续表

来源地	人口大数据采样流量	占来源地比重	占青海流入比重*	占青海流入比重**	流入人口*（万人）	来源地流出人口（万人）
浙江	5968	—	0.49%	0.61%	0.36	—
湖南	3270	—	0.26%	0.34%	0.20	—
宁夏	184	—	0.03%	0.02%	0.01	—
重庆	110	—	0.02%	0.01%	0.01	—
海南	110	—	0.02%	0.01%	0.01	—
其他	27612	—	18.49%	2.84%	1.68	—
全国	971471	—	100.00%	100.00%	59.21	—

注：占青海流入人口比重*为第一次查询直接得到，而占青海流入人口比重**则为推算得到的结果。自江苏以下除西藏外的数据以线性插值法进行调整。

三、2010年以来青海外省人口流入变化

前面推算2010年青海跨省流入人口为99.61万人，以此推算2010年以来青海跨省流入人口流量的变化（见表29-6）。与2010年全国第六次人口普查相比，陕西超越四川、河南居青海省外流入人口第3位，湖北跌出前五，而江苏则进入前五。估计结果显示，2010年以来，来自四川、河南的人口流入大幅度减少了9.05万人（减少65.05%）和8.93万人（减少64.28%），来自湖北、重庆、浙江、湖南也有较大幅度减少，主要原因是中部经济增长的带动使其人口流出减少；来自广东和北京的人口流入分别增长了201.35%和137.66%，原因是广东和北京对青海的支援带动了两地的人口流出。

表29-6　　青海省外人口流入流量、流向变化

来源地	2014年			2010年			新变化	
	流量当量	占总流量比重	人口估计	"六普"比重	"六普"数据	"六普"调整	占比变动	人口流量
甘肃	377282	38.84%	23.38	22.95%	7.31	22.86	15.89%	0.52
陕西	99073	10.20%	6.14	7.24%	2.31	7.22	2.95%	(1.08)
河南	80102	8.25%	4.96	13.95%	4.44	13.90	-5.71%	(8.93)
四川	78506	8.08%	4.86	13.97%	4.45	13.92	-5.89%	(9.05)
江苏	56017	5.77%	3.47	4.09%	1.30	4.08	1.67%	(0.60)

续表

来源地	2014年			2010年			新变化	
	流量当量	占总流量比重	人口估计	"六普"比重	"六普"数据	"六普"调整	占比变动	人口流量
TOP5	690980	71.13%	42.82	63.88%	20.34	63.64	7.24%	(20.82)
山东	52424	5.40%	3.25	3.54%	1.13	3.52	1.86%	(0.28)
湖北	45484	4.68%	2.82	5.77%	1.84	5.74	-1.08%	(2.93)
河北	43636	4.49%	2.70	3.33%	1.06	3.32	1.16%	(0.62)
安徽	36598	3.77%	2.27	3.99%	1.27	3.97	-0.22%	(1.70)
广东	27382	2.82%	1.70	0.57%	0.18	0.56	2.25%	1.13
TOP6—10	205524	21.16%	12.74	17.94%	5.71	17.87	3.22%	(5.13)
西藏	17582	1.81%	1.09	1.52%	0.49	1.52	0.29%	(0.43)
山西	10759	1.11%	0.67	1.61%	0.51	1.61	-0.51%	(0.94)
北京	9369	0.96%	0.58	0.25%	0.08	0.24	0.72%	0.34
浙江	5968	0.61%	0.37	2.99%	0.95	2.98	-2.38%	(2.61)
湖南	3270	0.34%	0.20	2.53%	0.80	2.52	-2.19%	(2.31)
宁夏	184	0.02%	0.01	0.67%	0.21	0.67	-0.65%	(0.66)
重庆	110	0.01%	0.01	2.64%	0.84	2.63	-2.63%	(2.62)
海南	110	0.01%	0.01	0.07%	0.02	0.07	-0.06%	(0.06)
其他	27612	2.84%	1.71	8.32%	2.65	8.29	-5.48%	(6.58)
全国	971471	100.00%	60.20	100.00%	31.84	99.61	0.00%	(39.41)

注：2010年省外流入排名前五（TOP5）是甘肃、四川、河南、陕西、湖北五省，而TOP10是指TOP5加江苏、安徽、山东、河北、浙江五省，西藏排在第15位。

第三节 青海跨省流出人口大数据推断

一、流出人口大数据初始表征流量

对数据表 PtopLineIn 进行下述 SQL 查询操作：
SELECT province, name, sum（num）as num0, to_char（sum（per）/2.4, '9999.999%'） As per0
FROM public. "PTopLineIn"

where province = '青海'

group by province, name

order by num0 desc

可以得到节前青海人口流入来源地包括全国16个省级单位。由查询结果可知，青海跨省流出人口主要流向甘肃、陕西、西藏、新疆和四川5个相邻省级行政区域以及北京、江苏、广东、山东等经济发达省市。查询得到流出省份中流量为TOP4的省份所归集的大数据人口流量当量为336638，占青海流出人口总量的66.18%。为避免数据漏计，因此还必须对数据表PtopLineOut进行下述SQL查询操作：

SELECT province, name, sum (num) as num0, to_char (sum (per)/2.4, '9999.999%') As per0

FROM public. "PTopLineOut"

where name = '青海'

group by province, name

order by num0 desc

第二次查询共记录了2个省级区域的流入量。由于青海流动到除甘肃、西藏等以外的其他省区的人口占其外来人口比重极低，因此第二次查询中由这些发达省市流出到青海的流量极小而无法出现在流量TOP10名单上。两次查询输出结果如表29-7所示。

表29-7　　　　　　　青海人口流出的初始表征量

第一次查询				序号	第二次查询			
流入地	流出地	大数据采样流量	占青海流入量比重		流出地	流入地	大数据采样流量	占流出地流量比重
青海	甘肃	202745	39.55%	1	甘肃	青海	202745	9.17%
青海	陕西	34371	6.34%	2	西藏	青海	30683	11.98%
青海	西藏	30683	6.89%	3				
青海	新疆	25150	5.21%	4				
青海	四川	21911	4.24%	5				
青海	北京	21778	3.95%	6				
青海	江苏	20668	4.13%	7				
青海	广东	18742	3.99%	8				

续表

第一次查询					第二次查询			
流入地	流出地	大数据采样流量	占青海流入量比重	序号	流出地	流入地	大数据采样流量	占流出地流量比重
青海	山东	18035	3.55%	9				
青海	河南	13609	2.15%	10				
青海	上海	3149	1.02%	11				
青海	浙江	282	0.22%	12				
青海	宁夏	255	0.11%	13				
青海	河北	229	0.16%	14				
青海	天津	11	0.02%	15				
青海	湖南	4	0.01%	16				
青海	TOP4	336638	66.18%	17				
青海	全国	508686	100.00%	18				

二、由大数据表征流量到人口流量、流向测度

需要特别注意的是，节前由外省流向青海的流量对应于青海流出人口流量而不是相反。将两次查询结果合并形成表29-8。将各省节前回流量除以总流量，再乘以跨省总流出人口，就可以得到2014年青海人口跨省流出各个流向的实际人口流量。在前面的推算中，2014年青海流出人口为31.99万人（与前面推算的31.01万人相差不大，均值误差仅为3.1%）。从大数据推断的结果来看，2014年青海流向甘肃的人口有12.75万人（列5），占青海跨省流出总量的39.86%（列4），居第1位；流向陕西2.16万人，占青海跨省外出总量的6.76%，居第2位；流向西藏1.93万人，占跨省外出总量的6.03%，居第3位。流向五大目的地TOP5合计19.80万人，占青海跨省外出总量的61.90%。最后一列（列6）根据流入青海的流量反推青海跨省流出目的地省份的跨省外来人口估计。例如，课题组推算同期甘肃跨省流入人口为138.98万人；推算西藏跨省流入人口为16.11万人。从表29-8中的数据序列来看，排名前9位的都比较稳定，而排第10位的则交替出现，故可将自河南之后的省份无量纲流量计入河南省表征流量。

表 29 – 8　　2014 年青海跨省人口流动流量、流向的大数据推断

流向	大数据表征流量	占流出地比重	占青海流出人口比重	人口流出量（万人）	青海流出目的地外来人口（万人）
甘肃	202745	9.17%	39.86%	12.75	138.98
陕西	34371	—	6.76%	2.16	—
西藏	30683	11.98%	6.03%	1.93	16.11
新疆	25150	—	4.94%	1.58	—
四川	21911	—	4.31%	1.38	—
TOP5	314860	—	61.90%	19.80	—
北京	21778	—	4.28%	1.37	—
江苏	20668	—	4.06%	1.30	—
广东	18742	—	3.68%	1.18	—
山东	18035	—	3.55%	1.13	—
河南	17539	—	3.45%	1.10	—
TOP6—10	96762	—	19.02%	6.09	—
其他	97064	—	19.08%	6.10	—
全国	508686	—	100.00%	31.99	—

三、人口流出流量、流向变化测度和比较分析

前面课题组推算出 2010 年青海流出省外人口 34.1 万人，2014 年末跨省流出人口总量 31.99 万人，比 2010 年减少 25.59 万人。在 2014 年青海跨省流出人口中，流向排名前五位的分别是陕西、新疆、宁夏、青海、北京，而 2010 年排名前五位的是新疆、北京、内蒙古、广东、宁夏。大数据分析的结果显示，在 2014 年青海跨省流出的人口中，有 17.67% 流向陕西，而 2010 年"六普"时流向陕西的人口占青海流出人口的 6.43%（见表 29 – 9）。2010 年以来，离开广东的青海人有 0.95 万人，离开上海的青海人有 3.99 万人，但流向浙江的青海人却增加了 7.19 万人，流向江苏的青海人也增加了 13.79 万人，流向北京的青海人增加了 12.37 万人，离开内蒙古的青海人增加了 2.11 万人。总体来看，流向经济发达地区的人口减少，而流向相邻省份的人口增加。增量最多的是甘肃省，人口流量增加 4.59 万人，这当中有相当一部分人口在 2010

年时并没有被纳入统计数据中，但实际上很可能已经流出；增量变化最大的是流向西藏的人口，2014年比2010年增长67.88%。

表29－9　　　　青海跨省人口流出流量、流向变化

流向	2014年大数据推断		2010年			流量变化		
	大数据占比	人口流出（万人）	"六普"占比（万人）	"六普"流出（万人）	调整流出（万人）	人口变化（万人）	占比变化	人口变动率
甘肃	39.86%	12.75	23.94%	5.80	8.16	4.59	15.92%	56.19%
陕西	6.76%	2.16	4.76%	1.15	1.62	0.54	2.00%	33.20%
西藏	6.03%	1.93	3.37%	0.82	1.15	0.78	2.66%	67.88%
新疆	4.94%	1.58	7.52%	1.82	2.56	(0.98)	-2.57%	-38.30%
四川	4.31%	1.38	7.05%	1.71	2.40	(1.02)	-2.74%	-42.65%
TOP5	61.90%	19.80	49.61%	12.01	16.92	2.88	12.29%	17.04%
北京	4.28%	1.37	4.69%	1.14	1.60	(0.23)	-0.41%	-14.42%
江苏	4.06%	1.30	5.70%	1.38	1.94	(0.65)	-1.64%	-33.17%
广东	3.68%	1.18	5.41%	1.31	1.84	(0.66)	-1.72%	-36.06%
山东	3.55%	1.13	5.21%	1.26	1.78	(0.64)	-1.67%	-36.17%
河南	3.45%	1.10	2.98%	0.72	1.02	0.09	0.47%	8.57%
TOP6—10	19.02%	6.09	22.70%	5.49	7.74	(1.65)	-3.68%	-21.38%
其他	19.08%	6.10	29.38%	7.11	10.02	(3.91)	-10.30%	-39.07%
全国	100.00%	31.99	100.00%	24.21	34.10	(2.11)	0	-6.19%

注：2010年流出省外排名前五（TOP5）是甘肃、新疆、四川、江苏、广东五个省级单位，而TOP10是指TOP5加山东、陕西、北京、上海、浙江五省市。

四、结语及对策建议

据课题组估计，2010年青海流动人口总量为179.17万人，占同期全省实有595.04万人口的30.1%，人口流动强度大大高于全国同期19.58%平均水平，主要原因是2008年以来省外流入人口大幅增加；2014年青海流动人口下降到134.84万人，占全省实有590.85万人口的22.8%，依旧高于全国同期18.50%的平均水平，外来流入人口下降是主要原因。比较发现，西部开发并没有带动青海本省流出人口的回流就业，而是吸引了大量省外人口流入造成了流动人口总量的增大所导致。总体来看，课题组估计的结果是相当可信的。自

2005年以来,外省流入青海的人口大幅度增长,至2012年达到顶峰,这种人口的突发式增长很可能与青藏高原的"虫草热"有关,虽然挖虫草的季节为每年的5月至7月,但相关产业链的活动则延续到整个年份,附着虫草资源的枯竭,省外流入人口大幅度下降,至2015年省外流入人口下降到22.30万人。由于青海面积广大,各类资源丰富,难免再出现某种资源热销引起大规模人口涌入,需要迟早制订应对策略,以免对环境造成大规模破坏。

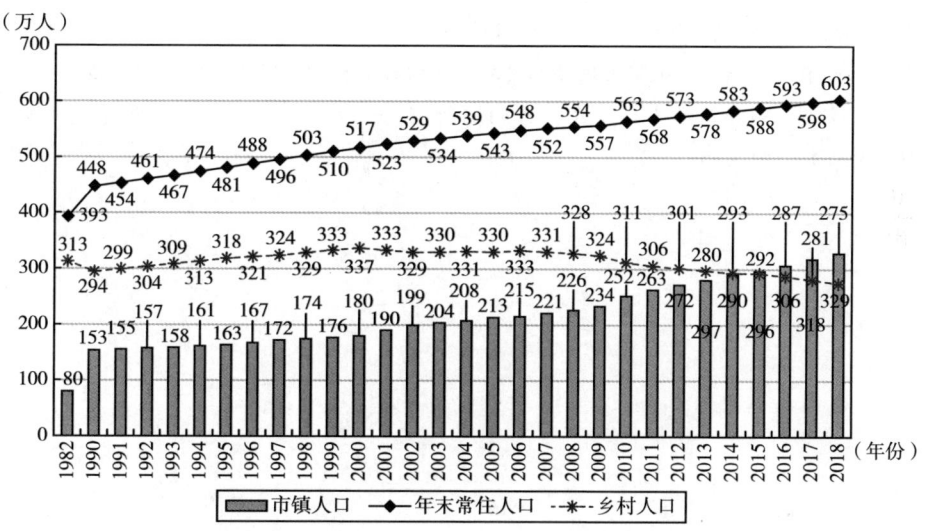

图 29-2　青海省主要年份人口变化情况

注:《青海统计年鉴(2019)》。

从青海统计年鉴(2019)数据看,青海年末常住人口基本上没有什么波动,呈现逐年递增趋势,乡村人口自2008年以来逐步减少,对应的市镇人口则逐年增加。基于移动用户大数据推算结果显示,自2016年以来青海总人口逐步回升,2018年12月青海人口为净流入,规模为18.24万人。

本章参考文献

[1] 樊新民.青海人口增长与生态资源承载力研究——基于2010年统计数据的分析[J].求实,2013(S1):157-160.

[2] 李绛雪,王燕.青海流动人口变化的趋势[J].中国统计,2012(9):52.

[3] 王红宇.青海省人口城镇化问题研究[J].攀登,2012,31(3):74-80.

［4］青海省人民政府网（2017－09－05）．青海省"十三五"人口发展规划［OL］．http://www.sdaqh.gov.cn/html/201795/n300021442.html．

［5］殷颂葵，姚红义，丁生喜．青海省人口城镇化水平的评估及发展趋势研究［J］．当代经济，2017（18）：29－31．

［6］青海省统计局．青海省2015年全国1%人口抽样调查主要数据公报～（［1］）［N］．青海日报，2016－05－23（007）．

［7］王新民，王弋博，蔡天毅，巨文娟．青海省人口规模预测及人口发展对策研究［J］．资源开发与市场，2014，30（12）：1437－1440．

［8］廖松平．青海省人口发展预测［J］．青海社会科学，1995（4）：30－35．

［9］刘昆．城市流动人口子女教育问题研究——以青海省西宁市为例［J］．攀登，2016，35（4）：61－66．

第三十章
宁夏回族自治区人口流动流量、流向及其变化研究

摘　要：大数据推断结果表明，2014年宁夏跨区流入人口规模83.86万人，与2010年72.67万流入人口相比增加了11.19万人，外来人口流入自2012年达到顶峰然后逐年下降；与2010年相比，甘肃、河南、陕西依旧是宁夏外来人口的主要来源地。2014年跨区流出人口规模49.61万人，比2010年的46.94万人增加了2.67万人；2014年流向排名前五位的分别是内蒙古、甘肃、陕西、北京、江苏，而2010年排名前五位的是新疆、内蒙古、陕西、北京、甘肃。

关键词：宁夏流动人口；人口大数据；人口流向变化

第一节　宁夏农村劳动力转移与外出人口增长

一、宁夏流动人口研究简述

宁夏地广人稀，全区面积72万多平方千米，2016年全省户籍人口仅579.66万人，人口密度仅8.04人/平方千米。由于人口总量较小，仅相当于我国中东部地区人口较多的地级市，近10年来年均人口自然增量8.5万人左右。另外，宁夏少数民族占接近五成，因此流动人口规模甚至不如我国中东部的一个地级市。2010年全国第六次人口普查时，官方公布数据显示，宁夏全省流动人口总数为99.3万人，流出到区外的人口为24.2万人，相邻省区和东部发达地区是宁夏回族自治区人口主要流动目的地，甘肃、新疆、四川、江苏、广东、山东、陕西、北京、上海、浙江是宁夏外出人口的十大流向目的地（TOP10_Out），TOP10_Out占全部流出总数的72.31%，其中流向甘肃的独占

23.94%；外省流入宁夏的人口为31.8万人，相邻省区、中部人口流出大省和江浙地区是宁夏回族自治区人口流入的主要来源地，甘肃、四川、河南、陕西、湖北、江苏、安徽、山东、河北、浙江是宁夏外来人口的十大流入来源地（TOP10_In），TOP10_In占全部流入总数的81.83%，其中甘肃流入占22.95%；净流入人口7.6万人，流出目的地集中度低于流入来源地。与其他省市一样，宁夏"六普"人口普查的流动人口数据主要是那些流动性较弱且工作相对稳定的农村劳动力人口，即通常所说的农民工人口，那些流动性较强、自雇或城市中小服务业从业人口并没有包括在内，因此存在严重的低估。本章重点关注宁夏跨区流动人口流量、流向及其2010年以来的新变化。

二、基于移动用户数量的人口流动量测度

有调查显示，2007年全国外出农民工人均手机拥有率就已经达到90%，意味着手机已经在劳动力人口当中普及。2010年左右，手机基本上成了宁夏的大众消费品，因此以全国人均手机拥有率为参照可以大致推算出宁夏2010年以来年末平均人口的数量（见表30-1）。

表30-1 宁夏实有人口及人口净流出（净流入）估计（2005—2016年）

年份	全国		宁夏	常住人口（万人）		人口流动（万人）	
	人均手机拥有率	年末移动用户数（万户）	人口估计（万人）	官方数据	户籍人口调整后	估计-官方差值	净流入
2005	30.26%	181.08	593.91	596.20	611.59	11.40	(3.99)
2006	35.30%	218.56	606.74	603.73	622.28	17.44	(1.10)
2007	41.64%	268.13	622.37	610.25	632.04	26.74	4.95
2008	48.53%	323.30	639.31	617.69	641.73	35.90	11.87
2009	56.27%	390.40	662.16	625.20	651.41	50.06	23.85
2010	64.36%	450.80	675.00	632.96	660.45	53.23	25.73
2011	73.55%	524.80	693.08	639.45	669.42	62.41	32.44
2012	82.50%	605.44	718.02	647.19	678.35	76.96	45.80
2013	90.33%	627.20	690.12	654.19	686.97	39.44	6.66
2014	94.03%	688.27	727.54	661.54	695.54	68.26	34.25
2015	94.82%	661.00	695.43	667.88	703.58	29.57	(6.13)
2016	95.60%	716.43	745.97	674.90	712.55	72.89	35.23

注：年末移动用户数（列3）和官方人口（列5）来源于宁夏各年度的统计年鉴。列2=全国移动用户年末总数/全国总人口；列4=列6+列8；列6利用线性插值法对户籍人口数量进行调整；列7=列4-列5；列8=列3-列6×列2。

估计结果显示,以户籍人口为参照,2007—2014年宁夏皆为人口净流入,2005年人口净流出3.99万人,2015年人口净流出6.13万人。以2010年为例,全区户籍人口660.45万人,官方统计的常住人口为632.96万人,实际人口675.00万人,25.73万净流入人口没有被登记为常住人口。以2014年为例,全区户籍人口695.54万人,官方统计的常住人口为661.54万人,实际人口727.54万人,34.25万净流入人口没有被登记为常住人口。从课题组估计的结果来看(见图30-1),2009年官方常住人口表现为低估,原因是官方认为宁夏为人口净流出。图30-1中,官方统计的每年新增人口几乎为一条平缓的直线,而实际新增人口自2006年以来除2013年和2015年为负值外,其余年份均大于官方统计的新增人口。

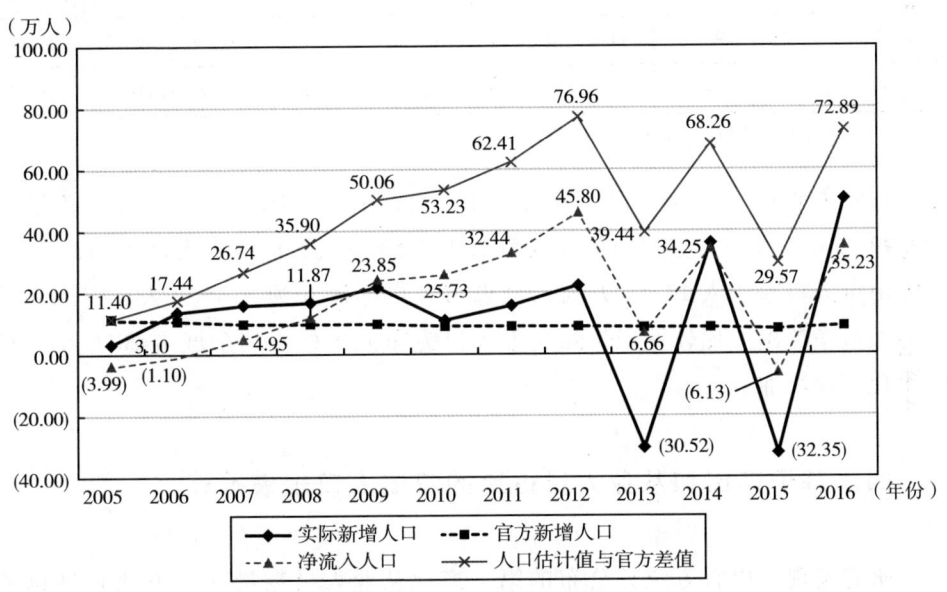

图30-1　宁夏跨区净流出人口实际新增及官方新增人口、估计-官方差值

三、宁夏各地级市人口规模推算

在人手一机的情况下,若能知道一个地级市的手机用户数及人均手机拥有率,则可以快速初步估计该地级市的人口。以年末常住人口为参照,据手机用户数估计,2016年宁夏人口总量为759.61万人(见表30-2)。其中,银川市

估计人口为 312.70 万人，净流入人口 93.59 万人，石嘴山市人口净流入 38.04 万人，吴忠市人口净流入为 3.75 万人；固原和中卫为人口净流出。

表30-2　宁夏各地级市年末实有人口及城市化率估计（2016年）　　　单位：万人

2016年区域/城市	年末常住总人口	年末移动用户数（万户）	基于移动用户的人口估计	人口净流入	2015年区域/城市	年末常住总人口	年末移动用户数（万户）	基于移动用户的人口估计	人口净流入
全区总计	674.90	729.91	759.61	84.71	全区总计	667.88	666.39	700.99	33.11
银川市	219.11	303.06	312.70	93.59	银川市	216.41	279.32	290.53	74.12
石嘴山市	79.51	114.05	117.55	38.04	石嘴山市	78.80	88.28	92.36	13.56
固原市	138.86	103.27	109.38	(29.48)	固原市	137.32	96.10	103.21	(34.11)
中卫市	122.04	95.48	100.85	(21.19)	中卫市	121.18	90.09	96.37	(24.81)
吴忠市	115.38	114.05	119.13	3.75	吴忠市	114.16	112.60	118.51	4.35

注：年末实有人口估计方法同表30-1。

以年末常住人口为参照，据手机用户数估计，2015年宁夏人口总量为 700.99 万人。其中，银川市估计人口为 290.53 万人，净流入人口 74.12 万人，石嘴山市人口净流入 13.56 万人，吴忠市人口净流入为 4.35 万人；固原和中卫为人口净流出。比较发现，除吴忠人口为净流出外，其余城市 2016 年人口都出现了净增加。

四、基于产出和从业人员占比的流出人口规模推算

研究发现，以官方统计公布的第一产业从业人员数量（官方数）乘以第一产业占GDP的比重才是真实的第一从业人员数量（见表30-3）。以2014年为例，全区总从业人员357.2万人，但第一产业占全区GDP比重仅为7.8%，因此第一产业从业人员实际也只占全部从业人员的7.8%左右，即27.86万人，农村流出的劳动力133.9万人。根据农民工占流动人口的比重，还可以大致推算出不同年份的流动人口总数（列7），并根据流向外省的比重推算出同期宁夏跨区流出人口数量（列8）。

表 30-3　占比产出法——应计未计农村流出劳动力数（2005—2016 年）　单位：万人

年份	全社会年末从业人员数	第一产业占GDP比重	第一产业实际从业劳动力	第一产业官方从业人员数	第一产业流出劳动力数	流动人口总数	流向区外人口数	流向本区人口数	区外流入人口数	全区流动人口总数
2005	299.6	11.8%	35.35	160.8	125.4	139.39	41.82	97.57	37.83	135.40
2006	308.1	11.0%	33.89	161.1	127.2	142.88	42.86	100.01	41.76	141.77
2007	309.5	10.7%	33.12	161.4	128.2	145.72	43.72	102.00	48.66	150.67
2008	303.9	9.9%	30.09	161.7	131.6	151.22	45.37	105.86	57.24	163.09
2009	328.5	9.4%	30.88	162.0	131.1	152.41	45.72	106.69	69.57	176.26
2010	326	8.9%	29.01	162.0	133.0	156.45	46.94	109.52	72.67	182.19
2011	339.6	8.3%	28.19	166.2	138.0	164.30	49.29	115.01	81.73	196.74
2012	344.5	8.0%	27.56	167.1	139.5	168.12	50.44	117.68	96.24	213.92
2013	351.3	8.1%	28.46	167.1	138.6	169.08	50.72	118.36	57.38	175.74
2014	357.2	7.8%	27.86	161.8	133.9	165.36	49.61	115.75	83.86	199.61
2015	362.2	8.1%	29.34	159.9	130.6	163.20	48.96	114.24	42.83	157.07
2016	369.2	7.6%	28.06	159.4	131.3	166.25	49.88	116.38	85.11	201.49

注：列 2、列 3 数据来源于《宁夏统计年鉴（2017）》。

第二节　宁夏跨区流入人口大数据推断

一、流入人口大数据初始表征流量

要计算宁夏跨区流入人口数量，只需要得到节前由宁夏流向全国各地的人口数量即可。但节前宁夏流出区外人口也包含一部分本区人口短期外出，因此必须尽可能地减少采样范围以将这一因素排除。课题组所归集的大数据采样表 PtopLineOut 中已经包含这些信息，对 PtopLineOut 数据表进行下述 SQL 查询操作：

SELECT province, name, to_char（sum（num），'99,999,999'）as num0, sum（"singleNum"）as sNum0, to_char（sum（per)/2.4，'99.999%'） As per0
　　FROM public."PTopLineOut"
　　where province = '宁夏'

```
        group by province, name
        order by num0    desc
```

可以得到节前宁夏回族自治区人口流出目的地包括全国 17 个省级单位。由于系统只记录流出 TOP10 省份，表明宁夏区外流入人口相对分散。从大数据归集的可表征人口流动流量的大小来看，节前宁夏人口流向最多的省份是甘肃，大数据人口表征流量为 417701，占节前宁夏流出总量的 27.63%。其次是陕西、内蒙古、河南三个相邻省区。TOP10 流入省份占流出总量的 81.83%，推算采样期间宁夏流出总量为 1509203（无量纲）。

由于上述查询只能得到流出省份中流量为 TOP10 的省份，且该流量并不直接代表人口流量，而是系统所记录的可代表人口流量的无量纲数据。若宁夏节前流入该省人口占宁夏总流出人口比重较低，则不能被系统记录，但该省流入人口流量却在某时段内进入其流入排名前 10 位，从而会发生数据的漏计，因此还必须对数据表 PtopLineIn 进行下述 SQL 查询操作：

```
        SELECT province, name, sum (num) as num0, to_char (sum (per)/2.4,
'9999.999%')   As per0
        FROM public. "PtopLineIn"
        wherename = '宁夏'
        group by province, name
        order by num0    desc
```

第二次查询得到的省级单位 3 个，两次查询的结果如表 30-4 所示。

表 30-4　　　　2014 年宁夏跨区人口流入流量大数据采样

第一次查询				第二次查询			
宁夏	甘肃	417701	27.63%	甘肃	宁夏	417701	9.92%
宁夏	陕西	307543	21.14%	内蒙古	宁夏	183475	5.17%
宁夏	内蒙古	183475	12.23%	陕西	宁夏	118195	1.60%
宁夏	河南	100203	6.72%	青海	宁夏	255	0.11%
宁夏	河北	52326	3.17%	新疆	宁夏	10	0.01%
宁夏	山东	44897	2.78%	西藏	宁夏	8	0.04%
宁夏	四川	40211	2.67%	台湾	宁夏	2	0.01%
宁夏	山西	31985	2.27%				

续表

		第一次查询		第二次查询		
宁夏	江苏	31588	1.70%			
宁夏	北京	25022	1.51%			
宁夏	湖北	16126	1.45%			
宁夏	安徽	3572	0.22%			
宁夏	浙江	1317	0.33%			
宁夏	广东	61	0.03%			
宁夏	湖南	42	0.02%			
宁夏	新疆	18	0.01%			
宁夏	福建	11	0.01%			
宁夏	TOP10	1234951	81.83%			
宁夏	全国	1509203	100.00%			

二、由大数据表征流量到人口流入量及流向测度

在大数据采样中，若能得到采样期内流入总量和流出总量，则根据人口净流入量就可以推算流出人口和流入人口。特别需要注意的是，大数据采样期内流入总量对应的是宁夏本区人口跨省流出，而流出总量则对应宁夏区外流入人口。通过查询计算，大数据采样期内流出总量为1509203（对应人口流入），流出总量为1097513（对应人口流出），净流出量为411691（对应人口净流入）。在前面表30-1的推算中，2014年宁夏净流出人口34.25万人，因此可以推算2014年宁夏外省流入人口总量为125.56万人，同期宁夏跨区流出人口为91.31万人。而在前面表30-3的推算中，2014年宁夏净流出人口34.25万人，因此可以推算2014年宁夏外省流入人口总量为83.86万人，同期宁夏跨区流出人口为49.61万人。在表30-4中课题组可以看到，第一次查询中节前流出到山西的流量与流动到四川的流量有一个大断层，意味着自山西及以后各省在排行榜上交替出现，因此需要对这些省份的流量进行调整与恢复，利用线性插值算法，可以恢复自山西至北京的无量纲流量。在计算出节前流出量占流出量的比重后，再乘以宁夏区外流入人口总量，就可以得到各省2014年流入

宁夏的人口数量（见表30-5）。大数据人口推算结果显示，宁夏区外流入人口主要来自甘肃、陕西、内蒙古等3个相邻省区。其中，来自甘肃的省外流入人口为23.21万人（列6），占宁夏区外流入人口的27.68%（列5），占宁夏无量纲人口流出量比重为9.92%（列3），以此推算出宁夏跨区流出人口数量有233.95万人（列7）；来自陕西的流入人口有17.09万人（列6），占宁夏全区流入人口的20.38%（列5）；来自内蒙古的流入人口有10.09万人（列6），占宁夏全区流入人口的12.16%（列5）。十大人口流入来源地（TOP10_In）占宁夏回族自治区人口总流入的83.23%，流入人口69.80万人。

表30-5　　　　2014年宁夏跨区人口流入来源地及数量

来源地	人口大数据采样流量	占来源地比重	占宁夏流入比重*	占宁夏流入比重**	流入人口*（万人）	来源地流出人口（万人）
甘肃	417701	9.92%	27.63%	27.68%	23.21	233.95
陕西	307543	1.60%	21.14%	20.38%	17.09	1066.05
内蒙古	183475	5.17%	12.23%	12.16%	10.19	197.16
河南	100203	—	6.72%	6.64%	5.57	—
河北	57222	—	3.17%	3.79%	3.18	—
山东	49098	—	2.78%	3.25%	2.73	—
四川	43973	—	2.67%	2.91%	2.44	—
山西	34977	—	2.27%	2.32%	1.94	—
江苏	34543	—	1.70%	2.29%	1.92	—
北京	27363	—	1.51%	1.81%	1.52	—
TOP10	1256098	—	81.83%	83.23%	69.80	—
其他	253105	—	18.17%	16.77%	14.06	—
全国	1509203	—	100.00%	100.00%	83.86	—

注：占宁夏流入人口比重*为第一次查询直接得到，而占宁夏流入人口比重**则为推算得到的结果。自江苏以下除西藏外的数据以线性插值法进行调整。

三、2010年以来宁夏外省人口流入变化

2010年"六普"数据显示（见图30-2），宁夏常住性流入外来人口36.8万人，占全区常住人口的5.8%。甘肃、陕西两个相邻省份占宁夏外来人口前两名，其中甘肃占宁夏外来人口总量约三成，几乎是排在第2位陕西的2倍。

其次是河南、四川、安徽三个人口流出大省。人口大省山东居宁夏外来人口第6位,邻近的内蒙古则据第7位。沿海发达地区的浙江和江苏也各有1万左右的人口流动到宁夏,两省主要是以经商人口为主,与前面各省以农村劳动力流动为主。课题组估计,2010年宁夏外来总人口规模应在100万人左右,甘肃流入30万人,而常住性外来人口应在70万人以上。流入来源地TOP10占宁夏外来人口总量的84.33%。总体来看,2010年宁夏常住性外来人口以农村劳动力为主,也有一定数量的沿海经商人口流入。

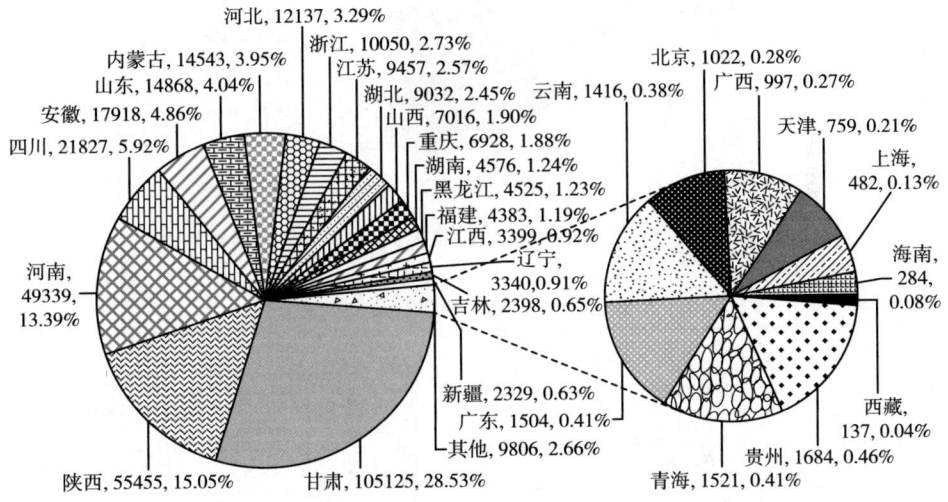

图30-2 宁夏外来人口构成及占比(2010年"六普"数据)

与2010年相比,2014年甘肃、陕西仍据宁夏外来人口前两位,与之相邻的内蒙古上升到第3位。其次才是河南、河北、山东和四川等人口大省。距离较近的山西据第8位。江苏较2010年占比有所下降,北京上升到第10位(见图30-3)。

前面课题组推算2010年宁夏跨区流入人口为72.67万人,以此推算2010年以来宁夏跨区流入人口流量的变化(见表30-6)。估计结果显示,2010年以来,来自河南、四川的人口流入大幅度减少了4.16万人(减少42.78%)和1.86万人(减少43.24%),主要原因是中部经济增长的带动使其人口流出减少;来自内蒙古、陕西和甘肃的人口流入分别增长了255.43%、56.24%和11.94%,原因是区域一体化带动了相邻区域的人口流动。来自北京的人口流入大幅度增长654.30%,最可能的原因是中央加大了对宁夏的扶持。

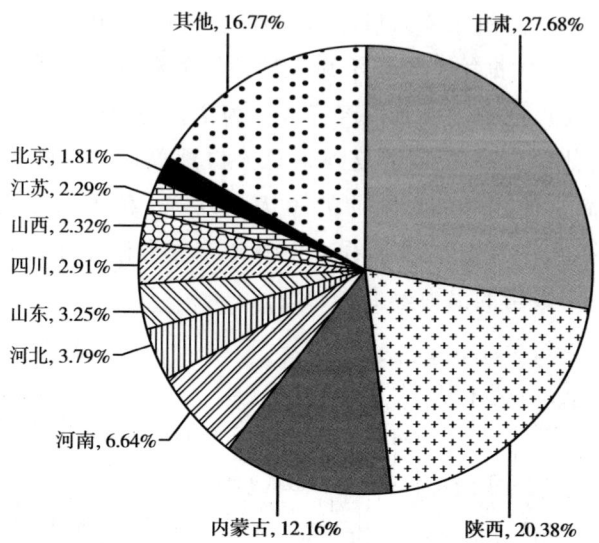

图 30-3 宁夏外来人口构成及占比（2014 年大数据）

表 30-6 宁夏区外人口流入流量、流向变化

来源地	2014 年			2010 年			新变化	
	流量当量	占总流量比重	人口估计	"六普"比重	"六普"数据	"六普"调整	占比变动	人口流量
甘肃	417701	27.68%	23.21	28.53%	10.51	20.73	-0.85%	2.48
陕西	307543	20.38%	17.09	15.05%	5.55	10.94	5.33%	6.15
内蒙古	183475	12.16%	10.19	3.95%	1.45	2.87	8.21%	7.33
河南	100203	6.64%	5.57	13.39%	4.93	9.73	-6.75%	(4.16)
河北	57222	3.79%	3.18	3.29%	1.21	2.39	0.50%	0.79
TOP5	1066144	70.64%	59.24	67.76%	24.97	49.24	2.88%	10.00
山东	49098	3.25%	2.73	4.04%	1.49	2.93	-0.78%	(0.20)
四川	43973	2.91%	2.44	5.92%	2.18	4.30	-3.01%	(1.86)
山西	34977	2.32%	1.94	1.90%	0.70	1.38	0.41%	0.56
江苏	34543	2.29%	1.92	2.57%	0.95	1.87	-0.28%	0.05
北京	27363	1.81%	1.52	0.28%	0.10	0.20	1.54%	1.32
TOP6—10	189954	12.59%	10.55	16.57%	6.11	12.04	-3.98%	(1.49)
其他	253105	16.77%	14.06	21.08%	7.77	15.32	-4.31%	(1.25)
全国	1509203	100.00%	83.86	100.00%	36.85	72.67	0.00%	11.19

说明：2010 年区外流入排名前五（TOP5）是甘肃、陕西、河南、四川、安徽五省，而 TOP10 是指 TOP5 加山东、内蒙古、河北、浙江、江苏五省区，山西排在第 12 位。

第三节　宁夏跨区流出人口大数据推断

一、流出人口大数据初始表征流量

对数据表 PtopLineIn 进行下述 SQL 查询操作：

SELECT province，name，sum（num）as num0，to_char（sum（per）/2.4，'9999.999%'）As per0

　　FROM public."PTopLineIn"

　　where province = '宁夏'

　　group by province，name

　　order by num0　desc

可以得到节前宁夏回族自治区人口流入来源地包括全国 20 个省级单位。查询得到流出省份中流量为 TOP10 的省份所归集的大数据人口流量当量为930625，占宁夏流出人口总量的 84.79%。为避免数据漏计，因此还必须对数据表 PtopLineOut 进行下述 SQL 查询操作：

SELECT province，name，sum（num）as num0，to_char（sum（per）/2.4，'9999.999%'）As per0

　　FROM public."PTopLineOut"

　　where name = '宁夏'

　　group by province，name

　　order by num0　desc

第二次查询共记录了 3 个省级区域的流入量。由于宁夏流动到除内蒙古、甘肃、陕西等以外的其他省市的人口占其外来人口比重极低，因此第二次查询中由这些发达省市流出到宁夏的流量极小而无法出现在流量 TOP10 名单上。两次查询输出结果如表 30-7 所示。

二、由大数据表征流量到人口流量、流向测度

需要特别注意的是，节前由外省流向宁夏的流量对应于宁夏流出人口流量

表30-7　　　　　　　　宁夏人口流出的初始表征量

第一次查询				序号	第二次查询			
流入地	流出地	大数据采样流量	占宁夏流入量比重		流出地	流入地	大数据采样流量	占流出地流量比重
宁夏	内蒙古	286375	25.80%	1	内蒙古	宁夏	286375	7.08%
宁夏	甘肃	227687	21.58%	2	甘肃	宁夏	227687	10.22%
宁夏	陕西	225550	20.63%	3	陕西	宁夏	125239	2.37%
宁夏	北京	68271	5.76%	4	青海	宁夏	45	0.03%
宁夏	江苏	26994	2.50%	5	香港	宁夏	1	0
宁夏	山东	25761	1.99%	6				
宁夏	河南	20154	1.97%	7				
宁夏	广东	19328	1.63%	8				
宁夏	上海	17215	1.54%	9				
宁夏	新疆	13290	1.41%	10				
宁夏	河北	10825	0.82%	11				
宁夏	浙江	6202	0.68%	12				
宁夏	山西	5225	0.54%	13				
宁夏	天津	4792	0.49%	14				
宁夏	四川	279	0.13%	15				
宁夏	青海	147	0.07%	16				
宁夏	重庆	37	0.02%	17				
宁夏	湖北	13	0.01%	18				
宁夏	安徽	8	0.01%	19				
宁夏	江西	5	0.01%	20				
宁夏	TOP10	930625	84.79%	21				
宁夏	全国	1097513	100.00%	22				

而不是相反。将两次查询结果合并形成表30-8。将各省节前回流量除以总流量，再乘以跨省总流出人口，就可以得到2014年宁夏人口跨区流出各个流向的实际人口流量。在表30-3的推算中，2014年宁夏流出人口49.61万人。从大数据推断的结果来看，2014年宁夏流向内蒙古的人口有12.94万人（列5），占宁夏跨区流出总量的26.09%（列4），居第1位；流向甘肃10.29万人，占宁夏跨区外出总量的20.75%，居第2位；流向陕西10.20万人，占跨区外出总量的20.55%，居第3位。流向五大目的地TOP5合计37.74万人，占宁夏

跨区外出总量的76.07%。最后一列（列6）根据流入宁夏的流量反推宁夏跨区流出目的地省份的跨省外来人口估计。例如，课题组推算同期甘肃跨省流入人口100.67万人，推算内蒙古跨区流入人口182.76万人，推算陕西跨省流入人口430.18万人。

表30-8　2014年宁夏跨区人口流动流量、流向的大数据推断

流向	大数据表征流量	占流出地比重	占宁夏流出人口比重	人口流出量（万人）	宁夏流出目的地外来人口（万人）
内蒙古	286375	7.08%	26.09%	12.94	182.76
甘肃	227687	10.22%	20.75%	10.29	100.67
陕西	225550	2.37%	20.55%	10.20	430.18
北京	68271	—	6.22%	3.09	—
江苏	26994	—	2.46%	1.22	—
TOP5	834877	—	76.07%	37.74	—
山东	25761	—	2.35%	1.16	—
河南	20154	—	1.84%	0.91	—
广东	19328	—	1.76%	0.87	—
上海	17215	—	1.57%	0.78	—
新疆	13290	—	1.21%	0.60	—
TOP6—10	95748	—	8.72%	4.33	—
其他	166888	—	15.21%	7.54	—
全国	1097513	—	100.00%	49.61	—

三、人口流出流量、流向变化测度和比较分析

2010年"六普"数据显示（见图30-4），宁夏跨区流出人口规模较小，总流出量仅22.56万人。其中，新疆是第一目的地，其次才是内蒙古和陕西，流向首都北京的宁夏人也较多，但流向上海、广东、江苏和浙江等经济发达地区的宁夏人却并不多。

而课题组利用大数据推断2014年宁夏跨区流出人口中（见图30-5），与宁夏邻近的内蒙古、甘肃、陕西三省区是其跨省流动人口的主要目的地，而新疆则退居第10名。甘肃虽然经济发展水平较为落后，但兰州依旧可以吸引较多的宁夏人流入。占比不同的原因更多的可能是服务业流动人口登记有漏计。

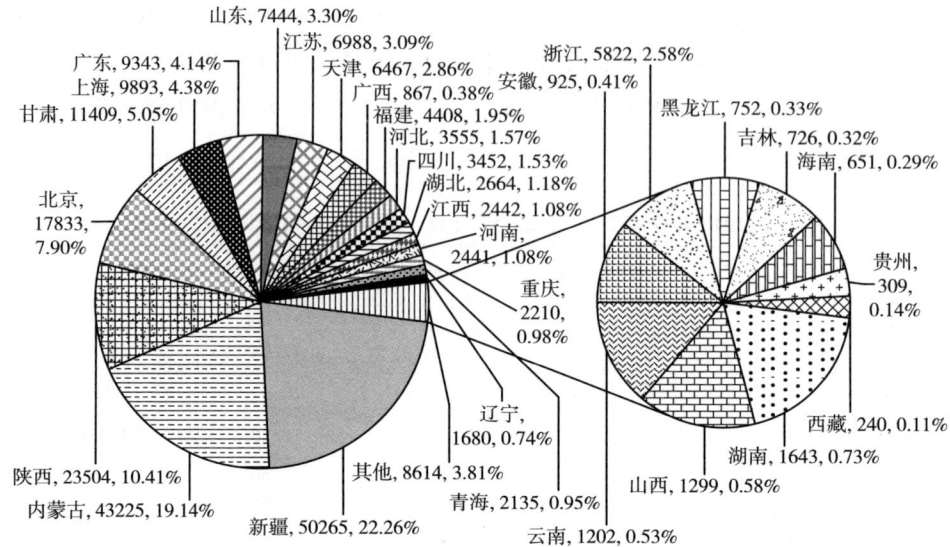

图 30-4 宁夏外出人口流量及目的地构成（2010 年"六普"数据）

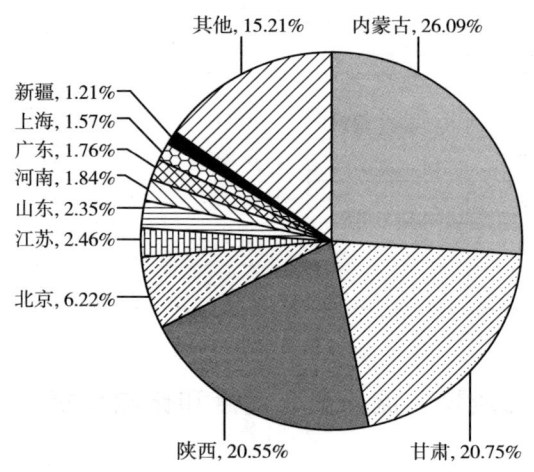

图 30-5 宁夏外出人口流量及目的地构成（2014 年大数据）

前面课题组推算出 2010 年宁夏流出省外人口 46.94 万人，2014 年年末跨区流出人口总量 49.61 万人，比 2010 年增加 2.67 万人。2010 年排名前五位的是新疆、内蒙古、陕西、北京、甘肃。大数据分析的结果显示（见表 30-9），2014 年宁夏跨区流出的人口中，有 26.09% 流向内蒙古，而 2010 年"六普"时流向陕西的人口占宁夏流出人口的 19.14%。2010 年以来，离开新疆的宁夏人高达 9.85 万人，降幅高达 94.25%；离开上海、广东、山东、北京、江苏等发达地区的宁夏人也有不同程度的减少;而流向甘肃、陕西、内蒙古和河南等省区的人口则出现较大幅度的增加。总体来看,流向经济发达地区的人口减少,而流向相邻省份的人口增加,虽然这当中有相当一部分人口在2010年并没有被纳入统计数据中,但实际上很可能已经流出;增量变化最大的是流向甘肃的人口,2014年比2010年增长333.93%。

表30-9　　　　　　　　宁夏跨区人口流出流量、流向变化

流向	2014年大数据推断		2010年			流量变化		
	大数据占比	人口流出(万人)	"六普"占比(万人)	"六普"流出(万人)	调整流出(万人)	人口变化(万人)	占比变化	人口变动率
内蒙古	26.09%	12.94	19.14%	4.32	8.99	3.96	6.95%	44.06%
甘肃	20.75%	10.29	5.05%	1.14	2.37	7.92	15.69%	333.93%
陕西	20.55%	10.20	10.41%	2.35	4.89	5.31	10.14%	108.66%
北京	6.22%	3.09	7.90%	1.78	3.71	(0.62)	-1.68%	-16.76%
江苏	2.46%	1.22	3.09%	0.70	1.45	(0.23)	-0.64%	-16.01%
TOP5	76.07%	37.74	64.77%	14.62	30.40	7.34	11.30%	24.14%
山东	2.35%	1.16	3.30%	0.74	1.55	(0.38)	-0.95%	-24.75%
河南	1.84%	0.91	1.08%	0.24	0.51	0.40	0.76%	79.52%
广东	1.76%	0.87	4.14%	0.93	1.94	(1.07)	-2.38%	-55.02%
上海	1.57%	0.78	4.38%	0.99	2.06	(1.28)	-2.81%	-62.16%
新疆	1.21%	0.60	22.26%	5.03	10.45	(9.85)	-21.05%	-94.25%
TOP6—10	8.72%	4.33	17.78%	4.01	8.34	(4.02)	-9.05%	-48.13%
其他	15.21%	7.54	19.24%	4.34	9.03	(1.49)	-4.04%	-16.48%
全国	100.00%	49.61	100.00%	22.58	46.94	2.67	0	5.69%

注:2010年流出省外排名前五(TOP5)是新疆、内蒙古、陕西、北京、甘肃五个省级单位,而TOP10是指TOP5加上海、广东、山东、江苏、天津五省市。

兰州市大数据联合发布的《2017国庆中秋双节期间兰州人口流动大数据分析》显示,在2017年国庆、中秋双节期间,兰州市外出人口总数是185万余人次,去宁夏15.7万余人次。由此推断,2017年宁夏流动到甘肃的人口有可能进一步大幅度增加。

四、结语及对策建议

据课题组估计，2010 年宁夏流动人口总量为 182.19 万人，占同期全区实有 686.18 万人口的 26.6%，人口流动强度大大高于全国同期 19.58% 平均水平，主要原因是 2005 年以来区外流入人口大幅增加；2015 年宁夏流动人口下降到 157.07 万人，占全区实有 697.45 万人口的 22.5%，依旧高于全国同期平均水平，外来流入人口下降是主要原因。由于全国数据为官方数据，实际上存在 20% 左右的低估，因此 2010 年宁夏实际人口流动强度仅比全国高 3 个百分点左右，2015 年只高出 0.5 个百分点。总体来看，课题组估计的结果是相当可信的。2005 年以来，外省流入宁夏的人口大幅度增长，至 2012 年达到顶峰，这种人口的突发式增长很可能与 2008 年以来的西部大开发有较大关系，附着传统煤炭等资源的需求过剩，区外流入人口大幅度下降，至 2015 年区外流入人口下降到 42.83 万人。由于宁夏回族自治区人口主要集中在黄河沿线，考虑到下游发展的需要，宁夏发展的用水量应由国家统一制定，重点发展低水耗水产业。

本章参考文献

［1］马宗保. 社会资源共享与城市社会和谐——宁夏银川市流动人口调查报告［J］. 宁夏社会科学，2007（2）：71-77.

［2］马志俊. 宁夏银川市流动人口现状暨对策研究［J］. 西北人口，2007（5）：120-124+128.

［3］刘海飞，苏丙杰. 宁夏回族自治区流动人口时空特征及驱动因素［J］. 咸阳师范学院学报，2016，31（6）：85-88.

［4］李欣. 宁夏回族自治区人口城镇化问题研究［D］. 中央民族大学，2015.

［5］张慧琴. 宁夏回族自治区农村剩余劳动力转移研究［D］. 兰州大学，2010.

第三十一章
新疆维吾尔自治区人口流动流量、流向及其变化研究

摘 要：2010年之后，受国家新一轮大援疆政策推动，新疆流动人口迅速增加。大数据推断结果表明，2014年新疆跨区流入人口规模286.42万人，跨区流出人口规模80.98万人，跨区流出人口较2010年减少23.42万人，区外流入人口增加83.28万人。2014年，北京、甘肃、四川、陕西、河南等5省市是新疆人口的主要流出目的地，甘肃、河南、四川、陕西、江苏则是新疆区外人口流入的主要目的地，人口流量、流向的变化明显。

关键词：新疆流动人口；人口大数据；人口流向变化

第一节 新疆农村劳动力转移与外出人口增长

一、新疆流动人口研究简述

新疆土地面积广大，约占全国的1/6，但可开发面积上的人口密度达到300人/平方千米。早在2007年，自治区统计局根据2007年人口变动情况抽样调查数据推算，新疆流动人口已达392万人，占全区2095.19万常住人口的18.71%。而2010年第六次人口普查数据显示，全国人口流动强度也只有19.58%，意味新疆的人口流动强度至少与全国平均水平相当，原因是2010年4月，中央决定实施新一轮全国大规模对口援疆工作会带来较大的人口流动规模。自治区公安厅人口统计资料显示，早在1996年新疆流动人口就已经达到135.76万人，其中南疆占49.8%，省会乌鲁木齐流动人口绝

对值为 15.6 万人①。2010 年全国第六次人口普查时,官方公布数据显示,新疆全区流动人口总数为 486 万人,流出到区外的人口为 297261 人,外省流入新疆的人口为 1791642 人,净流入人口 1494381 人。与其他省区市一样,新疆第六次人口普查的流动人口数据主要是那些流动性较弱且工作相对稳定的农村劳动力人口,即通常所说的农民工人口,很多流动性较强、自雇或城市中小服务业从业人口并没有包括在内,因此存在严重的低估。例如,2014 年全区共登记流动人口总数 5570185 人,比 2011 年登记的 374 万人增加了 183 万人,2012 年为 418 万人,2013 年为 468 万人②。2015 年新疆 1% 人口抽样调查主要数据公报显示,全区常住人口中,人户分离半年以上人口为 437.44 万人,其中区内人户分离人口约为 259.54 万人,区外人户分离人口约为 177.90 万人。再如,新疆流动人口流入居住的时间短,以 2014 年为例,全区流动人口居住 1 个月以上、1 年以下有 3405608 人,占 98.02%,这种高流动性很难统计出全区真正有多少流动人口。

二、基于移动用户数量的农村劳动力人口流动量测度

有调查显示,2007 年全国外出农民工人均手机拥有率就已经达到 90%,意味着手机已经在劳动力人口当中普及。2010 年左右,手机基本上成了新疆的大众消费品,因此以全国人均手机拥有率为参照可以大致推算出新疆 2010 年以来年末平均人口的数量(见表 31-1)。以调整的户籍人口为参照,2005 年新疆净流出人口为 49.50 万人,2006 年下降到 9.24 万人;2007 年以来为人口净流入年份,2012 年人口净流入高达 379.21 万人,为历史高位,2015 年人口净流入下降到 171.61 万人,2016 年又有所恢复。从 2016 年的户籍人口来看,官方的常住人口应该没有将新疆建设兵团的人口统计在内。2010 年全国第六次人口普查数据显示,新疆流动到外省的人口为 29.7 万人,而外省流动到新疆的人口为 179.2 万人,净流入人口 149.4 万人。课题组认为,估计的结果虽然是年末总人口,而官方为常住人口口径,虽然两者在统计口径有较大的差别,但官方数据一直低于户籍人口数(调整值),无法反映西部开发对人口流动的影响。

---

① 任强,原新,马红梅.新疆流动人口分析[J].人口研究,1998(6):31-40.
② 杨莉莉,李荣辉.新疆流动人口服务管理现状分析[J].法制与社会,2015(22):207,211.

表 31-1　新疆实有人口及人口净流出（净流入）估计（2005—2016 年）

年份	全国		新疆	常住人口（万人）		人口流动（万人）	
	人均手机拥有率	年末移动用户数（万户）	人口估计（万人）	官方数据	户籍人口调整后	估计—官方差值	净流入
2005	30.26%	531.3	2597.92	2010.35	2647.42	587.57	(49.50)
2006	35.30%	671.1	2649.12	2050.00	2658.36	599.12	(9.24)
2007	41.64%	808.3	2672.35	2095.19	2670.14	577.16	2.21
2008	48.53%	1051.3	2789.21	2130.81	2681.31	658.40	107.90
2009	56.27%	1119.6	2713.30	2158.63	2691.87	554.67	21.43
2010	64.36%	1359.8	2801.33	2181.58	2702.58	619.75	98.75
2011	73.55%	1670.9	2937.30	2208.71	2713.15	728.59	224.15
2012	82.50%	2008.5	3103.20	2232.78	2723.99	870.42	379.21
2013	90.33%	2133.9	3077.74	2264.30	2734.91	813.44	342.83
2014	94.03%	2077.7	2951.82	2298.47	2746.38	653.35	205.45
2015	94.82%	2067.2	2929.05	2359.73	2757.44	569.32	171.61
2016	95.60%	2132.1	2981.76	2398.08	2768.52	583.68	213.24

注：年末移动用户数（列 3）和官方人口（列 5）来源于新疆各年度的统计年鉴。列 2 = 全国移动用户年末总数/全国总人口；列 4 = 列 3/列 2；列 6 以 2016 年户籍人口为基数，利用人口自然增长率对户籍人口数量进行调整，2015 年和 2016 年为官方户籍人口数；列 7 = 列 4 - 列 5；列 8 = 列 3 - 列 6 × 列 2。

三、新疆各地级市人口规模推算

在人手一机的情况下，若能知道一个地级市的手机用户数及人均手机拥有率，则可以快速初步估计该地级市的人口。据手机用户数估计，2016 年新疆人口总量为 2955.20 万人（见表 31-2）。其中，乌鲁木齐市为 514.82 万人，以户籍人口为参照，净流入人口 246.95 万人；巴音郭楞蒙古自治州净流入 74.63 万人（列 6），人口净流入地区合计净流入人口 501.18 万人。喀什、和田、阿克苏和克州四个南疆地级市区域为人口净流出 259.73 万人，其中喀什净流出 125.15 万人，其次是和田净流出 64.87 万人，阿克苏和克州两个地级市区域净流出人口分别为 52.42 万人和 17.30 万人。

表 31-2　新疆各地级市年末实有人口估计（2016 年）

地　区	总人口（万人）	移动电话数（万户）	调整手机拥有率	人口估计（万人）	人口净流入（万人）	城镇人口（万人）	乡村人口（万人）
乌鲁木齐市	267.87	503.49	98.68%	507.03	239.16	218.46	49.41
克拉玛依市	30.45	45.00	99.10%	45.28	14.83	30.16	0.29
石河子市	57.38	101.69	102.10%	100.48	43.10	44.05	13.32
吐鲁番市	63.27	72.20	93.92%	76.05	12.78	23.37	39.9
哈密市	56.16	59.97	97.99%	61.10	4.94	34.25	21.91
昌吉回族自治州	140.1	189.10	97.76%	192.24	52.14	59.44	80.66
伊犁哈萨克自治州	466.21	434.88	91.60%	474.02	7.81	194.25	271.96
伊犁州直属县（市）	297.32	304.90	90.06%	334.44	37.12	122.57	174.75
塔城地区	101.69	94.86	91.89%	103.10	1.41	45.95	55.74
阿勒泰地区	67.2	71.44	86.91%	80.24	13.04	25.72	41.48
博尔塔拉蒙古自治州	47.76	49.46	96.27%	51.24	3.48	19.64	28.12
巴音郭楞蒙古自治州	122.95	190.20	96.66%	194.31	71.36	64.51	58.44
阿克苏地区	250.83	183.40	94.02%	198.41	(52.42)	82.25	168.58
克孜勒苏柯尔克孜自治州	60.29	35.85	88.15%	42.99	(17.30)	13.39	46.9
喀什地区	451.47	292.84	92.58%	326.32	(125.15)	102.24	349.23
和田地区	244.98	161.52	92.41%	180.11	(64.87)	54.53	190.45
全省	2725.93	2790.80	94.05%	2967.38	241.45	1134.78	1591.14

注：年末实有人口估计方法同表 31-1，人均手机拥有量根据民族人口占比作出调整。

以喀什、和田、阿克苏和克州四个南疆地级市区域净流出人口推算，2016 年新疆总流动人口在 700 万人左右，区外流入 250 万人左右，区内流动 450 万人左右。据《法制日报》（2015-10-28）报道，2011 年乌鲁木齐市登记的流动人口仅 83.7 万人，而到 2015 年 10 月已办理居住证 203 万张。课题组的估计结果显示，仍旧有一部分外来流动人口并没有办理居住证，而 2010 年没办理的外来人口应该远不止 80 多万。另据新华网（2008-05-01）报道，早在 2007 年年底，新疆的流动人口就已达 392 万人，考虑到大量的漏计流动人口，2010 年新疆流动人口数量应当在 600 万人以上。

四、基于产出和从业人员占比的流出人口规模推算

蔡昉、王美艳（2014）的研究结果表明，官方统计高估农业劳动力的数

量和比重。例如，2012年中国农业劳动力占全国劳动力比重实际仅占19.8%，远低于官方统计的38.9%。他们指出，中国在2004年达到刘易斯转折点时，官方统计的农业劳动力比重为46.9%，学者估算的数字只有27.8%。按照学者估算的口径，2024年中国农业劳动力比重应该下降到只有7.8%。无论是实地调研还是学者们的估计，全国各地都存在农业劳动力比重高估的现象。研究发现，以官方统计公布的第一产业从业人员数量（官方数）乘以第一产业占GDP的比重才是真实的第一从业人员数量（估计数），而官方数与估计数之间的差额实际上是农村流出劳动力却依旧被记录为本地常住人口数量。估计结果显示（见表31-3），2010年以前新疆流向外省的人口基本保持在100万人以上的水平，而2010年之后增加到130万人左右，这种增加很可能是2010年"六普"之后的调整而非真正的增加；与西部大多数省区一样，区外流入人口在2012年达到顶峰。表30-3估计与表30-2有较大的差别，主要是无法准确地将兵团的流动人口计算在内，从而造成较大的估计误差。

表31-3 占比产出法——应计未计农村流出劳动力数（2005—2016年） 单位：万人

年份	全社会年末从业人员数	第一产业占GDP比重	第一产业实际从业劳动力	第一产业官方从业人员数	第一产业流出劳动力数	农村流出人口总数	流向区外人口数	流向本区人口数	区外流入人口数	全区流动人口总数	人口流动强度
2005	791.62	19.60%	155.16	408.00	252.84	316.05	94.82	221.24	45.31	266.55	10.3%
2006	811.75	17.30%	140.43	414.45	274.02	346.86	104.06	242.80	94.82	337.62	12.7%
2007	830.42	17.80%	147.81	417.73	269.92	346.05	103.81	242.23	106.03	348.26	13.0%
2008	847.58	16.50%	139.85	421.32	281.47	365.54	109.66	255.88	217.56	473.45	17.0%
2009	866.15	17.80%	154.17	427.48	273.31	359.61	107.88	251.73	129.32	381.04	14.0%
2010	894.65	19.80%	177.14	438.13	260.99	347.99	104.40	243.59	203.15	446.74	15.9%
2011	953.34	17.20%	163.97	463.91	299.94	405.32	121.60	283.72	345.74	629.47	21.4%
2012	1010.44	17.10%	172.79	492.36	319.57	437.77	131.33	306.44	510.55	816.99	26.3%
2013	1096.59	16.90%	185.32	506.35	321.03	445.87	133.76	312.11	476.59	788.70	25.6%
2014	1135.24	16.50%	187.31	515.21	327.90	461.82	138.55	323.28	343.99	667.27	22.6%
2015	1195.06	16.70%	199.58	526.82	327.24	467.49	140.25	327.24	311.86	639.11	21.8%
2016	1263.11	17.10%	215.99	549.14	333.15	482.82	144.85	337.98	358.09	696.06	23.3%

注：列2、列3数据来源于《新疆统计年鉴（2017）》。

以2014年为例，全区总从业人员1135.24万人，但第一产业占全区GDP比重仅为16.5%，因此第一产业从业人员实际也只占全部从业人员的16.50%

左右,即 187.31 万人,农村流出的劳动力 461.82 万人。根据农民工占流动人口的比重,还可以大致推算出不同年份的流动人口总数(列 7),并根据流向外省的比重推算出同期新疆跨区流出人口数量(列 8)。结果显示,2012 年新疆跨区流动人口总数高达 817 万人,人口流动强度也达到 26.3% 的高位,随后逐步下降,2015 年下降到 21.8%,2016 年有所恢复。

第二节 新疆外来流入人口大数据推断

一、流入人口大数据初始表征流量

要计算新疆跨区流入人口数量,只需要得到节前由新疆流向全国各地的人口数量即可。但节前新疆流出区外人口也包含一部分本区人口短期外出,因此必须尽可能地减少采样范围以将这一因素排除。课题组所归集的大数据采样表 PtopLineOut 中已经包含这些信息,对 PtopLineOut 数据表进行下述 SQL 查询操作:

SELECT province, name, to_char (sum (num), '99, 999, 999') as num0, sum ("singleNum") as sNum0, to_char (sum (per)/2.4, '99.999%') As per0
  FROM public. "PTopLineOut"
  where province = '新疆'
  group by province, name
  order by num0 desc

可以得到节前新疆人口流出目的地包括全国 15 个省级单位。从大数据归集的可表征人口流动流量的大小来看,节前新疆人口流向最多的省份是甘肃,大数据人口表征流量为 586865,占节前新疆流出总量的 28.93%。其次是河南、四川和陕西三个相邻省份。TOP10 人口流入省份占流出总量的 75.90%,表明新疆外来流动人口比较集中,推算采样期间新疆流出总量为 2103286(无量纲)。

由于上述查询只能得到流出省份中流量为 TOP10 的省份,且该流量并不直接代表人口流量,而是系统所记录的可代表人口流量的无量纲数据。若新疆节前流入该省人口占新疆总流出人口比重较低,则不能被系统记录,但该省流入人口流量却在某时段内进入其流入排名前 10 位,从而会发生数据的漏计,因此还必须对数据表 PtopLineIn 进行下述 SQL 查询操作:

SELECT province, name, sum(num) as num0, to_char(sum(per)/2.4, '9999.999%') As per0

  FROM public."PtopLineIn"

  wherename = '新疆'

  group by province, name

  order by num0 desc

第二次查询得到的省级单位 5 个,由于自新疆的流出量占青海和宁夏的流入量比重进入两省前 10 位,因此被查到相关记录。两次查询的结果如表 31-4 所示。流向甘肃、河南和陕西的流量稳定,可以 TOP3 为基准推算总流入量。

表 31-4   2014 年新疆跨省人口流入流量大数据采样

第一次查询				第二次查询			
流出地	流向地	大数据采样流量	占流出地比重	流入地	流出地	大数据采样流量	占流入地比重
新疆	甘肃	586865	28.93%	甘肃	新疆	586865	15.53%
新疆	河南	249143	11.19%	青海	新疆	25150	5.21%
新疆	四川	238610	11.38%	宁夏	新疆	13290	1.41%
新疆	陕西	163002	7.67%	台湾	新疆	60	0.14%
新疆	江苏	81562	3.72%	西藏	新疆	11	0.06%
新疆	山东	76162	3.32%				
新疆	湖北	61755	2.81%				
新疆	河北	54164	2.24%				
新疆	重庆	43204	2.20%				
新疆	北京	41885	2.44%				
新疆	浙江	26948	1.70%				
新疆	安徽	14418	0.37%				
新疆	广东	3186	0.41%				
新疆	湖南	412	0.07%				
新疆	福建	26	0.01%				
新疆	TOP10	1596352	75.90%				
新疆	全国	2103286	100.00%				

二、由大数据表征流量到人口流入量及流向测度

在大数据采样中,若能得到采样期内流入总量和流出总量,则根据人口净流入量就可以推算流出人口和流入人口。特别需要注意的是,大数据采样期内流入总量对应的是新疆本区人口跨省流出,而流出总量则对应新疆外省流入人口。通过查询计算,大数据采样期内流入总量为 594650,流出总量为 2103286,净流出量为 1508635。在前面的推算中,2014 年新疆净流入人口 205.45 万人,因此可以推算 2014 年新疆外省流入人口总量为 286.42 万人,同期新疆跨区流出人口为 80.98 万人。在计算出节前流出量占流出量的比重后,再乘以新疆区外流入人口总量,就可以得到各省 2014 年流入新疆的人口数量。大数据人口推算结果显示(见表 31-5),新疆区外流入人口主要来自甘肃、河南、四川、陕西等 4 个省份。其中,来自甘肃的省外流入人口为 79.92 万人(列 6),占新疆区外流入人口的 27.9%(列 5),占新疆无量纲人口流出量比重为 15.53%(列 3),以此推算出甘肃跨省流出人口数量有 514.51 万人(列 7);来自河南的流入人口有 33.93 万人(列 6),占新疆全区流入人口的 11.85%(列 5)。来自其他省级单位的人口流入如表 31-5 所示。

表 31-5 2014 年新疆跨区人口流入来源地及数量

来源地	人口大数据采样流量	占来源地比重	占新疆流入比重*	占新疆流入比重**	流入人口*(万人)	来源地流出人口(万人)
甘肃	586865	15.53%	28.93%	27.90%	79.92	514.51
河南	249143	—	11.19%	11.85%	33.93	—
四川	238610	—	11.38%	11.34%	32.49	—
陕西	163002	—	7.67%	7.75%	22.20	—
江苏	91791	—	3.72%	4.36%	12.50	—
山东	85714	—	3.32%	4.08%	11.67	—
湖北	69500	—	2.81%	3.30%	9.46	—
河北	60957	—	2.24%	2.90%	8.30	—
重庆	48622	—	2.20%	2.31%	6.62	—
北京	47138	—	2.44%	2.24%	6.42	—
TOP10	1641342	—	75.90%	78.04%	223.52	—
其他	461944	—	24.10%	21.96%	62.91	—
全国	2103286	—	100.00%	100.00%	286.42	—

注:占新疆流入人口比重*为第一次查询直接得到,而占新疆流入人口比重**则为推算得到的结果。

从流向构成百分比来看（见图31-1），甘肃、河南、四川占新疆外来人口的五成以上，其次是陕西，以陇海沿线及长江以北的京广线省级区域为主，表明新疆的外来人口多从铁路流入。大数据测定的河南籍人口是四川籍人口的104%，而2010年"六普"时两省之间的比例为110%。

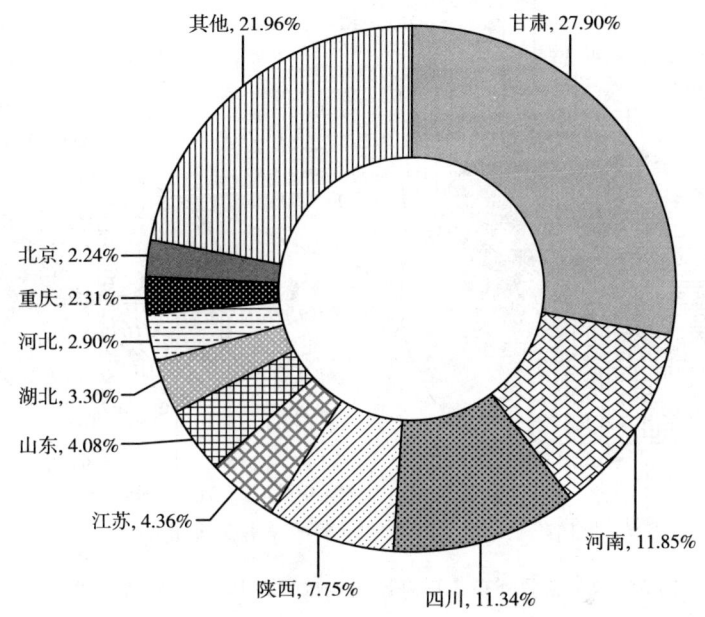

图31-1　新疆外来人口来源地构成（2010年"六普"数据）

三、2010年以来新疆外省人口流入变化

2010年"六普"数据显示（见图31-2），新疆全区跨省流入179.16万人。其中，河南籍38.66万人，占新疆外来人口的21.58%，居第1位；其次是四川籍35.09万人，占19.59%；排第3位的是甘肃，占19.23%。河南与四川同为人口流出大省，河南户籍人口约为四川的1.15倍，河南人口重心到新疆的距离约为四川的1.189倍，从人口重力模型来看，以四川为基数的河南籍流动到新疆的人口流量应为43.045万人，似乎河南籍人口稍微偏低，但这种偏低主要受交通条件的影响，即河南地处陇海线上，而四川至新疆的交通则较为不方便，河南的交通便利对人口流量的影响系数为11.34%。从人口流量重力模型来看，在新疆陕西籍人口数量和占比都可能偏低。与2014年大数据推算结果相比，2010在新疆甘肃籍人口占比也可能偏低，原因是甘肃与新疆

的距离较近，流动极为方便。2014年大数据推断结果显示，江苏和北京在新疆也有较大规模的人口，最为可能的原因是两地对口援疆，表现在春节节前时新疆有较大流量的流向京苏两地的人流，该流量为数据采集时所捕获。

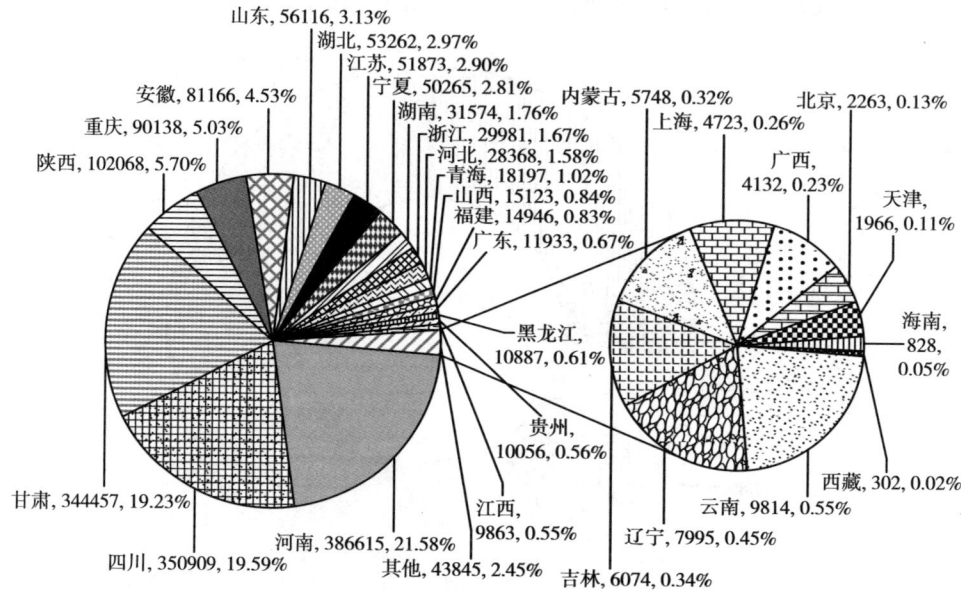

图31-2 新疆外来人口来源地构成（2010年"六普"数据）

以2014年为参照，课题组推算2010年新疆跨区流入人口为203.15万人，同期跨区流出人口104.40万人，净流入人口98.75万人。以此推算2010年以来新疆跨区流入人口流量的变化（见表31-6）。与2010年全国第六次人口普查相比，河南、四川、甘肃、陕西依旧位居前5位，但重庆退居第9位，安徽和宁夏已经退出前10位。流入人口排名前10位的省级单位中，来自河南、四川和重庆的流入分别减少了9.91万人、7.29万人和3.60万人，减少量与这些省市的户籍人口基本保持同比例。来自甘肃的流入增加最多，其次是陕西，来自江苏、北京、山东、河北和湖北的流入增加，与同期国家结对援疆有很大的关系。

兰州市大数据局发布的《2018年春节大数据报告》显示，2018年春节期间，外地来兰州总人数是294万人次，其中陕西来兰州人口最多，达到46.6万余人次，新疆为35.2万余人次，青海为32万余人次①。其中省内来兰州人数

---

① 参见：中国兰州网（2018-02-27）. 兰州市2018年春节期间外出人口逾179万人次［OL］. http：//www.sohu.com/a/224251736_137123.

表 31-6　　新疆区外人口流入流量、流向变化

来源地	2014 年			2010 年			新变化	
	流量当量	占总流量比重	人口估计	"六普"比重	"六普"数据	"六普"调整	占比变动	人口流量
甘肃	586865	27.90%	79.92	19.23%	34.45	39.06	8.68%	40.86
河南	249143	11.85%	33.93	21.58%	38.66	43.84	-9.73%	(9.91)
四川	238610	11.34%	32.49	19.59%	35.09	39.79	-8.24%	(7.29)
陕西	163002	7.75%	22.20	5.70%	10.21	11.57	2.05%	10.62
江苏	91791	4.36%	12.50	2.90%	5.19	5.88	1.47%	6.62
TOP5	1329411	63.21%	181.04	71.12%	127.42	144.47	-7.91%	36.57
山东	85714	4.08%	11.67	3.13%	5.61	6.36	0.94%	5.31
湖北	69500	3.30%	9.46	2.97%	5.33	6.04	0.33%	3.43
河北	60957	2.90%	8.30	1.58%	2.84	3.22	1.31%	5.08
重庆	48622	2.31%	6.62	5.03%	9.01	10.22	-2.72%	(3.60)
北京	47138	2.24%	6.42	0.13%	0.23	0.26	2.11%	6.16
TOP6—10	311931	14.83%	42.48	16.34%	29.27	33.19	-1.51%	9.29
其他	461944	21.96%	62.91	18.17%	32.56	36.92	3.79%	25.99
全国	2103286	100.00%	286.42	100.00%	179.16	203.15	0.00%	83.28

说明：2010 年区外流入排名前五（TOP5）是河南、四川、甘肃、陕西、重庆五省市，而 TOP10 是指 TOP5 加安徽、山东、湖北、江苏、宁夏五省区。

占总体比重为 69.41%。由于未能获得详细的报告和相关数据，因此无法给出课题组的判断，但可以大致判断 2017 年新疆跨区流入人口来自甘肃兰州地区的人口就有 35 万人左右，考虑到甘肃狭长的地形、人口分布及相邻因素，因此 2017 年甘肃流动到新疆的人口规模应该在 80 万人左右，表明课题组的估计是比较准确的。而兰州大数据局发布的 2017 年春节大数据报告显示[①]，春节来自新疆流入 28 万余人次，由此推断 2016 年甘肃流动到新疆的人口约 60 万人，少于 2017 年的流量。2018 年"五一"期间，来自新疆流入兰州为 14.5 万人次[②]，由于假期较低，可推算 2018 年甘肃在新疆的流动人口仍然保持在 60 万人左右的规模。

---

① 参见：中国甘肃网（2017-02-04）. 兰州市 2017 年春节期间人口流动大数据分析 [OL]. http://gansu.gscn.com.cn/system/2017/02/04/011596902.shtml.

② 参见：中国甘肃网（2018-05-04）. 兰州市 2018 年"五一"期间人口大数据分析 [OL]. http://gansu.gscn.com.cn/system/2018/05/04/011943138.shtml.

第三节 新疆流出人口大数据推断

一、流出人口大数据初始表征流量

对数据表 PtopLineIn 进行下述 SQL 查询操作：

SELECT province, name, sum（num）as num0, to_char（sum（per）/2.4, '9999.999%'）As per0
  FROM public. "PTopLineIn"
  where province = '新疆'
  group by province, name
  order by num0　desc

可以得到节前新疆人口流入来源地包括全国 14 个省级单位。查询得到流出省份中流量为 TOP10 的省份所归集的大数据人口流量当量为 426965，占新疆流出人口总量的 71.80%。为避免数据漏计，因此还必须对数据表 PtopLineOut 进行下述 SQL 查询操作：

SELECT province, name, sum（num）as num0, to_char（sum（per）/2.4, '9999.999%'）As per0
  FROM public. "PTopLineOut"
  where name = '新疆'
  group by province, name
  order by num0　desc

第二次查询共记录了 3 个省级区域的流入量。第二次查询对解决数据漏计或数据不一致的效用不大。两次查询输出结果如表 31-7 所示。

表 31-7　　　　新疆人口流出的初始表征量

第一次查询				第二次查询				
流入地	流出地	大数据采样流量	占新疆流入量比重	序号	流出地	流入地	大数据采样流量	占流出地流量比重
新疆	北京	75130	12.52%	1	甘肃	宁夏	56174	2.75%
新疆	甘肃	63334	10.98%	2	宁夏	宁夏	18	0.01%

续表

第一次查询				序号	第二次查询			
流入地	流出地	大数据采样流量	占新疆流入量比重		流出地	流入地	大数据采样流量	占流出地流量比重
新疆	四川	52977	9.24%	3	台湾	宁夏	14	0.13%
新疆	陕西	48441	8.31%	4				
新疆	河南	41505	6.97%	5				
新疆	广东	35958	6.06%	6				
新疆	江苏	33765	5.56%	7				
新疆	上海	33211	5.45%	8				
新疆	山东	30209	5.06%	9				
新疆	重庆	12435	1.65%	10				
新疆	浙江	10530	2.16%	11				
新疆	河北	1849	0.35%	12				
新疆	湖北	12	0.02%	13				
新疆	宁夏	10	0.01%	14				
新疆	TOP10	426965	71.80%	15				
新疆	全国	594650	100.00%	16				

二、由大数据表征流量到人口流量、流向测度

需要特别注意的是，节前由外省流向新疆的流量对应于新疆流出人口流量而不是相反。将各省节前回流量除以总流量，再乘以跨区总流出人口，就可以得到2014年新疆人口跨区流出各个流向的实际人口流量（见表31-8）。在前面的推算中，2014年新疆流出人口80.98万人。从大数据推断的结果来看，2014年新疆流向北京的人口有10.23万人（列5），占新疆跨区流出总量的12.63%（列4），居第1位；流向甘肃8.62万人，占新疆跨区外出总量的10.65%，居第2位；流向四川7.21万人，占跨区外出总量的8.91%，居第3位。流向五大目的地TOP5合计38.32万人，占跨区外出总量的47.32%。最后一列（列6）根据流入新疆的流量反推甘肃跨省流出目的地省份的跨省外来人口估计。例如，课题组推算同期甘肃跨省流入人口313.52万人。

表 31-8　2014 年新疆跨区人口流动流量、流向的大数据推断

流向	大数据表征流量	占流出地比重	占新疆流出人口比重	人口流出量（万人）	新疆流出目的地外来人口（万人）
北京	75130	—	12.63%	10.23	—
甘肃	63334	2.75%	10.65%	8.62	313.52
四川	52977	—	8.91%	7.21	—
陕西	48441	—	8.15%	6.60	—
河南	41505	—	6.98%	5.65	—
TOP5	281387	—	47.32%	38.32	—
广东	35958	—	6.05%	4.90	—
江苏	33765	—	5.68%	4.60	—
上海	33211	—	5.58%	4.52	—
山东	30209	—	5.08%	4.11	—
重庆	24836	—	4.18%	3.38	—
TOP6—10	157979	—	26.57%	21.51	—
其他	155284	—	26.11%	21.15	—
全国	594650	—	100.00%	80.98	—

从表征数据的变动来看，排在第 10 位的重庆和第 11 位的浙江实际上交替出现，因此可将第 11 位至第 14 位的表征数据量都计入重庆项上，从而计算出重庆流量占新疆总流出量的 4.18%，推算重庆流入新疆的人口达到 3.38 万人。

大数据推断结果显示（见图 31-3），新疆流出人口主要流向北京、甘肃、四川、陕西和河南等地，流向广东、江苏和上海等发达地区也有一定的比例。川渝吸引的新疆人较多可能与新疆外出人口较多地从事饮食行业有关。北京作为首都与新疆有较强的联系，甘肃、陕西、河南、江苏和山东则与陇海线有关。2010 年之后新疆外出人口有所收缩，因此 2010 年"六普"时新疆的外出人口有很大可能性超过 100 万人。

2010 年"六普"数据显示（见图 31-4），新疆流出人口 29.7 万人，主要流向北京、上海和广东等经济发达地区，其次流向四川、山东和江苏。"六普"数据中北京、上海和广东靠前很可能与这些地方加强对新疆籍人口登记管理有关，但实际人口数应是普查数量的 3 倍左右。

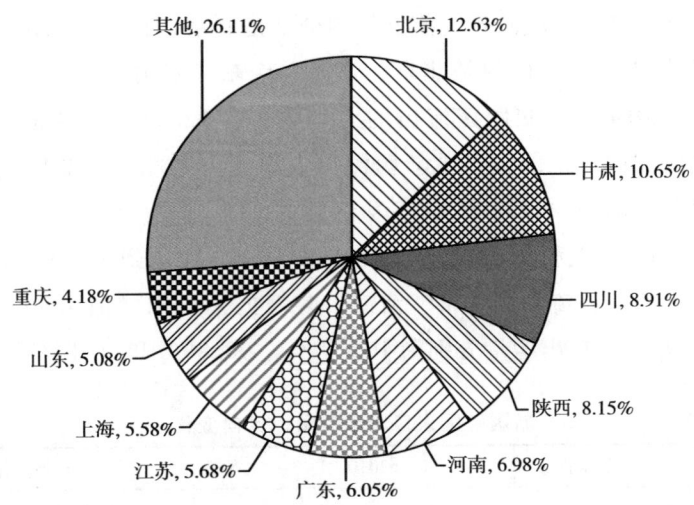

图 31-3 新疆外出人口流向目的地构成（2014年大数据）

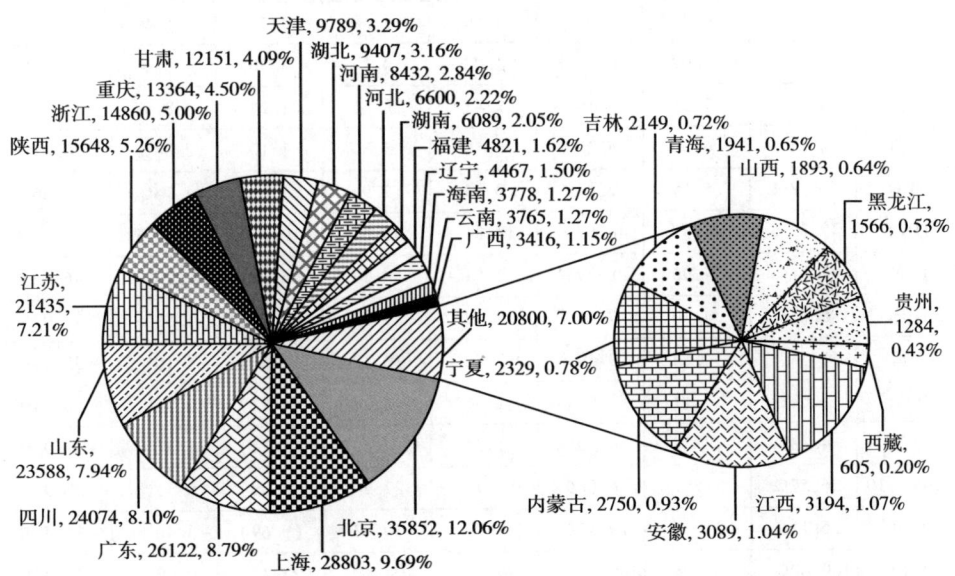

图 31-4 新疆外出人口目的地构成（2010年"六普"数据）

三、人口流出流量、流向变化测度和比较分析

前面课题组推算出2010年新疆流出省外人口104.40万人，2014年末跨区流出人口总量80.98万人，比2010年减少23.42万人（见表31-9）。2014年

新疆跨区流出人口中,流向排名前五位的分别是北京、甘肃、四川、陕西、河南,而 2010 年排名前五位的是北京、上海、广东、四川、山东。大数据分析的结果显示,2014 年新疆跨区流出的人口中,有 12.63% 流向北京,而 2010 年"六普"时流向北京的人口占新疆流出人口也大致相同。2010 年以来,离开上海、广东、山东、江苏等经济发达地区的新疆人分别达到 5.59 万人、4.28 万人、4.17 万人和 2.93 万人,流出减少量分别达到 55.29%、46.62%、50.34% 和 38.92%;流动到甘肃、河南、陕西的人口则增加 4.36 万人、2.69 万人和 1.10 万人,流出增量分别为 102.11%、90.86% 和 20.03%。

表 31-9　　　　　新疆跨区人口流出流量、流向变化

流向	2014 年大数据推断		2010 年			流量变化		
	大数据占比	人口流出	"六普"占比	"六普"流出	调整流出	人口变化	占比变化	人口变动率
北京	12.63%	10.23	12.06%	3.59	12.59	(2.36)	0.57%	-18.74%
甘肃	10.65%	8.62	4.09%	1.22	4.27	4.36	6.56%	102.11%
四川	8.91%	7.21	8.10%	2.41	8.45	(1.24)	0.81%	-14.67%
陕西	8.15%	6.60	5.26%	1.56	5.50	1.10	2.88%	20.03%
河南	6.98%	5.65	2.84%	0.84	2.96	2.69	4.14%	90.86%
TOP5	47.32%	38.32	46.57%	13.84	48.62	(10.30)	0.75%	-21.19%
广东	6.05%	4.90	8.79%	2.61	9.17	(4.28)	-2.74%	-46.62%
江苏	5.68%	4.60	7.21%	2.14	7.53	(2.93)	-1.53%	-38.92%
上海	5.58%	4.52	9.69%	2.88	10.12	(5.59)	-4.10%	-55.29%
山东	5.08%	4.11	7.94%	2.36	8.28	(4.17)	-2.85%	-50.34%
重庆	4.18%	3.38	4.50%	1.34	4.69	(1.31)	-0.32%	-27.94%
TOP6—10	26.57%	21.51	26.06%	7.75	27.20	(5.69)	0.51%	-20.92%
其他	26.11%	21.15	29.53%	8.78	30.83	(9.69)	-3.42%	-31.42%
全国	100.00%	80.98	100.00%	29.73	104.40	(23.42)	0.00%	-22.43%

注:2010 年流出区外排名前五(TOP5)是北京、上海、广东、四川、山东五个省市,而 TOP10 是指 TOP5 加江苏、陕西、浙江、重庆、甘肃五省市。

四、结语及对策建议

据课题组估计,2010 年新疆流动人口总量为 446.74 万人,占同期全区实

有 2801.33 万人口的 15.95%，人口流动强度略低于全国同期 19.58% 平均水平；2014 年新疆流动人口为 667.27 万人，占全区实有 2951.82 万人口的 22.6%，高于全国同期 18.50% 的平均水平。新疆的流动人口总量在 2012 年达到顶峰，随后开始下降，而 2016 年又有所反弹。总体来看，课题组估计的结果是相当可信的。

未来新疆面临民族人口长期失衡问题，主要表现为汉族人口出生率偏低。以 2011 年为例，38.34% 的汉族人口，汉族新生儿只占 17.39%。到 2016 年，汉族人口占全区人口比重下降到 36.71%，汉族人口比例持续下降及失衡只有依靠人口流动来弥补，而国家大规模援疆及东部地区对能源需求的下降将减缓这一趋势。从人口出生率来看，未来新疆的人口增势几乎是一种必然的趋势，例如，2011 年新疆新生儿 36.08 万人，以人均寿命 80 岁推算，未来新疆仅靠本地人口出生就能维持 2800 万人的规模，而目前新疆每年自然新增人口都保持在 11 万人以上的规模。

本章参考文献

[1] 法制日报（2015-10-28）.乌市流动人口"均等政策"实现全覆盖 居住证办理突破 200 万张 [OL]. http://legal.people.com.cn/n/2015/1028/c188502-27749928.html.

[2] 刘追，陈艳. 新疆省际人口迁移现状及效果评价 [J]. 西北人口，2013，34（6）：56-59，63.

[3] 马戎，马雪峰. 西部六城市流动人口调查综合报告 [J]. 西北民族研究，2007（3）：135-175.

[4] 马戎，王晓丽，方军雄，韩亚萍. 新疆乌鲁木齐市流动人口的结构特征与就业状况 [J]. 西北民族研究，2005（3）：5-42.

[5] 任强，原新，马红梅. 新疆流动人口分析 [J]. 人口研究，1998（6）：31-40.

[6] 新华网（2008-05-01）.新疆流动人口达 392 万人 占常住人口的五分之一 [OL]. http://news.sohu.com/20080511/n256778241.shtml.

[7] 新疆维吾尔自治区统计局. 2015 年新疆 1% 人口抽样调查主要数据公报 [OL]. http://www.xjtj.gov.cn/tjfw/dh_tjgb/201608/t20160801_509437.html.

[8] 杨莉莉，李荣辉. 新疆流动人口服务管理现状分析 [J]. 法制与社会，2015（22）：207，211.

附录：基于大数据的广州人口流动研究

阮晓波，周晓津①

摘　要： 传统的人口普查或人口调查数据日益转向大数据化，而基于移动通信、公共交通和社交网络的大数据分析更加有助于国家和地区的人口流动流量、流向及其变化研究，且更加精准、动态和实时。基于大数据的人口流动分析表明，广州春节节前外省返乡人口 600 万人左右，外来人口总量在 1100 万人左右。在加快实施国家大数据战略的背景下，应加快共享公共数据，而向企业采购数据用于大数据研究则更为重要和紧迫。

关键词： 广州市；人口流动；人口大数据；国家大数据战略

一、引言

国内有关人口流动研究的文献极为丰富，自 1980 年以来文献呈现指数化增长态势。传统研究按数据来源可分为两大类：一类是以全国的人口流动为研究对象，数据主要来源于全国人口普查和大型人口抽样调查。另一类是大城市与各地区的流动人口调查研究，通常以调查报告的形式出现。国家人口计生委流动人口服务管理司首次发布《中国流动人口发展报告 2010》，截至 2014 年已累计出版了 5 本《报告》，极大地丰富了我国流动人口研究。由于中国流动人口规模巨大，数据繁杂纷乱，境外学者文献数量稀少，且更多地引用中国大陆学者的数据和结论。尽管有人口普查，但从学界到政府再到社会公众，到目前为止对我国有多少流动人口？等基本问题都缺乏统一、明确的答案，相同年

---

① 作者简介：阮晓波（1963— ），男，浙江台州人；经济学副研究员，密西根大学访问学者。现任职于广州市社会科学院经济研究所，主要从事区域和人口经济及政府决策咨询研究。广州社科基金项目（15Y58）。

份的流动人口数量差异极大，同一年份不同来源的数据之间差距有些也大得惊人（段成荣等，《中国流动人口研究》，2011）。针对人口普查、抽样调查和大城市流动人口专项调查数据的静态性、年度数据缺失等问题，国内学者开始尝试从人口估计的角度取得相应的数据，包括对城乡剩余劳动力（周晓津，2008）、劳动力失业率（周晓津，2011）进行多方法估计。

广州市政府对外公布的流动人口数据主要来源于广州市社会科学院城市管理研究所的研究。根据他们的研究成果，广州市 2005－2010 年的流动人口数分别为 364 万人、399 万人、466 万人、500 万人、636 万人和 726 万人。2009 年和 2010 年广州公布的外来人口竟然每年新增 100 万左右，这种可能性是非常低的，唯一的解释是相关的流动人口研究方法、调查范围以及调研分析结果跟实际人口相比越来越接近，有了相当大的改进，而广州外来劳动力自 2005 年之后逐步减少。事实上，自 2004 年之后，广东跨省外来劳动力流入强度持续减弱，外省劳动力占全国比例从高峰期的 35% 下降到 2010 年的 28% 左右。

虽然国际上对大数据的研究主要集中在数据挖掘、可视化分析、云计算、信息检索等方面，研究内容涉及了生物学、传播学等不同学科领域，但利用大数据研究人口流动也日渐增加。国内外学者已经进行了较多的研究与探讨，主要是在 Twitter（Naaman M, Zhang A X, Brody S, et al., 2012）、Facebook、新浪微博（甄峰，王波，陈映雪，2012）等社交网络数据（用户地理位置）、移动手机通话数据（Krings G, Calabrese F, Ratti C, et al., 2009; Kang C, Zhang Y, Ma X, et al., 2013）、智能交通刷卡数据及城市监测设备数据的挖掘和分析基础上，通过研究城市间的网络活动来判断城市间内在联系和等级体系，模拟城市居民出行模式和人口流动变化来引导更加合理的交通规划和土地利用调整。

2014 年国内有关人口大数据研究文献日渐增加，但主要焦点集中于方法突破，实证研究文献却乏善可陈，基于大数据的广州人口流动研究尚属处于空白状态。胡巧玲、茹金平（《计算机仿真》，2014）利用改进算法进行大数据统计的人口迁移量预测，以提高人口迁移预测的准确度。王峰、唐美华（《移动通信》，2014）通过数据分析和数据挖掘，分析了城市人口的时空分布及动态迁移情况。赵时亮、高扬（《人口与社会》，2014）提出，利用手机与移动通信基站之间的广播机制，可以分析诸如住宅小区空置率和城市人口通勤的规模和流向等。李红娟（《现代管理科学》，2014）对大数据时代我国人口信息管理及应用进行了探索性研究。刘瑜、康朝贵和王法辉（《武汉大学学报》，2014）探讨了解释所观测移动模式的模型构建方法。童大焕（腾讯大家博客，2014）首次利用QQ大数据分析北上广深一线城市的人口流动情况。张强、周晓津（2014）利用移动通信总量数据对国内主要特大城市人口进行估计，其结果与京沪等城市最新调查人口相当一致。与传统依赖人口普查或人口调查的人口数据不同的是，基于大数据的人口流动研究更多地来自信息技术领域的专业人士，而传统人口学领域的研究成果将有助于大数据分类、聚类、回归、关联等分析和判断的有效性。

二、广州人口规模估计

区域人口规模是人口流动研究的基点。从城市手机用户数量及调查的人均手机拥有量来看，2014年国内有7个城市的手机用户总数超过2000万人（图1）。由于手机用户主要由15—64岁的劳动力人口所拥有，且每一个城市的人均手机拥有量并不相同，因此不能将手机用户总数与人口规模等同看待。在以前的系列研究中，我们利用了多种方法估计了上海的人口规模，发现估计结果与上海官方公布的结果非常接近，因此可以选择以上海为参照系来估计广州的人口规模。由于上海3293万手机用户对应1821万15—64岁的劳动力年龄段人口，那么广州3193万手机用户应该对应1765万同年龄段人口；该年龄段人口已经涵盖了广州全部的外来人口，加上广州800万户籍人口中的0—14岁及65岁以上的150万人口，广州总人口规模为1915万人。

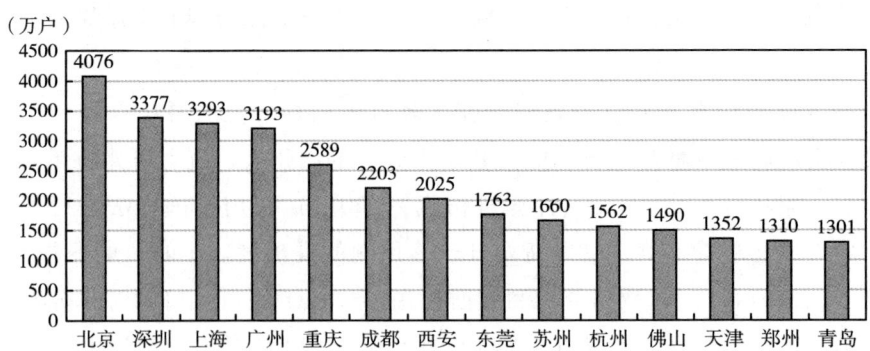

图1　2014年国内主要城市移动用户总数

周晓津等（2015）的人口估计结果表明，广州人口有两个快速增长阶段：一个是1980—1995年期间的快速增长，年均增加近50万人。期间1987年因前一年人口的过度流入而导致高失业使得该年度减少10万人；1989年的学生运动也导致人口一度减少。第二个快速增长阶段是1997—2005年，受香港回归和中国加入WTO推动，8年间实有人口增加665万人，年均增加83万余人（图2）。

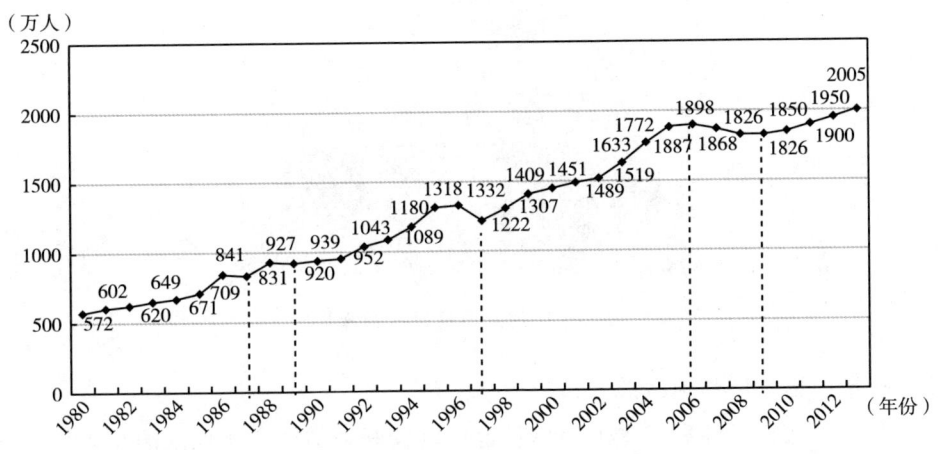

图2　广州人口规模估计（1980—2013年）

人的生存离不开水、粮食等生活必需品，人口与生活必需品的消费成相当强的正比例关系；人与经济活动紧密相关，人口与经济活动的结果同样呈现出较强的正比例关系。人口估算主要通过找出消费总量和经济活动总量和实际人均指标，就可以得出实际人口数量。根据《广州日报》报道（2013-02-20，记者徐海星、叶卡斯），截至2012年底，广州全市人口每天共消耗大米5000吨，食品油800吨，鸡蛋800吨，鸡160万只，猪2.1万头，鱼1600吨，菜8000吨，糖320吨，盐128吨（图3）。我们对此逐项进行分析。

首先，从人均每天食盐量来估计。通常成人每天食盐量6克左右会比较健康，若按人均每天6克食盐量计算，广州地区总人口为2133万人；考虑到广州人均食盐量较高，外来人口特别是农民工因劳动强度比较大，人均食盐量加倍，即每天食盐量为12克（如湖北省人均每天食盐量就有12克），因此若按人均日食盐量8克计算，广州地区的人口规模为1600万人。进一步考虑，800万广州户籍人口人均日食盐量按6克计算是48吨，剩下的80吨食盐由外来人口消费，按人均10克计算有800万外来人口；再将私盐考虑在内，据估计广东省有1500万人吃私盐，以此推算广州有300万左右人口可能吃私盐。因此

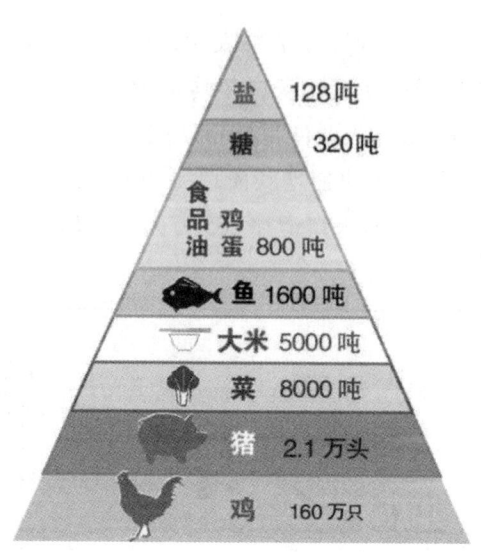

图3 广州人口每日"菜单"

按食盐量计算,广州地区总人口有1900万人。

其次,从食品油和鸡蛋的消费量也可以较好地估计广州地区的总人口。查《广州统计年鉴(2011)》,2010年广州户籍人口每年食品油和鸡蛋的购买量是14.56千克,折合日消费量为39.89克,将800吨的食品油鸡蛋消费量换算成克,再除以日人均消费量,得到广州地区总人口是2005万人。第三,从鸡和鱼的消费量来看,三口之家每周吃鸡2只左右,由此计算广州人口是1680万人,再将200万农村人口考虑在内,广州地区总人口是1880万人。

最后,从大米、蔬菜和猪肉的消费和购买量可以大体估计广州的人口。虽然广州本地户籍城镇居民家庭每天大米消费量不到100克,2010年仅99.45克,但总体上看,广州地区人均大米日消费量在250克左右,据此估算广州目前总人口规模为2000万人;按人均日消费蔬菜400克估计,广州目前总人口规模也是2000万人;以每1000人每天消费一头肥猪计算,广州目前的总人口规模是2100万人。综述所述,近年来广州地区总人口规模在1800万—2000万人。

三、基于QQ用户登录的广州人口流动分析

中国社会科学院人口与劳动经济研究所的王广州研究员认为,就目前的情况来看,我国的人口大数据的来源主要是人口普查、人口信息系统和行政登记

大数据。王广州（2015）根据人口数据的收集方式的不同，将中国人口大数据划分为全员人口大数据和特定人群或亚人口大数据。王广州研究员认为，全员人口大数据主要是人口普查信息和户籍管理信息，理论上覆盖全国所有人口，是最具有权威性和长期历史积累的大数据。虽然我们并不认可这种人口大数据的划分方式①，但基于早前年份的大数据缺失，人口普查数据仍然不失为重要的比较研究数据来源。

社交网络大数据中，对腾讯公司的 QQ 用户实时登录和微信用户的分析同样可以得到比较准确的人口分布及流动数据。由于 QQ 用户年龄主要在 18—50 岁之间，该年龄段也与外来人口的年龄结构基本一致。因此，通过分析春节期间大规模 QQ 登录地域的变动，可以推算城市区域该年龄段人口流动情况。童大焕（腾讯大家博客，2014）首次利用 QQ 大数据分析北上广深一线城市的人口流动情况。童大焕认为，包含瞬间流动人口在内，北上广深四城市 2013 年底的实际人口数量并非官方公布的 6930 万人，而是高达 16476 万人。童大焕的错误在于简单地将 QQ 用户与人口相对应，却忽略了这样的一个关键事实：QQ 活跃用户一方面可以通过电脑登录，另一方面更多地通过手机等移动用户端进行登录，而北上广深四个一线城市该年龄段的人均拥有 1.5 部手机。将这些关键因素考虑之后，四个一线城市 18—50 岁年龄段人口估计为 6414 万人，再加上四个一线城市户籍人口中该年龄之外的人口，以及外来流入人口该年龄段之外的人口，才是四个城市的总人口。

除必然考虑人口结构外，利用 QQ 登录进行城市人口估计时，必须考虑到商旅人员在某些特定地区频繁地登录现象。例如，最新汇集的 QQ 登录数据中（共 13.87 亿个登录帐号），东城区登录的用户总数占北京全市的 66.7%，黄浦区登录的用户总数占上海全市的 34.9%。从地域面积来看，北京东城区面积仅 41.84 平方千米，2010 年"六普"时户籍人口仅 91.9 万人，实有人口估计不超过 150 万人；上海黄浦区面积为 20.52 平方千米，其中陆地面积 18.71 平方千米，水域面积 1.81 平方千米，2014 年全区户籍人口 90.63 万人，常住人口 67.87 万人（很多黄埔户籍人口外迁到上海其他地区居住，实际人口估计与户籍人口相当，人口密度为 5 万人/平方千米左右）。众所周知，天安门地区日均人流量平时也有 40 万—50 万人，节假日、国庆高峰人流量通常在 100 万

---

① 随着现代信息技术在人口普查中的广泛应用，人口普查数据越来越多地具有大数据特性，我们称之为"大数据化"数据。

人左右。据法制日报报道，2014年10月4日国庆黄金周期间，天安门地区人流达到95万人。几乎所有外来游客都会到天安门，每年2.6亿旅游人员在东城区利用QQ登录的新用户记录在2015年就达到5212万人，占全市年国内游客总数的20%。黄浦区也是上海国内旅游和商务人员的首选地，广交会也为广州带来大量的商旅人员。

出于私人隐私保护，QQ登录数据集并不需要QQ代码、昵称等字段，只需要性别、等级、年龄、活跃度、省份和城市等字段。在数据问题足够大的情形下，性别因素基本可以忽略，用户自报的QQ年龄价值并不大，很难反映出QQ用户的真实年龄，因此所采集的QQ用户数据集只包括序列号、等级、活跃度、省份和城市等5个字段。由于上海官方人口数据比较准确，以上海为参照系国内四大一线城市初步的人口估计如表1所示。由于各城市年龄差异，QQ用户群体年龄主要在15—35岁，表1中的年龄结构调整系统也以上海作为参照系，系数越大表示年龄结构越年轻。2015年春节，北上广深四大城市QQ用户登录变动只有1%，表明四大城市人口流动流量、流向变化基本稳定，新增用户主要来自低龄人口的成长而使用新的QQ号码。估计结果显示，2014年春节期间，广州有1367万QQ用户离开，相当于880万人口离开广州。

表1 基于QQ用户登录大数据的中国一线城市人口估计（2013年）

城市 \ 指标	活跃度>30用户（万户）	初步人口估计（万人）	年龄结构调整系数	人口总规模（万人）
上海	2582.48	2500.00	1.0000	2500.00
北京	2488.76	2409.27	1.0400	2316.61
广州	2257.09	2281.81	1.0921	2030.37
深圳	2192.06	2122.05	1.1787	1800.38

四、基于网民地域分布大数据的广州人口流动

与传统的大数据化的人口分析与统计方法相比，真正的人口大数据研究主要来源于如下四种类型：一是移动通信用户所在基站位置数据和移动网络周期性位置更新数据，二是城市公交、地铁刷卡记录数据；三是交通大数据，如铁路交通（特别是高铁）、民航客运和公路客运等综合数据；四是社交网络大数据，如国内常用的腾讯QQ登录、新浪微博、百度搜索数据等。与传统大数据

化的人口数据相比，真正的人口大数据表面上看似与人口没有多大关系，但实际上这些数据的产生离不开人们的直接使用。相对于传统大数据化的人口数据的手工化生成，上述四种类型的广泛应用于人口流动研究的大数据则是持续不断地自然生成，且这种数据的分析利用离不开大数据分析工具。与QQ用户主要集中在15—35岁年龄段相比，以手机为代表的移动网络接入更具广泛性，人手一机成为15岁以上人口的标配。早在2007年，广州外来劳动力人口手机拥有率就已经超过100%，外来人口人均手机拥有率也接近100%，高于广州本地户籍人口人均手机拥有率。随着手机的普及，手机上网普及率迅速提高，网民地域分布也为人口流动分析的得力工具和渠道。

春节人口大迁移是人口流动研究难得的机会。据《南方日报》（记者/成希 通讯员/交通宣）报道，2015年春运40天（2月4日—3月15日）里，广州地区共发送旅客2953.64万人次，同比增长3.06%。其中，铁路发送1217.59万人次，同比增长16.07%；公路发送1395.12万人次，同比减少5.79%；水路发送4.10万人次，同比减少16.50%；民航发送336.83万人次，同比增长5.62%。随着贵广、南广、沪昆等高铁开通，铁路运力增长较大，铁路客流尤其是高铁客流增幅较大，春运期间广州南站高铁发送客运量已超过广州火车站和火车东站，约占铁路总客流40%[①]。春运之前返乡大军就已经出发，以学生流和自主就业客流为主；随着工厂放假，农民工成为返乡客流主力，同时农村留守人口南下过年客流也逐渐增多；春节期间旅游客流成为主力；农历下月初七前后南下过年客流继续回乡留守；初七至正月十七日则是返程客流南下高峰（图4）。

2015年春运期间，广州网民占全国比例由2015年1月31日（农历十二月十二日）的4.24%下降到2015年2月19日（农历正月初一日，春节）的4.34%。截至2014年12月底，全国网民64900万，由此推算春运期间广州出省人口净流出584.1万人；正月初二占比进一步下降到4.29%，推算广州本地人口春节期间出省旅游人口为32.45万人。根据国家卫计委流动人口司数据推算，同期广州外来人口中，来自本省的占66%，推算广州春运期间人口净流出为885万人，与前述利用QQ登录估计的流动人口相比，二者仅相差5万人，以QQ登录推算的880万人为基数，误差相当小（0.57%）。利用同样的方法，推算2015年春季广州交易会净增客流为79.48万人。

---

① 南方日报（记者/成希 通讯员/交通宣）．2015年春运大幕落下 广州发送旅客2954万人次[OL]．2015年3月15日．http://kb.southcn.com/content/2015-03/15/content_120069043.htm．

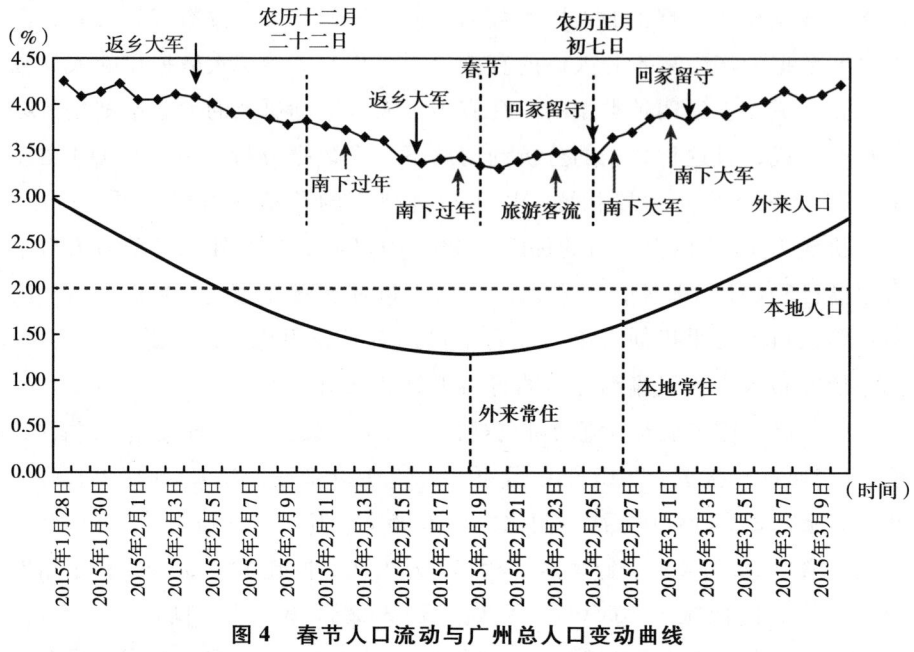

图 4　春节人口流动与广州总人口变动曲线

根据百度 2015 年春运人口迁徙大数据推断，2015 年春节前，北京、上海、广州、深圳、东莞流出人口占全国比例分别为 8.27%、6.11%、4.44%、6.91% 和 5.22%，流出人口占全国比例分别为 2.77%、1.93%、0.4%、0.3% 和 0.2%，五市净流入人口占全国比例分别为 5.50%、4.88%、4.04%、6.61% 和 5.02%。广州节外省前净返乡人口为 606 万人，居深圳、北京、东莞、上海之后列全国第五位，节前南下过年人口 60 万人。依据百度春运人口迁徙大数据推算的其他城市人口流动情况如表 2 所示。

表 2　百度 2015 年春运人口迁徙大数据推断

指标 城市	流出人口（%）	流入人口（%）	净流出人口（%）	节前净返乡人口（万人）	外来人口（万人）	户籍人口（万人）	总人口（万人）
北京	8.27%	2.77%	5.50%	825.3	1146.2	1335.0	2481.2
深圳	6.91%	0.30%	6.61%	991.4	1573.6	300.0	1873.6
上海	6.81%	1.93%	4.88%	732.1	1016.8	1429.0	2445.8
东莞	5.22%	0.20%	5.02%	752.9	1195.1	190.0	1385.1
广州	4.44%	0.40%	4.04%	606.4	1082.9	820.0	1902.9
天津	2.77%	1.20%	1.57%	235.5	327.1	1010.0	1337.1
重庆	2.31%	2.86%	-0.55%	-152.2	-310.7	3350.0	3039.3

五、结论及政策建议

2015年8月31日,国务院印发《促进大数据发展行动纲要》(以下简称"纲要")。纲要指出:2018年底前,建成国家政府数据统一开放平台;到2018年,跨部门共享校核的国家人口基础信息库。中共中央十八届五中全会提出,实施"互联网+"行动计划,发展分享经济,实施国家大数据战略。无论是国务院促进大数据发展行动纲要还是党的十八届五中全会首次正式提出的国家大数据发展战略,都明确地提出了国家大数据战略的实施推进时间安排,由于大数据研究的复杂性,时间极其紧迫。特别需要指出的是,人口大数据是其他大数据的基础和核心。严格说来,纲要提出的政府数据充其量只是大数据化的数据而非真正意义上的大数据,仅仅依靠政府数据进行跨部门共享校核,所得到的国家人口基础信息库只能是大数据化的数据。离真正意义上的大数据生成动态化、实时化、大容量化还有相当大的差距。因此,国家人口基础信息库的信息生成依旧离不开企业数据,特别离不开对移动通信、交通和社交网络等大数据的分析。

政府数据在获取的过程中往往需要付出巨大的成本。以人口普查为例,每五年一次的人口普查需要支付纳税人500亿元的直接成本,平均每年的直接成本就在100亿元以上。这种基于人力进行的普查会无可避免地存在各种各样的误差,而基于移动通信、交通和社交网络的人口流动大数据分析,将有助于提出更为精细和准确的人口基础信息,且这些基础信息可以进行动态化、实时化的更新和可视化呈现。无论是从培养大数据人才还是推进国家治理现代化角度,都需要移动通信、交通和社交网络等运营商向高校和科研机构提供尽可能过滤了私人信息的可用于大数据研究的数据接口。我们认为,为推进国家人口大数据研究,政府应明确立法要求移动通信运营商、公共交通运营企业(如地铁、公交、高铁、航空企业等)、BAT等掌握大数据的企业提供可用于研究的数据或数据接口。提供用于大数据研究的企业对其提供的数据进行必要的处理,同时政府向其支付费用(相当于政府采购),数据提供者的服务也可以税收抵扣的形式进行补偿。高校或科研机构也应明确数据需求。国家可设立大数据基础研究数据基金,基础研究数据向高校和科研机构开放。

参考文献

［1］Balázs Cs. Csáji, Arnaud Browet, V. A. Traag, Jean – Charles Delvenne, Etienne Huens, Paul Van Dooren, Zbigniew Smoreda, Vincent D. Blondel. Exploring the mobility of mobile phoneusers［J］. Physical A：Statistical Mechanics and its Applications. 2012：1459 – 1473.

［2］Gonzalea MC, Hidalgo CA, Barabasi AL. Understanding individual human mobilityparrerns［J］. Nature, 2008, 453（7196）：779 – 782.

［3］Song C, QU Z, Blumm N, et al. Limits of predictability in human mobility［J］. Science, 2010, 327（5968）：1018 – 1021.

［4］包婷, 章志刚, 金澈清. 基于手机大数据的城市人口流动分析系统［J］. 华东师范大学学报：自然科学版, 2015（5）.

［5］陈佳, 胡波, 左小清, 等. 利用手机定位数据的用户特征挖掘［J］. 武汉大学学报：信息科学版, 2014（6）：734 – 738.

［6］胡巧玲, 茹金平. 基于大数据分析的人口迁移量预测模型仿真［J］. 计算机仿真, 2014, 31（10）：246 – 249.

［7］刘瑜, 康朝贵, 王法辉. 大数据驱动的人类移动模式和模型研究［J］. 武汉大学学报：信息科学版, 2014（6）：660 – 666.

［8］王峰, 唐美华. 基于移动通信大数据的城市人口管理解决方案［J］. 移动通信, 2014（13）：38 – 41.

［9］王广州. 大数据时代中国人口科学研究与创新［J］. 人口研究, 2015（5）.

［10］张强, 周晓津. 我国大城市人口规模估算与调控路径选择［J］. 西部论坛, 2014（2）：1 – 16.

全书参考文献

［1］"湖南劳动力转化与人口流动"课题组. 湖南省劳动力的转化与人口流动［J］. 社会学研究, 1995 (3): 71-82.

［2］Albert Lepawsky. (1969). Redefinin the Metropolitan Area. *National Municipal Review*［J］. (25): 417-422.

［3］Anand Rajaraman, Jeffrey David Ullman. 大数据: 互联网大规模数据挖掘与分布式处理［M］. 王斌, 译. 北京: 人民邮电出版社, 2012.

［4］Balázs Cs. Csáji, Arnaud Browet, V. A. Traag, Jean-Charles Delvenne, Etienne Huens, Paul Van Dooren, Zbigniew Smoreda, Vincent D. Blondel. (2012). Exploring the mobility of mobile phone users［J］. *Physical A: Statistical Mechanics and its Applications*. 1459-1473.

［5］Daily Gretchen C, etal. Optimum human population size［J］. *Population and Environment*, 1994, 15 (6): 469-474.

［6］Jed A. Long, Trisalyn A. Nelson. A review of quantitative methods for movement data［J］. *International Journal of Geographical Information Science*. 2013 (2): 292-318.

［7］Michael Batty, (2008). "The Size, Scale, and Shape of Cities", *Science 8 February* 2008: Vol. 319 no. 5864 pp. 769-771, DOI: 10.1126/science.1151419.

［8］MP, Harris. J. Todaro. (1970). Migration, unemployment and development: a two-sector analysis. *American Economic Review*. Vol. 60.

［9］Peter Zadrozny, Raghu Kodali. Splunk. 大数据分析［M］. 唐宏, 陈健, 译. 北京: 机械工业出版社, 2014.

［10］Ravenstein E. G. The Laws of Migration［J］. Journal of the Statistical Society of London Vol. 48, No. 2 (Jun., 1885): 167-235.

［11］Shen, W. (2010). China in the global migration order—historical perspectives and new trends. *Asia Europe Journal*, 8 (1): 25 - 43.

[12] Sitaram Asur, Bernardo A. Huberman. Predicting the Future with Social Media, WI - IAT, 2010, *IEEE/ WIC/ ACM International Conference* 2010: 492 - 499.

[13] Zipf G K. The P1P2/D Hypothesis on the Intercity Movement of Persons [J]. American Sociological Review, 1946 (11): 677 - 686.

[14] 蔡昉. 中国流动人口问题. 中国社会科学院文库. 经济研究系列, 北京: 社会科学文献出版社, 2007.

[15] 陈铭, 张洁. 南京市人口与就业大数据分析研究 [J]. 改革与开放, 2018 (7): 23 - 26.

[16] 段成荣, 孙玉晶. 我国流动人口统计口径的历史变动 [J]. 人口研究, 2006 (4): 70 - 76.

[17] 国家统计局. 2011 年我国农民工调查监测报告, 2012. [R]. 2012 - 04 - 27. http://www.stats.gov.cn/ztjc/ztfx/fxbg/201204/t20120427_16154.html.

[18] 胡巧玲, 茹金平. 基于大数据分析的人口迁移量预测模型仿真 [J]. 计算机仿真, 2014 (10): 246 - 249.

[19] 黄荣清, 段成荣, 陆杰华, 黄文香, 张强, 王桂新. 北京人口规模控制 [J]. 人口与经济, 2011 (3).

[20] 基于 Hbase 的大数据存储系统研究开发 [D]. 西安理工大学, 2017.

[21] 蒋俊, 李夏风. 用科技提升警务用大数据提升效率——从打防管控到实有人口管理, 临江派出所创新基于人脸识别的基层警务新机制 [J]. 警察技术, 2018 (2): 17 - 20.

[22] 蒋小荣, 汪胜兰, 杨永春. 中国城市人口流动网络研究——基于百度 LBS 大数据分析 [J]. 人口与发展, 2017, 23 (1): 13 - 23.

[23] 靳鑫元. 基于移动通信大数据的人口流动性测度研究 [D]. 山西财经大学, 2017.

[24] 李强. 影响中国城乡流动人口的推力与拉力因素分析 [J]. 中国社会科学, 2003 (1): 125 - 136, 207.

[25] 李小云, 杨宇, 刘毅, 等. 1990 年以来中国经济重心和人口重心时空轨迹及其耦合趋势研究 [J]. 经济问题探索, 2017 (11): 1 - 9.

[26] 刘洁，苏杨，魏方欣. 基于区域人口承载力的超大城市人口规模调控研究 [J]. 中国软科学，2013（10）：147-156.

[27] 刘瑜，康朝贵，王法辉. 大数据驱动的人类移动模式和模型研究 [J]. 武汉大学学报：信息科学版，2014（6）：660-666.

[28] 马伟，王亚华，刘生龙. 交通基础设施与中国人口迁移：基于引力模型分析 [J]. 中国软科学，2012（3）：69-78.

[29] 孟东霞，陈刚，许美玲. 基于电信大数据的流动人口数据特征分析 [J]. 中国新通信，2016，18（19）：109.

[30] 孟东霞，何志强，安英博. 基于电信大数据的流入人口统计研究 [J]. 无线互联科技，2016（19）：111-112.

[31] 孟祥玉. 基于多源数据京津冀城市群边界识别研究 [D]. 中国地质大学，2017.

[32] 汤舸，高路拓，王咏笑. 控制人口？一剂开给上海的毒药 [OL]. 新浪博客（诗城栖居），http：//blog.sina.com.cn/smileliuhaimeng.

[33] 腾讯开放平台（2017-02-17）. 7000万的人流动与商机——北上广深四城"出行半径"大数据报告 [OL]. http：//www.cbdio.com/BigData/2017-02/17/content_5451555.htm.

[34] 涂子沛. 数据之巅：大数据革命，历史、现实与未来 [M]. 北京：中信出版社，2014.

[35] 王峰，唐美华. 基于移动通信大数据的城市人口管理解决方案 [J]. 移动通信，2014（13）：38-41.

[36] 王广州. 中国人口科学的定位与发展问题再认识 [J]. 中国人口科学，2017（3）：2-16，126.

[37] 王桂新，殷永元. 上海人口与可持续发展研究 [M]. 上海：上海财经大学出版社，2000（11）.

[38] 王桂新. 我国大城市病及大城市人口规模控制的治本之道——兼谈北京市的人口规模控制 [J]. 探索与争鸣，2011（7）：50-53.

[39] 王虹茵. 基于地理位置大数据的京津冀城市群短期人口流动研究 [D]. 大连理工大学，2017.

[40] 王贤文，王虹茵，李清纯. 基于地理位置大数据的京津冀城市群短期人口流动研究 [J]. 大连理工大学学报（社会科学版），2017，38（2）：

105-113.

［41］维克托·迈尔-舍恩伯格，肯尼思·库克耶. 大数据时代［M］. 盛杨燕，周涛，译. 杭州：浙江人民出版社，2012.

［42］温州新闻客户端（2017-05-01）. 移动大数据：温州中心城区首位度不佳 人口流动逆差大［OL］. http：//www.wzrb.com.cn/mobile/article778374show.html.

［43］吴群刚. 北京市人口规模现状与调控［J］. 城市问题，2009（4）：2-5.

［44］吴忠观编著. 人口科学辞典［M］. 成都：西南财经大学出版社，1997.

［45］肖子华. 大数据在流动人口服务中的应用［J］. 人口与社会，2017，33（2）：13-22.

［46］肖子华. 流动人口大数据的特征与应用［J］. 中国卫生人才，2017（4）：14-18.

［47］杨皓斐，曹仲，李付琛. 基于手机大数据的动态人口感知［J］. 计算机系统应用，2018，27（5）：73-79.

［48］姚前，谢华美，司恩哲，景志刚，胡青青. 基于征信大数据分析的中国劳动力人口迁徙研究［J］. 大数据，2016，2（5）：68-78.

［49］张强，周晓津. 行政控制还是市场调节？——我国大城市人口规模调控路径选择. 西部论坛，2014，24（2），1-16.

［50］赵时亮，高扬. 基于移动通信的人口流动信息大数据分析方法与应用［J］. 人口与社会，2014（3）：20-26.

［51］浙江新闻客户端（见习记者 王艳琼，2016-01-16）. 大数据告诉你：温州人口"体检"报告［OL］. https：//zj.zjol.com.cn/news/250064.html.

［52］钟德燕，郭欣，王小龙，李佳，吴磊，耿波. 基于移动通信大数据的地震灾区人口快速处理系统研究［J］. 山西地震，2018（1）：40-42.

［53］周天绮. 基于移动通信大数据的城市人口空间分布统计［J］. 计算机与现代化，2018（5）：45-49，55.

［54］周晓津，阮晓波，陈翠兰. 基于大数据的特大突发事故失联人员数量快速估计及对策研究［J］. 青岛科技大学学报（社会科学版），2017，33（1）：69-72.

［55］周晓津. 中国城乡富余劳动力的供给边界与规模测度［J］. 改革，2008（009）：148-154. 劳动经济与劳动关系（人大复印资料全文转载）.

［56］周晓津. 重庆市剩余劳动力转移与城乡统筹发展战略［Z］. 重庆蓝皮书（2009）.

［57］周晓津. 1978—2007年中国隐性失业，劳动力流动与整体失业率估计. 西部论坛，2011，21（1）：6-12.

［58］周晓津. 劳动力流动视野下的区域经济增长研究［M］. 北京：经济科学出版社，2011.

［59］周晓津. 农民工规模与市民化成本：基于福利经济学分析. 载李江涛主编：广州农村发展报告（2011），北京：社会科学文献出版社，2011：211-230.

［60］周晓津. 人口新常态约束、特大城市人口规模调控与城市转型升级. 西部论坛，2015，30（2）：1-11.

［61］"今日长征路"采访组. 劳务输出大区出现民工"荒"［N］. 中国财经报，2004-08-03（001）.

［62］《农民工的流动机理与管理对策研究》课题组. 浙江省农民工的现状及特征［J］. 嘉兴学院学报，2003，15（4）：5-11.

［63］《中国农业剩余劳动力利用与转移》课题组（课题主持人是陈吉元、庚德昌，报告由陈吉元、庆德昌、姚梅、张军执笔）. 中国农业剩余劳动力转移的道路选择［J］. 中国农村经济，1990（10）：7-15.

［64］刘丽伟. 2008年前三季度朝阳市共输出劳务44.2万人［N］. 辽宁日报，2008-12-26（16）.

［65］21世纪经济报道（2005-02-01）. 广东省总人口过亿 4200万流动人口成棘手问题［OL］. http://media.163.com/05/0201/11/1BGKCSFN001418 3O.html.

［66］艾观明（东乡县统计局）. 东乡劳务输出的喜和忧［J］. 统计与信息，1994（1）：23.

［67］安三荣，胡波（平邑县农村改革试验区办公室）. 劳务输出，政府当何为？——来自平邑县培育农村劳动力市场的调查［J］. 山东农业，1994（8）：8-11.

［68］鲍思顿，段成荣. 北京市流动人口数量变动历史趋势分析［J］. 西

北人口，2001（1）：2-5.

[69] 北京市人民政府.关于北京市人口问题与对策的综合报告［R］. 1984年11月.

[70] 毕明刚.会泽县劳务军团突破20万人［N］.云南日报，2008-11-24（007）.

[71] 编辑部综述.江西：三大基地支撑中部农业大省新崛起［J］.领导决策信息，2003（12）：26-27.

[72] 布仁.正视现状 广开渠道 寻求突破——内蒙古农村牧区剩余劳动力转移情况分析［J］.内蒙古统计，2001（4）：14-15.

[73] 曹本国.劳务输出大县开启"回归工程"［N］.经济日报.农村版，2006-06-12（A04）.

[74] 曹庭珍，余红永.对波阳县农村劳务输出状况的调查［J］.江西社会科学，1994（8）：25，35.

[75] 曾绍阳，唐晓腾.江西农民流动问题探析——对14县市20个村个案调查的一项综合分析［J］.江西社会科学，2002（1）：8-11.

[76] 曾艳红（武汉市经济研究所）.武汉市与其他大城市流动人口比较研究［J］.中国人口科学，1997（4）：30-35.

[77] 曾铮，田孟清.恩施州劳务输出效应分析［J］.中南民族大学学报（自然科学版），2004（4）：97-101.

[78] 常川.去年昌都实现劳务输出25万人次［N］.西藏日报，2010-01-21（001）.

[79] 巢湖市委党校课题组.巢湖市劳务输出的特点、问题和对策［J］.中共合肥市委党校学报，2004（3）：45-48.

[80] 陈传军，王永前.新泰打造劳务输出富民强市［J］.山东人力资源和社会保障，2003（6）：16-17.

[81] 陈德邻.劳务输出是山区脱贫致富的一条重要措施［J］.经济管理，1987（7）：15.

[82] 陈甫华（于都县人民政府县长）.把劳务输出作为一项新兴产业来抓［J］.老区建设，1993（12）：17-18.

[83] 陈华.安徽：劳务输出大省闹起"民工荒"［N］.工人日报，2007-02-27（007）.

［84］陈建华.云阳：把劳务输出做成大"产业"［N］.中国乡镇企业报,特别报道,2004-07-12（00D）.

［85］陈明金,汪显江.劳务输出宜宾新的经济增长点［J］.畜牧市场,1998（2）：31-33.

［86］陈武元（四川省社科院）,杨俊辉.四川"民工潮"的跟踪调查与研究［J］.农村经济,1995（2）：5-8.

［87］陈小平.原阳：劳务输出为农增收7.5亿［N］.河南日报,2006-12-27（004）.

［88］陈幸祉（衡水日报记者）.劳务输出全面激活衡水农村［N］.衡水日报,2006-03-31（A03）.

［89］陈颐（江苏省社科院）.劳务输出和农村劳动力的跨地区转移——江苏省南通市海门县包场区考察［J］.人口研究,1987（5）：20-25.

［90］陈英民.实施"三三制"就业格局推进农村劳动力转移［J］.农村经济导刊,2003（2）：16-17.

［91］程培光（江安县劳动局）.搞好劳务开发促经济发展［J］.四川劳动保障,1998（2）：10-10.

［92］崔国华.四川农村劳务输出的隐忧［J］.财经科学,1995（2）：68-69,71.

［93］代邦元,丁兴安.唱好劳务输出大戏挖掘农民增收潜力——广安区五乡镇农村劳务输出情况的调查与思考［J］.农村经济与技术,2002（10）：19-20.

［94］代迪尔.深圳市流动人口现状与趋势研究［J］.现代商贸工业,2016,37（32）：17-18.

［95］戴儒端.劳务输出是经济落后地区脱贫致富的捷径［J］.中国劳动科学,1987（6）：46.

［96］邓文国,鲁阳俊（巴中地区公安处）.对通江县公安局实施流动人口延伸式管理的调查［J］.四川省公安管理干部学院学报,1996（4）：19-20.

［97］邓祖善（贵州省政府经济社会发展研究中心）.贵州劳务输出服务工作亟待加强［J］.农村经济与技术,2003（6）：20.

［98］丁佳尧.衡东县劳务经济发展的调查［J］.衡阳通讯,2005（1）：

24-26.

[99] 丁解民. 劳务输出推动富民步伐 [J]. 群众, 2003 (8): 15-16.

[100] 丁金宏, 杨鸿燕, 杨杰, 等. 上海流动人口犯罪的特征及其社会控制——透过新闻资料的分析 [J]. 人口研究, 2001, 25 (6): 53-58.

[101] 董伟才. 关于我省农村富余劳动力转移就业的调查 [J]. 学习月刊, 2008 (2): 70.

[102] 窦贤君. 对无为县劳务输出情况的调查与思考 [J]. 乡镇经济, 2001 (4): 25-26.

[103] 杜安才, 张荣林, 吴刚 (中共浙江省委党校). 东阳县组织劳务输出的经验 [J]. 农业经济问题, 1984 (12): 46-48.

[104] 杜闻贞, 王辰 (南京大学经济系). 江苏省小城镇流动人口 [J]. 中国人口科学, 1989 (4): 63-64.

[105] 段成荣, 朱宝树, 崔传义, 陈友华. 春运与流动人口 [J]. 人口研究, 2009, 33 (1): 30-45.

[106] 段秦生, 高耀洲 (陕西省经济体制改革委员会农村处). 镇巴县农村剩余劳动力转移的启示 [J]. 理论导刊, 1996 (5): 16-17.

[107] 段园朴, 李济华, 罗立山, 黄涌. 永新县劳务输出的调查 [J]. 老区建设, 1993 (1): 27.

[108] 方由朝. 上半年全市劳务创收 15.1 亿元 [N]. 商洛日报, 2009-07-07 (002).

[109] 冯兰瑞. 农业剩余劳动力转移与城市化道路的选择——滁县地区调查研究报告 [J]. 改革, 1993 (4): 128-133.

[110] 冯祈善, 曾华亮. 重庆市流动人口管理研究 [J]. 重庆大学学报 (社会科学版), 1996 (4): 99-104.

[111] 冯宪 (重庆社科院社会所). 劳动力流动与特区发展 [J]. 特区经济, 1989 (4): 25-26.

[112] 伏文超 (中共蓬安县委). 第三冲击波——对蓬安农村 939 户农户劳务输出与土地经营情况的调查与思考 [J]. 农村经济, 1994 (10): 20-22.

[113] 傅镛堃 (福建省公安厅党委副书记、常务副厅长). 福建省流动人口管理现状与对策 [J]. 福建警察学院学报, 2001, 15 (4): 3-5.

[114] 甘敏. 六百万流动人口有了"居民"地位 [N]. 广西法治日报, 2012 – 02 – 22 (001).

[115] 干江东. 千万贵州农民工勇闯劳务大市场 [N]. 贵州日报, 2008 – 04 – 07 (010).

[116] 高振民 (湖南省人口研究所). 城市类型与外出流动人口的特征 [J]. 中国人口科学, 1989 (3): 56 – 61.

[117] 工人日报 (2006 – 03 – 12, 记者 李国 尹雪梅). 四川、安徽、河南三个劳务输出大省省长纵论劳务经济 [OL]. 人民网综合报道, http://politics.people.com.cn/GB/1026/4190972.html.

[118] 宫延怀, 常庆泉. 聊城市劳务输出的调查与思考 [J]. 山东人力资源和社会保障, 2003 (Z1): 12 – 14.

[119] 谷新珊. 抓住时机 抢占鳌头——劳务输出是促进湖南经济发展的一个不可替代的重要战略 [J]. 湖南社会科学, 1992 (4): 4 – 8.

[120] 顾海淞. "黔军"跃出千山来——贵州劳务输出的昨天和今天 [J]. 当代贵州, 2006 (16): 11 – 13.

[121] 顾军 (中共甘肃省委研究室), 冉万祥 (甘肃省农委). 劳务输出是贫困山区治穷致富的捷径——东乡族自治县的调查 [J]. 理论学习, 1987 (4): 25 – 28.

[122] 广东省委农村工作部经营管理处农村经济定点调查组. 广东省13个大队劳动力构成和使用情况 [J]. 农业经济丛刊, 1984 (4): 37, 18.

[123] 贵州都市报 (2009 – 12 – 01). 黔籍流动人口已达600多万人 四分之三流往省外 [OL]. http://www.gz.xinhuanet.com/2008htm/xwzx/2009-12/01/content_18375943.htm.

[124] 贵州流动人口状况及特征分析 [OL]. http://www.doc88.com/p-0129371095945.html.

[125] 贵州省统计局人口处 (2016 – 04 – 28). 2015年贵州省1%人口抽样调查主要数据公报 [OL]. http://www.gz.stats.gov.cn/tjsj_35719/tjgb_35730/tjgb_35732/201609/t20160929_1064862.html.

[126] 郭晓英. 重庆市人口结构变化对经济发展的影响及对策 [D]. 西南大学, 2011.

[127] 郭玉康, 李政顺, 朱德峰. 做强劳务经济 促进新农村建设——邯

郸市劳务输出调查报告 [J]. 中国就业, 2006 (7): 32-34.

[128] 郭正模, 孙成民, 王实 (四川省社科院农村经济研究所). 大竹县农村外出人员"回归"情况调查 [J]. 农村经济, 1998 (7): 9-11.

[129] 郭正模. 新农村建设背景下的四川劳务输出产业 [J]. 四川省情, 2006 (10): 29-30.

[130] 韩建国 (东陵市劳保局局长). 乐陵积极做好劳务输出工作 [J]. 山东人力资源和社会保障, 2001 (11): 20-21.

[131] 何洪华. 潼南县农村剩余劳动力转移的现状及对策 [J]. 重庆行政 (公共论坛), 2007 (6): 93-95.

[132] 何景熙, 罗蓉. 西部农业发达地区劳动力不充分就业问题初探 [J]. 管理世界, 1999 (2): 166-172.

[133] 何乃谦. 5000万民工狂潮 [J]. 南风窗, 1989 (6): 20-23.

[134] 何平涛. 龙岩市农村劳动力转移的几点思考 [J]. 闽西职业技术学院学报, 2005, 7 (1): 1-3.

[135] 何世宗, 潘可 (中共四川省宜宾地委研究室). 兴文县劳务输出情况调查 [J]. 山区开发, 1993 (2): 107-109.

[136] 何晓蓉. 为247万"新市民"服好务 [N]. 成都日报, 2009-01-09 (A01).

[137] 何志华, 赵玉梅 (湖北省统计局人口与就业处). 湖北劳动力流动的现状、趋势与对策分析 [J]. 人口研究, 1997 (1): 39-43.

[138] 河南省统计局人口处 (2014-05-06). 2013年河南人口发展报告 [OL]. http://www.ha.stats.gov.cn/hntj/tjfw/tjfx/qsfx/ndfx/webinfo/2014/04/1397722155096301.htm.

[139] 鹤城16万人走出黑土地 [N]. 黑龙江日报, 2005-08-04 (002).

[140] 洪大伟 (淮安市劳动和社会保障局). 做强劳务产业促进农民增收——对淮安市农村劳务输出工作的调查与思考 [C] //2003'江苏省劳动和社会保障论文集. 2003.

[141] 洪援朝 (陕西社科院人口所). 劳务输出与脱贫致富——山阳县经验的启示 [J]. 人文杂志, 1987 (5): 65-67.

[142] 胡铁球, 左理, 谭慧萍. 论农村劳务输出的结构特点及影响——

以湖南茶陵为例 [J]. 湖南农业大学学报: 社会科学版, 2002, 3 (1): 17-19.

[143] 胡遵远. 劳务输出是贫困地区农民增收的好路子——金寨县劳务输出工作的调查与思考 [J]. 中国贫困地区, 2000 (11): 9-10.

[144] 湖北省统计局人口处. 湖北人口流动进入新常态的思考 [OL]. 2015-03-02. http://www.stats-hb.gov.cn/tjbs/qstjbsyxx/111947.htm.

[145] 华伦辉. 上杭七万劳务大军转战大江南北 [J]. 就业与保障, 2003 (11).

[146] 黄丰盛, 夏学善, 刘顺梅. 劳务输出天地宽——湖南省安化县积极组织劳务输出帮助农民增收 [J]. 劳动保障世界, 2002 (7): 9-10.

[147] 黄华强, 任宏刚. 自贡市农村劳务输出的现状及对策 [J]. 农村经济, 2001 (4): 28-29.

[148] 黄松泉. 合肥农村劳动力转移的调查与思考 [J]. 中共合肥市委党校学报, 2003 (4): 38-40.

[149] 黄振芬. 加强深圳市流动人口管理之对策 [J]. 特区实践与理论, 1996 (11): 52-54.

[150] 黄志法, 傅禄建. 上海市流动人口子女教育问题调查研究报告 [J]. 上海教育科研, 1998 (1): 11-14.

[151] 吉林省农业委员会. 白城多渠道拓展劳务输出 [J]. 中国农业信息, 2002 (6): 21.

[152] 纪春明. 做强做大农村劳动力转移和输出产业 [J]. 唯实, 2003 (12): 94-95.

[153] 冀党生, 张燕友, 卢映川, 朱敏. 北京市流动人口现状与对策研究 [J]. 中国人口科学, 1995 (4): 54-61.

[154] 胡勇飞. 全省劳务输出达541.4万人 跨省劳务收入超450亿元 [N]. 江西日报. 2006-01-12.

[155] 姜海萍, 刘植鸿 (广东省深圳市妇幼保健院). 深圳市流动人口孕产妇死亡、儿童死亡5年观察 [J]. 中国公共卫生, 1997 (9): 39.

[156] 姜雪城, 王丽. "铁杆庄稼"还需精心栽培——西部部分省区农村劳务输出调查 [J]. 瞭望, 2002 (15): 42-43.

[157] 蒋书明. 劳务输出减缓就地转移略增江苏农村劳动力转移出现新变

化 [N]. 中国信息报, 2005-08-18 (003).

[158] 蒋天绪. 把劳务基地做大做强——绵竹市劳务开发工作纪实 [J]. 四川劳动保障, 2007 (Z1): 13.

[159] 蒋炜宁. 我市外来流动人口达331万人 [N]. 宁波日报, 2007-03-21 (A03).

[160] 蒋兴和, 高世明. "民工潮"稳"回引工程"兴 [J]. 四川劳动保障, 1998 (7).

[161] 经济转轨、劳动力市场发育与民工流动——中国大城市吸收农村劳动力研究 [J]. 中国农村观察, 1996 (5): 3-15, 65.

[162] 开封日报 (2015-01-07). 我市劳务经济再上新台阶-2014年农村劳动力转移就业86万人, 实现劳务收入195.6亿元 [OL]. http://kfrb.kf.cn/html/2015-01/07/content_198641.htm.

[163] 劳动保障部培训就业司, 国家统计局农调总队. 1997-1998年中国农村劳动力就业及流动状况 [OL]. http://www.lm.gov.cn/DataAnalysis/content/2002-06/07/content_342775.htm.

[164] 劳务输出大有可为——浙江省能工巧匠输出情况调查 [J]. 经济工作通讯, 1984 (7): 30. 由论文发表时间推算, 文中763.5万农业转移劳动力应该是指1983年末的数据。

[165] 雷思友 (四川省泸县卫生防疫站). 泸县1993年带入传染病例分析与控制对策探讨 [J]. 中华预防医学杂志, 1996 (1): 21.

[166] 李宝瑞. 安阳市劳务输出情况调查 [J]. 决策探索, 1996 (3): 45-47.

[167] 李德志. 把农民外出就业作为一个产业来抓 [J]. 赤峰学院学报 (自然科学版), 2003 (4): 93-94.

[168] 李迪良 (温州市委党校), 吴崇源 (温州市委党校), 刘化标 (温州市农委). 温州农业劳动力的转移和对策 [J]. 人口研究, 1988 (2): 32-37.

[169] 李东洲. 宁夏劳务输出现状和劳务经济发展趋势分析 [D]. 西北农林科技大学, 2006.

[170] 李凤虎. 郑州市区流动人口达223万人 [N]. 河南日报, 2010-04-20 (004).

[171] 李凤双, 鲍盛华. 产业工人"异地再就业" [J]. 瞭望, 2002

(39): 14-17.

[172] 李国臣. 全市劳务输出人数连续5年突破百万大关 [N]. 赤峰日报, 2010-11-07 (001).

[173] 李国民 (甘肃省劳动局). 从黄土坡走出的劳务大军——甘肃省中部地区发展劳务输出纪实 [J]. 发展, 1994 (9): 23-24.

[174] 李金平 (中共云梦县委). 加快富民强县步伐 积极组织劳务输出 [J]. 政策, 1995 (10): 44-45.

[175] 李明柱, 全恩德, 杨春. 山外积累 山内建设——寻甸县劳务输出有成效 [J]. 民族工作, 1995 (5): 20-21.

[176] 李权, 叶章龙, 刘玉兰. 毕节试验区农民增收问题研究——增加收入的最佳途径是劳务输出 [C]. 2007.

[177] 李仁平. 劳务输出成为农民收入的重要来源 [N]. 孝感日报, 2006-07-19 (002).

[178] 李树春. 劳务输出 农民走向市场的金色通道——响水县农村劳产业化开发的思考 [J]. 劳动世界, 1994 (2): 9-11.

[179] 李涛, 燕少红. 百万农村剩余劳动力大转移——安徽省阜阳市劳务输出的调查与思考 [J]. 内部文稿, 2002 (19): 27-30.

[180] 李享阳. 甘肃省农村劳务输出情况调查 [J]. 中国人力资源开发, 1992 (3): 43-45.

[181] 李小平. 古蔺县农村劳动力跨地区流动的调查 [J]. 农村经济与技术, 1995 (7): 18-19.

[182] 李勋来, 李国平. 农村劳动力转移模型及实证分析 [J]. 财经研究, 2005 (6): 78-85. 即: 劳动力流动等于城镇从业人员减去城镇职工人数加上农村从业人员减去第一产业从业人员 (农业从业人员), 劳动力流动率则等于劳动力流动数与劳动力资源总数之积.

[183] 李阳. 有序组织劳务输出 [J]. 中国老区建设, 2002 (11): 39.

[184] 李勇 (巴中市就业局). 巴中20万劳务大军活跃在省外 [J]. 四川劳动保障, 1999 (2): 32.

[185] 李勇 (巴中市就业局). 巴中市劳务输出十年成果 [J]. 劳动理论与实践, 1996 (6): 26.

[186] 李育民, 饶本春. 谈我省农村的劳务输出 [J]. 老区建设, 1994

(8)：33-34.

［187］李长春（宜宾县劳动局）. 宜宾县三年劳务输出七万六［J］. 劳动理论与实践，1996（3）：33-34.

［188］李佐华. 一项重要的产业——兴国县农村劳务输出调查［J］. 老区建设，1993（11）：30-31.

［189］连就服. 空手出门 抱钱回家——连州市劳务输出10年启示［J］. 创业者，1999（12）：42.

［190］廖世同，廖世添（广东省社科院）. 广东省人口流动趋势及其导向［J］. 中国人口科学，1989（6）：7-9，25.

［191］刘方军（江苏省劳动局）. 大力发展劳务输出 促进睢宁农民致富［J］. 江苏经济探讨，1994（6）：35-36.

［192］刘飞凤（东莞理工学院）."学生潮"与"民工潮"的关系及其影响探析——湖南省耒阳市暑假期间学生与民工人口流动动态的分析［J］. 湖南农机，2007（7）：20-22.

［193］刘观海. 福州市外来人口现状与管理对策的思考［J］. 福州党校学报，2001（3）：55-57.

［194］刘怀高，张凡，马永红. 甘肃省样本县劳务输出现状统计分析［C］//中国现场统计研究会学术年会. 1999.

［195］刘平. 对四川以建筑业为主的劳务输出问题的思考［J］. 理论与改革，2001（4）：47-48.

［196］刘绍荣（苍溪县劳动局）. 劳务输出铸造辉煌［J］. 四川劳动保障，2001（12）：18.

［197］刘延燕，袁京京. 以人为本 诚信至上 大力发展劳务经济——河南省滑县劳务输出工作情况［J］. 决策探索，2005（8）：65-66.

［198］刘洋. 我市有流动人口近1000万［N］. 重庆日报，2009-05-12（002）.

［199］刘耀. 流动人口对深圳社会经济发展的思考［J］. 南方人口，1996（2）：27-29，26.

［200］刘茵. 今年我市输出农村劳力上百万人次［N］. 长春日报，2008-11-30（001）.

［201］刘振杰. 河南省实现产业集聚和人口集中的现状、问题及对策——

基于商丘、周口、平顶山市的调研［J］. 农业现代化研究, 2013, 34（1）: 40-45.

［202］龙远蔚（中国社会科学院民族研究所）. 宾阳县农村工业调查［J］. 农业经济丛刊, 1987（4）: 29-31.

［203］卢亮森, 华伦辉. 走出大山——上杭县六万劳务大军输出纪实［J］. 就业与保障, 2001（2）: 32-34.

［204］鲁刚（山东社科院人口所）. 威海市人口迁移与流动在经济和社会发展中的作用［J］. 理论学刊, 1987（1）: 31-34.

［205］鲁奇, 杨春悦, 张超阳. 少数民族地区农村劳动力转移的调查研究——以广西壮族自治区为例［J］. 山西大学学报（哲学社会科学版）, 2007, 30（4）: 1-6.

［206］陆待君. 技能培训增本领 180万农民工抱财归［N］. 南充日报, 2009-12-05（001）.

［207］陆晓声, 陈正泉, 祝伟民（泰州市委办公室）. 泰州: 劳务输出呈"四新"［J］. 江苏农村经济, 2003（10）: 12.

［208］罗登华. 成都市外来人口的特点及管理模式的转变［J］. 成都大学学报（社会科学版）, 2002（3）: 34-38.

［209］罗久序, 白西兰. 加大农村劳务输出力度促进农民增加收入——对陕西农村劳动力转移情况的调查与思考［C］//中国农业经济学会2006年年会暨社会主义新农村建设学术研讨会. 2006.

［210］罗凌, 胡桂清. 贵州农村劳务输出及富余劳动力转移研究［J］. 贵州财经大学学报, 2002（1）: 71-75.

［211］罗茂初, 张坚, 高庆旭, 刘洪义, 刘鸿斌. 全面认识人口流动现象, 审慎选择对策——北京市流动人口调查［J］. 人口研究, 1986（3）: 2-7, 19.

［212］吕梁行署劳动局. 以劳务输出为龙头 推进开发就业［J］. 前进, 1998（4）: 16-17.

［213］马甫韬（中共青田县委党校）. 从青田经济发展看山区劳务输出问题［J］. 中共浙江省委党校学报, 1999（1）: 87-90.

［214］马平昌. 抓好劳务输出 促进农民增收［J］. 山东人力资源和社会保障, 2004（5）: 12-13.

[215] 马千里. 劳务输出助青海农牧民年增收 30 多亿元 [N]. 中国工商报, 2008-01-11 (001).

[216] 马戎. 南疆维吾尔族农民工走向沿海城市——新疆喀什地区疏附县劳务输出调查 [J]. 中国人口科学, 2007 (5): 23-35.

[217] 马文彬, 葛云伦. 中西部地区劳动力流动的新特征及发展趋势 [J]. 农业经济, 2003 (9): 40-41.

[218] 马侠, 王维志. 中国城镇人口迁移与城镇化研究——中国 74 城镇人口迁移调查 [J]. 人口研究, 1988 (2): 1-7, 64.

[219] 马晓娅 (涪陵地委政研室地区农委调查组). 垫江县劳务输出的调查及启示 [J]. 农村经济, 1993 (2): 34-35.

[220] 毛有祥. 劳务输出: 农村致富的一条重要途径 [J]. 今日浙江, 2003 (8): 38-39.

[221] 美国人口资料局最新第六版《人口手册》(PRB's Population Handbook, 2011, 6th edition) 下载地址: https://www.prb.org/wp-content/uploads/2011/09/prb-population-handbook-2011-1.pdf.

[222] 蒙东帆. 挥师大转移 奋力奔小康——对南部县劳动就业系统劳务输出情况的调查 [J]. 畜牧市场, 1997 (2).

[223] 莫荣, 贾红梅, 李宏. 中国农村劳动力流动就业最新统计分析 [J]. 经济与管理研究, 2002 (1): 41-44.

[224] 倪明. 对贵州省十三个贫困县劳务输出情况的调查 [J]. 调研世界, 1996 (3): 43-44.

[225] 农福田, 龙永国 (百色地区行政公署). 做好百色地区农村劳务输出的若干探讨 [J]. 广西农村金融研究, 1995 (1): 44-45.

[226] 潘岳生, 黄伟雄. 岳阳市发展劳务经济的做法和启示 [J]. 红旗文稿, 2003 (9): 15-17.

[227] 彭发强. 广东流动人口现况 [J]. 南方人口, 1992 (3): 24-27.

[228] 彭明龙, 罗玉全 (阆中市劳动局). "无烟工厂"的效应——阆中市加强劳务输出情况调查 [J]. 劳动理论与实践, 1996 (10): 28.

[229] 蒲艳萍, 刘婧. 劳动力流动对农村经济的影响效应——基于对重庆市 137 个自然村有无外出务工家庭的调查分析 [J]. 经济问题探索, 2010 (9): 43-49.

[230] 漆雁斌, 何训坤, 杨国先 (四川农大经贸学院). 合理推进四川、重庆农村劳动力流动的对策 [J]. 农村经济, 1997 (9): 5-6.

[231] 齐占. 齐齐哈尔 100 多万农民一年赚劳务费 40.5 亿元 [N]. 黑龙江日报, 2008-03-20 (009).

[232] 秦素梅. 从温州农民走出去看定西市劳务输出 [J]. 发展, 2005 (1): 70-71.

[233] 屈宏伟. 深圳流动人口超 1500 万 [N]. 深圳商报, 2013-10-29 (A02).

[234] 屈莉萍 (湖南省人民政府经济信息中心). 推进农村劳务经济发展的深层次思考 [J]. 湖南社会科学, 2004 (2): 88-89.

[235] 屈莉萍. 加强联系 促进发展——我省与周边省 (区) 经济联系的现状与对策 [J]. 学习导报-省情与对策, 1996 (7): 16-18.

[236] 璩勇 通讯员 樊光星. 一年挣回十八亿 [N]. 安康日报, 2006-03-01 (001).

[237] 人民网 (2006-12-12). 贵州: 外出流动人口五年增加了一倍多 [OL]. http://unn.people.com.cn/GB/14748/5154715.html.

[238] 人民网 (2010-02-23) -河南视窗. 河南外出务工人员队伍呈现出四大特点 [OL]. http://henan.sina.com.cn/news/2010-02-23/160916002.html.

[239] 任家宽. 甘肃省劳务输出的问题与对策 [J]. 河西学院学报, 2007, 23 (3): 39-41.

[240] 任强, 原新, 马红梅 (新疆大学人口研究所, 新疆公安厅). 新疆流动人口分析 [J]. 人口研究, 1998 (6): 31-40.

[241] 任宪民, 苏富年. 泗水县大力开展劳务输出 [J]. 山东人力资源和社会保障, 2000 (6): 17.

[242] 任宪民, 邹立勇, 王庆军. 泗水县劳务输出工作"十到位" [J]. 山东人力资源和社会保障, 2002 (7): 18-19.

[243] 荣华, 谷晓江. 贵州农村: 输出劳务 注入活力 [J]. 经济工作月刊, 1996 (Z1): 67-68.

[244] 申奉澈, 卢殿伟. 政府推动 市场拉动 政策促动 开放带动 有序流动 全力做好劳务输出工作——吉林省舒兰市大力开展劳务输出工作的调查报

告 [J]. 劳动保障世界, 2004 (5): 13-15.

[245] 沈成嵩 (金坛市农研会). 金坛劳力转移迎来艳阳天 [J]. 江苏农村经济, 2001 (12): 28.

[246] 省市社科联联合调研组, 万兵, 冯鸣, 张钢杰, 孙丽平, 宋光华, 马聪, 李新年, 崔俊敏, 周波. 信阳市劳务经济品牌及其提升研究 (一) [J]. 河南社会科学, 2006 (5): 193-196.

[247] 石祥记, 石佩晖 (华南师大经济系). 珠江三角洲人口流动和管理 [J]. 南方人口, 1989 (4): 12-15.

[248] 史秉恒. 甘肃省上半年劳务经济成果丰 [N]. 中国劳动保障报, 2007-07-19 (001).

[249] 史来平, 杨倩, 窦凯锋, 等. 关于陕西劳务输出的调查 [C] // 陕西省经济学学会会员代表会议暨第十九次年会论文集. 1999.

[250] 史培德 (河南省商丘市市长). 劳务输出富民兴市 [J]. 农村工作通讯, 2000 (11): 14.

[251] 司柏芝, 张永生, 高同先. 为了430万农民走向富裕——安徽省宿迁市农村劳务输出纪实 [J]. 中国就业, 2004 (5): 32-35.

[252] 四川劳务保障记者. 川中民工闯四方——遂宁市劳务输出成绩蜚然 [J]. 四川劳动保障, 2005 (1): 25.

[253] 四川省农调队、四川省社科院社会学所联合调查组. 百万"川军"在滇黔 [J]. 农村经济, 1988 (4): 14-15, 18.

[254] 宋代明, 缪恒军. 玉山县劳务输出分析 [J]. 老区建设, 1994 (4): 40.

[255] 宋一枫. 百万农民工年赚69亿元 [N]. 黑龙江日报, 2010-02-23 (006).

[256] 孙洪铭, 张婕. 大城市流动人口问题与对策讨论会综述 [J]. 城市问题, 1988 (3): 65-64. 由于统计口径和所指城市的范围不同, 其中数据与以前年度有冲突.

[257] 孙景隆 (贵州省农调队). 抓劳务输出 促脱贫致富: 贵州去年劳务输出117万人创收70多亿 [J]. 农村经济与技术, 1997 (10): 15-16.

[258] 孙景隆 (贵州省农调队). 百万"黔军"闯天下 一年创收三十亿 [J]. 农村经济与技术, 1995 (10): 35-36.

[259] 孙景隆. 去年我省劳务输出再创佳绩 [J]. 农村经济与技术, 1998 (9): 49.

[260] 孙立刚. 佳木斯 35 万"农转"大军各显神通 [N]. 黑龙江经济报, 2008-12-22 (007).

[261] 谭仁洲（四川省就业服务管理局）. 今春我省民工流动的主要特点 [J]. 劳动理论与实践, 1998 (5): 9.

[262] 谭仁洲（四川省就业局）. 今春我省民工流动的特点及成果 [J]. 劳动理论与实践, 1996 (6): 26.

[263] 谭仁洲（四川省民工疏导办）. 今春我省民工有序流动工作的成效和问题 [J]. 劳动理论与实践, 1997 (5): 9.

[264] 唐淑君. 40 万民工出大山 [J]. 税收与社会, 1998 (12): 23-25.

[265] 田逢春. 昭通市——输出劳力 110 万实现收入 88 亿元 [N]. 云南日报, 2008-04-08 (002).

[266] 田富强. 陕西农村劳动力流动研究 [D]. 西北农林科技大学, 2007.

[267] 田相波, 周淑英（山东省沂水县劳动和社会保障局）. 加强欠发达地区农村剩余人力资源的开发 [J]. 甘肃理论学刊, 2002 (10): 65, 67.

[268] 万兆泉. 农村人口流动对江西经济发展的影响 [J]. 科技创新导报, 2007 (2): 97.

[269] 汪辉. 郑州流动人口超百万 [N]. 郑州日报, 2007-09-11 (002).

[270] 汪立军. 山区剩余劳动力流向的考察与思索——新县劳务输出情况的调查 [J]. 信阳师范学院学报（哲学社会科学版）, 1987 (3): 134-138. 在文献原文中, "输出劳力占总劳力的百分之二十三", 依文义可能意味着独自外出还有 1168 人.

[271] 汪琪. 金堂劳务开发抱回"金娃娃" [J]. 四川劳动保障, 2002 (8).

[272] 汪洋. 新民市转移农村劳动力 10.6 万人 [N]. 沈阳日报, 2008-11-12 (004).

[273] 王海英. 我区 77 万农民工赚回 33 亿 [N]. 宁夏日报, 2007-01-27 (002).

［274］王建保. 我市全年劳务输出超 30 万人［N］. 固原日报，2009 - 12 - 06（001）.

［275］王敬（沭阳县统计局）. 输出农工十一万 赚回钞票两亿元［J］. 江苏统计，1994（4）：14.

［276］王静宇. 成都 500 多万流动人口可享均等化服务［N］. 成都日报，2016 - 11 - 22（009）.

［277］王拉田. 我市百万农民转移就业［N］. 宝鸡日报，2009 - 12 - 28（003）. 劳务收入 58 亿元.

［278］王莉. 中国的人口流动［J］. 数量经济技术经济研究，1996（2）：19 - 21.

［279］王淼森. 河北劳务经济迅速壮大［J］. 中国就业，2006（4）：27 - 28.

［280］王民三（贵州省粮食局）. 紫云县劳务输出情况调查［J］. 农村经济与技术，1997（8）：26.

［281］王清秀，于明泉. 山东省德州市劳务输出的现状、问题及对策［J］. 理论学刊，1995（2）：64 - 66.

［282］王实. 抓住时机 推进劳务输出产业化发展——四川省仁寿县劳务输出调查［J］. 农村经济，2002（10）：23 - 24.

［283］王世甫. 我市 69.2 万劳务大军实现收入 32.8 亿元［N］. 通辽日报，2010 - 01 - 18（001）.

［284］王树瑜，杨大奇，张尚武，等. 八万大军走天涯——浦城县劳务输出拉动经济发展纪实［J］. 就业与保障，2001（4）：29.

［285］王天霞. 重庆人口空间分布及趋势性研究［D］. 重庆工商大学，2016.

［286］王婷. 贫困山区劳务经济发展模式探索——以宁夏南部山区为例［J］. 农业经济问题，2007（s1）：172 - 177.

［287］王伟武，李王鸣，陈晓平. 杭州城市流动人口时空演变及其机制分析［J］. 浙江经济，1997（10）：60 - 63.

［288］王晓宁. 我市劳动力转移就业 112 万人［N］. 渭南日报，2009 - 12 - 22（002）.

［289］王晓燕. 扩大劳务输出 促进社会流动 增加农民收入［J］. 安徽行政学院学报，2002（5）：7 - 8.

[290] 王孝中,胡凤银.安庆市农村劳动力转移与返乡创业情况调查[J].中国就业,2005(8):20-21.

[291] 王永江,王永治.劳动力必须有一定的自由流动[J].经济问题探索,1980(6):47-55.

[292] 王正泰.把劳务输出作为农民增收致富的有效途径[N].大理日报(汉),2008-10-04(A03).

[293] 王正忠.安徽民工有"流"无"潮"[J].瞭望新闻周刊,1995(9):37.

[294] 王志迁,汪维良.响水县农村劳动力转移的调查与思考[J].农业科技通讯,2004(1):31-33.

[295] 王仲斌.河南:"输出经济""回归经济"齐飞[N].中国县域经济报,2008-02-07(001).

[296] 王自红.陆良劳务输出的启示[J].创造,2003(12):37-38.

[297] 韦辉国(都安县委宣传部).劳务输出——石山地区解决温饱问题的重要选择——都安瑶族自治县的调查[J].广西民族研究,1996(2):17-20.

[298] 韦世平.广南县农村剩余劳动力转移的启示[J].创造,2005(10):6-7.

[299] 魏淑清.宁南山区劳务输出问题实证分析[J].安徽农业科学,2007,35(35):11691-11693.

[300] 吴怀连.八十年代农民离土浪潮——10省(区)23县(市)农村调查[J].人口学刊,1989(5):41-49.

[301] 吴晶.内地来疆流动人口超200万[N].阿克苏日报,2008-02-27(005).

[302] 吴开明.扩大劳务输出 加快脱贫致富[J].民族论坛,2001(5):40-41.

[303] 吴荣平.高邮市农村富余劳动力输出工作的调查与建议[J].中国职业技术教育,2005(18):32-33.

[304] 吴寿平.农村劳动力流动、人口城镇化与城乡居民收入差距的实证研究——基于1978—2015年广西的数据[J].学术论坛,2016,39(8):41-47.

[305] 吴忠观.人口科学辞典[M].成都:西南财经大学出版社,1997.

[306] 吴忠堂. 我市去年劳务输出创收 51.9 亿元 [N]. 汉中日报, 2009 - 02 - 28 (002). 劳务输出 66.3 万人.

[307] 向金云. 对贫困地区农村劳务输出的调查——来自湖南省辰溪县的调查报告 [J]. 文史博览, 2005 (Z2): 65 - 67.

[308] 项开文. 毕节地区劳务输出人数达 130 余万 [N]. 贵州日报, 2009 - 11 - 11 (008).

[309] 项伟民 (市社科院法学研究所). 上海外来流动人口的特点和管理 [J]. 社会科学, 1994 (8): 59 - 62, 37.

[310] 肖金成 (国家计委经济研究所 中国社科院博士生). 劳动力转移: 部分贫困地区快速脱贫之路——丹凤农村调查报告 [J]. 探索与争鸣, 1996 (12): 21 - 23.

[311] 肖磊. 四川省人口流动空间特征研究 [A]. 中国城市规划学会、沈阳市人民政府. 规划 60 年: 成就与挑战——2016 中国城市规划年会论文集 (13 区域规划与城市经济) [C]. 中国城市规划学会、沈阳市人民政府:, 2016: 11.

[312] 肖奕友 (吉安县农村工作办公室). 劳务输出是脱贫致富奔小康的一条捷径——吉安县劳务输出的实践与思考 [J]. 地方政府管理, 1993 (2): 8 - 10.

[313] 谢富功, 李鸣声. 迂回振兴之路——信阳市实施劳务输出与返乡创业辩证发展战略 [J]. 中国就业, 2002 (7): 24 - 25.

[314] 谢佳. 登记暂住人口 1545.3 万人 [N]. 人民公安报, 2007 - 02 - 02 (001).

[315] 新华每日电讯 卢刚 (2002 - 07 - 06). 北票劳务输出一年挣回两亿.

[316] 新华网 (2006 - 03 - 28). 2005 年四川转移和输出农村劳动力 1637.3 万人 [OL]. https://news.qq.com/a/20060328/001649.htm.

[317] 新华网 (2005 - 02 - 18). 劳务"豫军"闯世界十多亿汇款春节入河南 [OL]. http://news.163.com/05/0218/14/1CSLC6KK0001124T.html.

[318] 新华网 (2006 - 12 - 11). 贵州: 外出流动人口五年增加了一倍多 [OL]. http://news.sohu.com/20061211/n246954854.shtml.

[319] 馨平. 海东 51 万农民从务工向创业转型 [N]. 青海日报, 2009 -

01-04 (001).

[320] 熊思远,王文兵.云南农村劳动力流动与人力资源开发研究[J].经济问题探索,2001 (12):111-116.

[321] 宿传勤,张兆军.强力推动 优势带动 努力提高劳务输出的规模和层次[J].山东人力资源和社会保障,2002 (Z1):30-31.

[322] 胥洪清.搞好劳务输出 繁荣农村经济[J].农村经济,1985 (10):7-9.

[323] 徐宏伟,唐铁山.湖北省农村剩余劳动力转移影响因素的实证分析[J].湖北社会科学,2015 (8):61-67.

[324] 徐辉(厦门大学人口研究所).流动人口与劳动力市场——厦门经济特区的情况分析[J].人口学刊,1997 (4):39-42.

[325] 徐家安.加强水上管理 确保春运安全[J].交通企业管理,1989 (1):40.

[326] 徐立模.广安劳务输出期待新发展[J].四川劳动保障,2002 (9):38.

[327] 徐涛.我市流动人口累计达247万人[N].南京日报,2007-03-11 (A01).

[328] 徐天琪(杭州大学人口研究中心),叶振东(绍兴市社会科学联合会).论"两栖人口"——四论农村劳动力转移[J].人口研究,1987 (6):8-12.

[329] 徐西昌,宫继新.动真的 来实的——泰安市劳务输出工作成效显著[J].山东人力资源和社会保障,2002 (6):12-13.

[330] 许昌市政协调研组.扩大劳务输出 繁荣农村经济[J].协商论坛,2005 (11):15-17.

[331] 严德兴,吴斌(巴中市劳动力保障局).做大做强劳务支柱产业[J].四川劳动保障,2003 (7):28-29.

[332] 阎海旺,张四秀.山西农村劳务输出的现状、问题及对策[J].山西财经学院学报,1995 (2):10-11+6.

[333] 阎行.印江土家族苗族自治县劳务输出现状浅析[J].贵州民族研究,1997 (3):53-57.

[334] 央广网河南分网(2017-10-13).河南移动发布大数据报告[OL].

http://www.10086.cn/aboutus/news/fd/index_detail_12904.html?id=12904.

[335] 杨常青（信宜市民政局）．加强劳务输出 促进经济发展——信宜市劳务输出的调查 [J]．南方论刊，2000（7）．

[336] 杨凤华（邻水县劳动局）．邻水县精心组织劳务输出 [J]．四川劳动保障，1997（6）：24．

[337] 杨明生，胡忠诗．推进农村城市化的一种尝试——解析宜城市农村劳务输出现象 [J]．中国建设信息，2004（3）：60-62．

[338] 杨明生．解读宜城民工潮 [J]．小城镇建设，2003（1）：20-21．

[339] 杨佩彰．镇原农民走南闯北勤劳致富 [J]．农业科技与信息，1998（5）：42．

[340] 杨顺成（四川省扶贫开发办公室）．四川劳务开发现状、特点及其功能 [J]．山区开发，1994（2）：42-45．

[341] 杨素高．三都五万农民走四方 汇款两千多万回水乡 [J]．中国贫困地区，2000（2）：29．

[342] 杨彦生．劳务输出是发展县域经济的有效途径 [J]．中国城市经济，2003（4）：69-70．

[343] 杨永禄．对临潭县扶贫开发的几点思考 [J]．甘肃农业，2001（1）：10-12．

[344] 叶菊英．浙江省流动人口的现状分析与思考 [J]．浙江学刊，2010（4）：218-223．

[345] 叶青华．做好农村就业工作势在必行——对宜春市农村就业工作的几点思考 [C]//江西崛起与就业问题研讨会．2002．

[346] 佚名．百万农工闯江南 百万资金汇西吉 [J]．中国贫困地区，1998（5）．

[347] 佚名．林口精心培育劳务输出产业 [J]．农民致富之友，2003（9）．

[348] 佚名．为劳务输出做奉献 [J]．中国就业，2001（3）：22-23．

[349] 益明，昌银．搞好劳务输出工作 促进地方经济发展——记四川省渠县就业服务管理局 [J]．畜牧市场，1997（12）：46．

[350] 尹明芳．农业剩余劳动力合理转移刍议 [J]．贵州民族学院学报：哲学社会科学版，1995（4）：63-68．

[351] 于弘文（国家统计局人口和社会科技统计司）. 中国 2000 年人口普查中流动人口的普查登记问题 [J]. 人口研究, 2000, 24 (5): 57 - 59.

[352] 庾德昌. 全国百村劳动力情况调查资料集, （1978——1986 年）[M]. 中国统计出版社, 1989.

[353] 袁德新, 张方训（射洪县就业局）. 劳务输出富县裕民 [J]. 劳动理论与实践, 1996 (3): 32 - 33.

[354] 袁小虎. 宜春市狠抓二三产业开发 [J]. 老区建设, 1994 (4): 29.

[355] 袁小虎. 宜春市劳务输出面面观 [J]. 老区建设, 1993 (10): 26 - 27.

[356] 袁兴诚. 劳务输出使泸县 23 万农户达"小康" [J]. 四川劳动保障, 2001 (3).

[357] 袁秀兰. 试论流动人口对南充社会经济的影响 [J]. 四川省情, 2005 (1): 40 - 41.

[358] 苑清民. 劳务输出：一条有效提高农民收入的途径——邯郸市的实践与探索 [J]. 红旗文稿, 2005 (15): 40 - 41.

[359] 岳华勋（中共南充地委办公室）. 崛起在丘陵地区的剩余劳务大军——南充地区劳务输出调查报告 [J]. 理论与改革, 1988 (2): 36 - 39.

[360] 翟兴波. 我省流动人口达 1127 万 [N]. 湖北日报, 2015 - 05 - 30 (005).

[361] 张逢雨（中共江西省委常委、省委秘书长）. 要把劳务输出作为振兴农村经济的一项重要产业来抓 [J]. 地方政府管理, 1993 (2): 3 - 7.

[362] 张鹤 贺柏林. 宁县十万劳务大军闯神州 [R]. 甘肃日报, 2004/09/11.

[363] 张化涛. "打工经济"喜与忧——对襄樊市劳务经济发展状况的调查 [J]. 农村经济与科技, 2003, 14 (2): 4 - 6.

[364] 张晶尧. 我市劳务输出收入逾 36 亿元 [N]. 安阳日报, 2006 - 01 - 16 (002).

[365] 张开朗. 大力发展劳务输出 拓宽农民增收渠道 [J]. 山东人力资源和社会保障, 2005 (Z1): 31.

[366] 张理智（四川省社科院副研究员）. 论四川劳务输出 [J]. 新时代论坛, 1996 (1): 57 - 60.

[367] 张庆五(中国人民公安大学人口所). 中国 50 乡镇流动人口调查 [J]. 中国人口科学, 1995 (1): 25-32.

[368] 张庆五. 对我国流动人口的初步探析 [J]. 人口与经济, 1986 (3): 3-5.

[369] 张庆五. 体制改革与人口流动 [J]. 公安大学学报, 1987 (2): 13-15.

[370] 张戎舟, 郑桂珍(复旦大学人口研究所). 特大城市中的农村流动人口 [J]. 人口与经济, 1987 (6): 25-29.

[371] 张巍. 流动人口情况复杂 人户分离现象突出——江苏省流动人口、人户分离人口专题调研报告 [J]. 江苏统计, 2000 (s1): 30-32.

[372] 张文明, 周生南. 政府"三位一体"构建农村劳动力"三三"制就业格局——浙江省磐安县劳务输出工作特色、问题和思路 [J]. 中国就业, 2006 (3): 39-42.

[373] 张武昌. 伊川: 劳务输出流水线 送出农民工 19 万 [N]. 洛阳日报, 2006-09-19 (006).

[374] 张小莉. 河南省农村劳动力转移: 现状、特征、问题与对策 [J]. 唐山师范学院学报, 2015 (3): 107-110.

[375] 张新雅, 杨欢欢, 薛峰. 河北农民工流动特征及就业状况调查分析 [J]. 经济论坛, 2005 (8): 23-24.

[376] 张亦嵘. 500 多万流动人口的北京生活 [N]. 法制日报, 2007-11-21 (002).

[377] 张彧希. 成都将为 400 万流动人口建健康档案 [N]. 四川日报, 2014-03-03 (008).

[378] 张长云. 南江县农村劳务输出的喜与忧 [J]. 四川省情, 2007 (7): 43.

[379] 长林. 云阳: 邵阳县构筑农民增收长效机制 [R]. 中国特产报, 经济报道, 2004-06-04 (002).

[380] 赵广平. 劳务输出人数破百万后的新走向 [N]. 新疆日报(汉), 2009-08-14 (002).

[381] 赵密田, 黄家平, 郭宝安. 沂水县农村剩余劳动力转移及管理问题的调查 [J]. 山东劳动, 1995 (12): 12-14.

[382] 赵兴成, 沈维进. 泰安市劳务输出的现状与思考 [J]. 山东劳动, 1995 (4): 16-17.

[383] 赵勇军. 从300"娘子军"到800万劳务大军 [N]. 贵州日报, 2008-07-16 (001).

[384] 赵长保, 宋洪远. 加强协作 促进农村劳动力流动就业发展——安徽、上海农村劳动力外出就业调查报告 [J]. 中国就业, 2002 (8): 21-23.

[385] 浙江省委政策研究室调查组. 把劳务输出作为一个新兴产业来办 [J]. 农业经济丛刊, 1984 (4): 34-37.

[386] 郑桂珍, 郭申阳, 张运藩, 王菊芬. 上海市区流动人口问题初探 [J]. 人口研究, 1985 (3): 2-7.

[387] 郑蓉. 杭州市流动人口现状的调查与研究 [J]. 杭州师范大学学报 (社会科学版), 2002 (6): 63-67.

[388] 中共浙江省磐安县委办公室. 磐安县农村劳务输出情况的调查及对策建议 [J]. 市场与人口分析, 1995 (4): 30-33.

[389] 吴解. 安徽劳务输出要变大产业 [N]. 农民日报, 2003-04-03 (005).

[390] 中国经济网—《经济日报》(2014-02-08), 春运36亿人次是怎么算出来的? http://politics.people.com.cn/n/2014/0208/c70731-24296732.html.

[391] 李连忠. 安徽: 做好劳务输出大文章 [N]. 中国劳动保障报, 2002-09-26. "截至2001年底, 安徽省常年外出务工人员达560多万人, 其中跨省流动达450万人, 年净收入220多亿元". 实际人数应远超此数.

[392] 中国人民银行六安市中心支行调查组. 劳务经济的发展需要引导和扶持——来自劳务输出大市六安的调查 [J]. 中国就业, 2006 (3): 45-48.

[393] 忠德, 华生. 广丰县组织剩余劳力搞劳务输出 [J]. 江西老区建设, 1987 (9): 45.

[394] 钟世川. 重庆市人口流动对其经济发展影响的研究 [D]. 重庆工商大学, 2011.

[395] 钟岩, 李海峰, 吴献峰. 劳务经济的跨越——公主岭市开展劳务输出工作的调查 [J]. 劳动保障世界, 2004 (11): 34-35.

[396] 周保军. 深圳六年办理居住证逾1600万张 [N]. 人民公安报, 2012-04-16 (008).

[397] 周春荣. 劳力输出: 800万"黔军"左右逢源 [N]. 贵州政协报,

2008-08-14（B01）.

［398］周大鸣．农村劳务输出与打工经济——以江西省为例［J］．中南民族大学学报（人文社会科学版），2006（1）：5-11.

［399］周丹 侯丽娟 记者 杨欣．肇东13万农民走上打工致富［N］．黑龙江日报，2006-03-03（003）.

［400］周梦蝶．南疆地区劳务输出问题研究［J］．商，2015（16）：96.

［401］周庆行，吴祥佑，李祖兵．论剩余劳动力流动与人力资源开发——基于重庆市的实证分析［J］．重庆大学学报（社会科学版），2003，9（1）：124-128.

［402］周师平．德州市劳务输出工作现状与发展对策［J］．山东行政学院山东省经济管理干部学院学报，2002（4）：7-8.

［403］周铁（浙江省湖州市长兴公安分局）．深圳市流动人口管理工作述评［J］．公安研究，1999（2）：48-50.

［404］周晓津．东莞长安镇区域人口估算［OL］．https：//wenku.baidu.com/view/5b2a6619b7360b4c2e3f64e0.html.

［405］周勇．重庆市农村外出劳动力回流动因及对策研究［D］．重庆大学，2008.

［406］周忠伟（江西省公安厅户籍处课题组）．流出人口问题研究——对江西省都昌县流出人口的调查［J］．中国人民公安大学学报：社会科学版，1999（5）：70-73.

［407］周祖根（市统计局），朱慈（市公安局）．上海流动人口状况和特点［J］．上海综合经济，1994（7）：43-44.

［408］周祖根．上海人口总量及其分析——与《1995年上海市1%人口抽样调查专题分析》商榷［J］．上海综合经济，1997（4）：24-25.

［409］朱传耿，顾朝林，马荣华，甄峰，张伟．中国流动人口的影响要素与空间分布［J］．地理学报，2001（5）：548-559.

［410］朱挺林．嘉禾县农村出现劳务输出"热"［J］．中国劳动，1985（11）：27.

［411］朱益民，潘丕声．15万民工走出家门之后［J］．老区建设，1993（6）：29.

［412］朱有学，周元宵．劳务输出——振兴山区经济的有效途径［J］．

经济工作通讯, 1993 (4): 25.

［413］卓彩琴. 广州市流动人口的现状及特点［J］. 人口学刊, 1998 (3): 48-50.

［414］宗维, 周祖根. 上海市流动人口现状［J］. 中国人口科学, 1989 (6): 62-63.

［415］宗耀林. 为劳务输出出招——江苏射阳县老促会扶贫协会召开五镇劳务输出座谈会［J］. 中国老区建设, 2002 (1): 57.

［416］邹渠. 劳务输出大省闹起了"人荒"［N］. 四川日报, 2006-06-05 (004).

后 记

得知课题中标时确实有一点小激动，然而不久即陷入焦虑之中。其中，最大的焦虑是缺乏数据。显然，如果没有数据实证，本课题根本无法完成。为此，课题负责几乎跑遍了全国的大数据研讨会场，并通过各种途经与国内相关大数据研究机构联系，希冀获得可用于本课题研究的数据。课题组甚至通过在国外留学的学者，但除了失望就是无助。国外即使在用于人口流动研究的技术稍早于中国，但其研究意义显然无法与有关巨大流动人口规模的中国相比。因此，就本课题而言，国外的相关研究成果几乎鲜有参考价值。国内虽然有比较丰富的可用于人口流动研究的大数据，但几乎没有机构或个人愿意提供数据。从课题获批到获得可用于本课题研究的数据期间，整整8个月当中，课题负责人一直处于焦虑和无助之中，甚至连下拨的课题经费也不敢开支，2017年仅报销了1000元的课题经费。因此，本课题能得以完成，负责人及参与人员的努力弥足珍贵。

用于本课题研究数据的获得，是负责人在不停地网络搜寻中一个偶然的机会偶然的渠道获得的。拿到数据时离课题获批已经有8个月之久，期间虽然也有一些数据获得和分析，但总不能令负责人满意。在获得数据并打开之后，负责人觉得至少有五成的把握完成这个来之不易的国家社科规划一般课题。但把原始数据处理后变成可实有的数据，也经历了一个痛苦的过程。因为计算机技术人员并不知道这个数据能做什么，负责人为此手动计算，刚开始时计算一个省的人口流入百分比构成至少需要7天的时间。由于课题设计时，预计成果包括专著和研究报告，而进行研究的初期是不可能直接形成专著的，因此先从各个省级区域入手，而完成一个省的数据计算及该省的有关人口流动流量、流向变化的类似论文（报告）的成果需要半个月，工作量极为巨大。有时发现数据异常，往往也需要较长时间才能分析清楚。仅仅完成研究报告，就用了将近一年的时间。

在粗略完成研究报告之后，负责人即着手进行专著的写作。由于以往各种文献或政府机关公开的流动人口数量与大数据推算结果有极大的差异，本书用了相当大的精力回溯我国自改革开放以来的所有与流动人口规模有关的文献或数据，并推算不同年份各省份实际的流动人口数据，以完成与大数据完善衔接。在人口流向方面，各种推算结果并没有太大的差异，但在流动人口数量方面，各省之间的推算会有一定的差异。在本研究中，课题组并没有给定一个完全一致的统一数据集，一方面，课题组认为即使有不同的结果，但其相对差异并不大，无须追求绝对的一致；另一方面，课题组认为可以给后来者提供思考的空间。整本专著的写作持续了几乎一年的时间。

在没有获得数据的前八个月里，负责人曾经一度想要放弃。在拿到数据的前半年里，也因为计算量大而备感艰难。在完成分省人口流动研究报告之后，本课题得到了非计划内课题成员的帮助，也利用课题经费购置了正版软件，并将以前的手工计算大部分换成了 SQL 代码。之所以并没有一开始就使用 SQL 代码而是用手工，根本原因是计算机技术人员并不知道本课题需要什么，也不知道这些原始数据能做什么，而通过手工步骤可使课题组将需求明确地告诉给技术人员。就技术人员而言，只要明确了需求，将其转化成代码则是举手之劳的事情。但两者并不能互相取代，而是需要深入合作。技术专家缺乏对人口流动特性的深入了解，则人文社科研究学者则难以了解数据及其技术处理。本课题的顺利完成，使我们对人口流动大数据有了更深刻的理解和实战体验，对后续相关研究显然会有巨大的帮助，在方法、手段、技术等各方面都有巨大的提升。

相对于结题用的研究报告，本书（上、下册）已经有了更多的改进。主要表现在图表与软件的结合，使用了更多的图来代替原有的表格，以回应结题评审中数据堆砌问题。需要说明的是，课题本身是人口流动的流量和流向研究，自然需要很多的数据。首先研究过程和著作的出版更多从经济学而非传统的人口学角度来展开，因此见仁见智无可厚非。其次，将近年来各种大数据报告结果融入各章末尾部分以方便对照。最后，增加了部分文字性论述。

最近几年来，以移动运营商为首的大数据拥有机构推出了不少与人口流动相关的研究报告，本书与这些报告都可以有很好的解释和参考。负责人与 2~3 个核心成员对人口流动大数据研究无论在理论上还是实际应用方面都有了较丰富的经验。只要有数据，本研究团队就可以提供实用成果。我们期望与任何机构或个人合作，并可提供本课题的所有数据。

周晓津

2019 年 12 月